지식정보법전 06

법률·판례·상담사례를 같이보는

상법지식정보법전

편저 : 대한법률편찬연구회

- 사법시험·공무원시험·변호사시험을 준비하는 로스쿨재학생 및 졸업생과 법률관련 각종 시험을 준비하는 수험생들을 위한 필독서 -

2015년 12월 1일에 개정되어 2016년 3월 2일에 시행되는 상법 총 수록

법문 북스

머리말

상법은 상행위, 회사법, 보험, 해상, 항공 운송 등을 규율하는 근본이 되는 법으로 중요성이 크지만 법이 개정됨에 따라서 배우고 익히기가 쉽지 않습니다.

이 책은 이러한 특성을 고려하여, 변호사시험을 준비하고 있는 로스쿨 재학생 및 졸업생, 사법시험 등 각종 시험을 준비하고 있는 수험생과 상사법과 회사 설립 등에 관심이 있는 일반인들이 궁금한 내용을 찾아보고 쉽게 배우고 익힐 수 있도록 펴낸 책입니다.

본서에는 2015년 12월 1일에 개정되어서 2016년 3월 2일부터 시행되는 상법을 기본으로 상법시행령, 상법시행법 순서로 법률을 한 번에 보기 쉽게 전체 조문을 수록하였습니다. 뿐만 아니라 중요판례 또한 엄선하여 최근에 나온 판례들을 조문마다 실어서 법조문의 적용되는 모습도 파악할 수 있게 하였습니다. 독자들이 궁금해 했던 법률상담사례를 질의응답 식으로 수록하였기 때문에 학습의 효과가 보다 높아질 수 있습니다.

이 책이 법학을 공부하거나 상사법에 관심 있는 수험생과 일반인들, 그리고 종사자들에게 상법을 이해하는데 도움이 된다면 더없는 보람과 기쁨을 느낄 것입니다.

2016年

편저자 드림

상 법

제1편 총 칙

제2편 상행위

제6편 항공운송

상법 시행령

상법시행법

상법

[시행 2016.3.2.]

[법률 제13523호, 2015.12.1., 일부개정]

제1편 총칙

제1장 통칙

제1조(상사적용법규) 상사에 관하여 본법에 규정이 없으면 상관습법에 의하고 상관습법이 없으면 민법의 규정에 의한다.

제2조(공법인의 상행위) 공법인의 상행위에 대하여는 법령에 다른 규정이 없는 경우에 한하여 본법을 적용한다.

판례-사용료

[대법원 2013.4.11, 선고, 2011다112032, 판결]

【판시사항】

다수의 전기수용가와 체결되는 전기공급계약 약관 등에, 계약종별 외의 용도로 전기를 사용하면 전기요금 면탈금액의 2배에 해당하는 위약금을 부과한다고 되어 있으나, 별도로 면탈한 전기요금 자체 또는 손해배상을 청구할 수 있도록 하는 규정은 없고 면탈금액에 대해서만 부가가치세 상당을 가산하도록 되어 있는 경우, 위 약관에 의한 위약금의 법적 성질 및 그 지급채무에 적용되는 소멸시효기간

【판결요지】

다수의 전기수용가와 사이에 체결되는 전기공급계약에 적용되는 약관 등에, 계약종별 외의 용도로 전기를 사용하면 그로 인한 전기요금 면탈금액의 2배에 해당하는 위약금을 부과한다고 되어 있지만, 그와 별도로 면탈한 전기요금 자체 또는 손해배상을 청구할 수 있도록 하는 규정은 없고 면탈금액에 대해서만 부가가치세 상당을 가산하도록 되어 있는 등의 사정이 있는 경우, 위 약관에 의한 위약금은 손해배상액의 예정과 위약벌의 성질을 함께 가지는 것으로 봄이 타당하다. 그리고 계약종별 위반으로 약관에 의하여 부담하는 위약금 지급채무는 전기의 공급에 따른 전기요금 채무 자체가 아니므로, 3년의 단기소멸시효가 적용되는 민법 제163조 제1호의 채권, 즉 '1년 이내의 기간으로 정한 금전의 지급을 목적으로 한 채권'에 해당하지 않는다. 그러나 '영업으로 하는 전기의 공급에 관한 행위'는 상법상 기본적 상행위에 해당하고(상법 제46조 제4호), 전기공급주체가 공법인인 경우에도 법령에 다른 규정이 없는 한 상법이 적용되므로(상법 제2조), 그러한 전기공급계약에 근거한 위약금 지급채무 역시 상행위로 인한 채권으로서 상법 제64조에 따라 5년의 소멸시효기간이 적용된다.

제3조(일방적 상행위) 당사자중 그 1인의 행위가 상행위인 때에는 전원에 대하여 본법을 적용한다.

제2장 상인

제4조(상인-당연상인) 자기명의로 상행위를 하는 자를 상인이라 한다.

제5조(동전-의제상인) ①점포 기타 유사한 설비에 의하여 상인적 방법으로 영업을 하는 자는 상행위를 하지 아니하더라도 상인으로 본다.
②회사는 상행위를 하지 아니하더라도 전항과 같다.

제6조(무능력자의 영업과 등기) 미성년자 또는 한정치산자가 법정대리인의 허락을 얻어 영업을 하는 때에는 등기를 하여야 한다.

제7조(무능력자와 무한책임사원) 미성년자 또는 한정치산자가 법정대리인의 허락을 얻어 회사의 무한책임사원이 된 때에는 그 사원자격으로 인한 행위에는 능력자로 본다.

제8조(법정대리인에 의한 영업의 대리) ①법정대리인이 미성년자, 한정치산자 또는 금치산자를 위하여 영업을 하는 때에는 등기를 하여야 한다.
②법정대리인의 대리권에 대한 제한은 선의의 제삼자에게 대항하지 못한다.

제9조(소상인) 지배인, 상호, 상업장부와 상업등기에 관한 규정은 소상인에게 적용하지 아니한다.

제3장 상업사용인

제10조(지배인의 선임) 상인은 지배인을 선임하여 본점 또는 지점에서 영업을 하게 할 수 있다.

판례-예금반환

[대법원 1987.6.23, 선고, 86다카1418, 판결]

【판시사항】
가. 소송촉진등에관한특례법 제3조 제1항 적용을 판결선고 후에도 배제할 수 있는지 여부
나. 회사지점에서 자금과장으로 호칭되면서 지점장 명의로 은행에 개설된 예금구좌에서 예금을 인출 또는 입금한 사실이 있었던 회사원을 회사의 상업 사용인이라고 할 수 있는지 여부
다. 은행이 통장 및 인감의 제출을 요구하지 아니한 채 회사의 예금인출 권한이 없는 회사원의 출금청구에 기하여 예금을 반환함으로써 입은 손해에 대하여 회사의 사용자배상책임을 인정한 사례

【판결요지】
가. 금전채무불이행으로 인한 손해배상액산정시 그 기준이 되는 법정이율에 관하여 특례를 규정한 소송촉진등에관한특례법 제3조 제1항의 적용배제에 관한 동조 제2항은 채무자가 그 이행의무의 존재를 선언하는 사실심판결이 선고되기까지 그 존부나 범위에 관하여 항쟁함이 상당하다고 인정되는 때에는 채무자가 그 이행의무의 존부등에 관하여 항쟁할 수 있는 사실심판결선고시까지 위 1항의 적용을 배제할 수 있다는 취지의 규정이므로 채무자가 사실심판결선고시까지 이행의무의 존부등에 관하여 항쟁함이 상당한 때에는 법원은 솟장 등이 채무자에게 송달된 다음날부터 그 판결선고시까지 기간중 위 1항을 적용하지 아니하는 범위를 적절히 정할 수 있으나 그 판결이 선고된 이후에는 위 1항의 적용을 어떠한 이유로든지 배제할 수는 없다.
나. 회사원이 회사 지점에서 자금과장으로 호칭되고 위 지점장 바로 다음 직위에 있으며 그 회사원이 위 지점장명의로 은행지점에 개설된 위 회사 보통예금계좌에서 예금을 인출하거나 또는 이에 입금한 사실이 있었다 하여 이 사실만으로 바로 그 회사원이 위 회사로부터 위 회사지점장 명의의 예금계좌에서 예금을 인출할 수 있는 권한을 포괄하여 위임받은 상업사용인이라고는 할 수 없다.
다. 회사원이 회사지점에서 은행과 사이에 예금거래의 사무를 처리하였던 자로서 적법한 직무집행에 따른 예금인출을 가장하여 출금청구를 하자 은행이 통장과 등록인감의 제출을 요구하지 아니한 채 이를 위 회사원에게 지급함으로써 은행이 손해를 입게 되었다면 위 회사원의 출금청구가 외견상으로는 위 회사의 사무집행에 관련된 것으로 오인할 여지가 있었다고 할 것이므로 이는 결국 위 회사원이 그 사무집행에 관하여 위 은행에게 가한 손해라 아니할 수 없고 따라서 회사는 위 회사원의 사용자로서 은행에게 위 손해를 배상할 책임을 면치 못한다 할 것이며 위 은행이 위 회사원에게 금원을 지급함에 있어 통장과 등록인감의 제출을 요구하지 아니하였다는 사실은 위 손해발생의 하나의 원인에 불과하고 은행이 입은 위 손해가 오로지 위 은행의 위와 같은 행위에만 기인하여 발생하였다고는 볼 수 없다 할 것이다.

제11조(지배인의 대리권) ①지배인은 영업주에 갈음하여 그 영업에 관한 재판상 또는 재판외의 모든 행위를 할 수 있다.
②지배인은 지배인이 아닌 점원 기타 사용인을 선임 또는 해임할 수 있다.
③지배인의 대리권에 대한 제한은 선의의 제3자에게 대항하지 못한다.

가장지배인이 소송수행할 수 있는지

(대한법률구조공단 자료)

질문

저희 회사는 가전제품을 제조하여 대부분 할부로 판매하는데, 매번 5%정도의 할부금이 납입되지 않아 민사소송을 제기할 때마다 일일이 대리인을 선임하고 있습니다. 이것이 너무 번거로워 채권추심과에 근무하는 법률을 전공한 직원을 지배인으로 등기하여 민사소송을 전담하게 하려는데 가능한지요?

답변

「상법」 제11조 제1항은 "지배인은 영업주에 갈음하여 그 영업에 관한 재판상 또는 재판 외의 모든 행위를 할 수 있다."라고 규정하고 있으므로 상법상의 지배인은 회사를 대신하여 영업에 관한 모든 행위를 할 수 있는 지위에 있으며, 이에는 영업상의 거래행위뿐만 아니라 영업에 관한 소송행위까지도 유효하게 할 수 있는 권한이 포함됩니다.

그런데 이 경우 '지배인'이란 적법한 절차에 의하여 선임된 '정당한 지배인'만을 의미합니다. 그러므로 회사의 지배인업무에 실제로는 종사하지 아니하는 사람을 지배인으로 가장하여 등기를 마친 후 소송행위를 하게 하는 경우 그 사람의 소송행위는 무효가 될 것입니다.

하급심 판례 중에서도 "지배인에게 영업주의 소송대리권을 인정한 것은 지배인이 영업주의 최고경영보조자로서 특정영업소에서의 영업에 관한 포괄적 영업대리권을 가지고 있는 점에 착안하여 법률이 특히 인정한 것으로 보아야 할 것이므로, 회사가 부도난 후 그 회사의 각종 채권관계를 정리하고 이에 관한 소송업무를 처리하기 위하여 지배인으로 선임·등기된 자는 지배인의 실체는 갖춤이 없이 오로지 소송의 편의만을 위한 것으로 그러한 지배인은 영업주의 소송대리권이 없다."라고 하였습니다(서울지법 1986. 1. 20. 선고 85가단5402 판결).

따라서 위 사안에서와 같이 실제로는 지배인의 지위에 있지도 아니하는 사람을 다만 소송행위만을 하게 할 목적으로 지배인등기를 함으로써 지배인자격을 가장한후 소송행위를 하게 된다면, 이는 법이 인정한 지배인제도의 취지를 벗어나는 탈법행위가 됨은 물론이고 소송신탁을 금지하는 법질서 체계(신탁법 제7조)와도 모순되는 것입니다.

이에 그러한 소는 각하를 면치 못할 것이며, 더 나아가 위와 같은 경우 지배인을 가장한 사람이 소송행위를 함에 있어서 보수를 받는 등 이득을 취득하게 되는 경우에는 「변호사법」 위반으로 형사처벌을 받게 될 수도 있습니다.

"본 사례는 개인의 법률문제 해결에 도움을 주고자 게재되었으나, 이용자 여러분의 생활에서 발생하는 구체적 사안은 동일하지는 않을 것이므로 참고자료로 활용하시기 바랍니다."

제12조(공동지배인) ①상인은 수인의 지배인에게 공동으로 대리권을 행사하게 할 수 있다.
②전항의 경우에 지배인 1인에 대한 의사표시는 영업주에 대하여 그 효력이 있다.

제13조(지배인의 등기) 상인은 지배인의 선임과 그 대리권의 소멸에 관하여 그 지배인을 둔 본점 또는 지점소재지에서 등기하여야 한다. 전조제1항에 규정한 사항과 그 변경도 같다.

제14조(표현지배인) ① 본점 또는 지점의 본부장, 지점장, 그 밖에 지배인으로 인정될 만한 명칭을 사용하는 자는 본점 또는 지점의 지배인과 동일한 권한이 있는 것으로 본다. 다만, 재판상 행위에 관하여는 그러하지 아니하다.
② 제1항은 상대방이 악의인 경우에는 적용하지 아니한다.
[전문개정 2010.5.14.]

판례-물품대금

[대법원 2007.8.23, 선고, 2007다23425, 판결]

【판시사항】

[1] 민법 제125조가 규정하는 대리권 수여의 표시에 의한 표현대리의 성립요건
[2] 부분적 포괄대리권을 가진 사용인에 해당하기 위해서는 그 업무 내용에 영업주를 대리하여 법률행위를 하는 것이 당연히 포함되어 있어야 하는지 여부(적극)
[3] 부분적 포괄대리권을 가진 사용인으로 오인될 만한 유사한 명칭을 사용한 사용인의 경우에도 표현지배인에 관한 상법 제14조를 유추적용할 수 있는지 여부(소극)

【판결요지】

[1] 민법 제125조가 규정하는 대리권 수여의 표시에 의한 표현대리는 본인과 대리행위를 한 자 사이의 기본적인 법률관계의 성질이나 그 효력의 유무와는 관계없이 어떤 자가 본인을 대리하여 제3자와 법률행위를 함에 있어 본인이 그 자에3

게 대리권을 수여하였다는 표시를 제3자에게 한 경우에 성립한다.
[2] 상법 제15조의 부분적 포괄대리권을 가진 사용인은 영업의 특정한 종류 또는 특정한 사항에 관한 재판 외의 모든 행위를 할 수 있는 대리권을 가진 상업사용인을 말하는 것이므로, 이에 해당하기 위해서는 그 사용인의 업무 내용에 영업주를 대리하여 법률행위를 하는 것이 당연히 포함되어 있어야 한다.
[3] 상법 제14조 제1항은, 실제로는 지배인에 해당하지 않는 사용인이 지배인처럼 보이는 명칭을 사용하는 경우에 그러한 사용인을 지배인으로 신뢰하여 거래한 상대방을 보호하기 위한 취지에서, 본점 또는 지점의 영업주임 기타 유사한 명칭을 가진 사용인은 표현지배인으로서 재판상의 행위에 관한 것을 제외하고는 본점 또는 지점의 지배인과 동일한 권한이 있는 것으로 본다고 규정하고 있으나, 부분적 포괄대리권을 가진 사용인의 경우에는 상법은 그러한 사용인으로 오인될 만한 유사한 명칭에 대한 거래 상대방의 신뢰를 보호하는 취지의 규정을 따로 두지 않고 있는바, 그 대리권에 관하여 지배인과 같은 정도의 획일성, 정형성이 인정되지 않는 부분적 포괄대리권을 가진 사용인들에 대해서까지 그 표현적 명칭의 사용에 대한 거래 상대방의 신뢰를 무조건적으로 보호한다는 것은 오히려 영업주의 책임을 지나치게 확대하는 것이 될 우려가 있으며, 부분적 포괄대리권을 가진 사용인에 해당하지 않는 사용인이 그러한 사용인과 유사한 명칭을 사용하여 법률행위를 한 경우 그 거래 상대방은 민법 제125조의 표현대리나 민법 제756조의 사용자책임 등의 규정에 의하여 보호될 수 있다고 할 것이므로, 부분적 포괄대리권을 가진 사용인의 경우에도 표현지배인에 관한 상법 제14조의 규정이 유추적용되어야 한다고 할 수는 없다.

제15조(부분적 포괄대리권을 가진 사용인) ①영업의 특정한 종류 또는 특정한 사항에 대한 위임을 받은 사용인은 이에 관한 재판외의 모든 행위를 할 수 있다.
②제11조제3항의 규정은 전항의 경우에 준용한다.

판례-물건인도·물품대금

[대법원 2009.5.28, 선고, 2007다20440,20457, 판결]

【판시사항】
[1] '부분적 포괄대리권을 가진 상업사용인'의 행위가 위임받은 영업의 특정한 종류 또는 사항에 속하는지 여부의 판단 기준
[2] 부당이득으로 금전과 유사한 대체물을 취득한 경우, 그 소비 여부를 불문하고 현존하는 것으로 추정되는지 여부(적극)

【판결요지】
[1] 상법 제15조에 의하여 부분적 포괄대리권을 가진 상업사용인은 그가 수여받은 영업의 특정한 종류 또는 특정한 사항에 관한 재판 외의 모든 행위를 할 수 있으므로 개개의 행위에 대하여 영업주로부터 별도의 수권이 필요 없으나, 어떠한 행위가 위임받은 영업의 특정한 종류 또는 사항에 속하는가는 당해 영업의 규모와 성격, 거래행위의 형태 및 계속 반복 여부, 사용인의 직책명, 전체적인 업무 분장 등 여러 사정을 고려해서 거래통념에 따라 객관적으로 판단하여야 한다.
[2] 법률상 원인 없이 타인의 재산 또는 노무로 이익을 얻고 그로 인하여 타인에게 손해를 가한 경우, 그 취득한 것이 금전상의 이득인 때에는 그 금전은 이를 취득한 자가 소비하였는가의 여부를 불문하고 현존하는 것으로 추정되고, 그 취득한 것이 성질상 계속적으로 반복하여 거래되는 물품으로서 곧바로 판매되어 환가될 수 있는 금전과 유사한 대체물인 경우에도 마찬가지다.

제16조(물건판매점포의 사용인) ①물건을 판매하는 점포의 사용인은 그 판매에 관한 모든 권한이 있는 것으로 본다.
②제14조제2항의 규정은 전항의 경우에 준용한다.

제17조(상업사용인의 의무) ①상업사용인은 영업주의 허락없이 자기 또는 제삼자의 계산으로 영업주의 영업부류에 속한 거래를 하거나 회사의 무한책임사원, 이사 또는 다른 상인의 사용인이 되지 못한다.
②상업사용인이 전항의 규정에 위반하여 거래를 한 경우에 그 거래가 자기의 계산으로 한 것인 때에는 영업주는 이를 영업주의 계산으로 한 것으로 볼 수 있고 제3자의 계산으로 한 것인 때에는 영업주는 사용인에 대하여 이로 인한 이득의 양도를 청구할 수 있다. <개정 1962.12.12.>
③전항의 규정은 영업주로부터 사용인에 대한 계약의 해지 또는 손해배상의 청구에 영향을 미치지 아니한다.
④제2항에 규정한 권리는 영업주가 그 거래를 안 날로부터 2주간을 경과하거나 그 거래가 있은 날로부터 1년을 경과하면 소멸한다.

제4장 상호

제18조(상호선정의 자유) 상인은 그 성명 기타의 명칭으로 상호를 정할 수 있다.

제19조(회사의 상호)
회사의 상호에는 그 종류에 따라 합명회사, 합자회사, 유한책임회사, 주식회사 또는 유한회사의 문자를 사용하여야 한다.
[전문개정 2011.4.14.]

제20조(회사상호의 부당사용의 금지) 회사가 아니면 상호에 회사임을 표시하는 문자를 사용하지 못한다. 회사의 영업을 양수한 경우에도 같다.

제21조(상호의 단일성) ①동일한 영업에는 단일상호를 사용하여야 한다.
②지점의 상호에는 본점과의 종속관계를 표시하여야 한다.

제22조(상호등기의 효력) 타인이 등기한 상호는 동일한 특별시·광역시·시·군에서 동종영업의 상호로 등기하지 못한다. <개정 1984.4.10., 1994.12.22., 1995.12.29.>

판례-상호 말소 등기절차 이행

[대법원 2011.12.27, 선고, 2010다20754, 판결]

【판시사항】
[1] 2009. 5. 28. 법률 제9749호로 개정된 상업등기법 시행 전에 선등기자가 후등

기자를 상대로 상법 제22조에 의한 상호등기말소청구의 소를 제기하였으나 개정 상업등기법 시행 후에 사실심 변론이 종결된 경우, 상법 제22조에 의하여 등기의 말소를 소로써 청구할 수 있는 효력 범위(=동일한 상호)
[2] 선등기자인 '동부주택건설 주식회사' 가 후등기자인 '동부건설 주식회사' 등을 상대로 상법 제22조에 의한 상호등기말소청구소송을 제기하였는데, 원심 변론종결 전에 2009. 5. 28. 법률 제9749호로 개정된 상업등기법이 시행된 사안에서, 먼저 등기한 상호인 '동부주택건설 주식회사' 와 나중에 등기한 상호인 '동부건설 주식회사' 등이 동일하지 않음이 외관·호칭에서 명백하므로, 동부주택건설 주식회사에 상법 제22조의 등기말소청구권이 없다고 한 사례

【판결요지】
[1] 상법 제22조의 규정 취지 및 상업등기법 제30조의 개정 경위 등에 비추어 볼 때, 2009. 5. 28. 법률 제9749호로 개정된 상업등기법 시행 후에는 상법 제22조에 의하여 선등기자가 후등기자를 상대로 등기의 말소를 소로써 청구할 수 있는 효력이 미치는 범위 역시 개정 상업등기법 제30조에 상응하도록 동일한 상호에 한정된다고 보아야 한다. 다만 상업등기법은 위 개정 당시 부칙 등에 그 시행 전에 등기를 마친 등기사항에 대한 법령의 적용에 관하여 아무런 경과규정을 두고 있지 않으나, 상법 제22조에 의한 등기말소청구를 인정할 것인지의 판단은 사실심 변론종결 당시를 기준으로 함이 원칙이고, 설령 선등기자가 상업등기법 제30조의 개정 전 구법의 존속을 전제로 한 상법 제22조의 해석에 따라 먼저 등기된 상호와 확연히 구별할 수 없는 상호 등기의 말소를 소로써 청구할 수 있으리라고 신뢰하였다 하더라도, 개정 상업등기법 제30조의 시행 후에는 그와 같은 등기신청이 더 이상 각하될 수 없는 이상 이미 등기된 상호의 경우에도 이와 미찬가지로 본다 하여 선등기자의 이익이나 신뢰가 과도하게 침해 또는 손상된다고는 보이지 않으며, 따라서 그러한 선등기자의 신뢰가 상업등기법의 개정에 따른 상법 제22조의 해석·적용에 관한 공익상 요구와 비교·형량하여 더 보호가치가 있는 것이라고 할 수도 없으므로, 결국 개정 상업등기법 시행 후에 사실심 변론이 종결된 경우라면 상법 제22조에 의하여 선등기자가 후등기자를 상대로 등기의 말소를 소로써 청구할 수 있는 효력이 미치는 범위는 먼저 등기된 상호와 동일한 상호에 한정된다고 보아야 한다.
[2] 선등기자인 '동부주택건설 주식회사' 가 후등기자인 '동부건설 주식회사', '주식회사 동부', '동부디엔씨 주식회사', '동부부산개발 유한회사' 를 상대로 상법 제22조에 의한 상호등기말소청구소송을 제기하였는데, 원심 변론종결 전에 2009. 5. 28. 법률 제9749호로 개정된 상업등기법이 시행된 사안에서, 원심 변론종결 당시 상법 제22조에 의하여 선등기자가 후등기자를 상대로 상호 등기의 말소를 청구할 수 있는 효력 범위는 먼저 등기된 상호와 동일한 상호에 한정되는데, 먼저 등기한 상호인 '동부주택건설 주식회사' 와 나중에 등기한 상호인 '동부건설 주식회사', '주식회사 동부', '동부디엔씨 주식회사', '동부부산개발 유한회사' 가 동일하지 않음이 외관·호칭에서 명백하므로, 동부주택건설 주식회사에 상법 제22조의 등기말소청구권이 없다고 한 사례.

제22조의2(상호의 가등기) ①주식회사 또는 유한회사를 설립하고자 할 때에는 본점의 소재지를 관할하는 등기소에 상호의 가등기를 신청할 수 있다.
②회사는 상호나 목적 또는 상호와 목적을 변경하고자 할 때에는 본점의 소재지를 관할하는 등기소에 상호의 가등기를 신청할 수 있다.
③회사는 본점을 이전하고자 할 때에는 이전할 곳을 관할하는 등기소에 상호의 가등기를 신청할 수 있다.

④상호의 가등기는 제22조의 적용에 있어서는 상호의 등기로 본다.
⑤ 삭제 <2007.8.3.>
[본조신설 1995.12.29.]

제23조(주체를 오인시킬 상호의 사용금지) ①누구든지 부정한 목적으로 타인의 영업으로 오인할 수 있는 상호를 사용하지 못한다.
②제1항의 규정에 위반하여 상호를 사용하는 자가 있는 경우에 이로 인하여 손해를 받을 염려가 있는 자 또는 상호를 등기한 자는 그 폐지를 청구할 수 있다. <개정 1984.4.10.>
③제2항의 규정은 손해배상의 청구에 영향을 미치지 아니한다. <개정 1984.4.10.>
④동일한 특별시 · 광역시 · 시 · 군에서 동종영업으로 타인이 등기한 상호를 사용하는 자는 부정한 목적으로 사용하는 것으로 추정한다. <개정 1984.4.10., 1994.12.22., 1995.12.29.>

판례-손해배상(기)

[대법원 2002.2.26, 선고, 2001다73879, 판결]

【판시사항】
[1] 상법 제23조 제1항 소정의 '타인의 영업으로 오인할 수 있는 상호'의 판단 기준
[2] 상호 사용에 있어 이른바 역혼동에 의한 피해의 인정 기준

【판결요지】
[1] 상법 제23조 제1항은 누구든지 부정한 목적으로 타인의 영업으로 오인할 수 있는 상호를 사용하지 못한다고 규정하고 있는바, 타인의 영업으로 오인할 수 있는 상호는 그 타인의 영업과 동종 영업에 사용되는 상호만을 한정하는 것은 아니라고 할 것이나, 어떤 상호가 일반 수요자들로 하여금 영업주체를 오인 · 혼동시킬 염려가 있는 것인지를 판단함에 있어서는, 양 상호 전체를 비교 관찰하여 각 영업의 성질이나 내용, 영업방법, 수요자층 등에서 서로 밀접한 관련을 가지고 있는 경우로서 일반 수요자들이 양 업무의 주체가 서로 관련이 있는 것으로 생각하거나 또는 그 타인의 상호가 현저하게 널리 알려져 있어 일반 수요자들로부터 기업의 명성으로 인하여 절대적인 신뢰를 획득한 경우에 해당하는지 여부를 종합적으로 고려하여야 한다.
[2] 상호를 먼저 사용한 자(선사용자)의 상호와 동일 · 유사한 상호를 나중에 사용하는 자(후사용자)의 영업규모가 선사용자보다 크고 그 상호가 주지성을 획득한 경우, 후사용자의 상호사용으로 인하여 마치 선사용자가 후사용자의 명성이나 소비자 신용에 편승하여 선사용자의 상품의 출처가 후사용자인 것처럼 소비자를 기망한다는 오해를 받아 선사용자의 신용이 훼손된 때 등에 있어서는 이를 이른바 역혼동에 의한 피해로 보아 후사용자의 선사용자에 대한 손해배상책임을 인정할 여지가 전혀 없지는 않다고 할 것이나, 상호를 보호하는 상법과 부정경쟁방지및영업비밀보호에관한법률의 입법 취지에 비추어, 선사용자의 영업이 후사용자의 영업과 그 종류가 다른 것이거나 영업의 성질이나 내용, 영업방법, 수요자층 등에서 밀접한 관련이 없는 경우 등에 있어서는 위와 같은 역혼동으로 인한 피해를 인정할 수 없다.

유사한 상호를 사용하는 자에 대한 상호사용 금지방법

(대한법률구조공단 자료)

질문

저는 번화한 시장가에서 10여년 동안 '甲복집'이라는 상호로 음식점을 경영해왔으며, '甲복집'은 부근 일대에서 모르는 사람이 없을 정도로 그 명성을 인정받고 있습니다. 그런데 최근 인근에서 저희 상호와 같은 간판을 내걸고 음식점을 경영하는 이들이 세 곳이나 생겨 저희 업소의 신용이 반감되었습니다. 이 경우 대처방법은 무엇인지요?

답변

상호는 상인의 개성을 표시하고 그 동일성을 식별하기 위하여 사용하는 명칭으로서 그 상인의 명성과 신용이 드러나게 되는 재산적 가치가 있으므로, 우리 상법은 타인에 의한 상호의 남용을 제한하여 그 경제적 이익을 법적으로 보호하고 있습니다. 귀하가 10여 년 간 사용해온 상호에 대해서는 다음의 두가지 경우에 따라 보호받을 수 있습니다.

우선 상호를 등기하지 아니한 경우에는 타인이 부정한 목적, 즉 자기의 영업을 타인의 영업으로 오인시켜 그 타인이 가지는 사회적 신용을 영업에 이용할 목적으로 타인의 영업으로 오인할 수 있는 상호를 사용하여 손해를 받을 염려가 있는 경우에는 귀하는 부정한 목적이 있음을 입증하여 간판의 철거와 같은 상호사용폐지청구를 할 수 있을 뿐만 아니라(상법 제23조 제1항, 제2항), 귀하의 매출액이 감소하거나 영업상의 신용이 훼손되는 등 손해가 발생한 경우에는 손해액을 입증하여 손해의 배상을 청구할 수 있습니다(같은 법 제23조 제3항).

그리고 상호를 등기한 경우에는 상호를 등기하지 않은 경우와 거의 유사하나 다만, 동일한 서울특별시·광역시·시·군에서 같은 종류의 영업으로 타인이 등기한 상호를 사용하는 자는 부정한 목적으로 사용하는 것으로 추정되기 때문에 귀하는 부정한 목적을 입증하지 않더라도 손해배상청구가 가능하며(같은 법 제23조 제4항), 또한 상호의 부정사용으로 인하여 손해를 받을 염려가 있음을 입증하지 않아도 당연히 상호사용폐지를 청구할 수 있습니다(같은 법 제23조 제2항 후단). 즉, 상호등기로 인해 특별한 내용의 보호가 부가되지는 않지만 손해배상의 청구가 보다 용이해지는 이점(利點)이 있습니다.

그러므로 귀하는 먼저 상호의 등기유무에 따라 위와 같이 법적인 대책을 세울 수 있을 것입니다. 다만, 「상법」의 상호에 관한 위 규정은 자본금액이 1,000만원에 미달하는 소상인으로서 회사가 아닌 자에게는 적용되지 않음을 주의하여야 합니다.(상법 제 9조, 같은 법 시행령 제2조).

참고로 타인의 상호를 부정하게 사용하는 부정경쟁행위로 타인의 영업상의 신용을 실추하게 한 자에 대하여는 영업상의 신용을 회복하는데 필요한 조치를 법원에 청구할 수 있고, 부정경쟁행위를 한 사람은 형사처벌을 받게 됩니다(부정경쟁방지 및 영업비밀보호에관한법률 제2조, 제6조, 제18조, 제3항 제1호).

"본 사례는 개인의 법률문제 해결에 도움을 주고자 게재되었으나, 이용자 여러분의 생활에서 발생하는 구체적 사안은 동일하지는 않을 것이므로 참고자료로 활용하시기 바랍니다."

제24조(명의대여자의 책임) 타인에게 자기의 성명 또는 상호를 사용하여 영업을 할 것을 허락한 자는 자기를 영업주로 오인하여 거래한 제3자에 대하여 그 타인과 연대하여 변제할 책임이 있다.

판례-공사대금

[대법원 2008.10.23, 선고, 2008다46555, 판결]

【판시사항】

상법 제24조에 따른 명의대여자의 연대책임 및 건설업 면허를 대여받은 자를 대리 또는 대행한 자가 면허대여자 명의로 하도급거래를 한 경우에도 위 책임을 부담하는지 여부(적극)

【판결요지】
상법 제24조는 명의를 대여한 자를 영업의 주체로 오인하고 거래한 상대방의 이익을 보호하기 위한 규정으로서 이에 따르면 명의대여자는 명의차용자가 영업거래를 수행하는 과정에서 부담하는 채무를 연대하여 변제할 책임이 있다. 그리고 건설업 면허를 대여한 자는 자기의 성명 또는 상호를 사용하여 건설업을 할 것을 허락하였다고 할 것인데, 건설업에서는 공정에 따라 하도급거래를 수반하는 것이 일반적이어서 특별한 사정이 없는 한 건설업 면허를 대여받은 자가 그 면허를 사용하여 면허를 대여한 자의 명의로 하도급거래를 하는 것도 허락하였다고 봄이 상당하므로, 면허를 대여한 자를 영업의 주체로 오인한 하수급인에 대하여도 명의대여자로서의 책임을 지고, 면허를 대여받은 자를 대리 또는 대행한 자가 면허를 대여한 자의 명의로 하도급거래를 한 경우에도 마찬가지이다.

상법상 명의대여자의 책임이 불법행위의 경우에도 적용되는지

(대한법률구조공단 자료)

질문

저는 甲이 사업자등록상 명의자이고 乙이 실질적 경영자인 개인회사의 화물자동차(등록명의도 甲으로 되어 있으며, 운전은 乙이 하였음)에 사고를 당하여 인적 피해는 없었지만, 제 승용차에 다액의 수리비용을 요하는 물적 피해를 입었습니다. 그런데 운전자인 乙은 재산이 거의 없으므로, 이 경우 甲에게 차량수리비 등 손해배상을 청구할 수 있는지요?

답변

「자동차손해배상 보장법」 제3조 본문은 "자기를 위하여 자동차를 운행하는 자는 그 운행으로 다른 사람을 사망하게 하거나 부상하게 한 경우에는 그 손해를 배상할 책임을 진다."라고 규정하여 인사사고의 경우에만 적용되는 것이고, 대물사고에 대하여는 그 적용이 없으므로 위 사안에서 「자동차손해배상 보장법」이 적용될 수는 없을 것입니다.

한편, 「상법」 제24조는 "타인에게 자기의 성명 또는 상호를 사용하여 영업을 할 것을 허락한 자는 자기를 영업주로 오인하여 거래한 제3자에 대하여 그 타인과 연대하여 변제할 책임이 있다." 라고 규정하고 있습니다.

이 규정에 의하여 명의대여자 甲이 직접적으로 乙의 불법행위로 인한 손해배상책임을 부담할 것인지에 관하여 판례는 "상법 제24조 소정의 명의대여자책임은 명의차용인과 그 상대방의 거래행위에 의하여 생긴 채무에 관하여 명의대여자를 진실한 상대방으로 오인하고 그 신용·명의 등을 신뢰한 제3자를 보호하기 위한 것으로, 불법행위의 경우에는 설령 피해자가 명의대여자를 영업주로 오인하고 있었더라도 그와 같은 오인과 피해의 발생 사이에 아무런 인과관계가 없으므로, 이 경우 신뢰관계를 이유로 명의대여자에게 책임을 지워야 할 이유가 없다."라고 하였습니다(대법원 1998. 3. 24. 선고 97다55621 판결).

따라서 甲에게 「상법」상 명의대여자 책임을 묻기는 어려울 것으로 보입니다.

그런데, 사용자의 책임에 관하여 「민법」 제756조 제1항은 "타인을 사용하여 어느 사무에 종사하게 한 자는 피용자가 그 사무집행에 관하여 제3자에게 가한 손해를 배상할 책임이 있다. 그러나 사용자가 피용자의 선임 및 그 사무감독에 상당한 주의를 한 때 또는 상당한 주의를 하여도 손해가 있을 경우에는 그러하지 아니하다."라고 규정하고 있습니다. 그리고 어떤 사업에 관하여 명의를 대여한 자가 그 명의사용자의 업무수행상 불법행위에 대하여 사용자책임을 지는지에 관하여 판례는 "타인에게 어떤 사업에 관하여 자기의 명의를 사용할 것을 허용한 경우에 그 사업이 내부관계에 있어서는 타인의 사업이고 명의자의 고용인이 아니라 하더라도 외부에 대한 관계에 있어서는 그 사업이 명의자의 사업이고 또 그 타인은 명의자의 종업원임을 표명한 것과 다름이 없으므로, 명의사용을 허가받은 사람이 업무수행을 함에 있어 고의 또는 과실로 다른 사람에게 손해를 끼쳤다면 명의사용을 허가한 사람은 민법 제756조에 의하여 그 손해를 배상할 책임이 있으며, 그 명의대여로 인한 사용관계의 여부는 실제적으로 지휘·감독하였느냐 여부에 관계없이 객관적으로 보아 사용자가 그 불법행위자를 지휘·감독할 지위에 있었느냐 여부를 기준으로 결정하여야 한다."라고 하였습니다(대법원 1996. 5. 10. 선고 95다50462 판결, 2005. 2. 25. 선고 2003다36133 판결).

따라서 위 사안의 경우 甲은 귀하에 대하여 乙의 불법행위로 인한 손해에 대하여 특별한 사정이 없는 한 「민법」 제756조에 의한 사용자로서의 책임을 부담하여야 할 것으로 보입니다.
참고로 사업체를 타인에게 양도하였으나 사업자등록명의가 남아 있는 명의잔존자가 사용자책임을 부담할 것인지에 관하여 "사용자책임의 요건으로서의 사용자관계는 명시적이든 묵시적이든 객관적으로 보아 실질적으로 불법행위자를 지휘·감독하여야 할 관계에 있음을 요하고, 실질적인 사업주체가 아니더라도 명의대여자로서 명의차용자나 그 피용자를 지휘·감독하여야 할 지위에 있다고 보아야 할 경우가 있으나, 이 경우에 있어서도 명의를 대여하게 된 경위 등 객관적 사정에 비추어 명의대여자가 명의차용자나 그 피용자를 지휘·감독하여야 할 지위에 있다고 인정되지 않으면 아니 된다." 라고 하면서 사업체를 타인에게 양도하였으나 아직 사업자등록명의가 남아 있는 명의잔존자의 사용자책임을 인정한 원심판결을 법리오해 또는 심리미진을 이유로 파기한 사례가 있습니다(대법원 1995. 6. 29. 선고 95다13289 판결, 1997. 4. 11. 선고 97다386 판결).

"본 사례는 개인의 법률문제 해결에 도움을 주고자 게재되었으나, 이용자 여러분의 생활에서 발생하는 구체적 사안은 동일하지는 않을 것이므로 참고자료로 활용하시기 바랍니다."

제25조(상호의 양도) ①상호는 영업을 폐지하거나 영업과 함께 하는 경우에 한하여 이를 양도할 수 있다.
②상호의 양도는 등기하지 아니하면 제3자에게 대항하지 못한다.

영업과 분리하여 상호만의 양도도 가능한 것인지

(대한법률구조공단 자료)

질문

저는 중소기업을 운영하고 잇는데, 평소 저희 회사의 품질과 신용을 좋게 평가해온 동일업종의 사업가가 저희 회사의 상호(商號)를 사겠다고 합니다. 상호를 팔 수 있는지요?

답변

상호라 함은 상인이 영업상 자기를 표시하기 위하여 사용하는 명칭을 말합니다. 인간에게 있어 이름이 사회생활상 커다란 역할을 하는 것과 같이 상거래에서의 상호도 마찬가지입니다. 우리가 어느 백화점에 대하여 이야기할 경우 그 백화점의 이름이 없다면 어느 곳에 있는, 무엇을 파는, 어떻게 생긴 백화점이라고 복잡하게 설명해야 될 것이나 甲백화점 또는 乙백화점 등으로 부를 경우 사람들은 곧바로 그 백화점을 식별하게 될 것입니다.

원칙적으로, 이렇게 상인의 영업활동에 중요한 역할을 하는 상호는 그 자체에 무형적인 재산으로서 가치가 인정되어 당사자간의 계약에 의해 양도할 수 있는 것입니다. 즉, 상인의 영업이 개인경영형태이거나 주식회사형태이거나 또는 소규모이거나 대규모이거나 간에 그 상호를 양도할 수 있습니다. 그리고 그 상호를 매수한 상인이 제3자에 대하여 자기가 상호를 매수했다는 것을 주장할 수 있기 위해서는 그것을 등기해둘 필요가 있습니다(상법 제25조 제2항).

그런데, 이와 같은 상호의 양도에는 일정한 제한이 있습니다. 즉, 「상법」 제25조 제1항에 의하면 상호는 영업을 폐지하거나 영업과 함께 하는 경우에 한하여 양도 할 수 있는 것이며, 만일 영업을 폐지하지 않았거나 영업과 분리하여 상호만을 양도하려는 경우에는 양도할 수가 없습니다. 여기에서 영업의 폐지와 관련하여, 위 제한은 양도인의 영업과 양수인의 영업 사이에 혼동을 일으키지 않고 또 폐업하는 상인이 상호를 재산적 가치물로써 처분할 수 있도록 하기 위한 것인 점에 비추어 위 법 조항에 규정된 영업의 폐지라 함은 정식으로 영업폐지에 필요한 행정절차를 밟아 폐업하는 경우에 한하지 않고 사실상 폐업한 경우도 이에 해당한다고 할 것입니다(대법원 1988. 1. 19. 선고 87다카1295 판결).

따라서 위 사안의 경우에도 영업과 상호를 함께 양도하거나, 귀하의 영업을 사실상 폐업한 경우에 제한적으로 상호를 양도할 수 있을 것입니다.

"본 사례는 개인의 법률문제 해결에 도움을 주고자 게재되었으나, 이용자 여러분의 생활에서 발생하는 구체적 사안은 동일하지는 않을 것이므로 참고자료로 활용하시기 바랍니다."

제26조(상호불사용의 효과) 상호를 등기한 자가 정당한 사유없이 2년간 상호

를 사용하지 아니하는 때에는 이를 폐지한 것으로 본다.

제27조(상호등기의 말소청구) 상호를 변경 또는 폐지한 경우에 2주간내에 그 상호를 등기한 자가 변경 또는 폐지의 등기를 하지 아니하는 때에는 이해관계인은 그 등기의 말소를 청구할 수 있다.

제28조(상호 부정사용에 대한 제재) 제20조와 제23조제1항에 위반한 자는 200만원 이하의 과태료에 처한다. <개정 1984.4.10., 1995.12.29.>

제5장 상업장부

제29조(상업장부의 종류 · 작성원칙) ①상인은 영업상의 재산 및 손익의 상황을 명백히 하기 위하여 회계장부 및 대차대조표를 작성하여야 한다.
②상업장부의 작성에 관하여 이 법에 규정한 것을 제외하고는 일반적으로 공정 · 타당한 회계관행에 의한다.
[전문개정 1984.4.10.]

제30조(상업장부의 작성방법) ①회계장부에는 거래와 기타 영업상의 재산에 영향이 있는 사항을 기재하여야 한다.
②상인은 영업을 개시한 때와 매년 1회 이상 일정시기에, 회사는 성립한 때와 매 결산기에 회계장부에 의하여 대차대조표를 작성하고, 작성자가 이에 기명날인 또는 서명하여야 한다. <개정 1995.12.29.>
[전문개정 1984.4.10.]

제31조 삭제 <2010.5.14.>

제32조(상업장부의 제출) 법원은 신청에 의하여 또는 직권으로 소송당사자에게 상업장부 또는 그 일부분의 제출을 명할 수 있다.

제33조(상업장부등의 보존) ①상인은 10년간 상업장부와 영업에 관한 중요서류를 보존하여야 한다. 다만, 전표 또는 이와 유사한 서류는 5년간 이를 보존하여야 한다. <개정 1995.12.29.>
②전항의 기간은 상업장부에 있어서는 그 폐쇄한 날로부터 기산한다.
③제1항의 장부와 서류는 마이크로필름 기타의 전산정보처리조직에 의하여 이를 보존할 수 있다. <신설 1995.12.29.>
④제3항의 규정에 의하여 장부와 서류를 보존하는 경우 그 보존방법 기타 필요한 사항은 대통령령으로 정한다. <신설 1995.12.29.>

제6장 상업등기

제34조(통칙) 이 법에 따라 등기할 사항은 당사자의 신청에 의하여 영업소의 소재지를 관할하는 법원의 상업등기부에 등기한다.
[전문개정 2010.5.14.]

제34조의2 삭제 <2007.8.3.>

제35조(지점소재지에서의 등기) 본점의 소재지에서 등기할 사항은 다른 규정이 없으면 지점의 소재지에서도 등기하여야 한다.

제36조 삭제 <1995.12.29.>

제37조(등기의 효력) ①등기할 사항은 이를 등기하지 아니하면 선의의 제3자에게 대항하지 못한다.
②등기한 후라도 제3자가 정당한 사유로 인하여 이를 알지 못한 때에는 제1항과 같다.
[전문개정 1995.12.29.]

제38조(지점소재지에서의 등기의 효력) 지점의 소재지에서 등기할 사항을 등기하지 아니한 때에는 전조의 규정은 그 지점의 거래에 한하여 적용한다.

제39조(부실의 등기) 고의 또는 과실로 인하여 사실과 상위한 사항을 등기한 자는 그 상위를 선의의 제3자에게 대항하지 못한다.

제40조(변경, 소멸의 등기) 등기한 사항에 변경이 있거나 그 사항이 소멸한 때에는 당사자는 지체없이 변경 또는 소멸의 등기를 하여야 한다.

제7장 영업양도

제41조(영업양도인의 경업금지) ①영업을 양도한 경우에 다른 약정이 없으면 양도인은 10년간 동일한 특별시·광역시·시·군과 인접 특별시·광역시·시·군에서 동종영업을 하지 못한다. <개정 1984.4.10., 1994.12.22., 1995.12.29.>
②양도인이 동종영업을 하지 아니할 것을 약정한 때에는 동일한 특별시·광역시·시·군과 인접 특별시·광역시·시·군에 한하여 20년을 초과하지 아니한 범위내에서 그 효력이 있다. <개정 1984.4.10., 1994.12.22., 1995.12.29.>

판례-퇴직금

[대법원 2012.5.10, 선고, 2011다45217, 판결]

【판시사항】

[1] 영업양도가 이루어진 경우, 근로자가 근로관계 승계에 반대하는 의사를 표시하여 양도기업에 잔류하거나 양도기업과 양수기업 모두에서 퇴직할 수 있는지 여부(적극) 및 근로자가 근로관계 승계에 반대하는 의사를 상당한 기간 내에 표시하였는지에 관한 판단 기준

[2] 甲 병원을 운영하던 乙 학교법인이 丙 의료법인을 새로 설립하여 甲 병원 영업을 양도하면서 甲 병원 근로자들에게 그 사실을 고지하지 않았는데, 나중에 영업양도 사실을 알게 된 丁 등 甲 병원 근로자 일부가 乙 법인을 상대로 퇴직금 지급을 구한 사안에서, 乙 법인은 丁 등에게 퇴직금 지급의무가 있다고 본 원심판결의 결론을 정당하다고 한 사례

【판결요지】

[1] 영업의 양도란 일정한 영업목적에 의하여 조직화된 업체 즉, 인적·물적 조직을 동일성은 유지하면서 일체로서 이전하는 것이어서 영업 일부만의 양도도 가능하고, 이러한 영업양도가 이루어진 경우에는 원칙적으로 해당 근로자들의 근로관계가 양수하는 기업에 포괄적으로 승계되지만 근로자가 반대 의사를 표시함으로써 양수기업에 승계되는 대신 양도기업에 잔류하거나 양도기업과 양수기업 모두에서 퇴직할 수도 있다. 또한 이와 같은 경우 근로자가 자의에 의하여 계속근로관계를 단절할 의사로 양도기업에서 퇴직하고 양수기업에 새로이 입사할 수도 있다. 이때 근로관계 승계에 반대하는 의사는 근로자가 영업양도가 이루어진 사실을 안 날부터 상당한 기간 내에 양도기업 또는 양수기업에 표시하여야 하고, 상당한 기간 내에 표시하였는지는 양도기업 또는 양수기업이 근로자에게 영업양도 사실, 양도 이유, 양도가 근로자에게 미치는 법적·경제적·사회적 영향, 근로자와 관련하여 예상되는 조치 등을 고지하였는지 여부, 그와 같은 고지가 없었다면 근로자가 그러한 정보를 알았거나 알 수 있었던 시점, 통상적인 근로자라면 그와 같은 정보를 바탕으로 근로관계 승계에 대한 자신의 의사를 결정하는 데 필요한 시간 등 제반 사정을 고려하여 판단하여야 한다.

[2] 甲 병원을 운영하던 乙 학교법인이 丙 의료법인을 새로 설립하여 甲 병원 영업을 양도하면서 甲 병원 근로자들에게 그 사실을 고지하지 않았는데, 나중에 영업양도 사실을 알게 된 丁 등 甲 병원 근로자 일부가 乙 법인을 상대로 퇴직금 지급을 구한 사안에서, 제반 사정에 비추어 乙 법인과 丙 법인 사이에 丁 등에 대한 근로관계 승계가 이루어지지 않았고 乙 법인과 丁 등의 근로관계도 종료되었으므로, 乙 법인은 丁 등에게 퇴직금을 지급할 의무가 있다고 본 원심판결의 결론을 정당하다고 한 사례.

영업양도인이 근처에서 상호만 바꾸어 다시 영업할 수 있는지

(대한법률구조공단 자료)

질문

저는 甲이 운영하던 분식센터를 권리금 500만원을 지불하고 인수하였으나 1주일 후 甲이 인근에서 상호를 바꾼 대형 분식센터를 개업하여 예상한 만큼의 매상이 오르지 않고 있습니다. 이 경우 제가 甲에 대하여 취할 수 있는 법적 조치는 없는지요?

답변

검토될 수 있는 방안은 「상법」 제41조(영업양도인의 경업금지)인데, 본 사안의 경우 과연 영업양도에 해당한다고 볼 수 있을지 따져보아야 할 것 같습니다. 일반적으로 권리금은 상호, 고객관계 등의 영업상의 요소에 대한 대가로 볼 수 있습니다. 甲의 분식센터경영은 같은 법 제46조 제9호에 의한 기본적 상행위에 의한 영업으로 볼 수 있고, 권리금 수수를 영업양도로 볼 것인지는 양도재산과 양도인에게 잔류한 재산의 가치를 비교함으로써 가능할 것입니다. 영업양도는 영업재산의 총체를 양수인에게 이전함으로써 고객관계 등의 사실관계를 이용하게 하는데 목적이 있으므로, 양도인이 영업양도한 동종영업을 재개하는 것은 영업양도의 취지에 어긋난다고 볼 수 있습니다. 이에 대하여 「상법」은 영업양도의 실효성을 거두고 또한 양수인의 보호를 위하여 영업의 지역적·시간적 제한하에 양도인에게 경업금지의무를 부과하고 있습니다.

즉, 경업금지에 관하여 특약이 없으면 양도인은 동일한 특별시·광역시·시·군·과 인접 특별시·광역시·시·군에서 10년 간 동종영업을 하지 못하도록 되어 있고, 특약이 있는 경우에는 약정에 따르는 것이 원칙이지만 그 약정은 동일한 특별시·광역시·시·군과 인접한 특별시·광역시·시·군에 한하여 20년을 초과하지 않는 범위 내에서 효력이 있습니다(상법 제41조).

"본 사례는 개인의 법률문제 해결에 도움을 주고자 게재되었으나, 이용자 여러분의 생활에서 발생하는 구체적 사안은 동일하지는 않을 것이므로 참고자료로 활용하시기 바랍니다."

제42조(상호를 속용하는 양수인의 책임) ①영업양수인이 양도인의 상호를 계속사용하는 경우에는 양도인의 영업으로 인한 제3자의 채권에 대하여 양수인도 변제할 책임이 있다.

②전항의 규정은 양수인이 영업양도를 받은 후 지체없이 양도인의 채무에 대한 책임이 없음을 등기한 때에는 적용하지 아니한다. 양도인과 양수인이 지체없이 제3자에 대하여 그 뜻을 통지한 경우에 그 통지를 받은 제3자에 대하여도 같다.

판례-임대차보증금등

[대법원 2010.9.30, 선고, 2010다35138, 판결]

【판시사항】

[1] 영업양도가 있다고 볼 수 있는지 여부의 판단 기준

[2] 교육시설의 양도계약이 체결된 시점이 아닌 교육시설의 설치자 변경신고가 수리된 시점에 영업양도가 있었다고 봄이 상당하다고 한 사례

[3] 상법 제42조 제1항에 의하여 상호를 속용하는 영업양수인이 변제책임을 지는 양도인의 제3자에 대한 채무는 영업양도 당시의 상호를 사용하는 동안 발생한 채무에 한하는지 여부(소극)

[4] 상호를 속용하는 영업양수인의 책임을 정하고 있는 상법 제42조 제1항의 규정 취지 및 영업양수인이 상호 자체가 아닌 옥호(屋號) 또는 영업표지를 속용하는 경우에도 상법 제42조 제1항이 유추적용되는지 여부

[5] 교육시설인 '서울종합예술원'의 영업을 양도받아 그 명칭을 사용하여 같은 영업을 계속한 양수인에 대하여 상법 제42조 제1항의 유추적용에 의한 책임을 인정한 원심의 판단을 수긍한 사례

【판결요지】

[1] 영업양도가 있다고 볼 수 있는지의 여부는 양수인이 유기적으로 조직화된 수익의 원천으로서의 기능적 재산을 이전받아 양도인이 하던 것과 같은 영업적 활동을 계속하고 있다고 볼 수 있는지의 여부에 따라 판단되어야 한다.

[2] 교육시설의 양도계약이 체결된 시점에 영업양도가 있었던 것이 아니라 양수인이 관할 교육청에 위 교육시설의 설치자 지위를 승계하였음을 이유로 한 설치

자 변경신고를 하여 그 변경신고가 수리된 시점에 위 교육시설을 양도받아 양도인이 하던 것과 같은 영업적 활동을 개시하였다고 봄이 상당하다고 한 사례.
[3] 상법 제42조 제1항에 의하여 상호를 속용하는 영업양수인이 변제책임을 지는 양도인의 제3자에 대한 채무는 양도인의 영업으로 인한 채무로서 영업양도 전에 발생한 것이면 족하고, 반드시 영업양도 당시의 상호를 사용하는 동안 발생한 채무에 한하는 것은 아니다.
[4] 상호를 속용하는 영업양수인의 책임을 정하고 있는 상법 제42조 제1항은, 일반적으로 영업상의 채권자의 채무자에 대한 신용은 채무자의 영업재산에 의하여 실질적으로 담보되어 있는 것이 대부분인데도 실제 영업의 양도가 이루어지면서 채무의 승계가 제외된 경우에는 영업상의 채권자의 채권이 영업재산과 분리되게 되어 채권자를 해치게 되는 일이 일어나므로 영업상의 채권자에게 채권추구의 기회를 상실시키는 것과 같은 영업양도의 방법, 즉 채무를 승계하지 않았음에도 불구하고 상호를 속용함으로써 영업양도의 사실이 대외적으로 판명되기 어려운 방법 또는 영업양도에도 불구하고 채무의 승계가 이루어지지 않은 사실이 대외적으로 판명되기 어려운 방법 등이 채용된 경우에 양수인에게도 변제의 책임을 지우기 위하여 마련된 규정이라고 해석된다. 따라서 양수인에 의하여 속용되는 명칭이 상호 자체가 아닌 옥호(屋號) 또는 영업표지인 때에도 그것이 영업주체를 나타내는 것으로 사용되는 경우에는 영업상의 채권자가 영업주체의 교체나 채무승계 여부 등을 용이하게 알 수 없다는 점에서 일반적인 상호속용의 경우와 다를 바 없으므로, 양수인은 특별한 사정이 없는 한 상법 제42조 제1항의 유추적용에 의하여 그 채무를 부담한다.
[5] 교육시설인 '서울종합예술원'의 영업을 양도받아 그 명칭을 사용하여 같은 영업을 계속한 양수인에 대하여 상법 제42조 제1항의 유추적용에 의한 책임을 인정한 원심의 판단을 수긍한 사례.

제43조(영업양수인에 대한 변제) 전조제1항의 경우에 양도인의 영업으로 인한 채권에 대하여 채무자가 선의이며 중대한 과실없이 양수인에게 변제한 때에는 그 효력이 있다.

영업양도 전의 거래잔금을 영업양수인에게 변제한 경우 그 효력

(대한법률구조공단 자료)

질문

저는 甲이 운영하는 가구점 '○○상사'에서 장롱, 침대 등 1,000만원 상당의 가구를 구입하면서 현금 200만원만 지불하고 잔금 800만원은 외상으로 하였습니다. 그 후 甲은 자신의 가구영업일체와 상호를 乙에게 양도하여 乙이 상호까지 이전등기 하였으나 그 사실을 알려주지 않았습니다. 저는 몇 달 후 乙의 종업원에게 나머지 가구구입 잔금 800만원을 변제하였으나 甲이 위 동일한 잔금 800만원을 최근에 청구해왔습니다. 이 경우 저는 다시 변제해야 하는지요?

답변

상호는 영업을 폐지하거나 영업과 함께 하는 경우에 한하여 이를 양도할 수 있으며, 상호의 양도는 등기하지 않으면 제3자에게 대항하지 못합니다(상법 제25조).
위 사안에서 乙은 적법하게 甲으로부터 영업양도를 받고 상호이전등기까지 마쳤음에도 甲은 그 사실을 즉시 채무자인 귀하에게 알리지 않았으며, 귀하가 중대한 과실 없이 이 사실을 모르고 변제기에 이르러 종전 甲이 하던 영업소에 찾아가 乙의 종업원에게 가구구입 잔대금 800만 원을 변제하였다면 귀하의 乙에 대한 채무변제는 甲에 대한 채무변제로서의 효력이 있다 하겠습니다(같은 법 제43조).

다만, 甲이 귀하에게 가구구입 잔대금을 청구하는 소송에서 귀하의 중대한 과실을 증명한 경우에는 귀하의 乙에 대한 변제는 효력이 없게 되며, 이 경우 귀하는 甲에게 다시 변제한 후 乙에게 부당이득반환을 구하는 방법을 이용해야 할 것입니다.

"본 사례는 개인의 법률문제 해결에 도움을 주고자 게재되었으나, 이용자 여러분의 생활에서 발생하는 구체적 사안은 동일하지는 않을 것이므로 참고자료로 활용하시기 바랍니다."

제44조(채무인수를 광고한 양수인의 책임) 영업양수인이 양도인의 상호를 계속사용하지 아니하는 경우에 양도인의 영업으로 인한 채무를 인수할 것을 광고한 때에는 양수인도 변제할 책임이 있다.

판례-손해배상

[대법원 2010.11.11, 선고, 2010다26769, 판결]

【판시사항】

[1] 회사 임원으로 근무하던 중 '폴리테트라메틸렌 에테르글리콜'(PTMEG : Polytetramethylene Etherglycol)의 중간물질인 '폴리테트라메틸렌 에테르글리콜 디에스테르'(PTMEA : Polytetramethylene Etherglycol Diester) 제조 방법에 관한 발명을 완성한 자가 그 발명에 관하여 특허를 받을 권리를 위 회사가 PTMEG 제조를 위하여 별도로 설립한 회사에 묵시적으로 양도할 당시 양수인으로부터 '위 발명을 직무발명으로 가정하여 산정한 직무발명 보상금 상당액'을 양도대금으로 지급받기로 하는 묵시적 약정이 있었다고 본 사례

[2] 처분문서의 해석 방법

[3] 양도인의 상호를 계속 사용하지 않는 영업양수인이 채무인수의 취지를 양도인의 채권자에게 개별 통지한 경우 그 채권자에게 채무변제의 책임을 부담하는지 여부(적극)

[4] 甲 회사의 임원으로 근무하던 중 '폴리테트라메틸렌 에테르글리콜'(PTMEG : Polytetramethylene Etherglycol)의 중간물질인 '폴리테트라메틸렌 에테르글리콜 디에스테르'(PTMEA : Polytetramethylene Etherglycol Diester)의 제조 방법에 관한 발명을 완성한 자가 그 발명에 관하여 특허를 받을 권리를 乙 회사에게 묵시적으로 양도하면서 그 양도대금을 지급받기로 묵시적 약정을 하였는데, 그 후 丁 회사가 乙 회사를 합병한 丙 회사와의 사이에 丙 회사가 PTMEG 사업을 영위하는 데 사용하고 있는 실질적인 모든 자산과 부채를 포함한 사업을 양도받기로 하는 영업양도 계약을 체결하고, 위 발명자의 보상요구에 대해 계속 협의해 나가자는 취지의 답변을 한 후 여러 차례 보상금의 액수에 대한 협의를 한 사안에서, 그 영업양도 계약서의 문언상 위 양도대금 채무는 인수 대상에 포함되지 않으나 丁 회사는 상법 제44조의 채무인수를 광고한 인수인으로서 발명자에게 위 양도대금 채무를 변제할 책임이 있다고 한 사례

[5] 사용자가 직무발명을 제3자에게 양도한 경우 종업원에게 지급하여야 할 직무발명 보상금의 산정 방법

【판결요지】

[1] 회사 임원으로 근무하던 중 '폴리테트라메틸렌 에테르글리콜'(PTMEG : Polytetramethylene Etherglycol)의 중간물질인 '폴리테트라메틸렌 에테르글리콜 디에스테르'(PTMEA : Polytetramethylene Etherglycol Diester)를 제조하는 방법에 관한 발명을 완성한 자가 그 발명에 관하여 특허를 받을 권리를 위 회사가 PTMEG 제조를 위하여 별도로 설립한 회사에 묵시적으로 양도할 당시 양수인으로부터 그 권리 양도에 따른 양도대금을 지급받기로 하는 묵시적 약정이 있었고, 일반적으로 자유발명의 양도대가는 직무발명의 양도대가보다 크므로 자유발명을 양도하면서 그 양도대금에 관하여 명시적인 약정이 없는 경우에는 특별한 사정이

없는 한 최소한 직무발명 보상금 상당액은 양도대금으로 지급하기로 하였다고 봄이 논리와 경험의 법칙, 그리고 사회일반의 상식과 형평의 이념에도 부합하는 점 등에 비추어, 위 권리의 양도 당시 양수인으로부터 적어도 '위 발명을 직무발명으로 가정하여 산정한 직무발명 보상금 상당액' 을 양도대금으로 지급받기로 하는 묵시적인 약정이 있었다고 본 사례.

[2] 계약당사자 사이에 어떠한 계약내용을 처분문서인 서면으로 작성한 경우에 문언의 객관적인 의미가 명확하다면 특별한 사정이 없는 한 문언대로의 의사표시의 존재와 내용을 인정하여야 하고, 특히 문언의 객관적 의미와 달리 해석함으로써 당사자 사이의 법률관계에 중대한 영향을 초래하게 되는 경우에는 그 문언의 내용을 더욱 엄격하게 해석하여야 할 것이다.

[3] 양도인의 상호를 계속 사용하지 아니하는 영업양수인에 대해서도 양도인의 영업으로 인한 채무를 인수할 것을 광고한 때에는 그 변제책임을 인정하는 상법 제44조의 법리는 영업양수인이 양도인의 채무를 받아들이는 취지를 광고에 의하여 표시한 경우에 한하지 않고, 양도인의 채권자에 대하여 개별적으로 통지를 하는 방식으로 그 취지를 표시한 경우에도 적용이 되어, 그 채권자와의 관계에서는 위 채무변제의 책임이 발생한다.

[4] 甲 회사의 임원으로 근무하던 중 '폴리테트라메틸렌 에테르글리콜' (PTMEG : Polytetramethylene Etherglycol)의 중간물질인 '폴리테트라메틸렌 에테르글리콜 디에스테르' (PTMEA : Polytetramethylene Etherglycol Diester)의 제조 방법에 관한 발명을 완성한 자가 그 발명에 관하여 특허를 받을 권리를 乙 회사에게 묵시적으로 양도하면서 그 양도대금을 지급받기로 묵시적 약정을 하였는데, 그 후 丁 회사가 乙 회사를 합병한 丙회사와의 사이에 丙 회사가 PTMEG 사업을 영위하는 데 사용하고 있는 실질적인 모든 자산과 부채를 포함한 사업을 양도받기로 하는 영업양도 계약을 체결하고, 위 발명자가 내용증명으로 보상요구를 하자 '발명자가 요청한 사항이 청구 유효기간 내에 청구되었음을 확인하고, 청구 내용에 대해 청구 효력의 만료일 이후에도 계속 협의해 나가겠다' 는 취지의 답변을 한 후 그 발명자와 여러 차례에 걸쳐 지급할 보상금의 액수에 대한 협의를 한 사안에서, 영업양도 계약서의 문언대로 의사표시의 존재와 내용을 인정하여 위 특허를 받을 권리의 양도대금 채무가 인수 대상에 포함되지 않았다고 보아야 하나, 발명자의 보상요구에 대한 위 답변과 협의는 丁 회사가 발명자에게 영업양도인인 丙 회사로부터 위 양도대금 채무를 인수하였다는 취지를 표시한 것에 해당하므로, 丁 회사는 상법 제44조의 채무인수를 광고한 양수인으로서 발명자에게 위 양도대금 채무를 변제할 책임이 있다고 한 사례.

[5] 사용자가 직무발명을 제3자에게 양도한 이후에는 더 이상 그 발명으로 인하여 얻을 이익이 없을 뿐만 아니라, 직무발명의 양수인이 직무발명을 실시함으로써 얻은 이익은 양수인이 처한 우연한 상황에 따라 좌우되는 것이어서 이러한 양수인의 이익액까지 사용자가 지급해야 할 직무발명 보상금의 산정에 참작하는 것은 불합리하므로, 사용자가 직무발명을 양도한 경우에는 특별한 사정이 없는 한 그 양도대금을 포함하여 양도시까지 사용자가 얻은 이익액만을 참작하여 양도인인 사용자가 종업원에게 지급해야 할 직무발명 보상금을 산정해야 한다.

제45조(영업양도인의 책임의 존속기간) 영업양수인이 제42조제1항 또는 전조의 규정에 의하여 변제의 책임이 있는 경우에는 양도인의 제3자에 대한 채무는 영업양도 또는 광고후 2년이 경과하면 소멸한다.

판례-물품대금

[대법원 2009.9.10, 선고, 2009다38827, 판결]

【판시사항】

영업의 출자로 설립된 회사가 상호를 계속 사용함으로써 상법 제42조 제1항이 유추적용되는 경우, 상법 제45조도 당연히 유추적용되는지 여부(적극)

【판결요지】

상법 제42조 제1항은 영업양수인이 양도인의 상호를 계속 사용하는 경우에는 양도인의 영업으로 인한 제3자의 채권에 대하여 양수인도 변제할 책임이 있다고 규정하고, 상법 제45조는 영업양수인이 상법 제42조 제1항의 규정에 의하여 변제의 책임이 있는 경우에는 양도인의 제3자에 대한 채무는 영업양도 후 2년이 경과하면 소멸한다고 규정하고 있는바, 영업을 출자하여 주식회사를 설립하고 그 상호를 계속 사용함으로써 상법 제42조 제1항의 규정이 유추적용되는 경우에는 상법 제45조의 규정도 당연히 유추적용된다.

제2편 상행위
제1장 통칙

제46조(기본적 상행위) 영업으로 하는 다음의 행위를 상행위라 한다. 그러나 오로지 임금을 받을 목적으로 물건을 제조하거나 노무에 종사하는 자의 행위는 그러하지 아니하다. <개정 1995.12.29., 2010.5.14.>

1. 동산, 부동산, 유가증권 기타의 재산의 매매
2. 동산, 부동산, 유가증권 기타의 재산의 임대차
3. 제조, 가공 또는 수선에 관한 행위
4. 전기, 전파, 가스 또는 물의 공급에 관한 행위
5. 작업 또는 노무의 도급의 인수
6. 출판, 인쇄 또는 촬영에 관한 행위
7. 광고, 통신 또는 정보에 관한 행위
8. 수신·여신·환 기타의 금융거래
9. 공중(公衆)이 이용하는 시설에 의한 거래
10. 상행위의 대리의 인수
11. 중개에 관한 행위
12. 위탁매매 기타의 주선에 관한 행위
13. 운송의 인수
14. 임치의 인수
15. 신탁의 인수
16. 상호부금 기타 이와 유사한 행위
17. 보험
18. 광물 또는 토석의 채취에 관한 행위
19. 기계, 시설, 그 밖의 재산의 금융리스에 관한 행위
20. 상호·상표 등의 사용허락에 의한 영업에 관한 행위
21. 영업상 채권의 매입·회수 등에 관한 행위

22. 신용카드, 전자화폐 등을 이용한 지급결제 업무의 인수

제47조(보조적 상행위) ①상인이 영업을 위하여 하는 행위는 상행위로 본다.
②상인의 행위는 영업을 위하여 하는 것으로 추정한다.

처가 남편의 사업자금에 피룡한 돈을 빌린 경우 남편의 책임

(대한법률구조공단 자료)

질문

저는 얼마 전 가정용프로판가스 소매업을 하는 甲이 가스통을 구입하는데 필요하니 돈을 빌려달라고 하여 400만원을 월2푼 이자로 빌려주면서 제가 필요하면 언제든지 돌려받기로 하고는 甲명의의 차용증을 받았습니다. 그런데 甲은 사업이 부진하다면서 이자를 연체하더니 제가 원금 및 연체된 이자의 지급을 요구하였음에도 돈이 없으니 마음대로 하라고 하였습니다. 甲은 빌려간 돈으로 가스통을 구입하는데 사용하였으므로 가스소매업의 사업등록자인 甲의 남편에게 원금 및 이자의 지급을 요구하였으나, 그는 자신이 빌리지 않았기 때문에 갚을 책임이 없다고 합니다. 이 경우 저는 甲으로부터만 돈을 받을 수 있는지요?

답변

일단 「민법」 상으로는, 위 사안과 같이 일상가사의 목적이 아닌 사업자금 명목으로 돈을 차용한 경우에는 원칙적으로 남편에게 책임이 없습니다.

「상법」 상으로는, 남편의 사업자금 명목으로 돈을 차용하고 실제로 사업자금으로 사용한 경우에는 「상법」이 적용될 수 있는바, 같은법 제47조는 상인이 영업을 위하여 하는 행위는 상행위로 보고 상인의 행위는 영업을 위하여 하는 것으로 추정한다고 규정하고 있습니다. 그러므로 위 사안의 경우와 같이 사업자금을 차용한 행위는 충분히 상행위로 인정받을 수 있을 것으로 보이며, 판례도 상인의 금전차용행위는 반증이 없는 한 영업을 위한 것으로 추정하고 있습니다(대법원 1993. 10. 26. 선고 92다55008 판결).

또한, 같은 법 제57조는 그 1인 또는 전원에게 상행위가 되는 행위로 채무를 부담한 때에는 연대하여 변제할 책임이 있다고 규정하고 있는바, 甲을 그 남편과 동업관계에 있는 상인으로 볼 경우에는 甲의 남편도 연대채무자가 되므로 그 남편에게도 사업자금의 변제를 청구할 수 있다 하겠습니다.

또, 위와 같이 복잡한 이론구성을 할 필요 없이 甲을 단순한 남편사업의 영업보조자로 본다 하더라도 甲의 사업자금 차용행위는 보조적 상행위로 볼 수 있고, 또한 상행위의 대리는 대리인이 본인을 위한 것임을 표시하지 아니하더라도 본인에 대하여 효력이 발생하므로(상법 제47조, 제48조), 甲이 사업자금을 차용하고 사업을 위하여 사용한 것에 대하여 그 남편은 대리행위의 효과에 의하여 본인으로서의 책임이 있습니다.

판례도 영업보조자의 영업에 관한 계약은 본인을 위한 표시가 없어도 본인에 대하여 효력을 인정하고 있습니다(대법원 1956. 12. 15. 선고 4289민상527 판결).

따라서 위 사안의 경우 甲을 상인으로 보든, 영업보조자로 보든, 甲의 남편은 그 책임을 부담하여야 하므로 귀하는 甲의 남편을 상대로 대여금반환청구의 소액심판을 제기해볼 수 있을 것입니다.

"본 사례는 개인의 법률문제 해결에 도움을 주고자 게재되었으나, 이용자 여러분의 생활에서 발생하는 구체적 사안은 동일하지는 않을 것이므로 참고자료로 활용하시기 바랍니다."

제48조(대리의 방식) 상행위의 대리인이 본인을 위한 것임을 표시하지 아니하여도 그 행위는 본인에 대하여 효력이 있다. 그러나 상대방이 본인을 위한 것임을 알지 못한 때에는 대리인에 대하여도 이행의 청구를 할 수 있다.

제49조(위임) 상행위의 위임을 받은 자는 위임의 본지에 반하지 아니한 범위 내에서 위임을 받지 아니한 행위를 할 수 있다.

판례-손해 배상

[대법원 2012.2.23, 선고, 2010다83700, 판결]

【판시사항】
[1] 신디케이티드 론(syndicated loan) 거래의 참여은행과 참여은행으로부터 신디케이티드 론 관련 행정 및 관리사무 처리를 위탁받은 대리은행의 법률관계(=위임관계) 및 이 경우 대리은행이 부담하는 선관주의의무의 범위
[2] 다른 은행들과 신디케이트를 구성하여 甲 주식회사에 아파트 신축사업 자금을 융자하는 데 참여한 乙 은행이 대출금 집행의 관리·감독사무를 위임받은 丙 은행을 상대로, 丙 은행이 甲 회사가 담보로 제공할 토지의 소유권 확보 목적으로 사용하기로 한 잔여 대출금을 다른 토지의 계약금으로 사용하는 데 동의하게 되면 약정한 담보제공이 이루어질 수 없는 사정을 알았거나 알 수 있었음에도 즉시 이를 참여은행에 알리지 않았다며 손해배상을 구한 사안에서, 丙 은행이 선량한 관리자의 주의의무를 위반하였다고 볼 수 없다고 한 사례

【판결요지】
[1] 복수의 참여은행이 신디케이트를 구성하여 채무자에게 자금을 융자하는 신디케이티드 론(syndicated loan) 거래에서, 참여은행으로부터 신디케이티드 론과 관련된 행정 및 관리사무의 처리를 위탁받아 참여은행을 대리하게 되는 대리은행(agent bank)은 위탁받은 사무에 관하여 참여은행과 위임관계에 있다. 이 경우 구체적인 위임사무의 범위는 신디케이티드 론 계약의 대리조항(agency clause)에 의하여 정해지지만, 참여은행과 대리은행은 모두 상호 대등한 지위에서 계약조건의 교섭을 할 수 있는 전문적 지식을 가진 거래주체라는 점에서 원칙적으로 대리은행은 대리조항에 의하여 명시적으로 위임된 사무의 범위 내에서 위임 본지에 따라 선량한 관리자의 주의로써 위임사무를 처리하여야 하고, 명시적으로 위임받은 사무 이외의 사항에 대하여는 이를 처리하여야 할 의무를 부담한다고 할 수 없다.
[2] 다른 은행들과 신디케이트를 구성하여 甲 주식회사에 아파트 신축사업 자금을 융자하는 데 참여한 乙 은행이 대출금 집행의 관리·감독사무를 위임받은 丙 은행을 상대로, 丙 은행이 甲 회사가 대주단에 담보로 제공할 토지의 소유권 확보 목적으로 사용하기로 한 잔여 대출금을 다른 토지의 계약금으로 사용하는 데 동의하게 되면 약정한 매입가 이상인 토지의 담보제공이 이루어질 수 없는 사정을 알았거나 알 수 있었음에도 즉시 이를 乙 은행 등 참여은행에 알리지 않았다며 손해배상을 구한 사안에서, 제반 사정에 비추어 융자협약 당시 丙 은행이 참여은행에게서 그러한 사정이 발생하는지를 감시하여 보고하는 사무를 별도로 위임받지 않은 이상 즉시 이를 乙 은행 등 참여은행에 알리지 않았다고 하여 丙 은행이 대출금 집행의 관리·감독사무에 관하여 선량한 관리자의 주의의무를 위반하였다고 볼 수 없다고 한 사례.

제50조(대리권의 존속) 상인이 그 영업에 관하여 수여한 대리권은 본인의 사망으로 인하여 소멸하지 아니한다.
[전문개정 2010.5.14.]

제51조(대화자간의 청약의 구속력) 대화자간의 계약의 청약은 상대방이 즉시 승낙하지 아니한 때에는 그 효력을 잃는다.

제52조 삭제 <2010.5.14.>

第53条(청약에 대한 낙부통지의무) 상인이 상시 거래관계에 있는 자로부터 그 영업부류에 속한 계약의 청약을 받은 때에는 지체없이 낙부의 통지를 발송하여야 한다. 이를 해태한 때에는 승낙한 것으로 본다.

판례-보증채무금·사해행위취소

[대법원 2007.5.10, 선고, 2007다4691, 판결]

【판시사항】

[1] 연대보증인 제외 요청에 대하여 금융기관이 승낙 여부의 통지를 하지 않았다 하여 그 요청을 승낙한 것으로 볼 수 있는지 여부(소극)

[2] 회사의 어음거래약정에 연대보증을 한 대표이사가 대표이사직을 사임한 경우, 채권자인 금융기관이 위와 같은 사정변경 사실을 알고 있었다는 사정만으로는 연대보증계약이 해지되었다고 볼 수 없다고 한 사례

【판결요지】

[1] 통상의 금융거래에 있어서 연대보증인에서 제외시켜 달라는 채무자측의 요청은, 채권자인 금융기관의 입장에서 볼 때 이미 다른 확실한 물적·인적 담보가 확보되어 있다거나 또는 그 연대보증에 대신할 만한 충분한 담보가 새로이 제공된다는 등의 특별한 사정이 없는 한 그에 대한 승낙이 당연히 예상된다고 할 수는 없기 때문에, 위와 같은 특별한 사정이 없는 연대보증인 제외 요청에 대하여 금융기관이 승낙 여부의 통지를 하지 않았다고 하여 상법 제53조에 따라 금융기관이 그 요청을 승낙한 것으로 볼 수는 없다.

[2] 회사의 어음거래약정에 연대보증을 한 대표이사가 대표이사직을 사임한 경우, 채권자인 금융기관이 위와 같은 사정변경 사실을 알고 있었다는 사정만으로는 연대보증계약이 해지되었다고 볼 수 없다고 한 사례.

第54条(상사법정이율) 상행위로 인한 채무의 법정이율은 연 6분으로 한다. <개정 1962.12.12.>

第55条(법정이자청구권) ① 상인이 그 영업에 관하여 금전을 대여한 경우에는 법정이자를 청구할 수 있다.

② 상인이 그 영업범위 내에서 타인을 위하여 금전을 체당(替當)하였을 때에는 체당한 날 이후의 법정이자를 청구할 수 있다.

[전문개정 2010.5.14.]

第56条(지점거래의 채무이행장소) 채권자의 지점에서의 거래로 인한 채무이행의 장소가 그 행위의 성질 또는 당사자의 의사표시에 의하여 특정되지 아니한 경우 특정물 인도 외의 채무이행은 그 지점을 이행장소로 본다.

[전문개정 2010.5.14.]

第57条(다수채무자간 또는 채무자와 보증인의 연대) ①수인이 그 1인 또는 전원에게 상행위가 되는 행위로 인하여 채무를 부담한 때에는 연대하여 변제할 책임이 있다.

②보증인이 있는 경우에 그 보증이 상행위이거나 주채무가 상행위로 인한 것인 때에는 주채무자와 보증인은 연대하여 변제할 책임이 있다.

판례-보험금

[대법원 2015.3.26, 선고, 2012다25432, 판결]

【판시사항】

[1] 공동이행방식의 공동수급체 구성원들이 상인인 경우, 도급인에 대한 하자보수의무에 관하여 연대책임을 지는지 여부(적극)

[2] 공동수급체 구성원이 개별적으로 출자비율에 따른 하자보수보증보험계약을 체결한 경우, 보험자가 피보험자인 도급인에 대하여 보험금지급의무를 부담하기 위한 요건 / 보험자의 보험금지급의무가 발생한 상태에서 연대채무를 부담하는 다른 공동수급체 구성원이 면책행위로 보험계약자의 주계약상 채무를 소멸시킨 경우, 보험계약자의 부담부분에 대하여 구상권을 행사할 수 있는지 여부(적극) 및 구상권 행사의 범위 내에서 도급인의 보험금청구권을 대위행사할 수 있는지 여부(적극)

[3] 하자보수보증보험계약에 따른 보험금청구권의 소멸시효 기산점

【판결요지】

[1] 공동이행방식의 공동수급체는 민법상 조합의 성질을 가지는데, 조합의 채무는 조합원의 채무로서 특별한 사정이 없는 한 조합채권자는 각 조합원에 대하여 지분의 비율에 따라 또는 균일적으로 권리를 행사할 수 있지만, 조합채무가 조합원 전원을 위하여 상행위가 되는 행위로 인하여 부담하게 된 것이라면 상법 제57조 제1항을 적용하여 조합원들의 연대책임을 인정함이 상당하므로, 공동수급체의 구성원들이 상인인 경우 공사도급계약에 따라 도급인에게 하자보수를 이행할 의무는 구성원 전원의 상행위에 의하여 부담한 채무로서 공동수급체의 구성원들은 연대하여 도급인에게 하자보수를 이행할 의무가 있다.

[2] 공동수급체 구성원이 개별적으로 출자비율에 따른 하자보수보증보험계약을 체결한 경우 피보험자인 도급인으로부터 하자보수를 요구받은 보험계약자가 이행기간 내에 의무를 이행하지 아니하면 그때 보험사고와 이에 근거한 재산상 손해가 발생하여 보험자는 피보험자인 도급인에 대하여 보험금지급의무를 부담한다. 그리고 이러한 상태에서 연대채무를 부담하는 다른 공동수급체 구성원의 면책행위에 의하여 보험계약자의 주계약상 채무가 소멸한 경우, 면책행위를 한 다른 공동수급체 구성원은 민법 제425조 제1항에 따라 자신과 연대하여 하자보수의무를 부담하는 보험계약자의 부담부분에 대하여 구상권을 행사할 수 있다. 보증보험은 형식적으로는 보험계약자의 채무불이행을 보험사고로 하는 보험계약이지만 실질적으로는 보증의 성격을 가지고 보증계약과 같은 효과를 목적으로 하는 것이므로 민법의 보증에 관한 규정이 준용될 뿐만 아니라, 구상권의 범위 내에서 법률상 당연히 변제자에게 이전되는 채권자의 담보에 관한 권리에는 질권, 저당권이나 보증인에 대한 권리 등과 같이 전형적인 물적·인적 담보는 물론, 채권자와 채무자 사이에 채무의 이행을 확보하기 위한 특약이 있는 경우에 그 특약에 기하여 채권자가 가지는 권리도 포함되므로, 면책행위를 한 다른 공동수급체 구성원은 하자보수를 요구받은 보험계약자에게 구상권을 행사할 수 있는 범위에서 민법 제481조에 따라 채권자인 도급인의 담보에 관한 권리인 하자보수보증보험계약에 따른 보험금청구권을 대위행사할 수 있다.

[3] 보험금청구권의 소멸시효 기산점은 특별한 사정이 없는 한 보험사고가 발생한 때이고, 하자보수보증보험계약의 보험사고는 보험계약자가 하자담보 책임기간 내에 발생한 하자에 대한 보수 또는 보완청구를 받고도 이를 이행하지 아니한 것을 의미하므로, 이 경우 보험금청구권의 소멸시효는 늦어도 보험기간의 종기부터 진행한다.

제58조(상사유치권) 상인간의 상행위로 인한 채권이 변제기에 있는 때에는 채권자는 변제를 받을 때까지 그 채무자에 대한 상행위로 인하여 자기가 점유하고 있는 채무자소유의 물건 또는 유가증권을 유치할 수 있다. 그러나 당사자간에 다른 약정이 있으면 그러하지 아니하다.

제59조(유질계약의 허용) 민법 제339조의 규정은 상행위로 인하여 생긴 채권을 담보하기 위하여 설정한 질권에는 적용하지 아니한다.

제60조(물건보관의무) 상인이 그 영업부류에 속한 계약의 청약을 받은 경우에 견품 기타의 물건을 받은 때에는 그 청약을 거절한 때에도 청약자의 비용으로 그 물건을 보관하여야 한다. 그러나 그 물건의 가액이 보관의 비용을 상환하기에 부족하거나 보관으로 인하여 손해를 받을 염려가 있는 때에는 그러하지 아니하다.

제61조(상인의 보수청구권) 상인이 그 영업범위내에서 타인을 위하여 행위를 한 때에는 이에 대하여 상당한 보수를 청구할 수 있다.

판례-손해배상(기)

[대법원 2010.6.10, 선고, 2009다98669, 판결]

【판시사항】

A 조합이 B 조합의 해산 후 별도의 절차에 따라 새로 설립되었으나 B 조합과 조합업무 위임계약 및 조합업무대행 수수료 지급약정을 체결한 甲이 실제로 B 조합에 이어 A 조합의 업무를 상당 부분 대행해 왔고, A 조합도 그 법률적 효과와 경제적 이익을 누려왔다면, A 조합과 甲 사이에 사무관리에 의한 법정채권관계가 성립하였다고 본 사례

【판결요지】

A 조합이 B 조합의 해산 후 별도의 절차에 따라 새로 설립되었으나 B 조합과 조합업무 위임계약 및 조합업무대행 수수료 지급약정을 체결한 甲이 실제로 B 조합에 이어 A 조합의 업무를 상당 부분 대행해 왔고, A 조합도 그 법률적 효과와 경제적 이익을 누려왔다면, 甲은 A 조합이 B 조합과 실체가 동일하여 B 조합과 甲 사이에 체결된 위 약정을 승계한 것으로 생각하였거나, 적어도 A 조합과 새로운 조합업무 위임계약이 체결될 것을 기대하고 보수를 지급받을 목적으로 법률상 의무 없이 A 조합을 위하여 A 조합의 사무를 처리해 온 것임을 인정할 수 있으므로, A 조합과 甲 사이에 사무관리에 의한 법정채권관계가 성립하였다고 본 사례.

제62조(임치를 받은 상인의 책임) 상인이 그 영업범위내에서 물건의 임치를 받은 경우에는 보수를 받지 아니하는 때에도 선량한 관리자의 주의를 하여야 한다.

제63조(거래시간과 이행 또는 그 청구) 법령 또는 관습에 의하여 영업시간이 정하여져 있는 때에는 채무의 이행 또는 이행의 청구는 그 시간내에 하여야 한다.

제64조(상사시효) 상행위로 인한 채권은 본법에 다른 규정이 없는 때에는 5년간 행사하지 아니하면 소멸시효가 완성한다. 그러나 다른 법령에 이보다 단기의 시효의 규정이 있는 때에는 그 규정에 의한다.

상사채무를 면책적으로 인수한 경우 그 채무의 소멸시효기간

(대한법률구조공단 자료)

질문

甲은 상인인 동생 乙이 영업자금으로 상인이 아닌 丙으로부터 빌린 채무에 대하여 丙의 승낙을 받아 乙은 채무자지위에서 벗어나고 甲이 그 채무를 인수하기로 하였는데, 상인 乙이 丙에 대하여 부담하던 채무는 상행위로 인한 채무로서 상사시효의 적용을 받아 그 소멸시효기간이 5년이었지만, 甲은 상인이 아니므로 甲이 인수한 위 채무의 소멸시효기간은 민법과 상법 중 어떤 법을 적용받게 되는지요?

답변

「상법」 제64조에서 상행위로 인한 채권은 본법에 다른 규정이 없는 때에는 5년간 행사하지 아니하면 소멸시효가 완성하고, 다만 다른 법령에 이보다 단기의 시효의 규정이 있는 때에는 그 규정에 의한다고 규정하고 있으며, 「상법」 제64조에서 정한 상사채권에는 당사자 쌍방에 대하여 모두 상행위가 되는 행위로 인한 채권뿐만 아니라, 당사자 일방에 대하여만 상행위에 해당하는 행위로 인한 채권도 포함되고, 그 상행위에는 「상법」 제46조 각호에 해당하는 기본적 상행위뿐만 아니라 상인이 영업을 위하여 하는 보조적 상행위도 포함됩니다(대법원 2010. 3. 11. 선고 2009다100098 판결). 그러므로 위 사안에서 상인 乙이 상인이 아닌 丙으로부터 금전을 차용한 채무는 당사자 일방에 대하여만 상행위로 인한 채권이지만 상법상 시효규정의 적용을 받게 됩니다.
그런데 상인이 아닌 개인이 상사채무를 면책적으로 인수한 경우에도 그 인수채무의 소멸시효기간은 상사시효적용을 받는지에 관하여 판례를 보면, 면책적 채무인수란 채무의 동일성을 유지하면서 이를 종래의 채무자로부터 제3자인 인수인에게 이전하는 것을 목적으로 하는 계약으로서, 채무인수로 인하여 인수인은 종래의 채무자와 지위를 교체하여 새로이 당사자로서 채무관계에 들어서서 종래의 채무자와 동일한 채무를 부담하고 동시에 종래의 채무자는 채무관계에서 탈퇴하여 면책되는 것일 뿐이므로, 인수채무가 원래 5년의 상사시효의 적용을 받던 채무라면 그 후 면책적 채무인수에 따라 그 채무자지위가 인수인으로 교체되었더라도 그 소멸시효기간은 여전히 5년의 상사시효의 적용을 받는다 할 것이고, 이는 채무인수행위가 상행위나 보조적 상행위에 해당하지 아니한다고 하여 달리 볼 것이 아니라고 하였습니다(대법원 1999. 7. 9. 선고 99다12376 판결).
그러므로 甲의 丙에 대한 인수채무 역시 상사시효의 적용을 받아 그 소멸시효기간은 5년이 될 것으로 보입니다. 그리고 면책적 채무인수가 있는 경우, 인수채무의 소멸시효기간은 채무인수와 동시에 이루어진 소멸시효 중단사유, 즉 채무승인에 따라 채무인수일로부터 새로이 소멸시효가 진행된다고 볼 수 있을 것입니다.

"본 사례는 개인의 법률문제 해결에 도움을 주고자 게재되었으나, 이용자 여러분의 생활에서 발생하는 구체적 사안은 동일하지는 않을 것이므로 참고자료로 활용하시기 바랍니다."

제65조(유가증권과 준용규정) ① 금전의 지급청구권, 물건 또는 유가증권의 인도청구권이나 사원의 지위를 표시하는 유가증권에 대하여는 다른 법률에 특별한 규정이 없으면 「민법」 제508조부터 제525조까지의 규정을 적용하는 외에 「어음법」 제12조제1항 및 제2항을 준용한다.
② 제1항의 유가증권은 제356조의2제1항의 전자등록기관의 전자등록부에 등록하여 발행할 수 있다. 이 경우 제356조의2제2항부터 제4항까지의 규정을 준용한다.
[전문개정 2011.4.14.]

제66조(준상행위) 본장의 규정은 제5조의 규정에 의한 상인의 행위에 준용한다.

판례-대여금

[대법원 2012.4.13, 선고, 2011다104246, 판결]

【판시사항】

[1] 개업준비행위 및 영업자금의 차입 행위에 관하여 상행위에 관한 상법 규정이 적용되는 경우

[2] 甲이 학원 설립과정에서 영업준비자금으로 乙에게서 돈을 차용한 후 학원을 설립하여 운영한 사안에서, 학원영업을 위한 준비행위인 차용행위를 한 때 甲은 상인자격을 취득하고 아울러 위 차용행위는 영업을 위한 행위로서 보조적 상행위가 되어 상법 제64조에서 정한 상사소멸시효가 적용된다고 한 사례

【판결요지】

[1] 상법은 점포 기타 유사한 설비에 의하여 상인적 방법으로 영업을 하는 자는 상행위를 하지 아니하더라도 상인으로 보면서(제5조 제1항), 제5조 제1항에 의한 의제상인의 행위에 대하여 상사소멸시효 등 상행위에 관한 통칙 규정을 준용하도록 하고 있다(제66조). 한편 영업의 목적인 상행위를 개시하기 전에 영업을 위한 준비행위를 하는 자는 영업으로 상행위를 할 의사를 실현하는 것이므로 준비행위를 한 때 상인자격을 취득함과 아울러 개업준비행위는 영업을 위한 행위로서 최초의 보조적 상행위가 되는 것이고, 이와 같은 개업준비행위는 반드시 상호등기·개업광고·간판부착 등에 의하여 영업의사를 일반적·대외적으로 표시할 필요는 없으나 점포구입·영업양수·상업사용인의 고용 등 준비행위의 성질로 보아 영업의사를 상대방이 객관적으로 인식할 수 있으면 당해 준비행위는 보조적 상행위로서 여기에 상행위에 관한 상법의 규정이 적용된다. 그리고 영업자금 차입 행위는 행위 자체의 성질로 보아서는 영업의 목적인 상행위를 준비하는 행위라고 할 수 없지만, 행위자의 주관적 의사가 영업을 위한 준비행위이었고 상대방도 행위자의 설명 등에 의하여 그 행위가 영업을 위한 준비행위라는 점을 인식하였던 경우에는 상행위에 관한 상법의 규정이 적용된다고 봄이 타당하다.

[2] 甲이 학원 설립과정에서 영업준비자금으로 乙에게서 돈을 차용한 후 학원을 설립하여 운영한 사안에서, 제반 사정에 비추어 甲이 운영한 학원업은 점포 기타 유사한 설비에 의하여 상인적 방법으로 영업을 하는 경우에 해당하여 甲은 상법 제5조 제1항에서 정한 '의제상인'에 해당하는데, 甲의 차용행위는 학원영업을 위한 준비행위에 해당하고 상대방인 乙도 이러한 사정을 알고 있었으므로 차용행위를 한 때 甲은 상인자격을 취득함과 아울러 차용행위는 영업을 위한 행위로서 보조적 상행위가 되어 상법 제64조에서 정한 상사소멸시효가 적용된다고 한 사례.

제2장 매매

제67조(매도인의 목적물의 공탁, 경매권) ①상인간의 매매에 있어서 매수인이 목적물의 수령을 거부하거나 이를 수령할 수 없는 때에는 매도인은 그 물건을 공탁하거나 상당한 기간을 정하여 최고한 후 경매할 수 있다. 이 경우에는 지체없이 매수인에 대하여 그 통지를 발송하여야 한다.

②전항의 경우에 매수인에 대하여 최고를 할 수 없거나 목적물이 멸실 또는 훼손될 염려가 있는 때에는 최고없이 경매할 수 있다.

③전2항의 규정에 의하여 매도인이 그 목적물을 경매한 때에는 그 대금에서

경매비용을 공제한 잔액을 공탁하여야 한다. 그러나 그 전부나 일부를 매매대금에 충당할 수 있다.

제68조(확정기매매의 해제) 상인간의 매매에 있어서 매매의 성질 또는 당사자의 의사표시에 의하여 일정한 일시 또는 일정한 기간내에 이행하지 아니하면 계약의 목적을 달성할 수 없는 경우에 당사자의 일방이 이행시기를 경과한 때에는 상대방은 즉시 그 이행을 청구하지 아니하면 계약을 해제한 것으로 본다.

판례-손해배상(기)

[대법원 2009.7.9, 선고, 2009다15565, 판결]

【판시사항】

[1] 상인간의 매매가 상법 제68조에 정한 확정기매매인지 여부의 판단 기준

[2] 가격변동이 심한 원자재를 계약 목적물로 한 국제 중개무역이라는 사유만으로는 상법 제68조에 정한 상인간의 확정기매매에 해당한다고 볼 수 없다고 한 사례

【판결요지】

[1] 상법 제68조에 정한 상인간의 확정기매매의 경우 당사자의 일방이 이행시기를 경과하면 상대방은 이행의 최고나 해제의 의사표시 없이 바로 해제의 효력을 주장할 수 있는바, 상인간의 확정기매매인지 여부는 매매목적물의 가격 변동성, 매매계약을 체결한 목적 및 그러한 사정을 상대방이 알고 있었는지 여부, 매매대금의 결제 방법 등과 더불어 이른바 시.아이.에프(C. I. F.) 약관과 같이 선적기간의 표기가 불가결하고 중요한 약관이 있는지 여부, 계약 당사자 사이에 종전에 계약이 체결되어 이행된 방식, 당해 매매계약에서의 구체적인 이행 상황 등을 종합하여 판단하여야 한다.

[2] 계약 당사자 사이에 종전에 계약이 체결되어 이행된 방식, 당해 매매계약에서의 구체적인 이행 상황 등에 비추어 볼 때, 가격변동이 심한 원자재를 계약 목적물로 한 국제 중개무역이라는 사유만으로는 상법 제68조에 정한 상인간의 확정기매매에 해당한다고 볼 수 없다고 한 사례.

제69조(매수인의 목적물의 검사와 하자통지의무) ①상인간의 매매에 있어서 매수인이 목적물을 수령한 때에는 지체없이 이를 검사하여야 하며 하자 또는 수량의 부족을 발견한 경우에는 즉시 매도인에게 그 통지를 발송하지 아니하면 이로 인한 계약해제, 대금감액 또는 손해배상을 청구하지 못한다. 매매의 목적물에 즉시 발견할 수 없는 하자가 있는 경우에 매수인이 6월내에 이를 발견한 때에도 같다.

②전항의 규정은 매도인이 악의인 경우에는 적용하지 아니한다.

판례-구상금등(하자담보책임 및 불완전이행 사건)

[대법원 2015.6.24, 선고, 2013다522, 판결]

【판시사항】

[1] 민법상 매도인의 담보책임에 대한 특칙인 상법 제69조 제1항이 불완전이행으로 인한 손해배상청구에 적용되는지 여부(소극)

[2] 甲 유한회사가 乙 주식회사를 상대로 乙 회사가 유류, 중금속 등으로 오염된 토지를 매도하였다는 이유로 매도인의 하자담보책임 또는 불완전이행으로 인한

손해배상을 구한 사안에서, 하자담보책임에 기한 손해배상청구는 배척하고 불완전이행으로 인한 손해배상책임은 인정한 사례

【판결요지】
[1] 상인 간의 매매에서 매수인이 목적물을 수령한 때에는 지체 없이 이를 검사하여 하자 또는 수량의 부족을 발견한 경우에는 즉시, 즉시 발견할 수 없는 하자가 있는 경우에는 6개월 내에 매수인이 매도인에게 그 통지를 발송하지 아니하면 그로 인한 계약해제, 대금감액 또는 손해배상을 청구하지 못하도록 규정하고 있는 상법 제69조 제1항은 민법상 매도인의 담보책임에 대한 특칙으로서, 채무불이행에 해당하는 이른바 불완전이행으로 인한 손해배상책임을 묻는 청구에는 적용되지 않는다.
[2] 甲 유한회사가 乙 주식회사를 상대로 乙 회사가 유류, 중금속 등으로 오염된 토지를 매도하였다는 이유로 매도인의 하자담보책임 또는 불완전이행으로 인한 손해배상을 구한 사안에서, 甲 회사와 乙 회사의 매매계약은 상인 간의 매매인데 甲 회사가 토지를 인도받아 소유권이전등기를 마친 때로부터 6개월이 훨씬 경과한 후에야 토지에 토양 오염 등의 하자가 있음을 통지하였다는 이유로 하자담보책임에 기한 손해배상청구는 배척하고, 乙 회사가 오염된 토양을 정화하지 않은 채 토지를 인도한 것은 불완전이행에 해당한다는 이유로 오염된 토양을 정화하는 데 필요한 비용 상당의 손해배상책임을 인정한 원심판단이 정당하다고 한 사례.

제70조(매수인의 목적물보관, 공탁의무)

①제69조의 경우에 매수인이 계약을 해제한 때에도 매도인의 비용으로 매매의 목적물을 보관 또는 공탁하여야 한다. 그러나 그 목적물이 멸실 또는 훼손될 염려가 있는 때에는 법원의 허가를 얻어 경매하여 그 대가를 보관 또는 공탁하여야 한다. <개정 1984.4.10.>
②제1항의 규정에 의하여 매수인이 경매한 때에는 지체없이 매도인에게 그 통지를 발송하여야 한다. <개정 1984.4.10.>
③제1항 및 제2항의 규정은 목적물의 인도장소가 매도인의 영업소 또는 주소와 동일한 특별시·광역시·시·군에 있는 때에는 이를 적용하지 아니한다. <개정 1995.12.29.>

제71조(동전-수량초과 등의 경우) 전조의 규정은 매도인으로부터 매수인에게 인도한 물건이 매매의 목적물과 상위하거나 수량이 초과한 경우에 그 상위 또는 초과한 부분에 대하여 준용한다.

제3장 상호계산

제72조(의의) 상호계산은 상인간 또는 상인과 비상인간에 상시 거래관계가 있는 경우에 일정한 기간의 거래로 인한 채권채무의 총액에 관하여 상계하고 그 잔액을 지급할 것을 약정함으로써 그 효력이 생긴다.

제73조(상업증권상의 채권채무에 관한 특칙) 어음 기타의 상업증권으로 인한

채권채무를 상호계산에 계입한 경우에 그 증권채무자가 변제하지 아니한 때에는 당사자는 그 채무의 항목을 상호계산에서 제거할 수 있다.

제74조(상호계산기간) 당사자가 상계할 기간을 정하지 아니한 때에는 그 기간은 6월로 한다.

제75조(계산서의 승인과 이의) 당사자가 채권채무의 각 항목을 기재한 계산서를 승인한 때에는 그 각 항목에 대하여 이의를 하지 못한다. 그러나 착오나 탈루가 있는 때에는 그러하지 아니하다.

제76조(잔액채권의 법정이자) ①상계로 인한 잔액에 대하여는 채권자는 계산폐쇄일 이후의 법정이자를 청구할 수 있다.
②전항의 규정에 불구하고 당사자는 각 항목을 상호계산에 계입한 날로부터 이자를 붙일 것을 약정할 수 있다.

제77조(해지) 각 당사자는 언제든지 상호계산을 해지할 수 있다. 이 경우에는 즉시 계산을 폐쇄하고 잔액의 지급을 청구할 수 있다.

제4장 익명조합

제78조(의의) 익명조합은 당사자의 일방이 상대방의 영업을 위하여 출자하고 상대방은 그 영업으로 인한 이익을 분배할 것을 약정함으로써 그 효력이 생긴다.

제79조(익명조합원의 출자) 익명조합원이 출자한 금전 기타의 재산은 영업자의 재산으로 본다.

제80조(익명조합원의 대외관계) 익명조합원은 영업자의 행위에 관하여서는 제3자에 대하여 권리나 의무가 없다.

제81조(성명, 상호의 사용허락으로 인한 책임) 익명조합원이 자기의 성명을 영업자의 상호 중에 사용하게 하거나 자기의 상호를 영업자의 상호로 사용할 것을 허락한 때에는 그 사용 이후의 채무에 대하여 영업자와 연대하여 변제할 책임이 있다.

제82조(이익배당과 손실분담) ①익명조합원의 출자가 손실로 인하여 감소된 때에는 그 손실을 전보한 후가 아니면 이익배당을 청구하지 못한다.
②손실이 출자액을 초과한 경우에도 익명조합원은 이미 받은 이익의 반환 또는 증자할 의무가 없다.
③전2항의 규정은 당사자간에 다른 약정이 있으면 적용하지 아니한다.

第83條(계약의 해지) ①조합계약으로 조합의 존속기간을 정하지 아니하거나 어느 당사자의 종신까지 존속할 것을 약정한 때에는 각 당사자는 영업연도말에 계약을 해지할 수 있다. 그러나 이 해지는 6월전에 상대방에게 예고하여야 한다.
②조합의 존속기간의 약정의 유무에 불구하고 부득이한 사정이 있는 때에는 각 당사자는 언제든지 계약을 해지할 수 있다.

第84條(계약의 종료) 조합계약은 다음의 사유로 인하여 종료한다.
1. 영업의 폐지 또는 양도
2. 영업자의 사망 또는 금치산
3. 영업자 또는 익명조합원의 파산

第85條(계약종료의 효과) 조합계약이 종료한 때에는 영업자는 익명조합원에게 그 출자의 가액을 반환하여야 한다. 그러나 출자가 손실로 인하여 감소된 때에는 그 잔액을 반환하면 된다.

第86條(준용규정) 제272조, 제277조와 제278조의 규정은 익명조합원에 준용한다.

제4장의2 합자조합

第86條의2(의의) 합자조합은 조합의 업무집행자로서 조합의 채무에 대하여 무한책임을 지는 조합원과 출자가액을 한도로 하여 유한책임을 지는 조합원이 상호출자하여 공동사업을 경영할 것을 약정함으로써 그 효력이 생긴다.
[본조신설 2011.4.14.]

第86條의3(조합계약) 합자조합의 설립을 위한 조합계약에는 다음 사항을 적고 총조합원이 기명날인하거나 서명하여야 한다.
1. 목적
2. 명칭
3. 업무집행조합원의 성명 또는 상호, 주소 및 주민등록번호
4. 유한책임조합원의 성명 또는 상호, 주소 및 주민등록번호
5. 주된 영업소의 소재지
6. 조합원의 출자(出資)에 관한 사항
7. 조합원에 대한 손익분배에 관한 사항
8. 유한책임조합원의 지분(持分)의 양도에 관한 사항
9. 둘 이상의 업무집행조합원이 공동으로 합자조합의 업무를 집행하거나 대리할 것을 정한 경우에는 그 규정
10. 업무집행조합원 중 일부 업무집행조합원만 합자조합의 업무를 집행하거나 대리할 것을 정한 경우에는 그 규정
11. 조합의 해산 시 잔여재산 분배에 관한 사항

12. 조합의 존속기간이나 그 밖의 해산사유에 관한 사항
13. 조합계약의 효력 발생일
[본조신설 2011.4.14.]

제86조의4(등기) ① 업무집행조합원은 합자조합 설립 후 2주 내에 조합의 주된 영업소의 소재지에서 다음의 사항을 등기하여야 한다.
1. 제86조의3제1호부터 제5호까지(제4호의 경우에는 유한책임조합원이 업무를 집행하는 경우에 한정한다), 제9호, 제10호, 제12호 및 제13호의 사항
2. 조합원의 출자의 목적, 재산출자의 경우에는 그 가액과 이행한 부분
② 제1항 각 호의 사항이 변경된 경우에는 2주 내에 변경등기를 하여야 한다.
[본조신설 2011.4.14.]

제86조의5(업무집행조합원) ① 업무집행조합원은 조합계약에 다른 규정이 없으면 각자가 합자조합의 업무를 집행하고 대리할 권리와 의무가 있다.
② 업무집행조합원은 선량한 관리자의 주의로써 제1항에 따른 업무를 집행하여야 한다.
③ 둘 이상의 업무집행조합원이 있는 경우에 조합계약에 다른 정함이 없으면 그 각 업무집행조합원의 업무집행에 관한 행위에 대하여 다른 업무집행조합원의 이의가 있는 경우에는 그 행위를 중지하고 업무집행조합원 과반수의 결의에 따라야 한다.
[본조신설 2011.4.14.]

제86조의6(유한책임조합원의 책임) ① 유한책임조합원은 조합계약에서 정한 출자가액에서 이미 이행한 부분을 뺀 가액을 한도로 하여 조합채무를 변제할 책임이 있다.
② 제1항의 경우 합자조합에 이익이 없음에도 불구하고 배당을 받은 금액은 변제책임을 정할 때에 변제책임의 한도액에 더한다.
[본조신설 2011.4.14.]

제86조의7(조합원의 지분의 양도) ① 업무집행조합원은 다른 조합원 전원의 동의를 받지 아니하면 그 지분의 전부 또는 일부를 타인에게 양도(讓渡)하지 못한다.
② 유한책임조합원의 지분은 조합계약에서 정하는 바에 따라 양도할 수 있다.
③ 유한책임조합원의 지분을 양수(讓受)한 자는 양도인의 조합에 대한 권리·의무를 승계한다.
[본조신설 2011.4.14.]

제86조의8(준용규정) ① 합자조합에 대하여는 제182조제1항, 제228조, 제253조, 제264조 및 제285조를 준용한다.
② 업무집행조합원에 대하여는 제183조의2, 제198조, 제199조, 제200조의2, 제208조제2항, 제209조, 제212조 및 제287조를 준용한다. 다만, 제

198조와 제199조는 조합계약에 다른 규정이 있으면 그러하지 아니하다.
③ 조합계약에 다른 규정이 없으면 유한책임조합원에 대하여는 제199조, 제272조, 제275조, 제277조, 제278조, 제283조 및 제284조를 준용한다.
④ 합자조합에 관하여는 이 법 또는 조합계약에 다른 규정이 없으면 「민법」 중 조합에 관한 규정을 준용한다. 다만, 유한책임조합원에 대하여는 「민법」 제712조 및 제713조는 준용하지 아니한다.
[본조신설 2011.4.14.]

제86조의9(과태료) 합자조합의 업무집행조합원, 제86조의8에 따라 준용되는 제183조의2 또는 제253조에 따른 직무대행자 또는 청산인이 이 장(章)에서 정한 등기를 게을리한 경우에는 500만원 이하의 과태료를 부과한다.
[본조신설 2011.4.14.]

제5장 대리상

제87조(의의) 일정한 상인을 위하여 상업사용인이 아니면서 상시 그 영업부류에 속하는 거래의 대리 또는 중개를 영업으로 하는 자를 대리상이라 한다.

제88조(통지의무) 대리상이 거래의 대리 또는 중개를 한 때에는 지체없이 본인에게 그 통지를 발송하여야 한다.

제89조(경업금지) ①대리상은 본인의 허락없이 자기나 제3자의 계산으로 본인의 영업부류에 속한 거래를 하거나 동종영업을 목적으로 하는 회사의 무한책임사원 또는 이사가 되지 못한다.
②제17조제2항 내지 제4항의 규정은 대리상이 전항의 규정에 위반한 경우에 준용한다.

제90조(통지를 받을 권한) 물건의 판매나 그 중개의 위탁을 받은 대리상은 매매의 목적물의 하자 또는 수량부족 기타 매매의 이행에 관한 통지를 받을 권한이 있다.

제91조(대리상의 유치권) 대리상은 거래의 대리 또는 중개로 인한 채권이 변제기에 있는 때에는 그 변제를 받을 때까지 본인을 위하여 점유하는 물건 또는 유가증권을 유치할 수 있다. 그러나 당사자간에 다른 약정이 있으면 그러하지 아니하다.

제92조(계약의 해지) ①당사자가 계약의 존속기간을 약정하지 아니한 때에는 각 당사자는 2월전에 예고하고 계약을 해지할 수 있다.
②제83조제2항의 규정은 대리상에 준용한다.

제92조의2(대리상의 보상청구권) ①대리상의 활동으로 본인이 새로운 고객을 획득하거나 영업상의 거래가 현저하게 증가하고 이로 인하여 계약의 종료후에도 본인이 이익을 얻고 있는 경우에는 대리상은 본인에 대하여 상당한 보상을 청구할 수 있다. 다만, 계약의 종료가 대리상의 책임있는 사유로 인한 경우에는 그러하지 아니하다.

②제1항의 규정에 의한 보상금액은 계약의 종료전 5년간의 평균년보수액을 초과할 수 없다. 계약의 존속기간이 5년 미만인 경우에는 그 기간의 평균년보수액을 기준으로 한다.

③제1항의 규정에 의한 보상청구권은 계약이 종료한 날부터 6월을 경과하면 소멸한다.

[본조신설 1995.12.29.]

제92조의3(대리상의 영업비밀준수의무) 대리상은 계약의 종료후에도 계약과 관련하여 알게 된 본인의 영업상의 비밀을 준수하여야 한다.

[본조신설 1995.12.29.]

제6장 중개업

제93조(의의) 타인간의 상행위의 중개를 영업으로 하는 자를 중개인이라 한다.

제94조(중개인의 급여수령대리권) 중개인은 그 중개한 행위에 관하여 당사자를 위하여 지급 기타의 이행을 받지 못한다. 그러나 다른 약정이나 관습이 있으면 그러하지 아니하다.

제95조(견품보관의무) 중개인이 그 중개한 행위에 관하여 견품을 받은 때에는 그 행위가 완료될 때까지 이를 보관하여야 한다.

제96조(결약서교부의무) ①당사자간에 계약이 성립된 때에는 중개인은 지체없이 각 당사자의 성명 또는 상호, 계약년월일과 그 요령을 기재한 서면을 작성하여 기명날인 또는 서명한 후 각 당사자에게 교부하여야 한다. <개정 1995.12.29.>

②당사자가 즉시 이행을 하여야 하는 경우를 제외하고 중개인은 각 당사자로 하여금 제1항의 서면에 기명날인 또는 서명하게 한 후 그 상대방에게 교부하여야 한다. <개정 1995.12.29.>

③제1항 및 제2항의 경우에 당사자의 일방이 서면의 수령을 거부하거나 기명날인 또는 서명하지 아니한 때에는 중개인은 지체없이 상대방에게 그 통지를 발송하여야 한다. <개정 1995.12.29.>

제97조(중개인의 장부작성의무) ①중개인은 전조에 규정한 사항을 장부에 기재하여야 한다.

②당사자는 언제든지 자기를 위하여 중개한 행위에 관한 장부의 등본의 교부를 청구할 수 있다.

제98조(성명, 상호 묵비의 의무) 당사자가 그 성명 또는 상호를 상대방에게 표시하지 아니할 것을 중개인에게 요구한 때에는 중개인은 그 상대방에게 교부할 제96조제1항의 서면과 전조 제2항의 등본에 이를 기재하지 못한다.

제99조(중개인의 이행책임) 중개인이 임의로 또는 전조의 규정에 의하여 당사자의 일방의 성명 또는 상호를 상대방에게 표시하지 아니한 때에는 상대방은 중개인에 대하여 이행을 청구할 수 있다.

제100조(보수청구권) ①중개인은 제96조의 절차를 종료하지 아니하면 보수를 청구하지 못한다.
②중개인의 보수는 당사자쌍방이 균분하여 부담한다.

제7장 위탁매매업

제101조(의의) 자기명의로써 타인의 계산으로 물건 또는 유가증권의 매매를 영업으로 하는 자를 위탁매매인이라 한다.

판례-채권 양도절차 이행등

[대법원 2011.7.14, 선고, 2011다31645, 판결]

【판시사항】

[1] 어떠한 계약이 일반 매매계약인지 위탁매매계약인지를 판단하는 방법 및 이른바 '준위탁매매'의 경우에도 위와 같은 방법으로 판단하여야 하는지 여부(적극)
[2] 甲 주식회사가 국내에서 독점적으로 판권을 보유하고 있는 영화의 국내배급에 관하여 乙 주식회사와 체결한 국내배급대행계약이 준위탁매매계약의 성질을 갖는지가 문제된 사안에서, 乙 회사가 준위탁매매인의 지위에 있다고 본 원심판단을 수긍한 사례
[3] 위탁매매인이 위탁매매로 취득한 채권을 자신이 제3자에게 부담하는 채무를 담보하기 위해 양도한 경우, 그 효력
[4] 甲 주식회사가 국내에서 독점적으로 판권을 보유하고 있는 영화에 관하여 甲 회사와 국내배급대행계약을 체결한 乙 주식회사가 극장운영자인 丙 주식회사와 영화상영계약을 체결한 후 丙 회사에 가지게 된 부금채권을 자신의 채권자인 丁에게 채권 담보를 위해 양도한 사안에서, 채권양도가 준위탁매매계약상 위탁자의 지위에 있는 甲 회사에 효력이 없다고 본 원심판단을 수긍한 사례

【판결요지】

[1] 위탁매매란 자기의 명의로 타인의 계산에 의하여 물품을 매수 또는 매도하고 보수를 받는 것으로서 명의와 계산의 분리를 본질로 한다. 그리고 어떠한 계약이 일반의 매매계약인지 위탁매매계약인지는 계약의 명칭 또는 형식적인 문언을 떠나 그 실질을 중시하여 판단하여야 한다. 이는 자기 명의로써, 그러나 타인의 계산으로 매매 아닌 행위를 영업으로 하는 이른바 준위탁매매(상법 제113조)에 있

어서도 마찬가지이다.
[2] 甲 주식회사가 국내에서 독점적으로 판권을 보유하고 있는 영화의 국내배급에 관하여 乙 주식회사와 체결한 국내배급대행계약이 준위탁매매계약의 성질을 갖는지가 문제된 사안에서, 배급대행계약서의 내용 등 여러 사정에 비추어 乙 회사는 위 배급대행계약에 따라 甲 회사의 계산에 의해 자신의 명의로 각 극장들과 영화상영계약을 체결하였다고 보아야 하므로, 乙 회사는 준위탁매매인의 지위에 있다고 본 원심판단을 정당하다고 한 사례.
[3] 위탁매매인이 그가 제3자에 대하여 부담하는 채무를 담보하기 위하여 그 채권자에게 위탁매매로 취득한 채권을 양도한 경우에 위탁매매인은 위탁자에 대한 관계에서는 위탁자에 속하는 채권을 무권리자로서 양도한 것이고, 따라서 그 채권양도는 무권리자의 처분 일반에서와 마찬가지로 양수인이 그 채권을 선의취득하였다는 등의 특별한 사정이 없는 한 위탁자에 대하여 효력이 없다. 이는 채권양수인이 양도의 목적이 된 채권의 귀속 등에 대하여 선의였다거나 그 진정한 귀속을 알지 못하였다는 점에 관하여 과실이 없다는 것만으로 달라지지 아니한다.
[4] 甲 주식회사가 국내에서 독점적으로 판권을 보유하고 있는 영화에 관하여 甲 회사와 국내배급대행계약을 체결한 乙 주식회사가 배급대행계약의 이행으로 극장 운영자인 丙 주식회사와 영화상영계약을 체결하고 그 계약에 따라 丙 회사에 대하여 가지게 된 부금채권을 자신의 채권자인 丁에게 채권 담보를 위해 양도한 사안에서, 채권양도가 준위탁매매계약상 위탁자의 지위에 있는 甲 회사에 효력이 없다고 본 원심판단을 정당하다고 한 사례.

제102조(위탁매매인의 지위) 위탁매매인은 위탁자를 위한 매매로 인하여 상대방에 대하여 직접 권리를 취득하고 의무를 부담한다.

제103조(위탁물의 귀속) 위탁매매인이 위탁자로부터 받은 물건 또는 유가증권이나 위탁매매로 인하여 취득한 물건, 유가증권 또는 채권은 위탁자와 위탁매매인 또는 위탁매매인의 채권자간의 관계에서는 이를 위탁자의 소유 또는 채권으로 본다.

제104조(통지의무, 계산서제출의무) 위탁매매인이 위탁받은 매매를 한 때에는 지체없이 위탁자에 대하여 그 계약의 요령과 상대방의 주소, 성명의 통지를 발송하여야 하며 계산서를 제출하여야 한다.

제105조(위탁매매인의 이행담보책임) 위탁매매인은 위탁자를 위한 매매에 관하여 상대방이 채무를 이행하지 아니하는 경우에는 위탁자에 대하여 이를 이행할 책임이 있다. 그러나 다른 약정이나 관습이 있으면 그러하지 아니하다.

제106조(지정가액준수의무) ①위탁자가 지정한 가액보다 염가로 매도하거나 고가로 매수한 경우에도 위탁매매인이 그 차액을 부담한 때에는 그 매매는 위탁자에 대하여 효력이 있다.
②위탁자가 지정한 가액보다 고가로 매도하거나 염가로 매수한 경우에는 그 차액은 다른 약정이 없으면 위탁자의 이익으로 한다.

제107조(위탁매매인의 개입권) ① 위탁매매인이 거래소의 시세가 있는 물건 또는 유가증권의 매매를 위탁받은 경우에는 직접 그 매도인이나 매수인이 될 수 있다. 이 경우의 매매대가는 위탁매매인이 매매의 통지를 발송할 때의 거래소의 시세에 따른다.

② 제1항의 경우에 위탁매매인은 위탁자에게 보수를 청구할 수 있다.

[전문개정 2010.5.14.]

제108조(위탁물의 훼손, 하자 등의 효과) ①위탁매매인이 위탁매매의 목적물을 인도받은 후에 그 물건의 훼손 또는 하자를 발견하거나 그 물건이 부패할 염려가 있는 때 또는 가격저락의 상황을 안 때에는 지체없이 위탁자에게 그 통지를 발송하여야 한다.

②전항의 경우에 위탁자의 지시를 받을 수 없거나 그 지시가 지연되는 때에는 위탁매매인은 위탁자의 이익을 위하여 적당한 처분을 할 수 있다.

제109조(매수물의 공탁, 경매권) 제67조의 규정은 위탁매매인이 매수의 위탁을 받은 경우에 위탁자가 매수한 물건의 수령을 거부하거나 이를 수령할 수 없는 때에 준용한다.

제110조(매수위탁자가 상인인 경우) 상인인 위탁자가 그 영업에 관하여 물건의 매수를 위탁한 경우에는 위탁자와 위탁매매인간의 관계에는 제68조 내지 제71조의 규정을 준용한다.

제111조(준용규정) 제91조의 규정은 위탁매매인에 준용한다.

판례-유치권 부존재 확인

[대법원 2011.12.22, 선고, 2011다84298, 판결]

【판시사항】

[1] 사실상 최우선순위담보권인 유치권의 제도적 취지와 한계

[2] 채무자 소유의 목적물에 이미 저당권 기타 담보물권이 설정되어 있는데 채권자가 자기 채권의 우선적 만족을 위하여 채무자와 의도적으로 유치권의 성립요건을 충족하는 내용의 거래를 하고 목적물을 점유함으로써 유치권이 성립한 경우, 유치권을 저당권자 등에게 주장하는 것이 허용되는지 여부(소극) 및 이 경우 저당권자 등이 경매절차 기타 채권실행절차에서 유치권을 배제하기 위하여 그 부존재확인 등을 소로써 청구할 수 있는지 여부(적극)

[3] 채무자 甲 주식회사 소유의 건물 등에 관하여 乙 은행 명의의 1순위 근저당권이 설정되어 있었는데, 2순위 근저당권자인 丙 주식회사가 甲 회사와 건물 일부에 관하여 임대차계약을 체결하고 건물 일부를 점유하고 있던 중 乙 은행의 신청에 의하여 개시된 경매절차에서 유치권신고를 한 사안에서, 丙 회사가 경매절차에서 유치권을 주장하는 것은 신의칙상 허용될 수 없다고 본 원심판단을 수긍한 사례

【판결요지】

[1] 우리 법에서 유치권제도는 무엇보다도 권리자에게 그 목적인 물건을 유치하

여 계속 점유할 수 있는 대세적 권능을 인정한다(민법 제320조 제1항, 민사집행법 제91조 제5항 등 참조). 그리하여 소유권 등에 기하여 목적물을 인도받고자 하는 사람(물건의 점유는 대부분의 경우에 그 사용수익가치를 실현하는 전제가 된다)은 유치권자가 가지는 그 피담보채권을 만족시키는 등으로 유치권이 소멸하지 아니하는 한 그 인도를 받을 수 없으므로 실제로는 그 변제를 강요당하는 셈이 된다. 그와 같이 하여 유치권은 유치권자의 그 채권의 만족을 간접적으로 확보하려는 것이다. 그런데 우리 법상 저당권 등의 부동산담보권은 이른바 비점유담보로서 그 권리자가 목적물을 점유함이 없이 설정되고 유지될 수 있고 실제로도 저당권자 등이 목적물을 점유하는 일은 매우 드물다. 따라서 어떠한 부동산에 저당권 또는 근저당권과 같이 담보권이 설정된 경우에도 그 설정 후에 제3자가 그 목적물을 점유함으로써 그 위에 유치권을 취득하게 될 수 있다. 이와 같이 저당권 등의 설정 후에 유치권이 성립한 경우에도 마찬가지로 유치권자는 그 저당권의 실행절차에서 목적물을 매수한 사람을 포함하여 목적물의 소유자 기타 권리자에 대하여 위와 같은 대세적인 인도거절권능을 행사할 수 있다. 따라서 부동산 유치권은 대부분의 경우에 사실상 최우선순위의 담보권으로서 작용하여, 유치권자는 자신의 채권을 목적물의 교환가치로부터 일반채권자는 물론 저당권자 등에 대하여도 그 성립의 선후를 불문하여 우선적으로 자기 채권의 만족을 얻을 수 있게 된다. 이렇게 되면 유치권의 성립 전에 저당권 등 담보를 설정받고 신용을 제공한 사람으로서는 목적물의 담보가치가 자신이 애초 예상·계산하였던 것과는 달리 현저히 하락하는 경우가 발생할 수 있다. 이와 같이 유치권제도는 "시간에서 앞선 사람은 권리에서도 앞선다"는 일반적 법원칙의 예외로 인정되는 것으로서, 특히 부동산담보거래에 일정한 부담을 주는 것을 감수하면서 마련된 것이다.

유치권은 목적물의 소유자와 채권자와의 사이의 계약에 의하여 설정되는 것이 아니라 법이 정하는 일정한 객관적 요건(민법 제320조 제1항, 상법 제58조, 제91조, 제111조, 제120조, 제147조 등 참조)을 갖춤으로써 발생하는 이른바 법정담보물권이다. 법이 유치권제도를 마련하여 위와 같은 거래상의 부담을 감수하는 것은 유치권에 의하여 우선적으로 만족을 확보하여 주려는 그 피담보채권에 특별한 보호가치가 있다는 것에 바탕을 둔 것으로서, 그러한 보호가치는 예를 들어 민법 제320조 이하의 민사유치권의 경우에는 객관적으로 점유자의 채권과 그 목적물 사이에 특수한 관계(민법 제320조 제1항의 문언에 의하면 "그 물건에 관한 생긴 채권"일 것, 즉 이른바 '물건과 채권과의 견련관계'가 있는 것)가 있는 것에서 인정된다. 나아가 상법 제58조에서 정하는 상사유치권은 단지 상인 간의 상행위에 기하여 채권을 가지는 사람이 채무자와의 상행위(그 상행위가 채권 발생의 원인이 된 상행위일 것이 요구되지 아니한다)에 기하여 채무자 소유의 물건을 점유하는 것만으로 바로 성립하는 것으로서, 피담보채권의 보호가치라는 측면에서 보면 위와 같이 목적물과 피담보채권 사이의 이른바 견련관계를 요구하는 민사유치권보다 그 인정범위가 현저하게 광범위하다.

이상과 같은 사정을 고려하여 보면, 유치권제도와 관련하여서는 거래당사자가 유치권을 자신의 이익을 위하여 고의적으로 작출함으로써 앞서 본 유치권의 최우선순위담보권으로서의 지위를 부당하게 이용하고 전체 담보권질서에 관한 법의 구상을 왜곡할 위험이 내재한다. 이러한 위험에 대처하여, 개별 사안의 구체적인 사정을 종합적으로 고려할 때 신의성실의 원칙에 반한다고 평가되는 유치권제도 남용의 유치권 행사는 이를 허용하여서는 안 될 것이다.

[2] 채무자가 채무초과의 상태에 이미 빠졌거나 그러한 상태가 임박함으로써 채권자가 원래라면 자기 채권의 충분한 만족을 얻을 가능성이 현저히 낮아진 상태에서 이미 채무자 소유의 목적물에 저당권 기타 담보물권이 설정되어 있어서 유치권의 성립에 의하여 저당권자 등이 그 채권 만족상의 불이익을 입을 것을 잘 알면서 자기 채권의 우선적 만족을 위하여 위와 같이 취약한 재정적 지위에 있는 채무자와의 사이에 의도적으로 유치권의 성립요건을 충족하는 내용의 거래를 일

으키고 그에 기하여 목적물을 점유하게 됨으로써 유치권이 성립하였다면, 유치권자가 그 유치권을 저당권자 등에 대하여 주장하는 것은 다른 특별한 사정이 없는 한 신의칙에 반하는 권리행사 또는 권리남용으로서 허용되지 아니한다. 그리고 저당권자 등은 경매절차 기타 채권실행절차에서 위와 같은 유치권을 배제하기 위하여 그 부존재의 확인 등을 소로써 청구할 수 있다고 할 것이다.
[3] 채무자 甲 주식회사 소유의 건물 등에 관하여 乙 은행 명의의 1순위 근저당권이 설정되어 있었는데, 2순위 근저당권자인 丙 주식회사가 甲 회사와 건물 일부에 관하여 임대차계약을 체결하고 건물 일부를 점유하고 있던 중 乙 은행의 신청에 의하여 개시된 경매절차에서 유치권신고를 한 사안에서, 경매개시결정 기입등기가 마쳐지기 전에 임대차계약이 체결되어 丙 회사가 건물 일부를 점유하고 있으며, 丙 회사의 甲 회사에 대한 채권은 상인인 丙 회사와 甲 회사 사이의 상행위로 인한 채권으로서 임대차계약 당시 이미 변제기에 도달하였고 상인인 丙 회사가 건물 일부를 임차한 행위는 채무자인 甲 회사에 대한 상행위로 인한 것으로 인정되므로, 丙 회사는 상사유치권자로서 甲 회사에 대한 채권 변제를 받을 때까지 유치목적물인 건물 일부를 점유할 권리가 있으나, 위 건물 등에 관한 저당권 설정 경과, 丙 회사와 甲 회사의 임대차계약 체결 경위와 내용 및 체결 후의 정황, 경매에 이르기까지의 사정 등을 종합하여 보면, 丙 회사는 선순위 근저당권자인 乙 은행의 신청에 의하여 건물 등에 관한 경매절차가 곧 개시되리라는 사정을 충분히 인식하면서 임대차계약을 체결하고 그에 따라 유치목적물을 이전받았다고 보이므로, 丙 회사가 선순위 근저당권자의 신청에 의하여 개시된 경매절차에서 유치권을 주장하는 것은 신의칙상 허용될 수 없다고 본 원심판단을 수긍한 사례.

제112조(위임에 관한 규정의 적용) 위탁자와 위탁매매인간의 관계에는 본장의 규정외에 위임에 관한 규정을 적용한다.

제113조(준위탁매매인) 본장의 규정은 자기명의로써 타인의 계산으로 매매아닌 행위를 영업으로 하는 자에 준용한다.

제8장 운송주선업

제114조(의의) 자기의 명의로 물건운송의 주선을 영업으로 하는 자를 운송주선인이라 한다.

제115조(손해배상책임) 운송주선인은 자기나 그 사용인이 운송물의 수령, 인도, 보관, 운송인이나 다른 운송주선인의 선택 기타 운송에 관하여 주의를 해태하지 아니하였음을 증명하지 아니하면 운송물의 멸실, 훼손 또는 연착으로 인한 손해를 배상할 책임을 면하지 못한다.

판례-손해배상(기)

[서울서부지법 2007.12.21, 선고, 2006가합8979, 판결 : 항소]

【판시사항】
[1] 별도의 갑판적 운송 약정 없이 임의로 화물의 일부를 갑판적으로 운송하여 손상을 야기한 경우, 운송주선인과 운송인은 의뢰인에 대해 손해배상책임을 부담

한다고 한 사례
[2] 정기용선자가 선하증권상 운송인의 책임을 부담하는 경우
[3] 별도의 갑판적 운송 약정 없이 임의로 운송인이 화물의 일부를 갑판적으로 운송한 것은 상법 제789조의2 제1항 단서의 무모한 행위에 해당하여 책임제한이 허용되지 않는다고 한 사례

【판결요지】
[1] 별도의 갑판적 운송 약정 없이 임의로 화물의 일부를 갑판적으로 운송하여 손상을 야기한 경우, 운송주선인과 운송인은 의뢰인에 대해 손해배상책임을 부담한다고 한 사례.
[2] 당사자 간에 체결된 정기용선계약의 내용에 비추어 선박에 대한 점유권이 용선자에게 이전되는 것은 아니지만 선박임대차와 유사하게 용선자가 선박의 자유사용권을 취득하고 그에 선원의 노무공급계약적인 요소가 수반되는 것이라면, 이는 해상기업활동에서 관행적으로 형성 발전된 특수한 계약관계로서 정기용선자는 대외적인 책임관계에 있어서 선박임차인에 관한 상법 제766조의 유추적용에 의하여 선박소유자와 동일한 책임을 지므로, 정기용선자는 선장이 발행한 선하증권상의 운송인으로서의 책임을 부담한다.
[3] 상법이 갑판적으로 행하는 운송의 경우 운송인의 의무 또는 책임의 경감·면제에 관한 상법 규정의 강행규정성을 배제하고, 갑판에 적재한 하물이 손실된 경우 그 가액을 공동해손의 액에 산입하지 아니하도록 규정하고 있는 점 등에 비추어 보면, 별도의 갑판적 운송 약정 없이 임의로 운송인이 화물의 일부를 갑판적으로 운송한 것은 상법 제789조의2 제1항 단서의 무모한 행위에 해당하여 책임제한이 허용되지 않는다고 한 사례.

제116조(개입권) ①운송주선인은 다른 약정이 없으면 직접운송할 수 있다. 이 경우에는 운송주선인은 운송인과 동일한 권리의무가 있다.
②운송주선인이 위탁자의 청구에 의하여 화물상환증을 작성한 때에는 직접 운송하는 것으로 본다.

제117조(중간운송주선인의 대위) ①수인이 순차로 운송주선을 하는 경우에는 후자는 전자에 갈음하여 그 권리를 행사할 의무를 부담한다.
②전항의 경우에 후자가 전자에게 변제한 때에는 전자의 권리를 취득한다.

제118조(운송인의 권리의 취득) 전조의 경우에 운송주선인이 운송인에게 변제한 때에는 운송인의 권리를 취득한다.

제119조(보수청구권) ①운송주선인은 운송물을 운송인에게 인도한 때에는 즉시 보수를 청구할 수 있다.
②운송주선계약으로 운임의 액을 정한 경우에는 다른 약정이 없으면 따로 보수를 청구하지 못한다.

제120조(유치권) 운송주선인은 운송물에 관하여 받을 보수, 운임, 기타 위탁자를 위한 체당금이나 선대금에 관하여서만 그 운송물을 유치할 수 있다.

제121조(운송주선인의 책임의 시효) ①운송주선인의 책임은 수하인이 운송물을 수령한 날로부터 1년을 경과하면 소멸시효가 완성한다.
②전항의 기간은 운송물이 전부멸실한 경우에는 그 운송물을 인도할 날로부터 기산한다. <개정 1962.12.12.>
③전2항의 규정은 운송주선인이나 그 사용인이 악의인 경우에는 적용하지 아니한다.

제122조(운송주선인의 채권의 시효) 운송주선인의 위탁자 또는 수하인에 대한 채권은 1 년간 행사하지 아니하면 소멸시효가 완성한다.

제123조(준용규정) 운송주선인에 관하여는 본장의 규정외에 위탁매매인에 관한 규정을 준용한다.

제124조(동전) 제136조, 제140조와 제141조의 규정은 운송주선업에 준용한다.

판례-손해배상(기)

[대법원 1996.9.6, 선고, 94다46404, 판결]

【판시사항】

[1] 항공운송인이 수입 항공화물을 세관 지정의 보세창고업자에게 인도한 것으로써 그 항공화물이 수하인에게 인도된 것으로 볼 수 있는지 여부(소극)
[2] 항공화물에 대한 수입신고서 제출서류로서의 '항공화물운송장 사본'의 의미
[3] 운송주선인의 국내 대리점이 항공화물운송장 등 운송서류를 수하인이나 통지처가 아닌 제3자에게 임의 교부한 경우, 수하인에 대한 불법행위 성립 여부(적극)
[4] 위 [3]항의 제3자가 항공화물운송장 등과 위조한 수입승인서를 이용하여 물품을 반출하여 간 경우, 운송주선인의 국내 대리점의 항공화물운송장 등 교부행위와 수하인의 손해 사이에 상당인과관계가 존재한다고 본 사례

【판결요지】

[1] 항공운송인 또는 항공운송주선인이 공항에 도착한 수입 항공화물을 통관을 위하여 세관이 지정한 보세창고업자에게 인도하는 것만으로 항공화물이 항공운송인이나 항공운송주선인의 지배를 떠나 수하인에게 인도된 것으로 볼 수는 없다.
[2] 수입 항공화물에 대한 통관절차를 마치는 데 필요한 항공화물운송장의 사본은 수하인용 항공화물운송장 원본을 분실하거나 기타 사유로 제출할 수 없을 때 원본과 같은 효력이 있음을 인증받은 사본을 말한다.
[3] 운송주선인의 국내 대리점인 운송취급인이 수하인용 항공화물운송장 등 운송서류를 수하인이나 통지처가 아닌 제3자(실수입업자)에게 임의 교부한 경우, 수하인에게 그 운송장 등을 교부하고 수입 물품을 인도할 의무가 있는 운송취급인으로서는 제3자에게 통관에 필요한 운송장 등을 교부하면 제3자가 이를 이용하여 수입 물품에 대한 통관절차를 마치고 수하인의 승낙 없이 이를 보세창고에서 반출하여 감으로써 수하인이 갖고 있는 수입 물품의 인도청구권을 침해하는 결과가 발생할 수 있음을 인식할 수 있었고 만약 그 결과의 발생을 인식하지 못하였다면 그와 같이 인식하지 못하게 된 점에 대하여 운송취급인으로서의 주의의무를 결여한 과실이 있으며, 제3자가 운송취급인으로부터 교부받은 운송장 등을 이용하여 통관절차를 마치고 수입 물품을 반출하여 간 이상, 그 운송장 등의 교부로써 운송취급인이 제3자에게 수입 물품을 인도한 법적 효력이 발생하였는지 여부와는

상관없이 그와 같은 운송취급인의 과실행위는 수하인의 수입 물품에 대한 인도청구권을 침해한 불법행위가 된다.
[4] 위 [3]항의 제3자가 운송취급인으로부터 교부받은 항공화물운송장 등과 스스로 위조한 수입승인서를 이용하여 통관을 마치고 보세창고에서 그 수입 물품을 반출하여 간 경우, 운송취급인의 운송장 등 교부행위와 수하인의 손해 사이에는 상당인과관계가 존재한다고 본 사례.

제9장 운송업

제125조(의의) 육상 또는 호천, 항만에서 물건 또는 여객의 운송을 영업으로 하는 자를 운송인이라 한다.

제1절 물건운송

제126조(화물명세서) ①송하인은 운송인의 청구에 의하여 화물명세서를 교부하여야 한다. <개정 2007.8.3.>
②화물명세서에는 다음의 사항을 기재하고 송하인이 기명날인 또는 서명하여야 한다. <개정 1995.12.29., 2007.8.3.>
1. 운송물의 종류, 중량 또는 용적, 포장의 종별, 개수와 기호
2. 도착지
3. 수하인과 운송인의 성명 또는 상호, 영업소 또는 주소
4. 운임과 그 선급 또는 착급의 구별
5. 화물명세서의 작성지와 작성년월일

[제목개정 2007.8.3.]

제127조(화물명세서의 허위기재에 대한 책임) ①송하인이 화물명세서에 허위 또는 부정확한 기재를 한 때에는 운송인에 대하여 이로 인한 손해를 배상할 책임이 있다. <개정 2007.8.3.>
②전항의 규정은 운송인이 악의인 경우에는 적용하지 아니한다.
[제목개정 2007.8.3.]

제128조(화물상환증의 발행) ①운송인은 송하인의 청구에 의하여 화물상환증을 교부하여야 한다.
②화물상환증에는 다음의 사항을 기재하고 운송인이 기명날인 또는 서명하여야 한다. <개정 1995.12.29.>
1. 제126조제2항제1호 내지 제3호의 사항
2. 송하인의 성명 또는 상호, 영업소 또는 주소
3. 운임 기타 운송물에 관한 비용과 그 선급 또는 착급의 구별
4. 화물상환증의 작성지와 작성년월일

제129조(화물상환증의 상환증권성) 화물상환증을 작성한 경우에는 이와 상환

하지 아니하면 운송물의 인도를 청구할 수 없다.

第130條(화물상환증의 당연한 지시증권성) 화물상환증은 기명식인 경우에도 배서에 의하여 양도할 수 있다. 그러나 화물상환증에 배서를 금지하는 뜻을 기재한 때에는 그러하지 아니하다.

第131條(화물상환증 기재의 효력) ① 第128條에 따라 화물상환증이 발행된 경우에는 운송인과 송하인 사이에 화물상환증에 적힌 대로 운송계약이 체결되고 운송물을 수령한 것으로 추정한다.
② 화물상환증을 선의로 취득한 소지인에 대하여 운송인은 화물상환증에 적힌 대로 운송물을 수령한 것으로 보고 화물상환증에 적힌 바에 따라 운송인으로서 책임을 진다.
[전문개정 2010.5.14.]

판례-구상금

[대법원 2003.1.10, 선고, 2000다70064, 판결]

【판시사항】
[1] 용선계약상의 중재조항이 선하증권에 편입되어 선하증권의 소지인과 운송인 사이에서도 효력을 가지는지 여부에 대하여 적용될 준거법의 결정
[2] 소송과정에서 적용될 외국법규에 흠결이 있거나 그 존재에 관한 자료가 제출되지 아니하여 그 내용의 확인이 불가능한 경우 보충적으로 적용할 법원(法源)
[3] 용선계약상의 중재조항이 선하증권에 편입되기 위한 요건
[4] 선하증권의 효력
[5] 기명식 선하증권상의 권리양도 방법 및 기명식 선하증권이 양도된 경우 채무불이행으로 인한 손해배상청구권은 물론 불법행위로 인한 손해배상청구권도 선하증권에 화체되어 선하증권이 양도됨에 따라 선하증권 소지인에게 이전되는지 여부(적극)
[6] 해상운송계약상 화물의 적부(積付)에 있어서 운송인의 주의의무

【판결요지】
[1] 용선계약상의 중재조항이 선하증권에 편입되어 선하증권의 소지인과 운송인 사이에서도 효력을 가지는지 여부는 선하증권의 준거법에 의하여 판단하여야 할 것인데, 구 섭외사법(2001. 4. 7. 법률 제6465호 국제사법으로 전문 개정되기 전의 것) 제9조는 '법률행위의 성립 및 효력에 관하여는 당사자의 의사에 의하여 적용할 법을 정한다. 그러나 당사자의 의사가 분명하지 아니한 때에는 행위지법에 의한다.'고 규정하고 있는바, 따라서 선하증권이 그 약관에서 명시적으로 적용할 나라의 법을 정하고 있는 경우에는 그 정한 법률에 의하여, 선하증권의 발행인이 선하증권에 적용될 법을 명시적 혹은 묵시적으로 지정하지 않은 경우에는 선하증권이 발행된 나라의 법에 의하여 이를 판단하여야 한다.
[2] 섭외적 사건에 관하여 적용될 외국법규의 내용을 확정하고 그 의미를 해석함에 있어서는 그 외국법이 그 본국에서 현실로 해석·적용되고 있는 의미·내용대로 해석·적용되어야 하는 것인데, 소송과정에서 적용될 외국법규에 흠결이 있거나 그 존재에 관한 자료가 제출되지 아니하여 그 내용의 확인이 불가능한 경우 법원으로서는 법원(法源)에 관한 민사상의 대원칙에 따라 외국 관습법에 의할 것이고, 외국 관습법도 그 내용의 확인이 불가능하면 조리에 의하여 재판할 수밖에 없다.
[3] 일반적으로 용선계약상의 중재조항이 선하증권에 편입되기 위하여는 우선, 용

선계약상의 중재조항이 선하증권에 '편입'된다는 규정이 선하증권상에 기재되어 있어야 하고, 그 기재상에서 용선계약의 일자와 당사자 등으로 해당 용선계약이 특정되어야 하며(다만, 위와 같은 방법에 의하여 용선계약이 특정되지 않았더라도 선하증권의 소지인이 해당 용선계약의 존재와 중재조항의 내용을 알았던 경우는 별론으로 한다.), 만약 그 편입 문구의 기재가 중재조항을 특정하지 아니하고 용선계약상의 일반 조항 모두를 편입한다는 취지로 기재되어 있어 그 기재만으로는 용선계약상의 중재조항이 편입 대상에 포함되는지 여부가 분명하지 않을 경우는 선하증권의 양수인(소지인)이 그와 같이 편입의 대상이 되는 중재조항의 존재를 알았거나 알 수 있었어야 하고, 중재조항이 선하증권에 편입됨으로 인하여 해당 조항이 선하증권의 다른 규정과 모순이 되지 않아야 하며, 용선계약상의 중재조항은 그 중재약정에 구속되는 당사자의 범위가 선박 소유자와 용선자 사이의 분쟁 뿐 아니라 제3자 즉 선하증권의 소지인에게도 적용됨을 전제로 광범위하게 규정되어 있어야 할 것이다.

[4] 선하증권은 해상운송인이 운송물을 수령한 것을 증명하고 양륙항에서 정당한 소지인에게 운송물을 인도할 채무를 부담하는 유가증권으로서, 운송인과 그 증권 소지인 사이에는 증권 기재에 따라 운송계약상의 채권관계가 성립하는 채권적 효력이 발생하고, 운송물을 처분하는 당사자 사이에는 운송물에 관한 처분은 증권으로서 하여야 하며 운송물을 받을 수 있는 자에게 증권을 교부한 때에는 운송물 위에 행사하는 권리의 취득에 관하여 운송물을 인도한 것과 동일한 물권적 효력이 발생하므로 운송물의 권리를 양수한 수하인 또는 그 이후의 자는 선하증권을 교부받음으로써 그 채권적 효력으로 운송계약상의 권리를 취득함과 동시에 그 물권적 효력으로 양도 목적물의 점유를 인도받은 것이 되어 그 운송물의 소유권을 취득한다.

[5] 선하증권상에 특정인이 수하인으로 기재된 기명식 선하증권의 경우 그 증권상에 양도불능의 뜻 또는 배서를 금지한다는 취지의 기재가 없는 한 법률상 당연한 지시증권으로서 배서에 의하여 양도가 가능하다고 할 것이고, 그 증권의 소지인이 배서에 의하지 아니하고 권리를 취득한 경우에는 배서의 연속에 의하여 그 자격을 증명할 수 없으므로 다른 증거방법에 의하여 실질적 권리를 취득하였음을 입증하여 그 증권상의 권리를 행사할 수 있다고 할 것이며, 이러한 경우 운송물의 멸실이나 훼손 등으로 인하여 발생한 채무불이행으로 인한 손해배상청구권은 물론 불법행위로 인한 손해배상청구권도 선하증권에 화체되어 선하증권이 양도됨에 따라 선하증권 소지인에게 이전된다.

[6] 운송계약이 성립한 때 운송인은 일정한 장소에서 운송물을 수령하여 이를 목적지로 운송한 다음 약정한 시기에 운송물을 수하인에게 인도할 의무를 지는데, 운송인은 그 운송을 위한 화물의 적부(積付)에 있어 선장·선원 내지 하역업자로 하여금 화물이 서로 부딪치거나, 혼합되지 않도록 그리고 선박의 동요 등으로부터 손해를 입지 않도록 하는 적절한 조치와 함께 운송물을 적당하게 선창 내에 배치하여야 하고, 가사 적부가 독립된 하역업자나 송하인의 지시에 의하여 이루어졌다고 하더라도 운송인은 그러한 적부가 운송에 적합한지의 여부를 살펴보고, 운송을 위하여 인도 받은 화물의 성질을 알고 그 화물의 성격이 요구하는 바에 따라 적부를 하여야 하는 등의 방법으로 손해를 방지하기 위한 적절한 예방조치를 강구하여야 할 주의의무가 있다.

제132조(화물상환증의 처분증권성) 화물상환증을 작성한 경우에는 운송물에 관한 처분은 화물상환증으로써 하여야 한다.

제133조(화물상환증교부의 물권적 효력) 화물상환증에 의하여 운송물을 받을 수 있는 자에게 화물상환증을 교부한 때에는 운송물 위에 행사하는 권리의

취득에 관하여 운송물을 인도한 것과 동일한 효력이 있다.

제134조(운송물멸실과 운임) ①운송물의 전부 또는 일부가 송하인의 책임없는 사유로 인하여 멸실한 때에는 운송인은 그 운임을 청구하지 못한다. 운송인이 이미 그 운임의 전부 또는 일부를 받은 때에는 이를 반환하여야 한다.
②운송물의 전부 또는 일부가 그 성질이나 하자 또는 송하인의 과실로 인하여 멸실한 때에는 운송인은 운임의 전액을 청구할 수 있다.

제135조(손해배상책임) 운송인은 자기 또는 운송주선인이나 사용인, 그 밖에 운송을 위하여 사용한 자가 운송물의 수령, 인도, 보관 및 운송에 관하여 주의를 게을리하지 아니하였음을 증명하지 아니하면 운송물의 멸실, 훼손 또는 연착으로 인한 손해를 배상할 책임이 있다.
[전문개정 2010.5.14.]

판례-신용장대금등

[대법원 2004.7.22, 선고, 2001다58269, 판결]

【판시사항】
[1] 자유매입신용장이 발행된 경우 수익자로부터 선적서류를 제시받은 은행의 지위 및 그 은행이 서류를 매입하지 않은 채 신용장 개설은행에게 신용장대금의 지급을 구하는 경우 제5차 개정 신용장통일규칙의 적용 여부
[2] 제5차 개정 신용장통일규칙상 서류 제시를 위한 신용장의 유효기간과 기간 준수 여부에 관한 판단 기준
[3] 제5차 개정 신용장통일규칙상 신용장 개설은행이 지급거절을 통지할 수 있는 종기로서의 '제7은행영업일의 종료시(close of the seventh banking day)'의 의미
[4] 개정된 바르샤바협약 제29조가 운송인의 고의 또는 중과실로 인한 손해의 경우에도 적용되는지 여부(적극) 및 해당 기간의 법적 성질
[5] 항공운송계약상의 면책특약이 불법행위책임에도 적용되는지 여부(한정 적극)
[6] 개정된 바르샤바협약 제25조에 정한 책임제한 배제사유의 의미 및 그 증명책임
[7] 과실상계에 있어서 '과실'의 의미
[8] 수출업자가 수입업자에게 항공화물운송장 등을 팩스로 송부하여 준 행위 또는 수하인에게 선적서류의 송부를 상당 기간 지연시킨 행위가 화물의 무단 반출로 인한 손해배상책임과 관련하여 과실상계의 사유로 삼을 수 없다고 한 사례

【판결요지】
[1] 제5차 개정 신용장통일규칙 제10조 b항 i호에 의하면, 자유매입신용장의 경우 모든 은행이 서류를 제시받을 수 있는 지정은행(Nominated Bank)이 되고, 같은 조 c항에 의하면, 지정은행이 명시적으로 합의하고 수익자에게 통보한 경우가 아닌 한 그 지정은행이 서류를 수령, 조사 또는 발송하였다고 하더라도 그 은행에게 지급, 연지급, 환어음의 인수 또는 매입의 의무가 발생하는 것이 아닌바, 이러한 규정에 비추어 볼 때, 수익자로부터 신용장 관련 서류를 제시받은 은행으로서는 자신이 직접 이를 매입하여 매입은행으로서 개설은행에 대하여 상환을 구할 수도 있고, 그 서류를 매입하지 않은 채 직접 그 서류를 개설은행에 송부하여 서류 제시은행으로서 수익자를 위하여 신용장대금의 지급을 구할 수도 있으며, 후자의 경우라 할지라도 지정은행이 추심을 구한다는 의사, 즉 개설의뢰인이 대금을 결제하는 경우에 한하여 대금을 지급받겠다는 의사를 명시적으로 밝히지 않는

한 전자의 경우와 마찬가지로 신용장통일규칙이 적용된다고 보아야 한다.
[2] 제5차 개정 신용장통일규칙 제42조 a항은 "모든 신용장은 지급, 인수를 위하여 서류를 제시하여야 할 유효기간(expiry date)과 장소 또는 일반매입신용장의 경우를 제외하고는 매입을 위한 서류 제시의 장소를 명시하여야 한다. 지급, 인수 또는 매입을 위하여 명시된 유효기간은 서류 제시를 위한 유효기간(an expiry date for presentation of documents)을 의미하는 것으로 본다."고 규정하고 있고, 제43조 a항은 "서류 제시를 위한 유효기간에 관한 규정에 추가하여, 운송서류의 제시를 요구하는 모든 신용장은 신용장 조건과 일치하는, 선적일 이후부터 기산되는 서류 제시를 위한 특정기간을 명시하여야 한다. 이러한 기간이 명시되지 않은 경우 은행은 선적일 이후 21일을 경과하여 은행에 제시된 서류는 이를 수리하지 않는다. 다만, 어떤 경우에도 서류는 신용장의 유효기간 내에 제시되어야 한다."고 규정하고 있는바, 서류 제시를 위한 신용장의 유효기간과 운송 관련 서류의 제시기간에 관한 신용장통일규칙의 위 각 규정은 수익자가 서류를 매입할 수 있는 지정은행에 신용장과 그 관련 서류를 제시하여야 하는 기간에 관한 것이고, 이 경우 설사 서류를 수령한 지정은행이 그 서류를 매입하지 않고 그 서류를 개설은행에 송부함으로써 수익자를 위하여 신용장대금의 지급을 구하였다 할지라도 신용장 선적서류가 유효한 기간 내에 이루어졌는지 여부는 그 지정은행이 서류를 수령한 때를 기준으로 판단하여야 한다.
[3] 제5차 개정 신용장통일규칙 제14조 d항 i호에 의하면, 개설은행 등이 조건 불일치를 이유로 지급거절을 하기로 결정한 경우에는 서류접수일 다음 영업일로부터 기산하여 제7은행영업일의 종료시(close of the seventh banking day following the day of receipt of the documents)까지 지체 없이 전신 또는 기타 신속한 방법으로 그 취지를 통지하여야 하고, 같은 조 e항에 의하면, 그러한 조치를 취하지 아니한 경우에는 서류가 신용장 조건과 일치하지 아니하다는 주장을 할 수 있는 권리를 상실하는 것인바, 여기서 제7은행영업일의 종료시의 의미는 지정된 영업시간(banking hours)의 끝이 아니라 당일 24:00이고 따라서 그 날 24:00 이내에 전신 또는 기타 신속한 방법으로 지급거절통지가 발송된 것이라면 적법한 것으로 봄이 상당하다.
[4] 국제항공운송에있어서의일부규칙의통일에관한협약(개정된 바르샤바협약) 제29조 제1항은 "손해에 관한 권리는 도착지에의 도착일, 항공기가 도착하여야 할 일자 또는 운송의 중지일로부터 기산하여 2년 내에 소송이 제기되지 아니한 경우에는 소멸된다."고 규정하고, 같은 조 제2항은 "위 기간의 계산방법은 소송이 계속된 국가의 법률에 의하여 결정된다."라고 규정하는바, 손해가 운송인의 고의 또는 중과실에 의하여 발생하였다고 하여 그 적용이 배제된다고 볼 수 없고, 또한 여기서 정하는 기간은 제소기간으로서 재판 외의 권리행사로 보전되는 기간이라거나 중지 또는 정지가 허용되는 성질의 것이라고 볼 수도 없다.
[5] 운송계약상의 채무불이행책임과 불법행위로 인한 손해배상책임은 병존하고, 운송계약상의 면책특약은 일반적으로 이를 불법행위책임에도 적용하기로 하는 명시적 또는 묵시적 합의가 없는 한 당연히 불법행위책임에 적용되지 않는다.
[6] 국제항공운송에있어서의일부규칙의통일에관한협약(개정된 바르샤바협약) 제22조 제2항 a호 전문에서는 "탁송 수하물 및 화물의 운송에 있어서 운송인의 책임은 1kg당 250프랑의 금액을 한도로 하고, 다만 승객 또는 송하인이 운송인에게 탁송 수하물 및 화물을 인도할 당시 도착지에서의 이익을 특히 신고하고 또한 필요로 하는 추가요금을 지급한 경우에는 그러하지 아니하다."고 규정하고 있고, 제25조 전단에서는 "제22조의 책임제한규정은 운송인, 그의 사용인 또는 대리인이 손해를 가할 의사로써 또는 손해가 생길 개연성이 있음을 인식하면서도 무모하게 한(done with intent to cause damage or recklessly and with knowledge that damage would probably result) 작위 또는 부작위로부터 손해가 발생하였다고 증명된 경우에는 적용되지 아니한다."고 규정하고 있는바, 위 제25조에 규정된 '손

해가 생길 개연성이 있음을 인식하면서도 무모하게 한 작위 또는 부작위'라 함은 자신의 행동이 손해를 발생시킬 개연성이 있다는 것을 알면서도 그 결과를 무모하게 무시하면서 하는 의도적인 행위를 말하는 것으로서, 그에 대한 입증책임은 책임제한조항의 적용배제를 구하는 자에게 있고 그에 대한 증명은 정황증거로써도 가능하다 할 것이나, 손해발생의 개연성에 대한 인식이 없는 한 아무리 과실이 무겁더라도 무모한 행위로 평가될 수는 없다고 할 것이다.
[7] 불법행위에 있어서 과실상계는 공평 내지 신의칙의 견지에서 손해배상액을 정함에 있어 피해자의 과실을 참작하는 것으로서, 그 적용에 있어서는 가해자와 피해자의 과실의 정도, 위법행위의 발생 및 손해의 확대에 관하여 어느 정도의 원인이 되어 있는가 등의 제반 사정을 고려하여 배상액의 범위를 정하는 것이며, 불법행위에 있어서의 가해자의 과실이 의무위반의 강력한 과실임에 반하여 과실상계에 있어서 과실이란 사회통념상, 신의성실의 원칙상, 공동생활상 요구되는 약한 부주의까지를 가리키는 것이다.
[8] 수출업자가 수입업자에게 항공화물운송장 등을 팩스로 송부하여 준 행위 또는 수하인에게 선적서류의 송부를 상당 기간 지연시킨 행위가 화물의 무단 반출로 인한 손해배상책임과 관련하여 과실상계의 사유로 삼을 수 없다고 한 사례.

제136조(고가물에 대한 책임) 화폐, 유가증권 기타의 고가물에 대하여는 송하인이 운송을 위탁할 때에 그 종류와 가액을 명시한 경우에 한하여 운송인이 손해를 배상할 책임이 있다.

제137조(손해배상의 액) ① 운송물이 전부멸실 또는 연착된 경우의 손해배상액은 인도할 날의 도착지의 가격에 따른다. <개정 2011.4.14.>
②운송물이 일부 멸실 또는 훼손된 경우의 손해배상액은 인도한 날의 도착지의 가격에 의한다.
③운송물의 멸실, 훼손 또는 연착이 운송인의 고의나 중대한 과실로 인한 때에는 운송인은 모든 손해를 배상하여야 한다.
④운송물의 멸실 또는 훼손으로 인하여 지급을 요하지 아니하는 운임 기타 비용은 전3항의 배상액에서 공제하여야 한다.

제138조(순차운송인의 연대책임, 구상권) ①수인이 순차로 운송할 경우에는 각 운송인은 운송물의 멸실, 훼손 또는 연착으로 인한 손해를 연대하여 배상할 책임이 있다.
②운송인중 1인이 전항의 규정에 의하여 손해를 배상한 때에는 그 손해의 원인이 된 행위를 한 운송인에 대하여 구상권이 있다.
③전항의 경우에 그 손해의 원인이 된 행위를 한 운송인을 알 수 없는 때에는 각 운송인은 그 운임액의 비율로 손해를 분담한다. 그러나 그 손해가 자기의 운송구간내에서 발생하지 아니하였음을 증명한 때에는 손해분담의 책임이 없다.

제139조(운송물의 처분청구권) ①송하인 또는 화물상환증이 발행된 때에는 그 소지인이 운송인에 대하여 운송의 중지, 운송물의 반환 기타의 처분을 청구할 수 있다. 이 경우에 운송인은 이미 운송한 비율에 따른 운임, 체당금과 처분으로 인한 비용의 지급을 청구할 수 있다.

② 삭제 <1995.12.29.>

판례-손해배상(기)

[대법원 2003.10.24, 선고, 2001다72296, 판결]

【판시사항】
선하증권이 발행되지 아니한 해상운송에 있어서 수하인의 운송물에 대한 권리관계 및 목적지에 도착한 운송물에 대하여 수하인이 인도를 청구한 후 운송계약에 기한 선하증권이 발행된 경우 그 선하증권의 소지인이 운송인에 대하여 새로이 운송물에 대한 인도청구권 등의 권리를 갖는지 여부(소극)

【판결요지】
선하증권이 발행되지 아니한 해상운송에 있어 수하인은 운송물이 목적지에 도착하기 전에는 송하인의 권리가 우선되어 운송물에 대하여 아무런 권리가 없지만, 운송물이 목적지에 도착한 때에는 송하인과 동일한 권리를 보유하고, 운송물이 목적지에 도착한 후 수하인이 그 인도를 청구한 때에는 수하인의 권리가 송하인에 우선하게 되는바, 그와 같이 이미 수하인이 도착한 화물에 대하여 운송인에게 인도 청구를 한 다음에는 비록 그 운송계약에 기한 선하증권이 뒤늦게 발행되었다고 하더라도 그 선하증권의 소지인이 운송인에 대하여 새로이 운송물에 대한 인도청구권 등의 권리를 갖게 된다고 할 수는 없다.

제140조(수하인의 지위) ①운송물이 도착지에 도착한 때에는 수하인은 송하인과 동일한 권리를 취득한다.
②운송물이 도착지에 도착한 후 수하인이 그 인도를 청구한 때에는 수하인의 권리가 송하인의 권리에 우선한다. <신설 1995.12.29.>

제141조(수하인의 의무) 수하인이 운송물을 수령한 때에는 운송인에 대하여 운임 기타 운송에 관한 비용과 체당금을 지급할 의무를 부담한다.

제142조(수하인불명의 경우의 공탁, 경매권) ①수하인을 알 수 없는 때에는 운송인은 운송물을 공탁할 수 있다.
②제1항의 경우에 운송인은 송하인에 대하여 상당한 기간을 정하여 운송물의 처분에 대한 지시를 최고하여도 그 기간내에 지시를 하지 아니한 때에는 운송물을 경매할 수 있다. <개정 1995.12.29.>
③운송인이 제1항 및 제2항의 규정에 의하여 운송물의 공탁 또는 경매를 한 때에는 지체없이 송하인에게 그 통지를 발송하여야 한다.
<개정 1995.12.29.>

제143조(운송물의 수령거부, 수령불능의 경우) ①전조의 규정은 수하인이 운송물의 수령을 거부하거나 수령할 수 없는 경우에 준용한다.
②운송인이 경매를 함에는 송하인에 대한 최고를 하기 전에 수하인에 대하여 상당한 기간을 정하여 운송물의 수령을 최고하여야 한다.
<개정 1995.12.29.>

第144條(공시최고) ①송하인, 화물상환증소지인과 수하인을 알 수 없는 때에는 운송인은 권리자에 대하여 6월 이상의 기간을 정하여 그 기간 내에 권리를 주장할 것을 공고하여야 한다.
②제1항의 공고는 관보나 일간신문에 2회 이상 하여야 한다. <개정 1984.4.10.>
③운송인이 제1항 및 제2항의 규정에 의한 공고를 하여도 그 기간내에 권리를 주장하는 자가 없는 때에는 운송물을 경매할 수 있다. <개정 1984.4.10.>

第145條(준용규정) 제67조제2항과 제3항의 규정은 전3조의 경매에 준용한다.

第146條(운송인의 책임소멸) ①운송인의 책임은 수하인 또는 화물상환증소지인이 유보없이 운송물을 수령하고 운임 기타의 비용을 지급한 때에는 소멸한다. 그러나 운송물에 즉시 발견할 수 없는 훼손 또는 일부 멸실이 있는 경우에 운송물을 수령한 날로부터 2주간내에 운송인에게 그 통지를 발송한 때에는 그러하지 아니하다.
②전항의 규정은 운송인 또는 그 사용인이 악의인 경우에는 적용하지 아니한다.

第147條(준용규정) 제117조, 제120조 내지 제122조의 규정은 운송인에 준용한다.

제2절 여객운송

第148條(여객이 받은 손해의 배상책임) ①운송인은 자기 또는 사용인이 운송에 관한 주의를 해태하지 아니하였음을 증명하지 아니하면 여객이 운송으로 인하여 받은 손해를 배상할 책임을 면하지 못한다.
②손해배상의 액을 정함에는 법원은 피해자와 그 가족의 정상을 참작하여야 한다.

第149條(인도를 받은 수하물에 대한 책임) ①운송인은 여객으로부터 인도를 받은 수하물에 관하여는 운임을 받지 아니한 경우에도 물건운송인과 동일한 책임이 있다.
②수하물이 도착지에 도착한 날로부터 10일내에 여객이 그 인도를 청구하지 아니한 때에는 제67조의 규정을 준용한다. 그러나 주소 또는 거소를 알지 못하는 여객에 대하여는 최고와 통지를 요하지 아니한다.

버스 승객의 물건이 화물칸의 고장으로 분실된 경우 운송회사의 책임

(대한법률구조공단 자료)

질문

저는 甲 운송회사의 버스를 타면서 시가 45만원 상당의 물품을 수송의뢰 하였으나, 버스운행 중 화물칸의 문이 열리는 바람에 위 물품이 분실되었습니다. 이 경우 甲 운동회사측을 상대로 손해배상을 청구할 수 있는지요?

답변

「상법」 제149조 제1항에서 여객운송인은 여객으로부터 인도 받은 수하물에 관하여는 운임을 받지 아니한 경우에도 물건운송인과 동일한 책임이 있다고 규정하고 있으며, 같은 법 제135조는 물건운송인의 책임에 관하여 "운송인은 자기 또는 운송주선인이나 사용인, 그 밖에 운송을 위하여 사용한 자가 운송물의 수령, 인도, 보관 및 운송에 관하여 주의를 게을리하지 아니하였음을 증명하지 아니하면 운송물의 멸실, 훼손 또는 연착으로 인한 손해를 배상할 책임이 있다." 라고 규정하고 있습니다. 판례도 "철도편으로 탁송한 화물이 훼손된 경우에는 철도운송인에게 화물운송에 관하여 과실이 있다고 일응 추정되는 것이며, 운송인은 화물운송에 관하여 주의를 해태하지 아니하였음을 증명하지 아니하면 운송화물의 훼손으로 인한 손해배상 책임을 면치 못한다." 라고 하였습니다(대법원 1975. 10. 7. 선고 75다71 판결). 따라서 위 사안의 경우 甲 운송회사는 운송회사직원이 귀하로부터 인도 받은 수하물에 대하여 운송물의 수령, 인도, 보관과 운송에 관하여 주의를 해태하지 아니하였음을 증명하지 못하는 한, 위 운송물의 멸실에 대한 손해배상책임을 부담하여야 할 것입니다. 즉, 버스 등 운송수단의 이용시 운송물을 화물칸에 보관하는 것은 운송인이 여객으로부터 수하물을 인도 받는 것이 되고 이로써 상법상의 손해배상책임을 지게 되는 것입니다.

참고로 같은 법 제150조는 "여객으로부터 인도를 받지 아니한 수하물이 멸실 또는 훼손된 경우에는 자기 또는 사용인의 과실이 없으면 손해배상책임이 없다" 고 규정하고 있습니다.

"본 사례는 개인의 법률문제 해결에 도움을 주고자 게재되었으나, 이용자 여러분의 생활에서 발생하는 구체적 사안은 동일하지는 않을 것이므로 참고자료로 활용하시기 바랍니다."

제150조(인도를 받지 아니한 수하물에 대한 책임) 운송인은 여객으로부터 인도를 받지 아니한 수하물의 멸실 또는 훼손에 대하여는 자기 또는 사용인의 과실이 없으면 손해를 배상할 책임이 없다.

제10장 공중접객업

제151조(의의) 극장, 여관, 음식점, 그 밖의 공중이 이용하는 시설에 의한 거래를 영업으로 하는 자를 공중접객업자(公衆接客業者)라 한다.
[전문개정 2010.5.14.]

제152조(공중접객업자의 책임) ① 공중접객업자는 자기 또는 그 사용인이 고객으로부터 임치(任置)받은 물건의 보관에 관하여 주의를 게을리하지 아니하였음을 증명하지 아니하면 그 물건의 멸실 또는 훼손으로 인한 손해를 배상할 책임이 있다.

② 공중접객업자는 고객으로부터 임치받지 아니한 경우에도 그 시설 내에 휴대한 물건이 자기 또는 그 사용인의 과실로 인하여 멸실 또는 훼손되었을 때에는 그 손해를 배상할 책임이 있다.

③ 고객의 휴대물에 대하여 책임이 없음을 알린 경우에도 공중접객업자는 제1항과 제2항의 책임을 면하지 못한다.
[전문개정 2010.5.14.]

판례-구상금

[대법원 1998.12.8, 선고, 98다37507, 판결]

【판시사항】
[1] 공중접객업자와 객 사이의 임치계약 성립 요건

[2] 공중접객업자가 이용객의 차량을 주차할 수 있는 부설주차장을 설치하면서 그 주차장에 차량출입을 통제할 시설이나 인원을 따로 두지 않은 경우, 공중접객업자에게 선량한 관리자의 주의로써 이용객의 주차차량을 관리할 책임이 있는지 여부(한정 소극)

【판결요지】

[1] 공중접객업자와 객 사이에 임치관계가 성립하려면 그들 사이에 공중접객업자가 자기의 지배영역 내에 목적물 보관의 채무를 부담하기로 하는 명시적 또는 묵시적 합의가 있음을 필요로 한다고 할 것이고, 여관 부설주차장에 시정장치가 된 출입문이 설치되어 있거나 출입을 통제하는 관리인이 배치되어 있는 등 여관 측에서 그 주차장에의 출입과 주차시설을 통제하거나 확인할 수 있는 .조치가 되어 있다면, 그러한 주차장에 여관투숙객이 주차한 차량에 관하여는 명시적인 위탁의 의사표시가 없어도 여관업자와 투숙객 사이에 임치의 합의가 있는 것으로 볼 수 있다.

[2] 공중접객업자가 이용객들의 차량을 주차할 수 있는 주차장을 설치하면서 그 주차장에 차량출입을 통제할 시설이나 인원을 따로 두지 않았다면, 그 주차장은 단지 이용객의 편의를 위한 주차장소로 제공된 것에 불과하고, 공중접객업자와 이용객 사이에 통상 그 주차차량에 대한 관리를 공중접객업자에게 맡긴다는 의사까지는 없다고 봄이 상당하므로, 공중접객업자에게 차량시동열쇠를 보관시키는 등의 명시적이거나 묵시적인 방법으로 주차차량의 관리를 맡겼다는 등의 특수한 사정이 없는 한, 공중접객업자에게 선량한 관리자의 주의로써 주차차량을 관리할 책임이 있다고 할 수 없다.

공중접객업자의 보관물 분실에 대한 책임

(대한법률구조공단 자료)

질문

저는 미용실을 경영하고 있는데, 손님 甲이 가방을 맡겨 이를 보관하고 있던 중 분실하였습니다. 그러자 甲은 "가방 안에 현금 400만원과 70만원 상당의 시계, 옷 등이 들어 있었다."라고 하면서 그 전액을 배상해달라고 합니다. 그러나 甲이 가방을 맡길 때 현금 등의 이야기는 하지 않았고 설령 현금 등이 들어 있었다고 하더라도 그 액수 등을 확인할 길이 없는 지금 甲이 요구하는 전액을 배상해야 하는지요?

답변

「상법」에 의하면 극장, 여관, 음식점, 그 밖의 공중이 이용하는 시설에 의한 거래를 영업으로 하는 자를 공중접객업자라 하고(상법 제151조), 공중접객업자는 객으로부터 임치(任置)를 받은 물건의 멸실 또는 훼손에 대하여 불가항력으로 인함을 증명하지 아니하면 그 손해를 배상할 책임을 면하지 못하며, 공중접객업자는 객으로부터 임치를 받지 아니한 경우에도 그 시설 내에 휴대한 물건이 자기 또는 그 사용인의 과실로 인하여 멸실 또는 훼손된 때에는 그 손해를 배상할 책임이 있다고 규정하고 있습니다. 또한 객의 휴대물에 대하여 책임이 없음을 게시한 때에도 공중접객업자는 위의 책임을 면하지 못합니다(같은 법 제152조).

그러나 화폐, 유가증권 기타의 고가물(귀금속, 골동품, 고서화 등)에 대하여는 객이 그 종류와 가액을 명시하여 임치(任置)하지 아니하면 공중접객업자는 그 물건의 멸실 또는 훼손으로 인한 손해를 배상할 책임이 없다고 하는 고가물책임에 관한 특칙을 규정하고 있습니다(같은 법 제153조).

따라서 귀하의 경우에도 甲이 화폐나 고가물이 있음을 알리고 맡긴 것이 아니므로, 귀하에게 화폐나 고가물에 대한 손해배상책임은 없다고 하겠습니다. 다만, 귀하가 고가물임을 알고 있었던 경우에는 물건의 멸실·훼손에 관한 책임을 부담할 수도 있을 것입니다.

그리고 위의 책임은 공중접객업자나 그 사용인이 악의인 경우가 아닌 한 공중접객업자가 임치물을 반환하거나 객이 휴대물을 가져간 후 6월을 경과하면 소멸시효가 완성되며, 물건이 전부 멸실한 경우에는 객이 그 시설을 퇴거한 날로부터 소멸시효를 기산합니다(같은 법 제154조)

제153조(고가물에 대한 책임) 화폐, 유가증권, 그 밖의 고가물(高價物)에 대하여는 고객이 그 종류와 가액(價額)을 명시하여 임치하지 아니하면 공중접객업자는 그 물건의 멸실 또는 훼손으로 인한 손해를 배상할 책임이 없다.
[전문개정 2010.5.14.]

제154조(공중접객업자의 책임의 시효) ① 제152조와 제153조의 책임은 공중접객업자가 임치물을 반환하거나 고객이 휴대물을 가져간 후 6개월이 지나면 소멸시효가 완성된다.
② 물건이 전부 멸실된 경우에는 제1항의 기간은 고객이 그 시설에서 퇴거한 날부터 기산한다.
③ 제1항과 제2항은 공중접객업자나 그 사용인이 악의인 경우에는 적용하지 아니한다.
[전문개정 2010.5.14.]

제11장 창고업

제155조(의의) 타인을 위하여 창고에 물건을 보관함을 영업으로 하는 자를 창고업자라 한다.

제156조(창고증권의 발행) ①창고업자는 임치인의 청구에 의하여 창고증권을 교부하여야 한다.
②창고증권에는 다음의 사항을 기재하고 창고업자가 기명날인 또는 서명하여야 한다. <개정 1995.12.29.>
1. 임치물의 종류, 품질, 수량, 포장의 종별, 개수와 기호
2. 임치인의 성명 또는 상호, 영업소 또는 주소
3. 보관장소
4. 보관료
5. 보관기간을 정한 때에는 그 기간
6. 임치물을 보험에 붙인 때에는 보험금액, 보험기간과 보험자의 성명 또는 상호, 영업소 또는 주소
7. 창고증권의 작성지와 작성년월일

제157조(준용규정) 제129조 내지 제133조의 규정은 창고증권에 준용한다.

제158조(분할부분에 대한 창고증권의 청구) ①창고증권소지인은 창고업자에 대하여 그 증권을 반환하고 임치물을 분할하여 각부분에 대한 창고증권의 교부를 청구할 수 있다.

②전항의 규정에 의한 임치물의 분할과 증권교부의 비용은 증권소지인이 부담한다.

제159조(창고증권에 의한 입질과 일부출고) 창고증권으로 임치물을 입질한 경우에도 질권자의 승낙이 있으면 임치인은 채권의 변제기전이라도 임치물의 일부반환을 청구할 수 있다. 이 경우에는 창고업자는 반환한 임치물의 종류, 품질과 수량을 창고증권에 기재하여야 한다.

제160조(손해배상책임) 창고업자는 자기 또는 사용인이 임치물의 보관에 관하여 주의를 해태하지 아니하였음을 증명하지 아니하면 임치물의 멸실 또는 훼손에 대하여 손해를 배상할 책임을 면하지 못한다.

제161조(임치물의 검사, 견품적취, 보존처분권) 임치인 또는 창고증권소지인은 영업시간 내에 언제든지 창고업자에 대하여 임치물의 검사 또는 견품의 적취를 요구하거나 그 보존에 필요한 처분을 할 수 있다.

제162조(보관료청구권) ①창고업자는 임치물을 출고할 때가 아니면 보관료 기타의 비용과 체당금의 지급을 청구하지 못한다. 그러나 보관기간 경과후에는 출고전이라도 이를 청구할 수 있다.
②임치물의 일부출고의 경우에는 창고업자는 그 비율에 따른 보관료 기타의 비용과 체당금의 지급을 청구할 수 있다.

제163조(임치기간) ①당사자가 임치기간을 정하지 아니한 때에는 창고업자는 임치물을 받은 날로부터 6월을 경과한 후에는 언제든지 이를 반환할 수 있다.
②전항의 경우에 임치물을 반환함에는 2주간전에 예고하여야 한다.

제164조(동전-부득이한 사유가 있는 경우) 부득이한 사유가 있는 경우에는 창고업자는 전조의 규정에 불구하고 언제든지 임치물을 반환할 수 있다.

제165조(준용규정) 제67조제1항과 제2항의 규정은 임치인 또는 창고증권소지인이 임치물의 수령을 거부하거나 이를 수령할 수 없는 경우에 준용한다.

제166조(창고업자의 책임의 시효) ①임치물의 멸실 또는 훼손으로 인하여 생긴 창고업자의 책임은 그 물건을 출고한 날로부터 1년이 경과하면 소멸시효가 완성한다.
②전항의 기간은 임치물이 전부 멸실한 경우에는 임치인과 알고 있는 창고증권소지인에게 그 멸실의 통지를 발송한 날로부터 기산한다.
③전2항의 규정은 창고업자 또는 그 사용인이 악의인 경우에는 적용하지 아니한다.

판례-손해배상(기)

[대법원 2004.2.13, 선고, 2001다75318, 판결]

【판시사항】

[1] 상법 제166조 소정의 단기소멸시효 규정이 물건의 소유권자인 타인의 손해배상청구에도 적용되는지 여부(소극)

[2] 상법 제789조의3 제2항 소정의 운송인의 '사용인 또는 대리인'의 범위에 독립적인 계약자도 포함되는지 여부(소극)

[3] 독립적인 계약자는 상법 제789조의3 제2항 소정의 '사용인 또는 대리인'에 해당하지 아니하므로 같은 법 제811조에 기한 항변을 원용할 수 없다고 한 사례

【판결요지】

[1] 상법 제166조 소정의 창고업자의 책임에 관한 단기소멸시효는 창고업자의 계약상대방인 임치인의 청구에만 적용되며 임치물이 타인 소유의 물건인 경우에 소유권자인 타인의 청구에는 적용되지 아니한다.

[2] 상법 제789조의3 제2항 소정의 '사용인 또는 대리인'이란 고용계약 또는 위임계약 등에 따라 운송인의 지휘감독을 받아 그 업무를 수행하는 자를 말하고 그러한 지휘감독 관계없이 스스로의 판단에 따라 자기 고유의 사업을 영위하는 독립적인 계약자는 포함되지 아니한다.

[3] 독립적인 계약자는 상법 제789조의3 제2항 소정의 '사용인 또는 대리인'에 해당하지 아니하므로 같은 법 제811조에 기한 항변을 원용할 수 없다고 한 사례.

제167조(창고업자의 채권의 시효) 창고업자의 임치인 또는 창고증권소지인에 대한 채권은 그 물건을 출고한 날로부터 1년간 행사하지 아니하면 소멸시효가 완성한다.

제168조(준용규정) 제108조와 제146조의 규정은 창고업자에 준용한다.
<개정 1962.12.12.>

제12장 금융리스업

제168조의2(의의) 금융리스이용자가 선정한 기계, 시설, 그 밖의 재산(이하 이 장에서 "금융리스물건"이라 한다)을 제3자(이하 이 장에서 "공급자"라 한다)로부터 취득하거나 대여받아 금융리스이용자에게 이용하게 하는 것을 영업으로 하는 자를 금융리스업자라 한다.
[본조신설 2010.5.14.]

판례-대여금

[대법원 2012.3.29, 선고, 2010다16199, 판결]

【판시사항】

[1] 리스회사인 甲 주식회사가 고가의 의료기기를 리스물건으로 공급한 의료기기 판매업자 乙과 리스물건 재매입약정을 체결하면서 '甲 회사와 리스이용자 丙 사이에 체결된 리스계약에서 정한 계약해지사유가 발생하면 甲 회사의 요청에 따라 乙이 리스물건의 상태 및 존재 유무에 상관없이 리스계약에서 정한 규정손해금을 매

입대금으로 하여 무조건 리스물건을 매수하여야 한다'는 내용의 조항을 둔 사안에서, 위 조항이 구 약관의 규제에 관한 법률에 따라 무효라고 보기 어렵다고 한 사례
[2] 리스회사인 甲 주식회사가 고가의 의료기기를 리스물건으로 공급한 의료기기 판매업자 乙과 체결한 리스물건 재매입약정에 따라 乙에게 리스물건 재매입을 요청하였으나 乙이 정당한 이유 없이 계속 재매입을 거부하자 리스물건을 매각처분한 사안에서, 위 매각처분으로 甲 회사가 乙에 대한 재매입대금 지급청구권을 포기하였다고 할 수 없다고 본 원심판단을 정당하다고 한 사례

【판결요지】
[1] 리스회사인 甲 주식회사가 고가의 의료기기인 디스크감압치료기를 리스물건으로 공급한 의료기기 판매업자 乙과 리스물건 재매입약정을 체결하면서 '甲 회사와 리스이용자 丙 사이에 체결된 리스계약에서 정한 계약해지사유가 발생하면 甲 회사의 요청에 따라 乙이 리스물건의 상태 및 존재 유무에 상관없이 리스계약에서 정한 규정손해금을 매입대금으로 하여 무조건 리스물건을 매수하여야 한다'는 내용의 조항을 둔 사안에서, 금융리스계약의 본질적 기능이 리스이용자에게 리스물건의 취득자금에 대한 금융 편의를 제공하는 데 있고, 디스크감압치료기와 같이 리스물건이 범용성이나 시장성을 결여하여 그 처분가액으로 취득자금을 회수하기 어려운 경우 리스회사가 리스계약에서 리스물건의 취득자금 회수와 기타 손해 전보를 확보하기 위한 조치를 취해 둘 필요가 있으며, 리스물건 공급자의 입장에서도 금융리스제도의 이용으로 판로가 제한된 고가의 리스물건을 보다 용이하게 판매할 수 있고 매매대금을 일시에 지급받는 이익을 누릴 수 있는 점 등에 비추어, 위 조항이구 약관의 규제에 관한 법률(2010. 3. 22. 법률 제10169호로 개정되기 전의 것) 제6조 제1항 및 제2항 제1호에서 정한 '신의성실의 원칙에 반하여 공정을 잃은 약관 조항 및 고객에 대하여 부당하게 불리한 조항' 또는 제7조 제2호에서 정한 '상당한 이유 없이 사업자의 손해배상범위를 제한하거나 사업자가 부담하여야 할 위험을 고객에게 이전시키는 조항'에 해당하여 무효라고 보기 어렵다고 한 사례.
[2] 리스회사인 甲 주식회사가 고가의 의료기기인 디스크감압치료기를 리스물건으로 공급한 의료기기 판매업자 乙과 체결한 리스물건 재매입약정에 따라 乙에게 리스물건 재매입을 요청하였으나 乙이 정당한 이유 없이 계속 재매입을 거부하자 리스물건을 매각처분한 사안에서, 리스물건 재매입약정과 리스계약의 내용 등 여러 사정에 비추어 위 매각처분은 손해 확대를 방지하기 위한 불가피한 조치로서 이를 두고 甲 회사가 乙에 대한 재매입대금 지급청구권을 포기한 것이라고 할 수 없다고 본 원심판단을 정당하다고 한 사례.

제168조의3(금융리스업자와 금융리스이용자의 의무) ① 금융리스업자는 금융리스이용자가 금융리스계약에서 정한 시기에 금융리스계약에 적합한 금융리스물건을 수령할 수 있도록 하여야 한다.
② 금융리스이용자는 제1항에 따라 금융리스물건을 수령함과 동시에 금융리스료를 지급하여야 한다.
③ 금융리스물건수령증을 발급한 경우에는 제1항의 금융리스계약 당사자 사이에 적합한 금융리스물건이 수령된 것으로 추정한다.
④ 금융리스이용자는 금융리스물건을 수령한 이후에는 선량한 관리자의 주의로 금융리스물건을 유지 및 관리하여야 한다.
[본조신설 2010.5.14.]

제168조의4(공급자의 의무) ① 금융리스물건의 공급자는 공급계약에서 정한 시기에 그 물건을 금융리스이용자에게 인도하여야 한다.
② 금융리스물건이 공급계약에서 정한 시기와 내용에 따라 공급되지 아니한 경우 금융리스이용자는 공급자에게 직접 손해배상을 청구하거나 공급계약의 내용에 적합한 금융리스물건의 인도를 청구할 수 있다.
③ 금융리스업자는 금융리스이용자가 제2항의 권리를 행사하는 데 필요한 협력을 하여야 한다.
[본조신설 2010.5.14.]

제168조의5(금융리스계약의 해지) ① 금융리스이용자의 책임 있는 사유로 금융리스계약을 해지하는 경우에는 금융리스업자는 잔존 금융리스료 상당액의 일시 지급 또는 금융리스물건의 반환을 청구할 수 있다.
② 제1항에 따른 금융리스업자의 청구는 금융리스업자의 금융리스이용자에 대한 손해배상청구에 영향을 미치지 아니한다.
③ 금융리스이용자는 중대한 사정변경으로 인하여 금융리스물건을 계속 사용할 수 없는 경우에는 3개월 전에 예고하고 금융리스계약을 해지할 수 있다. 이 경우 금융리스이용자는 계약의 해지로 인하여 금융리스업자에게 발생한 손해를 배상하여야 한다.
[본조신설 2010.5.14.]

제13장 가맹업

제168조의6(의의) 자신의 상호·상표 등(이하 이 장에서 "상호등"이라 한다)을 제공하는 것을 영업으로 하는 자[이하 "가맹업자"(加盟業者)라 한다]로부터 그의 상호등을 사용할 것을 허락받아 가맹업자가 지정하는 품질기준이나 영업방식에 따라 영업을 하는 자를 가맹상(加盟商)이라 한다.
[본조신설 2010.5.14.]

제168조의7(가맹업자의 의무) ① 가맹업자는 가맹상의 영업을 위하여 필요한 지원을 하여야 한다.
② 가맹업자는 다른 약정이 없으면 가맹상의 영업지역 내에서 동일 또는 유사한 업종의 영업을 하거나, 동일 또는 유사한 업종의 가맹계약을 체결할 수 없다.
[본조신설 2010.5.14.]

제168조의8(가맹상의 의무) ① 가맹상은 가맹업자의 영업에 관한 권리가 침해되지 아니하도록 하여야 한다.
② 가맹상은 계약이 종료한 후에도 가맹계약과 관련하여 알게 된 가맹업자의 영업상의 비밀을 준수하여야 한다.
[본조신설 2010.5.14.]

제168조의9(가맹상의 영업양도) ① 가맹상은 가맹업자의 동의를 받아 그 영업을 양도할 수 있다.
② 가맹업자는 특별한 사유가 없으면 제1항의 영업양도에 동의하여야 한다.
[본조신설 2010.5.14.]

제168조의10(계약의 해지) 가맹계약상 존속기간에 대한 약정의 유무와 관계없이 부득이한 사정이 있으면 각 당사자는 상당한 기간을 정하여 예고한 후 가맹계약을 해지할 수 있다.
[본조신설 2010.5.14.]

제14장 채권매입업

제168조의11(의의) 타인이 물건·유가증권의 판매, 용역의 제공 등에 의하여 취득하였거나 취득할 영업상의 채권(이하 이 장에서 "영업채권"이라 한다)을 매입하여 회수하는 것을 영업으로 하는 자를 채권매입업자라 한다.
[본조신설 2010.5.14.]

제168조의12(채권매입업자의 상환청구) 영업채권의 채무자가 그 채무를 이행하지 아니하는 경우 채권매입업자는 채권매입계약의 채무자에게 그 영업채권액의 상환을 청구할 수 있다. 다만, 채권매입계약에서 다르게 정한 경우에는 그러하지 아니하다.
[본조신설 2010.5.14.]

제3편 회사
제1장 통칙

제169조(회사의 의의) 이 법에서 "회사"란 상행위나 그 밖의 영리를 목적으로 하여 설립한 법인을 말한다.
[전문개정 2011.4.14.]

제170조(회사의 종류) 회사는 합명회사, 합자회사, 유한책임회사, 주식회사와 유한회사의 5종으로 한다.
[전문개정 2011.4.14.]

제171조(회사의 주소) 회사의 주소는 본점소재지에 있는 것으로 한다.
[전문개정 2011.4.14.]

판례-소유권이전등기청구등

[대법원 2011.5.13, 선고, 2010다94472, 판결]

【판시사항】

[1] 기존회사가 채무를 면탈할 목적으로 기업의 형태·내용이 실질적으로 동일한 신설회사를 설립한 경우, 기존회사의 채권자가 두 회사 모두에 채무 이행을 청구할 수 있는지 여부(적극) 및 어느 회사가 채무를 면탈할 목적으로 이미 설립되어 있는 다른 회사를 이용한 경우에도 위 법리가 적용되는지 여부(적극)

[2] 기존회사의 채무를 면탈할 의도로 다른 회사 법인격을 이용하였는지의 판단 기준

[3] 아파트 신축사업을 추진하던 甲 회사와 乙 회사가 사업부지인 토지의 공유지분을 소유하고 있던 丙과, 그에게서 공유지분을 이전받는 대신 신축 아파트 1세대를 분양해 주기로 하는 내용의 약정을 체결하면서 담보로 당좌수표를 발행해 주고, 그 약정에 따라 乙 회사와 丙이 분양계약을 체결하여 甲 회사가 공유지분을 이전받았는데, 아파트 공사 진행 중 甲, 乙 회사가 위 토지와 사업권을 丁 회사와 戊 회사를 거쳐 己 회사에 매도한 사안에서, 위 회사들은 乙 회사의 대표이사였던 자가 사실상 지배하는 동일한 회사로서 甲, 乙 회사가 丙에 대한 채무를 면탈할 목적으로 다른 회사의 법인격을 내세운 것으로 볼 여지가 충분하므로, 甲, 乙 회사의 채권자인 丙은 甲, 乙 회사뿐만 아니라 己 회사에 대해서도 위 약정 등에 기한 채무의 이행을 청구할 수 있다고 한 사례

【판결요지】

[1] 기존회사가 채무를 면탈할 목적으로 기업의 형태·내용이 실질적으로 동일한 신설회사를 설립하였다면, 신설회사 설립은 기존회사의 채무면탈이라는 위법한 목적달성을 위하여 회사제도를 남용한 것이므로, 기존회사의 채권자에게 위 두 회사가 별개의 법인격을 갖고 있음을 주장하는 것은 신의성실 원칙상 허용될 수 없다 할 것이어서 기존회사의 채권자는 위 두 회사 어느 쪽에 대하여서도 채무 이행을 청구할 수 있고, 이와 같은 법리는 어느 회사가 채무를 면탈할 목적으로 기업의 형태·내용이 실질적으로 동일한 이미 설립되어 있는 다른 회사를 이용한 경우에도 적용된다.

[2] 기존회사의 채무를 면탈할 의도로 다른 회사 법인격을 이용하였는지는 기존회사의 폐업 당시 경영상태나 자산상황, 기존회사에서 다른 회사로 유용된 자산의 유무와 정도, 기존회사에서 다른 회사로 이전된 자산이 있는 경우 정당한 대가가 지급되었는지 등 제반 사정을 종합적으로 고려하여 판단하여야 한다.

[3] 아파트 신축사업을 추진하던 甲 회사와 乙 회사가 사업부지인 토지의 공유지분을 소유하고 있던 丙과, 그에게서 공유지분을 이전받는 대신 신축 아파트 1세대를 분양해 주기로 하는 내용의 약정을 체결하면서 담보로 당좌수표를 발행해 주고, 그 약정에 따라 乙 회사와 丙이 분양계약을 체결하여 甲 회사가 공유지분을 이전받았는데, 아파트 공사 진행 중 甲, 乙 회사가 위 토지와 사업권을 丁 회사와 戊 회사를 거쳐 己 회사에 매도한 사안에서, 위 회사들은 모두 영업목적이 동일하고 법인 소재지도 상당 부분 일치하는 점, 위 회사들은 乙 회사의 대표이사였던 자가 사실상 지배하는 회사인 점, 위 토지 외에 별다른 자산이 없었던 甲, 乙 회사가 부도가 이미 발생하였거나 임박하여 위 토지와 사업권을 정당한 대가를 지급받지 않고 丁 회사에 양도한 것으로 보이고, 丁 회사에서 戊 회사를 거쳐 己 회사에게 위 토지와 사업권이 이전되는 과정에서도 정당한 대가가 지급되었다고 볼 만한 자료가 없는 점, 甲, 乙 회사가 丙에게서 이전받은 공유지분이 포함된 위 토지와 사업권을 丁 회사에 양도하면서 위 약정 등에 따른 丙에 대한 채무를 부도난 甲, 乙 회사에 남겨둔 점 등을 종합할 때, 위 회사들은 乙 회사의 대표이사였던 자가 사실상 지배하는 동일한 회사로서 甲, 乙 회사가 丙에 대한 채무를 면탈할 목적으로 다른 회사의 법인격을 내세운 것으로 볼 여지가 충분하므로, 甲,

乙 회사의 채권자인 丙은 甲, 乙 회사뿐만 아니라 己 회사에 대해서도 위 약정에 기한 채무의 이행을 청구할 수 있다고 한 사례.

제172조(회사의 성립) 회사는 본점소재지에서 설립등기를 함으로써 성립한다.

제173조(권리능력의 제한) 회사는 다른 회사의 무한책임사원이 되지 못한다.

제174조(회사의 합병) ①회사는 합병을 할 수 있다.

② 합병을 하는 회사의 일방 또는 쌍방이 주식회사, 유한회사 또는 유한책임회사인 경우에는 합병 후 존속하는 회사나 합병으로 설립되는 회사는 주식회사, 유한회사 또는 유한책임회사이어야 한다. <개정 2011.4.14.>

③해산후의 회사는 존립 중의 회사를 존속하는 회사로 하는 경우에 한하여 합병을 할 수 있다.

판례-추심금

[대법원 2003.2.11, 선고, 2001다14351, 판결]

【판시사항】

회사 합병의 의미 및 합병으로 소멸되는 회사의 사원(주주)의 지위

【판결요지】

회사의 합병이라 함은 두 개 이상의 회사가 계약에 의하여 신회사를 설립하거나 또는 그 중의 한 회사가 다른 회사를 흡수하고, 소멸회사의 재산과 사원(주주)이 신설회사 또는 존속회사에 법정 절차에 따라 이전·수용되는 효과를 가져오는 것으로서, 소멸회사의 사원(주주)은 합병에 의하여 1주 미만의 단주만을 취득하게 되는 경우나 혹은 합병에 반대한 주주로서의 주식매수청구권을 행사하는 경우 등과 같은 특별한 경우를 제외하고는 원칙적으로 합병계약상의 합병비율과 배정방식에 따라 존속회사 또는 신설회사의 사원권(주주권)을 취득하여, 존속회사 또는 신설회사의 사원(주주)이 된다.

제175조(동전-설립위원) ①회사의 합병으로 인하여 신회사를 설립하는 경우에는 정관의 작성 기타 설립에 관한 행위는 각 회사에서 선임한 설립위원이 공동으로 하여야 한다.

②제230조, 제434조와 제585조의 규정은 전항의 선임에 준용한다.

제176조(회사의 해산명령) ①법원은 다음의 사유가 있는 경우에는 이해관계인이나 검사의 청구에 의하여 또는 직권으로 회사의 해산을 명할 수 있다.

1. 회사의 설립목적이 불법한 것인 때
2. 회사가 정당한 사유없이 설립후 1년내에 영업을 개시하지 아니하거나 1년 이상 영업을 휴지하는 때
3. 이사 또는 회사의 업무를 집행하는 사원이 법령 또는 정관에 위반하여 회사의 존속을 허용할 수 없는 행위를 한 때

②전항의 청구가 있는 때에는 법원은 해산을 명하기 전일지라도 이해관계인

이나 검사의 청구에 의하여 또는 직권으로 관리인의 선임 기타 회사재산의 보전에 필요한 처분을 할 수 있다.
③이해관계인이 제1항의 청구를 한 때에는 법원은 회사의 청구에 의하여 상당한 담보를 제공할 것을 명할 수 있다.
④회사가 전항의 청구를 함에는 이해관계인의 청구가 악의임을 소명하여야 한다.

판례-주식회사해산명령

[대법원 1995.9.12, 자, 95마686, 결정]

【판시사항】
가. 상법 제176조 제1항에 의하여 법원에 해산명령을 청구할 수 있는 이해관계인의 의미
나. "가" 항의 이해관계인이 아니라고 본 사례

【판결요지】
가. 상법 제176조 제1항에 의하여 법원에 회사의 해산명령을 청구할 수 있는 이해관계인이란 회사 존립에 직접 법률상 이해관계가 있는 자라고 보아야 한다.
나. "전자랜드"라는 명칭의 빌딩을 소유하고 같은 명칭의 서비스표 및 상표 등록을 한 자가 그 상호를 "전자랜드주식회사"로 변경하려고 하는데, 휴면회사인 "전자랜드판매주식회사"로 인하여 상호변경 등기를 할 수 없다는 사실만으로는 "가" 항의 이해관계인이라 보기 어렵다고 한 사례.

제177조(등기기간의 기산점) 본편의 규정에 의하여 등기할 사항으로서 관청의 허가 또는 인가를 요하는 것에 관하여는 그 서류가 도달한 날로부터 등기기간을 기산한다.

제2장 합명회사

제1절 설립

제178조(정관의 작성) 합명회사의 설립에는 2인 이상의 사원이 공동으로 정관을 작성하여야 한다.

제179조(정관의 절대적 기재사항) 정관에는 다음의 사항을 기재하고 총사원이 기명날인 또는 서명하여야 한다. <개정 1995.12.29.>
1. 목적
2. 상호
3. 사원의 성명 · 주민등록번호 및 주소
4. 사원의 출자의 목적과 가격 또는 그 평가의 표준
5. 본점의 소재지
6. 정관의 작성년월일

제180조(설립의 등기) 합명회사의 설립등기에 있어서는 다음의 사항을 등기하여야 한다. <개정 1995.12.29., 2011.4.14.>

1. 제179조제1호 내지 제3호 및 제5호의 사항과 지점을 둔 때에는 그 소재지. 다만, 회사를 대표할 사원을 정한 때에는 그 외의 사원의 주소를 제외한다.
2. 사원의 출자의 목적, 재산출자에는 그 가격과 이행한 부분
3. 존립기간 기타 해산사유를 정한 때에는 그 기간 또는 사유
4. 회사를 대표할 사원을 정한 경우에는 그 성명·주소 및 주민등록번호
5. 수인의 사원이 공동으로 회사를 대표할 것을 정한 때에는 그 규정

판례-대표권및업무집행권한상실선고

[대법원 2014.5.29, 선고, 2013다212295, 판결]

【판시사항】

[1] 변제공탁자가 공탁물 회수권을 행사하여 공탁물을 회수한 경우, 공탁에 따른 채권소멸의 효력이 소급하여 없어지는지 여부(적극) 및 그 공탁물의 회수에 제3자가 공탁자의 공탁물 회수청구권에 대한 압류 및 추심명령을 받아 그 집행으로 공탁물을 회수한 경우도 포함되는지 여부(적극)

[2] 정관으로 수인의 사원이 공동으로 회사를 대표할 것을 정하고도 이를 등기하지 않은 경우, 공동대표사원 중 1인이 단독으로 한 대표행위가 정관에 위배된다는 점을 들어 선의의 제3자에게 대항할 수 있는지 여부(소극)

[3] 상법 제224조 제1항에서 정한 사원의 지분 압류채권자의 '퇴사청구권'의 법적 성질(=형성권) / 퇴사의 효력 발생 후 사원 또는 채권자가 일방적으로 퇴사의 의사표시를 철회할 수 있는지 여부(소극)와 이는 퇴사의 효력 발생 후 사원이 채권자에게 채무를 변제한 경우에도 마찬가지인지 여부(적극)

【판결요지】

[1] 변제공탁이 적법한 경우에는 채권자가 공탁물 출급청구를 하였는지 여부와는 관계없이 공탁을 한 때에 변제의 효력이 발생하나, 변제공탁자가 공탁물 회수권의 행사에 의하여 공탁물을 회수한 경우에는 공탁하지 아니한 것으로 보아 채권소멸의 효력은 소급하여 없어진다. 이와 같이 채권소멸의 효력을 소급적으로 소멸시키는 공탁물의 회수에는 공탁자에 의하여 이루어진 경우뿐만 아니라, 제3자가 공탁자에게 대하여 가지는 별도 채권의 집행권원으로써 공탁자의 공탁물 회수청구권에 대하여 압류 및 추심명령을 받아 그 집행으로 공탁물을 회수한 경우도 포함된다.

[2] 상법 제269조, 제180조 제5호, 제209조, 제37조에 의하면, 회사를 대표하는 사원은 회사의 영업에 관하여 재판상 또는 재판 외의 모든 행위를 할 권한이 있고, 정관으로 수인의 사원이 공동으로 회사를 대표할 것을 정하고도 이를 등기하지 아니한 경우, 공동대표사원 중 1인이 단독으로 회사를 대표하여 행위하였더라도 그 대표행위가 정관에 위배된다는 점을 들어 위 대표행위의 유효를 주장하는 선의의 제3자에게 대항하지 못한다.

[3] 상법 제269조에 의하여 합자회사에 준용되는 상법 제224조 제1항은 "사원의 지분을 압류한 채권자는 영업연도말에 그 사원을 퇴사시킬 수 있다. 그러나 회사와 그 사원에 대하여 6월 전에 그 예고를 하여야 한다." 라고 규정하고 있고, 제2항은 "전항 단서의 예고는 사원이 변제를 하거나 상당한 담보를 제공한 때에는 그 효력을 잃는다." 라고 규정하고 있다. 상법 제224조 제1항의 규정 취지는, 사원의 채권자가 사원의 지분을 압류하여도 상법 제197조의 규정에 따라 다른 사원의 동의를 얻어야만 이를 환가할 수 있는 점 등을 감안하여, 사원의 지분을 압류한 채권자에게 퇴사청구권을 인정하고 지분환급에 의하여 채권의 변제를 받을 수 있게 한 것으로서, 위 퇴사청구권은 사원 지분의 압류채권자가 직접 일방적 의사표시로 사원을 퇴사시킬 수 있도록 한 형성권이다. 이에 따라 채권자가 예고기간을 정하여 예고를 한 이상 다른 의사표시 없이도 영업연도말에 당연히 퇴사의 효력

이 발생하고, 사원이 이를 저지하기 위하여서는 영업연도말이 되기 전에 변제를 하거나 상당한 담보를 제공하여야 하며, 변제 또는 담보제공이 없이 영업연도말이 도래하여 일단 퇴사의 효력이 발생하였다면 그 후 사원 또는 채권자가 일방적으로 위 퇴사의 의사표시를 철회할 수 없고, 이는 퇴사의 효력이 발생한 후 사원이 채권자에게 채무를 변제한 경우에도 마찬가지이다.

제181조(지점 설치의 등기) ① 회사의 설립과 동시에 지점을 설치하는 경우에는 설립등기를 한 후 2주 내에 지점소재지에서 제180조제1호 본문(다른 지점의 소재지는 제외한다) 및 제3호부터 제5호까지의 사항을 등기하여야 한다. 다만, 회사를 대표할 사원을 정한 경우에는 그 외의 사원은 등기하지 아니한다.
② 회사의 성립 후에 지점을 설치하는 경우에는 본점소재지에서는 2주 내에 그 지점소재지와 설치 연월일을 등기하고, 그 지점소재지에서는 3주 내에 제180조제1호 본문(다른 지점의 소재지는 제외한다) 및 제3호부터 제5호까지의 사항을 등기하여야 한다. 다만, 회사를 대표할 사원을 정한 경우에는 그 밖의 사원은 등기하지 아니한다.
[전문개정 2011.4.14.]

제182조(본점, 지점의 이전등기) ①회사가 본점을 이전하는 경우에는 2주간 내에 구소재지에서는 신소재지와 이전년월일을, 신소재지에서는 제180조 각호의 사항을 등기하여야 한다. <개정 1995.12.29.>
② 회사가 지점을 이전하는 경우에는 2주 내에 본점과 구지점소재지에서는 신지점소재지와 이전 연월일을 등기하고, 신지점소재지에서는 제180조제1호 본문(다른 지점의 소재지는 제외한다) 및 제3호부터 제5호까지의 사항을 등기하여야 한다. 다만, 회사를 대표할 사원을 정한 경우에는 그 밖의 사원은 등기하지 아니한다. <개정 2011.4.14.>
③ 삭제 <1995.12.29.>

제183조(변경등기) 제180조에 게기한 사항에 변경이 있는 때에는 본점소재지에서는 2주간 내, 지점소재지에서는 3주간 내에 변경등기를 하여야 한다.

판례-상법위반이의

[대법원 2009.4.23, 자, 2009마120, 결정]

【판시사항】
[1] 회사 본점소재지와 지점소재지의 관할 등기소가 같지 않은 경우 등기 해태에 따른 과태료의 부과 방법
[2] 회사의 등기 해태에 따른 과태료 부과 대상자 및 등기해태 기간 중 대표자의 지위를 상실한 경우 과태료의 책임 범위

【판결요지】
[1] 회사의 등기사항에 변경이 있는 때에는 본점소재지에서는 2주간 내, 지점소재지에서는 3주간 내에 변경등기를 하여야 하는바(상법 제183조), 본점소재지와 지점소재지의 관할 등기소가 동일하지 아니한 때에는 그 등기도 각각 신청하여야 하는 것이므로, 그 등기 해태에 따른 과태료도 본점소재지와 지점소재지의 등기

해태에 따라 각각 부과되는 것이다.
[2] 회사의 등기는 법령에 다른 규정이 있는 경우를 제외하고는 그 대표자가 신청 의무를 부담하므로(상업등기법 제17조), 회사의 등기를 해태한 때에는 등기 해태 당시 회사의 대표자가 과태료 부과 대상자가 되고, 등기 해태 기간이 지속되는 중에 대표자의 지위를 상실한 경우에는 대표자의 지위에 있으면서 등기를 해태한 기간에 대하여만 과태료 책임을 부담한다.

제183조의2(업무집행정지가처분 등의 등기) 사원의 업무집행을 정지하거나 직무대행자를 선임하는 가처분을 하거나 그 가처분을 변경·취소하는 경우에는 본점 및 지점이 있는 곳의 등기소에서 이를 등기하여야 한다.
[본조신설 2001.12.29.]

제184조(설립무효, 취소의 소) ①회사의 설립의 무효는 그 사원에 한하여, 설립의 취소는 그 취소권있는 자에 한하여 회사성립의 날로부터 2년내에 소만으로 이를 주장할 수 있다.
②민법 제140조의 규정은 전항의 설립의 취소에 준용한다.

제185조(채권자에 의한 설립취소의 소) 사원이 그 채권자를 해할 것을 알고 회사를 설립한 때에는 채권자는 그 사원과 회사에 대한 소로 회사의 설립취소를 청구할 수 있다.

제186조(전속관할) 전2조의 소는 본점소재지의 지방법원의 관할에 전속한다.

제187조(소제기의 공고) 설립무효의 소 또는 설립취소의 소가 제기된 때에는 회사는 지체없이 공고하여야 한다.

제188조(소의 병합심리) 수개의 설립무효의 소 또는 설립취소의 소가 제기된 때에는 법원은 이를 병합심리하여야 한다.

제189조(하자의 보완 등과 청구의 기각) 설립무효의 소 또는 설립취소의 소가 그 심리중에 원인이 된 하자가 보완되고 회사의 현황과 제반사정을 참작하여 설립을 무효 또는 취소하는 것이 부적당하다고 인정한 때에는 법원은 그 청구를 기각할 수 있다.

판례-분할합병무효등

[대법원 2010.7.22, 선고, 2008다37193, 판결]

【판시사항】
[1] 주주가 회사를 상대로 제기한 분할합병무효의 소에서 분할합병계약을 승인한 주주총회결의의 존부 및 그 하자에 관한 증명책임의 소재
[2] 분할합병계약의 승인을 위한 주주총회를 개최하면서 소수주주들에게 소집통지를 하지 아니한 하자만으로 그 주주총회결의가 부존재한다고 할 수 없고 이는

결의 취소사유에 해당한다고 한 원심의 판단을 수긍한 사례
[3] 분할합병무효의 소의 원인이 된 하자가 추후 보완될 수 없는 성질의 것인 경우, 그 하자가 보완되지 아니하더라도 법원이 제반 사정을 참작하여 분할합병무효의 소를 재량기각할 수 있는지 여부(적극)
[4] 분할합병계약의 승인을 위한 주주총회를 개최하면서 소수주주들에게 소집통지를 하지 않음으로 인하여 위 주주들이 주식매수청구권 행사 기회를 갖지 못하였으나, 분할합병무효의 소를 제기한 소수주주가 자신이 보유하고 있던 주식을 제3자에게 매도함으로써 그 투하자본을 이미 회수하였다고 볼 수 있고, 위 분할합병을 무효로 함으로 인하여 당사자 회사와 그 주주들에게 이익이 된다는 사정이 엿보이지 아니하는 점 등을 참작해 볼 때, 분할합병무효청구를 기각한 원심판단을 수긍한 사례
[5] 회사와 경쟁관계에 있거나 분쟁 중에 있어 그 회사의 경영에 간섭할 목적을 가지고 있는 자에게 주식을 양도한 사정만으로 그 주식양도를 반사회질서 법률행위라고 할 수 있는지 여부(소극)
[6] 회사가 주주 또는 회사채권자의 주주명부 등 열람등사청구를 거절할 수 있는지 여부(원칙적 소극)

【판결요지】
[1] 주주가 회사를 상대로 제기한 분할합병무효의 소에서 당사자 사이에 분할합병계약을 승인한 주주총회결의 자체가 있었는지 및 그 결의에 이를 부존재로 볼 만한 중대한 하자가 있는지 등 주주총회결의의 존부에 관하여 다툼이 있는 경우 주주총회결의 자체가 있었다는 점에 관해서는 회사가 증명책임을 부담하고 그 결의에 이를 부존재로 볼 만한 중대한 하자가 있다는 점에 관해서는 주주가 증명책임을 부담하는 것이 타당하다.
[2] 甲 회사와 乙 회사가 분할합병계약을 체결한 후 甲 회사가 임시주주총회를 개최하여 위 분할합병계약을 승인하는 결의를 하였으나, 甲 회사가 위 주주총회를 소집하면서 소수주주들에게 소집통지를 하지 아니한 사안에서, 甲 회사가 위 주주총회를 개최함에 있어 발행주식의 9.22%를 보유한 소수주주들에게 소집통지를 하지 아니한 하자만으로 위 주주총회결의가 부존재한다고 할 수 없고 이는 결의 취소사유에 해당한다고 본 원심판단을 수긍한 사례.
[3] 상법 제530조의11 제1항 및 제240조는 분할합병무효의 소에 관하여 상법 제189조를 준용하고 있고 상법 제189조는 "설립무효의 소 또는 설립취소의 소가 그 심리 중에 원인이 된 하자가 보완되고 회사의 현황과 제반 사정을 참작하여 설립을 무효 또는 취소하는 것이 부적당하다고 인정한 때에는 법원은 그 청구를 기각할 수 있다" 고 규정하고 있으므로, 법원이 분할합병무효의 소를 재량기각하기 위해서는 원칙적으로 그 소 제기 전이나 그 심리 중에 원인이 된 하자가 보완되어야 할 것이나, 그 하자가 추후 보완될 수 없는 성질의 것인 경우에는 그 하자가 보완되지 아니하였다고 하더라도 회사의 현황 등 제반 사정을 참작하여 분할합병무효의 소를 재량기각할 수 있다.
[4] 분할합병계약의 승인을 위한 주주총회를 개최하면서 소수주주들에게 소집통지를 하지 않음으로 인하여 위 주주들이 주식매수청구권 행사 기회를 갖지 못하였으나, 주식매수청구권은 분할합병에 반대하는 주주로 하여금 투하자본을 회수할 수 있도록 하기 위해 부여된 것인데 분할합병무효의 소를 제기한 소수주주가 자신이 보유하고 있던 주식을 제3자에게 매도함으로써 그 투하자본을 이미 회수하였다고 볼 수 있고, 위 분할합병의 목적이 독점규제 및 공정거래에 관한 법률상 상호출자관계를 해소하기 위한 것으로 위 분할합병을 무효로 함으로 인하여 당사자 회사와 그 주주들에게 이익이 된다는 사정이 엿보이지 아니하는 점 등을 참작해 볼 때, 분할합병무효청구를 기각한 원심판단을 수긍한 사례.
[5] 상법 제335조 제1항 본문은 "주식은 타인에게 이를 양도할 수 있다" 고 하여

주식양도의 자유를 보장하고 있으므로 회사와 경쟁관계에 있거나 분쟁 중에 있어 그 회사의 경영에 간섭할 목적을 가지고 있는 자에게 주식을 양도하였다고 하여 그러한 사정만으로 이를 반사회질서 법률행위라고 할 수 없다.
[6] 주주 또는 회사채권자가 상법 제396조 제2항에 의하여 주주명부 등의 열람등사청구를 한 경우 회사는 그 청구에 정당한 목적이 없는 등의 특별한 사정이 없는 한 이를 거절할 수 없고, 이 경우 정당한 목적이 없다는 점에 관한 증명책임은 회사가 부담한다.

제190조(판결의 효력) 설립무효의 판결 또는 설립취소의 판결은 제3자에 대하여도 그 효력이 있다. 그러나 판결확정전에 생긴 회사와 사원 및 제3자간의 권리의무에 영향을 미치지 아니한다.

제191조(패소원고의 책임) 설립무효의 소 또는 설립취소의 소를 제기한 자가 패소한 경우에 악의 또는 중대한 과실이 있는 때에는 회사에 대하여 연대하여 손해를 배상할 책임이 있다.

제192조(설립무효, 취소의 등기) 설립무효의 판결 또는 설립취소의 판결이 확정된 때에는 본점과 지점의 소재지에서 등기하여야 한다.

제193조(설립무효, 취소판결의 효과) ①설립무효의 판결 또는 설립취소의 판결이 확정된 때에는 해산의 경우에 준하여 청산하여야 한다.
②전항의 경우에는 법원은 사원 기타의 이해관계인의 청구에 의하여 청산인을 선임할 수 있다.

제194조(설립무효, 취소와 회사계속) ①설립무효의 판결 또는 설립취소의 판결이 확정된 경우에 그 무효나 취소의 원인이 특정한 사원에 한한 것인 때에는 다른 사원전원의 동의로써 회사를 계속할 수 있다.
②전항의 경우에는 그 무효 또는 취소의 원인이 있는 사원은 퇴사한 것으로 본다.
③제229조제2항과 제3항의 규정은 전2항의 경우에 준용한다.

제2절 회사의 내부관계

제195조(준용법규) 합명회사의 내부관계에 관하여는 정관 또는 본법에 다른 규정이 없으면 조합에 관한 민법의 규정을 준용한다.

제196조(채권출자) 채권을 출자의 목적으로 한 사원은 그 채권이 변제기에 변제되지 아니한 때에는 그 채권액을 변제할 책임을 진다. 이 경우에는 이자를 지급하는 외에 이로 인하여 생긴 손해를 배상하여야 한다.

제197조(지분의 양도) 사원은 다른 사원의 동의를 얻지 아니하면 그 지분의

전부 또는 일부를 타인에게 양도하지 못한다.

판례-사원명의변경절차이행

[대법원 2015.4.23, 선고, 2014다218863, 판결]

【판시사항】

사모투자전문회사의 유한책임사원 지분에 대한 질권 설정의 효력이 발생하기 위한 요건 / 이때 질권자가 제3자에게 대항하기 위하여 추가적인 대항요건을 갖추어야 하는지 여부(소극)

【판결요지】

사모투자전문회사의 유한책임사원 지분에 대한 질권 설정에 관하여 구 간접투자자산 운용업법(2007. 8. 3. 법률 제8635호 자본시장과 금융투자업에 관한 법률 부칙 제2조로 폐지, 이하 '간접투자법'이라 한다), 상법 등 관련 법률에 달리 규정이 없는 이상 이에 대하여 질권을 설정하기 위하여는 권리질권의 설정에 관한 민법 제346조에 기하여 지분 양도에 관한 방법에 의하여야 하고, 지분 양도에 관하여는 간접투자법 제144조의14 제3항이 규정하고 있으므로, 이에 따라 사모투자전문회사의 유한책임사원이 자신의 지분에 관하여 질권자와 질권 설정계약을 체결하고 질권 설정에 대하여 무한책임사원 전원의 동의를 얻으면 이로써 질권 설정의 효력이 발생한다.
그런데 사모투자전문회사의 유한책임사원 지분에 대한 질권 설정 시 제3자에 대한 대항요건에 관하여는 관련 법률에 별도의 규정이 없고, 이와 유사한 성질을 가지는 합자회사의 유한책임사원 지분권, 합명회사 사원 지분권, 조합원 지위 양도에 관하여 제3자에 대한 대항요건을 요구하는 규정도 존재하지 아니하며, 사모투자전문회사의 유한책임사원 지분권은 인적 회사의 사원권으로서 지명채권과는 성질을 달리하는 이상 지명채권에 대한 질권 설정의 대항요건에 관한 민법 제349조 제1항이 유추 적용될 수도 없으므로, 질권자로서는 사모투자전문회사의 유한책임사원과 질권 설정계약을 체결하고 이에 대하여 무한책임사원 전원의 동의를 얻어 질권 설정의 효력이 발생하였다면, 이에 더하여 별도로 그 질권으로써 제3자에 대하여 대항하기 위하여 추가적인 대항요건을 갖출 필요는 없다.

제198조(사원의 경업의 금지) ①사원은 다른 사원의 동의가 없으면 자기 또는 제3자의 계산으로 회사의 영업부류에 속하는 거래를 하지 못하며 동종영업을 목적으로 하는 다른 회사의 무한책임사원 또는 이사가 되지 못한다.
②사원이 전항의 규정에 위반하여 거래를 한 경우에 그 거래가 자기의 계산으로 한 것인 때에는 회사는 이를 회사의 계산으로 한 것으로 볼 수 있고 제3자의 계산으로 한것인 때에는 그 사원에 대하여 회사는 이로 인한 이득의 양도를 청구할 수 있다. <개정 1962.12.12.>
③전항의 규정은 회사의 그 사원에 대한 손해배상의 청구에 영향을 미치지 아니한다.
④제2항의 권리는 다른 사원 과반수의 결의에 의하여 행사하여야 하며 다른 사원의 1인이 그 거래를 안 날로부터 2주간을 경과하거나 그 거래가 있은 날로부터 1년을 경과하면 소멸한다.

제199조(사원의 자기거래) 사원은 다른 사원 과반수의 결의가 있는 때에 한하여 자기 또는 제삼자의 계산으로 회사와 거래를 할 수 있다. 이 경우에는

민법 제124조의 규정을 적용하지 아니한다.

제200조(업무집행의 권리의무) ①각 사원은 정관에 다른 규정이 없는 때에는 회사의 업무를 집행할 권리와 의무가 있다.
②각 사원의 업무집행에 관한 행위에 대하여 다른 사원의 이의가 있는 때에는 곧 행위를 중지하고 총사원과반수의 결의에 의하여야 한다.

제200조의2(직무대행자의 권한) ①제183조의2의 직무대행자는 가처분명령에 다른 정함이 있는 경우 외에는 법인의 통상업무에 속하지 아니한 행위를 하지 못한다. 다만, 법원의 허가를 얻은 경우에는 그러하지 아니하다.
②직무대행자가 제1항의 규정에 위반한 행위를 한 경우에도 회사는 선의의 제3자에 대하여 책임을 진다.
[본조신설 2001.12.29.]

제201조(업무집행사원) ①정관으로 사원의 1인 또는 수인을 업무집행사원으로 정한 때에는 그 사원이 회사의 업무를 집행할 권리와 의무가 있다.
②수인의 업무집행사원이 있는 경우에 그 각 사원의 업무집행에 관한 행위에 대하여 다른 업무집행사원의 이의가 있는 때에는 곧 그 행위를 중지하고 업무집행사원 과반수의 결의에 의하여야 한다.

제202조(공동업무집행사원) 정관으로 수인의 사원을 공동업무집행사원으로 정한 때에 그 전원의 동의가 없으면 업무집행에 관한 행위를 하지 못한다. 그러나 지체할 염려가 있는 때에는 그러하지 아니하다.

제203조(지배인의 선임과 해임) 지배인의 선임과 해임은 정관에 다른 정함이 없으면 업무집행사원이 있는 경우에도 총사원 과반수의 결의에 의하여야 한다.

제204조(정관의 변경) 정관을 변경함에는 총사원의 동의가 있어야 한다.

제205조(업무집행사원의 권한상실선고) ①사원이 업무를 집행함에 현저하게 부적임하거나 중대한 의무에 위반한 행위가 있는 때에는 법원은 사원의 청구에 의하여 업무집행권한의 상실을 선고할 수 있다.
②전항의 판결이 확정된 때에는 본점과 지점의 소재지에서 등기하여야 한다.

판례-업무집행사원의권한상실선고

[대법원 2015.5.29, 선고, 2014다51541, 판결]

【판시사항】

[1] 합명회사의 내부관계에 관한 상법 규정이 임의규정인지 여부(원칙적 적극) 및 합명회사의 정관에서 내부관계에 관하여 상법과 달리 정한 경우, 해당 정관 규정이 관련 상법 규정의 적용을 배제하는지 판단하는 기준

[2] 상법상 합명회사의 사원 또는 업무집행사원의 업무집행권한을 상실시키는 방법 / 합명회사의 사원이 상법 제205조 제1항에 따른 방법과 상법 제195조에 의하여 준용되는 민법 제708조에 따른 방법 중 어느 하나의 방법으로 다른 사원 또는 업무집행사원의 업무집행권한을 상실시킬 수 있는지 여부(원칙적 적극)
[3] 합명회사의 사원 또는 업무집행사원의 업무집행권한 상실에 관한 정관이나 관련 법률 규정을 해석할 때 고려하여야 할 사항
[4] 甲 합명회사의 정관에서 "업무집행사원이 업무를 집행함에 현저하게 부적임하거나 중대한 업무에 위반한 행위가 있는 때에는 총사원의 결의로써 업무집행권한을 상실하게 할 수 있다." 라고 규정한 사안에서, 정관 규정이 상법 제205조 제1항의 적용을 배제하는 규정이라고 본 원심판단에 법리오해의 잘못이 있다고 한 사례

【판결요지】
[1] 상법 제195조에 비추어 볼 때, 합명회사의 내부관계에 관한 상법 규정은 원칙적으로 임의규정이고, 정관에서 상법 규정과 달리 정하는 것이 허용된다. 이와 같이 합명회사의 정관에서 내부관계에 관하여 상법과 달리 정한 경우, 해당 정관 규정이 관련 상법 규정의 적용을 배제하는지는 해당 정관 규정의 내용, 관련 상법 규정의 목적, 합명회사의 특징 등 여러 사정을 종합적으로 고려하여 판단하여야 한다.
[2] 상법상 합명회사의 사원 또는 업무집행사원의 업무집행권한을 상실시키는 방법으로는 다음의 두 가지를 상정할 수 있다. 첫째, 상법 제205조 제1항에 따라 다른 사원의 청구에 의하여 법원의 선고로써 권한을 상실시키는 방법이다. 둘째, 상법 제195조에 의하여 준용되는 민법 제708조에 따라 법원의 선고절차를 거치지 않고 총사원이 일치하여 업무집행사원을 해임함으로써 권한을 상실시키는 방법이다. 위 두 가지 방법은 요건과 절차가 서로 다르므로, 상법 제205조 제1항이 민법 제708조의 준용을 배제하고 있다고 보기 어렵다. 따라서 정관에서 달리 정하고 있지 않는 이상, 합명회사의 사원은 두 가지 방법 중 어느 하나의 방법으로 다른 사원 또는 업무집행사원의 업무집행권한을 상실시킬 수 있다.
[3] 합명회사의 사원은 회사채권자에 대하여 직접·연대·무한책임을 진다. 만약 다른 사원 또는 업무집행사원이 업무집행에 현저히 부적합하거나 중대하게 의무를 위반하는 경우에는 그로 인하여 자신의 책임이 발생·증대될 우려가 있으므로, 다른 사원 또는 업무집행사원을 업무집행에서 배제할 수 있는지는 각 사원의 이해관계에 큰 영향을 미친다. 합명회사의 사원은 업무집행권한 상실제도를 통하여 업무집행에 현저히 부적합하거나 중대하게 의무를 위반한 사원이나 업무집행사원을 업무집행에서 배제함으로써 자신의 책임이 부당하게 발생·증대되는 것으로부터 자신을 보호할 수 있다. 따라서 업무집행권한 상실에 관한 정관이나 관련 법률 규정을 해석할 때에는 위와 같은 사원의 권리가 합리적 근거 없이 제한되지 않도록 신중하게 해석하여야 한다.
[4] 甲 합명회사의 정관에서 "업무집행사원이 업무를 집행함에 현저하게 부적임하거나 중대한 업무에 위반한 행위가 있는 때에는 총사원의 결의로써 업무집행권한을 상실하게 할 수 있다." 라고 규정한 사안에서, 정관에서 명시적으로 상법 제205조 제1항의 적용을 배제하고 있지 않는 한 업무집행권한 상실과 관련하여 상법이 부여한 사원의 권리를 제한할 합리적 근거를 찾을 수 없고, 법원의 선고절차 없는 업무집행권한 상실방법과 유사한 정관 규정이 신설되었다고 하여 법원의 선고에 의한 업무집행권한 상실방법을 배제한 것이라고 해석하기는 어려우므로, 상법 제205조 제1항은 위 정관 규정의 신설에도 불구하고 여전히 적용된다고 보아야 하는데도, 위 정관 규정이 상법 제205조 제1항의 적용을 배제하는 규정이라고 본 원심판단에 법리오해의 잘못이 있다고 한 사례.

제206조(준용규정) 제186조의 규정은 전조의 소에 준용한다.

제3절 회사의 외부관계

제207조(회사대표) 정관으로 업무집행사원을 정하지 아니한 때에는 각 사원은 회사를 대표한다. 수인의 업무집행사원을 정한 경우에 각 업무집행사원은 회사를 대표한다. 그러나 정관 또는 총사원의 동의로 업무집행사원중 특히 회사를 대표할 자를 정할 수 있다.

제208조(공동대표) ①회사는 정관 또는 총사원의 동의로 수인의 사원이 공동으로 회사를 대표할 것을 정할 수 있다.
②전항의 경우에도 제삼자의 회사에 대한 의사표시는 공동대표의 권한있는 사원 1인에 대하여 이를 함으로써 그 효력이 생긴다.

제209조(대표사원의 권한) ①회사를 대표하는 사원은 회사의 영업에 관하여 재판상 또는 재판외의 모든 행위를 할 권한이 있다.
②전항의 권한에 대한 제한은 선의의 제삼자에게 대항하지 못한다.

제210조(손해배상책임) 회사를 대표하는 사원이 그 업무집행으로 인하여 타인에게 손해를 가한 때에는 회사는 그 사원과 연대하여 배상할 책임이 있다.

판례-건물인도

[대법원 2013.6.27, 선고, 2011다50165, 판결]

【판시사항】

[1] 주식회사의 대표이사가 업무집행과 관련하여 정당한 권한 없이 직원으로 하여금 타인의 부동산을 지배·관리하게 하는 등으로 소유자의 사용수익권을 침해한 경우, 회사와 별도로 손해배상책임을 부담하는지 여부(적극)

[2] 채무자 소유의 건물에 관하여 공사를 도급받은 수급인이 경매개시결정의 기입등기가 마쳐지기 전에 채무자로부터 건물의 점유를 이전받았으나 경매개시결정의 기입등기가 마쳐져 압류의 효력이 발생한 후에 공사를 완공하여 공사대금채권을 취득함으로써 유치권이 성립한 경우, 수급인이 유치권을 내세워 경매절차의 매수인에게 대항할 수 있는지 여부(소극)

【판결요지】

[1] 주식회사의 대표이사가 업무집행을 하면서 고의 또는 과실에 의한 위법행위로 타인에게 손해를 가한 경우 주식회사는 상법 제389조 제3항, 제210조에 의하여 제3자에게 손해배상책임을 부담하게 되고, 대표이사도 민법 제750조 또는 상법 제389조 제3항, 제210조에 의하여 주식회사와 연대하여 불법행위책임을 부담하게 된다. 따라서 주식회사의 대표이사가 업무집행과 관련하여 정당한 권한 없이 직원으로 하여금 타인의 부동산을 지배·관리하게 하는 등으로 소유자의 사용수익권을 침해하고 있는 경우, 부동산의 점유자는 회사일 뿐이고 대표이사 개인은 독자적인 점유자는 아니기 때문에 부동산에 대한 인도청구 등의 상대방은 될 수 없다고 하더라도, 고의 또는 과실로 부동산에 대한 불법적인 점유상태를 형성·유지한 위법행위로 인한 손해배상책임은 회사와 별도로 부담한다고 보아야 한다. 대표이사 개인이 부동산에 대한 점유자가 아니라는 것과 업무집행으로 인하여 회

사의 불법점유 상태를 야기하는 등으로 직접 불법행위를 한 행위자로서 손해배상 책임을 지는 것은 별개라고 보아야 하기 때문이다.
[2] 유치권은 그 목적물에 관하여 생긴 채권이 변제기에 있는 경우에 비로소 성립하고(민법 제320조), 한편 채무자 소유의 부동산에 경매개시결정의 기입등기가 마쳐져 압류의 효력이 발생한 후에 유치권을 취득한 경우에는 그로써 부동산에 관한 경매절차의 매수인에게 대항할 수 없다. 따라서 채무자 소유의 건물에 관하여 증·개축 등 공사를 도급받은 수급인이 경매개시결정의 기입등기가 마쳐지기 전에 채무자로부터 건물의 점유를 이전받았다 하더라도 경매개시결정의 기입등기가 마쳐져 압류의 효력이 발생한 후에 공사를 완공하여 공사대금채권을 취득함으로써 그때 비로소 유치권이 성립한 경우에는, 수급인은 유치권을 내세워 경매절차의 매수인에게 대항할 수 없다.

제211조(회사와 사원간의 소에 관한 대표권) 회사가 사원에 대하여 또는 사원이 회사에 대하여 소를 제기하는 경우에 회사를 대표할 사원이 없을 때에는 다른 사원 과반수의 결의로 선정하여야 한다.

제212조(사원의 책임) ①회사의 재산으로 회사의 채무를 완제할 수 없는 때에는 각 사원은 연대하여 변제할 책임이 있다.
②회사재산에 대한 강제집행이 주효하지 못한 때에도 전항과 같다.
③전항의 규정은 사원이 회사에 변제의 자력이 있으며 집행이 용이한 것을 증명한 때에는 적용하지 아니한다.

제213조(신입사원의 책임) 회사성립후에 가입한 사원은 그 가입전에 생긴 회사채무에 대하여 다른 사원과 동일한 책임을 진다.

제214조(사원의 항변) ①사원이 회사채무에 관하여 변제의 청구를 받은 때에는 회사가 주장할 수 있는 항변으로 그 채권자에게 대항할 수 있다.
②회사가 그 채권자에 대하여 상계, 취소 또는 해제할 권리가 있는 경우에는 사원은 전항의 청구에 대하여 변제를 거부할 수 있다.

제215조(자칭사원의 책임) 사원이 아닌 자가 타인에게 자기를 사원이라고 오인시키는 행위를 하였을 때에는 오인으로 인하여 회사와 거래한 자에 대하여 사원과 동일한 책임을 진다.

제216조(준용규정) 제205조와 제206조의 규정은 회사의 대표사원에 준용한다.

제4절 사원의 퇴사

제217조(사원의 퇴사권) ①정관으로 회사의 존립기간을 정하지 아니하거나 어느 사원의 종신까지 존속할 것을 정한 때에는 사원은 영업년도말에 한하여 퇴사할 수 있다. 그러나 6월전에 이를 예고하여야 한다.

②사원이 부득이한 사유가 있을 때에는 언제든지 퇴사할 수 있다.

제218조(퇴사원인) 사원은 전조의 경우외에 다음의 사유로 인하여 퇴사한다.
1. 정관에 정한 사유의 발생
2. 총사원의 동의
3. 사망
4. 금치산
5. 파산
6. 제명

판례-제명처분무효확인

[대법원 2007.5.10, 선고, 2005다60147, 판결]

【판시사항】

[1] 주식회사에서 주주의 제명이 허용되는지 여부(소극)

[2] 주주 간의 분쟁 등 일정한 사유가 발생할 경우 특정 주주를 제명하고 회사가 그 주주에게 출자금 등을 환급하도록 규정한 정관이나 내부규정의 효력(무효)

[3] 주식회사인 감정평가법인의 주주 겸 소속 감정평가사에 대한 회사의 제명처분에는 주주 제명의 의사표시뿐 아니라 소속 감정평가사의 지위에서 해고한다는 의사표시도 포함되어 있으므로 그와 같은 회사의 의사표시가 주주 제명처분의 무효 여부와 무관하게 가분적으로 유효하게 존재할 수 있는지 여부 등을 심리·판단하여야 한다고 한 사례

【판결요지】

[1] 상법은 제218조 제6호, 제220조, 제269조에서 인적 회사인 합명회사, 합자회사에 대하여 사원의 퇴사사유의 하나로서 '제명'을 규정하면서 제명의 사유가 있는 때에는 다른 사원 과반수의 결의에 의하여 그 사원의 제명의 선고를 법원에 청구할 수 있도록 규정하고 있음에 비하여, 주식회사의 경우에는 주주의 제명에 관한 근거 규정과 절차 규정을 두고 있지 아니한바, 이는 상법이 인적 결합이 아닌 자본의 결합을 본질로 하는 물적 회사로서의 주식회사의 특성을 특별히 고려한 입법이라고 해석되므로, 회사의 주주의 구성이 소수에 의하여 제한적으로 이루어져 있다거나 주주 상호간의 신뢰관계를 기초로 하고 있다는 등의 사정이 있다 하더라도, 그러한 사정만으로 인적 회사인 합명회사, 합자회사의 사원 제명에 관한 규정을 물적 회사인 주식회사에 유추적용하여 주주의 제명을 허용할 수 없다.

[2] 주주 간의 분쟁 등 일정한 사유가 발생할 경우 어느 주주를 제명시키되 회사가 그 주주에게 출자금 등을 환급해 주기로 하는 내용의 규정을 회사의 정관이나 내부규정에 두는 것은 그것이 회사 또는 주주 등에게 생길지 모르는 중대한 손해를 회피하기 위한 것이라 하더라도 법정사유 이외에는 자기주식의 취득을 금지하는 상법 제341조의 규정에 위반되므로, 결국 주주를 제명하고 회사가 그 주주에게 출자금 등을 환급하도록 하는 내용을 규정한 정관이나 내부규정은 물적 회사로서의 주식회사의 본질에 반하고 자기주식의 취득을 금지하는 상법의 규정에도 위반되어 무효이다.

[3] 주식회사인 감정평가법인의 주주 겸 소속 감정평가사에 대한 회사의 제명처분에는 주주 제명의 의사표시뿐 아니라 소속 감정평가사의 지위에서 해고한다는 의사표시도 포함되어 있으므로 그와 같은 회사의 의사표시가 주주 제명처분의 무효 여부와 무관하게 가분적으로 유효하게 존재할 수 있는지 여부 등을 심리·판단하여야 한다고 한 사례.

제219조(사원사망 시 권리승계의 통지) ①정관으로 사원이 사망한 경우에 그 상속인이 회사에 대한 피상속인의 권리의무를 승계하여 사원이 될 수 있음을 정한 때에는 상속인은 상속의 개시를 안 날로부터 3월내에 회사에 대하여 승계 또는 포기의 통지를 발송하여야 한다.
②상속인이 전항의 통지 없이 3월을 경과한 때에는 사원이 될 권리를 포기한 것으로 본다.

제220조(제명의 선고) ①사원에게 다음의 사유가 있는 때에는 회사는 다른 사원 과반수의 결의에 의하여 그 사원의 제명의 선고를 법원에 청구할 수 있다.
1. 출자의 의무를 이행하지 아니한 때
2. 제198조제1항의 규정에 위반한 행위가 있는 때
3. 회사의 업무집행 또는 대표에 관하여 부정한 행위가 있는 때, 권한없이 업무를 집행하거나 회사를 대표한 때
4. 기타 중요한 사유가 있는 때

②제205조제2항과 제206조의 규정은 전항의 경우에 준용한다.

제221조(제명사원과 회사간의 계산) 제명된 사원과 회사와의 계산은 제명의 소를 제기한 때의 회사재산의 상태에 따라서 하며 그 때부터 법정이자를 붙여야 한다.

제222조(지분의 환급) 퇴사한 사원은 노무 또는 신용으로 출자의 목적으로 한 경우에도 그 지분의 환급을 받을 수 있다. 그러나 정관에 다른 규정이 있는 때에는 그러하지 아니하다.

제223조(지분의 압류) 사원의 지분의 압류는 사원이 장래이익의 배당과 지분의 환급을 청구하는 권리에 대하여도 그 효력이 있다.

제224조(지분 압류채권자에 의한 퇴사청구) ①사원의 지분을 압류한 채권자는 영업년도말에 그 사원을 퇴사시킬 수 있다. 그러나 회사와 그 사원에 대하여 6월전에 그 예고를 하여야 한다.
②전항 단서의 예고는 사원이 변제를 하거나 상당한 담보를 제공한 때에는 그 효력을 잃는다.

제225조(퇴사원의 책임) ①퇴사한 사원은 본점소재지에서 퇴사등기를 하기 전에 생긴 회사채무에 대하여는 등기후 2년내에는 다른 사원과 동일한 책임이 있다.
②전항의 규정은 지분을 양도한 사원에 준용한다.

제226조(퇴사원의 상호변경청구권) 퇴사한 사원의 성명이 회사의 상호 중에 사용된 경우에는 그 사원은 회사에 대하여 그 사용의 폐지를 청구할 수 있다.

제5절 회사의 해산

제227조(해산원인) 회사는 다음의 사유로 인하여 해산한다.
1. 존립기간의 만료 기타 정관으로 정한 사유의 발생
2. 총사원의 동의
3. 사원이 1인으로 된 때
4. 합병
5. 파산
6. 법원의 명령 또는 판결

판례-임금등

[대법원 2003.4.25, 선고, 2003다7005, 판결]

【판시사항】

[1] 정리해고의 의미

[2] 파산관재인이 파산선고로 인하여 회사가 해산한 후에 사업의 폐지를 위하여 하는 해고의 성질(=통상해고)

[3] 파산자 회사의 단체협약상 해고수당에 관한 규정이 정리해고의 경우를 예상한 것으로서 통상해고의 경우에는 적용되지 않는다고 한 사례

【판결요지】

[1] 정리해고는 긴급한 경영상의 필요에 의하여 기업에 종사하는 인원을 줄이기 위하여 일정한 요건 아래 근로자를 해고하는 것으로서 기업의 유지·존속을 전제로 그 소속 근로자들 중 일부를 해고하는 것을 가리킨다.

[2] 기업이 파산선고를 받아 사업의 폐지를 위하여 그 청산과정에서 근로자를 해고하는 것은 위장폐업이 아닌 한 기업경영의 자유에 속하는 것으로서 파산관재인이 파산선고로 인하여 파산자 회사가 해산한 후에 사업의 폐지를 위하여 행하는 해고는 정리해고가 아니라 통상해고이다.

[3] 파산자 회사의 단체협약상 해고수당에 관한 규정이 정리해고의 경우를 예상한 것으로서 통상해고의 경우에는 적용되지 않는다고 한 사례.

제228조(해산등기) 회사가 해산된 때에는 합병과 파산의 경우외에는 그 해산사유가 있은 날로부터 본점소재지에서는 2주간내, 지점소재지에서는 3주간내에 해산등기를 하여야 한다.

제229조(회사의 계속) ①제227조제1호와 제2호의 경우에는 사원의 전부 또는 일부의 동의로 회사를 계속할 수 있다. 그러나 동의를 하지 아니한 사원은 퇴사한 것으로 본다.

②제227조제3호의 경우에는 새로 사원을 가입시켜서 회사를 계속할 수 있다.

③전2항의 경우에 이미 회사의 해산등기를 하였을 때에는 본점소재지에서는 2주간내, 지점소재지에서는 3주간내에 회사의 계속등기를 하여야 한다.

④제213조의 규정은 제2항의 신입사원의 책임에 준용한다.

제230조(합병의 결의) 회사가 합병을 함에는 총사원의 동의가 있어야 한다.

제231조 삭제 <1984.4.10.>

제232조(채권자의 이의) ①회사는 합병의 결의가 있은 날부터 2주내에 회사채권자에 대하여 합병에 이의가 있으면 일정한 기간내에 이를 제출할 것을 공고하고 알고 있는 채권자에 대하여는 따로따로 이를 최고하여야 한다. 이 경우 그 기간은 1월 이상이어야 한다. <개정 1984.4.10., 1998.12.28.>
②채권자가 제1항의 기간내에 이의를 제출하지 아니한 때에는 합병을 승인한 것으로 본다. <개정 1984.4.10.>
③이의를 제출한 채권자가 있는 때에는 회사는 그 채권자에 대하여 변제 또는 상당한 담보를 제공하거나 이를 목적으로 하여 상당한 재산을 신탁회사에 신탁하여야 한다.

제233조(합병의 등기) 회사가 합병을 한 때에는 본점소재지에서는 2주간 내, 지점소재지에서는 3주간 내에 합병후 존속하는 회사의 변경등기, 합병으로 인하여 소멸하는 회사의 해산등기, 합병으로 인하여 설립되는 회사의 설립등기를 하여야 한다.

제234조(합병의 효력발생) 회사의 합병은 합병후 존속하는 회사 또는 합병으로 인하여 설립되는 회사가 그 본점소재지에서 전조의 등기를 함으로써 그 효력이 생긴다.

제235조(합병의 효과) 합병후 존속한 회사 또는 합병으로 인하여 설립된 회사는 합병으로 인하여 소멸된 회사의 권리의무를 승계한다.

판례-법인세등부과처분취소

[서울행법 2011.4.1, 선고, 2010구합26056, 판결 : 항소]

【판시사항】
피합병법인 甲이 보유채권에 관하여 기업회계기준에 따른 대손충당금을 적정하게 계상하지 아니하고 있다가 합병법인 乙이 합병 이후에 비로소 합병으로 승계받은 당해 채권에 관한 대손충당금을 설정하는 방법으로 손금산입을 한 데 대하여 과세관청이 구 법인세법 제52조 제1항을 적용하여 부당행위계산 부인에 의한 과세처분을 한 사안에서, 이 부분 과세처분이 위법하다고 한 사례

【판결요지】
피합병법인 甲이 보유채권에 관하여 기업회계기준에 따른 대손충당금을 적정하게 계상하지 아니하고 있다가 합병법인 乙이 합병 이후에 비로소 합병으로 승계받은 당해 채권에 관한 대손충당금을 설정하는 방법으로 손금산입을 한 사안에서, 합병 당사자 사이의 채권 승계는 합병의 법적 성질과 본질에 비추어 당연한 것으로서 특수관계에 있는 자 사이의 합병뿐 아니라 모든 종류의 합병에서 마찬가지이며, 합병으로 인하여 채권의 가치에 변동이 생기는 것도 아니므로, 합병법인 乙의

채권 승계와 그에 관한 경제적 가치의 부여는 사회통념 및 상관행과 시가에 비추어 이상한 거래형식을 택하였다거나 부당한 경제적 가치를 부여한 것으로 볼 수 없어 경제적 합리성을 결한 것으로 인정할 수 없으며, 대손충당금 설정에 관한 피합병법인 甲 및 합병법인 乙의 회계처리 역시 그 자체는 재화의 이동에 해당되지 않는데다가, 더 나아가 채권의 실질 가치는 합병으로 인하여 소멸되는 회사나 합병 후 존속하는 회사의 대손충당금 설정과 같은 회계처리에 따라 달라지는 것이 아니므로, 비록 위 회계처리에 의하여 합병법인 乙의 조세 부담이 감소하는 효과가 발생한다 하더라도 그 회계처리는 채권의 포괄승계라는 재화의 이동에 관한 경제적 가치 부여와 아무런 관련이 없고, 구 법인세법(2008. 12. 26. 법률 제9267호로 개정되기 전의 것) 제52조 제1항 소정의 부당행위계산 부인의 대상이 되지 않는다고 한 사례.

제236조(합병무효의 소의 제기) ①회사의 합병의 무효는 각 회사의 사원, 청산인, 파산관재인 또는 합병을 승인하지 아니한 회사채권자에 한하여 소만으로 이를 주장할 수 있다.

②전항의 소는 제233조의 등기가 있은 날로부터 6월내에 제기하여야 한다.

제237조(준용규정) 제176조제3항과 제4항의 규정은 회사채권자가 전조의 소를 제기한 때에 준용한다.

제238조(합병무효의 등기) 합병을 무효로 한 판결이 확정된 때에는 본점과 지점의 소재지에서 합병후 존속한 회사의 변경등기, 합병으로 인하여 소멸된 회사의 회복등기, 합병으로 인하여 설립된 회사의 해산등기를 하여야 한다.

제239조(무효판결확정과 회사의 권리의무의 귀속) ①합병을 무효로 한 판결이 확정된 때에는 합병을 한 회사는 합병후 존속한 회사 또는 합병으로 인하여 설립된 회사의 합병후 부담한 채무에 대하여 연대하여 변제할 책임이 있다.

②합병후 존속한 회사 또는 합병으로 인하여 설립한 회사의 합병후 취득한 재산은 합병을 한 회사의 공유로 한다.

③전2항의 경우에 각 회사의 협의로 그 부담부분 또는 지분을 정하지 못한 때에는 법원은 그 청구에 의하여 합병당시의 각 회사의 재산상태 기타의 사정을 참작하여 이를 정한다.

제240조(준용규정) 제186조 내지 제191조의 규정은 합병무효의 소에 준용한다.

제241조(사원에 의한 해산청구) ①부득이한 사유가 있는 때에는 각 사원은 회사의 해산을 법원에 청구할 수 있다.

②제186조와 제191조의 규정은 전항의 경우에 준용한다.

제242조(조직변경) ①합명회사는 총사원의 동의로 일부사원을 유한책임사원으로 하거나 유한책임사원을 새로 가입시켜서 합자회사로 변경할 수 있다.

②전항의 규정은 제229조제2항의 규정에 의하여 회사를 계속하는 경우에 준용한다.

제243조(조직변경의 등기) 합명회사를 합자회사로 변경한 때에는 본점소재지에서는 2주간내, 지점소재지에서는 3주간내에 합명회사에 있어서는 해산등기, 합자회사에 있어서는 설립등기를 하여야 한다.

제244조(조직변경에 의하여 유한책임사원이 된 자의 책임) 합명회사사원으로서 제242조제1항의 규정에 의하여 유한책임사원이 된 자는 전조의 규정에 의한 본점등기를 하기 전에 생긴 회사채무에 대하여는 등기 후 2년내에는 무한책임사원의 책임을 면하지 못한다.

제6절 청산

제245조(청산 중의 회사) 회사는 해산된 후에도 청산의 목적범위내에서 존속하는 것으로 본다.

제246조(수인의 지분상속인이 있는 경우) 회사의 해산후 사원이 사망한 경우에 그 상속인이 수인인 때에는 청산에 관한 사원의 권리를 행사할 자 1인을 정하여야 한다. 이를 정하지 아니한 때에는 회사의 통지 또는 최고는 그 중의 1인에 대하여 하면 전원에 대하여 그 효력이 있다.

제247조(임의청산) ①해산된 회사의 재산처분방법은 정관 또는 총사원의 동의로 이를 정할 수 있다. 이 경우에는 해산사유가 있는 날로부터 2주간내에 재산목록과 대차대조표를 작성하여야 한다.
②전항의 규정은 회사가 제227조제3호 또는 제6호의 사유로 인하여 해산한 경우에는 이를 적용하지 아니한다.
③제232조의 규정은 제1항의 경우에 준용한다.
④제1항의 경우에 사원의 지분을 압류한 자가 있는 때에는 그 동의를 얻어야 한다.
⑤제1항의 회사는 그 재산의 처분을 완료한 날부터 본점소재지에서는 2주간내에, 지점소재지에서는 3주간내에 청산종결의 등기를 하여야 한다.
<신설 1995.12.29.>

제248조(임의청산과 채권자보호) ①회사가 전조제3항의 규정에 위반하여 그 재산을 처분함으로써 회사채권자를 해한 때에는 회사채권자는 그 처분의 취소를 법원에 청구할 수 있다.
②제186조와 민법제406조제1항 단서, 제2항 및 제407조의 규정은 전항의 취소의 청구에 준용한다.

제249조(지분압류채권자의 보호) 회사가 제247조제4항의 규정에 위반하여 그 재산을 처분한 때에는 사원의 지분을 압류한 자는 회사에 대하여 그 지분에 상당하는 금액의 지급을 청구할 수 있다. 이 경우에는 전조의 규정을 준용한다.

제250조(법정청산) 제247조제1항의 규정에 의하여 회사재산의 처분방법을 정하지 아니한 때에는 합병과 파산의 경우를 제외하고 제251조 내지 제265조의 규정에 따라서 청산을 하여야 한다.

제251조(청산인) ①회사가 해산된 때에는 총사원 과반수의 결의로 청산인을 선임한다.
②청산인의 선임이 없는 때에는 업무집행사원이 청산인이 된다.

제252조(법원선임에 의한 청산인) 회사가 제227조제3호 또는 제6호의 사유로 인하여 해산된 때에는 법원은 사원 기타의 이해관계인이나 검사의 청구에 의하여 또는 직권으로 청산인을 선임한다.

제253조(청산인의 등기) ①청산인이 선임된 때에는 그 선임된 날로부터, 업무집행사원이 청산인이 된 때에는 해산된 날로부터 본점소재지에서는 2주간내, 지점소재지에서는 3주간내에 다음의 사항을 등기하여야 한다.
<개정 1995.12.29.>
1. 청산인의 성명·주민등록번호 및 주소. 다만, 회사를 대표할 청산인을 정한 때에는 그 외의 청산인의 주소를 제외한다.
2. 회사를 대표할 청산인을 정한 때에는 그 성명
3. 수인의 청산인이 공동으로 회사를 대표할 것을 정한 때에는 그 규정

②제183조의 규정은 제1항의 등기에 준용한다. <개정 1995.12.29.>

판례-소유권이전등기말소등

[대법원 1981.9.8, 선고, 80다2511, 판결]

【판시사항】

가. 일시이사 및 일시대표이사의 자격
나. 일시이사 및 일시대표이사가 청산인 및 대표청산인의 자격이 있는지의 여부(적극)
다. 해산등기 및 청산인 취임등기의 대항력
라. 대표청산인이 청산인회의 승인없이 회사로부터 회사재산을 매수하여 제 3 자에게 매도한 경우 회사가 제3 취득자를 상대로 대표청산인의 위 매수행 위의 무효를 주장하기 위한 요건
마. 대표청산인이 청산인회의 승인없이 회사로부터 회사 부동산을 매수하여 제3자에게 매도 하였으나 회사가 제 3 취득자를 상대로 한, 대표청산인의 위 매수행위의 무효를 원인으로 한 이전등기말소청구가 기각되는 경우에 회사가 대표청산인을 상대로 한 이전등기말소청구소송의 소의 이익 유무(소극)

【판결요지】

가. 주식회사의 이사 및 대표이사 전원이 결원인 경우에 법원이 선임하는 일시이사 및 일시대표이사의 자격에는 아무런 제한이 없으므로 동 회사와 무슨 이해관계가 있는 자만이 일시이사 등으로 선임될 자격이 있는 것이 아니다.
나. 주식회사가 해산(상법시행법 제15조 제3항에 의하여 해산간주 된 경우를 포함)한 경우(합병 또는 파산의 경우 제외)에 정관에 다른 규정이 있거나 주주총회에서 타인을 선임한 때를 제외하고는 해산 당시의 일시이사 및 일시대표이사는 청산인 및 대표청산인이 된다.

다. 주식회사의 해산등기 및 청산인등기는 제3자에 대한 대항요건에 불과하므로 상법시행법 제15조 제3항에 의한 해산간주에 따른 해산등기 및 상법 제531조 제1항에 의한 당연청산인 취임등기가 없다 하여도 동 해산 및 대표청산인의 자격에 아무런 소장이 없다.
라. 주식회사의 이사 또는 청산인이 이사회 또는 청산인회의 승인없이 회사를 대표하여 자기를 위하여 회사 이외의 제3자와의 사이에 회사와 이해상반하는 거래를 한 경우 및 회사와 직접 거래하여 취득한 목적물을 제3자에게 매도한 경우에 회사는 당해 이사 또는 청산인에 대하여는 이사회 또는 청산인회의 승인이 없었다는 이유로 그 행위의 무효를 주장할 수 있지만, 위 제3자에 대하여는 그 거래에 대하여 이사회 또는 청산인회의 승인이 없었다는 것 외에 상대방인 제3자가 악의라는 사실을 주장 입증하여야만 비로소 그 무효를 제3자에게 주장할 수 있다.
마. 주식회사의 청산인이 청산인회의 승인없이 회사소유 부동산을 매수하여 타에 매도한 경우에 회사의 제3취득자에 대한 동 부동산소유권이전등기청구가 청산인회의 승인이 없었다는 점에 관한 제3취득자의 악의를 입증하지 못하여 기각되는 때에는 위 청산인에 대한 관계에 있어서도 청산인회의 승인이 없다는 무효주장으로 동 부동산소유권이전등기의 말소를 구할 이익이 없다.

제254조(청산인의 직무권한) ①청산인의 직무는 다음과 같다.

1. 현존사무의 종결
2. 채권의 추심과 채무의 변제
3. 재산의 환가처분
4. 잔여재산의 분배

②청산인이 수인인 때에는 청산의 직무에 관한 행위는 그 과반수의 결의로 정한다.
③회사를 대표할 청산인은 제1항의 직무에 관하여 재판상 또는 재판외의 모든 행위를 할 권한이 있다.
④민법 제93조의 규정은 합명회사에 준용한다.

제255조(청산인의 회사대표) ①업무집행사원이 청산인으로 된 경우에는 종전의 정함에 따라 회사를 대표한다.
②법원이 수인의 청산인을 선임하는 경우에는 회사를 대표할 자를 정하거나 수인이 공동하여 회사를 대표할 것을 정할 수 있다.

제256조(청산인의 의무) ①청산인은 취임한 후 지체없이 회사의 재산상태를 조사하고 재산목록과 대차대조표를 작성하여 각 사원에게 교부하여야 한다.
②청산인은 사원의 청구가 있는 때에는 언제든지 청산의 상황을 보고하여야 한다.

제257조(영업의 양도) 청산인이 회사의 영업의 전부 또는 일부를 양도함에는 총사원 과반수의 결의가 있어야 한다.

제258조(채무완제불능과 출자청구) ①회사의 현존재산이 그 채무를 변제함에 부족한 때에는 청산인은 변제기에 불구하고 각 사원에 대하여 출자를 청구할 수 있다.
②전항의 출자액은 각 사원의 출자의 비율로 이를 정한다.

第259條(채무의 변제) ①청산인은 변제기에 이르지 아니한 회사채무에 대하여도 이를 변제할 수 있다.
②전항의 경우에 이자없는 채권에 관하여는 변제기에 이르기까지의 법정이자를 가산하여 그 채권액에 달할 금액을 변제하여야 한다.
③전항의 규정은 이자있는 채권으로서 그 이율이 법정이율에 달하지 못하는 것에 이를 준용한다.
④제1항의 경우에는 조건부채권, 존속기간이 불확정한 채권 기타 가액이 불확정한 채권에 대하여는 법원이 선임한 감정인의 평가에 의하여 변제하여야 한다.

第260條(잔여재산의 분배) 청산인은 회사의 채무를 완제한 후가 아니면 회사재산을 사원에게 분배하지 못한다. 그러나 다툼이 있는 채무에 대하여는 그 변제에 필요한 재산을 보류하고 잔여재산을 분배할 수 있다.

第261條(청산인의 해임) 사원이 선임한 청산인은 총사원 과반수의 결의로 해임할 수 있다.

第262條(동전) 청산인이 그 직무를 집행함에 현저하게 부적임하거나 중대한 임무에 위반한 행위가 있는 때에는 법원은 사원 기타의 이해관계인의 청구에 의하여 청산인을 해임할 수 있다.

第263條(청산인의 임무종료) ①청산인은 그 임무가 종료한 때에는 지체없이 계산서를 작성하여 각 사원에게 교부하고 그 승인을 얻어야 한다.
②전항의 계산서를 받은 사원이 1월내에 이의를 하지 아니한 때에는 그 계산을 승인한 것으로 본다. 그러나 청산인에게 부정행위가 있는 경우에는 그러하지 아니하다.

第264條(청산종결의 등기) 청산이 종결된 때에는 청산인은 전조의 규정에 의한 총사원의 승인이 있은 날로부터 본점소재지에서는 2주간내, 지점소재지에서는 3주간내에 청산종결의 등기를 하여야 한다.

第265條(준용규정) 제183조의2 · 제199조 · 제200조의2 · 제207조 · 제208조 · 제209조제2항 · 제210조 · 제382조제2항 · 제399조 및 제401조의 규정은 청산인에 준용한다.
[전문개정 2001.12.29.]

第266條(장부, 서류의 보존) ①회사의 장부와 영업 및 청산에 관한 중요서류는 본점소재지에서 청산종결의 등기를 한 후 10년간 이를 보존하여야 한다. 다만, 전표 또는 이와 유사한 서류는 5년간 이를 보존하여야 한다. <개정 1995.12.29.>
②제1항의 경우에는 총사원 과반수의 결의로 보존인과 보존방법을 정하여야 한다. <개정 1995.12.29.>

第267條(사원의 책임의 소멸시기) ①제212조의 규정에 의한 사원의 책임은 본점소재지에서 해산등기를 한 후 5년을 경과하면 소멸한다.
②전항의 기간경과후에도 분배하지 아니한 잔여재산이 있는 때에는 회사채권자는 이에 대하여 변제를 청구할 수 있다.

제3장 합자회사

第268條(회사의 조직) 합자회사는 무한책임사원과 유한책임사원으로 조직한다.

第269條(준용규정) 합자회사에는 본장에 다른 규정이 없는 사항은 합명회사에 관한 규정을 준용한다.

판례-업무집행사원의 권한상실 선고
[대법원 2012.12.13, 선고, 2010다82189, 판결]

【판시사항】
합자회사의 유한책임사원이 업무집행사원에 대한 권한상실선고를 청구할 수 있는지 여부(적극)

【판결요지】
상법 제205조 제1항은 합명회사의 업무집행사원의 권한상실선고에 관하여 "사원이 업무를 집행함에 현저하게 부적임하거나 중대한 의무에 위반한 행위가 있는 때에는 법원은 사원의 청구에 의하여 업무집행권한의 상실을 선고할 수 있다."고 규정하고 있고, 상법 제269조는 "합자회사에는 본장에 다른 규정이 없는 사항은 합명회사에 관한 규정을 준용한다."고 규정하여 상법 제205조 제1항을 합자회사에 준용하고 있다. 이러한 상법 규정의 문언과 취지 등에 비추어 볼 때, 합자회사의 무한책임사원뿐만 아니라 유한책임사원도 각자 업무집행사원에 대한 권한상실선고를 청구할 수 있다고 해석하는 것이 타당하다.

第270條(정관의 절대적 기재사항) 합자회사의 정관에는 제179조에 게기한 사항외에 각 사원의 무한책임 또는 유한책임인 것을 기재하여야 한다.

第271條(등기사항) ① 합자회사의 설립등기를 할 때에는 제180조 각 호의 사항 외에 각 사원의 무한책임 또는 유한책임인 것을 등기하여야 한다.
② 합자회사가 지점을 설치하거나 이전할 때에는 지점소재지 또는 신지점소재지에서 제180조제1호 본문(다른 지점의 소재지는 제외한다) 및 제3호부터 제5호까지의 사항을 등기하여야 한다. 다만, 무한책임사원만을 등기하되, 회사를 대표할 사원을 정한 경우에는 다른 사원은 등기하지 아니한다.
[전문개정 2011.4.14.]

판례-업무집행정지및업무대행자선임가처분

[대법원 1996.10.29, 선고, 96다19321, 판결]

【판시사항】

[1] 합자회사 신입사원의 사원으로서의 지위 취득 시점
[2] 상업등기의 공신력 유무(소극)
[3] 합자회사의 무한책임사원이 추가되었으나 그에 관한 변경등기가 이루어지지 아니한 경우, 회사 또는 등기되지 아니한 무한책임사원이 등기부상 무한책임사원으로부터 그 지분을 양수한 선의의 제3자에게 대항할 수 있는지 여부(소극)

【판결요지】

[1] 합자회사의 성립 후에 신입사원이 입사하여 사원으로서의 지위를 취득하기 위하여는 정관변경을 요하고 따라서 총사원의 동의를 얻어야 하지만, 정관변경은 회사의 내부관계에서는 총사원의 동의만으로 그 효력을 발생하는 것이므로 신입사원은 총사원의 동의가 있으면 정관인 서면의 경정이나 등기부에의 기재를 기다리지 않고 그 동의가 있는 시점에 곧바로 사원으로서의 지위를 취득한다.
[2] 회사등기에는 공신력이 인정되지 아니하므로, 합자회사의 사원 지분등기가 불실등기인 경우 그 불실등기를 믿고 합자회사 사원의 지분을 양수하였다 하여 그 지분을 양수한 것으로는 될 수 없다.
[3] 합자회사의 무한책임사원으로 갑이 등재되어 있는 상태에서 총사원의 동의로 을을 무한책임사원으로 가입시키기로 합의하였으나 그에 관한 변경등기가 이루어지기 전에 갑이 등기부상의 총사원의 동의를 얻어 제3자에게 자신의 지분 및 회사를 양도하고 사원 및 지분 변경등기까지 마친 경우, 구 상법(1995. 11. 30. 법률 제5053호로 개정되기 전의 것) 제37조 제1항에 의하면 등기할 사항은 등기와 공고 후가 아니면 선의의 제3자에게 대항하지 못하므로, 총사원의 동의로 을이 무한책임사원으로서의 지위를 취득하였다고 하더라도 그에 관한 등기가 마쳐지기 전에는 등기 당사자인 회사나 을로서는 선의의 제3자에게 을이 무한책임사원이라는 사실을 주장할 수 없으므로, 만약 제3자가 갑만이 유일한 무한책임사원이라고 믿은 데 대하여 선의라면, 회사나 을로서는 제3자가 을의 동의를 받지 아니하였음을 주장하여 그 지분양도계약이 효력이 없다고 주장할 수 없다.

제272조(유한책임사원의 출자) 유한책임사원은 신용 또는 노무를 출자의 목적으로 하지 못한다.

제273조(업무집행의 권리의무) 무한책임사원은 정관에 다른 규정이 없는 때에는 각자가 회사의 업무를 집행할 권리와 의무가 있다.

제274조(지배인의 선임, 해임) 지배인의 선임과 해임은 업무집행사원이 있는 경우에도 무한책임사원 과반수의 결의에 의하여야 한다.

제275조(유한책임사원의 경업의 자유) 유한책임사원은 다른 사원의 동의없이 자기 또는 제삼자의 계산으로 회사의 영업부류에 속하는 거래를 할 수 있고 동종영업을 목적으로 하는 다른 회사의 무한책임사원 또는 이사가 될 수 있다.

第276條(유한책임사원의 지분양도) 유한책임사원은 무한책임사원 전원의 동의가 있으면 그 지분의 전부 또는 일부를 타인에게 양도할 수 있다. 지분의 양도에 따라 정관을 변경하여야 할 경우에도 같다.

第277條(유한책임사원의 감시권) ①유한책임사원은 영업년도말에 있어서 영업시간 내에 한하여 회사의 회계장부·대차대조표 기타의 서류를 열람할 수 있고 회사의 업무와 재산상태를 검사할 수 있다. <개정 1984.4.10.>
②중요한 사유가 있는 때에는 유한책임사원은 언제든지 법원의 허가를 얻어 제1항의 열람과 검사를 할 수 있다. <개정 1984.4.10.>

第278條(유한책임사원의 업무집행, 회사대표의 금지) 유한책임사원은 회사의 업무집행이나 대표행위를 하지 못한다.

第279條(유한책임사원의 책임) ①유한책임사원은 그 출자가액에서 이미 이행한 부분을 공제한 가액을 한도로 하여 회사채무를 변제할 책임이 있다.
②회사에 이익이 없음에도 불구하고 배당을 받은 금액은 변제책임을 정함에 있어서 이를 가산한다.

第280條(출자감소의 경우의 책임) 유한책임사원은 그 출자를 감소한 후에도 본점소재지에서 등기를 하기 전에 생긴 회사채무에 대하여는 등기후 2년내에는 전조의 책임을 면하지 못한다.

第281條(자칭 무한책임사원의 책임) ①유한책임사원이 타인에게 자기를 무한책임사원이라고 오인시키는 행위를 한 때에는 오인으로 인하여 회사와 거래를 한 자에 대하여 무한책임사원과 동일한 책임이 있다.
②전항의 규정은 유한책임사원이 그 책임의 한도를 오인시키는 행위를 한 경우에 준용한다.

第282條(책임을 변경한 사원의 책임) 第213條의 규정은 유한책임사원이 무한책임사원으로 된 경우에, 第225條의 규정은 무한책임사원이 유한책임사원으로 된 경우에 준용한다.

第283條(유한책임사원의 사망) ①유한책임사원이 사망한 때에는 그 상속인이 그 지분을 승계하여 사원이 된다.
②전항의 경우에 상속인이 수인인 때에는 사원의 권리를 행사할 자 1인을 정하여야 한다. 이를 정하지 아니한 때에는 회사의 통지 또는 최고는 그 중의 1인에 대하여 하면 전원에 대하여 그 효력이 있다.

第284條(유한책임사원의 금치산) 유한책임사원은 금치산의 선고를 받은 경우

에도 퇴사되지 아니한다.

제285조(해산, 계속) ①합자회사는 무한책임사원 또는 유한책임사원의 전원이 퇴사한 때에는 해산된다.
②전항의 경우에 잔존한 무한책임사원 또는 유한책임사원은 전원의 동의로 새로 유한책임사원 또는 무한책임사원을 가입시켜서 회사를 계속할 수 있다.
③제213조와 제229조제3항의 규정은 전항의 경우에 준용한다.

제286조(조직변경) ①합자회사는 사원전원의 동의로 그 조직을 합명회사로 변경하여 계속할 수 있다.
②유한책임사원전원이 퇴사한 경우에도 무한책임사원은 그 전원의 동의로 합명회사로 변경하여 계속할 수 있다.
③전2항의 경우에는 본점소재지에서는 2주간내, 지점소재지에서는 3주간내에 합자회사에 있어서는 해산등기를, 합명회사에 있어서는 설립등기를 하여야 한다.

제287조(청산인) 합자회사의 청산인은 무한책임사원 과반수의 의결로 선임한다. 이를 선임하지 아니한 때에는 업무집행사원이 청산인이 된다.

제3장의2 유한책임회사

제1절 설립

제287조의2(정관의 작성) 유한책임회사를 설립할 때에는 사원은 정관을 작성하여야 한다.
[본조신설 2011.4.14.]

제287조의3(정관의 기재사항) 정관에는 다음 각 호의 사항을 적고 각 사원이 기명날인하거나 서명하여야 한다.
1. 제179조제1호부터 제3호까지, 제5호 및 제6호에서 정한 사항
2. 사원의 출자의 목적 및 가액
3. 자본금의 액
4. 업무집행자의 성명(법인인 경우에는 명칭) 및 주소
[본조신설 2011.4.14.]

제287조의4(설립 시의 출자의 이행) ① 사원은 신용이나 노무를 출자의 목적으로 하지 못한다.
② 사원은 정관의 작성 후 설립등기를 하는 때까지 금전이나 그 밖의 재산의 출자를 전부 이행하여야 한다.
③ 현물출자를 하는 사원은 납입기일에 지체 없이 유한책임회사에 출자의 목적인 재산을 인도하고, 등기, 등록, 그 밖의 권리의 설정 또는 이전이 필

요한 경우에는 이에 관한 서류를 모두 갖추어 교부하여야 한다.
[본조신설 2011.4.14.]

제287조의5(설립의 등기 등) ① 유한책임회사는 본점의 소재지에서 다음 각 호의 사항을 등기함으로써 성립한다.
1. 제179조제1호·제2호 및 제5호에서 정한 사항과 지점을 둔 경우에는 그 소재지
2. 제180조제3호에서 정한 사항
3. 자본금의 액
4. 업무집행자의 성명, 주소 및 주민등록번호(법인인 경우에는 명칭, 주소 및 법인등록번호). 다만, 유한책임회사를 대표할 업무집행자를 정한 경우에는 그 외의 업무집행자의 주소는 제외한다.
5. 유한책임회사를 대표할 자를 정한 경우에는 그 성명 또는 명칭과 주소
6. 정관으로 공고방법을 정한 경우에는 그 공고방법
7. 둘 이상의 업무집행자가 공동으로 회사를 대표할 것을 정한 경우에는 그 규정

② 유한책임회사가 지점을 설치하는 경우에는 제181조를 준용한다.
③ 유한책임회사가 본점이나 지점을 이전하는 경우에는 제182조를 준용한다.
④ 제1항 각 호의 사항이 변경된 경우에는 본점소재지에서는 2주 내에 변경등기를 하고, 지점소재지에서는 3주 내에 변경등기를 하여야 한다.
⑤ 유한책임회사의 업무집행자의 업무집행을 정지하거나 직무대행자를 선임하는 가처분을 하거나 그 가처분을 변경 또는 취소하는 경우에는 본점 및 지점이 있는 곳의 등기소에서 등기하여야 한다.
[본조신설 2011.4.14.]

제287조의6(준용규정) 유한책임회사의 설립의 무효와 취소에 관하여는 제184조부터 제194조까지의 규정을 준용한다. 이 경우 제184조 중 "사원"은 "사원 및 업무집행자"로 본다.
[본조신설 2011.4.14.]

제2절 유한책임회사의 내부관계

제287조의7(사원의 책임) 사원의 책임은 이 법에 다른 규정이 있는 경우 외에는 그 출자금액을 한도로 한다.
[본조신설 2011.4.14.]

제287조의8(지분의 양도) ① 사원은 다른 사원의 동의를 받지 아니하면 그 지분의 전부 또는 일부를 타인에게 양도하지 못한다.
② 제1항에도 불구하고 업무를 집행하지 아니한 사원은 업무를 집행하는 사원 전원의 동의가 있으면 지분의 전부 또는 일부를 타인에게 양도할 수 있다. 다만, 업무를 집행하는 사원이 없는 경우에는 사원 전원의 동의를 받아야 한다.
③ 제1항과 제2항에도 불구하고 정관으로 그에 관한 사항을 달리 정할 수 있다.
[본조신설 2011.4.14.]

제287조의9(유한책임회사에 의한 지분양수의 금지) ① 유한책임회사는 그 지분의 전부 또는 일부를 양수할 수 없다.
② 유한책임회사가 지분을 취득하는 경우에 그 지분은 취득한 때에 소멸한다.
[본조신설 2011.4.14.]

제287조의10(업무집행자의 경업 금지) ① 업무집행자는 사원 전원의 동의를 받지 아니하고는 자기 또는 제3자의 계산으로 회사의 영업부류(營業部類)에 속한 거래를 하지 못하며, 같은 종류의 영업을 목적으로 하는 다른 회사의 업무집행자·이사 또는 집행임원이 되지 못한다.
② 업무집행자가 제1항을 위반하여 거래를 한 경우에는 제198조제2항부터 제4항까지의 규정을 준용한다.
[본조신설 2011.4.14.]

제287조의11(업무집행자와 유한책임회사 간의 거래) 업무집행자는 다른 사원 과반수의 결의가 있는 경우에만 자기 또는 제3자의 계산으로 회사와 거래를 할 수 있다. 이 경우에는 「민법」 제124조를 적용하지 아니한다.
[본조신설 2011.4.14.]

제287조의12(업무의 집행) ① 유한책임회사는 정관으로 사원 또는 사원이 아닌 자를 업무집행자로 정하여야 한다.
② 1명 또는 둘 이상의 업무집행자를 정한 경우에는 업무집행자 각자가 회사의 업무를 집행할 권리와 의무가 있다. 이 경우에는 제201조제2항을 준용한다.
③ 정관으로 둘 이상을 공동업무집행자로 정한 경우에는 그 전원의 동의가 없으면 업무집행에 관한 행위를 하지 못한다.
[본조신설 2011.4.14.]

제287조의13(직무대행자의 권한 등) 제287조의5제5항에 따라 선임된 직무대행자의 권한에 대하여는 제200조의2를 준용한다.
[본조신설 2011.4.14.]

제287조의14(사원의 감시권) 업무집행자가 아닌 사원의 감시권에 대하여는 제277조를 준용한다.
[본조신설 2011.4.14.]

제287조의15(법인이 업무집행자인 경우의 특칙) ① 법인이 업무집행자인 경우에는 그 법인은 해당 업무집행자의 직무를 행할 자를 선임하고, 그 자의 성명과 주소를 다른 사원에게 통지하여야 한다.
② 제1항에 따라 선임된 직무수행자에 대하여는 제287조의11과 제287조의12를 준용한다.
[본조신설 2011.4.14.]

제287조의16(정관의 변경) 정관에 다른 규정이 없는 경우 정관을 변경하려면 총사원의 동의가 있어야 한다.
[본조신설 2011.4.14.]

제287조의17(업무집행자 등의 권한상실 선고) ① 업무집행자의 업무집행권한의 상실에 관하여는 제205조를 준용한다.
② 제1항의 소(訴)는 본점소재지의 지방법원의 관할에 전속한다.
[본조신설 2011.4.14.]

제287조의18(준용규정) 유한책임회사의 내부관계에 관하여는 정관이나 이 법에 다른 규정이 없으면 합명회사에 관한 규정을 준용한다.
[본조신설 2011.4.14.]

제3절 유한책임회사의 외부관계

제287조의19(유한책임회사의 대표) ① 업무집행자는 유한책임회사를 대표한다.
② 업무집행자가 둘 이상인 경우 정관 또는 총사원의 동의로 유한책임회사를 대표할 업무집행자를 정할 수 있다.
③ 유한책임회사는 정관 또는 총사원의 동의로 둘 이상의 업무집행자가 공동으로 회사를 대표할 것을 정할 수 있다.
④ 제3항의 경우에 제3자의 유한책임회사에 대한 의사표시는 공동대표의 권한이 있는 자 1인에 대하여 함으로써 그 효력이 생긴다.
⑤ 유한책임회사를 대표하는 업무집행자에 대하여는 제209조를 준용한다.
[본조신설 2011.4.14.]

제287조의20(손해배상책임) 유한책임회사를 대표하는 업무집행자가 그 업무집행으로 타인에게 손해를 입힌 경우에는 회사는 그 업무집행자와 연대하여 배상할 책임이 있다. [본조신설 2011.4.14.]

제287조의21(유한책임회사와 사원 간의 소) 유한책임회사가 사원(사원이 아닌 업무집행자를 포함한다. 이하 이 조에서 같다)에 대하여 또는 사원이 유한책임회사에 대하여 소를 제기하는 경우에 유한책임회사를 대표할 사원이 없을 때에는 다른 사원 과반수의 결의로 대표할 사원을 선정하여야 한다.
[본조신설 2011.4.14.]

제287조의22(대표소송) ① 사원은 회사에 대하여 업무집행자의 책임을 추궁하는 소의 제기를 청구할 수 있다.
② 제1항의 소에 관하여는 제403조제2항부터 제4항까지, 제6항, 제7항 및 제404조부터 제406조까지의 규정을 준용한다.
[본조신설 2011.4.14.]

제4절 사원의 가입 및 탈퇴

제287조의23(사원의 가입) ① 유한책임회사는 정관을 변경함으로써 새로운 사원을 가입시킬 수 있다.
② 제1항에 따른 사원의 가입은 정관을 변경한 때에 효력이 발생한다. 다만, 정관을 변경한 때에 해당 사원이 출자에 관한 납입 또는 재산의 전부 또는 일부의 출자를 이행하지 아니한 경우에는 그 납입 또는 이행을 마친 때에 사원이 된다.
③ 사원 가입 시 현물출자를 하는 사원에 대하여는 제287조의4제3항을 준용한다.
[본조신설 2011.4.14.]

제287조의24(사원의 퇴사권) 사원의 퇴사에 관하여는 정관으로 달리 정하지 아니하는 경우에는 제217조제1항을 준용한다.
[본조신설 2011.4.14.]

제287조의25(퇴사 원인) 사원의 퇴사 원인에 관하여는 제218조를 준용한다.
[본조신설 2011.4.14.]

제287조의26(사원사망 시 권리승계의 통지) 사원이 사망한 경우에는 제219조를 준용한다.
[본조신설 2011.4.14.]

제287조의27(제명의 선고) 사원의 제명에 관하여는 제220조를 준용한다. 다만, 사원의 제명에 필요한 결의는 정관으로 달리 정할 수 있다.
[본조신설 2011.4.14.]

제287조의28(퇴사 사원 지분의 환급) ① 퇴사 사원은 그 지분의 환급을 금전으로 받을 수 있다.
② 퇴사 사원에 대한 환급금액은 퇴사 시의 회사의 재산 상황에 따라 정한다.
③ 퇴사 사원의 지분 환급에 대하여는 정관으로 달리 정할 수 있다.
[본조신설 2011.4.14.]

제287조의29(지분압류채권자에 의한 퇴사) 사원의 지분을 압류한 채권자가 그 사원을 퇴사시키는 경우에는 제224조를 준용한다.
[본조신설 2011.4.14.]

제287조의30(퇴사 사원의 지분 환급과 채권자의 이의) ① 유한책임회사의 채권자는 퇴사하는 사원에게 환급하는 금액이 제287조의37에 따른 잉여금을 초과한 경우에는 그 환급에 대하여 회사에 이의를 제기할 수 있다.

② 제1항의 이의제기에 관하여는 제232조를 준용한다. 다만, 제232조제3항은 지분을 환급하더라도 채권자에게 손해를 끼칠 우려가 없는 경우에는 준용하지 아니한다.
[본조신설 2011.4.14.]

제287조의31(퇴사 사원의 상호변경 청구권) 퇴사한 사원의 성명이 유한책임회사의 상호 중에 사용된 경우에는 그 사원은 유한책임회사에 대하여 그 사용의 폐지를 청구할 수 있다.
[본조신설 2011.4.14.]

제5절 회계 등

제287조의32(회계 원칙) 유한책임회사의 회계는 이 법과 대통령령으로 규정한 것 외에는 일반적으로 공정하고 타당한 회계관행에 따른다.
[본조신설 2011.4.14.]

제287조의33(재무제표의 작성 및 보존) 업무집행자는 결산기마다 대차대조표, 손익계산서, 그 밖에 유한책임회사의 재무상태와 경영성과를 표시하는 것으로서 대통령령으로 정하는 서류를 작성하여야 한다.
[본조신설 2011.4.14.]

제287조의34(재무제표의 비치·공시) ① 업무집행자는 제287조의33에 규정된 서류를 본점에 5년간 갖추어 두어야 하고, 그 등본을 지점에 3년간 갖추어 두어야 한다.
② 사원과 유한책임회사의 채권자는 회사의 영업시간 내에는 언제든지 제287조의33에 따라 작성된 재무제표(財務諸表)의 열람과 등사를 청구할 수 있다.
[본조신설 2011.4.14.]

제287조의35(자본금의 액) 사원이 출자한 금전이나 그 밖의 재산의 가액을 유한책임회사의 자본금으로 한다.
[본조신설 2011.4.14.]

제287조의36(자본금의 감소) ① 유한책임회사는 정관 변경의 방법으로 자본금을 감소할 수 있다.
② 제1항의 경우에는 제232조를 준용한다. 다만, 감소 후의 자본금의 액이 순자산액 이상인 경우에는 그러하지 아니하다.
[본조신설 2011.4.14.]

제287조의37(잉여금의 분배) ① 유한책임회사는 대차대조표상의 순자산액으

로부터 자본금의 액을 뺀 액(이하 이 조에서 "잉여금"이라 한다)을 한도로 하여 잉여금을 분배할 수 있다.
② 제1항을 위반하여 잉여금을 분배한 경우에는 유한책임회사의 채권자는 그 잉여금을 분배받은 자에 대하여 회사에 반환할 것을 청구할 수 있다.
③ 제2항의 청구에 관한 소는 본점소재지의 지방법원의 관할에 전속한다.
④ 잉여금은 정관에 다른 규정이 없으면 각 사원이 출자한 가액에 비례하여 분배한다.
⑤ 잉여금의 분배를 청구하는 방법이나 그 밖에 잉여금의 분배에 관한 사항은 정관으로 정할 수 있다.
⑥ 사원의 지분의 압류는 잉여금의 배당을 청구하는 권리에 대하여도 그 효력이 있다.
[본조신설 2011.4.14.]

제6절 해산

제287조의38(해산 원인) 유한책임회사는 다음 각 호의 어느 하나에 해당하는 사유로 해산한다.
1. 제227조제1호 · 제2호 및 제4호부터 제6호까지에서 규정한 사항에 해당하는 경우
2. 사원이 없게 된 경우
[본조신설 2011.4.14.]

제287조의39(해산등기) 유한책임회사가 해산된 경우에는 합병과 파산의 경우 외에는 그 해산사유가 있었던 날부터 본점소재지에서는 2주 내에 해산등기를 하고, 지점소재지에서는 3주 내에 해산등기를 하여야 한다.
[본조신설 2011.4.14.]

제287조의40(유한책임회사의 계속) 제287조의38의 해산 원인 중 제227조제1호 및 제2호의 경우에는 제229조제1항 및 제3항을 준용한다.
[본조신설 2011.4.14.]

제287조의41(유한책임회사의 합병) 유한책임회사의 합병에 관하여는 제230조, 제232조부터 제240조까지의 규정을 준용한다.
[본조신설 2011.4.14.]

제287조의42(해산청구) 유한책임회사의 사원이 해산을 청구하는 경우에는 제241조를 준용한다. [본조신설 2011.4.14.]

제7절 조직변경

제287조의43(조직의 변경) ① 주식회사는 총회에서 총주주의 동의로 결의한 경우에는 그 조직을 변경하여 이 장에 따른 유한책임회사로 할 수 있다.

② 유한책임회사는 총사원의 동의에 의하여 주식회사로 변경할 수 있다.
[본조신설 2011.4.14.]

제287조의44(준용규정) 유한책임회사의 조직의 변경에 관하여는 제232조 및 제604조부터 제607조까지의 규정을 준용한다.
[본조신설 2011.4.14.]

제8절 청산

제287조의45(청산) 유한책임회사의 청산(淸算)에 관하여는 제245조, 제246조, 제251조부터 제257조까지 및 제259조부터 제267조까지의 규정을 준용한다.
[본조신설 2011.4.14.]

제4장 주식회사

제1절 설립

제288조(발기인) 주식회사를 설립함에는 발기인이 정관을 작성하여야 한다.
[전문개정 2001.7.24.]

제289조(정관의 작성, 절대적 기재사항) ①발기인은 정관을 작성하여 다음의 사항을 적고 각 발기인이 기명날인 또는 서명하여야 한다. <개정 1984.4.10., 1995.12.29., 2001.7.24., 2011.4.14.>
1. 목적
2. 상호
3. 회사가 발행할 주식의 총수
4. 액면주식을 발행하는 경우 1주의 금액
5. 회사의 설립 시에 발행하는 주식의 총수
6. 본점의 소재지
7. 회사가 공고를 하는 방법
8. 발기인의 성명·주민등록번호 및 주소
9. 삭제 <1984.4.10.>

② 삭제 <2011.4.14.>
③ 회사의 공고는 관보 또는 시사에 관한 사항을 게재하는 일간신문에 하여야 한다. 다만, 회사는 그 공고를 정관으로 정하는 바에 따라 전자적 방법으로 할 수 있다. <개정 2009.5.28.>
④ 회사는 제3항에 따라 전자적 방법으로 공고할 경우 대통령령으로 정하는 기간까지 계속 공고하고, 재무제표를 전자적 방법으로 공고할 경우에는 제450조에서 정한 기간까지 계속 공고하여야 한다. 다만, 공고기간 이후에도 누구나 그 내용을 열람할 수 있도록 하여야 한다. <신설 2009.5.28.>
⑤ 회사가 전자적 방법으로 공고를 할 경우에는 게시 기간과 게시 내용에

대하여 증명하여야 한다. <신설 2009.5.28.>
⑥ 회사의 전자적 방법으로 하는 공고에 관하여 필요한 사항은 대통령령으로 정한다. <신설 2009.5.28.>

第290條(변태설립사항) 다음의 사항은 정관에 기재함으로써 그 효력이 있다.
1. 발기인이 받을 특별이익과 이를 받을 자의 성명
2. 현물출자를 하는 자의 성명과 그 목적인 재산의 종류, 수량, 가격과 이에 대하여 부여할 주식의 종류와 수
3. 회사성립후에 양수할 것을 약정한 재산의 종류, 수량, 가격과 그 양도인의 성명
4. 회사가 부담할 설립비용과 발기인이 받을 보수액

판례-양수금(신의성실의 원칙 사건)
[대법원 2015.3.20, 선고, 2013다88829, 판결]

【판시사항】
甲이 乙이 장래 설립·운영할 丙 주식회사에 토지를 현물로 출자하거나 매도하기로 약정하고 丙 회사 설립 후 소유권이전등기를 마쳐 준 다음 회장 등 직함으로 장기간 丙 회사의 경영에 관여해 오다가, 丙 회사가 설립된 때부터 약 15년이 지난 후에 토지 양도의 무효를 주장하면서 소유권이전등기의 말소를 구한 사안에서, 위 약정은 상법 제290조 제3호에서 정한 재산인수로서 정관에 기재가 없어 무효이나, 甲이 토지 양도의 무효를 주장하는 것은 신의성실의 원칙에 반하여 허용될 수 없다고 한 사례

【판결요지】
甲이 乙이 장래 설립·운영할 丙 주식회사에 토지를 현물로 출자하거나 매도하기로 약정하고 丙 회사 설립 후 소유권이전등기를 마쳐 준 다음 회장 등 직함으로 장기간 丙 회사의 경영에 관여해 오다가, 丙 회사가 설립된 때부터 약 15년이 지난 후에 토지 양도의 무효를 주장하면서 소유권이전등기의 말소를 구한 사안에서, 위 약정은 상법 제290조 제3호에서 정한 재산인수로서 정관에 기재가 없어 무효이나, 丙 회사로서는 丙 회사의 설립에 직접 관여하여 토지에 관한 재산인수를 위한 약정을 체결하고 이를 이행한 다음 설립 후에는 장기간 丙 회사의 경영에까지 참여하여 온 甲이 이제 와서 丙 회사의 설립을 위한 토지 양도의 효력을 문제 삼지 않을 것이라는 정당한 신뢰를 가지게 되었고, 甲이 乙과 체결한 사업양도양수계약에 따른 양도대금채권이 시효로 소멸하였으며, 甲이 丙 회사 설립 후 15년 가까이 지난 다음 토지의 양도가 정관의 기재 없는 재산인수임을 내세워 자신이 직접 관여한 회사설립행위의 효력을 부정하면서 무효를 주장하는 것은 회사의 주주 또는 회사채권자 등 이해관계인의 이익 보호라는 상법 제290조의 목적과 무관하거나 오히려 이에 배치되는 것으로서 신의성실의 원칙에 반하여 허용될 수 없다고 한 사례.

第291條(설립 당시의 주식발행사항의 결정) 회사설립 시에 발행하는 주식에 관하여 다음의 사항은 정관으로 달리 정하지 아니하면 발기인 전원의 동의로 이를 정한다.
1. 주식의 종류와 수
2. 액면주식의 경우에 액면 이상의 주식을 발행할 때에는 그 수와 금액

3. 무액면주식을 발행하는 경우에는 주식의 발행가액과 주식의 발행가액 중 자본금으로 계상하는 금액

[전문개정 2011.4.14.]

제292조(정관의 효력발생) 정관은 공증인의 인증을 받음으로써 효력이 생긴다. 다만, 자본금 총액이 10억원 미만인 회사를 제295조제1항에 따라 발기설립(發起設立)하는 경우에는 제289조제1항에 따라 각 발기인이 정관에 기명날인 또는 서명함으로써 효력이 생긴다.

[전문개정 2009.5.28.]

판례-주주총회결의취소

[대법원 2007.6.28, 선고, 2006다62362, 판결]

【판시사항】

[1] 상법 제408조 제1항이 규정하는 회사의 '상무'의 의미 및 대표이사 직무대행자가 회사의 경영 및 지배에 영향을 미칠 수 있는 사항이 안건으로 포함된 정기주주총회를 법원의 허가 없이 소집하여 결의한 경우 결의취소사유에 해당하는지 여부(적극)

[2] 주주총회의 특별결의에 의하여 정관변경이 이루어진 경우, 정관변경의 등기 내지 공증인의 인증 여부와 관계없이 정관변경의 효력이 발생하는지 여부(적극)

【판결요지】

[1] 상법 제408조 제1항이 규정하는 회사의 '상무'라 함은 일반적으로 회사에서 일상 행해져야 하는 사무, 회사가 영업을 계속함에 있어서 통상 행하는 영업범위 내의 사무 또는 회사경영에 중요한 영향을 주지 않는 통상의 업무 등을 의미하고, 어느 행위가 구체적으로 이 상무에 속하는가 하는 것은 당해 회사의 기구, 업무의 종류·성질, 기타 제반 사정을 고려하여 객관적으로 판단되어야 할 것인바, 직무대행자가 정기주주총회를 소집함에 있어서도 그 안건에 이사회의 구성 자체를 변경하는 행위나 상법 제374조의 특별결의사항에 해당하는 행위 등 회사의 경영 및 지배에 영향을 미칠 수 있는 것이 포함되어 있다면 그 안건의 범위에서 정기총회의 소집이 상무에 속하지 않는다고 할 것이고, 직무대행자가 정기주주총회를 소집하는 행위가 상무에 속하지 아니함에도 법원의 허가 없이 이를 소집하여 결의한 때에는 소집절차상의 하자로 결의취소사유에 해당한다.

[2] 주식회사의 원시정관은 공증인의 인증을 받음으로써 효력이 생기는 것이지만 일단 유효하게 작성된 정관을 변경할 경우에는 주주총회의 특별결의가 있으면 그 때 유효하게 정관변경이 이루어지는 것이고, 서면인 정관이 고쳐지거나 변경 내용이 등기사항인 때의 등기 여부 내지는 공증인의 인증 여부는 정관변경의 효력발생에는 아무 영향이 없다.

제293조(발기인의 주식인수) 각 발기인은 서면에 의하여 주식을 인수하여야 한다.

제294조 삭제 <1995.12.29.>

제295조(발기설립의 경우의 납입과 현물출자의 이행) ①발기인이 회사의 설립 시에 발행하는 주식의 총수를 인수한 때에는 지체없이 각 주식에 대하여

그 인수가액의 전액을 납입하여야 한다. 이 경우 발기인은 납입을 맡을 은행 기타 금융기관과 납입장소를 지정하여야 한다. <개정 1995.12.29.>
②현물출자를 하는 발기인은 납입기일에 지체없이 출자의 목적인 재산을 인도하고 등기, 등록 기타 권리의 설정 또는 이전을 요할 경우에는 이에 관한 서류를 완비하여 교부하여야 한다.

第296條(발기설립의 경우의 임원선임) ①전조의 규정에 의한 납입과 현물출자의 이행이 완료된 때에는 발기인은 지체없이 의결권의 과반수로 이사와 감사를 선임하여야 한다.
②발기인의 의결권은 그 인수주식의 1주에 대하여 1개로 한다.

第297條(발기인의 의사록작성) 발기인은 의사록을 작성하여 의사의 경과와 그 결과를 기재하고 기명날인 또는 서명하여야 한다. <개정 1995.12.29.>

第298條(이사·감사의 조사·보고와 검사인의 선임청구) ①이사와 감사는 취임후 지체없이 회사의 설립에 관한 모든 사항이 법령 또는 정관의 규정에 위반되지 아니하는지의 여부를 조사하여 발기인에게 보고하여야 한다.
②이사와 감사중 발기인이었던 자·현물출자자 또는 회사성립후 양수할 재산의 계약당사자인 자는 제1항의 조사·보고에 참가하지 못한다.
③이사와 감사의 전원이 제2항에 해당하는 때에는 이사는 공증인으로 하여금 제1항의 조사·보고를 하게 하여야 한다.
④정관으로 제290조 각호의 사항을 정한 때에는 이사는 이에 관한 조사를 하게 하기 위하여 검사인의 선임을 법원에 청구하여야 한다. 다만, 제299조의2의 경우에는 그러하지 아니하다.
[전문개정 1995.12.29.]

第299條(검사인의 조사, 보고) ① 검사인은 제290조 각 호의 사항과 제295조에 따른 현물출자의 이행을 조사하여 법원에 보고하여야 한다.
② 제1항은 다음 각 호의 어느 하나에 해당할 경우에는 적용하지 아니한다.
1. 제290조제2호 및 제3호의 재산총액이 자본금의 5분의 1을 초과하지 아니하고 대통령령으로 정한 금액을 초과하지 아니하는 경우
2. 제290조제2호 또는 제3호의 재산이 거래소에서 시세가 있는 유가증권인 경우로서 정관에 적힌 가격이 대통령령으로 정한 방법으로 산정된 시세를 초과하지 아니하는 경우
3. 그 밖에 제1호 및 제2호에 준하는 경우로서 대통령령으로 정하는 경우

③ 검사인은 제1항의 조사보고서를 작성한 후 지체 없이 그 등본을 각 발기인에게 교부하여야 한다.
④ 검사인의 조사보고서에 사실과 다른 사항이 있는 경우에는 발기인은 이에 대한 설명서를 법원에 제출할 수 있다.
[전문개정 2011.4.14.]

제299조의2(현물출자 등의 증명) 제290조제1호 및 제4호에 기재한 사항에 관하여는 공증인의 조사·보고로, 제290조제2호 및 제3호의 규정에 의한 사항과 제295조의 규정에 의한 현물출자의 이행에 관하여는 공인된 감정인의 감정으로 제299조제1항의 규정에 의한 검사인의 조사에 갈음할 수 있다. 이 경우 공증인 또는 감정인은 조사 또는 감정결과를 법원에 보고하여야 한다. <개정 1998.12.28.>
[본조신설 1995.12.29.]

제300조(법원의 변경처분) ①법원은 검사인 또는 공증인의 조사보고서 또는 감정인의 감정결과와 발기인의 설명서를 심사하여 제290조의 규정에 의한 사항을 부당하다고 인정한 때에는 이를 변경하여 각 발기인에게 통고할 수 있다. <개정 1998.12.28.>
②제1항의 변경에 불복하는 발기인은 그 주식의 인수를 취소할 수 있다. 이 경우에는 정관을 변경하여 설립에 관한 절차를 속행할 수 있다. <개정 1998.12.28.>
③법원의 통고가 있은 후 2주내에 주식의 인수를 취소한 발기인이 없는 때에는 정관은 통고에 따라서 변경된 것으로 본다. <개정 1998.12.28.>

제301조(모집설립의 경우의 주식모집) 발기인이 회사의 설립시에 발행하는 주식의 총수를 인수하지 아니하는 때에는 주주를 모집하여야 한다.

제302조(주식인수의 청약, 주식청약서의 기재사항) ①주식인수의 청약을 하고자 하는 자는 주식청약서 2통에 인수할 주식의 종류 및 수와 주소를 기재하고 기명날인 또는 서명하여야 한다. <개정 1995.12.29.>
②주식청약서는 발기인이 작성하고 다음의 사항을 적어야 한다. <개정 1962.12.12., 1984.4.10., 1995.12.29., 2011.4.14.>
1. 정관의 인증년월일과 공증인의 성명
2. 제289조제1항과 제290조에 게기한 사항
3. 회사의 존립기간 또는 해산사유를 정한 때에는 그 규정
4. 각 발기인이 인수한 주식의 종류와 수
5. 제291조에 게기한 사항
5의2. 주식의 양도에 관하여 이사회의 승인을 얻도록 정한 때에는 그 규정
6. 삭제 <2011.4.14.>
7. 주주에게 배당할 이익으로 주식을 소각할 것을 정한 때에는 그 규정
8. 일정한 시기까지 창립총회를 종결하지 아니한 때에는 주식의 인수를 취소할 수 있다는 뜻
9. 납입을 맡을 은행 기타 금융기관과 납입장소
10. 명의개서대리인을 둔 때에는 그 성명·주소 및 영업소
③민법 제107조제1항 단서의 규정은 주식인수의 청약에는 적용하지 아니한다.

제303조(주식인수인의 의무) 주식인수를 청약한 자는 발기인이 배정한 주식

의 수에 따라서 인수가액을 납입할 의무를 부담한다.

제304조(주식인수인 등에 대한 통지, 최고) ①주식인수인 또는 주식청약인에 대한 통지나 최고는 주식인수증 또는 주식청약서에 기재한 주소 또는 그 자로부터 회사에 통지한 주소로 하면 된다.
②전항의 통지 또는 최고는 보통 그 도달할 시기에 도달한 것으로 본다.

제305조(주식에 대한 납입) ①회사설립시에 발행하는 주식의 총수가 인수된 때에는 발기인은 지체없이 주식인수인에 대하여 각 주식에 대한 인수가액의 전액을 납입시켜야 한다.
②전항의 납입은 주식청약서에 기재한 납입장소에서 하여야 한다.
③제295조제2항의 규정은 제1항의 경우에 준용한다.

제306조(납입금의 보관자 등의 변경) 납입금의 보관자 또는 납입장소를 변경할 때에는 법원의 허가를 얻어야 한다.

제307조(주식인수인의 실권절차) ①주식인수인이 제305조의 규정에 의한 납입을 하지 아니한 때에는 발기인은 일정한 기일을 정하여 그 기일내에 납입을 하지 아니하면 그 권리를 잃는다는 뜻을 기일의 2주간전에 그 주식인수인에게 통지하여야 한다.
②전항의 통지를 받은 주식인수인이 그 기일내에 납입의 이행을 하지 아니한 때에는 그 권리를 잃는다. 이 경우에는 발기인은 다시 그 주식에 대한 주주를 모집할 수 있다.
③전2항의 규정은 그 주식인수인에 대한 손해배상의 청구에 영향을 미치지 아니한다.

판례-주주총회및이사회결의부존재확인

[대법원 2002.12.24, 선고, 2002다54691, 판결]

【판시사항】
[1] 주주권의 상실사유 및 당사자 간의 특약 또는 주주권 포기의 의사표시만으로 주주권이 상실되거나 그 행사가 제한되는지 여부(소극)
[2] 주주가 일정기간 주주권을 포기하고 타인에게 주주로서의 의결권 행사권한을 위임하기로 약정한 사정만으로는 그 주주가 주주로서의 의결권을 직접 행사할 수 없게 되었다고 볼 수 없다고 한 사례

【판결요지】
[1] 주주권은 주식의 양도나 소각 등 법률에 정하여진 사유에 의하여서만 상실되고 단순히 당사자 사이의 특약이나 주주권 포기의 의사표시만으로 상실되지 아니하며 다른 특별한 사정이 없는 한 그 행사가 제한되지도 아니한다.
[2] 주주가 일정기간 주주권을 포기하고 타인에게 주주로서의 의결권 행사권한을 위임하기로 약정한 사정만으로는 그 주주가 주주로서의 의결권을 직접 행사할 수 없게 되었다고 볼 수 없다고 한 사례.

제308조(창립총회) ①제305조의 규정에 의한 납입과 현물출자의 이행을 완료한 때에는 발기인은 지체없이 창립총회를 소집하여야 한다.
②제363조제1항 · 제2항, 제364조, 제368조제2항 · 제3항, 제368조의2, 제369조제1항, 제371조제2항, 제372조, 제373조, 제376조 내지 제381조와 제435조의 규정은 창립총회에 준용한다. <개정 1984.4.10., 2014.5.20.>

제309조(창립총회의 결의) 창립총회의 결의는 출석한 주식인수인의 의결권의 3분의 2 이상이며 인수된 주식의 총수의 과반수에 해당하는 다수로 하여야 한다.

제310조(변태설립의 경우의 조사) ①정관으로 제290조에 게기한 사항을 정한 때에는 발기인은 이에 관한 조사를 하게 하기 위하여 검사인의 선임을 법원에 청구하여야 한다.
②전항의 검사인의 보고서는 이를 창립총회에 제출하여야 한다.
③제298조제4항 단서 및 제299조의2의 규정은 제1항의 조사에 관하여 이를 준용한다. <신설 1995.12.29.>

제311조(발기인의 보고) ①발기인은 회사의 창립에 관한 사항을 서면에 의하여 창립총회에 보고하여야 한다.
②전항의 보고서에는 다음의 사항을 명확히 기재하여야 한다.
1. 주식인수와 납입에 관한 제반상황
2. 제290조에 게기한 사항에 관한 실태

제312조(임원의 선임) 창립총회에서는 이사와 감사를 선임하여야 한다.

판례-특정범죄 가중처벌 등에 관한 법률 위반(뇌물)·뇌물공여

[대법원 2014.1.23, 선고, 2013도9690, 판결]

【판시사항】
구 도시 및 주거환경정비법상 '정비사업전문관리업자'가 주식회사인 경우, 같은 법 제84조에 의하여 공무원으로 의제되는 정비사업전문관리업자의 '임원'은 수뢰행위 당시 상업등기부에 대표이사, 이사, 감사로 등기된 사람에 한정되는지 여부(적극) 및 주식회사의 임원으로 등기되지 아니한 실질적 경영자가 위 '임원'에 해당하는지 여부(소극)

【판결요지】
구 도시 및 주거환경정비법(2009. 2. 6. 법률 제9444호로 개정되기 전의 것, 이하 '도시정비법' 이라고 한다) 제84조는 "형법 제129조 내지 제132조의 적용에 있어서 조합의 임원과 정비사업전문관리업자의 대표자(법인인 경우에는 임원을 말한다)·직원은 이를 공무원으로 본다." 라고 규정하고 있는데, 도시정비법은 정비사업전문관리업자가 법인인 경우 공무원으로 의제되는 '임원'에 관하여 더 이상의 자세한 규정을 두고 있지 아니하다. 따라서 위와 같은 '임원'에 해당하는지 여부는 민법, 상법, 기타의 실체법에 의하여 결정하여야 할 것인데, 그 중 주식회사의 법률관계를 규율하고 있는 상법 제312조는 '임원의 선임'이라는 표제하에 "창립총회에서는 이사와 감사를 선임하여야 한다." 고 하면서, 구 상법(2007. 8. 3. 법률 제8581호로 개정되기 전의 것) 제317조 제2항은 주식회사의 설립에 있어 등기하여야 할 사항으로 "이사와 감사의 성명 및 주민등록번호" (제8호), "회사를 대표할 이사의 성명·주민등록번호 및 주소" (제9호) 등을 규정하고 있다. 위와 같은 규정들의 문언·체계 및 그 취지 등을 종합하면, 도시정비법에서 정하는 '정비사업전문관리업자'가 주식회사인 경우 같은 법 제84조에 의하여 공무원으로 의제되는 '임원' 은 형법 제129조 내지 제132조에 해당하는 수뢰행위 당시 상업등기부에 대표이사, 이사, 감사로 등기된 사람에 한정된다고 보아야 하며, 설령 실질적 경영자라고 하더라도 해당 주식회사의 임원으로 등기되지 아니한 사람까지 도시정비법 제84조에 의하여 공무원으로 의제되는 정비사업전문관리업자의 '임원' 에 해당한다고 해석하는 것은 형벌법규를 피고인에게 불리한 방향으로 지나치게 유추하거나 확장해석하는 것으로서 죄형법정주의의 원칙에 어긋나는 것이어서 허용될 수 없다.

제313조(이사, 감사의 조사, 보고) ①이사와 감사는 취임후 지체없이 회사의 설립에 관한 모든 사항이 법령 또는 정관의 규정에 위반되지 아니하는지의 여부를 조사하여 창립총회에 보고하여야 한다.
<개정 1962.12.12., 1995.12.29.>
②제298조제2항 및 제3항의 규정은 제1항의 조사와 보고에 관하여 이를 준용한다. <개정 1995.12.29.>
③ 삭제 <1995.12.29.>

제314조(변태설립사항의 변경) ①창립총회에서는 제290조에 게기한 사항이 부당하다고 인정한 때에는 이를 변경할 수 있다.
②제300조제2항과 제3항의 규정은 전항의 경우에 준용한다.

제315조(발기인에 대한 손해배상청구) 전조의 규정은 발기인에 대한 손해배상의 청구에 영향을 미치지 아니한다.

제316조(정관변경, 설립폐지의 결의) ①창립총회에서는 정관의 변경 또는 설립의 폐지를 결의할 수 있다.
②전항의 결의는 소집통지서에 그 뜻의 기재가 없는 경우에도 이를 할 수 있다.

제317조(설립의 등기) ①주식회사의 설립등기는 발기인이 회사설립시에 발행한 주식의 총수를 인수한 경우에는 제299조와 제300조의 규정에 의한 절차가 종료한 날로부터, 발기인이 주주를 모집한 경우에는 창립총회가 종결한 날 또는 제314조의 규정에 의한 절차가 종료한 날로부터 2주간내에 이를 하여야 한다.
②제1항의 설립등기에 있어서는 다음의 사항을 등기하여야 한다.
<개정 1962.12.12., 1984.4.10., 1995.12.29., 1999.12.31., 2009.1.30., 2011.4.14.>
1. 제289조제1항제1호 내지 제4호, 제6호와 제7호에 게기한 사항
2. 자본금의 액

3. 발행주식의 총수, 그 종류와 각종주식의 내용과 수
3의2. 주식의 양도에 관하여 이사회의 승인을 얻도록 정한 때에는 그 규정
3의3. 주식매수선택권을 부여하도록 정한 때에는 그 규정
3의4. 지점의 소재지
4. 회사의 존립기간 또는 해산사유를 정한 때에는 그 기간 또는 사유
5. 삭제 <2011.4.14.>
6. 주주에게 배당할 이익으로 주식을 소각할 것을 정한 때에는 그 규정
7. 전환주식을 발행하는 경우에는 제347조에 게기한 사항
8. 사내이사, 사외이사, 그 밖에 상무에 종사하지 아니하는 이사, 감사 및 집행임원의 성명과 주민등록번호
9. 회사를 대표할 이사 또는 집행임원의 성명 · 주민등록번호 및 주소
10. 둘 이상의 대표이사 또는 대표집행임원이 공동으로 회사를 대표할 것을 정한 경우에는 그 규정
11. 명의개서대리인을 둔 때에는 그 상호 및 본점소재지
12. 감사위원회를 설치한 때에는 감사위원회 위원의 성명 및 주민등록번호

③ 주식회사의 지점 설치 및 이전 시 지점소재지 또는 신지점소재지에서 등기를 할 때에는 제289조제1항제1호 · 제2호 · 제6호 및 제7호와 이 조 제2항제4호 · 제9호 및 제10호에 따른 사항을 등기하여야 한다.
<개정 2011.4.14.>

④제181조 내지 제183조의 규정은 주식회사의 등기에 준용한다.

제318조(납입금 보관자의 증명과 책임) ① 납입금을 보관한 은행이나 그 밖의 금융기관은 발기인 또는 이사의 청구를 받으면 그 보관금액에 관하여 증명서를 발급하여야 한다.

② 제1항의 은행이나 그 밖의 금융기관은 증명한 보관금액에 대하여는 납입이 부실하거나 그 금액의 반환에 제한이 있다는 것을 이유로 회사에 대항하지 못한다.

③ 자본금 총액이 10억원 미만인 회사를 제295조제1항에 따라 발기설립하는 경우에는 제1항의 증명서를 은행이나 그 밖의 금융기관의 잔고증명서로 대체할 수 있다.

[전문개정 2009.5.28.]

제319조(권리주의 양도) 주식의 인수로 인한 권리의 양도는 회사에 대하여 효력이 없다.

제320조(주식인수의 무효 주장, 취소의 제한) ①회사성립후에는 주식을 인수한 자는 주식청약서의 요건의 흠결을 이유로 하여 그 인수의 무효를 주장하거나 사기, 강박 또는 착오를 이유로 하여 그 인수를 취소하지 못한다.

②창립총회에 출석하여 그 권리를 행사한 자는 회사의 성립전에도 전항과 같다.

제321조(발기인의 인수, 납입담보책임) ①회사설립시에 발행한 주식으로서 회

사성립후에 아직 인수되지 아니한 주식이 있거나 주식인수의 청약이 취소된 때에는 발기인이 이를 공동으로 인수한 것으로 본다.
②회사성립후 제295조제1항 또는 제305조제1항의 규정에 의한 납입을 완료하지 아니한 주식이 있는 때에는 발기인은 연대하여 그 납입을 하여야 한다.
③제315조의 규정은 전2항의 경우에 준용한다.

제322조(발기인의 손해배상책임) ①발기인이 회사의 설립에 관하여 그 임무를 해태한 때에는 그 발기인은 회사에 대하여 연대하여 손해를 배상할 책임이 있다.
②발기인이 악의 또는 중대한 과실로 인하여 그 임무를 해태한 때에는 그 발기인은 제삼자에 대하여도 연대하여 손해를 배상할 책임이 있다.

제323조(발기인, 임원의 연대책임) 이사 또는 감사가 제313조제1항의 규정에 의한 임무를 해태하여 회사 또는 제삼자에 대하여 손해를 배상할 책임을 지는 경우에 발기인도 책임을 질때에는 그 이사, 감사와 발기인은 연대하여 손해를 배상할 책임이 있다.

제324조(발기인의 책임면제, 주주의 대표소송) 제400조와 제403조 내지 제406조의 규정은 발기인에 준용한다.

제325조(검사인의 손해배상책임) 법원이 선임한 검사인이 악의 또는 중대한 과실로 인하여 그 임무를 해태한 때에는 회사 또는 제삼자에 대하여 손해를 배상할 책임이 있다.

제326조(회사불성립의 경우의 발기인의 책임) ①회사가 성립하지 못한 경우에는 발기인은 그 설립에 관한 행위에 대하여 연대하여 책임을 진다.
②전항의 경우에 회사의 설립에 관하여 지급한 비용은 발기인이 부담한다.

제327조(유사발기인의 책임) 주식청약서 기타 주식모집에 관한 서면에 성명과 회사의 설립에 찬조하는 뜻을 기재할 것을 승낙한 자는 발기인과 동일한 책임이 있다.

제328조(설립무효의 소) ①회사설립의 무효는 주주·이사 또는 감사에 한하여 회사성립의 날로부터 2년내에 소만으로 이를 주장할 수 있다.
<개정 1984.4.10.>
②제186조 내지 제193조의 규정은 제1항의 소에 준용한다.
<개정 1984.4.10.>

제2절 주식
제1관 주식과 주권

제329조(자본금의 구성) ① 회사는 정관으로 정한 경우에는 주식의 전부를 무액면주식으로 발행할 수 있다. 다만, 무액면주식을 발행하는 경우에는 액면주식을 발행할 수 없다.
② 액면주식의 금액은 균일하여야 한다.
③ 액면주식 1주의 금액은 100원 이상으로 하여야 한다.
④ 회사는 정관으로 정하는 바에 따라 발행된 액면주식을 무액면주식으로 전환하거나 무액면주식을 액면주식으로 전환할 수 있다.
⑤ 제4항의 경우에는 제440조, 제441조 본문 및 제442조를 준용한다.
[전문개정 2011.4.14.]

제329조의2(주식의 분할) ①회사는 제434조의 규정에 의한 주주총회의 결의로 주식을 분할할 수 있다.
② 제1항의 경우에 분할 후의 액면주식 1주의 금액은 제329조제3항에 따른 금액 미만으로 하지 못한다. <개정 2011.4.14.>
③제440조부터 제443조까지의 규정은 제1항의 규정에 의한 주식분할의 경우에 이를 준용한다. <개정 2014.5.20.>
[본조신설 1998.12.28.]

제330조(액면미달발행의 제한) 주식은 액면미달의 가액으로 발행하지 못한다. 그러나 제417조의 경우에는 그러하지 아니하다.

제331조(주주의 책임) 주주의 책임은 그가 가진 주식의 인수가액을 한도로 한다.

제332조(가설인, 타인의 명의에 의한 인수인의 책임) ①가설인의 명의로 주식을 인수하거나 타인의 승락없이 그 명의로 주식을 인수한 자는 주식인수인으로서의 책임이 있다.
②타인의 승락을 얻어 그 명의로 주식을 인수한 자는 그 타인과 연대하여 납입할 책임이 있다.

제333조(주식의 공유) ①수인이 공동으로 주식을 인수한 자는 연대하여 납입할 책임이 있다.
②주식이 수인의 공유에 속하는 때에는 공유자는 주주의 권리를 행사할 자 1인을 정하여야 한다.
③주주의 권리를 행사할 자가 없는 때에는 공유자에 대한 통지나 최고는 그 1인에 대하여 하면 된다.

판례-공유물분할

[대법원 2000.1.28, 선고, 98다17183, 판결]

【판시사항】

[1] 명의신탁한 주식에 관하여 명의신탁자로서 준공유하는 명의수탁자에 대한 주권의 인도 또는 양도청구 권능의 분할을 구하는 공유물분할 청구소송의 적법 여부(소극)

[2] 주식의 공유자가 공유물 분할의 소를 제기할 이익의 유무

【판결요지】

[1] 민법 제268조가 규정하는 공유물의 분할은 공유지분의 교환 또는 매매로 공유의 객체를 단독 소유권의 대상으로 하여 그 객체에 대한 공유관계를 해소하는 것을 말하므로 분할의 대상이 되는 것은 어디까지나 권리의 객체인 공유물이고, 그 권리에 내재하거나 그로부터 파생하는 권능은 이를 분할할 수 없다고 할 것이므로, 명의신탁한 주식에 관하여 명의신탁자로서 준공유하는 명의수탁자에 대한 주권의 인도 또는 양도청구 권능의 분할을 구하는 공유물분할청구의 소는 권리보호의 자격을 결하여 부적법하다

[2] 주식의 공유자들 사이에 공유 주식을 분할하는 판결이 확정되면 그 공유자들 사이에서는 별도의 법률행위를 할 필요 없이 자신에게 귀속된 주식에 대하여 주주로서의 권리를 취득하는 것이고, 이와 같이 공유물 분할의 방법에 의하여 주식을 취득한 자는 회사에 대하여 주주로서의 자격을 보유하기 위하여 자기가 그 주식의 실질상의 소유자라는 것을 증명하여 단독으로 명의개서를 청구할 수 있으므로, 주식의 공유자로서는 공유물 분할의 판결의 효력이 회사에 미치는지 여부와 관계없이 공유주식을 분할하여 공유관계를 해소함으로써 분할된 주식에 대한 단독소유권을 취득하기 위하여 공유물 분할의 소를 제기할 이익이 있다.

제334조 삭제 <2011.4.14.>

제335조(주식의 양도성) ① 주식은 타인에게 양도할 수 있다. 다만, 회사는 정관으로 정하는 바에 따라 그 발행하는 주식의 양도에 관하여 이사회의 승인을 받도록 할 수 있다. <개정 2011.4.14.>

②제1항 단서의 규정에 위반하여 이사회의 승인을 얻지 아니한 주식의 양도는 회사에 대하여 효력이 없다. <신설 1995.12.29.>

③주권발행전에 한 주식의 양도는 회사에 대하여 효력이 없다. 그러나 회사성립후 또는 신주의 납입기일후 6월이 경과한 때에는 그러하지 아니하다. <개정 1984.4.10.>

판례-전환사채납입대금반환

[대법원 2014.10.27, 선고, 2013다29424, 판결]

【판시사항】

[1] 지배주식 양도와 함께 이루어진 경영권의 이전이 지배주식 양도의 부수적 효과인지 여부(적극)

[2] 甲 주식회사가 乙 주식회사의 제안으로 丙 주식회사와 상환우선주 인수약정을 체결하고 인수대금을 납입하였으나 丙 회사가 상법상 절차를 이행하지 않아 상환우선주 발행이 불가능하게 되자 인수대금의 반환을 구하였는데, 丙 회사가 위 인수약정 체결의 계기가 된 乙 회사와의 주식·경영권 양도계약의 무효로 乙

회사가 丙 회사에 부담하는 주식·경영권 반환의무가 위 인수대금 반환의무와 동시이행관계에 있다고 항변한 사안에서, 인수대금 반환의무와 乙 회사의 주식 반환의무 사이에 이행상 견련관계가 인정되지 않고 乙 회사에 주식 반환의무 외의 독립된 경영권 반환의무를 인정하기 어렵다고 한 사례

【판결요지】

[1] 지배주식의 양도와 함께 경영권이 주식양도인으로부터 주식양수인에게 이전하는 경우 그와 같은 경영권의 이전은 지배주식의 양도에 따르는 부수적인 효과에 불과하다.

[2] 甲 주식회사가 乙 주식회사의 제안으로 丙 주식회사와 상환우선주 인수약정을 체결하고 인수대금을 납입하였으나 丙 회사가 상법상 절차를 이행하지 않아 상환우선주 발행이 불가능하게 되자 인수대금의 반환을 구하였는데, 丙 회사가 위 인수약정 체결의 계기가 된 乙 회사와의 주식·경영권 양도계약의 무효로 乙 회사가 丙 회사에 부담하는 주식·경영권 반환의무가 위 인수대금 반환의무와 동시이행관계에 있다고 항변한 사안에서, 제반 사정에 비추어 인수대금 반환의무와 乙 회사의 주식 반환의무는 서로 동일한 법률요건이 아닌 별개의 발생 원인에 기한 것으로서 그 사이에 이행상 견련관계를 인정하기 어렵고, 양도대상 주식 중 일부만이 양도된 상태에서 주식 및 경영권 양도계약이 무효가 된 이상 양도대상 회사의 주주들은 주주총회에서 乙 회사가 지정한 이사 등을 해임하는 방법으로 경영권을 행사할 수 있으므로 乙 회사에 주식 반환의무 외의 독립된 경영권 반환의무를 인정하기 어렵다고 한 사례.

제335조의2(양도승인의 청구) ①주식의 양도에 관하여 이사회의 승인을 얻어야 하는 경우에는 주식을 양도하고자 하는 주주는 회사에 대하여 양도의 상대방 및 양도하고자 하는 주식의 종류와 수를 기재한 서면으로 양도의 승인을 청구할 수 있다.

②회사는 제1항의 청구가 있는 날부터 1월 이내에 주주에게 그 승인여부를 서면으로 통지하여야 한다.

③회사가 제2항의 기간내에 주주에게 거부의 통지를 하지 아니한 때에는 주식의 양도에 관하여 이사회의 승인이 있는 것으로 본다.

④제2항의 양도승인거부의 통지를 받은 주주는 통지를 받은 날부터 20일내에 회사에 대하여 양도의 상대방의 지정 또는 그 주식의 매수를 청구할 수 있다.

[본조신설 1995.12.29.]

제335조의3(양도상대방의 지정청구) ①주주가 양도의 상대방을 지정하여 줄 것을 청구한 경우에는 이사회는 이를 지정하고, 그 청구가 있은 날부터 2주간내에 주주 및 지정된 상대방에게 서면으로 이를 통지하여야 한다.

②제1항의 기간내에 주주에게 상대방지정의 통지를 하지 아니한 때에는 주식의 양도에 관하여 이사회의 승인이 있는 것으로 본다.

[본조신설 1995.12.29.]

제335조의4(지정된 자의 매도청구권) ①제335조의3제1항의 규정에 의하여 상대방으로 지정된 자는 지정통지를 받은 날부터 10일 이내에 지정청구를 한 주주에 대하여 서면으로 그 주식을 자기에게 매도할 것을 청구할 수 있다.

②제335조의3제2항의 규정은 주식의 양도상대방으로 지정된 자가 제1항의 기간내에 매도의 청구를 하지 아니한 때에 이를 준용한다.
[본조신설 1995.12.29.]
[제목개정 2001.7.24.]

제335조의5(매도가액의 결정) ①제335조의4의 경우에 그 주식의 매도가액은 주주와 매도청구인간의 협의로 이를 결정한다. <개정 2001.7.24.>
②제374조의2제4항 및 제5항의 규정은 제335조의4제1항의 규정에 의한 청구를 받은 날부터 30일 이내에 제1항의 규정에 의한 협의가 이루어지지 아니하는 경우에 이를 준용한다. <개정 2001.7.24.>
[본조신설 1995.12.29.]
[제목개정 2001.7.24.]

제335조의6(주식의 매수청구) 제374조의2제2항 내지 제5항의 규정은 제335조의2제4항의 규정에 의하여 주주가 회사에 대하여 주식의 매수를 청구한 경우에 이를 준용한다. <개정 2001.7.24.>
[본조신설 1995.12.29.]

제335조의7(주식의 양수인에 의한 승인청구) ①주식의 양도에 관하여 이사회의 승인을 얻어야 하는 경우에 주식을 취득한 자는 회사에 대하여 그 주식의 종류와 수를 기재한 서면으로 그 취득의 승인을 청구할 수 있다.
②제335조의2제2항 내지 제4항, 제335조의3 내지 제335조의6의 규정은 제1항의 경우에 이를 준용한다.
[본조신설 1995.12.29.]

판례-주식매매대금청구의소·주식매매대금

[대법원 2014.12.24, 선고, 2014다221258,221265, 판결]

【판시사항】
[1] 주권의 점유를 취득하는 방법
[2] 주식의 양도에 관하여 이사회의 승인을 얻어야 하는 경우, 주식을 취득하였으나 회사로부터 양도승인거부의 통지를 받은 양수인이 회사에 대하여 주식매수청구권을 행사할 수 있는지 여부(적극) / 주식을 취득하지 못한 양수인의 주식매수청구가 효력이 있는지 여부(소극) 및 사후적으로 양수인이 주식 취득의 요건을 갖추게 된 경우 하자가 치유되는지 여부(소극)

【판결요지】
[1] 주권발행 후의 주식의 양도에 있어서는 주권을 교부하여야 효력이 발생하고(상법 제336조 제1항), 주권의 교부는 현실의 인도 이외에 간이인도, 점유개정, 반환청구권의 양도에 의하여도 할 수 있다.
[2] 주식의 양도에 관하여 이사회의 승인을 얻어야 하는 경우에 주식을 취득하였으나 회사로부터 양도승인거부의 통지를 받은 양수인은 상법 제335조의7에 따라 회사에 대하여 주식매수청구권을 행사할 수 있다. 이러한 주식매수청구권은 주식을 취득한 양수인에게 인정되는 이른바 형성권으로서 그 행사로 회사의 승낙 여

부와 관계없이 주식에 관한 매매계약이 성립하게 되므로, 주식을 취득하지 못한 양수인이 회사에 대하여 주식매수청구를 하더라도 이는 아무런 효력이 없고, 사후적으로 양수인이 주식 취득의 요건을 갖추게 되더라도 하자가 치유될 수는 없다.

제336조(주식의 양도방법) ①주식의 양도에 있어서는 주권을 교부하여야 한다.
②주권의 점유자는 이를 적법한 소지인으로 추정한다.
[전문개정 1984.4.10.]

제337조(주식의 이전의 대항요건) ①주식의 이전은 취득자의 성명과 주소를 주주명부에 기재하지 아니하면 회사에 대항하지 못한다. <개정 2014.5.20.>
②회사는 정관이 정하는 바에 의하여 명의개서대리인을 둘 수 있다. 이 경우 명의개서대리인이 취득자의 성명과 주소를 주주명부의 복본에 기재한 때에는 제1항의 명의개서가 있는 것으로 본다. <신설 1984.4.10.>
[제목개정 2014.5.20.]

판례-주식인도

[대법원 2013.2.14, 선고, 2011다109708, 판결]

【판시사항】
주권발행 전 주식의 주주명의를 신탁한 실질적인 주주의 채권자가 자신의 채권을 보전하기 위하여 실질적인 주주를 대위하여 명의신탁계약을 해지하고 주주명의인을 상대로 주주권 확인을 구할 이익이 있는지 여부(적극)

【판결요지】
주권발행 전 주식에 관하여 주주명의를 신탁한 사람이 수탁자에 대하여 명의신탁계약을 해지하면 그 주식에 대한 주주의 권리는 해지의 의사표시만으로 명의신탁자에게 복귀하는 것이고, 이러한 경우 주주명부에 등재된 형식상 주주명의인이 실질적인 주주의 주주권을 다투는 경우에 실질적인 주주가 주주명부상 주주명의인을 상대로 주주권의 확인을 구할 이익이 있다. 이는 실질적인 주주의 채권자가 자신의 채권을 보전하기 위하여 실질적인 주주를 대위하여 명의신탁계약을 해지하고 주주명의인을 상대로 주주권의 확인을 구하는 경우에도 마찬가지이고, 그 주식을 발행한 회사를 상대로 명의개서절차의 이행을 구할 수 있다거나 명의신탁자와 명의수탁자 사이에 직접적인 분쟁이 없다고 하여 달리 볼 것은 아니다.

제338조(주식의 입질) ①주식을 질권의 목적으로 하는 때에는 주권을 질권자에게 교부하여야 한다. <개정 2014.5.20.>
②질권자는 계속하여 주권을 점유하지 아니하면 그 질권으로써 제삼자에게 대항하지 못한다.
[제목개정 2014.5.20.]

판례-손해배상(기)

[대법원 2012.8.23, 선고, 2012다34764, 판결]

【판시사항】
[1] 보전처분 집행 후 집행채권자가 본안소송에서 패소하여 판결이 확정된 경우,

보전처분 집행으로 채무자가 입은 손해에 대하여 집행채권자에게 고의 또는 과실이 있다고 추정되는지 여부(원칙적 적극)
[2] 주권에 관하여 중첩적 점유매개관계가 이루어진 경우, 최상위 간접점유자의 반환청구권 양도에 의한 질권설정방법 및 그 대항요건
[3] 甲 주식회사가 乙 주식회사에 대출을 하면서 乙 회사가 장차 인수하게 될 丙 주식회사 발행주식에 관하여 근질권설정계약을 체결하였는데, 보호예수기간이 만료되자 증권예탁결제원이 위 주권을 공탁하였고, 甲 회사가 丁 주식회사 등을 상대로 주권 인도 등을 구하는 선행소송을 제기하여 제1심 및 항소심법원에서 甲 회사가 주식에 대한 질권을 유효하게 취득하였다는 판단을 받았으나 丁 회사가 이와 법적 견해를 달리하여 공탁물출급청구권 처분금지가처분을 신청하고 인용결정을 받아 가처분 집행에까지 이르렀다가, 가처분의 본안인 후행소송이 丁 회사의 패소로 확정된 사안에서, 부당한 가처분의 집행으로 甲 회사가 입은 손해에 대한 丁 회사의 고의 또는 과실의 추정이 번복된다고 볼 수 없다고 한 사례

【판결요지】
[1] 가압류나 가처분 등 보전처분은 법원의 재판에 의하여 집행되는 것이기는 하나, 실체상 청구권이 있는지는 본안소송에 맡기고 단지 소명에 의하여 채권자의 책임 아래 하는 것이므로 그 집행 후에 집행채권자가 본안소송에서 패소 확정되었다면 보전처분 집행으로 인하여 채무자가 입은 손해에 대하여는 특별한 반증이 없는 한 집행채권자에게 고의 또는 과실이 있다고 추정되고, 따라서 그 부당한 집행으로 인한 손해에 대하여 이를 배상할 책임이 있다.
[2] 기명주식의 약식질에 관한 상법 제338조는 기명주식을 질권의 목적으로 하는 때에는 주권을 질권자에게 교부하여야 하고(제1항), 질권자는 계속하여 주권을 점유하지 아니하면 그 질권으로써 제3자에게 대항하지 못한다고(제2항) 규정하고 있다. 여기에서 주식의 질권설정에 필요한 요건인 주권의 점유를 이전하는 방법으로는 현실 인도(교부) 외에 간이인도나 반환청구권 양도도 허용되고, 주권을 제3자에게 보관시킨 경우 주권을 간접점유하고 있는 질권설정자가 반환청구권 양도에 의하여 주권의 점유를 이전하려면 질권자에게 자신의 점유매개자인 제3자에 대한 반환청구권을 양도하여야 하고, 이 경우 대항요건으로서 제3자의 승낙 또는 질권설정자의 제3자에 대한 통지를 갖추어야 한다. 그리고 이러한 법리는 제3자가 다시 타인에게 주권을 보관시킴으로써 점유매개관계가 중첩적으로 이루어진 경우에도 마찬가지로 적용되므로, 최상위 간접점유자인 질권설정자는 질권자에게 자신의 점유매개자인 제3자에 대한 반환청구권을 양도하고 대항요건으로서 제3자의 승낙 또는 제3자에 대한 통지를 갖추면 충분하며, 직접점유자인 타인의 승낙이나 그에 대한 질권설정자 또는 제3자의 통지까지 갖출 필요는 없다.
[3] 甲 주식회사가 乙 주식회사에 대출을 하면서 乙 회사가 장차 인수하게 될 丙 주식회사 발행주식에 관하여 근질권설정계약을 체결하고 위 주식에 대한 주권이 발행되어 증권예탁결제원에 보호예수되자 질권설정승낙의뢰서를 작성하여 丙 회사 대표이사의 기명날인을 받았는데, 이후 보호예수기간이 만료되자 증권예탁결제원이 주권을 공탁하였고, 이에 甲 회사가 丁 주식회사 등을 상대로 주권 인도 등을 구하는 선행소송을 제기하여 제1심 및 항소심법원에서 甲 회사가 위 주식에 대한 질권을 유효하게 취득하였다는 판단을 받았으나 丁 회사가 이와 법적 견해를 달리하여 공탁물출급청구권 처분금지가처분을 신청하고 이를 인용하는 결정을 받아 가처분 집행에까지 이르렀다가 가처분의 본안으로서 甲 회사가 위 주식에 대한 질권자 지위에 있지 아니한다는 확인을 구한 후행소송이 丁 회사의 패소로 확정된 사안에서, 丁 회사가 자신의 법적 견해를 일관되게 신뢰하였고 가처분 당시 주권에 관하여 중첩적 점유매개관계가 존재하는 경우 최상위 간접점유자의 반환청구권 양도에 의한 질권설정방법에 관하여 명시적인 대법원판례가 없었으며 가처분법원이 丁 회사의 주장을 수용하여 가처분 신청을 인용하였다는 등의 사정

만으로는, 부당한 가처분의 집행으로 甲 회사가 입은 손해에 대한 丁 회사의 고의 또는 과실의 추정이 번복된다고 볼 수 없다고 한 사례.

제339조(질권의 물상대위) 주식의 소각, 병합, 분할 또는 전환이 있는 때에는 이로 인하여 종전의 주주가 받을 금전이나 주식에 대하여도 종전의 주식을 목적으로한 질권을 행사할 수 있다. <개정 1998.12.28.>

제340조(주식의 등록질) ① 주식을 질권(質權)의 목적으로 한 경우에 회사가 질권설정자의 청구에 따라 그 성명과 주소를 주주명부에 덧붙여 쓰고 그 성명을 주권(株券)에 적은 경우에는 질권자는 회사로부터 이익배당, 잔여재산의 분배 또는 제339조에 따른 금전의 지급을 받아 다른 채권자에 우선하여 자기채권의 변제에 충당할 수 있다. <개정 2011.4.14., 2014.5.20.>

②민법 제353조제3항의 규정은 전항의 경우에 준용한다.

③제1항의 질권자는 회사에 대하여 전조의 주식에 대한 주권의 교부를 청구할 수 있다.

[제목개정 2014.5.20.]

제340조의2(주식매수선택권) ① 회사는 정관으로 정하는 바에 따라 제434조의 주주총회의 결의로 회사의 설립·경영 및 기술혁신 등에 기여하거나 기여할 수 있는 회사의 이사, 집행임원, 감사 또는 피용자(被用者)에게 미리 정한 가액(이하 "주식매수선택권의 행사가액"이라 한다)으로 신주를 인수하거나 자기의 주식을 매수할 수 있는 권리(이하 "주식매수선택권"이라 한다)를 부여할 수 있다. 다만, 주식매수선택권의 행사가액이 주식의 실질가액보다 낮은 경우에 회사는 그 차액을 금전으로 지급하거나 그 차액에 상당하는 자기의 주식을 양도할 수 있다. 이 경우 주식의 실질가액은 주식매수선택권의 행사일을 기준으로 평가한다.

② 다음 각 호의 어느 하나에 해당하는 자에게는 제1항의 주식매수선택권을 부여할 수 없다.

1. 의결권 없는 주식을 제외한 발행주식총수의 100분의 10 이상의 주식을 가진 주주
2. 이사·집행임원·감사의 선임과 해임 등 회사의 주요 경영사항에 대하여 사실상 영향력을 행사하는 자
3. 제1호와 제2호에 규정된 자의 배우자와 직계존비속

③ 제1항에 따라 발행할 신주 또는 양도할 자기의 주식은 회사의 발행주식총수의 100분의 10을 초과할 수 없다.

④ 제1항의 주식매수선택권의 행사가액은 다음 각 호의 가액 이상이어야 한다.

1. 신주를 발행하는 경우에는 주식매수선택권의 부여일을 기준으로 한 주식의 실질가액과 주식의 권면액(券面額) 중 높은 금액. 다만, 무액면주식을 발행한 경우에는 자본으로 계상되는 금액 중 1주에 해당하는 금액을 권면액으로 본다.
2. 자기의 주식을 양도하는 경우에는 주식매수선택권의 부여일을 기준으로 한 주식의 실질가액 [전문개정 2011.4.14.]

판례-특정 경제 범죄 가중처벌등에 관한 법률위반(배임)

[대법원 2011.11.24, 선고, 2010도11394, 판결]

【판시사항】

[1] 회사의 대표이사가 회사 명의로 체결한 계약이 관련 법령이나 정관에 위배되어 법률상 효력이 없는 경우, 그 계약의 체결행위만으로 배임의 범행이 기수에 이르렀거나 범행이 종료되었다고 볼 수 있는지 여부(원칙적 소극)

[2] 甲 주식회사 대표이사인 피고인이 주주총회 의사록을 허위로 작성하고 이를 근거로 임직원들과 주식매수선택권부여계약을 체결함으로써 甲 회사에 재산상 손해를 가하였다고 하며 특정경제범죄 가중처벌 등에 관한 법률 위반(배임)으로 기소된 사안에서, 법률상 무효인 계약을 체결한 것만으로는 업무상배임죄 구성요건이 완성되거나 범행이 종료되었다고 볼 수 없는데도, 계약을 체결한 시점에 범행이 종료되었음을 전제로 공소시효가 완성되었다고 보아 면소를 선고한 원심판결에는 법리오해의 위법이 있다고 한 사례

【판결요지】

[1] 형법 제355조 제2항의 배임죄 또는 형법 제356조의 업무상배임죄는 임무에 위배되는 행위로 재산상 이익을 취득하거나 제3자로 하여금 취득하게 하여 본인에게 손해를 가한 때에 성립하는 범죄인데, 이때 본인에게 재산상의 손해를 가한 것이란 본인의 전체적 재산가치가 감소됨을 가리키는 것으로서 본인에게 현실적인 손해를 입힌 경우뿐만 아니라 재산상 실해 발생의 위험을 초래한 경우도 포함한다. 그리고 위와 같은 재산상 손해의 유무는 법률적 판단에 의하지 아니하고 경제적 관점에서 파악하여야 하나, 회사의 대표이사가 회사 명의로 체결한 계약이 관련 법령이나 정관에 위배되어 법률상 효력이 없는 경우에는 그로 인하여 회사가 계약 상대방에게 민법상 불법행위책임을 부담하게 되는 등 특별한 사정이 없는 한 계약의 체결행위만으로 회사에 현실적인 손해가 발생하거나 재산상 실해 발생의 위험이 초래되었다고 할 수 없어서, 그것만으로 배임죄 구성요건이 모두 충족되어 범행이 기수에 이르렀거나 범행이 종료되었다고 볼 수 없다.

[2] 甲 주식회사 대표이사인 피고인이 주주총회 의사록을 허위로 작성하고 이를 근거로 피고인을 비롯한 임직원들과 주식매수선택권부여계약을 체결함으로써 甲 회사에 재산상 손해를 가하였다고 하며 특정경제범죄 가중처벌 등에 관한 법률 위반(배임)으로 기소된 사안에서, 상법과 정관에 위배되어 법률상 무효인 계약을 체결한 것만으로는 업무상배임죄 구성요건이 완성되거나 범행이 종료되었다고 볼 수 없고, 임직원들이 이후 계약에 기초하여 甲 회사에 주식매수선택권을 행사하고, 피고인이 이에 호응하여 주식의 실질가치에 미달하는 금액만을 받고 신주를 발행해 줌으로써 비로소 甲 회사에 현실적 손해가 발생하거나 그러한 실해 발생의 위험이 초래되었다고 볼 수 있으므로, 피고인에 대한 업무상배임죄는 피고인이 의도한 배임행위가 모두 실행된 때로서 최종적으로 주식매수선택권이 행사되고 그에 따라 신주가 발행된 시점에 종료되었다고 보아야 하는데도, 이와 달리 계약을 체결한 시점에 범행이 종료되었음을 전제로 공소시효가 완성되었다고 보아 면소를 선고한 원심판결에는 법리오해의 위법이 있다고 한 사례.

제340조의3(주식매수선택권의 부여) ①제340조의2제1항의 주식매수선택권에 관한 정관의 규정에는 다음 각호의 사항을 기재하여야 한다.

1. 일정한 경우 주식매수선택권을 부여할 수 있다는 뜻
2. 주식매수선택권의 행사로 발행하거나 양도할 주식의 종류와 수
3. 주식매수선택권을 부여받을 자의 자격요건

4. 주식매수선택권의 행사기간
5. 일정한 경우 이사회결의로 주식매수선택권의 부여를 취소할 수 있다는 뜻

②제340조의2제1항의 주식매수선택권에 관한 주주총회의 결의에 있어서는 다음 각호의 사항을 정하여야 한다.

1. 주식매수선택권을 부여받을 자의 성명
2. 주식매수선택권의 부여방법
3. 주식매수선택권의 행사가액과 그 조정에 관한 사항
4. 주식매수선택권의 행사기간
5. 주식매수선택권을 부여받을 자 각각에 대하여 주식매수선택권의 행사로 발행하거나 양도할 주식의 종류와 수

③회사는 제2항의 주주총회결의에 의하여 주식매수선택권을 부여받은 자와 계약을 체결하고 상당한 기간내에 그에 관한 계약서를 작성하여야 한다.

④회사는 제3항의 계약서를 주식매수선택권의 행사기간이 종료할 때까지 본점에 비치하고 주주로 하여금 영업시간내에 이를 열람할 수 있도록 하여야 한다.

[본조신설 1999.12.31.]

제340조의4(주식매수선택권의 행사) ①제340조의2제1항의 주식매수선택권은 제340조의3제2항 각호의 사항을 정하는 주주총회결의일부터 2년 이상 재임 또는 재직하여야 이를 행사할 수 있다.

②제340조의2제1항의 주식매수선택권은 이를 양도할 수 없다. 다만, 동조제2항의 규정에 의하여 주식매수선택권을 행사할 수 있는 자가 사망한 경우에는 그 상속인이 이를 행사할 수 있다.

[본조신설 1999.12.31.]

제340조의5(준용규정) 제350조제2항, 제350조제3항 후단, 제351조, 제516조의9제1항 · 제3항 · 제4항 및 제516조의10 전단은 주식매수선택권의 행사로 신주를 발행하는 경우에 이를 준용한다. <개정 2011.4.14.>

[본조신설 1999.12.31.]

제341조(자기주식의 취득) ① 회사는 다음의 방법에 따라 자기의 명의와 계산으로 자기의 주식을 취득할 수 있다. 다만, 그 취득가액의 총액은 직전 결산기의 대차대조표상의 순자산액에서 제462조제1항 각 호의 금액을 뺀 금액을 초과하지 못한다.

1. 거래소에서 시세(時勢)가 있는 주식의 경우에는 거래소에서 취득하는 방법
2. 제345조제1항의 주식의 상환에 관한 종류주식의 경우 외에 각 주주가 가진 주식 수에 따라 균등한 조건으로 취득하는 것으로서 대통령령으로 정하는 방법

② 제1항에 따라 자기주식을 취득하려는 회사는 미리 주주총회의 결의로 다음 각 호의 사항을 결정하여야 한다. 다만, 이사회의 결의로 이익배당을 할 수 있다고 정관으로 정하고 있는 경우에는 이사회의 결의로써 주주총회의 결의를 갈음할 수 있다.

1. 취득할 수 있는 주식의 종류 및 수
2. 취득가액의 총액의 한도
3. 1년을 초과하지 아니하는 범위에서 자기주식을 취득할 수 있는 기간

③ 회사는 해당 영업연도의 결산기에 대차대조표상의 순자산액이 제462조제1항 각 호의 금액의 합계액에 미치지 못할 우려가 있는 경우에는 제1항에 따른 주식의 취

득을 하여서는 아니 된다.

④ 해당 영업연도의 결산기에 대차대조표상의 순자산액이 제462조제1항 각 호의 금액의 합계액에 미치지 못함에도 불구하고 회사가 제1항에 따라 주식을 취득한 경우 이사는 회사에 대하여 연대하여 그 미치지 못한 금액을 배상할 책임이 있다. 다만, 이사가 제3항의 우려가 없다고 판단하는 때에 주의를 게을리하지 아니하였음을 증명한 경우에는 그러하지 아니하다.

[전문개정 2011.4.14.]

판례-감자대금

[대법원 2008.7.10, 선고, 2005다24981, 판결]

【판시사항】

[1] 주식 임의소각의 효력발생시기

[2] 주식 임의소각의 경우, 주식소각대금채권의 발생시기

[3] 소송 외에서 어음채권을 자동채권으로 하여 상계의 의사표시를 하는 경우 어음의 교부가 상계의 효력발생요건인지 여부(원칙적 적극)

【판결요지】

[1] 주식의 강제소각의 경우와 달리, 회사가 특정 주식의 소각에 관하여 주주의 동의를 얻고 그 주식을 자기주식으로서 취득하여 소각하는 이른바 주식의 임의소각에 있어서는, 회사가 그 주식을 취득하고 상법 소정의 자본감소의 절차뿐만 아니라 상법 제342조가 정한 주식실효 절차까지 마친 때에 소각의 효력이 생긴다.

[2] 주식 임의소각의 경우 그 소각의 효력이 상법 제342조의 주식실효 절차까지 마쳐진 때에 발생한다 하더라도, 주주가 주식소각대금채권을 취득하는 시점은 임의소각의 효력발생시점과 동일한 것은 아니며, 적어도 임의소각에 관한 주주의 동의가 있고 상법 소정의 자본감소의 절차가 마쳐진 때에는 주식소각대금채권이 발생하고, 다만 그때까지 주주로부터 회사에 주권이 교부되지 않은 경우에는 회사는 주주의 주식소각대금청구에 대하여 주권의 교부를 동시이행항변 사유로 주장할 수 있을 뿐이다.

[3] 소송 외에서 어음채권을 자동채권으로 하여 상계의 의사표시를 하는 경우에는 어음채무자의 승낙이 있다는 등의 사정이 없는 이상 어음의 교부가 필요불가결하고 어음의 교부가 없으면 상계의 효력이 생기지 않으며, 이때 어음의 교부는 상계의 효력발생요건이라 할 것이므로 상계의 의사표시를 하는 자가 이를 주장·입증하여야 한다.

1. 취득할 수 있는 주식의 종류 및 수
2. 취득가액의 총액의 한도
3. 1년을 초과하지 아니하는 범위에서 자기주식을 취득할 수 있는 기간

③ 회사는 해당 영업연도의 결산기에 대차대조표상의 순자산액이 제462조제1항 각 호의 금액의 합계액에 미치지 못할 우려가 있는 경우에는 제1항에 따른 주식의 취득을 하여서는 아니 된다.

④ 해당 영업연도의 결산기에 대차대조표상의 순자산액이 제462조제1항 각 호의 금액의 합계액에 미치지 못함에도 불구하고 회사가 제1항에 따라 주식을 취득한 경우 이사는 회사에 대하여 연대하여 그 미치지 못한 금액을 배상할 책임이 있다. 다만, 이사가 제3항의 우려가 없다고 판단하는 때에 주의를 게을리하지 아니하였음을 증명한 경우에는 그러하지 아니하다.

[전문개정 2011.4.14.]

제341조의2(특정목적에 의한 자기주식의 취득) 회사는 다음 각 호의 어느 하나에 해당하는 경우에는 제341조에도 불구하고 자기의 주식을 취득할 수 있다.

1. 회사의 합병 또는 다른 회사의 영업전부의 양수로 인한 경우
2. 회사의 권리를 실행함에 있어 그 목적을 달성하기 위하여 필요한 경우
3. 단주(端株)의 처리를 위하여 필요한 경우
4. 주주가 주식매수청구권을 행사한 경우

[전문개정 2011.4.14.]

제341조의3(자기주식의 질취) 회사는 발행주식총수의 20분의 1을 초과하여 자기의 주식을 질권의 목적으로 받지 못한다. 다만, 제341조의2제1호 및 제2호의 경우에는 그 한도를 초과하여 질권의 목적으로 할 수 있다.
[전문개정 2011.4.14.]

제342조(자기주식의 처분) 회사가 보유하는 자기의 주식을 처분하는 경우에 다음 각 호의 사항으로서 정관에 규정이 없는 것은 이사회가 결정한다.
1. 처분할 주식의 종류와 수
2. 처분할 주식의 처분가액과 납입기일
3. 주식을 처분할 상대방 및 처분방법
[전문개정 2011.4.14.]

판례-법인세 부과처분 취소

[대법원 2013.5.9, 선고, 2012두27091, 판결]

【판시사항】
[1] 주식의 매도가 자산거래인 주식의 양도에 해당하는가 또는 자본거래인 주식의 소각 내지 자본의 환급에 해당하는가를 판단하는 기준
[2] 甲 주식회사가 특수관계자인 주주 乙로부터 그 보유의 甲 회사 주식을 취득하였는데 과세관청이 乙에게 지급된 주식대금이 업무무관 가지급금에 해당한다고 보아 甲 회사에 지급이자를 손금불산입하고 인정이자를 익금산입하여 법인세 부과처분을 한 사안에서, 위 주식 취득이 주식소각의 목적 없이 주식을 취득하였다고 볼 수 없음에도 이와 달리 본 원심판결에 법리오해 등의 위법이 있다고 한 사례

【판결요지】
[1] 주식의 매도가 자산거래인 주식의 양도에 해당하는가 또는 자본거래인 주식의 소각 내지 자본의 환급에 해당하는가는 법률행위 해석의 문제로서 그 거래의 내용과 당사자의 의사를 기초로 하여 판단하여야 할 것이지만, 실질과세의 원칙상 당해 계약서의 내용이나 형식과 아울러 당사자의 의사와 계약체결의 경위, 대금의 결정방법, 거래의 경과 등 거래의 전체과정을 실질적으로 파악하여 판단하여야 한다.
[2] 甲 주식회사가 특수관계자인 주주 乙로부터 그 보유의 甲 회사 주식을 취득하였는데 과세관청이 위 주식 취득이 무효라는 이유로 乙에게 지급된 주식대금이 업무무관 가지급금에 해당한다고 보아 甲 회사에 지급이자를 손금불산입하고 인정이자를 익금산입하여 법인세 부과처분을 한 사안에서, 乙은 자신의 출자금을 환급받기 위해 주식을 매도하고 甲 회사 역시 감자의 방법으로 乙의 출자금을 반환하기 위해 乙과 甲 회사가 주식매매계약에 이른 것으로 볼 여지가 있고, 甲 회사가 매입하는 주식의 대금은 매입할 때마다 분할하여 지급하기로 하고 주식소각은 乙로부터 주식 매입이 완료된 시점에 하기로 예정되어 있었으므로 甲 회사가 분할 매입시마다 그 대금을 지급하고 뒤늦게 주식에 대한 소각절차를 완료하였다고 하더라도 그러한 사정만으로 甲 회사가 주식소각의 목적 없이 주식을 취득하였다고 볼 수는 없으므로, 甲 회사가 주식을 취득하게 된 경위, 분할 매입의 이유와 그 대금의 결정방법, 주식에 대한 배당과 의결권 행사 여부, 그 밖의 거래경과 등을 추가로 심리한 다음 甲 회사에게 주식소각의 목적이 있었는지 여부를 판단하였어야 한다는 이유로, 이와 달리 본 원심판결에 법리 등을 오해하여 심리미진의 위법이 있다고 한 사례.

제342조의2(자회사에 의한 모회사주식의 취득) ①다른 회사의 발행주식의 총수의 100분의 50을 초과하는 주식을 가진 회사(이하 "모회사"라 한다)의 주식은 다음의 경우를 제외하고는 그 다른 회사(이하 "자회사"라 한다)가 이를 취득할 수 없다. <개정 2001.7.24.>

1. 주식의 포괄적 교환, 주식의 포괄적 이전, 회사의 합병 또는 다른 회사의 영업전부의 양수로 인한 때
2. 회사의 권리를 실행함에 있어 그 목적을 달성하기 위하여 필요한 때

②제1항 각호의 경우 자회사는 그 주식을 취득한 날로부터 6월 이내에 모회사의 주식을 처분하여야 한다.

③다른 회사의 발행주식의 총수의 100분의 50을 초과하는 주식을 모회사 및 자회사 또는 자회사가 가지고 있는 경우 그 다른 회사는 이 법의 적용에 있어 그 모회사의 자회사로 본다. <개정 2001.7.24.>

[본조신설 1984.4.10.]

제342조의3(다른 회사의 주식취득) 회사가 다른 회사의 발행주식총수의 10분의 1을 초과하여 취득한 때에는 그 다른 회사에 대하여 지체없이 이를 통지하여야 한다.

[본조신설 1995.12.29.]

제343조(주식의 소각) ① 주식은 자본금 감소에 관한 규정에 따라서만 소각(消却)할 수 있다. 다만, 이사회의 결의에 의하여 회사가 보유하는 자기주식을 소각하는 경우에는 그러하지 아니하다.

② 자본금감소에 관한 규정에 따라 주식을 소각하는 경우에는 제440조 및 제441조를 준용한다.

[전문개정 2011.4.14.]

판례-배당소득세부과처분취소

[대법원 2010.10.28, 선고, 2008두19628, 판결]

【판시사항】

[1] 주식 매도가 자산거래인 주식 양도에 해당하는지 또는 자본거래인 주식 소각 내지 자본 환급에 해당하는지 여부의 판단 기준

[2] 법인이 자본감소절차의 일환으로 상법 제341조 제1호에 따라 주식을 소각하여 출자금을 환급받기 위한 목적에서 망인으로부터 주식을 취득한 사안에서, 주식의 양도차익을 망인에 대한 배당소득으로 의제하여 위 법인에게 원천징수분 배당소득세를 고지한 처분은 적법하다고 본 원심판단을 수긍한 사례

[3] 구 소득세법 제17조 제2항 제1호에 따른 의제배당소득 계산방법이 위헌인지 여부

【판결요지】

[1] 주식 매도가 자산거래인 주식 양도에 해당하는지 또는 자본거래인 주식 소각 내지 자본 환급에 해당하는가는 법률행위 해석의 문제로서 그 거래의 내용과 당사자의 의사를 기초로 하여 판단하여야 할 것이지만, 실질과세의 원칙상 단순히 당해 계약서의 내용이나 형식에만 의존할 것이 아니라, 당사자의 의사와 계약체결의 경위, 대금의 결정방법, 거래의 경과 등 거래의 전체과정을 실질적으로 파악

하여 판단하여야 한다.
[2] 법인이 망인으로부터 총 평가액 130억 원이 넘는 주식을 취득한 것은 자본감소절차의 일환으로서 상법 제341조 제1호에 따라 주식을 소각하여 위 법인에 대한 출자금을 환급해 주기 위한 목적에서 이루어진 것이므로, 주식의 양도차익을 망인에 대한 배당소득으로 의제하여 위 법인에게 원천징수분 배당소득세를 고지한 처분은 적법하다고 본 원심판단을 수긍한 사례.
[3] 구 소득세법(2006. 12. 30. 법률 제8144호로 개정되기 전의 것) 제17조 제2항 제1호가 규정하고 있는 의제배당소득, 즉 주식의 소각 또는 자본의 감소로 인하여 주주가 받은 재산의 가액에서 그 주주가 당해 주식을 취득하기 위하여 소요된 금액을 초과하는 금액 중에는 기업경영의 성과인 잉여금 중 사외에 유출되지 않고 법정적립금, 이익준비금 기타 임의적립금 등의 형식으로 사내에 유보된 이익뿐만 아니라 유보된 이익과 무관한 당해 주식의 보유기간 중의 가치증가분도 포함되어 있을 수 있으나, 위 법률조항이 이를 별도로 구분하지 않고 모두 배당소득으로 과세하고 있는 것은 입법정책의 문제이고 그 밖에 의제배당소득의 입법취지, 조세징수의 효율성이라는 공익적인 측면 등에 비추어 보면 위 법률조항이 입법자의 합리적 재량의 범위를 일탈하였다고 볼 수 없어 그로써 조세평등주의를 규정한 헌법 제11조에 위배된다거나 재산권보장을 규정한 헌법 제23조에 위배된다고 볼 수 없다.

제343조의2 삭제 <2011.4.14.>

제344조(종류주식) ① 회사는 이익의 배당, 잔여재산의 분배, 주주총회에서의 의결권의 행사, 상환 및 전환 등에 관하여 내용이 다른 종류의 주식(이하 "종류주식"이라 한다)을 발행할 수 있다.
② 제1항의 경우에는 정관으로 각 종류주식의 내용과 수를 정하여야 한다.
③ 회사가 종류주식을 발행하는 때에는 정관에 다른 정함이 없는 경우에도 주식의 종류에 따라 신주의 인수, 주식의 병합·분할·소각 또는 회사의 합병·분할로 인한 주식의 배정에 관하여 특수하게 정할 수 있다.
④ 종류주식 주주의 종류주주총회의 결의에 관하여는 제435조제2항을 준용한다.
[전문개정 2011.4.14.]

제344조의2(이익배당, 잔여재산분배에 관한 종류주식) ① 회사가 이익의 배당에 관하여 내용이 다른 종류주식을 발행하는 경우에는 정관에 그 종류주식의 주주에게 교부하는 배당재산의 종류, 배당재산의 가액의 결정방법, 이익을 배당하는 조건 등 이익배당에 관한 내용을 정하여야 한다.
② 회사가 잔여재산의 분배에 관하여 내용이 다른 종류주식을 발행하는 경우에는 정관에 잔여재산의 종류, 잔여재산의 가액의 결정방법, 그 밖에 잔여재산분배에 관한 내용을 정하여야 한다.
[본조신설 2011.4.14.]

제344조의3(의결권의 배제·제한에 관한 종류주식) ① 회사가 의결권이 없는 종류주식이나 의결권이 제한되는 종류주식을 발행하는 경우에는 정관에 의결권을 행사할 수 없는 사항과, 의결권행사 또는 부활의 조건을 정한 경우

에는 그 조건 등을 정하여야 한다.
② 제1항에 따른 종류주식의 총수는 발행주식총수의 4분의 1을 초과하지 못한다. 이 경우 의결권이 없거나 제한되는 종류주식이 발행주식총수의 4분의 1을 초과하여 발행된 경우에는 회사는 지체 없이 그 제한을 초과하지 아니하도록 하기 위하여 필요한 조치를 하여야 한다.
[본조신설 2011.4.14.]

제345조(주식의 상환에 관한 종류주식) ① 회사는 정관으로 정하는 바에 따라 회사의 이익으로써 소각할 수 있는 종류주식을 발행할 수 있다. 이 경우 회사는 정관에 상환가액, 상환기간, 상환의 방법과 상환할 주식의 수를 정하여야 한다.
② 제1항의 경우 회사는 상환대상인 주식의 취득일부터 2주 전에 그 사실을 그 주식의 주주 및 주주명부에 적힌 권리자에게 따로 통지하여야 한다. 다만, 통지는 공고로 갈음할 수 있다.
③ 회사는 정관으로 정하는 바에 따라 주주가 회사에 대하여 상환을 청구할 수 있는 종류주식을 발행할 수 있다. 이 경우 회사는 정관에 주주가 회사에 대하여 상환을 청구할 수 있다는 뜻, 상환가액, 상환청구기간, 상환의 방법을 정하여야 한다.
④ 제1항 및 제3항의 경우 회사는 주식의 취득의 대가로 현금 외에 유가증권(다른 종류주식은 제외한다)이나 그 밖의 자산을 교부할 수 있다. 다만, 이 경우에는 그 자산의 장부가액이 제462조에 따른 배당가능이익을 초과하여서는 아니 된다.
⑤ 제1항과 제3항에서 규정한 주식은 종류주식(상환과 전환에 관한 것은 제외한다)에 한정하여 발행할 수 있다.
[전문개정 2011.4.14.]

제346조(주식의 전환에 관한 종류주식)

① 회사가 종류주식을 발행하는 경우에는 정관으로 정하는 바에 따라 주주는 인수한 주식을 다른 종류주식으로 전환할 것을 청구할 수 있다. 이 경우 전환의 조건, 전환의 청구기간, 전환으로 인하여 발행할 주식의 수와 내용을 정하여야 한다.
② 회사가 종류주식을 발행하는 경우에는 정관에 일정한 사유가 발생할 때 회사가 주주의 인수 주식을 다른 종류주식으로 전환할 수 있음을 정할 수 있다. 이 경우 회사는 전환의 사유, 전환의 조건, 전환의 기간, 전환으로 인하여 발행할 주식의 수와 내용을 정하여야 한다.
③ 제2항의 경우에 이사회는 다음 각 호의 사항을 그 주식의 주주 및 주주명부에 적힌 권리자에게 따로 통지하여야 한다. 다만, 통지는 공고로 갈음할 수 있다.
1. 전환할 주식
2. 2주 이상의 일정한 기간 내에 그 주권을 회사에 제출하여야 한다는 뜻
3. 그 기간 내에 주권을 제출하지 아니할 때에는 그 주권이 무효로 된다는 뜻
④ 제344조제2항에 따른 종류주식의 수 중 새로 발행할 주식의 수는 전환

청구기간 또는 전환의 기간 내에는 그 발행을 유보(留保)하여야 한다.
[전문개정 2011.4.14.]

제347조(전환주식발행의 절차) 제346조의 경우에는 주식청약서 또는 신주인수권증서에 다음의 사항을 적어야 한다. <개정 1984.4.10., 2011.4.14.>
1. 주식을 다른 종류의 주식으로 전환할 수 있다는 뜻
2. 전환의 조건
3. 전환으로 인하여 발행할 주식의 내용
4. 전환청구기간 또는 전환의 기간

제348조(전환으로 인하여 발행하는 주식의 발행가액) 전환으로 인하여 신주식을 발행하는 경우에는 전환전의 주식의 발행가액을 신주식의 발행가액으로 한다.

제349조(전환의 청구) ①주식의 전환을 청구하는 자는 청구서 2통에 주권을 첨부하여 회사에 제출하여야 한다.
②제1항의 청구서에는 전환하고자 하는 주식의 종류, 수와 청구년월일을 기재하고 기명날인 또는 서명하여야 한다. <개정 1995.12.29.>
③ 삭제 <1995.12.29.>

제350조(전환의 효력발생) ① 주식의 전환은 주주가 전환을 청구한 경우에는 그 청구한 때에, 회사가 전환을 한 경우에는 제346조제3항제2호의 기간이 끝난 때에 그 효력이 발생한다. <개정 2011.4.14.>
②제354조제1항의 기간 중에 전환된 주식의 주주는 그 기간 중의 총회의 결의에 관하여는 의결권을 행사할 수 없다.
③ 전환에 의하여 발행된 주식의 이익배당에 관하여는 주주가 전환을 청구한 때 또는 제346조제3항제2호의 기간이 끝난 때가 속하는 영업연도 말에 전환된 것으로 본다. 이 경우 신주에 대한 이익배당에 관하여는 정관으로 정하는 바에 따라 그 청구를 한 때 또는 제346조제3항제2호의 기간이 끝난 때가 속하는 영업연도의 직전 영업연도 말에 전환된 것으로 할 수 있다. <개정 2011.4.14.>
[전문개정 1995.12.29.]

제351조(전환의 등기) 주식의 전환으로 인한 변경등기는 전환을 청구한 날 또는 제346조제3항제2호의 기간이 끝난 날이 속하는 달의 마지막 날부터 2주 내에 본점소재지에서 하여야 한다.
[전문개정 2011.4.14.]

제352조(주주명부의 기재사항) ①주식을 발행한 때에는 주주명부에 다음의 사항을 기재하여야 한다. <개정 1984.4.10., 2014.5.20.>
1. 주주의 성명과 주소

2. 각 주주가 가진 주식의 종류와 그 수
2의2. 각 주주가 가진 주식의 주권을 발행한 때에는 그 주권의 번호
3. 각주식의 취득년월일
②제1항의 경우에 전환주식을 발행한 때에는 제347조에 게기한 사항도 주주명부에 기재하여야 한다. <개정 1984.4.10., 2014.5.20.>

제352조의2(전자주주명부) ① 회사는 정관으로 정하는 바에 따라 전자문서로 주주명부(이하 "전자주주명부"라 한다)를 작성할 수 있다.
② 전자주주명부에는 제352조제1항의 기재사항 외에 전자우편주소를 적어야 한다.
③ 전자주주명부의 비치·공시 및 열람의 방법에 관하여 필요한 사항은 대통령령으로 정한다.
[본조신설 2009.5.28.]

제353조(주주명부의 효력) ①주주 또는 질권자에 대한 회사의 통지 또는 최고는 주주명부에 기재한 주소 또는 그 자로부터 회사에 통지한 주소로 하면 된다.
②제304조제2항의 규정은 전항의 통지 또는 최고에 준용한다.

판례-합병철회·주주총회결의취소

[대법원 2009.4.23, 선고, 2005다22701,22718, 판결]

【판시사항】
[1] 구 금융산업의 구조개선에 관한 법률 제5조는 합병당사회사 일방 혹은 쌍방이 부실금융기관인지 여부에 관계없이 적용되는지 여부(적극)
[2] 주주의 의결권 행사를 위한 대리인 선임의 한계
[3] 주주 본인 및 대리권을 증명하는 서면의 의의
[4] 주주의 대리인의 자격을 주주로 제한한 정관의 효력(유효) 및 이 경우 주주인 국가, 지방공공단체 또는 주식회사 소속의 공무원, 직원 또는 피용자 등이 주주를 위한 대리인으로서 의결권을 대리행사하는 것은 허용되는지 여부(적극)
[5] 외국인 주주로부터 의결권 행사를 위임받은 상임대리인이 제3자에게 그 의결권 행사를 재위임할 수 있는지 여부(적극)
[6] 상법 제368조의2 제1항에 정한 통지기간을 위반한 의결권 불통일행사의 효력
[7] 증권예탁원에 대한 의결권 대리행사 신청이 구 증권거래법 제174조의6 제5항에 정한 시한을 넘겨 도착한 경우, 그 신청 취지에 따른 증권예탁원의 의결권 대리행사의 효력
[8] 해외에서 발행하는 주식예탁증서의 경우, 발행회사의 실질주주명부에 실질주주로 기재된 해외예탁기관에게 주주총회 소집통지 등을 하면 회사가 면책되는지 여부(적극)
[9] 합병비율이 현저하게 불공정한 경우 합병할 각 회사의 주주 등이 상법 제529조에 의한 합병무효의 소를 제기할 수 있는지 여부(적극) 및 합병비율이 현저하게 불공정한지 여부의 판단 방법
[10] 신설합병의 창립총회 자체를 이사회의 공고로써 갈음할 수 있는지 여부(적극)
[11] 신설합병의 창립총회에 갈음하는 이사회 공고의 방식

【판결요지】
[1] 구 금융산업의 구조개선에 관한 법률(2002. 12. 26. 법률 제6807호로 개정되기 전의 것) 제2조 제1호와 제3호는 각 '금융기관'과 '부실금융기관'을 구별하여 정의하고 있고, 같은 법 제3조 내지 제5조는 '금융기관' 간의 합병에 관하여 규정하면

서 그 적용 범위를 '부실금융기관' 사이의 합병으로 한정하고 있지 아니하므로, 구 금융산업의 구조개선에 관한 법률 제5조는 합병당사회사들이 모두 금융기관이라면 어느 일방 혹은 쌍방이 부실금융기관인지 여부에 관계없이 적용될 수 있다.
[2] 주주의 자유로운 의결권 행사를 보장하기 위하여 주주가 의결권의 행사를 대리인에게 위임하는 것이 보장되어야 한다고 하더라도 주주의 의결권 행사를 위한 대리인 선임이 무제한적으로 허용되는 것은 아니고, 그 의결권의 대리행사로 말미암아 주주총회의 개최가 부당하게 저해되거나 혹은 회사의 이익이 부당하게 침해될 염려가 있는 등의 특별한 사정이 있는 경우에는 회사가 이를 거절할 수 있다.
[3] 상법 제368조 제3항이 규정하는 '대리권을 증명하는 서면'이라 함은 위임장을 일컫는 것으로서 회사가 위임장과 함께 인감증명서, 참석장 등을 제출하도록 요구하는 것은 대리인의 자격을 보다 확실하게 확인하기 위하여 요구하는 것일 뿐, 이러한 서류 등을 지참하지 아니하였다 하더라도 주주 또는 대리인이 다른 방법으로 위임장의 진정성 내지 위임의 사실을 증명할 수 있다면 회사는 그 대리권을 부정할 수 없다. 한편, 회사가 주주 본인에 대하여 주주총회 참석장을 지참할 것을 요구하는 것 역시 주주 본인임을 보다 확실하게 확인하기 위한 방편에 불과하므로, 다른 방법으로 주주 본인임을 확인할 수 있는 경우에는 회사는 주주 본인의 의결권 행사를 거부할 수 없다.
[4] 상법 제368조 제3항의 규정은 주주의 대리인의 자격을 제한할 만한 합리적인 이유가 있는 경우 정관의 규정에 의하여 상당하다고 인정되는 정도의 제한을 가하는 것까지 금지하는 취지는 아니라고 해석되는바, 대리인의 자격을 주주로 한정하는 취지의 주식회사의 정관 규정은 주주총회가 주주 이외의 제3자에 의하여 교란되는 것을 방지하여 회사 이익을 보호하는 취지에서 마련된 것으로서 합리적인 이유에 의한 상당한 정도의 제한이라고 볼 수 있으므로 이를 무효라고 볼 수는 없다. 그런데 위와 같은 정관규정이 있다 하더라도 주주인 국가, 지방공공단체 또는 주식회사 등이 그 소속의 공무원, 직원 또는 피용자 등에게 의결권을 대리행사하도록 하는 때에는 특별한 사정이 없는 한 그들의 의결권 행사에는 주주 내부의 의사결정에 따른 대표자의 의사가 그대로 반영된다고 할 수 있고 이에 따라 주주총회가 교란되어 회사 이익이 침해되는 위험은 없는 반면에, 이들의 대리권 행사를 거부하게 되면 사실상 국가, 지방공공단체 또는 주식회사 등의 의결권 행사의 기회를 박탈하는 것과 같은 부당한 결과를 초래할 수 있으므로, 주주인 국가, 지방공공단체 또는 주식회사 소속의 공무원, 직원 또는 피용자 등이 그 주주를 위한 대리인으로서 의결권을 대리행사하는 것은 허용되어야 하고 이를 가리켜 정관 규정에 위반한 무효의 의결권 대리행사라고 할 수는 없다.
[5] 구 증권업감독규정(2001. 10. 4. 금융감독위원회 공고 제2001-72호로 개정되기 전의 것) 제7-16조 제1항은 외국인은 보관기관 중에서 상임대리인을 선임할 수 있고 선임한 상임대리인 이외의 자로 하여금 본인을 위하여 취득유가증권의 권리행사 기타 이와 관련된 사항 등을 대리 또는 대행하게 하지 못한다고 규정하고 있다. 이는 외국인이 상임대리인을 선임하여 놓고도 수시로 상임대리인 이외의 자로 하여금 취득유가증권의 권리행사를 하도록 할 경우 발생할 수 있는 혼란을 피하기 위하여 마련된 규정이라고 해석되므로, 외국인 주주가 상임대리인이 아닌 다른 자에게 의결권 행사를 위임하는 것이 아니라, 외국인 주주로부터 의결권 행사를 위임받은 상임대리인이 제3자에게 그 의결권 행사를 재위임하는 것은 위 규정에 의하여 금지된다고 볼 수 없다. 그리고 대리의 목적인 법률행위의 성질상 대리인 자신에 의한 처리가 필요하지 아니한 경우에는 본인이 복대리금지의 의사를 명시하지 아니하는 한 복대리인의 선임에 관하여 묵시적인 승낙이 있는 것으로 보는 것이 타당하므로, 외국인 주주로부터 의결권 행사를 위임받은 상임대리인은 특별한 사정이 없는 한 그 의결권 행사의 취지에 따라 제3자에게 그 의결권의 대리행사를 재위임할 수 있다.
[6] 상법 제368조의2 제1항은 "주주가 2 이상의 의결권을 가지고 있는 때에는 이

를 통일하지 아니하고 행사할 수 있다. 이 경우 회일의 3일 전에 회사에 대하여 서면으로 그 뜻과 이유를 통지하여야 한다"고 규정하고 있는바, 여기서 3일의 기간이라 함은 의결권의 불통일행사가 행하여지는 경우에 회사 측에 그 불통일행사를 거부할 것인가를 판단할 수 있는 시간적 여유를 주고, 회사의 총회 사무운영에 지장을 주지 아니하도록 하기 위하여 부여된 기간으로서, 그 불통일행사의 통지는 주주총회 회일의 3일 전에 회사에 도달할 것을 요한다. 다만, 위와 같은 3일의 기간이 부여된 취지에 비추어 보면, 비록 불통일행사의 통지가 주주총회 회일의 3일 전이라는 시한보다 늦게 도착하였다고 하더라도 회사가 스스로 총회운영에 지장이 없다고 판단하여 이를 받아들이기로 하고 이에 따라 의결권의 불통일행사가 이루어진 것이라면, 그것이 주주평등의 원칙을 위반하거나 의결권 행사의 결과를 조작하기 위하여 자의적으로 이루어진 것이라는 등의 특별한 사정이 없는 한, 그와 같은 의결권의 불통일행사를 위법하다고 볼 수는 없다.

[7] 증권예탁원에 대한 의결권 대리행사 신청이 비록 구 증권거래법(2002. 1. 26. 법률 제6623호로 개정되기 전의 것) 제174조의6 제5항에 정한 주주총회 회일의 5일 전이라는 시한을 넘겨 도착하였다 하더라도, 증권예탁원이 그 신청 취지에 따라 의결권을 대리행사하겠다고 승낙하고 주주총회에서 실제 그 취지에 따라 의결권의 대리행사가 이루진 경우에는 특별한 사정이 없는 한 그와 같은 증권예탁원의 의결권 대리행사를 가리켜 무효라고 할 수는 없다.

[8] 구 증권거래법(2002. 1. 26. 법률 제6623호로 개정되기 전의 것) 제174조의8 제2항은 "예탁원에 예탁된 주권의 주식에 관한 실질주주명부에의 기재는 주주명부에의 기재와 동일한 효력을 가진다"고 규정하고 있으므로, 회사는 실질주주명부의 면책적 효력에 의하여 증권예탁원 이외에 실질주주에게 주주총회의 소집통지 등을 하면 이로써 면책된다. 한편, 해외예탁기관이 국내 법인의 신규 발행주식 또는 당해 주식발행인이 소유하고 있는 자기주식을 원주로 하여 이를 국내에 보관하고 그 원주를 대신하여 해외에서 발행하는 주식예탁증서(Depositary Receipts, DR)의 경우, 해외예탁기관이 발행회사의 실질주주명부에 실질주주로 기재되므로, 발행회사로서는 실질주주명부에 실질주주로 기재된 해외예탁기관에게 주주총회 소집통지 등을 하면 이로써 면책되고, 나아가 주식예탁증서의 실제 소유자의 인적 사항과 주소를 알아내어 그 실제 소유자에게까지 이를 통지할 의무는 없다.

[9] 현저하게 불공정한 합병비율을 정한 합병계약은 사법관계를 지배하는 신의성실의 원칙이나 공평의 원칙 등에 비추어 무효이고, 따라서 합병비율이 현저하게 불공정한 경우 합병할 각 회사의 주주 등은 상법 제529조에 의하여 소로써 합병의 무효를 구할 수 있다. 다만, 합병비율은 자산가치 이외에 시장가치, 수익가치, 상대가치 등의 다양한 요소를 고려하여 결정되어야 할 것인 만큼 엄밀한 객관적 정확성에 기하여 유일한 수치로 확정할 수 없고, 그 제반요소의 고려가 합리적인 범위 내에서 이루어진 것이라면 결정된 합병비율이 현저하게 부당하다고 할 수 없다. 따라서 합병당사회사의 전부 또는 일부가 주권상장법인인 경우 증권거래법과 그 시행령 등 관련 법령이 정한 요건과 방법 및 절차 등에 기하여 합병가액을 산정하고 그에 따라 합병비율을 정하였다면 그 합병가액 산정이 허위자료에 의한 것이라거나 터무니없는 예상 수치에 근거한 것이라는 등의 특별한 사정이 없는 한, 그 합병비율이 현저하게 불공정하여 합병계약이 무효로 된다고 볼 수 없다.

[10] 상법 제527조 제4항은 신설합병의 경우 이사회의 공고로써 신설합병의 창립총회에 대한 보고에 갈음할 수 있다고 규정하고 있고, 상법 제528조 제1항은 신설합병의 창립총회가 종결한 날 또는 보고에 갈음하는 공고일로부터 일정기간 내에 합병등기를 하도록 규정하고 있으므로, 상법 제527조 제4항은 신설합병의 창립총회 자체를 이사회의 공고로써 갈음할 수 있음을 규정한 조항이라고 해석된다. 한편, 상법 제527조 제2항은 신설합병의 창립총회에서 정관변경의 결의를 할 수 있되 합병계약의 취지에 위반하는 결의는 하지 못하도록 규정하고 있는바, 정관변경은 창립총회에서 할 수 있다는 것이지 반드시 하여야 하는 것은 아니고,

주식회사를 설립하는 창립총회에서는 이사와 감사를 선임하여야 한다는 상법 제312조의 규정이 상법 제527조 제3항에 의해서 신설합병의 창립총회에 준용되고 있다 하더라도, 상법 제524조 제6호에 의하면 합병으로 인하여 설립되는 회사의 이사와 감사 또는 감사위원회 위원을 정한 때에는 신설합병의 합병계약서에 그 성명 및 주민등록번호를 기재하게 되어 있고, 그 합병계약서가 각 합병당사회사의 주주총회에서 승인됨으로써 합병으로 인하여 설립되는 회사의 이사와 감사 등의 선임이 이루어지는 만큼, 이러한 경우에는 굳이 신설합병의 창립총회를 개최하여 합병으로 인하여 설립되는 회사의 이사와 감사 등을 선임하는 절차를 새로이 거칠 필요가 없고 이사회의 공고로 갈음할 수 있다.

[11] 상법은 신설합병의 창립총회에 갈음하는 이사회 공고의 방식에 관하여 특별한 규정을 두고 있지 아니하므로, 이 경우 이사회 공고는 상법 제289조 제1항 제7호에 의하여 합병당사회사의 정관에 규정한 일반적인 공고방식에 의하여 할 수 있다.

제354조(주주명부의 폐쇄, 기준일) ①회사는 의결권을 행사하거나 배당을 받을 자 기타 주주 또는 질권자로서 권리를 행사할 자를 정하기 위하여 일정한 기간을 정하여 주주명부의 기재변경을 정지하거나 일정한 날에 주주명부에 기재된 주주 또는 질권자를 그 권리를 행사할 주주 또는 질권자로 볼 수 있다. <개정 1984.4.10.>

②제1항의 기간은 3월을 초과하지 못한다. <개정 1984.4.10.>

③제1항의 날은 주주 또는 질권자로서 권리를 행사할 날에 앞선 3월내의 날로 정하여야 한다. <개정 1984.4.10.>

④회사가 제1항의 기간 또는 날을 정한 때에는 그 기간 또는 날의 2주간전에 이를 공고하여야 한다. 그러나 정관으로 그 기간 또는 날을 지정한 때에는 그러하지 아니하다.

판례-주주총회결의취소

[대법원 2009.1.30, 선고, 2006다31269, 판결]

【판시사항】

주주총회에서 권리를 행사할 주주의 확정을 위한 기준일에는 상법 제369조 제3항에 정한 의결권이 제한되는 주식의 상호소유 요건에 해당하지 않았던 주식이 실제 주주총회일에는 그 요건을 충족하는 경우, 의결권이 있는지 여부(소극) 및 회사 등이 다른 회사 발행주식의 10분의 1을 초과하는 주식을 가지고 있는지 여부의 판단 기준

【판결요지】

상법 제369조 제3항은 “회사, 모회사 및 자회사 또는 자회사가 다른 회사의 발행주식의 총수의 10분의 1을 초과하는 주식을 가지고 있는 경우 그 다른 회사가 가지고 있는 회사 또는 모회사의 주식은 의결권이 없다” 고 규정하고 있다. 이와 같이 모자회사 관계가 없는 회사 사이의 주식의 상호소유를 규제하는 주된 목적은 상호주를 통해 출자 없는 자가 의결권 행사를 함으로써 주주총회결의와 회사의 지배구조가 왜곡되는 것을 방지하기 위한 것이다. 한편, 상법 제354조가 규정하는 기준일 제도는 일정한 날을 정하여 그 날에 주주명부에 기재되어 있는 주주를 계쟁 회사의 주주로서의 권리를 행사할 자로 확정하기 위한 것일 뿐, 다른 회사의 주주를 확정하는 기준으로 삼을 수는 없으므로, 기준일에는 상법 제369조 제3항이 정한 요건에 해당하지 않더라도, 실제로 의결권이 행사되는 주주총회일에 위 요건을 충족하는 경우에는 상법 제369조 제3항이 정하는 상호소유 주식에 해당하

여 의결권이 없다. 이때 회사, 모회사 및 자회사 또는 자회사가 다른 회사 발행주식 총수의 10분의 1을 초과하는 주식을 가지고 있는지 여부는 앞서 본 '주식 상호소유 제한의 목적'을 고려할 때, 실제로 소유하고 있는 주식수를 기준으로 판단하여야 하며 그에 관하여 주주명부상의 명의개서를 하였는지 여부와는 관계가 없다.

第355条(주권발행의 시기) ①회사는 성립후 또는 신주의 납입기일후 지체없이 주권을 발행하여야 한다.

②주권은 회사의 성립후 또는 신주의 납입기일후가 아니면 발행하지 못한다.

③전항의 규정에 위반하여 발행한 주권은 무효로 한다. 그러나 발행한 자에 대한 손해배상의 청구에 영향을 미치지 아니한다.

판례-주주권확인등

[대법원 2000.3.23, 선고, 99다67529, 판결]

【판시사항】

[1] 회사 성립 후 6개월이 경과된 후에 이루어진 주권발행 전 주식양도 사실을 통지 받은 회사가 그 주식에 관하여 양수인 아닌 제3자에게 주주명부상의 명의개서 절차를 마치고 기명식 주권을 발행한 경우, 주식양수인의 주주권 상실 여부(소극)

[2] 주권발행의 효력발생 시기

【판결요지】

[1] 주권발행 전의 주식양도라 하더라도 회사 성립 후 6월이 경과한 후에 이루어진 때에는 회사에 대하여 효력이 있으므로 그 주식양수인은 주주명부상의 명의개서 여부와 관계없이 회사의 주주가 되고, 그 후 그 주식양도 사실을 통지받은 바 있는 회사가 그 주식에 관하여 주주가 아닌 제3자에게 주주명부상의 명의개서절차를 마치고 나아가 그에게 기명식 주권을 발행하였다 하더라도, 그로써 그 제3자가 주주가 되고 주식양수인이 주주권을 상실한다고는 볼 수 없다.

[2] 상법 제355조의 주권발행은 같은 법 제356조 소정의 형식을 구비한 문서를 작성하여 이를 주주에게 교부하는 것을 말하고 위 문서가 주주에게 교부된 때에 비로소 주권으로서의 효력을 발생하는 것이므로 회사가 주주권을 표창하는 문서를 작성하여 이를 주주가 아닌 제3자에게 교부하여 주었다 할지라도 위 문서는 아직 회사의 주권으로서의 효력을 가지지 못한다.

第356条(주권의 기재사항) 주권에는 다음의 사항과 번호를 기재하고 대표이사가 기명날인 또는 서명하여야 한다. <개정 1995.12.29., 2011.4.14.>

1. 회사의 상호
2. 회사의 성립년월일
3. 회사가 발행할 주식의 총수
4. 액면주식을 발행하는 경우 1주의 금액
5. 회사의 성립후 발행된 주식에 관하여는 그 발행 연월일
6. 종류주식이 있는 경우에는 그 주식의 종류와 내용

6의2. 주식의 양도에 관하여 이사회의 승인을 얻도록 정한 때에는 그 규정

7. 삭제 <2011.4.14.>
8. 삭제 <2011.4.14.>

제356조의2(주식의 전자등록)

① 회사는 주권을 발행하는 대신 정관으로 정하는 바에 따라 전자등록기관(유가증권 등의 전자등록 업무를 취급하는 것으로 지정된 기관을 말한다. 이하 같다)의 전자등록부에 주식을 등록할 수 있다.
② 전자등록부에 등록된 주식의 양도나 입질(入質)은 전자등록부에 등록하여야 효력이 발생한다.
③ 전자등록부에 주식을 등록한 자는 그 등록된 주식에 대한 권리를 적법하게 보유한 것으로 추정하며, 이러한 전자등록부를 선의(善意)로, 그리고 중대한 과실 없이 신뢰하고 제2항의 등록에 따라 권리를 취득한 자는 그 권리를 적법하게 취득한다.
④ 전자등록의 절차 · 방법 및 효과, 전자등록기관의 지정 · 감독 등 주식의 전자등록 등에 관하여 필요한 사항은 대통령령으로 정한다.
[본조신설 2011.4.14.]

제357조 삭제 <2014.5.20.>

제358조 삭제 <2014.5.20.>

제358조의2(주권의 불소지)
①주주는 정관에 다른 정함이 있는 경우를 제외하고는 그 주식에 대하여 주권의 소지를 하지 아니하겠다는 뜻을 회사에 신고할 수 있다.
<개정 2014.5.20.>
②제1항의 신고가 있는 때에는 회사는 지체없이 주권을 발행하지 아니한다는 뜻을 주주명부와 그 복본에 기재하고, 그 사실을 주주에게 통지하여야 한다. 이 경우 회사는 그 주권을 발행할 수 없다.
③제1항의 경우 이미 발행된 주권이 있는 때에는 이를 회사에 제출하여야 하며, 회사는 제출된 주권을 무효로 하거나 명의개서대리인에게 임치하여야 한다.
④제1항 내지 제3항의 규정에 불구하고 주주는 언제든지 회사에 대하여 주권의 발행 또는 반환을 청구할 수 있다.
[전문개정 1995.12.29.]

제359조(주권의 선의취득) 수표법 제21조의 규정은 주권에 관하여 이를 준용한다. [전문개정 1984.4.10.]

제360조(주권의 제권판결, 재발행) ①주권은 공시최고의 절차에 의하여 이를 무효로 할 수 있다.
②주권을 상실한 자는 제권판결을 얻지 아니하면 회사에 대하여 주권의 재발행을 청구하지 못하다.

판례-명의개서 절차이행 등·명의개서 절차이행 등

[대법원 2013.12.12, 선고, 2011다112247,112254, 판결]

【판시사항】

기존 주권을 무효로 하는 제권판결에 기하여 주권이 재발행되었으나 제권판결에 대한 불복의 소가 제기되어 제권판결을 취소하는 판결이 선고·확정된 경우, 재발행된 주권의 소지인이 그 후 이를 선의취득할 수 있는지 여부(소극)

【판결요지】

상법 제360조 제1항은 "주권은 공시최고의 절차에 의하여 이를 무효로 할 수 있다"라고 정하고, 같은 조 제2항은 "주권을 상실한 자는 제권판결을 얻지 아니하면 회사에 대하여 주권의 재발행을 청구하지 못한다"라고 정하고 있다. 이는 주권은 주식을 표창하는 유가증권이므로 기존의 주권을 무효로 하지 아니하고는 동일한 주식을 표창하는 다른 주권을 발행할 수 없다는 의미로서, 위 규정에 반하여 제권판결 없이 재발행된 주권은 무효라고 할 것이다. 한편 증권이나 증서의 무효를 선고한 제권판결의 효력은 공시최고 신청인에게 그 증권 또는 증서를 소지하고 있는 것과 동일한 지위를 회복시키는 것에 그치고 공시최고 신청인이 실질적인 권리자임을 확정하는 것은 아니다. 따라서 증권이나 증서의 정당한 권리자는 제권판결이 있더라도 실질적 권리를 상실하지 아니하고, 다만 제권판결로 인하여 그 증권 또는 증서가 무효로 되었으므로 그 증권 또는 증서에 따른 권리를 행사할 수 없게 될 뿐이다. 그리고 민사소송법 제490조, 제491조에 따라 제권판결에 대한 불복의 소가 제기되어 제권판결을 취소하는 판결이 확정되면 제권판결은 소급하여 효력을 잃고 정당한 권리자가 소지하고 있던 증권 또는 증서도 소급하여 그 효력을 회복하게 된다. 그런데 위와 같이 제권판결이 취소된 경우에도 그 취소 전에 제권판결에 기초하여 재발행된 주권이 여전히 유효하여 그에 대한 선의취득이 성립할 수 있다면, 그로 인하여 정당한 권리자는 권리를 상실하거나 행사할 수 없게 된다. 이는 실제 주권을 분실한 적이 없을 뿐 아니라 부정한 방법으로 이루어진 제권판결에 대하여 적극적으로 불복의 소를 제기하여 이를 취소시킨 정당한 권리자에게 가혹한 결과이고, 정당한 권리자를 보호하기 위하여 무권리자가 거짓 또는 부정한 방법으로 제권판결을 받은 때에는 제권판결에 대한 불복의 소를 통하여 제권판결이 취소될 수 있도록 한 민사소송법의 입법 취지에도 반한다. 또한 민사소송법이나 상법은 제권판결을 취소하는 판결의 효력을 제한하는 규정을 두고 있지도 아니하다. 따라서 기존 주권을 무효로 하는 제권판결에 기하여 주권이 재발행되었다고 하더라도 제권판결에 대한 불복의 소가 제기되어 제권판결을 취소하는 판결이 선고·확정되면, 재발행된 주권은 소급하여 무효로 되고, 그 소지인이 그 후 이를 선의취득할 수 없다고 할 것이다.

제2관 주식의 포괄적 교환

제360조의2(주식의 포괄적 교환에 의한 완전모회사의 설립) ①회사는 이 관의 규정에 의한 주식의 포괄적 교환에 의하여 다른 회사의 발행주식의 총수를 소유하는 회사(이하 "완전모회사"라 한다)가 될 수 있다. 이 경우 그 다른 회사를 "완전자회사"라 한다.

②주식의 포괄적 교환(이하 이 관에서 "주식교환"이라 한다)에 의하여 완전자회사가 되는 회사의 주주가 가지는 그 회사의 주식은 주식을 교환하는 날에 주식교환에 의하여 완전모회사가 되는 회사에 이전하고, 그 완전자회사가 되는 회사의 주주는 그 완전모회사가 되는 회사가 주식교환을 위하여

발행하는 신주의 배정을 받거나 그 회사 자기주식의 이전을 받음으로써 그 회사의 주주가 된다. <개정 2015.12.1.> [본조신설 2001.7.24.]

제360조의3(주식교환계약서의 작성과 주주총회의 승인 및 주식교환대가가 모회사 주식인 경우의 특칙) ①주식교환을 하고자 하는 회사는 주식교환계약서를 작성하여 주주총회의 승인을 얻어야 한다.

②제1항의 승인결의는 제434조의 규정에 의하여야 한다.

③주식교환계약서에는 다음 각호의 사항을 적어야 한다. <개정 2011.4.14., 2015.12.1.>

1. 완전모회사가 되는 회사가 주식교환으로 인하여 정관을 변경하는 경우에는 그 규정
2. 완전모회사가 되는 회사가 주식교환을 위하여 신주를 발행하거나 자기주식을 이전하는 경우에는 발행하는 신주 또는 이전하는 자기주식의 총수·종류, 종류별 주식의 수 및 완전자회사가 되는 회사의 주주에 대한 신주의 배정 또는 자기주식의 이전에 관한 사항
3. 완전모회사가 되는 회사의 자본금 또는 준비금이 증가하는 경우에는 증가할 자본금 또는 준비금에 관한 사항
4. 완전자회사가 되는 회사의 주주에게 제2호에도 불구하고 그 대가의 전부 또는 일부로서 금전이나 그 밖의 재산을 제공하는 경우에는 그 내용 및 배정에 관한 사항
5. 각 회사가 제1항의 결의를 할 주주총회의 기일
6. 주식교환을 할 날
7. 각 회사가 주식교환을 할 날까지 이익배당을 할 때에는 그 한도액
8. 삭제 <2015.12.1.>
9. 완전모회사가 되는 회사에 취임할 이사와 감사 또는 감사위원회의 위원을 정한 때에는 그 성명 및 주민등록번호

④회사는 제363조의 규정에 의한 통지에 다음 각호의 사항을 기재하여야 한다. <개정 2014.5.20.>

1. 주식교환계약서의 주요내용
2. 제360조의5제1항의 규정에 의한 주식매수청구권의 내용 및 행사방법
3. 일방회사의 정관에 주식의 양도에 관하여 이사회의 승인을 요한다는 뜻의 규정이 있고 다른 회사의 정관에 그 규정이 없는 경우 그 뜻

⑤ 주식교환으로 인하여 주식교환에 관련되는 각 회사의 주주의 부담이 가중되는 경우에는 제1항 및 제436조의 결의 외에 그 주주 전원의 동의가 있어야 한다. <신설 2011.4.14.>

⑥ 제342조의2제1항에도 불구하고 제3항제4호에 따라 완전자회사가 되는 회사의 주주에게 제공하는 재산이 완전모회사가 되는 회사의 모회사 주식을 포함하는 경우에는 완전모회사가 되는 회사는 그 지급을 위하여 그 모회사의 주식을 취득할 수 있다. <신설 2015.12.1.>

⑦ 완전모회사가 되는 회사는 제6항에 따라 취득한 그 회사의 모회사 주식을 주식교환 후에도 계속 보유하고 있는 경우 주식교환의 효력이 발생하는 날부터 6개월 이내에 그 주식을 처분하여야 한다. <신설 2015.12.1.>

[본조신설 2001.7.24.] [제목개정 2015.12.1.]

제360조의4(주식교환계약서 등의 공시) ①이사는 제360조의3제1항의 주주총회의 회일의 2주전부터 주식교환의 날 이후 6월이 경과하는 날까지 다음 각호의 서류를 본점에 비치하여야 한다. <개정 2015.12.1.>
1. 주식교환계약서
2. 완전모회사가 되는 회사가 주식교환을 위하여 신주를 발행하거나 자기주식을 이전하는 경우에는 완전자회사가 되는 회사의 주주에 대한 신주의 배정 또는 자기주식의 이전에 관하여 그 이유를 기재한 서면
3. 제360조의3제1항의 주주총회의 회일(제360조의9의 규정에 의한 간이주식교환의 경우에는 동조제2항의 규정에 의하여 공고 또는 통지를 한 날)전 6월 이내의 날에 작성한 주식교환을 하는 각 회사의 최종 대차대조표 및 손익계산서

②제1항의 서류에 관하여는 제391조의3제3항의 규정을 준용한다.
[본조신설 2001.7.24.]

제360조의5(반대주주의 주식매수청구권) ①제360조의3제1항의 규정에 의한 승인사항에 관하여 이사회의 결의가 있는 때에 그 결의에 반대하는 주주(의결권이 없거나 제한되는 주주를 포함한다. 이하 이 조에서 같다)는 주주총회전에 회사에 대하여 서면으로 그 결의에 반대하는 의사를 통지한 경우에는 그 총회의 결의일부터 20일 이내에 주식의 종류와 수를 기재한 서면으로 회사에 대하여 자기가 소유하고 있는 주식의 매수를 청구할 수 있다. <개정 2015.12.1.>
②제360조의9제2항의 공고 또는 통지를 한 날부터 2주내에 회사에 대하여 서면으로 주식교환에 반대하는 의사를 통지한 주주는 그 기간이 경과한 날부터 20일 이내에 주식의 종류와 수를 기재한 서면으로 회사에 대하여 자기가 소유하고 있는 주식의 매수를 청구할 수 있다.
③제1항 및 제2항의 매수청구에 관하여는 제374조의2제2항 내지 제5항의 규정을 준용한다.
[본조신설 2001.7.24.]

제360조의6 삭제 <2015.12.1.>

제360조의7(완전모회사의 자본금 증가의 한도액) ①완전모회사가 되는 회사의 자본금은 주식교환의 날에 완전자회사가 되는 회사에 현존하는 순자산액에서 다음 각호의 금액을 뺀 금액을 초과하여 증가시킬 수 없다.
<개정 2011.4.14., 2015.12.1.>
1. 완전자회사가 되는 회사의 주주에게 제공할 금전이나 그 밖의 재산의 가액
2. 제360조의3제3항제2호에 따라 완전자회사가 되는 회사의 주주에게 이전하는 자기주식의 장부가액의 합계액

②완전모회사가 되는 회사가 주식교환 이전에 완전자회사가 되는 회사의 주식을 이미 소유하고 있는 경우에는 완전모회사가 되는 회사의 자본금은 주식교환의 날에 완전자회사가 되는 회사에 현존하는 순자산액에 그 회사의

발행주식총수에 대한 주식교환으로 인하여 완전모회사가 되는 회사에 이전하는 주식의 수의 비율을 곱한 금액에서 제1항 각호의 금액을 뺀 금액의 한도를 초과하여 이를 증가시킬 수 없다. <개정 2011.4.14.>
[본조신설 2001.7.24.]
[제목개정 2011.4.14.]

제360조의8(주권의 실효절차) ①주식교환에 의하여 완전자회사가 되는 회사는 주주총회에서 제360조의3제1항의 규정에 의한 승인을 한 때에는 다음 각호의 사항을 주식교환의 날 1월전에 공고하고, 주주명부에 기재된 주주와 질권자에 대하여 따로 따로 그 통지를 하여야 한다.
1. 제360조의3제1항의 규정에 의한 승인을 한 뜻
2. 주식교환의 날의 전날까지 주권을 회사에 제출하여야 한다는 뜻
3. 주식교환의 날에 주권이 무효가 된다는 뜻
②제442조의 규정은 제360조의3제1항의 규정에 의한 승인을 한 경우에 이를 준용한다. <개정 2014.5.20.>
[본조신설 2001.7.24.]

제360조의9(간이주식교환) ①완전자회사가 되는 회사의 총주주의 동의가 있거나 그 회사의 발행주식총수의 100분의 90 이상을 완전모회사가 되는 회사가 소유하고 있는 때에는 완전자회사가 되는 회사의 주주총회의 승인은 이를 이사회의 승인으로 갈음할 수 있다.
②제1항의 경우에 완전자회사가 되는 회사는 주식교환계약서를 작성한 날부터 2주내에 주주총회의 승인을 얻지 아니하고 주식교환을 한다는 뜻을 공고하거나 주주에게 통지하여야 한다. 다만, 총주주의 동의가 있는 때에는 그러하지 아니하다.
[본조신설 2001.7.24.]

제360조의10(소규모 주식교환) ①완전모회사가 되는 회사가 주식교환을 위하여 발행하는 신주 및 이전하는 자기주식의 총수가 그 회사의 발행주식총수의 100분의 10을 초과하지 아니하는 경우에는 그 회사에서의 제360조의3제1항의 규정에 의한 주주총회의 승인은 이를 이사회의 승인으로 갈음할 수 있다. 다만, 완전자회사가 되는 회사의 주주에게 제공할 금전이나 그 밖의 재산을 정한 경우에 그 금액 및 그 밖의 재산의 가액이 제360조의4제1항제3호에서 규정한 최종 대차대조표에 의하여 완전모회사가 되는 회사에 현존하는 순자산액의 100분의 5를 초과하는 때에는 그러하지 아니하다. <개정 2015.12.1.>
② 삭제 <2015.12.1.>
③제1항 본문의 경우에는 주식교환계약서에 완전모회사가 되는 회사에 관하여는 제360조의3제1항의 규정에 의한 주주총회의 승인을 얻지 아니하고 주식교환을 할 수 있는 뜻을 기재하여야 하며, 동조제3항제1호의 사항은 이를 기재하지 못한다.
④완전모회사가 되는 회사는 주식교환계약서를 작성한 날부터 2주내에 완전

자회사가 되는 회사의 상호와 본점, 주식교환을 할 날 및 제360조의3제1항의 승인을 얻지 아니하고 주식교환을 한다는 뜻을 공고하거나 주주에게 통지하여야 한다.
⑤ 완전모회사가 되는 회사의 발행주식총수의 100분의 20 이상에 해당하는 주식을 가지는 주주가 제4항에 따른 공고 또는 통지를 한 날부터 2주 내에 회사에 대하여 서면으로 제1항 본문에 따른 주식교환에 반대하는 의사를 통지한 경우에는 이 조에 따른 주식교환을 할 수 없다. <개정 2011.4.14.>
⑥제1항 본문의 경우에 완전모회사가 되는 회사에 관하여 제360조의4제1항의 규정을 적용함에 있어서는 동조동항 각호외의 부분중 "제360조의3제1항의 주주총회의 회일의 2주전" 및 동조동항제3호중 "제360조의3제1항의 주주총회의 회일"은 각각 "이 조제4항의 규정에 의한 공고 또는 통지의 날"로 한다.
⑦제1항 본문의 경우에는 제360조의5의 규정은 이를 적용하지 아니한다.
[본조신설 2001.7.24.]

제360조의11(단주처리 등에 관한 규정의 준용) ①제443조의 규정은 회사의 주식교환의 경우에 이를 준용한다.
②제339조 및 제340조제3항의 규정은 주식교환의 경우에 완전자회사가 되는 회사의 주식을 목적으로 하는 질권에 이를 준용한다.
[본조신설 2001.7.24.]

제360조의12(주식교환사항을 기재한 서면의 사후공시) ①이사는 다음 각호의 사항을 기재한 서면을 주식교환의 날부터 6월간 본점에 비치하여야 한다.
1. 주식교환의 날
2. 주식교환의 날에 완전자회사가 되는 회사에 현존하는 순자산액
3. 주식교환으로 인하여 완전모회사에 이전한 완전자회사의 주식의 수
4. 그 밖의 주식교환에 관한 사항
②제1항의 서면에 관하여는 제391조의3제3항의 규정을 준용한다.
[본조신설 2001.7.24.]

제360조의13(완전모회사의 이사·감사의 임기) 주식교환에 의하여 완전모회사가 되는 회사의 이사 및 감사로서 주식교환전에 취임한 자는 주식교환계약서에 다른 정함이 있는 경우를 제외하고는 주식교환후 최초로 도래하는 결산기에 관한 정기총회가 종료하는 때에 퇴임한다.
[본조신설 2001.7.24.]

제360조의14(주식교환무효의 소) ①주식교환의 무효는 각 회사의 주주·이사·감사·감사위원회의 위원 또는 청산인에 한하여 주식교환의 날부터 6월내에 소만으로 이를 주장할 수 있다.
②제1항의 소는 완전모회사가 되는 회사의 본점소재지의 지방법원의 관할에 전속한다.

③주식교환을 무효로 하는 판결이 확정된 때에는 완전모회사가 된 회사는 주식교환을 위하여 발행한 신주 또는 이전한 자기주식의 주주에 대하여 그가 소유하였던 완전자회사가 된 회사의 주식을 이전하여야 한다. <개정 2015.12.1.>
④제187조 내지 제189조, 제190조 본문, 제191조, 제192조, 제377조 및 제431조의 규정은 제1항의 소에, 제339조 및 제340조제3항의 규정은 제3항의 경우에 각각 이를 준용한다.
[본조신설 2001.7.24.]

제3관 주식의 포괄적 이전

제360조의15(주식의 포괄적 이전에 의한 완전모회사의 설립) ①회사는 이 관의 규정에 의한 주식의 포괄적 이전(이하 이 관에서 "주식이전"이라 한다)에 의하여 완전모회사를 설립하고 완전자회사가 될 수 있다.
②주식이전에 의하여 완전자회사가 되는 회사의 주주가 소유하는 그 회사의 주식은 주식이전에 의하여 설립하는 완전모회사에 이전하고, 그 완전자회사가 되는 회사의 주주는 그 완전모회사가 주식이전을 위하여 발행하는 주식의 배정을 받음으로써 그 완전모회사의 주주가 된다.
[본조신설 2001.7.24.]

제360조의16(주주총회에 의한 주식이전의 승인) ①주식이전을 하고자 하는 회사는 다음 각호의 사항을 적은 주식이전계획서를 작성하여 주주총회의 승인을 받아야 한다. <개정 2011.4.14., 2015.12.1.>
1. 설립하는 완전모회사의 정관의 규정
2. 설립하는 완전모회사가 주식이전에 있어서 발행하는 주식의 종류와 수 및 완전자회사가 되는 회사의 주주에 대한 주식의 배정에 관한 사항
3. 설립하는 완전모회사의 자본금 및 자본준비금에 관한 사항
4. 완전자회사가 되는 회사의 주주에게 제2호에도 불구하고 금전이나 그 밖의 재산을 제공하는 경우에는 그 내용 및 배정에 관한 사항
5. 주식이전을 할 시기
6. 완전자회사가 되는 회사가 주식이전의 날까지 이익배당을 할 때에는 그 한도액
7. 설립하는 완전모회사의 이사와 감사 또는 감사위원회의 위원의 성명 및 주민등록번호
8. 회사가 공동으로 주식이전에 의하여 완전모회사를 설립하는 때에는 그 뜻

②제1항의 승인결의는 제434조의 규정에 의하여야 한다.
③제360조의3제4항의 규정은 제1항의 경우의 주주총회의 승인에 이를 준용한다.
④ 주식이전으로 인하여 주식이전에 관련되는 각 회사의 주주의 부담이 가중되는 경우에는 제1항 및 제436조의 결의 외에 그 주주 전원의 동의가 있어야 한다. <신설 2011.4.14.>
[본조신설 2001.7.24.]

제360조의17(주식이전계획서 등의 서류의 공시) ①이사는 제360조의16제1항의 규정에 의한 주주총회의 회일의 2주전부터 주식이전의 날 이후 6월을 경과하는 날까지 다음 각호의 서류를 본점에 비치하여야 한다.
1. 제360조의16제1항의 규정에 의한 주식이전계획서
2. 완전자회사가 되는 회사의 주주에 대한 주식의 배정에 관하여 그 이유를 기재한 서면
3. 제360조의16제1항의 주주총회의 회일전 6월 이내의 날에 작성한 완전자회사가 되는 회사의 최종 대차대조표 및 손익계산서

②제1항의 서류에 관하여는 제391조의3제3항의 규정을 준용한다.
[본조신설 2001.7.24.]

제360조의18(완전모회사의 자본금의 한도액) 설립하는 완전모회사의 자본금은 주식이전의 날에 완전자회사가 되는 회사에 현존하는 순자산액에서 그 회사의 주주에게 제공할 금전 및 그 밖의 재산의 가액을 뺀 액을 초과하지 못한다. <개정 2011.4.14., 2015.12.1.> [본조신설 2001.7.24.]
[제목개정 2011.4.14.]

제360조의19(주권의 실효절차) ①주식이전에 의하여 완전자회사가 되는 회사는 제360조의16제1항의 규정에 의한 결의를 한 때에는 다음 각호의 사항을 공고하고, 주주명부에 기재된 주주와 질권자에 대하여 따로 따로 그 통지를 하여야 한다.
1. 제360조의16제1항의 규정에 의한 결의를 한 뜻
2. 1월을 초과하여 정한 기간내에 주권을 회사에 제출하여야 한다는 뜻
3. 주식이전의 날에 주권이 무효가 된다는 뜻

②제442조의 규정은 제360조의16제1항의 규정에 의한 결의를 한 경우에 이를 준용한다. <개정 2014.5.20.>
[본조신설 2001.7.24.]

제360조의20(주식이전에 의한 등기) 주식이전을 한 때에는 설립한 완전모회사의 본점의 소재지에서는 2주내에, 지점의 소재지에서는 3주내에 제317조제2항에서 정하는 사항을 등기하여야 한다. [본조신설 2001.7.24.]

제360조의21(주식이전의 효력발생시기) 주식이전은 이로 인하여 설립한 완전모회사가 그 본점소재지에서 제360조의20의 규정에 의한 등기를 함으로써 그 효력이 발생한다.
[본조신설 2001.7.24.]

제360조의22(주식교환 규정의 준용) 제360조의5, 제360조의11 및 제360조의12의 규정은 주식이전의 경우에 이를 준용한다.
[본조신설 2001.7.24.]

제360조의23(주식이전무효의 소) ①주식이전의 무효는 각 회사의 주주·이사·감사·감사위원회의 위원 또는 청산인에 한하여 주식이전의 날부터 6월내에 소만으로 이를 주장할 수 있다.
②제1항의 소는 완전모회사가 되는 회사의 본점소재지의 지방법원의 관할에 전속한다.
③주식이전을 무효로 하는 판결이 확정된 때에는 완전모회사가 된 회사는 주식이전을 위하여 발행한 주식의 주주에 대하여 그가 소유하였던 완전자회사가 된 회사의 주식을 이전하여야 한다.
④제187조 내지 제193조 및 제377조의 규정은 제1항의 소에, 제339조 및 제340조제3항의 규정은 제3항의 경우에 각각 이를 준용한다.
[본조신설 2001.7.24.]

제4관 지배주주에 의한 소수주식의 전부 취득

제360조의24(지배주주의 매도청구권) ① 회사의 발행주식총수의 100분의 95 이상을 자기의 계산으로 보유하고 있는 주주(이하 이 관에서 "지배주주"라 한다)는 회사의 경영상 목적을 달성하기 위하여 필요한 경우에는 회사의 다른 주주(이하 이 관에서 "소수주주"라 한다)에게 그 보유하는 주식의 매도를 청구할 수 있다.
② 제1항의 보유주식의 수를 산정할 때에는 모회사와 자회사가 보유한 주식을 합산한다. 이 경우 회사가 아닌 주주가 발행주식총수의 100분의 50을 초과하는 주식을 가진 회사가 보유하는 주식도 그 주주가 보유하는 주식과 합산한다.
③ 제1항의 매도청구를 할 때에는 미리 주주총회의 승인을 받아야 한다.
④ 제3항의 주주총회의 소집을 통지할 때에는 다음 각 호에 관한 사항을 적어야 하고, 매도를 청구하는 지배주주는 주주총회에서 그 내용을 설명하여야 한다.
1. 지배주주의 회사 주식의 보유 현황
2. 매도청구의 목적
3. 매매가액의 산정 근거와 적정성에 관한 공인된 감정인의 평가
4. 매매가액의 지급보증

⑤ 지배주주는 매도청구의 날 1개월 전까지 다음 각 호의 사실을 공고하고, 주주명부에 적힌 주주와 질권자에게 따로 그 통지를 하여야 한다.
1. 소수주주는 매매가액의 수령과 동시에 주권을 지배주주에게 교부하여야 한다는 뜻
2. 교부하지 아니할 경우 매매가액을 수령하거나 지배주주가 매매가액을 공탁(供託)한 날에 주권은 무효가 된다는 뜻

⑥ 제1항의 매도청구를 받은 소수주주는 매도청구를 받은 날부터 2개월 내에 지배주주에게 그 주식을 매도하여야 한다.
⑦ 제6항의 경우 그 매매가액은 매도청구를 받은 소수주주와 매도를 청구한 지배주주 간의 협의로 결정한다.
⑧ 제1항의 매도청구를 받은 날부터 30일 내에 제7항의 매매가액에 대한 협의가 이루어지지 아니한 경우에는 매도청구를 받은 소수주주 또는 매도청구를 한 지배주주는 법원에 매매가액의 결정을 청구할 수 있다.

⑨ 법원이 제8항에 따라 주식의 매매가액을 결정하는 경우에는 회사의 재산 상태와 그 밖의 사정을 고려하여 공정한 가액으로 산정하여야 한다.
[본조신설 2011.4.14.]

제360조의25(소수주주의 매수청구권) ① 지배주주가 있는 회사의 소수주주는 언제든지 지배주주에게 그 보유주식의 매수를 청구할 수 있다.
② 제1항의 매수청구를 받은 지배주주는 매수를 청구한 날을 기준으로 2개월 내에 매수를 청구한 주주로부터 그 주식을 매수하여야 한다.
③ 제2항의 경우 그 매매가액은 매수를 청구한 주주와 매수청구를 받은 지배주주 간의 협의로 결정한다.
④ 제2항의 매수청구를 받은 날부터 30일 내에 제3항의 매매가액에 대한 협의가 이루어지지 아니한 경우에는 매수청구를 받은 지배주주 또는 매수청구를 한 소수주주는 법원에 대하여 매매가액의 결정을 청구할 수 있다.
⑤ 법원이 제4항에 따라 주식의 매매가액을 결정하는 경우에는 회사의 재산 상태와 그 밖의 사정을 고려하여 공정한 가액으로 산정하여야 한다.
[본조신설 2011.4.14.]

제360조의26(주식의 이전 등) ① 제360조의24와 제360조의25에 따라 주식을 취득하는 지배주주가 매매가액을 소수주주에게 지급한 때에 주식이 이전된 것으로 본다.
② 제1항의 매매가액을 지급할 소수주주를 알 수 없거나 소수주주가 수령을 거부할 경우에는 지배주주는 그 가액을 공탁할 수 있다. 이 경우 주식은 공탁한 날에 지배주주에게 이전된 것으로 본다. [본조신설 2011.4.14.]

제3절 회사의 기관

제1관 주주총회

제361조(총회의 권한) 주주총회는 본법 또는 정관에 정하는 사항에 한하여 결의할 수 있다.

제362조(소집의 결정) 총회의 소집은 본법에 다른 규정이 있는 경우외에는 이사회가 이를 결정한다.

제363조(소집의 통지) ① 주주총회를 소집할 때에는 주주총회일의 2주 전에 각 주주에게 서면으로 통지를 발송하거나 각 주주의 동의를 받아 전자문서로 통지를 발송하여야 한다. 다만, 그 통지가 주주명부상 주주의 주소에 계속 3년간 도달하지 아니한 경우에는 회사는 해당 주주에게 총회의 소집을 통지하지 아니할 수 있다.
② 제1항의 통지서에는 회의의 목적사항을 적어야 한다.
③ 제1항에도 불구하고 자본금 총액이 10억원 미만인 회사가 주주총회를

소집하는 경우에는 주주총회일의 10일 전에 각 주주에게 서면으로 통지를 발송하거나 각 주주의 동의를 받아 전자문서로 통지를 발송할 수 있다. <개정 2014.5.20.>
④ 자본금 총액이 10억원 미만인 회사는 주주 전원의 동의가 있을 경우에는 소집절차 없이 주주총회를 개최할 수 있고, 서면에 의한 결의로써 주주총회의 결의를 갈음할 수 있다. 결의의 목적사항에 대하여 주주 전원이 서면으로 동의를 한 때에는 서면에 의한 결의가 있는 것으로 본다. <개정 2014.5.20.>
⑤ 제4항의 서면에 의한 결의는 주주총회의 결의와 같은 효력이 있다. <개정 2014.5.20.>
⑥ 서면에 의한 결의에 대하여는 주주총회에 관한 규정을 준용한다. <개정 2014.5.20.>
⑦ 제1항부터 제4항까지의 규정은 의결권 없는 주주에게는 적용하지 아니한다. 다만, 제1항의 통지서에 적은 회의의 목적사항에 제360조의5, 제360조의22, 제374조의2, 제522조의3 또는 제530조의11에 따라 반대주주의 주식매수청구권이 인정되는 사항이 포함된 경우에는 그러하지 아니하다. <개정 2014.5.20., 2015.12.1.>
[전문개정 2009.5.28.]
[제목개정 2014.5.20.]

제363조의2(주주제안권) ①의결권없는 주식을 제외한 발행주식총수의 100분의 3 이상에 해당하는 주식을 가진 주주는 이사에게 주주총회일(정기주주총회의 경우 직전 연도의 정기주주총회일에 해당하는 그 해의 해당일. 이하 이 조에서 같다)의 6주 전에 서면 또는 전자문서로 일정한 사항을 주주총회의 목적사항으로 할 것을 제안(이하 '주주제안'이라 한다)할 수 있다. <개정 2009.1.30.>
②제1항의 주주는 이사에게 주주총회일의 6주 전에 서면 또는 전자문서로 회의의 목적으로 할 사항에 추가하여 당해 주주가 제출하는 의안의 요령을 제363조에서 정하는 통지에 기재할 것을 청구할 수 있다. <개정 2009.1.30., 2014.5.20.>
③이사는 제1항에 의한 주주제안이 있는 경우에는 이를 이사회에 보고하고, 이사회는 주주제안의 내용이 법령 또는 정관을 위반하는 경우와 그 밖에 대통령령으로 정하는 경우를 제외하고는 이를 주주총회의 목적사항으로 하여야 한다. 이 경우 주주제안을 한 자의 청구가 있는 때에는 주주총회에서 당해 의안을 설명할 기회를 주어야 한다. <개정 2009.1.30.>
[본조신설 1998.12.28.]

제364조(소집지) 총회는 정관에 다른 정함이 없으면 본점소재지 또는 이에 인접한 지에 소집하여야 한다.

제365조(총회의 소집) ①정기총회는 매년 1회 일정한 시기에 이를 소집하여야 한다.
②연 2회 이상의 결산기를 정한 회사는 매기에 총회를 소집하여야 한다.
③임시총회는 필요있는 경우에 수시 이를 소집한다.

판례-손해배상(기)

[대법원 2011.6.24, 선고, 2009다35033, 판결]

【판시사항】

[1] 주식회사 대표이사가 이사회결의를 거쳐 주주들에게 임시주주총회 소집통지서를 발송하였다가 다시 이를 철회하기로 하는 이사회결의를 거친 후 총회 개최장소 출입문에 총회 소집이 철회되었다는 취지의 공고문을 부착하고, 이사회에 참석하지 않은 주주들에게는 퀵서비스를 이용하여 총회 소집이 철회되었다는 내용의 소집철회통지서를 보내는 한편, 전보와 휴대전화로도 같은 취지의 통지를 한 사안에서, 임시주주총회 소집이 적법하게 철회되었다고 본 원심판단을 정당하다고 한 사례

[2] 주주의 의결권행사를 불가능하게 하거나 현저히 곤란하게 하는 것을 내용으로 하는 이사회결의의 효력(무효)

[3] 주식회사 대표이사 甲이 乙에게 교부하였던 주식에 대하여 甲 측과 경영권 분쟁중인 乙 측의 의결권행사를 허용하는 가처분결정이 내려진 것을 알지 못한 채 이사회결의를 거쳐 임시주주총회를 소집하였다가 나중에 이를 알고 가처분결정에 대하여 이의절차로 불복할 시간을 벌기 위해 일단 임시주주총회 소집을 철회하기로 계획한 후 이사회를 소집하여 결국 임시주주총회 소집을 철회하기로 하는 내용의 이사회결의가 이루어진 사안에서, 임시주주총회 소집을 철회하기로 하는 이사회결의로 乙 측의 의결권행사가 불가능하거나 현저히 곤란하게 된다고 볼 수 없으므로 위 이사회결의를 무효로 보기 어렵다고 한 사례

[4] 주식회사 이사회 소집통지를 할 때 회의의 목적사항도 함께 통지하여야 하는지 여부(원칙적 소극)

[5] 주주총회결의 효력이 회사 아닌 제3자 사이의 소송에서 선결문제로 된 경우, 당사자가 먼저 회사를 상대로 주주총회의 효력을 직접 다투는 소송을 제기하여야 하는지 여부(소극)

[6] 무효인 결의를 사후에 추인한 경우 소급효가 있는지 여부(원칙적 소극)

[7] 회사와 노동조합이 '업무복귀 후 추가적인 불법행위를 하지 않을 경우, 합의 전에 발생한 파업 관련 불법행위에 대하여 본 합의까지 제소된 것 이외에는 추가적인 민사소송을 제기하지 않는다' 는 내용의 부제소합의를 한 후, 노동조합과 조합원들이 회사에 어떠한 불법행위도 하지 않았음에도, 회사가 합의 전 제기한 소의 청구취지를 확장하여 노동조합 등에 손해배상을 구한 사안에서, 회사가 노동조합 등을 상대로 제기한 소 중 위 합의 전인 소제기 당시 이미 배상을 구한 손해액을 초과하여 배상을 구하는 부분은 부제소합의에 반하여 소의 이익이 없다고 한 사례

[8] 회사가 노동조합을 상대로 쟁의행위를 막기 위해 지출한 용역경비료 상당의 손해배상을 구한 사안에서, 위 용역경비료는 노동조합의 불법쟁의행위와 상당인과관계 있는 손해가 아니라고 본 원심판단을 정당하다고 한 사례

[9] 회사와 노동조합이 '회사는 ① 주주간 경영권 관련 포괄합의(전임 경영진 주주의 보유주식 양도 등을 포함)가 이루어지거나, ② 노동조합 및 그 조합원들에 대한 선처로 인하여 발생할 수도 있는 업무상 배임 고소 및 대표이사 직무집행정지가처분 등 경영권 관련 민·형사 문제 제기 가능성이 해소되면, 그 때까지 추가적인 불법행위를 하지 않은 조합원들의 노사합의 전 파업 관련 민·형사상 책임을 면해 준다' 는 내용의 합의를 한 후, 노동조합이나 조합원들이 어떤 불법행위도 하지 않았고, 전임 경영진인 甲 측이 보유주식을 투자증권회사의 사모펀드에 양도한 사안에서, 위 합의조건 ①이 성취되지 않았다고 본 원심판단을 정당하다고 한 사례

【판결요지】

[1] 주식회사 대표이사가 이사회결의를 거쳐 주주들에게 임시주주총회 소집통지서를 발송하였다가 다시 이를 철회하기로 하는 이사회결의를 거친 후 총회 개최장소 출입

문에 총회 소집이 철회되었다는 취지의 공고문을 부착하고, 이사회에 참석하지 않은 주주들에게는 퀵서비스를 이용하여 총회 소집이 철회되었다는 내용의 소집철회통지서를 보내는 한편, 전보와 휴대전화(직접 통화 또는 메시지 녹음)로도 같은 취지의 통지를 한 사안에서, 임시주주총회 소집을 철회하기로 하는 이사회결의를 거친 후 주주들에게 소집통지와 같은 방법인 서면에 의한 소집철회통지를 한 이상 임시주주총회 소집이 적법하게 철회되었다고 본 원심판단을 정당하다고 한 사례.

[2] 소유와 경영의 분리를 원칙으로 하는 주식회사에서 주주는 주주총회 결의를 통하여 회사 경영을 담당할 이사의 선임과 해임 및 회사의 합병, 분할, 영업양도 등 법률과 정관이 정한 회사의 기초 내지는 영업조직에 중대한 변화를 초래하는 사항에 관한 의사결정을 하기 때문에, 이사가 주주의 의결권행사를 불가능하게 하거나 현저히 곤란하게 하는 것은 주식회사 제도의 본질적 기능을 해하는 것으로서 허용되지 아니하고, 그러한 것을 내용으로 하는 이사회결의는 무효로 보아야 한다.

[3] 주식회사 대표이사 甲이 자신이 乙에게 교부하였던 주식에 대하여 甲 측과 경영권 분쟁 중인 乙 측의 의결권행사를 허용하는 가처분결정이 내려진 것을 알지 못한 채 이사회결의를 거쳐 임시주주총회를 소집하였다가 나중에 이를 알고 가처분결정에 대하여 이의절차로 불복할 시간을 벌기 위해 일단 임시주주총회 소집을 철회하기로 계획한 후 이사회를 소집하여 결국 임시주주총회 소집을 철회하기로 하는 내용의 이사회결의가 이루어진 사안에서, 乙 측은 발행주식총수의 100분의 3 이상에 해당하는 주식을 가진 주주로서 구 상법(2009. 5. 28. 법률 제9746호로 개정되기 전의 것) 제366조에 따라 임시주주총회 소집을 청구할 수 있고 소집절차를 밟지 않는 경우 법원의 허가를 얻어 임시주주총회를 소집할 수 있었던 점 등에 비추어 볼 때, 임시주주총회 소집을 철회하기로 하는 이사회결의로 乙 측의 의결권행사가 불가능하거나 현저히 곤란하게 된다고 볼 수 없으므로 위 이사회결의가 주식회사 제도의 본질적 기능을 해하는 것으로서 무효가 되기에 이르렀다고 보기 어렵다고 한 사례.

[4] 이사회 소집통지를 할 때에는, 회사의 정관에 이사들에게 회의의 목적사항을 함께 통지하도록 정하고 있거나 회의의 목적사항을 함께 통지하지 아니하면 이사회에서의 심의·의결에 현저한 지장을 초래하는 등의 특별한 사정이 없는 한, 주주총회 소집통지의 경우와 달리 회의의 목적사항을 함께 통지할 필요는 없다.

[5] 주주총회결의 효력이 회사 아닌 제3자 사이의 소송에서 선결문제로 된 경우에 당사자는 언제든지 당해 소송에서 주주총회결의가 처음부터 무효 또는 부존재한다고 주장하면서 다툴 수 있고, 반드시 먼저 회사를 상대로 주주총회의 효력을 직접 다투는 소송을 제기하여야 하는 것은 아니다.

[6] 무효행위를 추인한 때에는 달리 소급효를 인정하는 법률규정이 없는 한 새로운 법률행위를 한 것으로 보아야 하고, 이는 무효인 결의를 사후에 적법하게 추인하는 경우에도 마찬가지이다.

[7] 회사와 노동조합이 '업무복귀 후 추가적인 불법행위를 하지 않을 경우, 합의 전에 발생한 파업 관련 불법행위에 대하여 본 합의까지 제소된 것 이외에는 추가적인 민사소송을 제기하지 않는다'는 내용의 부제소합의를 한 후, 노동조합과 그 조합원들이 회사에 어떠한 불법행위도 하지 않았음에도, 회사가 합의 전 제기한 소의 청구취지를 확장하여 노동조합 등에게 손해배상을 구한 사안에서, 청구취지를 확장하는 것은 특별한 사정이 없는 한 새로운 소를 제기하는 것과 같은 성질을 가지므로, 회사는 합의 후 노동조합 등을 상대로 파업과 관련하여 청구취지를 확장할 수 없고, 따라서 회사가 노동조합 등을 상대로 제기한 소 중 위 합의 전인 소제기 당시 이미 배상을 구한 손해액을 초과하여 배상을 구하는 부분은 부제소합의에 반하여 소의 이익이 없다고 한 사례.

[8] 회사가 노동조합을 상대로 쟁의행위를 막기 위해 지출한 용역경비료 상당의 손해배상을 구한 사안에서, 회사가 일정 기간 용역경비료를 지출한 사실이 인정되나, 이는 노동조합 때문이라기보다는 위 기간 동안 회사를 경영하던 자가 전임

경영진 측이 회사를 사실상 점거하는 것을 막기 위한 것으로 보이는 점, 노동조합의 쟁의행위들 중 일부를 제외하고는 법원의 가처분결정에 맞추어 합법적으로 이루어진 것으로 보이는 점, 회사가 부당하게 노동조합의 정상적인 노동운동을 배척한 것도 노동조합의 일부 과격행위의 한 원인이 되었던 점, 회사가 경찰의 협조를 받지 않고 자력으로 노동조합의 행위를 막아야 할 필요성도 인정할 수 없는 점 등에 비추어 보면, 위 용역경비료는 노동조합의 불법쟁의행위와 상당인과관계 있는 손해가 아니라고 본 원심판단을 정당하다고 한 사례.

[9] 회사와 노동조합이 '회사는 ① 주주간 경영권 관련 포괄합의(전임 경영진 주주의 보유주식 양도 등을 포함)가 이루어지거나, ② 노동조합 및 그 조합원들에 대한 선처로 인하여 발생할 수도 있는 업무상 배임 고소 및 대표이사 직무집행정지가처분 등 경영권 관련 민·형사 문제 제기 가능성이 해소되면, 그때까지 추가적인 불법행위를 하지 않은 조합원들의 노사합의 전 파업 관련 민·형사상 책임을 면해 준다'는 내용의 합의를 한 후, 노동조합이나 조합원들이 어떤 불법행위도 하지 않았고, 전임 경영진인 甲 측이 보유주식을 투자증권회사의 사모펀드에 양도한 사안에서, 위 합의조건 ①은 甲 측과 乙 측의 합의에 따라 경영권 분쟁이 종결되는 것을 의미하는 것으로서 甲 측이 보유주식을 사모펀드에 양도한 사정만으로는 그동안의 경영권 분쟁이 종결되었다고 보기 어렵다는 이유로, 위 합의조건 ①이 성취되지 않았다고 본 원심판단을 정당하다고 한 사례.

제366조(소수주주에 의한 소집청구) ① 발행주식총수의 100분의 3 이상에 해당하는 주식을 가진 주주는 회의의 목적사항과 소집의 이유를 적은 서면 또는 전자문서를 이사회에 제출하여 임시총회의 소집을 청구할 수 있다. <개정 2009.5.28.>

② 제1항의 청구가 있은 후 지체 없이 총회소집의 절차를 밟지 아니한 때에는 청구한 주주는 법원의 허가를 받아 총회를 소집할 수 있다. 이 경우 주주총회의 의장은 법원이 이해관계인의 청구나 직권으로 선임할 수 있다. <개정 2011.4.14.>

③제1항 및 제2항의 규정에 의한 총회는 회사의 업무와 재산상태를 조사하게 하기 위하여 검사인을 선임할 수 있다. <개정 1998.12.28.>

제366조의2(총회의 질서유지) ①총회의 의장은 정관에서 정함이 없는 때에는 총회에서 선임한다.

②총회의 의장은 총회의 질서를 유지하고 의사를 정리한다.

③총회의 의장은 고의로 의사진행을 방해하기 위한 발언·행동을 하는 등 현저히 질서를 문란하게 하는 자에 대하여 그 발언의 정지 또는 퇴장을 명할 수 있다.

[본조신설 1999.12.31.]

판례-자격모용사문서작성·자격모용작성사문서행사·공정증서원본불실기재·불실기재공정증서원본행사

[대법원 2008.6.26, 선고, 2008도1044, 판결]

【판시사항】

[1] 이사회 결의 및 소집절차가 없었더라도 주주 전원이 임시주주총회에 참석하여 이의 없이 만장일치로 결의한 경우의 효력(유효)

[2] 주주총회 의장의 선임에 관한 법령 및 정관의 규정을 준수하지 않고 대주주가 임시의장이 되어 임시주주총회 의사록을 작성한 사안에서, 해당 주주총회 결의가 유효함을 전제로 의장의 지위에 관한 자격모용사문서작성죄 및 동행사죄의 성립을 부정한 사례

[3] 대주주가 적법한 소집절차나 임시주주총회의 개최 없이 나머지 주주들의 의결권을 위임받아 자신이 임시의장이 되어 임시주주총회 의사록을 작성하여 법인등기를 마친 사안에서, 공정증서원본불실기재죄가 성립하지 않는다고 한 사례

【판결요지】

[1] 주식회사의 임시주주총회가 법령 및 정관상 요구되는 이사회의 결의 및 소집절차 없이 이루어졌다 하더라도, 주주명부상의 주주 전원이 참석하여 총회를 개최하는 데 동의하고 아무런 이의 없이 만장일치로 결의가 이루어졌다면 그 결의는 유효하다.

[2] 주주총회 의장의 선임에 관한 법령 및 정관의 규정을 준수하지 않고 대주주가 임시의장이 되어 임시주주총회 의사록을 작성한 사안에서, 해당 주주총회 결의가 유효함을 전제로 의장의 지위에 관한 자격모용사문서작성죄 및 동행사죄의 성립을 부정한 사례.

[3] 대주주가 적법한 소집절차나 임시주주총회의 개최 없이 나머지 주주들의 의결권을 위임받아 자신이 임시의장이 되어 임시주주총회 의사록을 작성하여 법인등기를 마친 사안에서, 공정증서원본불실기재죄가 성립하지 않는다고 한 사례.

제367조(검사인의 선임) ① 총회는 이사가 제출한 서류와 감사의 보고서를 조사하게 하기 위하여 검사인(檢査人)을 선임할 수 있다.

② 회사 또는 발행주식총수의 100분의 1 이상에 해당하는 주식을 가진 주주는 총회의 소집절차나 결의방법의 적법성을 조사하기 위하여 총회 전에 법원에 검사인의 선임을 청구할 수 있다. [전문개정 2011.4.14.]

제368조(총회의 결의방법과 의결권의 행사) ①총회의 결의는 이 법 또는 정관에 다른 정함이 있는 경우를 제외하고는 출석한 주주의 의결권의 과반수와 발행주식총수의 4분의 1 이상의 수로써 하여야 한다. <개정 1995.12.29.>

②주주는 대리인으로 하여금 그 의결권을 행사하게 할 수 있다. 이 경우에는 그 대리인은 대리권을 증명하는 서면을 총회에 제출하여야 한다. <개정 2014.5.20.>

③총회의 결의에 관하여 특별한 이해관계가 있는 자는 의결권을 행사하지 못한다. <개정 2014.5.20.>

대주주 1인에 의한 주주총회 효력

(대한법률구조공단 자료)

질문

저는 甲회사의 소수주주로 있습니다. 甲회사의 주주 乙은 주식의 98%를 소유하고 있지만 저는 乙과는 아무런 인적 관련이 없고 다만 공동투자의 형태로 甲회사의 나머지 일부 주식을 소유하고 있습니다. 그런데 乙은 본인이 대주주임을 내세워 주주총회의 소집 및 통지절차를 거치지 않고 주주총회결의가 있었던 것처럼 주주총회 의사록을 작성하였습니다. 이 경우 주주총회결의 효력은 어떻게 되는지요?

답변

주주총회 절차와 관련하여 「상법」 제368조 제1항은 "총회의 결의는 이 법 또는 정관에 다른 정함이 있는 경우를 제외하고는 출석한 주주의 의결권의 과반수와 발행주식 총수의 4분의 1 이상의 수로써 하여야 한다."라고 규정하고 있고, 같은 법 제373조는 "총회의 의사에는 의사록을 작성하여야 하고, 의사록에는 의사의 경과요령과 그 결과를 기재하고 의장과 출석한 이사가 기명날인 또는 서명하여야 한다."라고 규정하고 있습니다.

또한, 같은 법 제380조에서는 총회의 결의의 내용이 법령에 위반될 때에는 결의무효의 확인을, 총회의 소집절차 또는 결의방법에 총회결의가 존재한다고 볼 수 없을 정도의 중대한 하자가 있는 때에는 결의부존재의 확인을 구할 수 있도록 하고 있습니다.

한편, 주주총회와 관련하여 판례는 "주식회사에 있어서 총 주식을 한 사람이 소유한 이른바 1인 회사의 경우 그 주주가 유일한 주주로서 주주총회에 출석하면 전원 총회로서 성립하고 그 주주의 의사대로 결의가 될 것임이 명백하므로 따로 총회소집절차가 필요 없으며, 실제로 총회를 개최한 사실이 없었다 하더라도 그 1인 주주에 의하여 의결이 있었던 것으로 주주총회 의사록이 작성되었다면 특별한 사정이 없는 한 그 내용의 결의가 있었던 것으로 볼 수 있고, 이 점은 한 사람이 다른 사람의 명의를 빌려 주주로 등재하였으나 총 주식을 실질적으로 그 한사람이 모두 소유한 경우에도 마찬가지라고 할 수 있다."라고 하였으나(대법원 2004. 12. 10. 선고 2004다25123 판결), 위 사안과 관련된 판례에서는 "주식의 소유가 실질적으로 분산되어 있는 경우에는 상법상의 원칙으로 돌아가 실제의 소집절차와 결의절차를 거치지 아니한 채 주주총회의 결의가 있었던 것처럼 주주총회 의사록을 허위로 작성한 것이라면 설사 1인이 총주식의 대다수를 가지고 있고 그 지배주주에 의하여 의결이 있었던 것으로 주주총회 의사록이 작성되어 있다 하더라도 도저히 그 결의가 존재한다고 볼 수 없을 정도로 중대한 하자가 있는 때에 해당하여 그 주주총회의 결의는 부존재하다고 보아야 한다."라고 하였습니다(대법원 2007. 2. 22. 선고 200573020 판결).

따라서 사안의 경우와 같이 乙이 甲회사의 주식의 대부분인 98%를 소유하고 있다고 하더라도 나머지 주식은 乙과는 별개의 타인들이 실질적으로 소유하고 있는 경우 대주주 乙이 다른 소수주주에게 주주총회 소집 및 통지절차를 거치지 않고 주주총회 결의가 있었던 것처럼 주주총회 의사록을 작성하였다면 귀하와 다른 주주들은 그에 대한 주주총회부존재확인의 소를 구할 수 있을 것으로 보입니다.

"본 사례는 개인의 법률문제 해결에 도움을 주고자 게재되었으나, 이용자 여러분의 생활에서 발생하는 구체적 사안은 동일하지는 않을 것이므로 참고자료로 활용하시기 바랍니다."

제368조의2(의결권의 불통일행사) ①주주가 2 이상의 의결권을 가지고 있는 때에는 이를 통일하지 아니하고 행사할 수 있다. 이 경우 주주총회일의 3일 전에 회사에 대하여 서면 또는 전자문서로 그 뜻과 이유를 통지하여야 한다. <개정 2009.5.28.>

②주주가 주식의 신탁을 인수하였거나 기타 타인을 위하여 주식을 가지고 있는 경우외에는 회사는 주주의 의결권의 불통일행사를 거부할 수 있다.

[본조신설 1984.4.10.]

판례-업무방해·방실수색

[대법원 2001.9.7, 선고, 2001도2917, 판결]

【판시사항】

[1] 주주의 의결권 대리행사의 위임을 회사가 거절할 수 있는지 여부(한정 적극) 및 법정 요건을 갖추지 못한 의결권 불통일행사를 위한 주주의 의결권 대리행사의 위임을 회사가 거절할 수 있는지 여부(적극)

[2] 주주가 주주총회에 참석하면서 소유 주식 중 일부에 관한 의결권의 대리행사를 타인들에게 나누어 위임하여 주주총회에 참석한 그 의결권 대리인들이 대표이사의 주주총회장에서의 퇴장 요구를 거절하면서 고성과 욕설 등을 사용하여 대표이사의 주주총회의 개최, 진행을 포기하게 만든 경우, 업무방해죄가 성립한다고 한 사례

[3] 주주총회에 참석한 의결권 대리인이 회사 사무실을 뒤져 원하는 장부를 찾아

낸 경우, 형법 제20조 소정의 정당행위라고 볼 수 없다는 이유로 방실수색죄가 성립한다고 한 사례
[4] 주주총회에 참석한 주주가 회사측의 의사에 반하여 회사 사무실을 뒤져 회계장부를 강제로 찾아 열람한 경우, 형법 제20조 소정의 정당행위에 해당하는지 여부(소극)

【판결요지】
[1] 주주의 자유로운 의결권 행사를 보장하기 위하여 주주가 의결권의 행사를 대리인에게 위임하는 것이 보장되어야 한다고 하더라도 주주의 의결권 행사를 위한 대리인 선임이 무제한적으로 허용되는 것은 아니고, 그 의결권의 대리행사로 말미암아 주주총회의 개최가 부당하게 저해되거나 혹은 회사의 이익이 부당하게 침해될 염려가 있는 등의 특별한 사정이 있는 경우에는 회사는 이를 거절할 수 있다고 보아야 할 것이며, 주주가 자신이 가진 복수의 의결권을 불통일행사하기 위하여는 회일의 3일 전에 회사에 대하여 서면으로 그 뜻과 이유를 통지하여야 할 뿐만 아니라, 회사는 주주가 주식의 신탁을 인수하였거나 기타 타인을 위하여 주식을 가지고 있는 경우 외에는 주주의 의결권 불통일행사를 거부할 수 있는 것이므로, 주주가 위와 같은 요건을 갖추지 못한 채 의결권 불통일행사를 위하여 수인의 대리인을 선임하고자 하는 경우에는 회사는 역시 이를 거절할 수 있다.
[2] 주주가 주주총회에 참석하면서 소유 주식 중 일부에 관한 의결권의 대리행사를 타인들에게 나누어 위임하여 주주총회에 참석한 그 의결권 대리인들이 대표이사의 주주총회장에서의 퇴장 요구를 거절하면서 고성과 욕설 등을 사용하여 대표이사의 주주총회의 개최, 진행을 포기하게 만든 경우, 그와 같은 의결권 대리행사의 위임은 위세를 과시하여 정상적인 주주총회의 진행을 저해할 의도이고 주주총회에서 그 의결권 대리인들이 요구한 사항은 의결권 대리행사를 위한 권한 범위에 속하지 않으므로, 대표이사는 그 대리인들이 주주총회에 참석하는 것을 적법하게 거절할 수 있었다는 이유로, 업무방해죄가 성립한다고 한 사례.
[3] 주주총회에 참석한 의결권 대리인이 회사 사무실을 뒤져 원하는 장부를 찾아낸 경우, 형법 제20조 소정의 정당행위라고 볼 수 없다는 이유로 방실수색죄가 성립한다고 한 사례.
[4] 회사의 정기주주총회에 적법하게 참석한 주주라고 할지라도 주주총회장에서의 질문, 의사진행 발언, 의결권의 행사 등의 주주총회에서의 통상적인 권리행사 범위를 넘어서서 회사의 구체적인 회계장부나 서류철 등을 열람하기 위하여는 별도로 상법 제466조 등에 정해진 바에 따라 회사에 대하여 그 열람을 청구하여야 하고, 만일 회사에서 정당한 이유 없이 이를 거부하는 경우에는 법원에 그 이행을 청구하여 그 결과에 따라 회계장부 등을 열람할 수 있을 뿐 주주총회 장소라고 하여 회사측의 의사에 반하여 회사의 회계장부를 강제로 찾아 열람할 수는 없다고 할 것이며, 설사 회사측이 회사 운영을 부실하게 하여 소수주주들에게 손해를 입게 하였다고 하더라도 위와 같은 사정만으로 주주총회에 참석한 주주가 강제로 사무실을 뒤져 회계장부를 찾아내는 것이 사회통념상 용인되는 정당행위로 되는 것은 아니다.

제368조의3(서면에 의한 의결권의 행사) ①주주는 정관이 정한 바에 따라 총회에 출석하지 아니하고 서면에 의하여 의결권을 행사할 수 있다.
②회사는 총회의 소집통지서에 주주가 제1항의 규정에 의한 의결권을 행사하는데 필요한 서면과 참고자료를 첨부하여야 한다.
[본조신설 1999.12.31.]

제368조의4(전자적 방법에 의한 의결권의 행사) ① 회사는 이사회의 결의로

주주가 총회에 출석하지 아니하고 전자적 방법으로 의결권을 행사할 수 있음을 정할 수 있다.
② 회사는 제363조에 따라 소집통지를 할 때에는 주주가 제1항에 따른 방법으로 의결권을 행사할 수 있다는 내용을 통지하여야 한다.
<개정 2014.5.20.>
③ 회사가 제1항에 따라 전자적 방법에 의한 의결권행사를 정한 경우에 주주는 주주 확인절차 등 대통령령으로 정하는 바에 따라 의결권을 행사하여야 한다. 이 경우 회사는 의결권행사에 필요한 양식과 참고자료를 주주에게 전자적 방법으로 제공하여야 한다.
④ 동일한 주식에 관하여 제1항 또는 제368조의3제1항에 따라 의결권을 행사하는 경우 전자적 방법 또는 서면 중 어느 하나의 방법을 선택하여야 한다.
⑤ 회사는 의결권행사에 관한 전자적 기록을 총회가 끝난 날부터 3개월간 본점에 갖추어 두어 열람하게 하고 총회가 끝난 날부터 5년간 보존하여야 한다.
⑥ 주주 확인절차 등 전자적 방법에 의한 의결권행사의 절차와 그 밖에 필요한 사항은 대통령령으로 정한다.
[본조신설 2009.5.28.]

제369조(의결권) ①의결권은 1주마다 1개로 한다.
②회사가 가진 자기주식은 의결권이 없다.
③회사, 모회사 및 자회사 또는 자회사가 다른 회사의 발행주식의 총수의 10분의 1을 초과하는 주식을 가지고 있는 경우 그 다른 회사가 가지고 있는 회사 또는 모회사의 주식은 의결권이 없다. <신설 1984.4.10.>

제370조 삭제 <2011.4.14.>

제371조(정족수, 의결권수의 계산) ① 총회의 결의에 관하여는 제344조의3제1항과 제369조제2항 및 제3항의 의결권 없는 주식의 수는 발행주식총수에 산입하지 아니한다.
② 총회의 결의에 관하여는 제368조제3항에 따라 행사할 수 없는 주식의 의결권 수와 제409조제2항 · 제3항 및 제542조의12제3항 · 제4항에 따라 그 비율을 초과하는 주식으로서 행사할 수 없는 주식의 의결권 수는 출석한 주주의 의결권의 수에 산입하지 아니한다. <개정 2014.5.20.>
[전문개정 2011.4.14.]

제372조(총회의 연기, 속행의 결의) ①총회에서는 회의의 속행 또는 연기의 결의를 할 수 있다.
②전항의 경우에는 제363조의 규정을 적용하지 아니한다.

제373조(총회의 의사록) ①총회의 의사에는 의사록을 작성하여야 한다.
②의사록에는 의사의 경과요령과 그 결과를 기재하고 의장과 출석한 이사가 기명날인 또는 서명하여야 한다. <개정 1995.12.29.>

제374조(영업양도, 양수, 임대등) ① 회사가 다음 각 호의 어느 하나에 해당하는 행위를 할 때에는 제434조에 따른 결의가 있어야 한다. <개정 2011.4.14.>

1. 영업의 전부 또는 중요한 일부의 양도
2. 영업 전부의 임대 또는 경영위임, 타인과 영업의 손익 전부를 같이 하는 계약, 그 밖에 이에 준하는 계약의 체결·변경 또는 해약
3. 회사의 영업에 중대한 영향을 미치는 다른 회사의 영업 전부 또는 일부의 양수

②제1항의 행위에 관한 주주총회의 소집의 통지를 하는 때에는 제374조의2 제1항 및 제2항의 규정에 의한 주식매수청구권의 내용 및 행사방법을 명시하여야 한다. <신설 1995.12.29., 2014.5.20.>

판례-양도무효확인

[대법원 2014.10.15, 선고, 2013다38633, 판결]

【판시사항】

[1] 상법 제374조 제1항 제1호에서 정한 '영업의 전부 또는 중요한 일부의 양도'의 의미 및 주식회사가 사업목적으로 삼는 영업 중 일부를 양도하는 경우, 상법 제374조 제1항 제1호에서 정한 '영업의 중요한 일부의 양도'에 해당하는지 판단하는 기준

[2] 甲 주식회사가 주주총회 특별결의 없이 금융사업부문을 乙 주식회사에 양도한 사안에서, 甲 회사의 금융사업부문 양도는 상법 제374조 제1항 제1호가 규정하고 있는 '영업의 중요한 일부의 양도'에 해당한다고 본 원심판단을 수긍한 사례

【판결요지】

[1] 주주총회의 특별결의가 있어야 하는 상법 제374조 제1항 제1호 소정의 '영업의 전부 또는 중요한 일부의 양도'라 함은 일정한 영업목적을 위하여 조직되고 유기적 일체로 기능하는 재산의 전부 또는 중요한 일부를 총체적으로 양도하는 것을 의미하는 것으로서, 이에는 양수 회사에 의한 양도 회사의 영업적 활동의 전부 또는 중요한 일부분의 승계가 수반되어야 하는 것이므로 단순한 영업용 재산의 양도는 이에 해당하지 않는다. 나아가 주식회사가 사업목적으로 삼는 영업 중 일부를 양도하는 경우 상법 제374조 제1항 제1호 소정의 '영업의 중요한 일부의 양도'에 해당하는지는 양도대상 영업의 자산, 매출액, 수익 등이 전체 영업에서 차지하는 비중, 일부 영업의 양도가 장차 회사의 영업규모, 수익성 등에 미치는 영향 등을 종합적으로 고려하여 판단하여야 한다.

[2] 甲 주식회사가 주주총회 특별결의 없이 금융사업부문을 乙 주식회사에 양도한 사안에서, 금융사업부문의 자산가치가 甲 회사 전체 자산의 약 33.79%에 달하고 본질가치의 경우 금융사업부문만이 플러스를 나타내고 있는 점, 금융사업부문은 甲 회사 내부에서 유일하게 수익 창출 가능성이 높은 사업부문인 점 등 제반 사정에 비추어 위 양도로 甲 회사에는 회사의 중요한 영업의 일부를 폐지한 것과 같은 결과가 초래되었고, 乙 회사는 별다른 양도대가를 지불하지 않은 채 甲 회사의 금융사업부문과 관련된 대부분의 자산과 거래처 등을 그대로 인수하여 종전과 동일한 영업을 계속하고 있으므로, 위 양도는 상법 제374조 제1항 제1호가 규정하고 있는 '영업의 중요한 일부의 양도'에 해당한다고 본 원심판단을 수긍한 사례.

제374조의2(반대주주의 주식매수청구권) ① 제374조에 따른 결의사항에 반대하는 주주(의결권이 없거나 제한되는 주주를 포함한다. 이하 이 조에서

같다)는 주주총회 전에 회사에 대하여 서면으로 그 결의에 반대하는 의사를 통지한 경우에는 그 총회의 결의일부터 20일 이내에 주식의 종류와 수를 기재한 서면으로 회사에 대하여 자기가 소유하고 있는 주식의 매수를 청구할 수 있다. <개정 2015.12.1.>

② 제1항의 청구를 받으면 해당 회사는 같은 항의 매수 청구 기간(이하 이 조에서 "매수청구기간"이라 한다)이 종료하는 날부터 2개월 이내에 그 주식을 매수하여야 한다. <개정 2015.12.1.>

③제2항의 규정에 의한 주식의 매수가액은 주주와 회사간의 협의에 의하여 결정한다. <개정 2001.7.24.>

④매수청구기간이 종료하는 날부터 30일 이내에 제3항의 규정에 의한 협의가 이루어지지 아니한 경우에는 회사 또는 주식의 매수를 청구한 주주는 법원에 대하여 매수가액의 결정을 청구할 수 있다.
<개정 2001.7.24., 2015.12.1.>

⑤법원이 제4항의 규정에 의하여 주식의 매수가액을 결정하는 경우에는 회사의 재산상태 그 밖의 사정을 참작하여 공정한 가액으로 이를 산정하여야 한다. <신설 2001.7.24.>

[본조신설 1995.12.29.]
[제목개정 2015.12.1.]

판례-매수 가격 결정 신청

[대법원 2011.10.13, 자, 2008마264, 결정]

【판시사항】

[1] 주권상장법인의 합병 등에 반대하여 주식매수를 청구한 주주가 법원에 매수가격 결정을 청구한 사안에서, 구 증권거래법에서 정한 매수가격에 반대하는 주주는 금융감독위원회의 조정절차를 거치지 않더라도 법원에 직접 매수가격 결정을 신청할 수 있다고 본 원심판단을 수긍한 사례

[2] 주권상장법인의 합병 등에 반대하여 주식매수를 청구한 주주 또는 당해 법인이 법원에 매수가격 결정을 청구한 경우, 매수가격의 산정 방법

[3] 주권상장법인의 합병 등에 반대하여 주식매수를 청구한 주주가 법원에 매수가격 결정을 청구한 사안에서, 당해 법인이 회사정리절차 중에 있었던 관계로 주식의 시장가치가 저평가되어 있고 회사정리절차가 진행되는 동안 주식이 유가증권시장에서 관리대상종목에 편입됨으로써 주식 거래에 다소의 제약을 받고 있었다는 이유로 시장주가가 당해 법인의 객관적 교환가치를 제대로 반영하고 있지 않다고 단정하여 시장가치 외에 순자산가치까지 포함시켜 매수가격을 산정한 원심결정을 파기한 사례

【판결요지】

[1] 주권상장법인의 합병 등에 반대하여 주식매수를 청구한 주주가 법원에 매수가격 결정을 청구한 사안에서, 구 증권거래법(2004. 1. 29. 법률 제7114호로 개정되기 전의 것, 이하 '구 증권거래법' 이라 한다) 제191조 제3항은 매수가격의 결정절차에 관하여 주주와 당해 법인 간의 협의를 최우선으로 하고, 협의가 이루어지지 않는 경우 이사회의 결의일 이전에 유가증권시장에서 거래된 당해 주식의 거래가격을 기준으로 대통령령이 정하는 방법에 따라 산정한 금액으로 매수가격을 정하며, 이렇게 산정된 금액에 대하여 당해 법인이나 매수를 청구한 주식 수의 100분의 30 이상이 반대하는 경우 금융감독위원회가 매수가격을 조정할 수 있다

고 규정하고 있는데, 위 조항은 금융감독위원회가 '조정할 수 있다'고 규정하고 있어 금융감독위원회의 조정이 반드시 필요한 것으로 볼 수 없고, 나아가 위 조항이 명시적으로 법원에 의한 매수가격 결정을 배제하고 있지 아니함에도 법원에 의한 매수가격 결정을 부인하는 것은 합병에 반대한 주주의 매수가격 산정에 관한 재판청구권을 근거 없이 침해하는 것이 될 뿐만 아니라, 주식의 다과(多寡)에 관계없이 법원에 매수가격 결정신청을 할 수 있는 비상장법인의 주주들과의 형평에 비추어 보더라도 매수청구를 한 주식 수가 100분의 30에 미달하는 소수주주들에게도 법원의 최종적인 판단에 따른 매수가격 결정이 보장되어야 하므로, 구 증권거래법에서 정한 매수가격에 반대하는 주주는 금융감독위원회의 조정절차를 거치지 않더라도 법원에 직접 매수가격 결정을 신청할 수 있다고 본 원심판단을 수긍한 사례.

[2] 주권상장법인의 합병 등에 반대하는 주주가 구 증권거래법(2004. 1. 29. 법률 제7114호로 개정되기 전의 것) 제191조 제1항에 의하여 당해 법인에 대하여 상장주식의 매수를 청구하고 주주와 당해 법인 간에 매수가격에 대한 협의가 이루어지지 아니하여 주주 또는 당해 법인이 법원에 매수가격 결정을 청구한 경우, 일반적으로 주권상장법인의 시장주가는 유가증권시장에 참여한 다수의 투자자가 법령에 근거하여 공시되는 당해 기업의 자산내용, 재무상황, 수익력, 장래의 사업전망 등 당해 법인에 관한 정보에 기초하여 내린 투자판단에 의하여 당해 기업의 객관적 가치가 반영되어 형성된 것으로 볼 수 있고, 주권상장법인의 주주는 통상 시장주가를 전제로 투자행동을 취한다는 점에서 시장주가를 기준으로 매수가격을 결정하는 것이 당해 주주의 합리적 기대에 합치하는 것이므로, 법원은 원칙적으로 시장주가를 참조하여 매수가격을 산정하여야 한다. 다만 이처럼 시장주가에 기초하여 매수가격을 산정하는 경우라고 하여 법원이 반드시 구 증권거래법 시행령(2005. 1. 27. 대통령령 제18687호로 개정되기 전의 것, 이하 '구 증권거래법 시행령'이라 한다) 제84조의9 제2항 제1호에서 정한 산정 방법 중 어느 하나를 선택하여 그에 따라서만 매수가격을 산정하여야 하는 것은 아니고, 법원은 공정한 매수가격을 산정한다는 매수가격 결정신청사건의 제도적 취지와 개별 사안의 구체적 사정을 고려하여 이사회결의일 이전의 어느 특정일의 시장주가를 참조할 것인지, 또는 일정기간 동안의 시장주가의 평균치를 참조할 것인지, 그렇지 않으면 구 증권거래법 시행령 제84조의9 제2항 제1호에서 정한 산정 방법 중 어느 하나에 따라 산정된 가격을 그대로 인정할 것인지 등을 합리적으로 결정할 수 있다. 나아가 당해 상장주식이 유가증권시장에서 거래가 형성되지 아니한 주식이거나(구 증권거래법 시행령 제84조의9 제2항 제2호) 시장주가가 가격조작 등 시장의 기능을 방해하는 부정한 수단에 의하여 영향을 받는 등으로 당해 주권상장법인의 객관적 가치를 제대로 반영하지 못하고 있다고 판단되는 경우에는, 시장주가를 배제하거나 또는 시장주가와 함께 순자산가치나 수익가치 등 다른 평가요소를 반영하여 당해 법인의 상황이나 업종의 특성 등을 종합적으로 고려한 공정한 가액을 산정할 수도 있으나, 단순히 시장주가가 순자산가치나 수익가치에 기초하여 산정된 가격과 다소 차이가 난다는 사정만으로 위 시장주가가 주권상장법인의 객관적 가치를 반영하지 못한다고 쉽게 단정하여서는 아니 된다.

[3] 주권상장법인의 합병 등에 반대하여 주식매수를 청구한 주주가 법원에 매수가격 결정을 청구한 사안에서, 회사정리절차에 있는 기업의 시장주가가 정상기업에 비해 낮게 형성되고 주당 순자산가치에 상당히 못 미친다는 사정만으로 시장주가가 기업의 객관적 가치를 반영하지 못하고 있다거나 거래 이외의 부정한 요인에 의하여 가격형성이 왜곡되었다고 볼 수 없고, 주식이 관리종목으로 지정된 사정만으로는 시장주가가 당해 기업의 객관적 가치를 반영하지 못할 정도의 거래제약이 있다고 볼 수 없음에도, 당해 법인이 회사정리절차 중에 있었던 관계로 주식의 시장가치가 저평가되어 있고 회사정리절차가 진행되는 동안 주식이 유가증권시장에서 관리대상종목에 편입됨으로써 주식 거래에 다소의 제약을 받고 있었다는 이유로 시장주가가 당해 법인의 객관적 교환가치를 제대로 반영하고 있지

않다고 단정하여 시장가치 외에 순자산가치까지 포함시켜 매수가격을 산정한 원심결정을 파기한 사례.

제374조의3(간이영업양도, 양수, 임대 등) ① 제374조제1항 각 호의 어느 하나에 해당하는 행위를 하는 회사의 총주주의 동의가 있거나 그 회사의 발행주식총수의 100분의 90 이상을 해당 행위의 상대방이 소유하고 있는 경우에는 그 회사의 주주총회의 승인은 이를 이사회의 승인으로 갈음할 수 있다.

② 제1항의 경우에 회사는 영업양도, 양수, 임대 등의 계약서 작성일부터 2주 이내에 주주총회의 승인을 받지 아니하고 영업양도, 양수, 임대 등을 한다는 뜻을 공고하거나 주주에게 통지하여야 한다. 다만, 총주주의 동의가 있는 경우에는 그러하지 아니하다.

③ 제2항의 공고 또는 통지를 한 날부터 2주 이내에 회사에 대하여 서면으로 영업양도, 양수, 임대 등에 반대하는 의사를 통지한 주주는 그 기간이 경과한 날부터 20일 이내에 주식의 종류와 수를 기재한 서면으로 회사에 대하여 자기가 소유하고 있는 주식의 매수를 청구할 수 있다. 이 경우 제374조의2제2항부터 제5항까지의 규정을 준용한다.

[본조신설 2015.12.1.]

제375조(사후설립) 회사가 그 성립 후 2년 내에 그 성립 전부터 존재하는 재산으로서 영업을 위하여 계속하여 사용하여야 할 것을 자본금의 100분의 5 이상에 해당하는 대가로 취득하는 계약을 하는 경우에는 제374조를 준용한다.

[전문개정 2011.4.14.]

제376조(결의취소의 소) ①총회의 소집절차 또는 결의방법이 법령 또는 정관에 위반하거나 현저하게 불공정한 때 또는 그 결의의 내용이 정관에 위반한 때에는 주주·이사 또는 감사는 결의의 날로부터 2월내에 결의취소의 소를 제기할 수 있다. <개정 1984.4.10., 1995.12.29.>

②제186조 내지 제188조, 제190조 본문과 제191조의 규정은 제1항의 소에 준용한다. <개정 1984.4.10., 1995.12.29.>

제377조(제소주주의 담보제공의무) ①주주가 결의취소의 소를 제기한 때에는 법원은 회사의 청구에 의하여 상당한 담보를 제공할 것을 명할 수 있다. 그러나 그 주주가 이사 또는 감사인 때에는 그러하지 아니하다. <개정 1984.4.10.>

②제176조제4항의 규정은 제1항의 청구에 준용한다. <개정 1984.4.10.>

제378조(결의취소의 등기) 결의한 사항이 등기된 경우에 결의취소의 판결이 확정된 때에는 본점과 지점의 소재지에서 등기하여야 한다.

제379조(법원의 재량에 의한 청구기각) 결의취소의 소가 제기된 경우에 결의의 내용, 회사의 현황과 제반사정을 참작하여 그 취소가 부적당하다고 인정한 때에는 법원은 그 청구를 기각할 수 있다.

제380조(결의무효 및 부존재확인의 소) 제186조 내지 제188조, 제190조 본문, 제191조, 제377조와 제378조의 규정은 총회의 결의의 내용이 법령에 위반한 것을 이유로 하여 결의무효의 확인을 청구하는 소와 총회의 소집절차 또는 결의방법에 총회결의가 존재한다고 볼 수 없을 정도의 중대한 하자가 있는 것을 이유로 하여 결의부존재의 확인을 청구하는 소에 이를 준용한다. <개정 1984.4.10., 1995.12.29.>

제381조(부당결의의 취소, 변경의 소) ①주주가 제368조제3항의 규정에 의하여 의결권을 행사할 수 없었던 경우에 결의가 현저하게 부당하고 그 주주가 의결권을 행사하였더라면 이를 저지할 수 있었을 때에는 그 주주는 그 결의의 날로부터 2월내에 결의의 취소의 소 또는 변경의 소를 제기할 수 있다. <개정 2014.5.20.>
②제186조 내지 제188조, 제190조 본문, 제191조, 제377조와 제378조의 규정은 제1항의 소에 준용한다. <개정 1998.12.28.>

제2관 이사와 이사회

제382조(이사의 선임, 회사와의 관계 및 사외이사) ① 이사는 주주총회에서 선임한다.
② 회사와 이사의 관계는 「민법」의 위임에 관한 규정을 준용한다.
③ 사외이사(社外理事)는 해당 회사의 상무(常務)에 종사하지 아니하는 이사로서 다음 각 호의 어느 하나에 해당하지 아니하는 자를 말한다. 사외이사가 다음 각 호의 어느 하나에 해당하는 경우에는 그 직을 상실한다. <개정 2011.4.14.>
1. 회사의 상무에 종사하는 이사 · 집행임원 및 피용자 또는 최근 2년 이내에 회사의 상무에 종사한 이사 · 감사 · 집행임원 및 피용자
2. 최대주주가 자연인인 경우 본인과 그 배우자 및 직계 존속 · 비속
3. 최대주주가 법인인 경우 그 법인의 이사 · 감사 · 집행임원 및 피용자
4. 이사 · 감사 · 집행임원의 배우자 및 직계 존속 · 비속
5. 회사의 모회사 또는 자회사의 이사 · 감사 · 집행임원 및 피용자
6. 회사와 거래관계 등 중요한 이해관계에 있는 법인의 이사 · 감사 · 집행임원 및 피용자
7. 회사의 이사 · 집행임원 및 피용자가 이사 · 집행임원으로 있는 다른 회사의 이사 · 감사 · 집행임원 및 피용자

[전문개정 2009.1.30.]

판례-결의무효확인

[대법원 2015.2.26, 선고, 2014다70368, 판결]

【판시사항】
지역농업협동조합과 감사의 법률관계(=위임 유사의 관계) 및 지역농업협동조합은 특별한 해임사유가 없더라도 언제든지 농업협동조합법 등에서 정한 절차에 따라 감사를 해임할 수 있는지 여부(원칙적 적극)

【판결요지】
농업협동조합법 제45조 제1항, 제55조, 상법 제382조 제2항의 내용 및 농업협동조합법에 따라 설립된 지역농업협동조합(이하 '지역농협'이라고 한다)에 있어서 감사의 지위와 역할 등을 고려하면, 지역농협과 감사의 법률관계는 신뢰를 기초로 한 위임 유사의 관계로 보아야 한다. 한편 위임계약은 각 당사자가 언제든지 해지할 수 있고, 다만 당사자 일방이 부득이한 사유없이 상대방의 불리한 시기에 계약을 해지한 때에는 그 손해를 배상할 책임을 부담할 뿐이다(민법 제689조). 따라서 정관 등에서 감사의 해임사유를 정하고 있는 등 특별한 사정이 없는 한, 지역농협은 특별한 사유가 없더라도 언제든지 농업협동조합법 등에서 정한 절차에 따라 감사를 해임할 수 있고, 다만 부득이한 사유없이 감사에게 불리한 시기에 해임한 때에는 그로 인한 손해를 배상할 책임을 부담할 뿐이다.

제382조의2(집중투표) ①2인 이상의 이사의 선임을 목적으로 하는 총회의 소집이 있는 때에는 의결권없는 주식을 제외한 발행주식총수의 100분의 3 이상에 해당하는 주식을 가진 주주는 정관에서 달리 정하는 경우를 제외하고는 회사에 대하여 집중투표의 방법으로 이사를 선임할 것을 청구할 수 있다.
②제1항의 청구는 주주총회일의 7일 전까지 서면 또는 전자문서로 하여야 한다. <개정 2009.5.28.>
③제1항의 청구가 있는 경우에 이사의 선임결의에 관하여 각 주주는 1주마다 선임할 이사의 수와 동일한 수의 의결권을 가지며, 그 의결권은 이사 후보자 1인 또는 수인에게 집중하여 투표하는 방법으로 행사할 수 있다.
④제3항의 규정에 의한 투표의 방법으로 이사를 선임하는 경우에는 투표의 최다수를 얻은 자부터 순차적으로 이사에 선임되는 것으로 한다.
⑤제1항의 청구가 있는 경우에는 의장은 의결에 앞서 그러한 청구가 있다는 취지를 알려야 한다.
⑥제2항의 서면은 총회가 종결될 때까지 이를 본점에 비치하고 주주로 하여금 영업시간내에 열람할 수 있게 하여야 한다.
[본조신설 1998.12.28.]

제382조의3(이사의 충실의무) 이사는 법령과 정관의 규정에 따라 회사를 위하여 그 직무를 충실하게 수행하여야 한다.
[본조신설 1998.12.28.]

제382조의4(이사의 비밀유지의무) 이사는 재임중 뿐만 아니라 퇴임후에도 직무상 알게된 회사의 영업상 비밀을 누설하여서는 아니된다. [본조신설 2001.7.24.]

제383조(원수, 임기) ① 이사는 3명 이상이어야 한다. 다만, 자본금 총액이 10억원 미만인 회사는 1명 또는 2명으로 할 수 있다. <개정 2009.5.28.>
②이사의 임기는 3년을 초과하지 못한다. <개정 1984.4.10.>
③제2항의 임기는 정관으로 그 임기 중의 최종의 결산기에 관한 정기주주총회의 종결에 이르기까지 연장할 수 있다. <개정 1984.4.10.>
④ 제1항 단서의 경우에는 제302조제2항제5호의2, 제317조제2항제3호의2, 제335조제1항 단서 및 제2항, 제335조의2제1항 · 제3항, 제335조의3제1

항·제2항, 제335조의7제1항, 제340조의3제1항제5호, 제356조제6호의2, 제397조제1항·제2항, 제397조의2제1항, 제398조, 제416조 본문, 제451조제2항, 제461조제1항 본문 및 제3항, 제462조의3제1항, 제464조의2제1항, 제469조, 제513조제2항 본문 및 제516조의2제2항 본문(준용되는 경우를 포함한다) 중 "이사회"는 각각 "주주총회"로 보며, 제360조의5제1항 및 제522조의3제1항 중 "이사회의 결의가 있는 때"는 "제363조제1항에 따른 주주총회의 소집통지가 있는 때"로 본다.
<개정 2009.5.28., 2011.4.14.>

⑤ 제1항 단서의 경우에는 제341조제2항 단서, 제390조, 제391조, 제391조의2, 제391조의3, 제392조, 제393조제2항부터 제4항까지, 제399조제2항, 제408조의2제3항·제4항, 제408조의3제2항, 제408조의4제2호, 제408조의5제1항, 제408조의6, 제408조의7, 제412조의4, 제449조의2, 제462조제2항 단서, 제526조제3항, 제527조제4항, 제527조의2, 제527조의3제1항 및 제527조의5제2항은 적용하지 아니한다.
<개정 2009.5.28., 2011.4.14.>

⑥ 제1항 단서의 경우에는 각 이사(정관에 따라 대표이사를 정한 경우에는 그 대표이사를 말한다)가 회사를 대표하며 제343조제1항 단서, 제346조제3항, 제362조, 제363조의2제3항, 제366조제1항, 제368조의4제1항, 제393조제1항, 제412조의3제1항 및 제462조의3제1항에 따른 이사회의 기능을 담당한다. <개정 2009.5.28., 2011.4.14.>

제384조 삭제 <1995.12.29.>

제385조(해임) ①이사는 언제든지 제434조의 규정에 의한 주주총회의 결의로 이를 해임할 수 있다. 그러나 이사의 임기를 정한 경우에 정당한 이유없이 그 임기만료전에 이를 해임한 때에는 그 이사는 회사에 대하여 해임으로 인한 손해의 배상을 청구할 수 있다.

②이사가 그 직무에 관하여 부정행위 또는 법령이나 정관에 위반한 중대한 사실이 있음에도 불구하고 주주총회에서 그 해임을 부결한 때에는 발행주식의 총수의 100분의 3 이상에 해당하는 주식을 가진 주주는 총회의 결의가 있은 날부터 1월내에 그 이사의 해임을 법원에 청구할 수 있다.
<개정 1998.12.28.>

③제186조의 규정은 전항의 경우에 준용한다.

제386조(결원의 경우) ①법률 또는 정관에 정한 이사의 원수를 결한 경우에는 임기의 만료 또는 사임으로 인하여 퇴임한 이사는 새로 선임된 이사가 취임할 때까지 이사의 권리의무가 있다.

②제1항의 경우에 필요하다고 인정할 때에는 법원은 이사, 감사 기타의 이해관계인의 청구에 의하여 일시 이사의 직무를 행할 자를 선임할 수 있다. 이 경우에는 본점의 소재지에서 그 등기를 하여야 한다. <개정 1995.12.29.>

판례-가처분이의

[대법원 2009.10.29, 자, 2009마1311, 결정]

【판시사항】

[1] 상법 제386조 제1항에 따라 이사의 권리의무를 행하고 있는 퇴임이사를 상대로 그 직무집행의 정지를 구하는 가처분신청을 할 수 있는지 여부(소극)

[2] 퇴임할 당시 법률 또는 정관에 정한 이사의 원수가 충족되어 있음에도 불구하고 퇴임이사가 여전히 이사로서의 권리의무를 실제로 행사하고 있는 경우, 그 직무집행정지를 구하는 가처분신청을 할 수 있는지 여부(적극)

【판결요지】

[1] 상법 제386조 제1항은 법률 또는 정관에 정한 이사의 원수를 결한 경우에는 임기의 만료 또는 사임으로 인하여 퇴임한 이사로 하여금 새로 선임된 이사가 취임할 때까지 이사의 권리의무를 행하도록 규정하고 있는바, 위 규정에 따라 이사의 권리의무를 행사하고 있는 퇴임이사로 하여금 이사로서의 권리의무를 가지게 하는 것이 불가능하거나 부적당한 경우 등 필요한 경우에는 상법 제386조 제2항에 정한 일시 이사의 직무를 행할 자의 선임을 법원에 청구할 수 있으므로, 이와는 별도로 상법 제386조 제1항에 정한 바에 따라 이사의 권리의무를 행하고 있는 퇴임이사를 상대로 해임사유의 존재나 임기만료·사임 등을 이유로 그 직무집행의 정지를 구하는 가처분신청은 허용되지 않는다.

[2] 상법 제386조 제1항의 규정에 따라 퇴임이사가 이사의 권리의무를 행할 수 있는 것은 법률 또는 정관에 정한 이사의 원수를 결한 경우에 한정되는 것이므로, 퇴임할 당시에 법률 또는 정관에 정한 이사의 원수가 충족되어 있는 경우라면 퇴임하는 이사는 임기의 만료 또는 사임과 동시에 당연히 이사로서의 권리의무를 상실하는 것이고, 그럼에도 불구하고 그 이사가 여전히 이사로서의 권리의무를 실제로 행사하고 있는 경우에는 그 권리의무의 부존재확인청구권을 피보전권리로 하여 직무집행의 정지를 구하는 가처분신청이 허용된다.

대표청산인이 청산절차를 밟지 않을 경우 직무대행자 선임 여부

(대한법률구조공단 자료)

질문

저는 甲회사에 대한 승소판결문을 가지고 있습니다. 그런데 甲회사는 휴면회사로서 해산등기가 되었지만 대표청산인이 여전히 청산절차를 밟지 않고 있습니다. 이에 저는 甲회사의 집행 가능한 재산을 파악하기 위하여 재산명시신청을 하였는데, 대표청산인데 대한 재산명시결정이 계속적으로 송달불능상태에 있습니다. 이러한 경우 직무대행자를 선임하여 제가 신청하여 발부된 재산명시결정문을 송달 받도록 할수 있는지요?

답변

「상법」 제386조는 "①법률 또는 정관에 정한 이사의 원수(員數)를 결한 경우에는 임기의 만료 또는 사임으로 인하여 퇴임한 이사는 새로 선임된 이사가 취임할 때까지 이사의 권리의무가 있다. ②제1항의 경우에 필요하다고 인정할 때에는 법원은 이사, 감사 기타의 이해관계인의 청구에 의하여 일시 이사의 직무를 행할 자를 선임 할 수 있다. 이 경우에는 본점의 소재지에서 그 등기를 하여야 한다." 라고 규정하고 있고, 위 규정은 같은 법 제542조에 의하여 청산인에 준용한다고 규정하고 있습니다.

그런데 위 사안과 관련하여 판례는 "사건본인 회사가 휴면회사가 되어 해산등기가 마쳐졌음에도 사건본인 회사의 대표청산인으로서의 권리의무를 보유하고 있는자가 해산등기 이후 상법의 규정에 따른 청산절차를 밟고 있지 아니하고, 재항고인의 수차례에 걸친 주소보정에도 불구하고 사건본인 회사의 대표청산인에 대한 재산관계명시결정이 계속적으로 송달불능상태에 있다면, 사건본인 회사의 채권자인 재항고인으로서는 현재의 대표청산인을 상대로 하여서는 재산관계명시결정을 공시송달의 방법에 의하지 아니하고는 송달할 방법이 없게 되어 재산관계의 명시신청을 통하여 재항고인이 얻고자 하는 효과를 얻을 수 없게 되는바, 이와 같은 경우에는 사건본인 회사의 대표청산인이 부재한 것과 다름이 없어 대표청산인에게 그 권리의무를 보유하게 하는 것이 불가능 또는 부적당한 경우라고 할 것이므로, 이는 상법 제386조 제2항에 따라 사건본인 회사의 채권자로서 이해관계인인 재항고인의 청구에 의하여 일시 이사의 직무를 행할 자를 선임할 필요가 있다고 인정되는 때에 해당한다."라고 하였습니다(대법원 1998. 9. 3.자 97마1429 결정).

따라서 위 사안에서 귀하는 甲회사의 대표청산인의 직무를 일시 대행할 자의 선임신청을 하여 선임결정 후 그자에게 재산명시결정을 송달시키도록 할 수 있을 것입니다.

"본 사례는 개인의 법률문제 해결에 도움을 주고자 게재되었으나, 이용자 여러분의 생활에서 발생하는 구체적 사안은 동일하지는 않을 것이므로 참고자료로 활용하시기 바랍니다."

제387조(자격주) 정관으로 이사가 가질 주식의 수를 정한 경우에 다른 규정이 없는 때에는 이사는 그 수의 주권을 감사에게 공탁하여야 한다.

제388조(이사의 보수) 이사의 보수는 정관에 그 액을 정하지 아니한 때에는 주주총회의 결의로 이를 정한다.

판례-부당이득금(명목상 이사·감사 보수 사건)

[대법원 2015.7.23, 선고, 2014다236311, 판결]

【판시사항】

이른바 명목상 이사·감사가 회사에 대하여 정관의 규정 또는 주주총회의 결의로 결정된 보수의 청구권을 갖는지 여부(원칙적 적극)

【판결요지】

법적으로는 주식회사 이사·감사의 지위를 갖지만 회사와의 명시적 또는 묵시적 약정에 따라 이사·감사로서의 실질적인 직무를 수행하지 않는 이른바 명목상 이사·감사도 법인인 회사의 기관으로서 회사가 사회적 실체로서 성립하고 활동하는 데 필요한 기초를 제공함과 아울러 상법이 정한 권한과 의무를 갖고 의무 위반에 따른 책임을 부담하는 것은 일반적인 이사·감사와 다를 바 없으므로, 과다한 보수에 대한 사법적 통제의 문제는 별론으로 하더라도, 오로지 보수의 지급이라는 형식으로 회사의 자금을 개인에게 지급하기 위한 방편으로 이사·감사로 선임한 것이라는 등의 특별한 사정이 없는 한, 회사에 대하여 상법 제388조, 제415조에 따라 정관의 규정 또는 주주총회의 결의에 의하여 결정된 보수의 청구권을 갖는다.

제389조(대표이사) ①회사는 이사회의 결의로 회사를 대표할 이사를 선정하여야 한다. 그러나 정관으로 주주총회에서 이를 선정할 것을 정할 수 있다.
②전항의 경우에는 수인의 대표이사가 공동으로 회사를 대표할 것을 정할 수 있다.
③제208조제2항, 제209조, 제210조와 제386조의 규정은 대표이사에 준용한다. <개정 1962.12.12.>

제390조(이사회의 소집) ①이사회는 각 이사가 소집한다. 그러나 이사회의 결의로 소집할 이사를 정한 때에는 그러하지 아니하다.
②제1항 단서의 규정에 의하여 소집권자로 지정되지 않은 다른 이사는 소집

권자인 이사에게 이사회 소집을 요구할 수 있다. 소집권자인 이사가 정당한 이유없이 이사회 소집을 거절하는 경우에는 다른 이사가 이사회를 소집할 수 있다. <신설 2001.7.24.>
③이사회를 소집함에는 회일을 정하고 그 1주간전에 각 이사 및 감사에 대하여 통지를 발송하여야 한다. 그러나 그 기간은 정관으로 단축할 수 있다. <개정 1984.4.10.>
④이사회는 이사 및 감사 전원의 동의가 있는 때에는 제3항의 절차없이 언제든지 회의할 수 있다. <개정 1984.4.10., 2001.7.24.>

제391조(이사회의 결의방법) ①이사회의 결의는 이사과반수의 출석과 출석이사의 과반수로 하여야 한다. 그러나 정관으로 그 비율을 높게 정할 수 있다.
②정관에서 달리 정하는 경우를 제외하고 이사회는 이사의 전부 또는 일부가 직접 회의에 출석하지 아니하고 모든 이사가 음성을 동시에 송수신하는 원격통신수단에 의하여 결의에 참가하는 것을 허용할 수 있다. 이 경우 당해 이사는 이사회에 직접 출석한 것으로 본다.
<신설 1999.12.31., 2011.4.14.>
③제368조제3항 및 제371조제2항의 규정은 제1항의 경우에 이를 준용한다. <개정 2014.5.20.>
[전문개정 1984.4.10.]

판례-주주총회결의무효확인등

[대법원 2010.6.24, 선고, 2010다13541, 판결]

【판시사항】
[1] 정관으로 이사의 임기를 그 임기 중의 최종 결산기에 관한 정기주주총회 종결일까지 연장할 수 있도록 정한 상법 제383조 제3항의 규정 취지 및 그 조항이 이사의 임기가 최종 결산기의 말일과 그 결산기에 관한 정기주주총회 사이에 만료되는 경우에만 적용되는지 여부(적극)
[2] 소집권한이 없는 자가 이사회 소집결정도 없이 소집하여 이루어진 주주총회 결의의 효력
[3] 임기만료로 퇴임한 이사 甲이 소집한 이사회에 甲과 임기만료로 퇴임한 이사 乙 및 이사 丙이 참석하여 丁을 대표이사에서 해임하고 甲을 대표이사로 선임하는 결의를 한 다음, 甲이 곧바로 소집한 주주총회에 甲, 乙, 丙이 주주로 참석하여 丁을 이사에서 해임하고 甲과 戊를 이사로 선임하는 결의를 한 사안에서, 위 이사회결의는 정관에 정한 소집절차 및 의결정족수에 위배되어 무효이고, 위 주주총회결의는 소집권한 없는 자가 이사회의 소집결정 없이 소집한 주주총회에서 이루어진 것으로 그 하자가 중대하여 법률상 존재하지 않는다고 보아야 한다고 한 사례

【판결요지】
[1] 상법 제383조 제3항은 이사의 임기는 3년을 초과할 수 없도록 규정한 같은 조 제2항에 불구하고 정관으로 그 임기 중의 최종의 결산기에 관한 정기주주총회의 종결에 이르기까지 이를 연장할 수 있다고 규정하고 있는바, 위 규정은 임기가 만료되는 이사에 대하여는 임기 중의 결산에 대한 책임을 지고 주주총회에서 결산서류에 관한 주주들의 질문에 답변하고 변명할 기회를 주는 한편, 회사에 대하여는 정기주주총회를 앞두고 이사의 임기가 만료될 때마다 임시주주총회를 개최하여 이사를 선임하여야 하는 번거로움을 덜어주기 위한 것에 그 취지가 있다.

위와 같은 입법 취지 및 그 규정 내용에 비추어 보면, 위 규정상의 '임기 중의 최종의 결산기에 관한 정기주주총회' 라 함은 임기 중에 도래하는 최종의 결산기에 관한 정기주주총회를 말하고, 임기 만료 후 최초로 도래하는 결산기에 관한 정기주주총회 또는 최초로 소집되는 정기주주총회를 의미하는 것은 아니므로, 위 규정은 결국 이사의 임기가 최종 결산기의 말일과 당해 결산기에 관한 정기주주총회 사이에 만료되는 경우에 정관으로 그 임기를 정기주주총회 종결일까지 연장할 수 있도록 허용하는 규정이라고 보아야 한다.
[2] 주주총회를 소집할 권한이 없는 자가 이사회의 주주총회 소집결정도 없이 소집한 주주총회에서 이루어진 결의는, 1인 회사의 1인 주주에 의한 총회 또는 주주 전원이 참석하여 총회를 개최하는 데 동의하고 아무런 이의 없이 결의가 이루어졌다는 등의 특별한 사정이 없는 이상, 총회 및 결의라고 볼 만한 것이 사실상 존재한다고 하더라도 그 성립 과정에 중대한 하자가 있어 법률상 존재하지 않는다고 보아야 한다.
[3] 임기만료로 퇴임한 이사 甲이 소집한 이사회에 甲과 임기만료로 퇴임한 이사 乙 및 이사 丙이 참석하여 丁을 대표이사에서 해임하고 甲을 대표이사로 선임하는 결의를 한 다음, 甲이 곧바로 소집한 주주총회에 甲, 乙, 丙이 주주로 참석하여 丁을 이사에서 해임하고 甲과 戊를 이사로 선임하는 결의를 한 사안에서, 위 이사회결의는 소집권한 없는 자가 소집하였을 뿐 아니라 이사가 아닌 자를 제외하면 이사 1인만 참석하여 이루어진 것이 되어 정관에 정한 소집절차 및 의결정족수에 위배되어 무효이고, 위 주주총회결의는 소집권한 없는 자가 이사회의 소집결정 없이 소집한 주주총회에서 이루어진 것으로 그 하자가 중대하여 법률상 존재하지 않는다고 보아야 한다고 한 사례.

제391조의2(감사의 이사회출석 · 의견진술권) ①감사는 이사회에 출석하여 의견을 진술할 수 있다.
②감사는 이사가 법령 또는 정관에 위반한 행위를 하거나 그 행위를 할 염려가 있다고 인정한 때에는 이사회에 이를 보고하여야 한다.
[본조신설 1984.4.10.]

제391조의3(이사회의 의사록) ①이사회의 의사에 관하여는 의사록을 작성하여야 한다.
②의사록에는 의사의 안건, 경과요령, 그 결과, 반대하는 자와 그 반대이유를 기재하고 출석한 이사 및 감사가 기명날인 또는 서명하여야 한다.
<개정 1995.12.29., 1999.12.31.>
③주주는 영업시간내에 이사회의사록의 열람 또는 등사를 청구할 수 있다.
<신설 1999.12.31.>
④회사는 제3항의 청구에 대하여 이유를 붙여 이를 거절할 수 있다. 이 경우 주주는 법원의 허가를 얻어 이사회의사록을 열람 또는 등사할 수 있다.
<신설 1999.12.31.> [본조신설 1984.4.10.]

판례-이사회의사록열람및등사허가신청

[대법원 2014.7.21, 자, 2013마657, 결정]

【판시사항】
[1] 주주의 이사회 의사록 또는 회계장부와 서류 등에 대한 열람·등사권 행사가

부당한지 판단하는 기준
[2] 주주로서 권리를 행사하기 위하여 이사회 의사록의 열람·등사가 필요하다고 인정되는 경우, 열람·등사를 청구한 주주가 적대적 인수·합병을 시도하고 있다는 사정만으로 청구가 부당하다고 할 수 있는지 여부(원칙적 소극) / 적대적 인수·합병을 시도하는 주주의 열람·등사청구가 인정되는 경우
[3] 甲 주식회사의 엘리베이터 사업부문을 인수할 의도로 甲 회사 주식을 대량 매집하여 지분율을 끌어올려 온 乙 외국법인이 甲 회사가 체결한 파생상품계약 등의 정당성을 문제 삼으면서 甲 회사 이사회 의사록의 열람·등사를 청구한 사안에서, 위 청구가 정당한 목적을 결하여 부당하다고 본 원심결정에 법리오해의 위법이 있다고 한 사례
[4] 이사회결의 등을 위하여 이사회에 제출된 관련 서류가 이사회 의사록 열람·등사청구의 대상에 해당하는 경우

【판결요지】
[1] 상법 제391조의3 제3항, 제466조 제1항에서 규정하고 있는 주주의 이사회 의사록 또는 회계 장부와 서류 등에 대한 열람·등사청구가 있는 경우, 회사는 청구가 부당함을 증명하여 이를 거부할 수 있는데, 주주의 열람·등사권 행사가 부당한 것인지는 행사에 이르게 된 경위, 행사의 목적, 악의성 유무 등 제반 사정을 종합적으로 고려하여 판단하여야 하고, 특히 주주의 이와 같은 열람·등사권 행사가 회사업무의 운영 또는 주주 공동의 이익을 해치거나 주주가 회사의 경쟁자로서 취득한 정보를 경업에 이용할 우려가 있거나, 또는 회사에 지나치게 불리한 시기를 택하여 행사하는 경우 등에는 정당한 목적을 결하여 부당한 것이라고 보아야 한다.
[2] 적대적 인수·합병을 시도하는 주주의 열람·등사청구라고 하더라도 목적이 단순한 압박이 아니라 회사의 경영을 감독하여 회사와 주주의 이익을 보호하기 위한 것이라면 허용되어야 하는데, 주주가 회사의 이사에 대하여 대표소송을 통한 책임추궁이나 유지청구, 해임청구를 하는 등 주주로서의 권리를 행사하기 위하여 이사회 의사록의 열람·등사가 필요하다고 인정되는 경우에는 특별한 사정이 없는 한 그 청구는 회사의 경영을 감독하여 회사와 주주의 이익을 보호하기 위한 것이므로, 이를 청구하는 주주가 적대적 인수·합병을 시도하고 있다는 사정만으로 청구가 정당한 목적을 결하여 부당한 것이라고 볼 수 없고, 주주가 회사의 경쟁자로서 취득한 정보를 경업에 이용할 우려가 있거나 회사에 지나치게 불리한 시기를 택하여 행사하는 등의 경우가 아닌 한 허용되어야 한다.
[3] 甲 주식회사의 엘리베이터 사업부문을 인수할 의도로 甲 회사 주식을 대량 매집하여 지분율을 끌어올려 온 乙 외국법인이 甲 회사가 체결한 파생상품계약 등의 정당성을 문제 삼으면서 甲 회사 이사회 의사록의 열람·등사를 청구한 사안에서, 乙 법인이 이사에 대한 대표소송 등 주주로서의 권리를 행사하기 위하여 이사회 의사록의 열람·등사가 필요하다고 인정되는 점, 乙 법인이 이사회 의사록으로 취득한 정보를 경업에 이용할 우려가 있다거나 甲 회사에 지나치게 불리한 시기에 열람·등사권을 행사하였다고 볼 수 없는 점 등 여러 사정에 비추어 乙 법인의 열람·등사청구가 甲 회사의 경영을 감독하여 甲 회사와 주주의 이익을 보호하기 위한 것과 관계없이 甲 회사에 대한 압박만을 위하여 행하여진 것으로서 정당한 목적을 결하여 부당하다고 할 수 없는데도, 이와 달리 보아 위 청구를 배척한 원심결정에 주주의 이사회 의사록 열람·등사권 행사에 관한 법리오해의 위법이 있다고 한 사례.
[4] 이사회결의 등을 위해 이사회에 제출된 관련 서류라도 그것이 이사회 의사록에 첨부되지 않았다면 이는 이사회 의사록 열람·등사청구의 대상에 해당하지 않으나, 이사회 의사록에서 '별첨', '별지' 또는 '첨부' 등의 용어를 사용하면서 내용을 인용하고 있는 첨부자료는 해당 이사회 의사록의 일부를 구성하는 것으로서 이사회 의사록 열람·등사청구의 대상에 해당한다.

제392조(이사회의 연기 · 속행) 제372조의 규정은 이사회에 관하여 이를 준용한다.
[전문개정 1984.4.10.]

제393조(이사회의 권한) ①중요한 자산의 처분 및 양도, 대규모 재산의 차입, 지배인의 선임 또는 해임과 지점의 설치 · 이전 또는 폐지 등 회사의 업무집행은 이사회의 결의로 한다. <개정 2001.7.24.>
②이사회는 이사의 직무의 집행을 감독한다.
③이사는 대표이사로 하여금 다른 이사 또는 피용자의 업무에 관하여 이사회에 보고할 것을 요구할 수 있다. <신설 2001.7.24.>
④이사는 3월에 1회 이상 업무의 집행상황을 이사회에 보고하여야 한다. <신설 2001.7.24.>
[전문개정 1984.4.10.]

대표이사가 이사회 결의 없이 행한 대외적 거래행위의 효력

(대한법률구조공단 자료)

질문

저는 甲회사의 대표이사 乙에게 甲회사를 채무자로 하여 다액의 금원을 대여하였습니다. 그런데 乙이 대표이사직을 사임한 이후 변제기가 도래하여 甲회사에 대여금을 청구하였으나, 甲회사에서는 乙이 이사회의 결의사항인 금전차용을 이사회의 결의 없이 행하였으므로 甲회사는 지급책임이 없다고 합니다. 이 경우 甲회사는 저에 대하여 대여금지급의무가 없는지요?

답변

이사회의 권한에 관하여 「상법」 제393조는 "①중요한 자산의 처분 및 양도, 대규모 재산의 차입, 지배인의 선임 또는 해임과 지점의 설치 · 이전 또는 폐지 등 회사의 업무집행은 이사회의 결의로 한다. ②이사회는 이사의 직무의 집행을 감독한다. ③이사는 대표이사로 하여금 다른 이사 또는 피용자의 업무에 관하여 이사회에 보고할 것을 요구할 수 있다. ④이사는 3월에 1회 이상 업무의 집행상황을 이사회에 보고하여야 한다."라고 규정하고 있고, 주식회사의 정관 등에서 대표이사의 대외적 거래행위 중 중요사항을 이사회의 결의를 거치도록 규정한 경우가 많이 있으며, 그러한 정함이 없는 경우에도 판례는 "법률 또는 정관 등의 규정에 의하여 주주총회 또는 이사회의 결의를 필요로 하는 것으로 되어 있지 아니한 업무중 이사회가 일반적 · 구체적으로 대표이사에게 위임하지 않은 업무로서 일상업무에 속하지 아니한 중요한 업무에 대하여는 이사회에게 그 의사결정권한이 있다."라고 하였습니다(대법원 1997. 6. 13. 선고 96다 48282 판결).

한편 합명회사의 대표사원의 권한에 관하여 같은 법 제209조는 "①회사를 대표하는 사원은 회사의 영업에 관하여 재판상 또는 재판 외의 모든 행위를 할 권한이 있다. ②전항의 권한에 대한 제한은 선의의 제3자에게 대항하지 못한다."라고 규정하고 있고, 같은 법 제389조 제3항에서는 위 규정을 주식회사의 대표이사에 대하여도 준용하도록 규정하고 있습니다.

그리고 이와 관련하여, 주식회사의 정관 등에 대표이사의 대외적 거래행위 중 중요사항을 이사회의 결의를 거치도록 규정한 경우 대표이사가 이사회의 결의를 거치지 않은 경우 그 거래행위의 효력에 관하여 판례는 "주식회사의 대표이사가 이사회의 결의를 요하는 대외적 거래행위를 하면서 실제로 이사회의 결의를 거치지 아니하였거나 이사회의 결의가 있었다고 하더라도 그 결의가 무효인 경우, 거래 상대방이 그 이사회의 결의의 부존재 또는 무효사실을 알았거나 알 수 있었다면 그 거래행위는 무효이다."라고 하였지만(대법원 1998. 7. 24. 선고 97다35276 판결), "주식회사의 대표이사가 이사회의 결의를 거쳐야 할 대외적 거래행위에 관하여 이를 거치지 아니한 경우라도, 이와 같은 이사회결의사항은 회사의 내부적 의사결정에 불과하다 할 것이므로, 그 거래 상대방이 그와 같은 이사회결의가 없었음을 알았거나 알 수 있었을 경우가 아니라면 그 거래행위는 유효하다 할 것이고, 이 경우 거래의 상대방이 이사회의 결의가 없었음을 알았거나 알 수 있었음은 이를 주장하는 회사측이 주장 · 입증하여야 한다."라고 하였습니다(대법원 2003. 1. 21. 선고

2000다20670 판결, 2005. 7. 28. 선고 2005다3649 판결).

따라서 乙이 이사회의 결의 없이 귀하로부터 금원을 차용하였다고 하여도 귀하가 그러한 사실을 알지 못하고 있었던 것으로 보이므로 귀하가 甲회사에 대하여 위 대여금을 청구함에 지장이 없을 것으로 보입니다.

"본 사례는 개인의 법률문제 해결에 도움을 주고자 게재되었으나, 이용자 여러분의 생활에서 발생하는 구체적 사안은 동일하지는 않을 것이므로 참고자료로 활용하시기 바랍니다."

제393조의2(이사회내 위원회) ①이사회는 정관이 정한 바에 따라 위원회를 설치할 수 있다.

②이사회는 다음 각호의 사항을 제외하고는 그 권한을 위원회에 위임할 수 있다.

1. 주주총회의 승인을 요하는 사항의 제안
2. 대표이사의 선임 및 해임
3. 위원회의 설치와 그 위원의 선임 및 해임
4. 정관에서 정하는 사항

③위원회는 2인 이상의 이사로 구성한다.

④위원회는 결의된 사항을 각 이사에게 통지하여야 한다. 이 경우 이를 통지받은 각 이사는 이사회의 소집을 요구할 수 있으며, 이사회는 위원회가 결의한 사항에 대하여 다시 결의할 수 있다.

⑤제386조제1항 · 제390조 · 제391조 · 제391조의3 및 제392조의 규정은 위원회에 관하여 이를 준용한다.

[본조신설 1999.12.31.]

제394조(이사와 회사간의 소에 관한 대표) ①회사가 이사에 대하여 또는 이사가 회사에 대하여 소를 제기하는 경우에 감사는 그 소에 관하여 회사를 대표한다. 회사가 제403조제1항의 청구를 받음에 있어서도 같다.

②제415조의2의 규정에 의한 감사위원회의 위원이 소의 당사자인 경우에는 감사위원회 또는 이사는 법원에 회사를 대표할 자를 선임하여 줄 것을 신청하여야 한다. <신설 1999.12.31.>

[전문개정 1984.4.10.]

판례-소장각하명령에 대한 즉시항고

[대법원 2013.9.9, 자, 2013마1273, 결정]

【판시사항】

[1] 등기이사이던 사람이 회사를 상대로 사임을 주장하며 이사직을 사임한 취지의 변경등기를 구하는 소를 제기한 경우, 그 소에 관하여 회사를 대표할 사람(=대표이사)

[2] 소장에 대표자의 표시가 되어 있으나 그 표시에 잘못이 있는 경우, 재판장이 보정명령을 하고 그에 대한 불응을 이유로 소장을 각하할 수 있는지 여부(소극)

【판결요지】

[1] 회사의 이사로 등기되어 있던 사람이 회사를 상대로 사임을 주장하면서 이사직을 사임한 취지의 변경등기를 구하는 소에서 상법 제394조 제1항은 적용되지 아니하므로 그 소에 관하여 회사를 대표할 사람은 감사가 아니라 대표이사라고 보아야 한다. 그 이유는 다음과 같다. 이러한 소에서 적법하게 이사직 사임이 이루어졌는지는 심리의 대상 그 자체로서 소송 도중에는 이를 알 수 없으므로 법원

으로서는 소송관계의 안정을 위하여 일응 외관에 따라 회사의 대표자를 확정할 필요가 있다. 그런데 위 상법 규정이 이사와 회사의 소에서 감사로 하여금 회사를 대표하도록 규정하고 있는 이유는 공정한 소송수행을 확보하기 위한 데 있고, 회사의 이사가 사임으로 이미 이사직을 떠난 경우에는 특별한 사정이 없는 한 위 상법 규정은 적용될 여지가 없다. 한편 사임은 상대방 있는 단독행위로서 그 의사표시가 상대방에게 도달함과 동시에 효력이 발생하므로 그에 따른 등기가 마쳐지지 아니한 경우에도 이로써 이사의 지위를 상실함이 원칙이다. 따라서 이사가 회사를 상대로 소를 제기하면서 스스로 사임으로 이사의 지위를 상실하였다고 주장한다면, 적어도 그 이사와 회사의 관계에서는 외관상 이미 이사직을 떠난 것으로 보기에 충분하고, 또한 대표이사로 하여금 회사를 대표하도록 하더라도 공정한 소송수행이 이루어지지 아니할 염려는 거의 없기 때문이다.
[2] 민사소송법 제254조에 의한 재판장의 소장심사권은 소장이 같은 법 제249조 제1항의 규정에 어긋나거나 소장에 법률의 규정에 따른 인지를 붙이지 아니하였을 경우에 재판장이 원고에 대하여 상당한 기간을 정하여 그 흠결의 보정을 명할 수 있고, 원고가 그 기간 내에 이를 보정하지 않을 때에 명령으로써 그 소장을 각하한다는 것일 뿐이므로, 소장에 일응 대표자의 표시가 되어 있는 이상 설령 그 표시에 잘못이 있다고 하더라도 이를 정정 표시하라는 보정명령을 하고 그에 대한 불응을 이유로 소장을 각하하는 것은 허용되지 아니한다. 이러한 경우에는 오로지 판결로써 소를 각하할 수 있을 뿐이다.

제395조(표현대표이사의 행위와 회사의 책임) 사장, 부사장, 전무, 상무 기타 회사를 대표할 권한이 있는 것으로 인정될 만한 명칭을 사용한 이사의 행위에 대하여는 그 이사가 회사를 대표할 권한이 없는 경우에도 회사는 선의의 제삼자에 대하여 그 책임을 진다.

이사자격 없는 자에게도 상법상 표현대표이사 규정이 적용되는지

(대한법률구조공단 자료)

질문

저는 甲주식회사의 이사이며 대표라고 주장하는 乙과 甲주식회사 사무실에서 3억 5,000만원 상당의 물품납품계약을 체결하고 물건을 납품하였습니다. 그러나 甲회사의 법인등기사항증명서를 확인해보니 丙이 등기부상 대표이사로 등재되어 있었고 乙은 이사로 등재되어 있지도 않았습니다. 이 경우 저는 甲주식회사에 대하여 물품대금을 청구할 수 있는지요?

답변

「상법」 제395조는 "사장, 부사장, 전무, 상무 기타 회사를 대표할 권한이 있는 것으로 인정될 만한 명칭을 사용한 이사의 행위에 대하여는 그 이사가 회사를 대표할 권한이 없는 경우에도 회사는 선의의 제3자에 대하여 그 책임을 진다." 라고 규정하여 표현대표이사가 이사자격을 갖출 것을 법 형식상의 요건으로 하고 있습니다.
그러나 판례는 "상법 제395조가 회사를 대표할 권한이 있는 것으로 인정될 만한 명칭을 사용한 이사의 행위에 대한 회사책임을 규정한 것이어서, 표현대표이사가 이사자격을 갖출 것을 그 요건으로 하고 있으나, 이 규정은 표시에 의한 금반언(禁反言)의 법리나 외관이론(外觀理論)에 따라 대표이사로서의 외관을 신뢰한 제3자를 보호하기 위하여 그와 같은 외관의 존재에 관하여 귀책사유가 있는 회사로 하여금 선의의 제3자에 대하여 그들의 행위에 관한 책임을 지도록 하려는 것이므로, 회사가 이사자격이 없는 자에게 표현대표이사의 명칭을 사용하게 하는 경우는 물론, 이사자격도 없는 사람이 임의로 표현대표이사의 명칭을 사용하고 있는 것을 회사가 알면서도 아무런 조치를 취하지 아니한 채 그대로 방치하여 소극적으로 묵인한 경우에도 위 규정이 유추적용 되는 것으로 해석함이 상당하고(대법원 1992. 7. 28. 선고 91다35816 판결), 상법 제395조가 정한 표현대표이사의 행위에 의한 회사의 책임에 관한 규정은 표현대표이사가 자기의 명칭을 사용하여 법률행위를 한 경우는 물론이고, 자기의 명칭을 사용하지 아니하고 다른 대표이사의 명칭을 사용하여 행위를 한 경우에도 적용된다."라고 하였습니다(대법원 1988. 10. 25. 선고 86다카1228 판결, 2003. 7. 22. 선고 2002다40432 판결).
또한, 판례는 "상법 제395조의 표현대표이사책임에 관한 규정의 취지는 회사의 대표이사가 아닌 이사가 외관상 회사의 대표권 있는 것으로 인정될 만한 명칭을 사용하여 거래행위를 하고 이러한 외관상 회사의 대표행위에 대하여 회사에게 귀책사유가 있는 경우에 그 외관을 믿은 선의의 제3자를 보호함으로써 상거래의 신뢰와 안전을 도모하려는 데에 있으므로, 위와 같은 표현대표자의 행위에 대하여 회사가 책임을 지는 것은 회사가 표현대표자의 명칭사용을 명시적으로나 묵시적으로 승인할 경우에 한하는 것이고, 회사의 명칭사용의 승인 없이 임의로 명칭을 참칭(僭稱)한 자의 행위에 대하여는 비록 그 명칭사용을 알지 못하고 제지하지 못한 점에 있어 회사에게 과실이 있다고 할지라도, 그 회사의 책임으로 돌려 선의의 제3자에 대하여 책임을 지게 할 수 없다."라고 하였습니다(대법원 1995. 11. 21. 선고 94다50908 판결).
따라서 위 사안의 경우는 乙이 등기부상의 대표이사가 아니고 심지어 이사의 자격조차 갖추지 못하고 있다고 하더라도 甲주식회사는 그 회사의 사무실에서 대표이사의 명칭을 사용하며 위와 같은 계약을 체결하도록 하는 등 방치한 이상, 甲주식회사는 위 같은 법 제395조의 유추적용에 의하여 귀하가 납품한 물품대금에 대하여 책임을 져야 할 것으로 보입니다. 다만, 대법원은 "제3자가 조금만 주의를 기울였더라면 표현대표이사의 행위가 대표권에 기한 것이 아니라는 사정을 알 수 있었음에도 만연히 이를 대표권에 기한 행위라고 믿음으로써 거래통념상 요구되는 주의의무에 현저히 위반하는 것으로, 공평의 관점에서 제3자를 구태여 보호할 필요가 없다고 봄이 상당하다" 고 판시함으로써 거래의 상대방에게 중대한 과실이 있을 경우 표현대표이사 책임을 물을 수 없다고 판시한 바가 있습니다(대법원 2003. 7. 22. 선고 2002다40432 판결).

"본 사례는 개인의 법률문제 해결에 도움을 주고자 게재되었으나, 이용자 여러분의 생활에서 발생하는 구체적 사안은 동일하지는 않을 것이므로 참고자료로 활용하시기 바랍니다."

판례-손해배상

[대법원 2013.2.14, 선고, 2010다91985, 판결]

【판시사항】
[1] 제3자가 표현대표이사에게 회사를 대표할 권한이 있다고 믿은 데 중대한 과실이 있는 경우, 회사가 상법 제395조에 따른 책임을 지는지 여부(소극) 및 '제3자의 중대한 과실'의 의미와 판단 기준
[2] 상표의 전용사용권자인 甲 주식회사로부터 상표의 사용허락을 받은 통상사용권자인 乙 주식회사의 이사 丙이 甲 회사의 동의 없이 丁에게 위 상표의 사용권을 부여하는 내용의 업무협약을 체결하였고, 丁이 위 상표를 부착하여 상품을 제조·납품하여 오다가 甲 회사로부터 형사고소와 민사소송을 제기당한 사안에서, 丁은 업무협약을 해제하고 원상회복으로 乙 회사에 지급한 상표 사용료의 반환을 구할 수 있다고 한 사례
[3] 상표의 전용사용권자인 甲 주식회사로부터 상표의 사용허락을 받은 통상사용권자인 乙 주식회사의 이사 丙이 甲 회사의 동의 없이 丁에게 위 상표의 사용권을 부여하는 내용의 업무협약을 체결하였고, 丁이 위 상표를 부착하여 상품을 제조·납품하여 오다가 甲 회사로부터 형사고소와 민사소송을 제기당한 사안에서, 丁이 상품을 납품하고 수령한 납품대금 상당의 이득을 乙 회사가 丁에게 배상하여야 할 손해액에서 공제할 수 없다고 한 사례

【판결요지】
[1] 상법 제395조가 표현대표이사의 행위로 인한 주식회사의 책임을 인정하는 취지는, 회사의 대표이사가 아닌 이사가 외관상 회사의 대표권이 있는 것으로 인정될 만한 명칭을 사용하여 거래행위를 하고 그러한 외관이 생겨난 데에 회사의 귀책사유가 있는 경우에 그 외관을 믿은 선의의 제3자를 보호함으로써 상거래의 신뢰와 안전을 도모하려는 데 있다. 따라서 거래의 상대방인 제3자가 대표이사가

아닌 이사에게 그 거래행위를 함에 있어 회사를 대표할 권한이 있다고 믿었다 할지라도 그와 같이 믿은 데에 중대한 과실이 있는 경우에는 회사는 위 규정에 의한 책임을 지지 아니한다. 여기서 제3자의 중대한 과실이라 함은 제3자가 조금만 주의를 기울였더라면 표현대표이사의 행위가 대표권에 기한 것이 아니라는 사정을 알 수 있었음에도 만연히 이를 대표권에 기한 행위라고 믿음으로써 거래통념상 요구되는 주의의무에 현저히 위반하는 것으로서, 공평의 관점에서 제3자를 구태여 보호할 필요가 없다고 봄이 상당하다고 인정되는 상태를 말하고 제3자에게 중과실이 있는지는 거래통념에 비추어 개별적·구체적으로 판단하여야 한다.

[2] 상표의 전용사용권자인 甲 주식회사로부터 상표의 사용허락을 받은 통상사용권자인 乙 주식회사의 이사 丙이 甲 회사의 동의 없이 丁에게 위 상표의 사용권을 부여하는 내용의 업무협약을 체결하였고, 丁이 위 상표를 부착하여 상품을 제조·납품하여 오다가 甲 회사로부터 형사고소와 민사소송을 제기당한 사안에서, 乙 회사는 업무협약에 따라 丁에게 상표의 적법한 사용권을 취득시켜줄 의무를 전혀 이행하지 않았고, 전용사용권자인 甲 회사가 丁을 상대로 상표의 전용사용권 침해를 이유로 한 형사고소와 손해배상청구소송을 제기함으로써 그 의무이행이 불능상태에 빠졌음이 명백하게 되었으므로, 丁은 업무협약이 계속적 계약의 성질을 갖는다 하더라도 계약관계를 소급적으로 해소하기 위하여 이를 해제하고 원상회복으로 乙 회사에 지급한 상표 사용료의 반환을 구할 수 있다고 한 사례.

[3] 상표의 전용사용권자인 甲 주식회사로부터 상표의 사용허락을 받은 통상사용권자인 乙 주식회사의 이사 丙이 甲 회사의 동의 없이 丁에게 위 상표의 사용권을 부여하는 내용의 업무협약을 체결하였고, 丁이 위 상표를 부착하여 상품을 제조·납품하여 오다가 甲 회사로부터 형사고소와 민사소송을 제기당한 사안에서, 乙 회사가 전용사용권자인 甲 회사 등으로부터 丁의 상표 사용에 대한 승낙을 받아 줄 의무를 이행하지 아니한 상태에서 丁이 업무협약 체결에 따라 상표 사용권을 취득하였다고 믿고 제조한 상품에 상표를 부착한 후 거래처에 납품하여 납품대금을 수령하는 이익을 얻었다 하더라도, 그 이득은 상표에 화체된 신용과 고객흡인력 및 丁의 노력과 비용이 투입된 상품의 제조·납품행위로 인하여 생긴 것일 뿐 상표의 적법한 사용권을 丁에게 부여한 바 없는 업무협약과 상당인과관계가 있다고 볼 수 없으므로, 그 납품대금 상당의 이득을 乙 회사가 丁에게 배상하여야 할 손해액에서 공제할 수 없다고 한 사례.

제396조(정관 등의 비치, 공시의무) ①이사는 회사의 정관, 주주총회의 의사록을 본점과 지점에, 주주명부, 사채원부를 본점에 비치하여야 한다. 이 경우 명의개서대리인을 둔 때에는 주주명부나 사채원부 또는 그 복본을 명의개서대리인의 영업소에 비치할 수 있다. <개정 1984.4.10., 1999.12.31.>

②주주와 회사채권자는 영업시간 내에 언제든지 제1항의 서류의 열람 또는 등사를 청구할 수 있다. <개정 1984.4.10.>

제397조(경업금지) ①이사는 이사회의 승인이 없으면 자기 또는 제삼자의 계산으로 회사의 영업부류에 속한 거래를 하거나 동종영업을 목적으로 하는 다른 회사의 무한책임사원이나 이사가 되지 못한다. <개정 1995.12.29.>

②이사가 제1항의 규정에 위반하여 거래를 한 경우에 회사는 이사회의 결의로 그 이사의 거래가 자기의 계산으로 한 것인 때에는 이를 회사의 계산으로 한 것으로 볼 수 있고 제삼자의 계산으로 한 것인 때에는 그 이사에 대하여 이로 인한 이득의 양도를 청구할 수 있다.

<개정 1962.12.12., 1995.12.29.>

③제2항의 권리는 거래가 있은 날로부터 1년을 경과하면 소멸한다. <개정 1995.12.29.>

상법상 주식회사의 이사가 회사와 동종영업을 할 수 없는 범위

(대한법률구조공단 자료)

질문

저는 무역업을 하는 甲주식회사의 이사로 있으면서 여유자금으로 대금업도 하고 있습니다. 그런데 甲주식회사는 최근 환율상승으로 보유하고 있던 달러가 폭등하여 여유자금이 생기자 새로이 대금업을 하기로 하고 우량한 차주 乙을 상대로 대금업을 시작하였습니다. 「상법」제397조는 "이사는 이사회의 승인 없이 자기 또는 제3자의 계산으로 회사의 영업부류에 속하는 거래를 하거나 동종영업을 목적으로 하는 다른 회사의 무한책임사원이나 이사가 되지 못한다."라고 규정하고 있는데, 저는 앞으로 대금업을 할 수 없는지요?

답변

「상법」제397조에서 이사의 경업금지의무를 정한 것은 이사가 그 지위를 이용하여 회사의 비용으로 얻어진 영업기회를 유용 하는 것을 제한하고 이사는 회사의 업무에 전념해야 된다는 당위성을 규범화하기 위하여 이사에게 특별한 법적 책임을 과한 것입니다.

판례도 "상법 제397조 제1항이 이사의 경업금지의무를 규정한 취지는 이사가 그 지위를 이용하여 자신의 개인적 이익을 추구함으로써 회사의 이익을 침해할 우려가 큰 경업을 금지하여 이사로 하여금 선량한 관리자의 의사로써 회사를 유효·적절하게 운영하여 그 직무를 충실하게 수행하지 않으면 안될 의무를 다하도록 하려는데 있는 것이다." 라고 하였습니다(대법원 1990. 11. 2.자 90마745 결정, 1993. 4. 9. 선고 92다53583 판결).

그러므로 영업의 제한범위는 회사의 사업목적에 국한하지 않고 널리 회사의 영리성이 미칠 수 있는 거래를 모두 포함하지만, 회사의 이사라고 하여 일체의 영리활동이 금지되는 것은 아닐 것입니다. 위 제도의 주된 목적은 이사가 회사의 비용으로 얻은 영업기회를 유용 하는 것을 방지하는데 있는 것이므로, 회사가 이에 비용을 부담한 영업기회이냐에 기준을 두어야 할 것입니다.

따라서 위 사안에 있어서는 귀하가 이미 甲회사가 거래한 적이 있는 우량한 차주 乙을 상대로 대금업을 한다면 경업으로 보아야 할 것이고, 甲회사와 전혀 거래한 사실이 없는 차주를 확보하여 대금업을 한다면 경업에서 제외시켜도 무방할 것으로 보입니다.

"본 사례는 개인의 법률문제 해결에 도움을 주고자 게재되었으나, 이용자 여러분의 생활에서 발생하는 구체적 사안은 동일하지는 않을 것이므로 참고자료로 활용하시기 바랍니다."

제397조의2(회사의 기회 및 자산의 유용 금지) ① 이사는 이사회의 승인 없이 현재 또는 장래에 회사의 이익이 될 수 있는 다음 각 호의 어느 하나에 해당하는 회사의 사업기회를 자기 또는 제3자의 이익을 위하여 이용하여서는 아니 된다. 이 경우 이사회의 승인은 이사 3분의 2 이상의 수로써 하여야 한다.

1. 직무를 수행하는 과정에서 알게 되거나 회사의 정보를 이용한 사업기회
2. 회사가 수행하고 있거나 수행할 사업과 밀접한 관계가 있는 사업기회

② 제1항을 위반하여 회사에 손해를 발생시킨 이사 및 승인한 이사는 연대하여 손해를 배상할 책임이 있으며 이로 인하여 이사 또는 제3자가 얻은 이익은 손해로 추정한다.

[본조신설 2011.4.14.]

제398조(이사 등과 회사 간의 거래) 다음 각 호의 어느 하나에 해당하는 자가 자기 또는 제3자의 계산으로 회사와 거래를 하기 위하여는 미리 이사회

에서 해당 거래에 관한 중요사실을 밝히고 이사회의 승인을 받아야 한다. 이 경우 이사회의 승인은 이사 3분의 2 이상의 수로써 하여야 하고, 그 거래의 내용과 절차는 공정하여야 한다.

1. 이사 또는 제542조의8제2항제6호에 따른 주요주주
2. 제1호의 자의 배우자 및 직계존비속
3. 제1호의 자의 배우자의 직계존비속
4. 제1호부터 제3호까지의 자가 단독 또는 공동으로 의결권 있는 발행주식 총수의 100분의 50 이상을 가진 회사 및 그 자회사
5. 제1호부터 제3호까지의 자가 제4호의 회사와 합하여 의결권 있는 발행주식총수의 100분의 50 이상을 가진 회사

[전문개정 2011.4.14.]

甲, 乙회사 대표이사 겸직자가 甲회사 명의로 乙회사 채무를 연대보증한 경우

(대한법률구조공단 자료)

질문

저는 甲회사에 1,500만원을 빌려주면서 그 채무에 대하여 甲회사와 乙회사의 대표이사를 겸하고 있는 丙이 乙회사의 대표이사 지위로 연대보증을 하도록 하였습니다. 그런데 변제기가 지나도 甲회사가 채무이행을 하지 않아 乙회사에 대하여 보증채무의 이행을 청구하였습니다. 그러나 乙회사는 대표이사 丙이 한 연대보증은 이사회의 승인을 얻지 않은 것이어서 무효라고 하며 책임질 수 없다고 합니다. 이 경우 乙회사의 주장이 맞는지요?

답변

이사와 회사간의 이해충돌을 생기게 할 염려가 있는 재산상의 행위를 자기거래라고 하는데, 위의 사안도 자기거래의 일종으로 볼 수 있을 것입니다(대법원 1984. 12. 11. 선고 84다카1591 판결).

이사와 회사간의 거래에 관하여 「상법」 제398조는 "이사는 이사회의 승인이 있는 때에 한하여 자기 또는 제3자의 계산으로 회사와 거래를 할 수 있다. 이 경우에는 민법 제124조의 규정을 적용하지 아니한다."라고 규정하고 있습니다.

판례도 "甲, 乙 두 회사의 대표이사를 겸하고 있던 자에 의하여 甲회사와 乙회사 사이에 토지 및 건물에 대한 매매계약이 체결되고 乙회사 명의로 소유권이전등기가 경료된 경우, 그 매매계약은 이른바 '이사의 자기거래'에 해당하고, 달리 특별한 사정이 없는 한 이는 甲회사와 그 이사와의 사이에 이해충돌의 염려 내지 甲회사에 불이익을 생기게 할 염려가 있는 거래에 해당하는데, 그 거래에 대하여 甲회사 이사회의 승인이 없었으므로 그 매매계약의 효력은 乙회사에 대한 관계에 있어서 무효이다."라고 하였습니다(대법원 1996. 5. 28. 선고 95다12101,12118 판결)

그러므로 두 회사의 대표이사를 겸하고 있는 자가 그 한 회사의 채무에 관하여 다른 회사를 대표하여 연대보증을 하는 경우에도 이사회의 승인을 받아야 할 것입니다.

그런데 이사회의 승인을 받지 않은 경우에 대하여 판례는 "주식회사의 대표이사가 이사회의 결의를 거쳐야 할 대외적 거래행위에 관하여 이를 거치지 아니한 경우라도, 이와 같은 이사회 결의사항은 회사의 내부적 의사결정에 불과하다 할 것이므로, 그 거래 상대방이 그와 같은 이사회 결의가 없었음을 알았거나 알 수 있었을 경우가 아니라면 그 거래행위는 유효하다 할 것이고, 이 경우 거래의 상대방이 이사회의 결의가 없었음을 알았거나 알 수 있었음은 이를 주장하는 회사측이 주장·입증하여야 한다."라고 하였습니다(대법원 2003. 1. 24. 선고 2000다20670 판결, 2005. 7. 28. 선고 2005다3649 판결). 따라서 乙회사는 귀하가 丙이 乙회사의 대표이사 자격으로 한 연대보증이 乙회사 이사회의 승인을 받지 못했음을 알았다는 사실을 입증하지 못하는 한, 귀하에 대하여 보증채무의 이행책임을 져야 할 것으로 보입니다.

"본 사례는 개인의 법률문제 해결에 도움을 주고자 게재되었으나, 이용자 여러분의 생활에서 발생하는 구체적 사안은 동일하지는 않을 것이므로 참고자료로 활용하시기 바랍니다."

제399조(회사에 대한 책임) ① 이사가 고의 또는 과실로 법령 또는 정관에 위반한 행위를 하거나 그 임무를 게을리한 경우에는 그 이사는 회사에 대하여 연대하여 손해를 배상할 책임이 있다. <개정 2011.4.14.>

②전항의 행위가 이사회의 결의에 의한 것인 때에는 그 결의에 찬성한 이사도 전항의 책임이 있다.

③전항의 결의에 참가한 이사로서 이의를 한 기재가 의사록에 없는 자는 그 결의에 찬성한 것으로 추정한다.

제400조(회사에 대한 책임의 감면) ① 제399조에 따른 이사의 책임은 주주 전원의 동의로 면제할 수 있다.

② 회사는 정관으로 정하는 바에 따라 제399조에 따른 이사의 책임을 이사가 그 행위를 한 날 이전 최근 1년간의 보수액(상여금과 주식매수선택권의 행사로 인한 이익 등을 포함한다)의 6배(사외이사의 경우는 3배)를 초과하는 금액에 대하여 면제할 수 있다. 다만, 이사가 고의 또는 중대한 과실로 손해를 발생시킨 경우와 제397조 제397조의2 및 제398조에 해당하는 경우에는 그러하지 아니하다.

[전문개정 2011.4.14.]

제401조(제삼자에 대한 책임) ① 이사가 고의 또는 중대한 과실로 그 임무를 게을리한 때에는 그 이사는 제3자에 대하여 연대하여 손해를 배상할 책임이 있다. <개정 2011.4.14.>

②제399조제2항, 제3항의 규정은 전항의 경우에 준용한다.

판례-손해배상(기)

[대법원 2012.12.13, 선고, 2010다77743, 판결]

【판시사항】

[1] 회사 재산을 횡령한 이사가 악의 또는 중대한 과실로 부실공시를 하여 재무구조 악화 사실이 증권시장에 알려지지 아니함으로써 회사 발행주식 주가가 정상주가보다 높게 형성되었고, 주식매수인이 이를 모르고 주식을 취득하였다가 그 후 이러한 사실이 증권시장에 공표되어 주가가 하락한 경우, 주주가 이사를 상대로 구 상법 제401조 제1항에 의한 손해배상을 청구할 수 있는지 여부(적극)

[2] 甲 주식회사 주주인 乙 등이 이사 丙을 상대로 丙의 횡령, 주가조작, 부실공시 등 임무해태행위로 인한 주가 하락으로 손해를 입었다며 구 상법 제401조 제1항에 기한 손해배상을 구한 사안에서, 丙이 주가 형성에 영향을 미칠 수 있는 사정들에 관하여 언제 어떠한 내용의 부실공시를 하거나 주가조작을 하였는지, 乙 등이 어느 부실공시 또는 주가조작으로 인하여 주식 평가를 그르쳐 몇 주의 주식을 정상주가보다 얼마나 높은 가격에 취득하였는지 등에 관하여 제대로 심리하지 아니한 채 乙 등의 청구를 인용한 원심판결에 구 상법 제401조 제1항의 해석 및 상당인과관계에 관한 법리오해의 위법이 있다고 한 사례

【판결요지】

[1] 주식회사의 주주가 이사의 악의 또는 중대한 과실로 인한 임무해태행위로 직접 손해를 입은 경우에는 이사에 대하여 구 상법(2011. 4. 14. 법률 제10600호로

개정되기 전의 것, 이하 '상법' 이라 한다) 제401조에 의하여 손해배상을 청구할 수 있으나, 이사가 회사의 재산을 횡령하여 회사의 재산이 감소함으로써 회사가 손해를 입고 결과적으로 주주의 경제적 이익이 침해되는 손해와 같은 간접적인 손해는 상법 제401조 제1항에서 말하는 손해의 개념에 포함되지 아니하므로 이에 대하여는 위 법조항에 의한 손해배상을 청구할 수 없다. 그러나 회사의 재산을 횡령한 이사가 악의 또는 중대한 과실로 부실공시를 하여 재무구조의 악화 사실이 증권시장에 알려지지 아니함으로써 회사 발행주식의 주가가 정상주가보다 높게 형성되고, 주식매수인이 그러한 사실을 알지 못한 채 주식을 취득하였다가 그 후 그 사실이 증권시장에 공표되어 주가가 하락한 경우에는, 주주는 이사의 부실공시로 인하여 정상주가보다 높은 가격에 주식을 매수하였다가 주가가 하락함으로써 직접 손해를 입은 것이므로, 이사에 대하여 상법 제401조 제1항에 의하여 손해배상을 청구할 수 있다.

[2] 甲 주식회사 주주인 乙 등이 이사 丙을 상대로, 丙의 횡령, 주가조작, 부실공시 등 임무해태행위로 인한 주가 하락으로 손해를 입었음을 이유로 구 상법(2011. 4. 14. 법률 제10600호로 개정되기 전의 것, 이하 '상법' 이라 한다) 제401조 제1항에 기한 손해배상을 구한 사안에서, 丙이 주가 형성에 영향을 미칠 수 있는 사정들에 관하여 언제 어떠한 내용의 부실공시를 하거나 주가조작을 하였는지, 乙 등이 어느 부실공시 또는 주가조작으로 인하여 주식 평가를 그르쳐 몇 주의 주식을 정상주가보다 얼마나 높은 가격에 취득하였는지 등에 관하여 심리하여 乙 등이 주장하는 손해가 상법 제401조 제1항에 정한 손해에 해당하는지 및 상당인과관계를 인정할 수 있는지를 가려본 후 손해액 산정에 나아가야 하는데도, 이에 관하여 제대로 심리하지 아니한 채 乙 등의 청구를 인용한 원심판결에 상법 제401조 제1항의 해석 및 상당인과관계에 관한 법리 오해의 위법이 있다고 한 사례.

제401조의2(업무집행지시자 등의 책임) ①다음 각호의 1에 해당하는 자는 그 지시하거나 집행한 업무에 관하여 제399조·제401조 및 제403조의 적용에 있어서 이를 이사로 본다.

1. 회사에 대한 자신의 영향력을 이용하여 이사에게 업무집행을 지시한 자
2. 이사의 이름으로 직접 업무를 집행한 자
3. 이사가 아니면서 명예회장·회장·사장·부사장·전무·상무·이사 기타 회사의 업무를 집행할 권한이 있는 것으로 인정될 만한 명칭을 사용하여 회사의 업무를 집행한 자

②제1항의 경우에 회사 또는 제3자에 대하여 손해를 배상할 책임이 있는 이사는 제1항에 규정된 자와 연대하여 그 책임을 진다.

[본조신설 1998.12.28.]

판례-매매대금

[대법원 2006.8.25, 선고, 2004다26119, 판결]

【판시사항】

[1] 신용제공을 수반한 국제거래계약에서 당사자인 자회사가 모회사의 지분 비율 및 계약 체결 승인 사실을 진술하는 조항을 둔 경우, 자회사의 의사가 모회사를 대리하여 계약을 체결하려는 것이었다고 해석할 수 있는지 여부(소극)

[2] 자회사가 금전지급의무를 부담하는 국제금융거래에서 모회사가 대주(貸主)에게 자회사의 지분을 보유하고 있다는 사실을 확인하고 자회사의 계약 체결을 인식 또는 승인하였다는 내용의 서면을 교부한 데 그친 경우, 자회사가 모회사를 대리하여 계약을 체결하였다거나 자회사가 체결한 계약상 채무를 모회사가 보증

하였다고 해석할 수 있는지 여부(소극)
[3] 모회사가 자회사의 독자적인 법인격을 주장하는 것이 법인격의 남용에 해당하기 위한 요건
[4] 상법 제401조의2 제1항 제1호의 '업무집행지시자'에 법인인 지배회사가 포함되는지 여부(적극) 및 회사채무의 단순한 이행지체가 상법 제401조에 정한 임무해태행위에 해당하는지 여부(소극)

【판결요지】
[1] 신용제공을 수반한 국제거래계약에서 계약 당사자인 자회사가 신용도가 높은 모회사의 지분 비율 및 모회사의 계약 체결 승인 사실을 진술하는 조항을 두거나 그러한 내용의 확인서를 작성하여 상대방에게 교부하였더라도 그 자체만으로는 모회사에게 어떠한 의무를 발생시킨다고 볼 수 없고, 별도의 수권서류가 작성·교부되지 아니한 이상 이러한 진술 조항만으로 자회사의 의사가 모회사를 대리하여 계약을 체결하려는 것이었다고 해석할 수 없다.
[2] 자회사가 금전을 대출받거나 그 밖에 금전지급의무를 부담하는 국제금융거래에 있어, 모회사가 대주(貸主)에게 보증의 의사를 추단할 문구가 전혀 없이 단지 모회사가 자회사의 지분을 보유하고 있다는 사실의 확인과 자회사의 계약 체결을 인식 또는 승인하였다는 등의 내용을 담은 서면을 작성·교부한 데 그친 경우, 자회사가 모회사를 대리하여 계약을 체결하였다거나 자회사가 체결한 계약상 채무를 모회사가 보증하였다고 해석할 수 없다.
[3] 친자회사는 상호간에 상당 정도의 인적·자본적 결합관계가 존재하는 것이 당연하므로, 자회사의 임·직원이 모회사의 임·직원 신분을 겸유하고 있었다거나 모회사가 자회사의 전 주식을 소유하여 자회사에 대해 강한 지배력을 가진다거나 자회사의 사업 규모가 확장되었으나 자본금의 규모가 그에 상응하여 증가하지 아니한 사정 등만으로는 모회사가 자회사의 독자적인 법인격을 주장하는 것이 자회사의 채권자에 대한 관계에서 법인격의 남용에 해당한다고 보기에 부족하고, 적어도 자회사가 독자적인 의사 또는 존재를 상실하고 모회사가 자신의 사업의 일부로서 자회사를 운영한다고 할 수 있을 정도로 완전한 지배력을 행사하고 있을 것이 요구되며, 구체적으로는 모회사와 자회사 간의 재산과 업무 및 대외적인 기업거래활동 등이 명확히 구분되어 있지 않고 양자가 서로 혼용되어 있다는 등의 객관적 징표가 있어야 하며, 자회사의 법인격이 모회사에 대한 법률 적용을 회피하기 위한 수단으로 사용되거나 채무면탈이라는 위법한 목적 달성을 위하여 회사제도를 남용하는 등의 주관적 의도 또는 목적이 인정되어야 한다.
[4] 상법 제401조의2 제1항 제1호의 '회사에 대한 자신의 영향력을 이용하여 이사에게 업무집행을 지시한 자'에는 자연인뿐만 아니라 법인인 지배회사도 포함되나, 나아가 상법 제401조의 제3자에 대한 책임에서 요구되는 '고의 또는 중대한 과실로 인한 임무해태행위'는 회사의 기관으로서 인정되는 직무상 충실 및 선관의무 위반의 행위로서 위법한 사정이 있어야 하므로, 통상의 거래행위로 부담하는 회사의 채무를 이행할 능력이 있었음에도 단순히 그 이행을 지체하여 상대방에게 손해를 끼치는 사실만으로는 임무를 해태한 위법한 경우라고 할 수 없다.

제402조(유지청구권) 이사가 법령 또는 정관에 위반한 행위를 하여 이로 인하여 회사에 회복할 수 없는 손해가 생길 염려가 있는 경우에는 감사 또는 발행주식의 총수의 100분의 1 이상에 해당하는 주식을 가진 주주는 회사를 위하여 이사에 대하여 그 행위를 유지할 것을 청구할 수 있다.
<개정 1984.4.10., 1998.12.28.>

제403조(주주의 대표소송) ①발행주식의 총수의 100분의 1 이상에 해당하는 주식을 가진 주주는 회사에 대하여 이사의 책임을 추궁할 소의 제기를 청구할 수 있다. <개정 1998.12.28.>
②제1항의 청구는 그 이유를 기재한 서면으로 하여야 한다. <개정 1998.12.28.>
③회사가 전항의 청구를 받은 날로부터 30일내에 소를 제기하지 아니한 때에는 제1항의 주주는 즉시 회사를 위하여 소를 제기할 수 있다.
④제3항의 기간의 경과로 인하여 회사에 회복할 수 없는 손해가 생길 염려가 있는 경우에는 전항의 규정에 불구하고 제1항의 주주는 즉시 소를 제기할 수 있다. <개정 1998.12.28.>
⑤제3항과 제4항의 소를 제기한 주주의 보유주식이 제소후 발행주식총수의 100분의 1 미만으로 감소한 경우(발행주식을 보유하지 아니하게 된 경우를 제외한다)에도 제소의 효력에는 영향이 없다. <신설 1998.12.28.>
⑥회사가 제1항의 청구에 따라 소를 제기하거나 주주가 제3항과 제4항의 소를 제기한 경우 당사자는 법원의 허가를 얻지 아니하고는 소의 취하, 청구의 포기·인락·화해를 할 수 없다. <신설 1998.12.28., 2011.4.14.>
⑦제176조제3항, 제4항과 제186조의 규정은 본조의 소에 준용한다.

제404조(대표소송과 소송참가, 소송고지) ①회사는 전조제3항과 제4항의 소송에 참가할 수 있다.
②전조제3항과 제4항의 소를 제기한 주주는 소를 제기한 후 지체없이 회사에 대하여 그 소송의 고지를 하여야 한다.

판례-손해배상(기)

[대법원 2002.3.15, 선고, 2000다9086, 판결]

【판시사항】
[1] 상법 제404조 제1항 소정의 회사의 주주대표소송에의 참가의 법적 성격(=공동소송참가)
[2] 소송의 목적이 되는 권리관계가 이사 재직중 발생한 사유로 인한 것이라 하더라도 이미 이사의 자리를 떠나 이사가 아닌 사람을 상대로 회사가 제소하는 경우, 감사의 회사 대표성을 규정한 상법 제394조 제1항의 적용 여부(소극)
[3] 전 이사들을 상대로 하는 주주대표소송에 회사가 참가하는 경우, 상법 제394조 제1항의 적용이 배제되어 회사를 대표하는 자는 감사가 아닌 대표이사라고 한 사례
[4] 주주대표소송에 있어 원고 주주요건을 유지하지 못하여 소 각하판결이 선고되기 이전에 회사가 공동소송참가를 신청한 경우, 그 참가의 적법 여부(적극)
[5] 항소심절차에서 공동소송참가가 이루어진 후 피참가소가 소송요건의 흠결로 각하된 경우, 그 참가소송은 심급이익을 박탈하는 것이 되어 허용되지 않는 것인지 여부(소극)
[6] 금융기관인 은행의 이사의 선관의무의 내용 및 은행의 이사가 선관의무에 위반하여 임무를 해태하였는지 여부의 판단 기준
[7] 은행의 대표이사 내지 이사가 대출결정에 있어서 선관의무에 위반하여 임무를 해태하였다는 이유로 회사에 대한 손해배상책임을 인정한 사례

【판결요지】
[1] 주주의 대표소송에 있어서 원고 주주가 원고로서 제대로 소송수행을 하지 못

하거나 혹은 상대방이 된 이사와 결탁함으로써 회사의 권리보호에 미흡하여 회사의 이익이 침해될 염려가 있는 경우 그 판결의 효력을 받는 권리귀속주체인 회사가 이를 막거나 자신의 권리를 보호하기 위하여 소송수행권한을 가진 정당한 당사자로서 그 소송에 참가할 필요가 있으며, 회사가 대표소송에 당사자로서 참가하는 경우 소송경제가 도모될 뿐만 아니라 판결의 모순·저촉을 유발할 가능성도 없다는 사정과, 상법 제404조 제1항에서 특별히 참가에 관한 규정을 두어 주주의 대표소송의 특성을 살려 회사의 권익을 보호하려한 입법 취지를 함께 고려할 때, 상법 제404조 제1항에서 규정하고 있는 회사의 참가는 공동소송참가를 의미하는 것으로 해석함이 타당하고, 나아가 이러한 해석이 중복제소를 금지하고 있는 민사소송법 제234조에 반하는 것도 아니다.
[2] 상법 제394조 제1항에서는 이사와 회사 사이의 소에 있어서 양자 간에 이해의 충돌이 있기 쉬우므로 그 충돌을 방지하고 공정한 소송수행을 확보하기 위하여 비교적 객관적 지위에 있는 감사로 하여금 그 소에 관하여 회사를 대표하도록 규정하고 있는바, 소송의 목적이 되는 권리관계가 이사의 재직중에 일어난 사유로 인한 것이라 할지라도 회사가 그 사람을 이사의 자격으로 제소하는 것이 아니고 이사가 이미 이사의 자리를 떠난 경우에 회사가 그 사람을 상대로 제소하는 경우에는 특별한 사정이 없는 한 위 상법 제394조 제1항은 적용되지 않는다.
[3] 전 이사들을 상대로 하는 주주대표소송에 회사가 참가하는 경우, 상법 제394조 제1항의 적용이 배제되어 회사를 대표하는 자는 감사가 아닌 대표이사라고 한 사례.
[4] 비록 원고 주주들이 주주대표소송의 사실심 변론종결시까지 대표소송상의 원고 주주요건을 유지하지 못하여 종국적으로 소가 각하되는 운명에 있다고 할지라도 회사인 원고 공동소송참가인의 참가시점에서는 원고 주주들이 적법한 원고적격을 가지고 있었다고 할 것이어서 회사인 원고 공동소송참가인의 참가는 적법하다고 할 것이고, 뿐만 아니라 원고 주주들의 주주대표소송이 확정적으로 각하되기 전에는 여전히 그 소송계속 상태가 유지되고 있는 것이어서, 그 각하판결 선고 이전에 회사가 원고 공동소송참가를 신청하였다면 그 참가 당시 피참가소송의 계속이 없다거나 그로 인하여 참가가 부적법하게 된다고 볼 수는 없다.
[5] 공동소송참가는 항소심에서도 할 수 있는 것이고, 항소심절차에서 공동소송참가가 이루어진 이후에 피참가소가 소송요건의 흠결로 각하된다고 할지라도 소송의 목적이 당사자 일방과 제3자에 대하여 합일적으로 확정될 경우에 한하여 인정되는 공동소송참가의 특성에 비추어 볼 때, 심급이익 박탈의 문제는 발생하지 않는다.
[6] 금융기관인 은행은 주식회사로 운영되기는 하지만, 이윤추구만을 목표로 하는 영리법인인 일반의 주식회사와는 달리 예금자의 재산을 보호하고 신용질서 유지와 자금중개 기능의 효율성 유지를 통하여 금융시장의 안정 및 국민경제의 발전에 이바지해야 하는 공공적 역할을 담당하는 위치에 있는 것이기에, 은행의 그러한 업무의 집행에 임하는 이사는 일반의 주식회사 이사의 선관의무에서 더 나아가 은행의 그 공공적 성격에 걸맞는 내용의 선관의무까지 다할 것이 요구된다 할 것이고, 따라서 금융기관의 이사가 위와 같은 선량한 관리자의 주의의무에 위반하여 자신의 임무를 해태하였는지의 여부는 그 대출결정에 통상의 대출담당임원으로서 간과해서는 안될 잘못이 있는지의 여부를 금융기관으로서의 공공적 역할의 관점에서 대출의 조건과 내용, 규모, 변제계획, 담보의 유무와 내용, 채무자의 재산 및 경영상황, 성장가능성 등 여러 가지 사항에 비추어 종합적으로 판정해야 한다.
[7] 은행의 대표이사 내지 이사가 대출결정에 있어서 선관의무에 위반하여 임무를 해태하였다는 이유로 회사에 대한 손해배상책임을 인정한 사례.

제405조(제소주주의 권리의무) ①제403조제3항과 제4항의 규정에 의하여 소를 제기한 주주가 승소한 때에는 그 주주는 회사에 대하여 소송비용 및 그 밖에 소송으로 인하여 지출한 비용중 상당한 금액의 지급을 청구할 수 있

다. 이 경우 소송비용을 지급한 회사는 이사 또는 감사에 대하여 구상권이 있다. <개정 1962.12.12., 2001.7.24.>
②제403조제3항과 제4항의 규정에 의하여 소를 제기한 주주가 패소한 때에는 악의인 경우외에는 회사에 대하여 손해를 배상할 책임이 없다.

제406조(대표소송과 재심의 소) ①제403조의 소가 제기된 경우에 원고와 피고의 공모로 인하여 소송의 목적인 회사의 권리를 사해할 목적으로써 판결을 하게 한 때에는 회사 또는 주주는 확정한 종국판결에 대하여 재심의 소를 제기할 수 있다.
②전조의 규정은 전항의 소에 준용한다.

제407조(직무집행정지, 직무대행자선임) ①이사선임결의의 무효나 취소 또는 이사해임의 소가 제기된 경우에는 법원은 당사자의 신청에 의하여 가처분으로써 이사의 직무집행을 정지할 수 있고 또는 직무대행자를 선임할 수 있다. 급박한 사정이 있는 때에는 본안소송의 제기전에도 그 처분을 할 수 있다.
②법원은 당사자의 신청에 의하여 전항의 가처분을 변경 또는 취소할 수 있다.
③전2항의 처분이 있는 때에는 본점과 지점의 소재지에서 그 등기를 하여야 한다.

제408조(직무대행자의 권한) ①전조의 직무대행자는 가처분명령에 다른 정함이 있는 경우외에는 회사의 상무에 속하지 아니한 행위를 하지 못한다. 그러나 법원의 허가를 얻은 경우에는 그러하지 아니하다.
②직무대행자가 전항의 규정에 위반한 행위를 한 경우에도 회사는 선의의 제삼자에 대하여 책임을 진다.

가처분 결정에 의하여 선임된 이사 직무대행자의 법적 지위 및 권한범위

(대한법률구조공단 자료)

질문

저희 재단법인은 분쟁이 발생하여 가처분결정에 의하여 재단법인의 이사의 직무를 대행하는 자로 甲이 선임되었습니다. 그런데 甲은 이사회의 구성을 변경하겠다고 합니다. 이 경우 가처분결정에 의하여 이사의 직무를 대행하는 자로 선임된 甲이 이사회를 변경하는 행위도 할 수 있는지요?

답변

「민사집행법」 제300조 제2항은 "가처분은 다툼이 있는 권리관계에 대하여 임시의 지위를 정하기 위하여도 할 수 있다. 이 경우 가처분은 특히 계속하는 권리관계에 끼칠 현저한 손해를 피하거나 급박한 위험을 막기 위하여, 또는 그 밖의 필요한 이유가 있을 경우에 하여야 한다."라고 규정하고 있고 「상법」 제408조는 "①전조의 직무대행자는 가처분명령에 다른 정함이 있는 경우 외에는 회사의 상무에 속하지 아니한 행위를 하지 못한다. 그러나 법원의 허가를 얻은 경우에는 그러하지 아니하다. ②직무대행자가 전항의 규정에 위반한 행위를 한 경우에도 회사는 선의의 제삼자에 대하여 책임을 진다."라고 규정하고 있습니다.

그런데 위 사안에서는 위 규정에 의하여 대표이사의 직무정지가처분결정과 동시에 이사직무대행자로 선임된 甲이 재단법인의 근간인 이사회의 구성자체를 변경하는 행위도 할 수 있는지 문제됩니다.

이에 관하여 판례는 "민사소송법 제714조(현행 민사집행법 제300조) 제2항의 임시의 지위를 정하는 가처분은 권리관계에 다툼이 있는 경우에 권리자가 당하는 위험을 제거하거나 방지하기 위한 잠정적이고 임시적인 조치로서 그 분쟁의 종국적인 판단을 받을 때까지 잠정적으로 법적 평화를 유지하기 위한 비상수단에 불과한 것으로, 가처분결정에 의하여 재단법인의 이사의 직무를 대행하는 자를 선임한 경우에 그 직무대행자는 단지 피대행자의 직무를 대행할 수 있는 임시의 지위에 놓여 있음에 불과하므로, 그 법인을 종전과 같이 그대로 유지하면서 관리하는 한도 내의 통상업무에 속하는 사무만을 행할 수 있다고 하여야 할 것이고, 그 가처분결정에 다른 정함이 있는 경우 외에는 재단법인의 근간인 이사회의 구성자체를 변경하는 것과 같은 법인의 통상업무에 속하지 아니한 행위를 하는 것은 이러한 가처분의 본질에 반한다." 라고 하였습니다(대법원 2000. 2. 11. 선고 99다30039 판결, 2006. 1. 26. 선고 2003다36225 판결).

따라서 법인의 이사직무대행자가 피대행자의 후임이사를 선임하는 이사회결의에 참가하여 사임한 피대행자의 후임이사를 직접 선임하거나 피대행자를 해임하고 그 후임이사를 선임하는데 가담하는 것은 법인의 중추기관인 이사회의 조직자체를 변경하는 행위로서 허용될 수 없다고 하여야 할 것입니다.

"본 사례는 개인의 법률문제 해결에 도움을 주고자 게재되었으나, 이용자 여러분의 생활에서 발생하는 구체적 사안은 동일하지는 않을 것이므로 참고자료로 활용하시기 바랍니다."

제408조의2(집행임원 설치회사, 집행임원과 회사의 관계) ① 회사는 집행임원을 둘 수 있다. 이 경우 집행임원을 둔 회사(이하 "집행임원 설치회사"라 한다)는 대표이사를 두지 못한다.

② 집행임원 설치회사와 집행임원의 관계는 「민법」 중 위임에 관한 규정을 준용한다.

③ 집행임원 설치회사의 이사회는 다음의 권한을 갖는다.

1. 집행임원과 대표집행임원의 선임 · 해임
2. 집행임원의 업무집행 감독
3. 집행임원과 집행임원 설치회사의 소송에서 집행임원 설치회사를 대표할 자의 선임
4. 집행임원에게 업무집행에 관한 의사결정의 위임(이 법에서 이사회 권한 사항으로 정한 경우는 제외한다)
5. 집행임원이 여러 명인 경우 집행임원의 직무 분담 및 지휘 · 명령관계, 그 밖에 집행임원의 상호관계에 관한 사항의 결정
6. 정관에 규정이 없거나 주주총회의 승인이 없는 경우 집행임원의 보수 결정

④ 집행임원 설치회사는 이사회의 회의를 주관하기 위하여 이사회 의장을 두어야 한다. 이 경우 이사회 의장은 정관의 규정이 없으면 이사회 결의로 선임한다.
[본조신설 2011.4.14.]

제408조의3(집행임원의 임기) ① 집행임원의 임기는 정관에 다른 규정이 없으면 2년을 초과하지 못한다.

② 제1항의 임기는 정관에 그 임기 중의 최종 결산기에 관한 정기주주총회가 종결한 후 가장 먼저 소집하는 이사회의 종결 시까지로 정할 수 있다.
[본조신설 2011.4.14.]

제408조의4(집행임원의 권한) 집행임원의 권한은 다음 각 호의 사항으로 한다.

1. 집행임원 설치회사의 업무집행
2. 정관이나 이사회의 결의에 의하여 위임받은 업무집행에 관한 의사결정

[본조신설 2011.4.14.]

제408조의5(대표집행임원) ① 2명 이상의 집행임원이 선임된 경우에는 이사회 결의로 집행임원 설치회사를 대표할 대표집행임원을 선임하여야 한다. 다만, 집행임원이 1명인 경우에는 그 집행임원이 대표집행임원이 된다.
② 대표집행임원에 관하여는 이 법에 다른 규정이 없으면 주식회사의 대표이사에 관한 규정을 준용한다.
③ 집행임원 설치회사에 대하여는 제395조를 준용한다.
[본조신설 2011.4.14.]

제408조의6(집행임원의 이사회에 대한 보고) ① 집행임원은 3개월에 1회 이상 업무의 집행상황을 이사회에 보고하여야 한다.
② 집행임원은 제1항의 경우 외에도 이사회의 요구가 있으면 언제든지 이사회에 출석하여 요구한 사항을 보고하여야 한다.
③ 이사는 대표집행임원으로 하여금 다른 집행임원 또는 피용자의 업무에 관하여 이사회에 보고할 것을 요구할 수 있다.
[본조신설 2011.4.14.]

제408조의7(집행임원의 이사회 소집 청구) ① 집행임원은 필요하면 회의의 목적사항과 소집이유를 적은 서면을 이사(소집권자가 있는 경우에는 소집권자를 말한다. 이하 이 조에서 같다)에게 제출하여 이사회 소집을 청구할 수 있다.
② 제1항의 청구를 한 후 이사가 지체 없이 이사회 소집의 절차를 밟지 아니하면 소집을 청구한 집행임원은 법원의 허가를 받아 이사회를 소집할 수 있다. 이 경우 이사회 의장은 법원이 이해관계자의 청구에 의하여 또는 직권으로 선임할 수 있다. [본조신설 2011.4.14.]

제408조의8(집행임원의 책임) ① 집행임원이 고의 또는 과실로 법령이나 정관을 위반한 행위를 하거나 그 임무를 게을리한 경우에는 그 집행임원은 집행임원 설치회사에 손해를 배상할 책임이 있다.
② 집행임원이 고의 또는 중대한 과실로 그 임무를 게을리한 경우에는 그 집행임원은 제3자에게 손해를 배상할 책임이 있다.
③ 집행임원이 집행임원 설치회사 또는 제3자에게 손해를 배상할 책임이 있는 경우에 다른 집행임원·이사 또는 감사도 그 책임이 있으면 다른 집행임원·이사 또는 감사와 연대하여 배상할 책임이 있다.
[본조신설 2011.4.14.]

제408조의9(준용규정) 집행임원에 대하여는 제382조의3, 제382조의4, 제396조, 제397조, 제397조의2, 제398조, 제400조, 제401조의2, 제402조부터 제408조까지, 제412조 및 제412조의2를 준용한다. [본조신설 2011.4.14.]

제3관 감사 및 감사위원회

제409조(선임) ①감사는 주주총회에서 선임한다.
②의결권없는 주식을 제외한 발행주식의 총수의 100분의 3을 초과하는 수의 주식을 가진 주주는 그 초과하는 주식에 관하여 제1항의 감사의 선임에 있어서는 의결권을 행사하지 못한다. <개정 1984.4.10.>
③회사는 정관으로 제2항의 비율보다 낮은 비율을 정할 수 있다.
<신설 1984.4.10.>
④ 제1항, 제296조제1항 및 제312조에도 불구하고 자본금의 총액이 10억원 미만인 회사의 경우에는 감사를 선임하지 아니할 수 있다.
<신설 2009.5.28.>
⑤ 제4항에 따라 감사를 선임하지 아니한 회사가 이사에 대하여 또는 이사가 그 회사에 대하여 소를 제기하는 경우에 회사, 이사 또는 이해관계인은 법원에 회사를 대표할 자를 선임하여 줄 것을 신청하여야 한다.
<신설 2009.5.28.>
⑥ 제4항에 따라 감사를 선임하지 아니한 경우에는 제412조, 제412조의2 및 제412조의5제1항 · 제2항 중 "감사"는 각각 "주주총회"로 본다.
<신설 2009.5.28., 2011.4.14.>

판례-감사지위확인가처분

[대법원 2005.11.8, 자, 2005마541, 결정]

【판시사항】
[1] 주주총회의 감사선임결의만으로 피선임자가 회사와 임용계약의 체결 없이 바로 감사의 지위를 취득하는지 여부(소극)
[2] 조건부 법률행위에 있어 조건의 내용 자체가 무효이거나 조건을 붙이는 것이 허용되지 아니하는 경우, 그 법률행위 전부가 무효인지 여부(적극)
[3] 주주총회에서 감사로 선임된 자에게 회사의 대표이사가 감사임용계약의 청약을 하면서 부가한 조건의 내용 자체가 무효이거나 조건을 부가하여 위 청약의 의사표시를 하는 것이 무효인 경우, 그 조건뿐만 아니라 청약의 의사표시 전체가 무효로 되는 것이므로 이에 대하여 피선임자가 승낙의 의사표시를 하였다 하더라도 감사임용계약이 성립된 것으로 볼 수 없다고 한 원심의 판단을 수긍한 사례

【판결요지】
[1] 감사의 선임에 관한 주주총회의 결의는 피선임자를 회사의 기관인 감사로 한다는 취지의 회사 내부의 결정에 불과한 것이므로, 주주총회에서 감사선임결의가 있었다고 하여 바로 피선임자가 감사의 지위를 취득하게 되는 것은 아니고, 주주총회의 선임결의에 따라 회사의 대표기관이 임용계약의 청약을 하고 피선임자가 이에 승낙을 함으로써 비로소 피선임자가 감사의 지위에 취임하여 감사로서의 직무를 수행할 수 있게 되는 것이므로, 주주총회에서 감사선임의 결의만 있었을 뿐 회사와 임용계약을 체결하지 아니한 자는 아직 감사로서의 지위를 취득하였다고 할 수 없다.
[2] 조건부 법률행위에 있어 조건의 내용 자체가 불법적인 것이어서 무효일 경우 또는 조건을 붙이는 것이 허용되지 아니하는 법률행위에 조건을 붙인 경우 그 조건만을 분리하여 무효로 할 수는 없고 그 법률행위 전부가 무효로 된다.

[3] 주주총회에서 감사로 선임된 자에게 회사의 대표이사가 감사임용계약의 청약을 하면서 부가한 조건의 내용 자체가 무효이거나 조건을 부가하여 위 청약의 의사표시를 하는 것이 무효인 경우, 그 조건뿐만 아니라 청약의 의사표시 전체가 무효로 되는 것이므로 이에 대하여 피선임자가 승낙의 의사표시를 하였다 하더라도 감사임용계약이 성립된 것으로 볼 수 없다고 한 원심의 판단을 수긍한 사례.

제409조의2(감사의 해임에 관한 의견진술의 권리) 감사는 주주총회에서 감사의 해임에 관하여 의견을 진술할 수 있다.
[본조신설 1995.12.29.]

제410조(임기) 감사의 임기는 취임후 3년내의 최종의 결산기에 관한 정기총회의 종결시까지로 한다. <개정 1995.12.29.>
[전문개정 1984.4.10.]

제411조(겸임금지) 감사는 회사 및 자회사의 이사 또는 지배인 기타의 사용인의 직무를 겸하지 못한다. <개정 1995.12.29.>

제412조(감사의 직무와 보고요구, 조사의 권한) ①감사는 이사의 직무의 집행을 감사한다.
②감사는 언제든지 이사에 대하여 영업에 관한 보고를 요구하거나 회사의 업무와 재산상태를 조사할 수 있다.
③ 감사는 회사의 비용으로 전문가의 도움을 구할 수 있다.
<신설 2011.4.14.>
[전문개정 1984.4.10.] [제목개정 2011.4.14.]

제412조의2(이사의 보고의무) 이사는 회사에 현저하게 손해를 미칠 염려가 있는 사실을 발견한 때에는 즉시 감사에게 이를 보고하여야 한다.
[본조신설 1995.12.29.]

제412조의3(총회의 소집청구) ①감사는 회의의 목적사항과 소집의 이유를 기재한 서면을 이사회에 제출하여 임시총회의 소집을 청구할 수 있다.
②제366조제2항의 규정은 감사가 총회를 소집하는 경우에 이를 준용한다.
[본조신설 1995.12.29.]

제412조의4(감사의 이사회 소집 청구) ① 감사는 필요하면 회의의 목적사항과 소집이유를 서면에 적어 이사(소집권자가 있는 경우에는 소집권자를 말한다. 이하 이 조에서 같다)에게 제출하여 이사회 소집을 청구할 수 있다.
② 제1항의 청구를 하였는데도 이사가 지체 없이 이사회를 소집하지 아니하면 그 청구한 감사가 이사회를 소집할 수 있다.
[본조신설 2011.4.14.]
[종전 제412조의4는 제412조의5로 이동 <2011.4.14.>]

제412조의5(자회사의 조사권) ①모회사의 감사는 그 직무를 수행하기 위하여 필요한 때에는 자회사에 대하여 영업의 보고를 요구할 수 있다.
②모회사의 감사는 제1항의 경우에 자회사가 지체없이 보고를 하지 아니할 때 또는 그 보고의 내용을 확인할 필요가 있는 때에는 자회사의 업무와 재산상태를 조사할 수 있다.
③자회사는 정당한 이유가 없는 한 제1항의 규정에 의한 보고 또는 제2항의 규정에 의한 조사를 거부하지 못한다.
[본조신설 1995.12.29.]
[제412조의4에서 이동 <2011.4.14.>]

제413조(조사·보고의 의무) 감사는 이사가 주주총회에 제출할 의안 및 서류를 조사하여 법령 또는 정관에 위반하거나 현저하게 부당한 사항이 있는지의 여부에 관하여 주주총회에 그 의견을 진술하여야 한다.
[전문개정 1984.4.10.]

제413조의2(감사록의 작성) ①감사는 감사에 관하여 감사록을 작성하여야 한다.
②감사록에는 감사의 실시요령과 그 결과를 기재하고 감사를 실시한 감사가 기명날인 또는 서명하여야 한다. <개정 1995.12.29.>
[본조신설 1984.4.10.]

제414조(감사의 책임) ①감사가 그 임무를 해태한 때에는 그 감사는 회사에 대하여 연대하여 손해를 배상할 책임이 있다.
②감사가 악의 또는 중대한 과실로 인하여 그 임무를 해태한 때에는 그 감사는 제삼자에 대하여 연대하여 손해를 배상할 책임이 있다.
③감사가 회사 또는 제삼자에 대하여 손해를 배상할 책임이 있는 경우에 이사도 그 책임이 있는 때에는 그 감사와 이사는 연대하여 배상할 책임이 있다.

제415조(준용규정) 제382조제2항, 제382조의4, 제385조, 제386조, 제388조, 제400조, 제401조와 제403조 내지 제407조의 규정은 감사에 준용한다. <개정 1984.4.10., 2001.7.24.>

판례-부당이득금(명목상 이사·감사 보수 사건)
[대법원 2015.7.23, 선고, 2014다236311, 판결]

【판시사항】
이른바 명목상 이사·감사가 회사에 대하여 정관의 규정 또는 주주총회의 결의로 결정된 보수의 청구권을 갖는지 여부(원칙적 적극)

【판결요지】
법적으로는 주식회사 이사·감사의 지위를 갖지만 회사와의 명시적 또는 묵시적 약정에 따라 이사·감사로서의 실질적인 직무를 수행하지 않는 이른바 명목상 이사·감사도 법인인 회사의 기관으로서 회사가 사회적 실체로서 성립하고 활동하는

데 필요한 기초를 제공함과 아울러 상법이 정한 권한과 의무를 갖고 의무 위반에 따른 책임을 부담하는 것은 일반적인 이사·감사와 다를 바 없으므로, 과다한 보수에 대한 사법적 통제의 문제는 별론으로 하더라도, 오로지 보수의 지급이라는 형식으로 회사의 자금을 개인에게 지급하기 위한 방편으로 이사·감사로 선임한 것이라는 등의 특별한 사정이 없는 한, 회사에 대하여 상법 제388조, 제415조에 따라 정관의 규정 또는 주주총회의 결의에 의하여 결정된 보수의 청구권을 갖는다.

제415조의2(감사위원회) ①회사는 정관이 정한 바에 따라 감사에 갈음하여 제393조의2의 규정에 의한 위원회로서 감사위원회를 설치할 수 있다. 감사위원회를 설치한 경우에는 감사를 둘 수 없다.

② 감사위원회는 제393조의2제3항에도 불구하고 3명 이상의 이사로 구성한다. 다만, 사외이사가 위원의 3분의 2 이상이어야 한다. <개정 2009.1.30.>

③감사위원회의 위원의 해임에 관한 이사회의 결의는 이사 총수의 3분의 2 이상의 결의로 하여야 한다.

④감사위원회는 그 결의로 위원회를 대표할 자를 선정하여야 한다. 이 경우 수인의 위원이 공동으로 위원회를 대표할 것을 정할 수 있다.

⑤감사위원회는 회사의 비용으로 전문가의 조력을 구할 수 있다.

⑥ 감사위원회에 대하여는 제393조의2제4항 후단을 적용하지 아니 한다. <신설 2009.1.30.>

⑦제296조 · 제312조 · 제367조 · 제387조 · 제391조의2제2항 · 제394조제1항 · 제400조 · 제402조 내지 제407조 · 제412조 내지 제414조 · 제447조의3 · 제447조의4 · 제450조 · 제527조의4 · 제530조의5제1항제9호 · 제530조의6제1항제10호 및 제534조의 규정은 감사위원회에 관하여 이를 준용한다. 이 경우 제530조의5제1항제9호 및 제530조의6제1항제10호중 "감사"는 "감사위원회 위원"으로 본다. <개정 2009.1.30.>

[본조신설 1999.12.31.]

제4절 신주의 발행

제416조(발행사항의 결정) 회사가 그 성립 후에 주식을 발행하는 경우에는 다음의 사항으로서 정관에 규정이 없는 것은 이사회가 결정한다. 다만, 이 법에 다른 규정이 있거나 정관으로 주주총회에서 결정하기로 정한 경우에는 그러하지 아니하다. <개정 1984.4.10., 2011.4.14.>

1. 신주의 종류와 수
2. 신주의 발행가액과 납입기일

2의2. 무액면주식의 경우에는 신주의 발행가액 중 자본금으로 계상하는 금액

3. 신주의 인수방법
4. 현물출자를 하는 자의 성명과 그 목적인 재산의 종류, 수량, 가액과 이에 대하여 부여할 주식의 종류와 수
5. 주주가 가지는 신주인수권을 양도할 수 있는 것에 관한 사항
6. 주주의 청구가 있는 때에만 신주인수권증서를 발행한다는 것과 그 청구기간

제417조(액면미달의 발행) ①회사가 성립한 날로부터 2년을 경과한 후에 주식을 발행하는 경우에는 회사는 제434조의 규정에 의한 주주총회의 결의와 법원의 인가를 얻어서 주식을 액면미달의 가액으로 발행할 수 있다. <개정 1962.12.12.>

②전항의 주주총회의 결의에서는 주식의 최저발행가액을 정하여야 한다.

③법원은 회사의 현황과 제반사정을 참작하여 최저발행가액을 변경하여 인가할 수 있다. 이 경우에 법원은 회사의 재산상태 기타 필요한 사항을 조사하게 하기 위하여 검사인을 선임할 수 있다.

④제1항의 주식은 법원의 인가를 얻은 날로부터 1월내에 발행하여야 한다. 법원은 이 기간을 연장하여 인가할 수 있다.

제418조(신주인수권의 내용 및 배정일의 지정 · 공고) ①주주는 그가 가진 주식 수에 따라서 신주의 배정을 받을 권리가 있다. <개정 2001.7.24.>

②회사는 제1항의 규정에 불구하고 정관에 정하는 바에 따라 주주 외의 자에게 신주를 배정할 수 있다. 다만, 이 경우에는 신기술의 도입, 재무구조의 개선 등 회사의 경영상 목적을 달성하기 위하여 필요한 경우에 한한다. <신설 2001.7.24.>

③회사는 일정한 날을 정하여 그 날에 주주명부에 기재된 주주가 제1항의 권리를 가진다는 뜻과 신주인수권을 양도할 수 있을 경우에는 그 뜻을 그 날의 2주간전에 공고하여야 한다. 그러나 그 날이 제354조제1항의 기간 중인 때에는 그 기간의 초일의 2주간전에 이를 공고하여야 한다. <신설 1984.4.10.>

④ 제2항에 따라 주주 외의 자에게 신주를 배정하는 경우 회사는 제416조 제1호, 제2호, 제2호의2, 제3호 및 제4호에서 정하는 사항을 그 납입기일의 2주 전까지 주주에게 통지하거나 공고하여야 한다. <신설 2011.4.14.>

제419조(신주인수권자에 대한 최고) ①회사는 신주의 인수권을 가진 자에 대하여 그 인수권을 가지는 주식의 종류 및 수와 일정한 기일까지 주식인수의 청약을 하지 아니하면 그 권리를 잃는다는 뜻을 통지하여야 한다. 이 경우 제416조제5호 및 제6호에 규정한 사항의 정함이 있는 때에는 그 내용도 통지하여야 한다.

②제1항의 통지는 제1항의 기일의 2주간전에 이를 하여야 한다. <개정 2014.5.20.>

③제1항의 통지에도 불구하고 그 기일까지 주식인수의 청약을 하지 아니한 때에는 신주의 인수권을 가진 자는 그 권리를 잃는다. <개정 2014.5.20.>

[전문개정 1984.4.10.]

판례-신주발행무효확인

[대법원 2012.11.15, 선고, 2010다49380, 판결]

【판시사항】

[1] 신주발행무효의 소에서 출소기간 경과 후 새로운 무효사유를 추가하여 주장하는 것이 허용되는지 여부(소극)

[2] 신주 등의 발행에서 주주배정방식과 제3자배정방식을 구별하는 기준
[3] 회사가 주주배정방식으로 신주를 발행하면서 주주가 인수를 포기하거나 청약을 하지 아니하여 실권된 신주를 이사회 결의로 제3자에게 처분할 수 있는지 여부(적극) 및 이때 실권된 신주를 제3자에게 발행하는 것에 관하여 정관에 근거 규정이 있어야 하는지 여부(소극)

【판결요지】
[1] 상법 제429조는 신주발행의 무효는 주주·이사 또는 감사에 한하여 신주를 발행한 날부터 6월 내에 소만으로 주장할 수 있다고 규정하고 있는데, 이는 신주발행에 수반되는 복잡한 법률관계를 조기에 확정하고자 하는 것으로서, 새로운 무효사유를 출소기간 경과 후에도 주장할 수 있도록 하면 법률관계가 불안정하게 되어 위 규정의 취지가 몰각된다는 점에 비추어, 위 규정은 무효사유의 주장시기도 제한하고 있는 것이라고 해석함이 타당하므로, 신주발행무효의 소에서 신주를 발행한 날부터 6월의 출소기간이 경과한 후에는 새로운 무효사유를 추가하여 주장할 수 없다.
[2] 신주 등의 발행에서 주주배정방식과 제3자배정방식을 구별하는 기준은 회사가 신주 등을 발행하면서 주주들에게 그들의 지분비율에 따라 신주 등을 우선적으로 인수할 기회를 부여하였는지 여부에 따라 객관적으로 결정되어야 하고, 신주 등의 인수권을 부여받은 주주들이 실제로 인수권을 행사함으로써 신주 등을 배정받았는지 여부에 좌우되는 것은 아니다.
[3] 회사가 주주배정방식에 의하여 신주를 발행하려는데 주주가 인수를 포기하거나 청약을 하지 아니함으로써 그 인수권을 잃은 때에는(상법 제419조 제4항) 회사는 이사회 결의로 인수가 없는 부분에 대하여 자유로이 이를 제3자에게 처분할 수 있고, 이 경우 실권된 신주를 제3자에게 발행하는 것에 관하여 정관에 반드시 근거 규정이 있어야 하는 것은 아니다.

제420조(주식청약서) 이사는 주식청약서를 작성하여 다음의 사항을 적어야 한다. <개정 1984.4.10., 2011.4.14.>
1. 제289조제1항제2호 내지 제4호에 게기한 사항
2. 제302조제2항제7호·제9호 및 제10호에 게기한 사항
3. 제416조제1호 내지 제4호에 게기한 사항
4. 제417조에 따른 주식을 발행한 경우에는 그 발행조건과 미상각액(未償却額)
5. 주주에 대한 신주인수권의 제한에 관한 사항 또는 특정한 제삼자에게 이를 부여할 것을 정한 때에는 그 사항
6. 주식발행의 결의연월일

제420조의2(신주인수권증서의 발행) ①제416조제5호에 규정한 사항을 정한 경우에 회사는 동조제6호의 정함이 있는 때에는 그 정함에 따라, 그 정함이 없는 때에는 제419조제1항의 기일의 2주간전에 신주인수권증서를 발행하여야 한다.
②신주인수권증서에는 다음 사항과 번호를 기재하고 이사가 기명날인 또는 서명하여야 한다. <개정 1995.12.29.>
1. 신주인수권증서라는 뜻의 표시
2. 제420조에 규정한 사항
3. 신주인수권의 목적인 주식의 종류와 수
4. 일정기일까지 주식의 청약을 하지 아니할 때에는 그 권리를 잃는다는 뜻

[본조신설 1984.4.10.]

제420조의3(신주인수권의 양도) ①신주인수권의 양도는 신주인수권증서의 교부에 의하여서만 이를 행한다.
②제336조제2항 및 수표법 제21조의 규정은 신주인수권증서에 관하여 이를 준용한다.
[본조신설 1984.4.10.]

제420조의4(신주인수권의 전자등록) 회사는 신주인수권증서를 발행하는 대신 정관으로 정하는 바에 따라 전자등록기관의 전자등록부에 신주인수권을 등록할 수 있다. 이 경우 제356조의2제2항부터 제4항까지의 규정을 준용한다.
[본조신설 2011.4.14.]
[종전 제420조의4는 제420조의5로 이동 <2011.4.14.>]

제420조의5(신주인수권증서에 의한 청약) ①신주인수권증서를 발행한 경우에는 신주인수권증서에 의하여 주식의 청약을 한다. 이 경우에는 제302조제1항의 규정을 준용한다.
②신주인수권증서를 상실한 자는 주식청약서에 의하여 주식의 청약을 할 수 있다. 그러나 그 청약은 신주인수권증서에 의한 청약이 있는 때에는 그 효력을 잃는다.
[본조신설 1984.4.10.]
[제420조의4에서 이동 <2011.4.14.>]

제421조(주식에 대한 납입) ① 이사는 신주의 인수인으로 하여금 그 배정한 주수(株數)에 따라 납입기일에 그 인수한 주식에 대한 인수가액의 전액을 납입시켜야 한다.
② 신주의 인수인은 회사의 동의 없이 제1항의 납입채무와 주식회사에 대한 채권을 상계할 수 없다.
[전문개정 2011.4.14.]

제422조(현물출자의 검사) ①현물출자를 하는 자가 있는 경우에는 이사는 제416조제4호의 사항을 조사하게 하기 위하여 검사인의 선임을 법원에 청구하여야 한다. 이 경우 공인된 감정인의 감정으로 검사인의 조사에 갈음할 수 있다. <개정 1998.12.28.>
② 다음 각 호의 어느 하나에 해당할 경우에는 제1항을 적용하지 아니한다. <신설 2011.4.14.>
1. 제416조제4호의 현물출자의 목적인 재산의 가액이 자본금의 5분의 1을 초과하지 아니하고 대통령령으로 정한 금액을 초과하지 아니하는 경우
2. 제416조제4호의 현물출자의 목적인 재산이 거래소의 시세 있는 유가증권인 경우 제416조 본문에 따라 결정된 가격이 대통령령으로 정한 방법으로 산정된 시세를 초과하지 아니하는 경우

3. 변제기가 돌아온 회사에 대한 금전채권을 출자의 목적으로 하는 경우로서 그 가액이 회사장부에 적혀 있는 가액을 초과하지 아니하는 경우
4. 그 밖에 제1호부터 제3호까지의 규정에 준하는 경우로서 대통령령으로 정하는 경우

③법원은 검사인의 조사보고서 또는 감정인 감정결과를 심사하여 제1항의 사항을 부당하다고 인정한 때에는 이를 변경하여 이사와 현물출자를 한 자에게 통고할 수 있다. <개정 1998.12.28., 2011.4.14.>

④전항의 변경에 불복하는 현물출자를 한 자는 그 주식의 인수를 취소할 수 있다. <개정 2011.4.14.>

⑤법원의 통고가 있은 후 2주내에 주식의 인수를 취소한 현물출자를 한 자가 없는 때에는 제1항의 사항은 통고에 따라 변경된 것으로 본다.
<개정 1998.12.28., 2011.4.14.>

제423조(주주가 되는 시기, 납입해태의 효과) ①신주의 인수인은 납입 또는 현물출자의 이행을 한 때에는 납입기일의 다음 날로부터 주주의 권리의무가 있다. 이 경우 제350조제3항 후단의 규정을 준용한다. <개정 1984.4.10., 1995.12.29.>

②신주의 인수인이 납입기일에 납입 또는 현물출자의 이행을 하지 아니한 때에는 그 권리를 잃는다.

③제2항의 규정은 신주의 인수인에 대한 손해배상의 청구에 영향을 미치지 아니한다. <개정 1984.4.10.>

제424조(유지청구권) 회사가 법령 또는 정관에 위반하거나 현저하게 불공정한 방법에 의하여 주식을 발행함으로써 주주가 불이익을 받을 염려가 있는 경우에는 그 주주는 회사에 대하여 그 발행을 유지할 것을 청구할 수 있다.

제424조의2(불공정한 가액으로 주식을 인수한 자의 책임) ①이사와 통모하여 현저하게 불공정한 발행가액으로 주식을 인수한 자는 회사에 대하여 공정한 발행가액과의 차액에 상당한 금액을 지급할 의무가 있다.

②제403조 내지 제406조의 규정은 제1항의 지급을 청구하는 소에 관하여 이를 준용한다.

③제1항 및 제2항의 규정은 이사의 회사 또는 주주에 대한 손해배상의 책임에 영향을 미치지 아니한다.

[본조신설 1984.4.10.]

판례-특정경제범죄가중처벌등에관한법률위반(배임)(에버랜드 전환사채 발행 사건)

[대법원 2009.5.29, 선고, 2007도4949, 전원합의체 판결]

【판시사항】

[1] 회사의 이사가 시가보다 현저하게 낮은 가액으로 신주 등을 발행한 경우 업무상배임죄가 성립하는지 여부

[2] 신주 등의 발행에서 주주 배정방식과 제3자 배정방식을 구별하는 기준 및 회

사가 기존 주주들에게 지분비율대로 신주 등을 인수할 기회를 부여하였다면 주주들이 그 인수를 포기함에 따라 발생한 실권주 등을 시가보다 현저히 낮은 가액으로 제3자에게 배정한 경우에도 주주 배정방식으로 볼 수 있는지 여부
[3] 주주 배정방식에 의한 전환사채 발행시 주주가 인수하지 아니하여 실권된 부분을 제3자에게 발행하는 경우 전환가액 등 발행조건을 변경하여야 하는지 여부
[4] 전환사채 발행을 위한 이사회 결의에는 하자가 있었다 하더라도 실권된 전환사채를 제3자에게 배정하기로 의결한 이사회 결의에는 하자가 없는 경우, 전환사채 발행절차를 진행한 것이 업무상배임죄의 임무위배에 해당하지 않는다고 한 사례
[5] 회사 지배권 이전을 목적으로 한 전환사채의 발행이 이사의 임무위배에 해당하는지 여부(소극)

【판결요지】
[1] [다수의견] 주주는 회사에 대하여 주식의 인수가액에 대한 납입의무를 부담할 뿐 인수가액 전액을 납입하여 주식을 취득한 후에는 주주 유한책임의 원칙에 따라 회사에 대하여 추가 출자의무를 부담하지 않는 점, 회사가 준비금을 자본으로 전입하거나 이익을 주식으로 배당할 경우에는 주주들에게 지분비율에 따라 무상으로 신주를 발행할 수 있는 점 등에 비추어 볼 때, 회사가 주주 배정의 방법, 즉 주주가 가진 주식 수에 따라 신주, 전환사채나 신주인수권부사채(이하 '신주 등'이라 한다)의 배정을 하는 방법으로 신주 등을 발행하는 경우에는 발행가액 등을 반드시 시가에 의하여야 하는 것은 아니다. 따라서, 회사의 이사로서는 주주 배정의 방법으로 신주를 발행하는 경우 원칙적으로 액면가를 하회하여서는 아니 된다는 제약 외에는 주주 전체의 이익, 회사의 자금조달의 필요성, 급박성 등을 감안하여 경영판단에 따라 자유로이 그 발행조건을 정할 수 있다고 보아야 하므로, 시가보다 낮게 발행가액 등을 정함으로써 주주들로부터 가능한 최대한의 자금을 유치하지 못하였다고 하여 배임죄의 구성요건인 임무위배, 즉 회사의 재산보호의무를 위반하였다고 볼 것은 아니다. 그러나 주주배정의 방법이 아니라 제3자에게 인수권을 부여하는 제3자 배정방법의 경우, 제3자는 신주 등을 인수함으로써 회사의 지분을 새로 취득하게 되므로 그 제3자와 회사와의 관계를 주주의 경우와 동일하게 볼 수는 없다. 제3자에게 시가보다 현저하게 낮은 가액으로 신주 등을 발행하는 경우에는 시가를 적정하게 반영하여 발행조건을 정하거나 또는 주식의 실질가액을 고려한 적정한 가격에 의하여 발행하는 경우와 비교하여 그 차이에 상당한 만큼 회사의 자산을 증가시키지 못하게 되는 결과가 발생하는데, 이 경우에는 회사법상 공정한 발행가액과 실제 발행가액과의 차액에 발행주식수를 곱하여 산출된 액수만큼 회사가 손해를 입은 것으로 보아야 한다. 이와 같이 현저하게 불공정한 가액으로 제3자 배정방식에 의하여 신주 등을 발행하는 행위는 이사의 임무위배행위에 해당하는 것으로서 그로 인하여 회사에 공정한 발행가액과의 차액에 상당하는 자금을 취득하지 못하게 되는 손해를 입힌 이상 이사에 대하여 배임죄의 죄책을 물을 수 있다. 다만, 회사가 제3자 배정의 방법으로 신주 등을 발행하는 경우에는 회사의 재무구조, 영업전망과 그에 대한 시장의 평가, 주식의 실질가액, 금융시장의 상황, 신주의 인수가능성 등 여러 사정을 종합적으로 고려하여, 이사가 그 임무에 위배하여 신주의 발행가액 등을 공정한 가액보다 현저히 낮추어 발행한 경우에 해당하는지를 살펴 이사의 업무상배임죄의 성립 여부를 판단하여야 한다.
[대법관 양승태의 별개의견] 회사에 자금이 필요한 때에는 이사는 가능한 방법을 동원하여 그 자금을 형성할 의무가 있다 할 것이나, 이사는 회사에 필요한 만큼의 자금을 형성하면 될 뿐 그 이상 가능한 한 많은 자금을 형성하여야 할 의무를 지는 것은 아니고, 또 회사에 어느 정도 규모의 자금이 필요한지, 어떠한 방법으로 이를 형성할 것인지는 원칙적으로 이사의 경영판단에 속하는 사항이다. 그런데 신주발행에 의한 자금형성의 과정에서 신주를 저가 발행하여 제3자에게 배정

하게 되면 기존 주주의 지분율이 떨어지고 주식가치의 희석화로 말미암아 구 주식의 가치도 하락하게 되어 기존 주주의 회사에 대한 지배력이 그만큼 약화되므로 기존 주주에게 손해가 발생하나, 신주발행을 통하여 회사에 필요한 자금을 형성하였다면 회사에 대한 관계에서는 임무를 위배하였다고 할 수 없고, 신주발행으로 인해 종전 주식의 가격이 하락한다 하여 회사에 손해가 있다고 볼 수도 없으며, 주주의 이익과 회사의 이익을 분리하여 평가하는 배임죄의 원칙상 이를 회사에 대한 임무위배로 볼 수 없어, 배임죄가 성립한다고 볼 수 없다.

[2] [다수의견] 신주 등의 발행에서 주주 배정방식과 제3자 배정방식을 구별하는 기준은 회사가 신주 등을 발행하는 때에 주주들에게 그들의 지분비율에 따라 신주 등을 우선적으로 인수할 기회를 부여하였는지 여부에 따라 객관적으로 결정되어야 할 성질의 것이지, 신주 등의 인수권을 부여받은 주주들이 실제로 인수권을 행사함으로써 신주 등을 배정받았는지 여부에 좌우되는 것은 아니다. 회사가 기존 주주들에게 지분비율대로 신주 등을 인수할 기회를 부여하였는데도 주주들이 그 인수를 포기함에 따라 발생한 실권주 등을 제3자에게 배정한 결과 회사 지분비율에 변화가 생기고, 이 경우 신주 등의 발행가액이 시가보다 현저하게 낮아 그 인수권을 행사하지 아니한 주주들이 보유한 주식의 가치가 희석되어 기존 주주들의 부(富)가 새로이 주주가 된 사람들에게 이전되는 효과가 발생하더라도, 그로 인한 불이익은 기존 주주들 자신의 선택에 의한 것일 뿐이다. 또한, 회사의 입장에서 보더라도 기존 주주들이 신주 등을 인수하여 이를 제3자에게 양도한 경우와 이사회가 기존 주주들이 인수하지 아니한 신주 등을 제3자에게 배정한 경우를 비교하여 보면 회사에 유입되는 자금의 규모에 아무런 차이가 없을 것이므로, 이사가 회사에 대한 관계에서 어떠한 임무에 위배하여 손해를 끼쳤다고 볼 수는 없다.

[대법관 김영란, 대법관 박시환, 대법관 이홍훈, 대법관 김능환, 대법관 전수안의 반대의견] 신주 등의 발행이 주주 배정방식인지 여부는, 발행되는 모든 신주 등을 모든 주주가 그 가진 주식 수에 따라서 배정받아 이를 인수할 기회가 부여되었는지 여부에 따라 결정되어야 하고, 주주에게 배정된 신주 등을 주주가 인수하지 아니함으로써 생기는 실권주의 처리에 관하여는 상법에 특별한 규정이 없으므로 이사는 그 부분에 해당하는 신주 등의 발행을 중단하거나 동일한 발행가액으로 제3자에게 배정할 수 있다. 그러나 주주 배정방식으로 발행되는 것을 전제로 하여 신주 등의 발행가액을 시가보다 현저히 저가로 발행한 경우에, 그 신주 등의 상당 부분이 주주에 의하여 인수되지 아니하고 실권되는 것과 같은 특별한 사정이 있는 때에는, 그와 달리 보아야 한다. 주주 배정방식인지 제3자 배정방식인지에 따라 회사의 이해관계 및 이사의 임무 내용이 달라지는 것이므로, 회사에 대한 관계에서 위임의 본지에 따른 선관의무상 제3자 배정방식의 신주 등 발행에 있어 시가발행의무를 지는 이사로서는, 위와 같이 대량으로 발생한 실권주에 대하여 발행을 중단하고 추후에 그 부분에 관하여 새로이 제3자 배정방식에 의한 발행을 모색할 의무가 있고, 그렇게 하지 아니하고 그 실권주를 제3자에게 배정하여 발행을 계속할 경우에는 그 실권주를 처음부터 제3자 배정방식으로 발행하였을 경우와 마찬가지로 취급하여 발행가액을 시가로 변경할 의무가 있다고 봄이 상당하다. 이와 같이 대량으로 발생한 실권주를 제3자에게 배정하는 것은, 비록 그것이 주주 배정방식으로 발행한 결과라고 하더라도, 그 실질에 있어 당초부터 제3자 배정방식으로 발행하는 것과 다를 바 없고, 이를 구별할 이유도 없기 때문이다. 그러므로 신주 등을 주주 배정방식으로 발행하였다고 하더라도, 상당 부분이 실권되었음에도, 이사가 그 실권된 부분에 관한 신주 등의 발행을 중단하지도 아니하고 그 발행가액 등의 발행조건을 제3자 배정방식으로 발행하는 경우와 마찬가지로 취급하여 시가로 변경하지도 아니한 채 발행을 계속하여 그 실권주 해당부분을 제3자에게 배정하고 인수되도록 하였다면, 이는 이사가 회사에 대한 관계에서 선관의무를 다하지 아니한 것에 해당하고, 그로 인하여 회사에 자금이 덜 유입되는 손해가 발행하였다면 업무상배임죄가 성립한다.

[3] [다수의견] 상법상 전환사채를 주주 배정방식에 의하여 발행하는 경우에도 주주가 그 인수권을 잃은 때에는 회사는 이사회의 결의에 의하여 그 인수가 없는 부분에 대하여 자유로이 이를 제3자에게 처분할 수 있는 것인데, 단일한 기회에 발행되는 전환사채의 발행조건은 동일하여야 하므로, 주주배정으로 전환사채를 발행하는 경우에 주주가 인수하지 아니하여 실권된 부분에 관하여 이를 주주가 인수한 부분과 별도로 취급하여 전환가액 등 발행조건을 변경하여 발행할 여지가 없다. 주주배정의 방법으로 주주에게 전환사채인수권을 부여하였지만 주주들이 인수청약하지 아니하여 실권된 부분을 제3자에게 발행하더라도 주주의 경우와 같은 조건으로 발행할 수밖에 없고, 이러한 법리는 주주들이 전환사채의 인수청약을 하지 아니함으로써 발생하는 실권의 규모에 따라 달라지는 것은 아니다.
[대법관 김영란, 대법관 박시환, 대법관 이홍훈, 대법관 김능환, 대법관 전수안의 반대의견] 상법에 특별한 규정은 없지만, 일반적으로 동일한 기회에 발행되는 전환사채의 발행조건은 균등하여야 한다고 해석된다. 그러나 주주에게 배정하여 인수된 전환사채와 실권되어 제3자에게 배정되는 전환사채를 '동일한 기회에 발행되는 전환사채'로 보아야 할 논리필연적인 이유나 근거는 없다. 실권된 부분의 제3자 배정에 관하여는 다시 이사회 결의를 거쳐야 하는 것이므로, 당초의 발행결의와는 동일한 기회가 아니라고 볼 수 있다. 그 실권된 전환사채에 대하여는 발행을 중단하였다가 추후에 새로이 제3자 배정방식으로 발행할 수도 있는 것이므로, 이 경우와 달리 볼 것은 아니다. 그리고 주주 각자가 신주 등의 인수권을 행사하지 아니하고 포기하여 실권하는 것과 주주총회에서 집단적 의사결정 방법으로 의결권을 행사하여 의결하는 것을 동일하게 평가할 수는 없는 것이므로, 대량의 실권이 발생하였다고 하여 이를 전환사채 등의 제3자 배정방식의 발행에 있어서 요구되는 주주총회의 특별결의가 있었던 것으로 간주할 수도 없다.
[4] 전환사채 발행을 위한 이사회 결의에는 하자가 있었다 하더라도 실권된 전환사채를 제3자에게 배정하기로 의결한 이사회 결의에는 하자가 없는 경우, 전환사채의 발행절차를 진행한 것이 재산보호의무 위반으로서의 임무위배에 해당하지 않는다고 한 사례.
[5] 이사가 주식회사의 지배권을 기존 주주의 의사에 반하여 제3자에게 이전하는 것은 기존 주주의 이익을 침해하는 행위일 뿐 지배권의 객체인 주식회사의 이익을 침해하는 것으로 볼 수는 없는데, 주식회사의 이사는 주식회사의 사무를 처리하는 자의 지위에 있다고 할 수 있지만 주식회사와 별개인 주주들에 대한 관계에서 직접 그들의 사무를 처리하는 자의 지위에 있는 것은 아니고, 더욱이 경영권의 이전은 지배주식을 확보하는 데 따르는 부수적인 효과에 불과한 것이어서, 회사 지분비율의 변화가 기존 주주 자신의 선택에 기인한 것이라면 지배권 이전과 관련하여 이사에게 임무위배가 있다고 할 수 없다.

제425조(준용규정) ①제302조제1항, 제3항, 제303조, 제305조제2항, 제3항, 제306조, 제318조와 제319조의 규정은 신주의 발행에 준용한다.
②제305조제2항의 규정은 신주인수권증서를 발행하는 경우에 이를 준용한다. <신설 1984.4.10.>

제426조(미상각액의 등기) 제417조에 따른 주식을 발행한 경우에 주식의 발행에 따른 변경등기에는 미상각액을 등기하여야 한다. [전문개정 2011.4.14.]

제427조(인수의 무효주장, 취소의 제한) 신주의 발행으로 인한 변경등기를 한 날로부터 1년을 경과한 후에는 신주를 인수한 자는 주식청약서 또는 신주

인수권증서의 요건의 흠결을 이유로 하여 그 인수의 무효를 주장하거나 사기, 강박 또는 착오를 이유로 하여 그 인수를 취소하지 못한다. 그 주식에 대하여 주주의 권리를 행사한 때에도 같다. <개정 1962.12.12., 1984.4.10.>

第428条(이사의 인수담보책임) ①신주의 발행으로 인한 변경등기가 있은 후에 아직 인수하지 아니한 주식이 있거나 주식인수의 청약이 취소된 때에는 이사가 이를 공동으로 인수한 것으로 본다.
②전항의 규정은 이사에 대한 손해배상의 청구에 영향을 미치지 아니한다.

第429条(신주발행무효의 소) 신주발행의 무효는 주주·이사 또는 감사에 한하여 신주를 발행한 날로부터 6월내에 소만으로 이를 주장할 수 있다.
<개정 1984.4.10.>

판례-신주발행무효

[대법원 2010.4.29. 선고, 2008다65860, 판결]

【판시사항】
[1] 신주발행의 무효원인 및 그 유무의 판단 기준
[2] 신주발행을 결의한 甲 회사의 이사회에 참여한 이사들이 하자 있는 주주총회에서 선임된 이사들이어서, 그 후 이사 선임에 관한 주주총회결의가 확정판결로 취소되었고, 위와 같은 하자를 지적한 신주발행금지가처분이 발령되었음에도 위 이사들을 동원하여 위 이사회를 진행한 측만이 신주를 인수한 사안에서, 위 신주발행이 무효라고 한 사례
【판결요지】
[1] 신주발행 무효의 소를 규정하는 상법 제429조에는 그 무효원인이 따로 규정되어 있지 않으므로 신주발행유지청구의 요건으로 상법 제424조에서 규정하는 '법령이나 정관의 위반 또는 현저하게 불공정한 방법에 의한 주식의 발행'을 신주발행의 무효원인으로 일응 고려할 수 있다고 하겠으나 다른 한편, 신주가 일단 발행되면 그 인수인의 이익을 고려할 필요가 있고 또 발행된 주식은 유가증권으로서 유통되는 것이므로 거래의 안전을 보호하여야 할 필요가 크다고 할 것인데, 신주발행유지청구권은 위법한 발행에 대한 사전 구제수단임에 반하여 신주발행 무효의 소는 사후에 이를 무효로 함으로써 거래의 안전과 법적 안정성을 해칠 위험이 큰 점을 고려할 때, 그 무효원인은 가급적 엄격하게 해석하여야 하고, 따라서 법령이나 정관의 중대한 위반 또는 현저한 불공정이 있어 그것이 주식회사의 본질이나 회사법의 기본원칙에 반하거나 기존 주주들의 이익과 회사의 경영권 내지 지배권에 중대한 영향을 미치는 경우로서 신주와 관련된 거래의 안전, 주주 기타 이해관계인의 이익 등을 고려하더라도 도저히 묵과할 수 없는 정도라고 평가되는 경우에 한하여 신주의 발행을 무효로 할 수 있을 것이다.
[2] 신주발행을 결의한 甲 회사의 이사회에 참여한 이사들이 하자 있는 주주총회에서 선임된 이사들이어서, 그 후 이사 선임에 관한 주주총회결의가 확정판결로 취소되었고, 위와 같은 하자를 지적한 신주발행금지가처분이 발령되었음에도 위 이사들을 동원하여 위 이사회를 진행한 측만이 신주를 인수한 사안에서, 위 신주발행이 신주의 발행사항을 이사회결의에 의하도록 한 법령과 정관을 위반하였을 뿐만 아니라 현저하게 불공정하고, 그로 인하여 기존 주주들의 이익과 회사의 경영권 내지 지배권에 중대한 영향을 미쳤다는 등의 이유로 무효라고 한 사례.

제430조(준용규정) 제186조 내지 제189조 · 제190조 본문 · 제191조 · 제192조 및 제377조의 규정은 제429조의 소에 관하여 이를 준용한다.
[전문개정 1995.12.29.]

제431조(신주발행무효판결의 효력) ①신주발행무효의 판결이 확정된 때에는 신주는 장래에 대하여 그 효력을 잃는다.
②전항의 경우에는 회사는 지체없이 그 뜻과 일정한 기간내에 신주의 주권을 회사에 제출할 것을 공고하고 주주명부에 기재된 주주와 질권자에 대하여는 각별로 그 통지를 하여야 한다. 그러나 그 기간은 3월 이상으로 하여야 한다.

제432조(무효판결과 주주에의 환급) ①신주발행무효의 판결이 확정된 때에는 회사는 신주의 주주에 대하여 그 납입한 금액을 반환하여야 한다.
②전항의 금액이 전조제1항의 판결확정시의 회사의 재산상태에 비추어 현저하게 부당한 때에는 법원은 회사 또는 전항의 주주의 청구에 의하여 그 금액의 증감을 명할 수 있다.
③제339조와 제340조제1항, 제2항의 규정은 제1항의 경우에 준용한다.

제5절 정관의 변경

제433조(정관변경의 방법) ①정관의 변경은 주주총회의 결의에 의하여야 한다.
②정관의 변경에 관한 의안의 요령은 제363조에 따른 통지에 기재하여야 한다. <개정 2014.5.20.>

제434조(정관변경의 특별결의) 제433조제1항의 결의는 출석한 주주의 의결권의 3분의 2 이상의 수와 발행주식총수의 3분의 1 이상의 수로써 하여야 한다.
[전문개정 1995.12.29.]

제435조(종류주주총회) ① 회사가 종류주식을 발행한 경우에 정관을 변경함으로써 어느 종류주식의 주주에게 손해를 미치게 될 때에는 주주총회의 결의 외에 그 종류주식의 주주의 총회의 결의가 있어야 한다. <개정 2011.4.14.>
②제1항의 결의는 출석한 주주의 의결권의 3분의 2 이상의 수와 그 종류의 발행주식총수의 3분의 1 이상의 수로써 하여야 한다. <개정 1995.12.29.>
③주주총회에 관한 규정은 의결권없는 종류의 주식에 관한 것을 제외하고 제1항의 총회에 준용한다.

제436조(준용규정) 제344조제3항에 따라 주식의 종류에 따라 특수하게 정하는 경우와 회사의 분할 또는 분할합병, 주식교환, 주식이전 및 회사의 합병으로 인하여 어느 종류의 주주에게 손해를 미치게 될 경우에는 제435조를 준용한다.
[전문개정 2011.4.14.]

제437조 삭제 <1995.12.29.>

제6절 자본금의 감소

제438조(자본금 감소의 결의) ① 자본금의 감소에는 제434조에 따른 결의가 있어야 한다.
② 제1항에도 불구하고 결손의 보전(補塡)을 위한 자본금의 감소는 제368조제1항의 결의에 의한다.
③ 자본금의 감소에 관한 의안의 주요내용은 제363조에 따른 통지에 적어야 한다. <개정 2014.5.20.>
[전문개정 2011.4.14.]

제439조(자본금 감소의 방법, 절차) ① 자본금 감소의 결의에서는 그 감소의 방법을 정하여야 한다.
② 자본금 감소의 경우에는 제232조를 준용한다. 다만, 결손의 보전을 위하여 자본금을 감소하는 경우에는 그러하지 아니하다.
③ 사채권자가 이의를 제기하려면 사채권자집회의 결의가 있어야 한다. 이 경우에는 법원은 이해관계인의 청구에 의하여 사채권자를 위하여 이의 제기 기간을 연장할 수 있다.
[전문개정 2011.4.14.]

제440조(주식병합의 절차) 주식을 병합할 경우에는 회사는 1월 이상의 기간을 정하여 그 뜻과 그 기간 내에 주권을 회사에 제출할 것을 공고하고 주주명부에 기재된 주주와 질권자에 대하여는 각별로 그 통지를 하여야 한다. <개정 1995.12.29.>

제441조(동전) 주식의 병합은 전조의 기간이 만료한 때에 그 효력이 생긴다. 그러나 제232조의 규정에 의한 절차가 종료하지 아니한 때에는 그 종료한 때에 효력이 생긴다.

제442조(신주권의 교부) ①주식을 병합하는 경우에 구주권을 회사에 제출할 수 없는 자가 있는 때에는 회사는 그 자의 청구에 의하여 3월 이상의 기간을 정하고 이해관계인에 대하여 그 주권에 대한 이의가 있으면 그 기간 내에 제출할 뜻을 공고하고 그 기간이 경과한 후에 신주권을 청구자에게 교부할 수 있다.
②전항의 공고의 비용은 청구자의 부담으로 한다.

제443조(단주의 처리) ①병합에 적당하지 아니한 수의 주식이 있는 때에는 그 병합에 적당하지 아니한 부분에 대하여 발행한 신주를 경매하여 각 주수에 따라 그 대금을 종전의 주주에게 지급하여야 한다. 그러나 거래소의 시

세있는 주식은 거래소를 통하여 매각하고, 거래소의 시세없는 주식은 법원의 허가를 받아 경매외의 방법으로 매각할 수 있다. <개정 1984.4.10.>
②제442조의 규정은 제1항의 경우에 준용한다. <개정 1984.4.10.>

제444조 삭제 <2014.5.20.>

제445조(감자무효의 소) 자본금 감소의 무효는 주주 · 이사 · 감사 · 청산인 · 파산관재인 또는 자본금의 감소를 승인하지 아니한 채권자만이 자본금 감소로 인한 변경등기가 된 날부터 6개월 내에 소(訴)만으로 주장할 수 있다.
[전문개정 2011.4.14.]

제446조(준용규정) 제186조 내지 제189조 · 제190조 본문 · 제191조 · 제192조 및 제377조의 규정은 제445조의 소에 관하여 이를 준용한다.
[전문개정 1995.12.29.]

판례-주주총회결의취소

[대법원 2004.4.27, 선고, 2003다29616, 판결]

【판시사항】
[1] 감자무효의 소의 원인이 된 하자가 자본감소 결의의 효력에 아무런 영향을 미치지 않는 것인 경우, 그 하자가 추후 보완되지 아니하더라도 법원이 제반 사정을 참작하여 감자무효의 소를 재량 기각할 수 있는지 여부(적극)
[2] 상법 제445조에 의한 감자무효의 소에 대하여 법원이 재량 기각한 것이 정당하다고 한 사례
[3] 상법 제368조 제3항의 규정 취지 및 위 규정상 '대리권을 증명하는 서면'에 사본이나 팩스본 위임장도 포함되는지 여부(소극)

【판결요지】
[1] 법원이 감자무효의 소를 재량 기각하기 위해서는 원칙적으로 그 소제기 전이나 그 심리중에 원인이 된 하자가 보완되어야 한다고 할 수 있을 것이지만, 하자가 추후 보완될 수 없는 성질의 것으로서 자본감소 결의의 효력에는 아무런 영향을 미치지 않는 것인 경우 등에는 그 하자가 보완되지 아니하였다 하더라도 회사의 현황 등 제반 사정을 참작하여 자본감소를 무효로 하는 것이 부적당하다고 인정한 때에는 법원은 그 청구를 기각할 수 있다.
[2] 주주총회의 감자결의에 결의방법상의 하자가 있으나 그 하자가 감자결의의 결과에 아무런 영향을 미치지 아니하였고, 감자결의를 통한 자본감소 후에 이를 기초로 채권은행 등에 대하여 부채의 출자전환 형식으로 신주발행을 하고 수차례에 걸쳐 제3자에게 영업을 양도하는 등의 사정이 발생하였다면, 자본감소를 무효로 할 경우 부채의 출자전환 형식으로 발행된 신주를 인수한 채권은행 등의 이익이나 거래의 안전을 해할 염려가 있으므로 자본감소를 무효로 하는 것이 부적당하다고 볼 사정이 있다고 판단한 사례.
[3] 상법 제368조 제3항의 규정은 대리권의 존부에 관한 법률관계를 명확히 하여 주주총회 결의의 성립을 원활하게 하기 위한 데 그 목적이 있다고 할 것이므로 대리권을 증명하는 서면은 위조나 변조 여부를 쉽게 식별할 수 있는 원본이어야 하고, 특별한 사정이 없는 한 사본은 그 서면에 해당하지 아니하고, 팩스를 통하

여 출력된 팩스본 위임장 역시 성질상 원본으로 볼 수 없다.

제7절 회사의 회계

제446조의2(회계의 원칙) 회사의 회계는 이 법과 대통령령으로 규정한 것을 제외하고는 일반적으로 공정하고 타당한 회계관행에 따른다.
[본조신설 2011.4.14.]

제447조(재무제표의 작성) ① 이사는 결산기마다 다음 각 호의 서류와 그 부속명세서를 작성하여 이사회의 승인을 받아야 한다.
1. 대차대조표
2. 손익계산서
3. 그 밖에 회사의 재무상태와 경영성과를 표시하는 것으로서 대통령령으로 정하는 서류

② 대통령령으로 정하는 회사의 이사는 연결재무제표(聯結財務諸表)를 작성하여 이사회의 승인을 받아야 한다.
[전문개정 2011.4.14.]

제447조의2(영업보고서의 작성) ①이사는 매결산기에 영업보고서를 작성하여 이사회의 승인을 얻어야 한다.
②영업보고서에는 대통령령이 정하는 바에 의하여 영업에 관한 중요한 사항을 기재하여야 한다.
[본조신설 1984.4.10.]

제447조의3(재무제표등의 제출) 이사는 정기총회회일의 6주간전에 제447조 및 제447조의2의 서류를 감사에게 제출하여야 한다.
[본조신설 1984.4.10.]

제447조의4(감사보고서) ① 감사는 제447조의3의 서류를 받은 날부터 4주 내에 감사보고서를 이사에게 제출하여야 한다.
② 제1항의 감사보고서에는 다음 각 호의 사항을 적어야 한다.
1. 감사방법의 개요
2. 회계장부에 기재될 사항이 기재되지 아니하거나 부실기재된 경우 또는 대차대조표나 손익계산서의 기재 내용이 회계장부와 맞지 아니하는 경우에는 그 뜻
3. 대차대조표 및 손익계산서가 법령과 정관에 따라 회사의 재무상태와 경영성과를 적정하게 표시하고 있는 경우에는 그 뜻
4. 대차대조표 또는 손익계산서가 법령이나 정관을 위반하여 회사의 재무상태와 경영성과를 적정하게 표시하지 아니하는 경우에는 그 뜻과 이유
5. 대차대조표 또는 손익계산서의 작성에 관한 회계방침의 변경이 타당한지 여부와 그 이유

6. 영업보고서가 법령과 정관에 따라 회사의 상황을 적정하게 표시하고 있는지 여부
7. 이익잉여금의 처분 또는 결손금의 처리가 법령 또는 정관에 맞는지 여부
8. 이익잉여금의 처분 또는 결손금의 처리가 회사의 재무상태나 그 밖의 사정에 비추어 현저하게 부당한 경우에는 그 뜻
9. 제447조의 부속명세서에 기재할 사항이 기재되지 아니하거나 부실기재된 경우 또는 회계장부 · 대차대조표 · 손익계산서나 영업보고서의 기재 내용과 맞지 아니하게 기재된 경우에는 그 뜻
10. 이사의 직무수행에 관하여 부정한 행위 또는 법령이나 정관의 규정을 위반하는 중대한 사실이 있는 경우에는 그 사실

③ 감사가 감사를 하기 위하여 필요한 조사를 할 수 없었던 경우에는 감사보고서에 그 뜻과 이유를 적어야 한다.

[전문개정 2011.4.14.]

第448條(재무제표 등의 비치 · 공시) ①이사는 정기총회회일의 1주간전부터 제447조 및 제447조의2의 서류와 감사보고서를 본점에 5년간, 그 등본을 지점에 3년간 비치하여야 한다. <개정 1962.12.12., 1984.4.10.>

②주주와 회사채권자는 영업시간내에 언제든지 제1항의 비치서류를 열람할 수 있으며 회사가 정한 비용을 지급하고 그 서류의 등본이나 초본의 교부를 청구할 수 있다. <개정 1984.4.10.>

第449條(재무제표 등의 승인 · 공고) ① 이사는 제447조의 각 서류를 정기총회에 제출하여 그 승인을 요구하여야 한다. <개정 2011.4.14.>

②이사는 제447조의2의 서류를 정기총회에 제출하여 그 내용을 보고하여야 한다. <신설 1984.4.10.>

③이사는 제1항의 서류에 대한 총회의 승인을 얻은 때에는 지체없이 대차대조표를 공고하여야 한다. <개정 1984.4.10.>

第449條의2(재무제표 등의 승인에 대한 특칙) ① 제449조에도 불구하고 회사는 정관으로 정하는 바에 따라 제447조의 각 서류를 이사회의 결의로 승인할 수 있다. 다만, 이 경우에는 다음 각 호의 요건을 모두 충족하여야 한다.

1. 제447조의 각 서류가 법령 및 정관에 따라 회사의 재무상태 및 경영성과를 적정하게 표시하고 있다는 외부감사인의 의견이 있을 것
2. 감사(감사위원회 설치회사의 경우에는 감사위원을 말한다) 전원의 동의가 있을 것

② 제1항에 따라 이사회가 승인한 경우에는 이사는 제447조의 각 서류의 내용을 주주총회에 보고하여야 한다.

[본조신설 2011.4.14.]

第450條(이사, 감사의 책임해제) 정기총회에서 전조제1항의 승인을 한 후 2년내에 다른 결의가 없으면 회사는 이사와 감사의 책임을 해제한 것으로 본

다. 그러나 이사 또는 감사의 부정행위에 대하여는 그러하지 아니하다.

판례-손해배상(기)

[대법원 2007.12.13, 선고, 2007다60080, 판결]

【판시사항】

[1] 주식회사의 이사가 다른 업무담당이사의 업무집행이 위법하다고 의심할 만한 사유가 있음에도 이를 방치한 경우, 회사가 입은 손해에 대하여 배상책임을 지는지 여부(적극)

[2] 상법 제450조에 따른 이사와 감사의 책임 해제의 요건

[3] 비상임 감사라는 이유로 선관주의의무 위반에 따른 책임을 면하는지 여부(소극)

[4] 감사가 회사 또는 자회사의 이사, 지배인 기타의 사용인에 선임되거나 그 반대의 경우, 피선임자가 현직을 사임하는 것을 조건으로 효력을 가지는지 여부(적극)

【판결요지】

[1] 주식회사의 이사는 이사회의 일원으로서 이사회에 상정된 의안에 대하여 찬부의 의사표시를 하는 데 그치지 않고, 담당업무는 물론 다른 업무담당이사의 업무집행을 전반적으로 감시할 의무가 있으므로, 주식회사의 이사가 다른 업무담당이사의 업무집행이 위법하다고 의심할 만한 사유가 있음에도 불구하고 이를 방치한 때에는 그로 말미암아 회사가 입은 손해에 대하여 배상책임을 면할 수 없다.

[2] 상법 제450조에 따른 이사, 감사의 책임 해제는 재무제표 등에 그 책임사유가 기재되어 정기총회에서 승인을 얻은 경우에 한정된다.

[3] 상법이 감사를 상임 감사와 비상임 감사로 구별하여 비상임 감사는 상임 감사에 비해 그 직무와 책임이 감경되는 것으로 규정하고 있지도 않을 뿐 아니라, 우리나라의 회사들이 비상임 감사를 두어 비상임 감사는 상임 감사의 유고시에만 감사의 직무를 수행하도록 하고 있다는 상관습의 존재도 인정할 수 없으므로, 비상임 감사는 감사로서의 선관주의의무 위반에 따른 책임을 지지 않는다는 주장은 허용될 수 없다.

[4] 감사가 회사 또는 자회사의 이사 또는 지배인 기타의 사용인에 선임되거나 반대로 회사 또는 자회사의 이사 또는 지배인 기타의 사용인이 회사의 감사에 선임된 경우에는 그 선임행위는 각각의 선임 당시에 있어 현직을 사임하는 것을 조건으로 하여 효력을 가지고, 피선임자가 새로이 선임된 지위에 취임할 것을 승낙한 때에는 종전의 직을 사임하는 의사를 표시한 것으로 해석하여야 한다.

제451조(자본금) ① 회사의 자본금은 이 법에서 달리 규정한 경우 외에는 발행주식의 액면총액으로 한다.

② 회사가 무액면주식을 발행하는 경우 회사의 자본금은 주식 발행가액의 2분의 1 이상의 금액으로서 이사회(제416조 단서에서 정한 주식발행의 경우에는 주주총회를 말한다)에서 자본금으로 계상하기로 한 금액의 총액으로 한다. 이 경우 주식의 발행가액 중 자본금으로 계상하지 아니하는 금액은 자본준비금으로 계상하여야 한다.

③ 회사의 자본금은 액면주식을 무액면주식으로 전환하거나 무액면주식을 액면주식으로 전환함으로써 변경할 수 없다.

[전문개정 2011.4.14.]

제452조 삭제 <2011.4.14.>

제453조 삭제 <2011.4.14.>

제453조의2 삭제 <2011.4.14.>

제454조 삭제 <2011.4.14.>

제455조 삭제 <2011.4.14.>

제456조 삭제 <2011.4.14.>

제457조 삭제 <2011.4.14.>

제457조의2 삭제 <2011.4.14.>

제458조(이익준비금) 회사는 그 자본금의 2분의 1이 될 때까지 매 결산기 이익배당액의 10분의 1 이상을 이익준비금으로 적립하여야 한다. 다만, 주식배당의 경우에는 그러하지 아니하다. [전문개정 2011.4.14.]

제459조(자본준비금) ① 회사는 자본거래에서 발생한 잉여금을 대통령령으로 정하는 바에 따라 자본준비금으로 적립하여야 한다.
② 합병이나 제530조의2에 따른 분할 또는 분할합병의 경우 소멸 또는 분할되는 회사의 이익준비금이나 그 밖의 법정준비금은 합병·분할·분할합병 후 존속되거나 새로 설립되는 회사가 승계할 수 있다.
[전문개정 2011.4.14.]

제460조(법정준비금의 사용) 제458조 및 제459조의 준비금은 자본금의 결손 보전에 충당하는 경우 외에는 처분하지 못한다.
[전문개정 2011.4.14.]

제461조(준비금의 자본금 전입) ①회사는 이사회의 결의에 의하여 준비금의 전부 또는 일부를 자본금에 전입할 수 있다. 그러나 정관으로 주주총회에서 결정하기로 정한 경우에는 그러하지 아니하다. <개정 2011.4.14.>
②제1항의 경우에는 주주에 대하여 그가 가진 주식의 수에 따라 주식을 발행하여야 한다. 이 경우 1주에 미달하는 단수에 대하여는 제443조제1항의 규정을 준용한다.
③제1항의 이사회의 결의가 있은 때에는 회사는 일정한 날을 정하여 그 날에 주주명부에 기재된 주주가 제2항의 신주의 주주가 된다는 뜻을 그 날의 2주간전에 공고하여야 한다. 그러나 그 날이 제354조제1항의 기간 중인

때에는 그 기간의 초일의 2주간전에 이를 공고하여야 한다.
④제1항 단서의 경우에 주주는 주주총회의 결의가 있은 때로부터 제2항의 신주의 주주가 된다.
⑤제3항 또는 제4항의 규정에 의하여 신주의 주주가 된 때에는 이사는 지체없이 신주를 받은 주주와 주주명부에 기재된 질권자에 대하여 그 주주가 받은 주식의 종류와 수를 통지하여야 한다. <개정 2014.5.20.>
⑥제350조제3항 후단의 규정은 제1항의 경우에 이를 준용한다.
<신설 1995.12.29.>
⑦제339조의 규정은 제2항의 규정에 의하여 주식의 발행이 있는 경우에 이를 준용한다.
[전문개정 1984.4.10.]
[제목개정 2011.4.14.]

제461조의2(준비금의 감소) 회사는 적립된 자본준비금 및 이익준비금의 총액이 자본금의 1.5배를 초과하는 경우에 주주총회의 결의에 따라 그 초과한 금액 범위에서 자본준비금과 이익준비금을 감액할 수 있다.
[본조신설 2011.4.14.]

제462조(이익의 배당) ① 회사는 대차대조표의 순자산액으로부터 다음의 금액을 공제한 액을 한도로 하여 이익배당을 할 수 있다.
1. 자본금의 액
2. 그 결산기까지 적립된 자본준비금과 이익준비금의 합계액
3. 그 결산기에 적립하여야 할 이익준비금의 액
4. 대통령령으로 정하는 미실현이익
② 이익배당은 주주총회의 결의로 정한다. 다만, 제449조의2제1항에 따라 재무제표를 이사회가 승인하는 경우에는 이사회의 결의로 정한다.
③ 제1항을 위반하여 이익을 배당한 경우에 회사채권자는 배당한 이익을 회사에 반환할 것을 청구할 수 있다.
④ 제3항의 청구에 관한 소에 대하여는 제186조를 준용한다.
[전문개정 2011.4.14.]

제462조의2(주식배당) ①회사는 주주총회의 결의에 의하여 이익의 배당을 새로이 발행하는 주식으로써 할 수 있다. 그러나 주식에 의한 배당은 이익배당총액의 2분의 1에 상당하는 금액을 초과하지 못한다.
②제1항의 배당은 주식의 권면액으로 하며, 회사가 종류주식을 발행한 때에는 각각 그와 같은 종류의 주식으로 할 수 있다.
<개정 1995.12.29., 2011.4.14.>
③주식으로 배당할 이익의 금액중 주식의 권면액에 미달하는 단수가 있는 때에는 그 부분에 대하여는 제443조제1항의 규정을 준용한다.
<개정 1995.12.29.>
④주식으로 배당을 받은 주주는 제1항의 결의가 있는 주주총회가 종결한 때부터 신주의 주주가 된다. 이 경우 제350조제3항 후단의 규정을 준용한다.

<개정 1995.12.29.>
⑤이사는 제1항의 결의가 있는 때에는 지체없이 배당을 받을 주주와 주주명부에 기재된 질권자에게 그 주주가 받을 주식의 종류와 수를 통지하여야 한다. <개정 2014.5.20.>
⑥제340조제1항의 질권자의 권리는 제1항의 규정에 의한 주주가 받을 주식에 미친다. 이 경우 제340조제3항의 규정을 준용한다.
[본조신설 1984.4.10.]

제462조의3(중간배당) ①년 1회의 결산기를 정한 회사는 영업년도중 1회에 한하여 이사회의 결의로 일정한 날을 정하여 그 날의 주주에 대하여 이익을 배당(이하 이 조에서 "중간배당"이라 한다)할 수 있음을 정관으로 정할 수 있다. <개정 2011.4.14.>
②중간배당은 직전 결산기의 대차대조표상의 순자산액에서 다음 각호의 금액을 공제한 액을 한도로 한다. <개정 2001.7.24., 2011.4.14.>
1. 직전 결산기의 자본금의 액
2. 직전 결산기까지 적립된 자본준비금과 이익준비금의 합계액
3. 직전 결산기의 정기총회에서 이익으로 배당하거나 또는 지급하기로 정한 금액
4. 중간배당에 따라 당해 결산기에 적립하여야 할 이익준비금
③회사는 당해 결산기의 대차대조표상의 순자산액이 제462조제1항 각호의 금액의 합계액에 미치지 못할 우려가 있는 때에는 중간배당을 하여서는 아니된다. <개정 2001.7.24.>
④당해 결산기 대차대조표상의 순자산액이 제462조제1항 각호의 금액의 합계액에 미치지 못함에도 불구하고 중간배당을 한 경우 이사는 회사에 대하여 연대하여 그 차액(배당액이 그 차액보다 적을 경우에는 배당액)을 배상할 책임이 있다. 다만, 이사가 제3항의 우려가 없다고 판단함에 있어 주의를 게을리하지 아니하였음을 증명한 때에는 그러하지 아니하다.
<개정 2001.7.24.>
⑤제340조제1항, 제344조제1항, 제350조제3항(제423조제1항, 제516조제2항 및 제516조의10에서 준용하는 경우를 포함한다. 이하 이 항에서 같다), 제354조제1항, 제458조, 제464조 및 제625조제3호의 규정의 적용에 관하여는 중간배당을 제462조제1항의 규정에 의한 이익의 배당으로, 제350조제3항의 규정의 적용에 관하여는 제1항의 일정한 날을 영업년도말로 본다. <개정 2011.4.14.>
⑥제399조제2항 · 제3항 및 제400조의 규정은 제4항의 이사의 책임에 관하여, 제462조제3항 및 제4항은 제3항의 규정에 위반하여 중간배당을 한 경우에 이를 준용한다. <개정 2011.4.14.>
[본조신설 1998.12.28.]

제462조의4(현물배당) ① 회사는 정관으로 금전 외의 재산으로 배당을 할 수 있음을 정할 수 있다.
② 제1항에 따라 배당을 결정한 회사는 다음 사항을 정할 수 있다.
1. 주주가 배당되는 금전 외의 재산 대신 금전의 지급을 회사에 청구할 수

있도록 한 경우에는 그 금액 및 청구할 수 있는 기간
2. 일정 수 미만의 주식을 보유한 주주에게 금전 외의 재산 대신 금전을 지급하기로 한 경우에는 그 일정 수 및 금액
[본조신설 2011.4.14.]

제463조 삭제 <2011.4.14.>

제464조(이익배당의 기준) 이익배당은 각 주주가 가진 주식의 수에 따라 한다. 다만, 제344조제1항을 적용하는 경우에는 그러하지 아니하다.
[전문개정 2011.4.14.]

제464조의2(이익배당의 지급시기) ① 회사는 제464조에 따른 이익배당을 제462조제2항의 주주총회나 이사회의 결의 또는 제462조의3제1항의 결의를 한 날부터 1개월 내에 하여야 한다. 다만, 주주총회 또는 이사회에서 배당금의 지급시기를 따로 정한 경우에는 그러하지 아니하다. <개정 2011.4.14.>
②제1항의 배당금의 지급청구권은 5년간 이를 행사하지 아니하면 소멸시효가 완성한다.
[본조신설 1984.4.10.]
[제목개정 2011.4.14.]

제465조 삭제 <1984.4.10.>

제466조(주주의 회계장부열람권) ①발행주식의 총수의 100분의 3 이상에 해당하는 주식을 가진 주주는 이유를 붙인 서면으로 회계의 장부와 서류의 열람 또는 등사를 청구할 수 있다. <개정 1998.12.28.>
②회사는 제1항의 주주의 청구가 부당함을 증명하지 아니하면 이를 거부하지 못한다. <개정 1998.12.28.>

제467조(회사의 업무, 재산상태의 검사) ①회사의 업무집행에 관하여 부정행위 또는 법령이나 정관에 위반한 중대한 사실이 있음을 의심할 사유가 있는 때에는 발행주식의 총수의 100분의 3 이상에 해당하는 주식을 가진 주주는 회사의 업무와 재산상태를 조사하게 하기 위하여 법원에 검사인의 선임을 청구할 수 있다. <개정 1998.12.28.>
②검사인은 그 조사의 결과를 법원에 보고하여야 한다.
③법원은 제2항의 보고에 의하여 필요하다고 인정한 때에는 대표이사에게 주주총회의 소집을 명할 수 있다. 제310조제2항의 규정은 이 경우에 준용한다. <개정 1962.12.12., 1995.12.29.>
④이사와 감사는 지체없이 제3항의 규정에 의한 검사인의 보고서의 정확여부를 조사하여 이를 주주총회에 보고하여야 한다. <신설 1995.12.29.>

제467조의2(이익공여의 금지) ①회사는 누구에게든지 주주의 권리행사와 관련하여 재산상의 이익을 공여할 수 없다.
②회사가 특정의 주주에 대하여 무상으로 재산상의 이익을 공여한 경우에는 주주의 권리행사와 관련하여 이를 공여한 것으로 추정한다. 회사가 특정의 주주에 대하여 유상으로 재산상의 이익을 공여한 경우에 있어서 회사가 얻은 이익이 공여한 이익에 비하여 현저하게 적은 때에도 또한 같다.
③회사가 제1항의 규정에 위반하여 재산상의 이익을 공여한 때에는 그 이익을 공여받은 자는 이를 회사에 반환하여야 한다. 이 경우 회사에 대하여 대가를 지급한 것이 있는 때에는 그 반환을 받을 수 있다.
④제403조 내지 제406조의 규정은 제3항의 이익의 반환을 청구하는 소에 대하여 이를 준용한다.
[본조신설 1984.4.10.]

제468조(사용인의 우선변제권) 신원보증금의 반환을 받을 채권 기타 회사와 사용인간의 고용관계로 인한 채권이 있는 자는 회사의 총재산에 대하여 우선변제를 받을 권리가 있다. 그러나 질권·저당권이나 「동산·채권 등의 담보에 관한 법률」에 따른 담보권에 우선하지 못한다. <개정 2010.6.10.>

제8절 사채

제1관 통칙

제469조(사채의 발행) ① 회사는 이사회의 결의에 의하여 사채(社債)를 발행할 수 있다.
② 제1항의 사채에는 다음 각 호의 사채를 포함한다.
1. 이익배당에 참가할 수 있는 사채
2. 주식이나 그 밖의 다른 유가증권으로 교환 또는 상환할 수 있는 사채
3. 유가증권이나 통화 또는 그 밖에 대통령령으로 정하는 자산이나 지표 등의 변동과 연계하여 미리 정하여진 방법에 따라 상환 또는 지급금액이 결정되는 사채

③ 제2항에 따라 발행하는 사채의 내용 및 발행 방법 등 발행에 필요한 구체적인 사항은 대통령령으로 정한다.
④ 제1항에도 불구하고 정관으로 정하는 바에 따라 이사회는 대표이사에게 사채의 금액 및 종류를 정하여 1년을 초과하지 아니하는 기간 내에 사채를 발행할 것을 위임할 수 있다.
[전문개정 2011.4.14.]

제470조 삭제 <2011.4.14.>

제471조 삭제 <2011.4.14.>

제472조 삭제 <2011.4.14.>

제473조 삭제 <2011.4.14.>

제474조(공모발행, 사채청약서) ①사채의 모집에 응하고자 하는 자는 사채청약서 2통에 그 인수할 사채의 수와 주소를 기재하고 기명날인 또는 서명하여야 한다. <개정 1995.12.29.>

②사채청약서는 이사가 작성하고 다음의 사항을 적어야 한다. <개정 1984.4.10., 1995.12.29., 2011.4.14.>

1. 회사의 상호
2. 자본금과 준비금의 총액
3. 최종의 대차대조표에 의하여 회사에 현존하는 순재산액
4. 사채의 총액
5. 각 사채의 금액
6. 사채발행의 가액 또는 그 최저가액
7. 사채의 이율
8. 사채의 상환과 이자지급의 방법과 기한
9. 사채를 수회에 분납할 것을 정한 때에는 그 분납금액과 시기
10. 채권을 기명식 또는 무기명식에 한한 때에는 그 뜻

10의2. 채권을 발행하는 대신 전자등록기관의 전자등록부에 사채권자의 권리를 등록하는 때에는 그 뜻

11. 전에 모집한 사채가 있는 때에는 그 상환하지 아니한 금액
12. 삭제 <2011.4.14.>
13. 사채모집의 위탁을 받은 회사가 있는 때에는 그 상호와 주소

13의2. 사채관리회사가 있는 때에는 그 상호와 주소

13의3. 사채관리회사가 사채권자집회결의에 의하지 아니하고 제484조제4항 제2호의 행위를 할 수 있도록 정한 때에는 그 뜻

14. 제13호의 위탁을 받은 회사가 그 모집액이 총액에 달하지 못한 경우에 그 잔액을 인수할 것을 약정한 때에는 그 뜻
15. 명의개서대리인을 둔 때에는 그 성명 · 주소 및 영업소

③사채발행의 최저가액을 정한 경우에는 응모자는 사채청약서에 응모가액을 기재하여야 한다.

판례-환매자금

[대법원 2005.9.15, 선고, 2005다15550, 판결]

【판시사항】

[1] 기업구조조정 촉진법 제14조 제1항에 의하여 금융감독원장이 채권금융기관에 대하여 한 채권행사 유예요청이 채권금융기관을 구속하는 법적 효력이 있는지 여부(소극)

[2] 사채모집위탁계약 및 인수계약의 당사자가 아닌 사채권자가 위 계약상 기한의 이익 상실규정을 원용할 수 있다고 한 사례

【판결요지】
[1] 기업구조조정 촉진법 제14조 제1항에 의한 채권행사 유예요청은 채권금융기관을 구속하는 법적 효력이 없으므로, 금융감독원장이 채권금융기관에 대하여 채권행사를 유예하도록 요청하였다 하더라도, 위 요청을 받은 채권금융기관은 부실징후기업에 대하여 부담하는 채무와 자신의 채권이 상계적상에 있는 경우 대등액에 관하여 상계할 수 있다.

[2] 사채계약의 내용에 기한의 이익 상실에 관한 규정이 없더라도 사채모집위탁계약 및 인수계약에서 발행회사의 기한의 이익 상실을 사채의 발행조건의 하나로 규정하면서, 사채조건이 발행회사와 수탁회사 또는 주간사회사의 권리의무에 한정되는 것이 아니라 사채권자의 권리의무에도 미친다는 점을 명시한 경우, 위 사채모집위탁계약 및 인수계약상 기한의 이익 상실규정을 제3자인 사채권자를 위한 규정으로 보아 수익자인 사채권자는 수익의 의사표시에 의하여 위 기한의 이익 상실규정을 원용할 수 있다고 한 사례.

제475조(총액인수의 방법) 전조의 규정은 계약에 의하여 사채의 총액을 인수하는 경우에는 이를 적용하지 아니한다. 사채모집의 위탁을 받은 회사가 사채의 일부를 인수하는 경우에는 그 일부에 대하여도 같다.

제476조(납입) ①사채의 모집이 완료한 때에는 이사는 지체없이 인수인에 대하여 각 사채의 전액 또는 제1회의 납입을 시켜야 한다.
②사채모집의 위탁을 받은 회사는 그 명의로 위탁회사를 위하여 제474조제2항과 전항의 행위를 할 수 있다.

제477조 삭제 <1984.4.10.>

제478조(채권의 발행) ①채권은 사채전액의 납입이 완료한 후가 아니면 이를 발행하지 못한다.
② 채권에는 다음의 사항을 적고 대표이사가 기명날인 또는 서명하여야 한다. <개정 2011.4.14.>
1. 채권의 번호
2. 제474조제2항제1호 · 제4호 · 제5호 · 제7호 · 제8호 · 제10호 · 제13호 · 제13호의2 및 제13호의3에 규정된 사항
③ 회사는 제1항의 채권(債券)을 발행하는 대신 정관으로 정하는 바에 따라 전자등록기관의 전자등록부에 채권(債權)을 등록할 수 있다. 이 경우 제356조의2제2항부터 제4항까지의 규정을 준용한다. <신설 2011.4.14.>

제479조(기명사채의 이전) ①기명사채의 이전은 취득자의 성명과 주소를 사채원부에 기재하고 그 성명을 채권에 기재하지 아니하면 회사 기타의 제3자에게 대항하지 못한다.
②제337조제2항의 규정은 기명사채의 이전에 대하여 이를 준용한다. <신설 1984.4.10.>

제480조(기명식, 무기명식간의 전환) 사채권자는 언제든지 기명식의 채권을 무기명식으로, 무기명식의 채권을 기명식으로 할 것을 회사에 청구할 수 있다. 그러나 채권을 기명식 또는 무기명식에 한할 것으로 정한 때에는 그러하지 아니하다.

제480조의2(사채관리회사의 지정·위탁) 회사는 사채를 발행하는 경우에 사채관리회사를 정하여 변제의 수령, 채권의 보전, 그 밖에 사채의 관리를 위탁할 수 있다. [본조신설 2011.4.14.]

제480조의3(사채관리회사의 자격) ① 은행, 신탁회사, 그 밖에 대통령령으로 정하는 자가 아니면 사채관리회사가 될 수 없다.
② 사채의 인수인은 그 사채의 사채관리회사가 될 수 없다.
③ 사채를 발행한 회사와 특수한 이해관계가 있는 자로서 대통령령으로 정하는 자는 사채관리회사가 될 수 없다.
[본조신설 2011.4.14.]

제481조(사채관리회사의 사임) 사채관리회사는 사채를 발행한 회사와 사채권자집회의 동의를 받아 사임할 수 있다. 부득이한 사유가 있어 법원의 허가를 받은 경우에도 같다.
[전문개정 2011.4.14.]

제482조(사채관리회사의 해임) 사채관리회사가 그 사무를 처리하기에 적임이 아니거나 그 밖에 정당한 사유가 있을 때에는 법원은 사채를 발행하는 회사 또는 사채권자집회의 청구에 의하여 사채관리회사를 해임할 수 있다.
[전문개정 2011.4.14.]

제483조(사채관리회사의 사무승계자) ① 사채관리회사의 사임 또는 해임으로 인하여 사채관리회사가 없게 된 경우에는 사채를 발행한 회사는 그 사무를 승계할 사채관리회사를 정하여 사채권자를 위하여 사채 관리를 위탁하여야 한다. 이 경우 회사는 지체 없이 사채권자집회를 소집하여 동의를 받아야 한다. <개정 2011.4.14.>
②부득이한 사유가 있는 때에는 이해관계인은 사무승계자의 선임을 법원에 청구할 수 있다. [제목개정 2011.4.14.]

제484조(사채관리회사의 권한) ① 사채관리회사는 사채권자를 위하여 사채에 관한 채권을 변제받거나 채권의 실현을 보전하기 위하여 필요한 재판상 또는 재판 외의 모든 행위를 할 수 있다.
② 사채관리회사는 제1항의 변제를 받으면 지체 없이 그 뜻을 공고하고, 알고 있는 사채권자에게 통지하여야 한다.
③ 제2항의 경우에 사채권자는 사채관리회사에 사채 상환액 및 이자 지급을

청구할 수 있다. 이 경우 사채권이 발행된 때에는 사채권과 상환하여 상환액지급청구를 하고, 이권(利券)과 상환하여 이자지급청구를 하여야 한다.

④ 사채관리회사가 다음 각 호의 어느 하나에 해당하는 행위(사채에 관한 채권을 변제받거나 채권의 실현을 보전하기 위한 행위는 제외한다)를 하는 경우에는 사채권자집회의 결의에 의하여야 한다. 다만, 사채를 발행하는 회사는 제2호의 행위를 사채관리회사가 사채권자집회결의에 의하지 아니하고 할 수 있음을 정할 수 있다.

1. 해당 사채 전부에 대한 지급의 유예, 그 채무의 불이행으로 발생한 책임의 면제 또는 화해
2. 해당 사채 전부에 관한 소송행위 또는 채무자회생 및 파산에 관한 절차에 속하는 행위

⑤ 사채관리회사가 제4항 단서에 따라 사채권자집회의 결의에 의하지 아니하고 제4항제2호의 행위를 한 때에는 지체 없이 그 뜻을 공고하고, 알고 있는 사채권자에게는 따로 통지하여야 한다.

⑥ 제2항과 제5항의 공고는 사채를 발행한 회사가 하는 공고와 같은 방법으로 하여야 한다.

⑦ 사채관리회사는 그 관리를 위탁받은 사채에 관하여 제1항 또는 제4항 각 호에서 정한 행위를 위하여 필요하면 법원의 허가를 받아 사채를 발행한 회사의 업무와 재산상태를 조사할 수 있다.

[전문개정 2011.4.14.]

제484조의2(사채관리회사의 의무 및 책임) ① 사채관리회사는 사채권자를 위하여 공평하고 성실하게 사채를 관리하여야 한다.

② 사채관리회사는 사채권자에 대하여 선량한 관리자의 주의로 사채를 관리하여야 한다.

③ 사채관리회사가 이 법이나 사채권자집회결의를 위반한 행위를 한 때에는 사채권자에 대하여 연대하여 이로 인하여 발생한 손해를 배상할 책임이 있다.

[본조신설 2011.4.14.]

제485조(둘 이상의 사채관리회사가 있는 경우의 권한과 의무) ① 사채관리회사가 둘 이상 있을 때에는 그 권한에 속하는 행위는 공동으로 하여야 한다.

② 제1항의 경우에 사채관리회사가 제484조제1항의 변제를 받은 때에는 사채관리회사는 사채권자에 대하여 연대하여 변제액을 지급할 의무가 있다.

[전문개정 2011.4.14.]

제486조(이권흠결의 경우) ①이권있는 무기명식의 사채를 상환하는 경우에 이권이 흠결된 때에는 그 이권에 상당한 금액을 상환액으로부터 공제한다.

②전항의 이권소지인은 언제든지 그 이권과 상환하여 공제액의 지급을 청구할 수 있다.

제487조(원리청구권의 시효) ①사채의 상환청구권은 10년간 행사하지 아니하

면 소멸시효가 완성한다.
②제484조제3항의 청구권도 전항과 같다.
③사채의 이자와 전조제2항의 청구권은 5년간 행사하지 아니하면 소멸시효가 완성한다.

판례-근저당권설정등기말소등기청구

[대법원 2010.9.9, 선고, 2010다28031, 판결]

【판시사항】
[1] 사채(社債)의 상환청구권에 대한 지연손해금의 소멸시효기간(=10년) 및 사채의 이자에 대한 지연손해금의 소멸시효기간(=5년)
[2] 첫 경매개시결정등기 전에 등기되었고 매각으로 소멸하는 저당권을 가진 채권자가 다른 채권자의 신청에 의하여 개시된 경매절차에서 채권신고를 한 경우 그 채권신고에 소멸시효 중단의 효력이 있는지 여부(적극) 및 경매신청이 취하되면 위 채권신고로 인한 소멸시효 중단의 효력이 소멸하는지 여부(적극)
[3] 첫 경매개시결정등기 전에 등기되었고 매각으로 소멸하는 저당권을 가진 채권자가 다른 채권자의 신청에 의하여 개시된 경매절차에서 채권신고를 한 경우 그 채권신고에 소멸시효 중단 사유인 '최고'의 효력이 인정되는지 여부(소극) 및 그 경매신청 취하 후 6월내에 위 채권자가 재판상 청구를 하면 민법 제170조 제2항에 의하여 소멸시효 중단의 효력이 유지되는지 여부(소극)

【판결요지】
[1] 금전채무에 대한 변제기 이후의 지연손해금은 금전채무의 이행을 지체함으로 인한 손해의 배상으로 지급되는 것이므로, 그 소멸시효기간은 원본채권의 그것과 같다. 한편, 상법 제487조 제1항에 "사채의 상환청구권은 10년간 행사하지 아니하면 소멸시효가 완성한다.", 같은 조 제3항에 "사채의 이자와 전조 제2항의 청구권은 5년간 행사하지 아니하면 소멸시효가 완성한다." 고 규정하고 있고, 이미 발생한 이자에 관하여 채무자가 이행을 지체한 경우에는 그 이자에 대한 지연손해금을 청구할 수 있으므로, 사채의 상환청구권에 대한 지연손해금은 사채의 상환청구권과 마찬가지로 10년간 행사하지 아니하면 소멸시효가 완성하고, 사채의 이자에 대한 지연손해금은 사채의 이자와 마찬가지로 5년간 행사하지 아니하면 소멸시효가 완성한다.
[2] 저당권으로서 첫 경매개시결정등기 전에 등기되었고 매각으로 소멸하는 것을 가진 채권자는 담보권을 실행하기 위한 경매신청을 할 수 있을뿐더러 다른 채권자의 신청에 의하여 개시된 경매절차에서 배당요구를 하지 않아도 당연히 배당에 참가할 수 있는데, 이러한 채권자가 채권의 유무, 그 원인 및 액수를 법원에 신고하여 권리를 행사하였다면 그 채권신고는 민법 제168조 제2호의 압류에 준하는 것으로서 신고된 채권에 관하여 소멸시효를 중단하는 효력이 생긴다. 그러나 민법 제175조에 "압류, 가압류 및 가처분은 권리자의 청구에 의하여 또는 법률의 규정에 따르지 아니함으로 인하여 취소된 때에는 시효중단의 효력이 없다." 고 규정하고, 민사집행법 제93조 제1항에 "경매신청이 취하되면 압류의 효력은 소멸된다." 고 규정하고 있으므로 경매신청이 취하되면 특별한 사정이 없는 한 압류로 인한 소멸시효 중단의 효력이 소멸하는 것과 마찬가지로 위와 같이 첫 경매개시결정등기 전에 등기되었고 매각으로 소멸하는 저당권을 가진 채권자의 채권신고로 인한 소멸시효 중단의 효력도 소멸한다.
[3] 저당권으로서 첫 경매개시결정등기 전에 등기되었고 매각으로 소멸하는 것을 가진 채권자가 다른 채권자의 신청에 의하여 개시된 경매절차에서 채권신고를 하였다고 하더라도 그 채권신고에 채무자에 대하여 채무의 이행을 청구하는 의사가 직접적으로 표명되어 있다고 보기 어렵고 채무자에 대한 통지 절차도 구비되어

있지 않으므로 별도로 소멸시효 중단 사유인 최고의 효력은 인정되지 않고, 경매신청이 취하된 후 6월내에 위와 같은 채권신고를 한 채권자가 소제기 등의 재판상의 청구를 하였다고 하더라도 민법 제170조 제2항에 의하여 소멸시효 중단의 효력이 유지된다고 할 수 없다.

제488조(사채원부) 회사는 사채원부를 작성하고 다음 각 호의 사항을 적어야 한다.
1. 사채권자(무기명식 채권이 발행되어 있는 사채의 사채권자는 제외한다)의 성명과 주소
2. 채권의 번호
3. 제474조제2항제4호, 제5호, 제7호부터 제9호까지, 제13호, 제13호의2 및 제13호의3에 규정된 사항
4. 각 사채의 납입금액과 납입연월일
5. 채권의 발행연월일 또는 채권을 발행하는 대신 전자등록기관의 전자등록부에 사채권자의 권리를 등록하는 때에는 그 뜻
6. 각 사채의 취득연월일
7. 무기명식 채권을 발행한 때에는 그 종류, 수, 번호와 발행연월일

[전문개정 2011.4.14.]

제489조(준용규정) ①제353조의 규정은 사채응모자 또는 사채권자에 대한 통지와 최고에 준용한다.
②제333조의 규정은 사채가 수인의 공유에 속하는 경우에 준용한다.

제2관 사채권자집회

제490조(결의사항) 사채권자집회는 이 법에서 규정하고 있는 사항 및 사채권자의 이해관계가 있는 사항에 관하여 결의를 할 수 있다.
[전문개정 2011.4.14.]

제491조(소집권자) ① 사채권자집회는 사채를 발행한 회사 또는 사채관리회사가 소집한다. <개정 2011.4.14.>
② 사채의 종류별로 해당 종류의 사채 총액(상환받은 액은 제외한다)의 10분의 1 이상에 해당하는 사채를 가진 사채권자는 회의 목적인 사항과 소집 이유를 적은 서면 또는 전자문서를 사채를 발행한 회사 또는 사채관리회사에 제출하여 사채권자집회의 소집을 청구할 수 있다. <개정 2011.4.14.>
③제366조제2항의 규정은 전항의 경우에 준용한다.
④무기명식의 채권을 가진 자는 그 채권을 공탁하지 아니하면 전2항의 권리를 행사하지 못한다.

제491조의2(소집의 통지, 공고) ① 제363조제1항 및 제2항은 사채권자집회를 소집할 경우에 이를 준용한다.
② 제1항에도 불구하고 회사가 무기명식의 채권을 발행한 경우에는 주주총

회일의 3주(자본금 총액이 10억원 미만인 회사는 2주) 전에 사채권자집회를 소집하는 뜻과 회의의 목적사항을 공고하여야 한다.
[본조신설 2014.5.20.]

제492조(의결권) ① 각 사채권자는 그가 가지는 해당 종류의 사채 금액의 합계액(상환받은 액은 제외한다)에 따라 의결권을 가진다. <개정 2011.4.14.>
②무기명식의 채권을 가진 자는 회일로부터 1주간전에 채권을 공탁하지 아니하면 그 의결권을 행사하지 못한다.

제493조(사채발행회사 또는 사채관리회사 대표자의 출석 등) ① 사채를 발행한 회사 또는 사채관리회사는 그 대표자를 사채권자집회에 출석하게 하거나 서면으로 의견을 제출할 수 있다. <개정 2011.4.14.>
②사채권자집회의 소집은 전항의 회사에 통지하여야 한다.
③제363조제1항과 제2항의 규정은 전항의 통지에 준용한다.
[제목개정 2011.4.14.]

제494조(사채발행회사의 대표자의 출석청구) 사채권자집회 또는 그 소집자는 필요있다고 인정하는 때에는 사채를 발행한 회사에 대하여 그 대표자의 출석을 청구할 수 있다.

제495조(결의의 방법) ①제434조의 규정은 사채권자집회의 결의에 준용한다.
② 제481조부터 제483조까지 및 제494조의 동의 또는 청구는 제1항에도 불구하고 출석한 사채권자 의결권의 과반수로 결정할 수 있다.
<개정 2011.4.14.>
③ 사채권자집회에 출석하지 아니한 사채권자는 서면에 의하여 의결권을 행사할 수 있다. <신설 2011.4.14.>
④ 서면에 의한 의결권행사는 의결권행사서면에 필요한 사항을 적어 사채권자집회 전일까지 의결권행사서면을 소집자에게 제출하여야 한다.
<신설 2011.4.14.>
⑤ 제4항에 따라 서면에 의하여 행사한 의결권의 수는 출석한 의결권자의 의결권 수에 포함한다. <신설 2011.4.14.>
⑥ 사채권자집회에 대하여는 제368조의4를 준용한다. <신설 2011.4.14.>

제496조(결의의 인가의 청구) 사채권자집회의 소집자는 결의한 날로부터 1주간내에 결의의 인가를 법원에 청구하여야 한다.

제497조(결의의 불인가의 사유) ①법원은 다음의 경우에는 사채권자집회의 결의를 인가하지 못한다.
1. 사채권자집회소집의 절차 또는 그 결의방법이 법령이나 사채모집의 계획서의 기재에 위반한 때

2. 결의가 부당한 방법에 의하여 성립하게 된 때
3. 결의가 현저하게 불공정한 때
4. 결의가 사채권자의 일반의 이익에 반하는 때
②전항제1호와 제2호의 경우에는 법원은 결의의 내용 기타 모든 사정을 참작하여 결의를 인가할 수 있다.

제498조(결의의 효력) ① 사채권자집회의 결의는 법원의 인가를 받음으로써 그 효력이 생긴다. 다만, 그 종류의 사채권자 전원이 동의한 결의는 법원의 인가가 필요하지 아니하다.
② 사채권자집회의 결의는 그 종류의 사채를 가진 모든 사채권자에게 그 효력이 있다.
[전문개정 2011.4.14.]

제499조(결의의 인가, 불인가의 공고) 사채권자집회의 결의에 대하여 인가 또는 불인가의 결정이 있은 때에는 사채를 발행한 회사는 지체없이 그 뜻을 공고하여야 한다.

제500조(사채권자집회의 대표자) ① 사채권자집회는 해당 종류의 사채 총액(상환받은 금액은 제외한다)의 500분의 1 이상을 가진 사채권자 중에서 1명 또는 여러 명의 대표자를 선임하여 그 결의할 사항의 결정을 위임할 수 있다. <개정 2011.4.14.>
②대표자가 수인인 때에는 전항의 결정은 그 과반수로 한다.

제501조(결의의 집행) 사채권자집회의 결의는 사채관리회사가 집행하고, 사채관리회사가 없는 때에는 제500조의 대표자가 집행한다. 다만, 사채권자집회의 결의로써 따로 집행자를 정한 때에는 그러하지 아니하다.
[전문개정 2011.4.14.]

제502조(수인의 대표자, 집행자가 있는 경우) 제485조제1항의 규정은 대표자나 집행자가 수인인 경우에 준용한다.

제503조(사채상환에 관한 결의의 집행) 제484조, 제485조제2항과 제487조제2항의 규정은 대표자나 집행자가 사채의 상환에 관한 결의를 집행하는 경우에 준용한다.

제504조(대표자, 집행자의 해임 등) 사채권자집회는 언제든지 대표자나 집행자를 해임하거나 위임한 사항을 변경할 수 있다.

제505조 삭제 <2011.4.14.>

第506條 삭제 <2011.4.14.>

第507條(사채관리회사 등의 보수, 비용) ① 사채관리회사, 대표자 또는 집행자에게 줄 보수와 그 사무 처리에 필요한 비용은 사채를 발행한 회사와의 계약에 약정된 경우 외에는 법원의 허가를 받아 사채를 발행한 회사로 하여금 부담하게 할 수 있다.
② 사채관리회사, 대표자 또는 집행자는 사채에 관한 채권을 변제받은 금액에서 사채권자보다 우선하여 제1항의 보수와 비용을 변제받을 수 있다.
[전문개정 2011.4.14.]

第508條(사채권자집회의 비용) ①사채권자집회에 관한 비용은 사채를 발행한 회사가 부담한다.
②제496조의 청구에 관한 비용은 회사가 부담한다. 그러나 법원은 이해관계인의 신청에 의하여 또는 직권으로 그 전부 또는 일부에 관하여 따로 부담자를 정할 수 있다.

第509條(수종의 사채있는 경우의 사채권자집회) 수종의 사채를 발행한 경우에는 사채권자집회는 각종의 사채에 관하여 이를 소집하여야 한다.

第510條(준용규정) ①제368조제2항 · 제3항, 제369조제2항 및 제371조부터 제373조까지의 규정은 사채권자집회에 준용한다. <개정 2014.5.20.>
②사채권자집회의 의사록은 사채를 발행한 회사가 그 본점에 비치하여야 한다.
③ 사채관리회사와 사채권자는 영업시간 내에 언제든지 제2항의 의사록 열람을 청구할 수 있다. <개정 2011.4.14.>

第511條(사채관리회사에 의한 취소의 소) ① 회사가 어느 사채권자에게 한 변제, 화해, 그 밖의 행위가 현저하게 불공정한 때에는 사채관리회사는 소(訴)만으로 그 행위의 취소를 청구할 수 있다. <개정 2011.4.14.>
② 제1항의 소는 사채관리회사가 취소의 원인인 사실을 안 때부터 6개월, 행위가 있은 때부터 1년 내에 제기하여야 한다. <개정 2011.4.14.>
③제186조와 민법 제406조제1항 단서 및 제407조의 규정은 제1항의 소에 준용한다.
[제목개정 2011.4.14.]

第512條(대표자등에 의한 취소의 소) 사채권자집회의 결의가 있는 때에는 대표자 또는 집행자도 전조제1항의 소를 제기할 수 있다. 그러나 행위가 있은 때로부터 1년내에 한한다.

제3관 전환사채

제513조(전환사채의 발행) ①회사는 전환사채를 발행할 수 있다.
②제1항의 경우에 다음의 사항으로서 정관에 규정이 없는 것은 이사회가 이를 결정한다. 그러나 정관으로 주주총회에서 이를 결정하기로 정한 경우에는 그러하지 아니하다.
1. 전환사채의 총액
2. 전환의 조건
3. 전환으로 인하여 발행할 주식의 내용
4. 전환을 청구할 수 있는 기간
5. 주주에게 전환사채의 인수권을 준다는 뜻과 인수권의 목적인 전환사채의 액
6. 주주외의 자에게 전환사채를 발행하는 것과 이에 대하여 발행할 전환사채의 액

③주주외의 자에 대하여 전환사채를 발행하는 경우에 그 발행할 수 있는 전환사채의 액, 전환의 조건, 전환으로 인하여 발행할 주식의 내용과 전환을 청구할 수 있는 기간에 관하여 정관에 규정이 없으면 제434조의 결의로써 이를 정하여야 한다. 이 경우 제418조제2항 단서의 규정을 준용한다.
<개정 2001.7.24.>
④제3항의 결의에 있어서 전환사채의 발행에 관한 의안의 요령은 제363조의 규정에 의한 통지에 기재하여야 한다. <개정 2014.5.20.>
[전문개정 1984.4.10.]

제513조의2(전환사채의 인수권을 가진 주주의 권리) ①전환사채의 인수권을 가진 주주는 그가 가진 주식의 수에 따라서 전환사채의 배정을 받을 권리가 있다. 그러나 각 전환사채의 금액중 최저액에 미달하는 단수에 대하여는 그러하지 아니하다.
②제418조제3항은 주주가 전환사채의 인수권을 가진 경우에 이를 준용한다. <개정 2011.4.14.>
[본조신설 1984.4.10.]

제513조의3(전환사채의 인수권을 가진 주주에 대한 최고) ①주주가 전환사채의 인수권을 가진 경우에는 각 주주에 대하여 그 인수권을 가지는 전환사채의 액, 발행가액, 전환의 조건, 전환으로 인하여 발행할 주식의 내용, 전환을 청구할 수 있는 기간과 일정한 기일까지 전환사채의 청약을 하지 아니하면 그 권리를 잃는다는 뜻을 통지하여야 한다.
②제419조제2항 및 제3항의 규정은 제1항의 경우에 이를 준용한다.
<개정 2014.5.20.>
[본조신설 1984.4.10.]

제514조(전환사채발행의 절차) ①전환사채에 관하여는 사채청약서, 채권과 사채원부에 다음의 사항을 기재하여야 한다. <개정 1995.12.29.>
1. 사채를 주식으로 전환할 수 있다는 뜻

2. 전환의 조건
3. 전환으로 인하여 발행할 주식의 내용
4. 전환을 청구할 수 있는 기간
5. 주식의 양도에 관하여 이사회의 승인을 얻도록 정한 때에는 그 규정
② 삭제 <1984.4.10.>

제514조의2(전환사채의 등기) ①회사가 전환사채를 발행한 때에는 제476조의 규정에 의한 납입이 완료된 날로부터 2주간내에 본점의 소재지에서 전환사채의 등기를 하여야 한다. <개정 1995.12.29.>
②제1항의 규정에 의하여 등기할 사항은 다음 각호와 같다.
1. 전환사채의 총액
2. 각 전환사채의 금액
3. 각 전환사채의 납입금액
4. 제514조제1호 내지 제4호에 정한 사항
③제183조의 규정은 제2항의 등기에 대하여 이를 준용한다.
④외국에서 전환사채를 모집한 경우에 등기할 사항이 외국에서 생긴 때에는 등기기간은 그 통지가 도달한 날로부터 기산한다.
[본조신설 1984.4.10.]

제515조(전환의 청구) ①전환을 청구하는 자는 청구서 2통에 채권을 첨부하여 회사에 제출하여야 한다. 다만, 제478조제3항에 따라 채권(債券)을 발행하는 대신 전자등록기관의 전자등록부에 채권(債權)을 등록한 경우에는 그 채권을 증명할 수 있는 자료를 첨부하여 회사에 제출하여야 한다. <개정 2011.4.14.>
②제1항의 청구서에는 전환하고자 하는 사채와 청구의 연월일을 기재하고 기명날인 또는 서명하여야 한다. <개정 1995.12.29.>

제516조(준용규정) ①제346조제4항, 제424조 및 제424조의2의 규정은 전환사채의 발행의 경우에 이를 준용한다. <개정 2011.4.14.>
②제339조, 제348조, 제350조 및 제351조의 규정은 사채의 전환의 경우에 이를 준용한다. <개정 1995.12.29.>
[전문개정 1984.4.10.]

제4관 신주인수권부사채

제516조의2(신주인수권부사채의 발행) ①회사는 신주인수권부사채를 발행할 수 있다.
②제1항의 경우에 다음의 사항으로서 정관에 규정이 없는 것은 이사회가 이를 결정한다. 그러나 정관으로 주주총회에서 이를 결정하도록 정한 경우에는 그러하지 아니하다. <개정 2011.4.14.>
1. 신주인수권부사채의 총액
2. 각 신주인수권부사채에 부여된 신주인수권의 내용
3. 신주인수권을 행사할 수 있는 기간

4. 신주인수권만을 양도할 수 있는 것에 관한 사항
5. 신주인수권을 행사하려는 자의 청구가 있는 때에는 신주인수권부사채의 상환에 갈음하여 그 발행가액으로 제516조의9제1항의 납입이 있는 것으로 본다는 뜻
6. 삭제 <1995.12.29.>
7. 주주에게 신주인수권부사채의 인수권을 준다는 뜻과 인수권의 목적인 신주인수권부사채의 액
8. 주주외의 자에게 신주인수권부사채를 발행하는 것과 이에 대하여 발행할 신주인수권부사채의 액

③각 신주인수권부사채에 부여된 신주인수권의 행사로 인하여 발행할 주식의 발행가액의 합계액은 각 신주인수권부사채의 금액을 초과할 수 없다.
④주주외의 자에 대하여 신주인수권부사채를 발행하는 경우에 그 발행할 수 있는 신주인수권부사채의 액, 신주인수권의 내용과 신주인수권을 행사할 수 있는 기간에 관하여 정관에 규정이 없으면 제434조의 결의로써 이를 정하여야 한다. 이 경우 제418조제2항 단서의 규정을 준용한다. <개정 2001.7.24.>
⑤제513조제4항의 규정은 제4항의 경우에 이를 준용한다.
[본조신설 1984.4.10.]

제516조의3(신주인수권부사채의 인수권을 가진 주주에 대한 최고)
①주주가 신주인수권부사채의 인수권을 가진 경우에는 각 주주에 대하여 인수권을 가지는 신주인수권부사채의 액, 발행가액, 신주인수권의 내용, 신주인수권을 행사할 수 있는 기간과 일정한 기일까지 신주인수권부사채의 청약을 하지 아니하면 그 권리를 잃는다는 뜻을 통지하여야 한다. 이 경우 제516조의2제2항제4호 또는 제5호에 규정한 사항의 정함이 있는 때에는 그 내용도 통지하여야 한다.
②제419조제2항 및 제3항의 규정은 제1항의 경우에 이를 준용한다.
<개정 2014.5.20.> [본조신설 1984.4.10.]

제516조의4(사채청약서 · 채권 · 사채원부의 기재사항) 신주인수권부사채에 있어서는 사채청약서 · 채권 및 사채원부에 다음의 사항을 기재하여야 한다. 그러나 제516조의5제1항의 신주인수권증권을 발행할 때에는 채권에는 이를 기재하지 아니한다. <개정 1995.12.29., 2011.4.14.>
1. 신주인수권부사채라는 뜻
2. 제516조의2제2항제2호 내지 제5호에 정한 사항
3. 제516조의9에 따라 납입을 맡을 은행이나 그 밖의 금융기관 및 납입장소
4. 주식의 양도에 관하여 이사회의 승인을 얻도록 정한 때에는 그 규정

[본조신설 1984.4.10.]

제516조의5(신주인수권증권의 발행) ①제516조의2제2항제4호에 규정한 사항을 정한 경우에는 회사는 채권과 함께 신주인수권증권을 발행하여야 한다.
②신주인수권증권에는 다음의 사항과 번호를 기재하고 이사가 기명날인 또

는 서명하여야 한다. <개정 1995.12.29.>
1. 신주인수권증권이라는 뜻의 표시
2. 회사의 상호
3. 제516조의2제2항제2호 · 제3호 및 제5호에 정한 사항
4. 제516조의4제3호에 정한 사항
5. 주식의 양도에 관하여 이사회의 승인을 얻도록 정한 때에는 그 규정
[본조신설 1984.4.10.]

제516조의6(신주인수권의 양도) ①신주인수권증권이 발행된 경우에 신주인수권의 양도는 신주인수권증권의 교부에 의하여서만 이를 행한다.
②제336조제2항, 제360조 및 수표법 제21조의 규정은 신주인수권증권에 관하여 이를 준용한다.
[본조신설 1984.4.10.]

제516조의7(신주인수권의 전자등록) 회사는 신주인수권증권을 발행하는 대신 정관으로 정하는 바에 따라 전자등록기관의 전자등록부에 신주인수권을 등록할 수 있다. 이 경우 제356조의2제2항부터 제4항까지의 규정을 준용한다.
[본조신설 2011.4.14.]
[종전 제516조의7은 제516조의8로 이동 <2011.4.14.>]

제516조의8(신주인수권부사채의 등기) ①회사가 신주인수권부사채를 발행한 때에는 다음의 사항을 등기하여야 한다.
1. 신주인수권부사채라는 뜻
2. 신주인수권의 행사로 인하여 발행할 주식의 발행가액의 총액
3. 각 신주인수권부사채의 금액
4. 각 신주인수권부사채의 납입금액
5. 제516조의2제2항제1호 내지 제3호에 정한 사항
②제514조의2제1항 · 제3항 및 제4항의 규정은 제1항의 등기에 관하여 이를 준용한다.
[본조신설 1984.4.10.]
[제516조의7에서 이동, 종전 제516조의8은 제516조의9로 이동 <2011.4.14.>]

제516조의9(신주인수권의 행사) ①신주인수권을 행사하려는 자는 청구서 2통을 회사에 제출하고, 신주의 발행가액의 전액을 납입하여야 한다.
②제1항의 규정에 의하여 청구서를 제출하는 경우에 신주인수권증권이 발행된 때에는 신주인수권증권을 첨부하고, 이를 발행하지 아니한 때에는 채권을 제시하여야 한다. 다만, 제478조제3항 또는 제516조의7에 따라 채권(債券)이나 신주인수권증권을 발행하는 대신 전자등록기관의 전자등록부에 채권(債權)이나 신주인수권을 등록한 경우에는 그 채권이나 신주인수권을 증명할 수 있는 자료를 첨부하여 회사에 제출하여야 한다. <개정 2011.4.14.>
③제1항의 납입은 채권 또는 신주인수권증권에 기재한 은행 기타 금융기관

의 납입장소에서 하여야 한다.
④제302조제1항의 규정은 제1항의 청구서에, 제306조 및 제318조의 규정은 제3항의 납입을 맡은 은행 기타 금융기관에 이를 준용한다.
[본조신설 1984.4.10.]
[제516조의8에서 이동, 종전 제516조의9는 제516조의10으로 이동 <2011.4.14.>]

제516조의10(주주가 되는 시기) 제516조의9제1항에 따라 신주인수권을 행사한 자는 동항의 납입을 한 때에 주주가 된다. 이 경우 제350조제2항 및 제3항의 규정을 준용한다. <개정 1995.12.29., 2011.4.14.>
[본조신설 1984.4.10.]
[제516조의9에서 이동, 종전 제516조의10은 제516조의11로 이동 <2011.4.14.>]

제516조의11(준용규정) 제351조의 규정은 신주인수권의 행사가 있는 경우에, 제513조의2 및 제516조제1항의 규정은 신주인수권부사채에 관하여 이를 준용한다. <개정 1995.12.29.>
[본조신설 1984.4.10.]
[제516조의10에서 이동 <2011.4.14.>]

제9절 해산

제517조(해산사유) 주식회사는 다음의 사유로 인하여 해산한다. <개정 1998.12.28.>
1. 제227조제1호, 제4호 내지 제6호에 정한 사유
1의2. 제530조의2의 규정에 의한 회사의 분할 또는 분할합병
2. 주주총회의 결의

제518조(해산의 결의) 해산의 결의는 제434조의 규정에 의하여야 한다.

제519조(회사의 계속) 회사가 존립기간의 만료 기타 정관에 정한 사유의 발생 또는 주주총회의 결의에 의하여 해산한 경우에는 제434조의 규정에 의한 결의로 회사를 계속할 수 있다.

제520조(해산판결) ①다음의 경우에 부득이한 사유가 있는 때에는 발행주식의 총수의 100분의 10 이상에 해당하는 주식을 가진 주주는 회사의 해산을 법원에 청구할 수 있다.
1. 회사의 업무가 현저한 정돈상태를 계속하여 회복할 수 없는 손해가 생긴 때 또는 생길 염려가 있는 때
2. 회사재산의 관리 또는 처분의 현저한 실당으로 인하여 회사의 존립을 위태롭게 한 때

②제186조와 제191조의 규정은 전항의 청구에 준용한다.

제520조의2(휴면회사의 해산) ①법원행정처장이 최후의 등기후 5년을 경과한 회사는 본점의 소재지를 관할하는 법원에 아직 영업을 폐지하지 아니하였다는 뜻의 신고를 할 것을 관보로써 공고한 경우에, 그 공고한 날에 이미 최후의 등기후 5년을 경과한 회사로써 공고한 날로부터 2월 이내에 대통령령이 정하는 바에 의하여 신고를 하지 아니한 때에는 그 회사는 그 신고기간이 만료된 때에 해산한 것으로 본다. 그러나 그 기간내에 등기를 한 회사에 대하여는 그러하지 아니하다.
②제1항의 공고가 있는 때에는 법원은 해당 회사에 대하여 그 공고가 있었다는 뜻의 통지를 발송하여야 한다.
③제1항의 규정에 의하여 해산한 것으로 본 회사는 그 후 3년 이내에는 제434조의 결의에 의하여 회사를 계속할 수 있다.
④제1항의 규정에 의하여 해산한 것으로 본 회사가 제3항의 규정에 의하여 회사를 계속하지 아니한 경우에는 그 회사는 그 3년이 경과한 때에 청산이 종결된 것으로 본다.
[본조신설 1984.4.10.]

제521조(해산의 통지, 공고) 회사가 해산한 때에는 파산의 경우외에는 이사는 지체없이 주주에 대하여 그 통지를 하여야 한다. <개정 2014.5.20.>

제521조의2(준용규정) 제228조와 제229조제3항의 규정은 주식회사의 해산에 관하여 이를 준용한다. [본조신설 1998.12.28.]

제10절 합병

제522조(합병계약서와 그 승인결의) ①회사가 합병을 함에는 합병계약서를 작성하여 주주총회의 승인을 얻어야 한다. <개정 1995.12.29., 1998 · 12 · 28>
②합병계약의 요령은 제363조에 정한 통지에 기재하여야 한다.
<개정 2014.5.20.>
③제1항의 승인결의는 제434조의 규정에 의하여야 한다. <개정 1998.12.28.>

제522조의2(합병계약서 등의 공시) ①이사는 제522조제1항의 주주총회 회일의 2주 전부터 합병을 한 날 이후 6개월이 경과하는 날까지 다음 각 호의 서류를 본점에 비치하여야 한다. <개정 1998.12.28., 2015.12.1.>
1. 합병계약서
2. 합병을 위하여 신주를 발행하거나 자기주식을 이전하는 경우에는 합병으로 인하여 소멸하는 회사의 주주에 대한 신주의 배정 또는 자기주식의 이전에 관하여 그 이유를 기재한 서면
3.각 회사의 최종의 대차대조표와 손익계산서
②주주 및 회사채권자는 영업시간내에는 언제든지 제1항 각호의 서류의 열람을 청구하거나, 회사가 정한 비용을 지급하고 그 등본 또는 초본의 교부를 청구할 수 있다. <개정 1998.12.28.>

[본조신설 1984.4.10.]
[제목개정 2015.12.1.]

제522조의3(합병반대주주의 주식매수청구권) ① 제522조제1항에 따른 결의사항에 관하여 이사회의 결의가 있는 때에 그 결의에 반대하는 주주(의결권이 없거나 제한되는 주주를 포함한다. 이하 이 조에서 같다)는 주주총회 전에 회사에 대하여 서면으로 그 결의에 반대하는 의사를 통지한 경우에는 그 총회의 결의일부터 20일 이내에 주식의 종류와 수를 기재한 서면으로 회사에 대하여 자기가 소유하고 있는 주식의 매수를 청구할 수 있다. <개정 2015.12.1.>
②제527조의2제2항의 공고 또는 통지를 한 날부터 2주내에 회사에 대하여 서면으로 합병에 반대하는 의사를 통지한 주주는 그 기간이 경과한 날부터 20일 이내에 주식의 종류와 수를 기재한 서면으로 회사에 대하여 자기가 소유하고 있는 주식의 매수를 청구할 수 있다. <신설 1998.12.28.>
[본조신설 1995.12.29.]
[제목개정 2015.12.1.]

제523조(흡수합병의 합병계약서) 합병할 회사의 일방이 합병 후 존속하는 경우에는 합병계약서에 다음의 사항을 적어야 한다.
<개정 1998.12.28., 2001.7.24., 2011.4.14., 2015.12.1.>
1. 존속하는 회사가 합병으로 인하여 그 발행할 주식의 총수를 증가하는 때에는 그 증가할 주식의 총수, 종류와 수
2. 존속하는 회사의 자본금 또는 준비금이 증가하는 경우에는 증가할 자본금 또는 준비금에 관한 사항
3. 존속하는 회사가 합병을 하면서 신주를 발행하거나 자기주식을 이전하는 경우에는 발행하는 신주 또는 이전하는 자기주식의 총수, 종류와 수 및 합병으로 인하여 소멸하는 회사의 주주에 대한 신주의 배정 또는 자기주식의 이전에 관한 사항
4. 존속하는 회사가 합병으로 소멸하는 회사의 주주에게 제3호에도 불구하고 그 대가의 전부 또는 일부로서 금전이나 그 밖의 재산을 제공하는 경우에는 그 내용 및 배정에 관한 사항
5. 각 회사에서 합병의 승인결의를 할 사원 또는 주주의 총회의 기일
6. 합병을 할 날
7. 존속하는 회사가 합병으로 인하여 정관을 변경하기로 정한 때에는 그 규정
8. 각 회사가 합병으로 이익배당을 할 때에는 그 한도액
9. 합병으로 인하여 존속하는 회사에 취임할 이사와 감사 또는 감사위원회의 위원을 정한 때에는 그 성명 및 주민등록번호

[제목개정 2015.12.1.]

판례-손해배상(기)

[대법원 2015.7.23, 선고, 2013다62278, 판결]

【판시사항】
비상장법인 간 흡수합병의 경우 소멸회사의 주주인 회사의 이사가 합병에 동의할

것인지를 결정할 때 부담하는 선관주의의무의 내용 및 이때 이사가 적정한 합병비율을 도출하기 위한 합당한 정보를 가지고 합병비율의 적정성을 판단하여 합병에 동의할 것인지를 결정하였고 합병비율이 객관적으로 현저히 불합리하지 아니할 정도로 상당성이 있는 경우, 선관주의의무를 다한 것인지 여부(적극)

【판결요지】
흡수합병 시 존속회사가 발행하는 합병신주를 소멸회사의 주주에게 배정·교부함에 있어서 적용할 합병비율을 정하는 것은 합병계약의 가장 중요한 내용이고, 만일 합병비율이 합병할 각 회사의 일방에게 불리하게 정해진 경우에는 그 회사의 주주가 합병 전 회사의 재산에 대하여 가지고 있던 지분비율을 합병 후에 유지할 수 없게 됨으로써 실질적으로 주식의 일부를 상실하게 되는 결과를 초래하므로, 비상장법인 간 흡수합병의 경우 소멸회사의 주주인 회사의 이사로서는 합병비율이 합병할 각 회사의 재산 상태와 그에 따른 주식의 실제적 가치에 비추어 공정하게 정하여졌는지를 판단하여 회사가 합병에 동의할 것인지를 결정하여야 한다. 다만 비상장법인 간 합병의 경우 합병비율의 산정방법에 관하여는 법령에 아무런 규정이 없을 뿐만 아니라 합병비율은 자산가치 이외에 시장가치, 수익가치, 상대가치 등의 다양한 요소를 고려하여 결정되어야 하는 만큼 엄밀한 객관적 정확성에 기하여 유일한 수치로 확정할 수 없는 것이므로, 소멸회사의 주주인 회사의 이사가 합병의 목적과 필요성, 합병 당사자인 비상장법인 간의 관계, 합병 당시 각 비상장법인의 상황, 업종의 특성 및 보편적으로 인정되는 평가방법에 의하여 주가를 평가한 결과 등 합병에 있어서 적정한 합병비율을 도출하기 위한 합당한 정보를 가지고 합병비율의 적정성을 판단하여 합병에 동의할 것인지를 결정하였고, 합병비율이 객관적으로 현저히 불합리하지 아니할 정도로 상당성이 있다면, 이사는 선량한 관리자의 주의의무를 다한 것이다.

제523조의2(합병대가가 모회사주식인 경우의 특칙) ①제342조의2에도 불구하고 제523조제4호에 따라 소멸하는 회사의 주주에게 제공하는 재산이 존속하는 회사의 모회사주식을 포함하는 경우에는 존속하는 회사는 그 지급을 위하여 모회사주식을 취득할 수 있다. <개정 2015.12.1.>
② 존속하는 회사는 제1항에 따라 취득한 모회사의 주식을 합병 후에도 계속 보유하고 있는 경우 합병의 효력이 발생하는 날부터 6개월 이내에 그 주식을 처분하여야 한다. <신설 2015.12.1.>
[본조신설 2011.4.14.]

제524조(신설합병의 합병계약서) 합병으로 회사를 설립하는 경우에는 합병계약서에 다음의 사항을 적어야 한다. <개정 2001.7.24., 2011.4.14., 2015.12.1.>
1. 설립되는 회사에 대하여 제289조제1항제1호부터 제4호까지에 규정된 사항과 종류주식을 발행할 때에는 그 종류, 수와 본점소재지
2. 설립되는 회사가 합병당시에 발행하는 주식의 총수와 종류, 수 및 각 회사의 주주에 대한 주식의 배정에 관한 사항
3. 설립되는 회사의 자본금과 준비금의 총액
4. 각 회사의 주주에게 제2호에도 불구하고 금전이나 그 밖의 재산을 제공하는 경우에는 그 내용 및 배정에 관한 사항
5. 제523조제5호 및 제6호에 규정된 사항
6. 합병으로 인하여 설립되는 회사의 이사와 감사 또는 감사위원회의 위원

을 정한 때에는 그 성명 및 주민등록번호
[제목개정 2015.12.1.]

제525조(합명회사, 합자회사의 합병계약서) ①합병후 존속하는 회사 또는 합병으로 인하여 설립되는 회사가 주식회사인 경우에 합병할 회사의 일방 또는 쌍방이 합명회사 또는 합자회사인 때에는 총사원의 동의를 얻어 합병계약서를 작성하여야 한다.
②전2조의 규정은 전항의 합병계약서에 준용한다.

제526조(흡수합병의 보고총회) ①합병을 하는 회사의 일방이 합병후 존속하는 경우에는 그 이사는 제527조의5의 절차의 종료후, 합병으로 인한 주식의 병합이 있을 때에는 그 효력이 생긴 후, 병합에 적당하지 아니한 주식이 있을 때에는 합병후, 존속하는 회사에 있어서는 제443조의 처분을 한 후, 소규모합병의 경우에는 제527조의3제3항 및 제4항의 절차를 종료한 후 지체없이 주주총회를 소집하고 합병에 관한 사항을 보고하여야 한다.
<개정 1998.12.28.>
②합병당시에 발행하는 신주의 인수인은 제1항의 주주총회에서 주주와 동일한 권리가 있다. <개정 1998.12.28.>
③제1항의 경우에 이사회는 공고로써 주주총회에 대한 보고에 갈음할 수 있다. <신설 1995.12.29.>

제527조(신설합병의 창립총회) ①합병으로 인하여 회사를 설립하는 경우에는 설립위원은 제527조의5의 절차의 종료후, 합병으로 인한 주식의 병합이 있을 때에는 그 효력이 생긴 후, 병합에 적당하지 아니한 주식이 있을 때에는 제443조의 처분을 한 후 지체없이 창립총회를 소집하여야 한다.
<개정 1998.12.28.>
②창립총회에서는 정관변경의 결의를 할 수 있다. 그러나 합병계약의 취지에 위반하는 결의는 하지 못한다.
③제308조제2항, 제309조, 제311조, 제312조와 제316조제2항의 규정은 제1항의 창립총회에 준용한다.
④제1항의 경우에 이사회는 공고로써 주주총회에 대한 보고에 갈음할 수 있다. <신설 1998.12.28.>

제527조의2(간이합병) ①합병할 회사의 일방이 합병후 존속하는 경우에 합병으로 인하여 소멸하는 회사의 총주주의 동의가 있거나 그 회사의 발행주식총수의 100분의 90이상을 합병후 존속하는 회사가 소유하고 있는 때에는 합병으로 인하여 소멸하는 회사의 주주총회의 승인은 이를 이사회의 승인으로 갈음할 수 있다.
②제1항의 경우에 합병으로 인하여 소멸하는 회사는 합병계약서를 작성한 날부터 2주내에 주주총회의 승인을 얻지 아니하고 합병을 한다는 뜻을 공고하거나 주주에게 통지하여야 한다. 다만, 총주주의 동의가 있는 때에는

그러하지 아니하다.
[본조신설 1998.12.28.]

제527조의3(소규모합병) ① 합병 후 존속하는 회사가 합병으로 인하여 발행하는 신주 및 이전하는 자기주식의 총수가 그 회사의 발행주식총수의 100분의 10을 초과하지 아니하는 경우에는 그 존속하는 회사의 주주총회의 승인은 이를 이사회의 승인으로 갈음할 수 있다. 다만, 합병으로 인하여 소멸하는 회사의 주주에게 제공할 금전이나 그 밖의 재산을 정한 경우에 그 금액 및 그 밖의 재산의 가액이 존속하는 회사의 최종 대차대조표상으로 현존하는 순자산액의 100분의 5를 초과하는 경우에는 그러하지 아니하다. <개정 2015.12.1.>
②제1항의 경우에 존속하는 회사의 합병계약서에는 주주총회의 승인을 얻지 아니하고 합병을 한다는 뜻을 기재하여야 한다.
③제1항의 경우에 존속하는 회사는 합병계약서를 작성한 날부터 2주내에 소멸하는 회사의 상호 및 본점의 소재지, 합병을 할 날, 주주총회의 승인을 얻지 아니하고 합병을 한다는 뜻을 공고하거나 주주에게 통지하여야 한다.
④합병후 존속하는 회사의 발행주식총수의 100분의 20 이상에 해당하는 주식을 소유한 주주가 제3항의 규정에 의한 공고 또는 통지를 한 날부터 2주내에 회사에 대하여 서면으로 제1항의 합병에 반대하는 의사를 통지한 때에는 제1항 본문의 규정에 의한 합병을 할 수 없다.
⑤제1항 본문의 경우에는 제522조의3의 규정은 이를 적용하지 아니한다.
[본조신설 1998.12.28.]
[제목개정 2015.12.1.]

제527조의4(이사·감사의 임기) ①합병을 하는 회사의 일방이 합병후 존속하는 경우에 존속하는 회사의 이사 및 감사로서 합병전에 취임한 자는 합병계약서에 다른 정함이 있는 경우를 제외하고는 합병후 최초로 도래하는 결산기의 정기총회가 종료하는 때에 퇴임한다.
② 삭제 <2001.7.24.>
[본조신설 1998.12.28.]

제527조의5(채권자보호절차) ①회사는 제522조의 주주총회의 승인결의가 있은 날부터 2주내에 채권자에 대하여 합병에 이의가 있으면 1월이상의 기간내에 이를 제출할 것을 공고하고 알고 있는 채권자에 대하여는 따로따로 이를 최고하여야 한다.
②제1항의 규정을 적용함에 있어서 제527조의2 및 제527조의3의 경우에는 이사회의 승인결의를 주주총회의 승인결의로 본다.
③제232조제2항 및 제3항의 규정은 제1항 및 제2항의 경우에 이를 준용한다.
[본조신설 1998.12.28.]

제527조의6(합병에 관한 서류의 사후공시) ①이사는 제527조의5에 규정한 절차의 경과, 합병을 한 날, 합병으로 인하여 소멸하는 회사로부터 승계한

재산의 가액과 채무액 기타 합병에 관한 사항을 기재한 서면을 합병을 한 날부터 6월간 본점에 비치하여야 한다.
②제522조의2제2항의 규정은 제1항의 서면에 관하여 이를 준용한다.
[본조신설 1998.12.28.]

제528조(합병의 등기) ①회사가 합병을 한 때에는 제526조의 주주총회가 종결한 날 또는 보고에 갈음하는 공고일, 제527조의 창립총회가 종결한 날 또는 보고에 갈음하는 공고일부터 본점소재지에서는 2주내, 지점소재지에서는 3주내에 합병후 존속하는 회사에 있어서는 변경의 등기, 합병으로 인하여 소멸하는 회사에 있어서는 해산의 등기, 합병으로 인하여 설립된 회사에 있어서는 제317조에 정하는 등기를 하여야 한다. <개정 1998.12.28.>
②합병후 존속하는 회사 또는 합병으로 인하여 설립된 회사가 합병으로 인하여 전환사채 또는 신주인수권부사채를 승계한 때에는 제1항의 등기와 동시에 사채의 등기를 하여야 한다. <개정 1984.4.10.>

제529조(합병무효의 소) ①합병무효는 각 회사의 주주·이사·감사·청산인·파산관재인 또는 합병을 승인하지 아니한 채권자에 한하여 소만으로 이를 주장할 수 있다. <개정 1984.4.10.>
②제1항의 소는 제528조의 등기가 있은 날로부터 6월내에 제기하여야 한다. <개정 1984.4.10.>

판례-주식회사합병무효청구(흡수합병에서 합병가액과 합병비율의 산정 법리)

[대법원 2008.1.10, 선고, 2007다64136, 판결]

【판시사항】
[1] 흡수합병 당사자의 전부 또는 일방이 주권상장법인인 경우, 존속회사의 증가할 자본액이 소멸회사의 순자산가액의 범위 내로 제한되는지 여부(소극)
[2] 흡수합병시 합병비율이 현저하게 불공정한 경우, 합병할 각 회사의 주주 등이 상법 제529조에 의한 합병무효의 소를 제기할 수 있는지 여부(적극)
[3] 흡수합병시 합병비율이 현저하게 불공정하여 합병계약이 무효인지 여부의 판단 방법

【판결요지】
[1] 상법 제523조 제2호가 흡수합병계약서의 절대적 기재사항으로 '존속하는 회사의 증가할 자본'을 규정한 것은 원칙적으로 자본충실을 도모하기 위하여 존속회사의 증가할 자본액(즉, 소멸회사의 주주들에게 배정·교부할 합병신주의 액면총액)이 소멸회사의 순자산가액 범위 내로 제한되어야 한다는 취지라고 볼 여지가 있기는 하나, 합병당사자의 전부 또는 일방이 주권상장법인인 경우 그 합병가액 및 합병비율의 산정에 있어서는 증권거래법과 그 시행령 등이 특별법으로서 일반법인 상법에 우선하여 적용되고, 증권거래법 시행령 제84조의7 소정의 합병가액 산정기준에 의하면 주권상장법인은 합병가액을 최근 유가증권시장에서의 거래가격을 기준으로 재정경제부령이 정하는 방법에 따라 산정한 가격에 의하므로 경우에 따라 주당 자산가치를 상회하는 가격이 합병가액으로 산정될 수 있고, 주권비상장법인도 합병가액을 자산가치·수익가치 및 상대가치를 종합하여 산정한 가격에 의하는 이상 역시 주당 자산가치를 상회하는 가격이 합병가액으로 산정될 수 있으므로, 결국 소멸회사가 주권상장법인이든 주권비상장법인이든 어느 경우나

존속회사가 발행할 합병신주의 액면총액이 소멸회사의 순자산가액을 초과할 수 있게 된다. 따라서 증권거래법 및 그 시행령이 적용되는 흡수합병의 경우에는 존속회사의 증가할 자본액이 반드시 소멸회사의 순자산가액의 범위 내로 제한된다고 할 수 없다.
[2] 합병비율을 정하는 것은 합병계약의 가장 중요한 내용이고, 그 합병비율은 합병할 각 회사의 재산 상태와 그에 따른 주식의 실제적 가치에 비추어 공정하게 정함이 원칙이며, 만일 그 비율이 합병할 각 회사의 일방에게 불리하게 정해진 경우에는 그 회사의 주주가 합병 전 회사의 재산에 대하여 가지고 있던 지분비율을 합병 후에 유지할 수 없게 됨으로써 실질적으로 주식의 일부를 상실케 되는 결과를 초래하므로, 현저하게 불공정한 합병비율을 정한 합병계약은 사법관계를 지배하는 신의성실의 원칙이나 공평의 원칙 등에 비추어 무효이고, 따라서 합병비율이 현저하게 불공정한 경우 합병할 각 회사의 주주 등은 상법 제529조에 의하여 소로써 합병의 무효를 구할 수 있다.
[3] 흡수합병시 존속회사가 발행하는 합병신주를 소멸회사의 주주에게 배정·교부함에 있어서 적용할 합병비율은 자산가치 이외에 시장가치, 수익가치, 상대가치 등의 다양한 요소를 고려하여 결정되어야 하는 만큼 엄밀한 객관적 정확성에 기하여 유일한 수치로 확정할 수 없고, 그 제반 요소의 고려가 합리적인 범위 내에서 이루어졌다면 결정된 합병비율이 현저하게 부당하다고 할 수 없으므로, 합병당사자 회사의 전부 또는 일부가 주권상장법인인 경우 증권거래법과 그 시행령 등 관련 법령이 정한 요건과 방법 및 절차 등에 기하여 합병가액을 산정하고 그에 따라 합병비율을 정하였다면 그 합병가액 산정이 허위자료에 의한 것이라거나 터무니없는 예상 수치에 근거한 것이라는 등의 특별한 사정이 없는 한, 그 합병비율이 현저하게 불공정하여 합병계약이 무효로 된다고 볼 수 없다.

제530조(준용규정) ① 삭제 <1998.12.28.>
②제234조, 제235조, 제237조 내지 제240조, 제329조의2, 제374조제2항, 제374조의2제2항 내지 제5항 및 제439조제3항의 규정은 주식회사의 합병에 관하여 이를 준용한다. <개정 1995.12.29., 1998.12.28., 2001.7.24.>
③제440조부터 제443조까지의 규정은 회사의 합병으로 인한 주식병합 또는 주식분할의 경우에 준용한다. <개정 1998.12.28., 2014.5.20.>
④제339조와 제340조제3항의 규정은 주식을 병합하지 아니하는 경우에 합병으로 인하여 소멸하는 회사의 주식을 목적으로 하는 질권에 준용한다.

제11절 회사의 분할

제530조의2(회사의 분할·분할합병) ①회사는 분할에 의하여 1개 또는 수개의 회사를 설립할 수 있다.
②회사는 분할에 의하여 1개 또는 수개의 존립 중의 회사와 합병(이하 "분할합병"이라 한다)할 수 있다.
③회사는 분할에 의하여 1개 또는 수개의 회사를 설립함과 동시에 분할합병할 수 있다.
④해산후의 회사는 존립중의 회사를 존속하는 회사로 하거나 새로 회사를 설립하는 경우에 한하여 분할 또는 분할합병할 수 있다.
[본조신설 1998.12.28.]

제530조의3(분할계획서 · 분할합병계약서의 승인) ①회사가 분할 또는 분할합병을 하는 때에는 분할계획서 또는 분할합병계약서를 작성하여 주주총회의 승인을 얻어야 한다.
②제1항의 승인결의는 제434조의 규정에 의하여야 한다.
③ 제2항의 결의에 관하여는 제344조의3제1항에 따라 의결권이 배제되는 주주도 의결권이 있다. <개정 2011.4.14.>
④분할계획 또는 분할합병계약의 요령은 제363조에 정한 통지에 기재하여야 한다. <개정 2014.5.20.>
⑤ 삭제 <2011.4.14.>
⑥회사의 분할 또는 분할합병으로 인하여 분할 또는 분할합병에 관련되는 각 회사의 주주의 부담이 가중되는 경우에는 제1항 및 제436조의 결의외에 그 주주 전원의 동의가 있어야 한다. <개정 2011.4.14.>
[본조신설 1998.12.28.]

제530조의4(분할에 의한 회사의 설립) 제530조의2에 따른 회사의 설립에 관하여는 이 장 제1절의 회사설립에 관한 규정을 준용한다. 다만, 분할되는 회사(이하 "분할회사"라 한다)의 출자만으로 회사가 설립되는 경우에는 제299조를 적용하지 아니한다.
[전문개정 2015.12.1.]

제530조의5(분할계획서의 기재사항) ①분할에 의하여 회사를 설립하는 경우에는 분할계획서에 다음 각 호의 사항을 기재하여야 한다.
<개정 2011.4.14., 2015.12.1.>
1. 분할에 의하여 설립되는 회사(이하 "단순분할신설회사"라 한다)의 상호, 목적, 본점의 소재지 및 공고의 방법
2. 단순분할신설회사가 발행할 주식의 총수 및 액면주식 · 무액면주식의 구분
3. 단순분할신설회사가 분할 당시에 발행하는 주식의 총수, 종류 및 종류주식의 수, 액면주식 · 무액면주식의 구분
4. 분할회사의 주주에 대한 단순분할신설회사의 주식의 배정에 관한 사항 및 배정에 따른 주식의 병합 또는 분할을 하는 경우에는 그에 관한 사항
5. 분할회사의 주주에게 제4호에도 불구하고 금전이나 그 밖의 재산을 제공하는 경우에는 그 내용 및 배정에 관한 사항
6. 단순분할신설회사의 자본금과 준비금에 관한 사항
7. 단순분할신설회사에 이전될 재산과 그 가액
8. 제530조의9제2항의 정함이 있는 경우에는 그 내용
8의2. 분할을 할 날
9. 단순분할신설회사의 이사와 감사를 정한 경우에는 그 성명과 주민등록번호
10. 단순분할신설회사의 정관에 기재할 그 밖의 사항

②분할후 회사가 존속하는 경우에는 존속하는 회사에 관하여 분할계획서에 다음 각호의 사항을 기재하여야 한다. <개정 2011.4.14.>
1. 감소할 자본금과 준비금의 액
2. 자본감소의 방법

3. 분할로 인하여 이전할 재산과 그 가액
4. 분할후의 발행주식의 총수
5. 회사가 발행할 주식의 총수를 감소하는 경우에는 그 감소할 주식의 총수, 종류 및 종류별 주식의 수
6. 정관변경을 가져오게 하는 그 밖의 사항

[본조신설 1998.12.28.]
[제목개정 2015.12.1.]

제530조의6(분할합병계약서의 기재사항 및 분할합병대가가 모회사주식인 경우의 특칙) ①분할회사의 일부가 다른 회사와 합병하여 그 다른 회사(이하 "분할합병의 상대방 회사"라 한다)가 존속하는 경우에는 분할합병계약서에 다음 각 호의 사항을 기재하여야 한다. <개정 2015.12.1.>

1. 분할합병의 상대방 회사로서 존속하는 회사(이하 "분할승계회사"라 한다)가 분할합병으로 인하여 발행할 주식의 총수를 증가하는 경우에는 증가할 주식의 총수, 종류 및 종류별 주식의 수
2. 분할승계회사가 분할합병을 하면서 신주를 발행하거나 자기주식을 이전하는 경우에는 그 발행하는 신주 또는 이전하는 자기주식의 총수, 종류 및 종류별 주식의 수
3. 분할승계회사가 분할합병을 하면서 신주를 발행하거나 자기주식을 이전하는 경우에는 분할회사의 주주에 대한 분할승계회사의 신주의 배정 또는 자기주식의 이전에 관한 사항 및 주식의 병합 또는 분할을 하는 경우에는 그에 관한 사항
4. 분할승계회사가 분할회사의 주주에게 제3호에도 불구하고 그 대가의 전부 또는 일부로서 금전이나 그 밖의 재산을 제공하는 경우에는 그 내용 및 배정에 관한 사항
5. 분할승계회사의 자본금 또는 준비금이 증가하는 경우에는 증가할 자본금 또는 준비금에 관한 사항
6. 분할회사가 분할승계회사에 이전할 재산과 그 가액
7. 제530조의9제3항의 정함이 있는 경우에는 그 내용
8. 각 회사에서 제530조의3제2항의 결의를 할 주주총회의 기일
9. 분할합병을 할 날
10. 분할승계회사의 이사와 감사를 정한 경우에는 그 성명과 주민등록번호
11. 분할승계회사의 정관변경을 가져오게 하는 그 밖의 사항

②분할회사의 일부가 다른 분할회사의 일부 또는 다른 회사와 분할합병을 하여 회사를 설립하는 경우에는 분할합병계약서에 다음 각 호의 사항을 기재하여야 한다. <개정 2015.12.1.>

1. 제530조의5제1항제1호 · 제2호 · 제6호 · 제7호 · 제8호 · 제8호의2 · 제9호 · 제10호에 규정된 사항
2. 분할합병을 하여 설립되는 회사(이하 "분할합병신설회사"라 한다)가 분할합병을 하면서 발행하는 주식의 총수, 종류 및 종류별 주식의 수
3. 각 회사의 주주에 대한 주식의 배정에 관한 사항과 배정에 따른 주식의 병합 또는 분할을 하는 경우에는 그 규정
4. 각 회사가 분할합병신설회사에 이전할 재산과 그 가액

5. 각 회사의 주주에게 지급할 금액을 정한 때에는 그 규정
6. 각 회사에서 제530조의3제2항의 결의를 할 주주총회의 기일
7. 분할합병을 할 날

③제530조의5의 규정은 제1항 및 제2항의 경우에 각 회사의 분할합병을 하지 아니하는 부분의 기재에 관하여 이를 준용한다.

④ 제342조의2제1항에도 불구하고 제1항제4호에 따라 분할회사의 주주에게 제공하는 재산이 분할승계회사의 모회사 주식을 포함하는 경우에는 분할승계회사는 그 지급을 위하여 모회사 주식을 취득할 수 있다. <신설 2015.12.1.>

⑤ 분할승계회사는 제4항에 따라 취득한 모회사의 주식을 분할합병 후에도 계속 보유하고 있는 경우 분할합병의 효력이 발생하는 날부터 6개월 이내에 그 주식을 처분하여야 한다. <신설 2015.12.1.>

[본조신설 1998.12.28.]

[제목개정 2015.12.1.]

제530조의7(분할대차대조표 등의 공시) ①분할회사의 이사는 제530조의3제1항에 따른 주주총회 회일의 2주 전부터 분할의 등기를 한 날 또는 분할합병을 한 날 이후 6개월 간 다음 각 호의 서류를 본점에 비치하여야 한다. <개정 2015.12.1.>

1. 분할계획서 또는 분할합병계약서
2. 분할되는 부분의 대차대조표
3. 분할합병의 경우 분할합병의 상대방 회사의 대차대조표
4. 분할 또는 분할합병을 하면서 신주가 발행되거나 자기주식이 이전되는 경우에는 분할회사의 주주에 대한 신주의 배정 또는 자기주식의 이전에 관하여 그 이유를 기재한 서면

②제530조의6제1항의 분할승계회사의 이사는 분할합병을 승인하는 주주총회 회일의 2주 전부터 분할합병의 등기를 한 후 6개월 간 다음 각 호의 서류를 본점에 비치하여야 한다. <개정 2015.12.1.>

1. 분할합병계약서
2. 분할회사의 분할되는 부분의 대차대조표
3. 분할합병을 하면서 신주를 발행하거나 자기주식을 이전하는 경우에는 분할회사의 주주에 대한 신주의 배정 또는 자기주식의 이전에 관하여 그 이유를 기재한 서면

③제522조의2제2항의 규정은 제1항 및 제2항의 서류에 관하여 이를 준용한다.

[본조신설 1998.12.28.]

[제목개정 2015.12.1.]

제530조의8 삭제 <2015.12.1.>

제530조의9(분할 및 분할합병후의 회사의 책임) ① 분할회사, 단순분할신설회사, 분할승계회사 또는 분할합병신설회사는 분할 또는 분할합병 전의 분할회사 채무에 관하여 연대하여 변제할 책임이 있다.

② 제1항에도 불구하고 분할회사가 제530조의3제2항에 따른 결의로 분할

에 의하여 회사를 설립하는 경우에는 단순분할신설회사는 분할회사의 채무 중에서 분할계획서에 승계하기로 정한 채무에 대한 책임만을 부담하는 것으로 정할 수 있다. 이 경우 분할회사가 분할 후에 존속하는 경우에는 단순분할신설회사가 부담하지 아니하는 채무에 대한 책임만을 부담한다.

③ 분할합병의 경우에 분할회사는 제530조의3제2항에 따른 결의로 분할합병에 따른 출자를 받는 분할승계회사 또는 분할합병신설회사가 분할회사의 채무 중에서 분할합병계약서에 승계하기로 정한 채무에 대한 책임만을 부담하는 것으로 정할 수 있다. 이 경우 제2항 후단을 준용한다.

④ 제2항의 경우에는 제439조제3항 및 제527조의5를 준용한다.

[전문개정 2015.12.1.]

제530조의10(분할 또는 분할합병의 효과) 단순분할신설회사, 분할승계회사 또는 분할합병신설회사는 분할회사의 권리와 의무를 분할계획서 또는 분할합병계약서에서 정하는 바에 따라 승계한다. [전문개정 2015.12.1.]

제530조의11(준용규정) ① 분할 또는 분할합병의 경우에는 제234조, 제237조부터 제240조까지, 제329조의2, 제440조부터 제443조까지, 제526조, 제527조, 제527조의6, 제528조 및 제529조를 준용한다. 다만, 제527조의 설립위원은 대표이사로 한다. <개정 2011.4.14., 2014.5.20.>

②제374조제2항, 제439조제3항, 제522조의3, 제527조의2, 제527조의3 및 제527조의5의 규정은 분할합병의 경우에 이를 준용한다. <개정 1999.12.31.>

[본조신설 1998.12.28.]

제530조의12(물적 분할) 이 절의 규정은 분할되는 회사가 분할 또는 분할합병으로 인하여 설립되는 회사의 주식의 총수를 취득하는 경우에 이를 준용한다.

[본조신설 1998.12.28.]

제12절 청산

제531조(청산인의 결정) ①회사가 해산한 때에는 합병·분할·분할합병 또는 파산의 경우외에는 이사가 청산인이 된다. 다만, 정관에 다른 정함이 있거나 주주총회에서 타인을 선임한 때에는 그러하지 아니하다. <개정 1998.12.28.>

②전항의 규정에 의한 청산인이 없는 때에는 법원은 이해관계인의 청구에 의하여 청산인을 선임한다.

판례-업무상횡령

[대법원 2005.4.15, 선고, 2003도7773, 판결]

【판시사항】

[1] 당사자 쌍방이 토지 등을 출자하여 공동으로 주식회사를 설립하여 운영하고, 그 회사를 공동으로 경영함에 따르는 비용의 부담과 이익의 분배를 지분 비율에 따라 할 것을 내용으로 하는 동업계약의 법적 성질 및 위와 같은 동업계약에 있

어 주식회사의 청산에 관한 상법의 규정에 따라 청산절차가 이루어지지 않았다면 일방 당사자가 잔여재산의 분배를 받을 수 있는지 여부(소극)
[2] 피고인이 동업약정에 따라 토지를 출자하여 주식회사를 설립한 이후에 다른 동업자들의 반대에 불구하고 출자금 반환 명목으로 회사 자금을 임의로 인출하여 자신의 채무변제에 사용한 행위가 업무상횡령죄를 구성한다고 한 사례

【판결요지】
[1] 당사자 쌍방이 토지 등을 출자하여 공동으로 주식회사를 설립하여 운영하고, 그 회사를 공동으로 경영함에 따르는 비용의 부담과 이익의 분배를 지분 비율에 따라 할 것을 내용으로 하는 동업계약은 당사자들 사이에서 공동사업을 주식회사의 명의로 하고 대외관계 및 대내관계에서 주식회사의 법리에 따름을 전제로 하는 것이어서 이에 관한 청산도 주식회사의 청산에 관한 상법의 규정에 따라 이루어져야 하고, 따라서 그러한 동업약정에 따라 회사가 설립되어 그 실체가 갖추어진 이상, 주식회사의 청산에 관한 상법의 규정에 따라 청산절차가 이루어지지 않는 한 일방 당사자가 잔여재산을 분배받을 수도 없다.
[2] 피고인이 동업약정에 따라 주택건축사업 등을 목적으로 하는 주식회사를 설립하고 그 사업을 공동으로 영위하기 위하여 자신이 매수한 토지를 위 회사에 출자하였음에도, 토지의 매수자금에 상당하는 금액이 위 회사의 회계장부상 피고인으로부터의 단기차입금으로 계상되어 있다는 이유만으로 다른 동업자들의 반대에 불구하고 위 회사 명의로 금융기관에 예치중인 돈을 임의로 인출하여 자신의 채무변제에 사용한 행위가 업무상횡령죄를 구성한다고 한 사례.

제532조(청산인의 신고) 청산인은 취임한 날로부터 2주간내에 다음의 사항을 법원에 신고하여야 한다. <개정 1995.12.29.>
1. 해산의 사유와 그 연월일
2. 청산인의 성명 · 주민등록번호 및 주소

제533조(회사재산조사보고의무) ①청산인은 취임한 후 지체없이 회사의 재산상태를 조사하여 재산목록과 대차대조표를 작성하고 이를 주주총회에 제출하여 그 승인을 얻어야 한다.
②청산인은 전항의 승인을 얻은 후 지체없이 재산목록과 대차대조표를 법원에 제출하여야 한다.

제534조(대차대조표 · 사무보고서 · 부속명세서의 제출 · 감사 · 공시 · 승인) ①청산인은 정기총회회일로부터 4주간전에 대차대조표 및 그 부속명세서와 사무보고서를 작성하여 감사에게 제출하여야 한다.
②감사는 정기총회회일로부터 1주간전에 제1항의 서류에 관한 감사보고서를 청산인에게 제출하여야 한다.
③청산인은 정기총회회일의 1주간전부터 제1항의 서류와 제2항의 감사보고서를 본점에 비치하여야 한다.
④제448조제2항의 규정은 제3항의 서류에 관하여 이를 준용한다.
⑤청산인은 대차대조표 및 사무보고서를 정기총회에 제출하여 그 승인을 요구하여야 한다.
[전문개정 1984.4.10.]

第535条(회사채권자에의 최고) ①청산인은 취임한 날로부터 2월내에 회사채권자에 대하여 일정한 기간내에 그 채권을 신고할 것과 그 기간내에 신고하지 아니하면 청산에서 제외될 뜻을 2회 이상 공고로써 최고하여야 한다. 그러나 그 기간은 2월 이상이어야 한다.
②청산인은 알고 있는 채권자에 대하여는 각별로 그 채권의 신고를 최고하여야 하며 그 채권자가 신고하지 아니한 경우에도 이를 청산에서 제외하지 못한다.

第536条(채권신고기간내의 변제) ①청산인은 전조제1항의 신고기간내에는 채권자에 대하여 변제를 하지 못한다. 그러나 회사는 그 변제의 지연으로 인한 손해배상의 책임을 면하지 못한다.
②청산인은 전항의 규정에 불구하고 소액의 채권, 담보있는 채권 기타 변제로 인하여 다른 채권자를 해할 염려가 없는 채권에 대하여는 법원의 허가를 얻어 이를 변제할 수 있다.

第537条(제외된 채권자에 대한 변제) ①청산에서 제외된 채권자는 분배되지 아니한 잔여재산에 대하여서만 변제를 청구할 수 있다.
②일부의 주주에 대하여 재산의 분배를 한 경우에는 그와 동일한 비율로 다른 주주에게 분배할 재산은 전항의 잔여재산에서 공제한다.

第538条(잔여재산의 분배) 잔여재산은 각 주주가 가진 주식의 수에 따라 주주에게 분배하여야 한다. 그러나 제344조제1항의 규정을 적용하는 경우에는 그러하지 아니하다.

第539条(청산인의 해임) ①청산인은 법원이 선임한 경우외에는 언제든지 주주총회의 결의로 이를 해임할 수 있다.
②청산인이 그 업무를 집행함에 현저하게 부적임하거나 중대한 임무에 위반한 행위가 있는 때에는 발행주식의 총수의 100분의 3 이상에 해당하는 주식을 가진 주주는 법원에 그 청산인의 해임을 청구할 수 있다.
<개정 1998.12.28.>
③제186조의 규정은 제2항의 청구에 관한 소에 준용한다. <개정 1998.12.28.>

第540条(청산의 종결) ①청산사무가 종결한 때에는 청산인은 지체없이 결산보고서를 작성하고 이를 주주총회에 제출하여 승인을 얻어야 한다.
②전항의 승인이 있는 때에는 회사는 청산인에 대하여 그 책임을 해제한 것으로 본다. 그러나 청산인의 부정행위에 대하여는 그러하지 아니하다.

第541条(서류의 보존) ①회사의 장부 기타 영업과 청산에 관한 중요한 서류는 본점소재지에서 청산종결의 등기를 한 후 10년간 이를 보존하여야 한다. 다만, 전표 또는 이와 유사한 서류는 5년간 이를 보존하여야 한다.
<개정 1995.12.29.>

②전항의 보존에 관하여는 청산인 기타의 이해관계인의 청구에 의하여 법원이 보존인과 보존방법을 정한다.

제542조(준용규정) ①제245조, 제252조 내지 제255조, 제259조, 제260조와 제264조의 규정은 주식회사에 준용한다.
②제362조, 제363조의2, 제366조, 제367조, 제373조, 제376조, 제377조, 제382조제2항, 제386조, 제388조 내지 제394조, 제396조, 제398조 내지 제408조, 제411조 내지 제413조, 제414조제3항, 제449조제3항, 제450조와 제466조의 규정은 청산인에 준용한다.
<개정 1962.12.12., 1984.4.10., 1998.12.28.>

제13절 상장회사에 대한 특례

제542조의2(적용범위) ① 이 절은 대통령령으로 정하는 증권시장(증권의 매매를 위하여 개설된 시장을 말한다)에 상장된 주권을 발행한 주식회사(이하 "상장회사"라 한다)에 대하여 적용한다. 다만, 집합투자(2인 이상에게 투자권유를 하여 모은 금전이나 그 밖의 재산적 가치가 있는 재산을 취득·처분, 그 밖의 방법으로 운용하고 그 결과를 투자자에게 배분하여 귀속시키는 것을 말한다)를 수행하기 위한 기구로서 대통령령으로 정하는 주식회사는 제외한다.
② 이 절은 이 장 다른 절에 우선하여 적용한다.
[본조신설 2009.1.30.]

제542조의3(주식매수선택권) ① 상장회사는 제340조의2제1항 본문에 규정된 자 외에도 대통령령으로 정하는 관계 회사의 이사, 집행임원, 감사 또는 피용자에게 주식매수선택권을 부여할 수 있다. 다만, 제542조의8제2항제5호의 최대주주 등 대통령령으로 정하는 자에게는 주식매수선택권을 부여할 수 없다. <개정 2011.4.14.>
② 상장회사는 제340조의2제3항에도 불구하고 발행주식총수의 100분의 20의 범위에서 대통령령으로 정하는 한도까지 주식매수선택권을 부여할 수 있다.
③ 상장회사는 제340조의2제1항 본문에도 불구하고 정관으로 정하는 바에 따라 발행주식총수의 100분의 10의 범위에서 대통령령으로 정하는 한도까지 이사회가 제340조의3제2항 각 호의 사항을 결의함으로써 해당 회사의 집행임원·감사 또는 피용자 및 제1항에 따른 관계 회사의 이사·집행임원·감사 또는 피용자에게 주식매수선택권을 부여할 수 있다. 이 경우 주식매수선택권을 부여한 후 처음으로 소집되는 주주총회의 승인을 받아야 한다. <개정 2011.4.14.>
④ 상장회사의 주식매수선택권을 부여받은 자는 제340조의4제1항에도 불구하고 대통령령으로 정하는 경우를 제외하고는 주식매수선택권을 부여하기로 한 주주총회 또는 이사회의 결의일부터 2년 이상 재임하거나 재직하여야 주식매수선택권을 행사할 수 있다.
⑤ 제1항부터 제4항까지에서 규정한 사항 외에 상장회사의 주식매수선택권

부여, 취소, 그 밖에 필요한 사항은 대통령령으로 정한다.
[본조신설 2009.1.30.]

제542조의4(주주총회 소집공고 등) ① 상장회사가 주주총회를 소집하는 경우 대통령령으로 정하는 수 이하의 주식을 소유하는 주주에게는 정관으로 정하는 바에 따라 주주총회일의 2주 전에 주주총회를 소집하는 뜻과 회의의 목적사항을 둘 이상의 일간신문에 각각 2회 이상 공고하거나 대통령령으로 정하는 바에 따라 전자적 방법으로 공고함으로써 제363조제1항의 소집통지를 갈음할 수 있다.
② 상장회사가 이사 · 감사의 선임에 관한 사항을 목적으로 하는 주주총회를 소집통지 또는 공고하는 경우에는 이사 · 감사 후보자의 성명, 약력, 추천인, 그 밖에 대통령령으로 정하는 후보자에 관한 사항을 통지하거나 공고하여야 한다.
③ 상장회사가 주주총회 소집의 통지 또는 공고를 하는 경우에는 사외이사 등의 활동내역과 보수에 관한 사항, 사업개요 등 대통령령으로 정하는 사항을 통지 또는 공고하여야 한다. 다만, 상장회사가 그 사항을 대통령령으로 정하는 방법으로 일반인이 열람할 수 있도록 하는 경우에는 그러하지 아니하다.
[본조신설 2009.1.30.]

제542조의5(이사 · 감사의 선임방법) 상장회사가 주주총회에서 이사 또는 감사를 선임하려는 경우에는 제542조의4제2항에 따라 통지하거나 공고한 후보자 중에서 선임하여야 한다.
[본조신설 2009.1.30.]

제542조의6(소수주주권) ① 6개월 전부터 계속하여 상장회사 발행주식총수의 1천분의 15 이상에 해당하는 주식을 보유한 자는 제366조(제542조에서 준용하는 경우를 포함한다) 및 제467조에 따른 주주의 권리를 행사할 수 있다.
② 6개월 전부터 계속하여 상장회사의 의결권 없는 주식을 제외한 발행주식총수의 1천분의 10(대통령령으로 정하는 상장회사의 경우에는 1천분의 5) 이상에 해당하는 주식을 보유한 자는 제363조의2(제542조에서 준용하는 경우를 포함한다)에 따른 주주의 권리를 행사할 수 있다.
③ 6개월 전부터 계속하여 상장회사 발행주식총수의 1만분의 50(대통령령으로 정하는 상장회사의 경우에는 1만분의 25) 이상에 해당하는 주식을 보유한 자는 제385조(제415조에서 준용하는 경우를 포함한다) 및 제539조에 따른 주주의 권리를 행사할 수 있다.
④ 6개월 전부터 계속하여 상장회사 발행주식총수의 1만분의 10(대통령령으로 정하는 상장회사의 경우에는 1만분의 5) 이상에 해당하는 주식을 보유한 자는 제466조(제542조에서 준용하는 경우를 포함한다)에 따른 주주의 권리를 행사할 수 있다.
⑤ 6개월 전부터 계속하여 상장회사 발행주식총수의 10만분의 50(대통령령으로 정하는 상장회사의 경우에는 10만분의 25) 이상에 해당하는 주식을 보유한 자는 제402조(제408조의9 및 제542조에서 준용하는 경우를 포함

한다)에 따른 주주의 권리를 행사할 수 있다. <개정 2011.4.14.>
⑥ 6개월 전부터 계속하여 상장회사 발행주식총수의 1만분의 1 이상에 해당하는 주식을 보유한 자는 제403조(제324조, 제408조의9, 제415조, 제424조의2, 제467조의2 및 제542조에서 준용하는 경우를 포함한다)에 따른 주주의 권리를 행사할 수 있다. <개정 2011.4.14.>
⑦ 상장회사는 정관에서 제1항부터 제6항까지 규정된 것보다 단기의 주식 보유기간을 정하거나 낮은 주식 보유비율을 정할 수 있다.
⑧ 제1항부터 제6항까지 및 제542조의7제2항에서 "주식을 보유한 자"란 주식을 소유한 자, 주주권 행사에 관한 위임을 받은 자, 2명 이상 주주의 주주권을 공동으로 행사하는 자를 말한다.
[본조신설 2009.1.30.]

제542조의7(집중투표에 관한 특례) ① 상장회사에 대하여 제382조의2에 따라 집중투표의 방법으로 이사를 선임할 것을 청구하는 경우 주주총회일(정기주주총회의 경우에는 직전 연도의 정기주주총회일에 해당하는 그 해의 해당일. 이하 제542조의8제5항에서 같다)의 6주 전까지 서면 또는 전자문서로 회사에 청구하여야 한다.
② 자산 규모 등을 고려하여 대통령령으로 정하는 상장회사의 의결권 없는 주식을 제외한 발행주식총수의 100분의 1 이상에 해당하는 주식을 보유한 자는 제382조의2에 따라 집중투표의 방법으로 이사를 선임할 것을 청구할 수 있다.
③ 제2항의 상장회사가 정관으로 집중투표를 배제하거나 그 배제된 정관을 변경하려는 경우에는 의결권 없는 주식을 제외한 발행주식총수의 100분의 3을 초과하는 수의 주식을 가진 주주는 그 초과하는 주식에 관하여 의결권을 행사하지 못한다. 다만, 정관에서 이보다 낮은 주식 보유비율을 정할 수 있다.
④ 제2항의 상장회사가 주주총회의 목적사항으로 제3항에 따른 집중투표 배제에 관한 정관 변경에 관한 의안을 상정하려는 경우에는 그 밖의 사항의 정관 변경에 관한 의안과 별도로 상정하여 의결하여야 한다.
[본조신설 2009.1.30.]

제542조의8(사외이사의 선임) ① 상장회사는 자산 규모 등을 고려하여 대통령령으로 정하는 경우를 제외하고는 이사 총수의 4분의 1 이상을 사외이사로 하여야 한다. 다만, 자산 규모 등을 고려하여 대통령령으로 정하는 상장회사의 사외이사는 3명 이상으로 하되, 이사 총수의 과반수가 되도록 하여야 한다.
② 상장회사의 사외이사는 제382조제3항 각 호 뿐만 아니라 다음 각 호의 어느 하나에 해당되지 아니하여야 하며, 이에 해당하게 된 경우에는 그 직을 상실한다. <개정 2011.4.14.>
1. 미성년자, 금치산자 또는 한정치산자
2. 파산선고를 받고 복권되지 아니한 자
3. 금고 이상의 형을 선고받고 그 집행이 끝나거나 집행이 면제된 후 2년이 지나지 아니한 자
4. 대통령령으로 별도로 정하는 법률을 위반하여 해임되거나 면직된 후 2년이 지나지 아니한 자

5. 상장회사의 주주로서 의결권 없는 주식을 제외한 발행주식총수를 기준으로 본인 및 그와 대통령령으로 정하는 특수한 관계에 있는 자(이하 "특수관계인"이라 한다)가 소유하는 주식의 수가 가장 많은 경우 그 본인(이하 "최대주주"라 한다) 및 그의 특수관계인
6. 누구의 명의로 하든지 자기의 계산으로 의결권 없는 주식을 제외한 발행주식총수의 100분의 10 이상의 주식을 소유하거나 이사·집행임원·감사의 선임과 해임 등 상장회사의 주요 경영사항에 대하여 사실상의 영향력을 행사하는 주주(이하 "주요주주"라 한다) 및 그의 배우자와 직계존속·비속
7. 그 밖에 사외이사로서의 직무를 충실하게 수행하기 곤란하거나 상장회사의 경영에 영향을 미칠 수 있는 자로서 대통령령으로 정하는 자

③ 제1항의 상장회사는 사외이사의 사임·사망 등의 사유로 인하여 사외이사의 수가 제1항의 이사회의 구성요건에 미달하게 되면 그 사유가 발생한 후 처음으로 소집되는 주주총회에서 제1항의 요건에 합치되도록 사외이사를 선임하여야 한다.

④ 제1항 단서의 상장회사는 사외이사 후보를 추천하기 위하여 제393조의2의 위원회(이하 이 조에서 "사외이사 후보추천위원회"라 한다)를 설치하여야 한다. 이 경우 사외이사 후보추천위원회는 사외이사가 총위원의 과반수가 되도록 구성하여야 한다. <개정 2011.4.14.>

⑤ 제1항 단서에서 규정하는 상장회사가 주주총회에서 사외이사를 선임하려는 때에는 사외이사 후보추천위원회의 추천을 받은 자 중에서 선임하여야 한다. 이 경우 사외이사 후보추천위원회가 사외이사 후보를 추천할 때에는 제363조의2제1항, 제542조의6제1항·제2항의 권리를 행사할 수 있는 요건을 갖춘 주주가 주주총회일(정기주주총회의 경우 직전연도의 정기주주총회일에 해당하는 해당 연도의 해당일)의 6주 전에 추천한 사외이사 후보를 포함시켜야 한다. <개정 2011.4.14.>

[본조신설 2009.1.30.]

제542조의9(주요주주 등 이해관계자와의 거래) ① 상장회사는 다음 각 호의 어느 하나에 해당하는 자를 상대방으로 하거나 그를 위하여 신용공여(금전 등 경제적 가치가 있는 재산의 대여, 채무이행의 보증, 자금 지원적 성격의 증권 매입, 그 밖에 거래상의 신용위험이 따르는 직접적·간접적 거래로서 대통령령으로 정하는 거래를 말한다. 이하 이 조에서 같다)를 하여서는 아니 된다. <개정 2011.4.14.>

1. 주요주주 및 그의 특수관계인
2. 이사(제401조의2제1항 각 호의 어느 하나에 해당하는 자를 포함한다. 이하 이 조에서 같다) 및 집행임원
3. 감사

② 제1항에도 불구하고 다음 각 호의 어느 하나에 해당하는 경우에는 신용공여를 할 수 있다. <개정 2011.4.14.>

1. 복리후생을 위한 이사·집행임원 또는 감사에 대한 금전대여 등으로서 대통령령으로 정하는 신용공여
2. 다른 법령에서 허용하는 신용공여

3. 그 밖에 상장회사의 경영건전성을 해칠 우려가 없는 금전대여 등으로서 대통령령으로 정하는 신용공여

③ 자산 규모 등을 고려하여 대통령령으로 정하는 상장회사는 최대주주, 그의 특수관계인 및 그 상장회사의 특수관계인으로서 대통령령으로 정하는 자를 상대방으로 하거나 그를 위하여 다음 각 호의 어느 하나에 해당하는 거래(제1항에 따라 금지되는 거래는 제외한다)를 하려는 경우에는 이사회의 승인을 받아야 한다.

1. 단일 거래규모가 대통령령으로 정하는 규모 이상인 거래
2. 해당 사업연도 중에 특정인과의 해당 거래를 포함한 거래총액이 대통령령으로 정하는 규모 이상이 되는 경우의 해당 거래

④ 제3항의 경우 상장회사는 이사회의 승인 결의 후 처음으로 소집되는 정기주주총회에 해당 거래의 목적, 상대방, 그 밖에 대통령령으로 정하는 사항을 보고하여야 한다.

⑤ 제3항에도 불구하고 상장회사가 경영하는 업종에 따른 일상적인 거래로서 다음 각 호의 어느 하나에 해당하는 거래는 이사회의 승인을 받지 아니하고 할 수 있으며, 제2호에 해당하는 거래에 대하여는 그 거래내용을 주주총회에 보고하지 아니할 수 있다.

1. 약관에 따라 정형화된 거래로서 대통령령으로 정하는 거래
2. 이사회에서 승인한 거래총액의 범위 안에서 이행하는 거래

[본조신설 2009.1.30.]

제542조의10(상근감사) ① 대통령령으로 정하는 상장회사는 주주총회 결의에 의하여 회사에 상근하면서 감사업무를 수행하는 감사(이하 "상근감사"라고 한다)를 1명 이상 두어야 한다. 다만, 이 절 및 다른 법률에 따라 감사위원회를 설치한 경우(감사위원회 설치 의무가 없는 상장회사가 이 절의 요건을 갖춘 감사위원회를 설치한 경우를 포함한다)에는 그러하지 아니하다. <개정 2011.4.14.>

② 다음 각 호의 어느 하나에 해당하는 자는 제1항 본문의 상장회사의 상근감사가 되지 못하며, 이에 해당하게 되는 경우에는 그 직을 상실한다. <개정 2011.4.14.>

1. 제542조의8제2항제1호부터 제4호까지 및 제6호에 해당하는 자
2. 회사의 상무(常務)에 종사하는 이사·집행임원 및 피용자 또는 최근 2년 이내에 회사의 상무에 종사한 이사·집행임원 및 피용자. 다만, 이 절에 따른 감사위원회위원으로 재임 중이거나 재임하였던 이사는 제외한다.
3. 제1호 및 제2호 외에 회사의 경영에 영향을 미칠 수 있는 자로서 대통령령으로 정하는 자

[본조신설 2009.1.30.]

제542조의11(감사위원회) ① 자산 규모 등을 고려하여 대통령령으로 정하는 상장회사는 감사위원회를 설치하여야 한다.

② 제1항의 상장회사의 감사위원회는 제415조의2제2항의 요건 및 다음 각 호의 요건을 모두 갖추어야 한다.

1. 위원 중 1명 이상은 대통령령으로 정하는 회계 또는 재무 전문가일 것
2. 감사위원회의 대표는 사외이사일 것

③ 제542조의10제2항 각 호의 어느 하나에 해당하는 자는 제1항의 상장회사의 사외이사가 아닌 감사위원회위원이 될 수 없고, 이에 해당하게 된 경우에는 그 직을 상실한다.

④ 상장회사는 감사위원회위원인 사외이사의 사임·사망 등의 사유로 인하여 사외이사의 수가 다음 각 호의 감사위원회의 구성요건에 미달하게 되면 그 사유가 발생한 후 처음으로 소집되는 주주총회에서 그 요건에 합치되도록 하여야 한다.

1. 제1항에 따라 감사위원회를 설치한 상장회사는 제2항 각 호 및 제415조의2제2항의 요건
2. 제415조의2제1항에 따라 감사위원회를 설치한 상장회사는 제415조의2제2항의 요건

[본조신설 2009.1.30.]

제542조의12(감사위원회의 구성 등) ① 제542조의11제1항의 상장회사의 경우 제393조의2에도 불구하고 감사위원회위원을 선임하거나 해임하는 권한은 주주총회에 있다.

② 제542조의11제1항의 상장회사는 주주총회에서 이사를 선임한 후 선임된 이사 중에서 감사위원회위원을 선임하여야 한다.

③ 최대주주, 최대주주의 특수관계인, 그 밖에 대통령령으로 정하는 자가 소유하는 상장회사의 의결권 있는 주식의 합계가 그 회사의 의결권 없는 주식을 제외한 발행주식총수의 100분의 3을 초과하는 경우 그 주주는 그 초과하는 주식에 관하여 감사 또는 사외이사가 아닌 감사위원회위원을 선임하거나 해임할 때에는 의결권을 행사하지 못한다. 다만, 정관에서 이보다 낮은 주식 보유비율을 정할 수 있다.

④ 대통령령으로 정하는 상장회사의 의결권 없는 주식을 제외한 발행주식총수의 100분의 3을 초과하는 수의 주식을 가진 주주는 그 초과하는 주식에 관하여 사외이사인 감사위원회위원을 선임할 때에 의결권을 행사하지 못한다. 다만, 정관에서 이보다 낮은 주식 보유비율을 정할 수 있다.

⑤ 상장회사가 주주총회의 목적사항으로 감사의 선임 또는 감사의 보수결정을 위한 의안을 상정하려는 경우에는 이사의 선임 또는 이사의 보수결정을 위한 의안과는 별도로 상정하여 의결하여야 한다.

⑥ 상장회사의 감사 또는 감사위원회는 제447조의4제1항에도 불구하고 이사에게 감사보고서를 주주총회일의 1주 전까지 제출할 수 있다.

[본조신설 2009.1.30.]

제542조의13(준법통제기준 및 준법지원인) ① 자산 규모 등을 고려하여 대통령령으로 정하는 상장회사는 법령을 준수하고 회사경영을 적정하게 하기 위하여 임직원이 그 직무를 수행할 때 따라야 할 준법통제에 관한 기준 및 절차(이하 "준법통제기준"이라 한다)를 마련하여야 한다.

② 제1항의 상장회사는 준법통제기준의 준수에 관한 업무를 담당하는 사람

(이하 "준법지원인"이라 한다)을 1명 이상 두어야 한다.
③ 준법지원인은 준법통제기준의 준수여부를 점검하여 그 결과를 이사회에 보고하여야 한다.
④ 제1항의 상장회사는 준법지원인을 임면하려면 이사회 결의를 거쳐야 한다.
⑤ 준법지원인은 다음 각 호의 사람 중에서 임명하여야 한다.
1. 변호사 자격을 가진 사람
2. 「고등교육법」 제2조에 따른 학교에서 법률학을 가르치는 조교수 이상의 직에 5년 이상 근무한 사람
3. 그 밖에 법률적 지식과 경험이 풍부한 사람으로서 대통령령으로 정하는 사람
⑥ 준법지원인의 임기는 3년으로 하고, 준법지원인은 상근으로 한다.
⑦ 준법지원인은 선량한 관리자의 주의로 그 직무를 수행하여야 한다.
⑧ 준법지원인은 재임 중뿐만 아니라 퇴임 후에도 직무상 알게 된 회사의 영업상 비밀을 누설하여서는 아니 된다.
⑨ 제1항의 상장회사는 준법지원인이 그 직무를 독립적으로 수행할 수 있도록 하여야 하고, 제1항의 상장회사의 임직원은 준법지원인이 그 직무를 수행할 때 자료나 정보의 제출을 요구하는 경우 이에 성실하게 응하여야 한다.
⑩ 제1항의 상장회사는 준법지원인이었던 사람에 대하여 그 직무수행과 관련된 사유로 부당한 인사상의 불이익을 주어서는 아니 된다.
⑪ 준법지원인에 관하여 다른 법률에 특별한 규정이 있는 경우를 제외하고는 이 법에서 정하는 바에 따른다. 다만, 다른 법률의 규정이 준법지원인의 임기를 제6항보다 단기로 정하고 있는 경우에는 제6항을 다른 법률에 우선하여 적용한다.
⑫ 그 밖의 준법통제기준 및 준법지원인에 관하여 필요한 사항은 대통령령으로 정한다.
[본조신설 2011.4.14.]

제5장 유한회사

제1절 설립

제543조(정관의 작성, 절대적 기재사항) ①유한회사를 설립함에는 사원이 정관을 작성하여야 한다. <개정 2001.7.24.>
②정관에는 다음의 사항을 기재하고 각 사원이 기명날인 또는 서명하여야 한다. <개정 1984.4.10., 1995.12.29., 2001.7.24., 2011.4.14.>
1. 제179조제1호 내지 제3호에 정한 사항
2. 자본금의 총액
3. 출자1좌의 금액
4. 각 사원의 출자좌수
5. 본점의 소재지
③제292조의 규정은 유한회사에 준용한다.

제544조(변태설립사항) 다음의 사항은 정관에 기재함으로써 그 효력이 있다.

1. 현물출자를 하는 자의 성명과 그 목적인 재산의 종류, 수량, 가격과 이에 대하여 부여하는 출자좌수
2. 회사의 설립후에 양수할 것을 약정한 재산의 종류, 수량, 가격과 그 양도인의 성명
3. 회사가 부담할 설립비용

제545조 삭제 <2011.4.14.>

제546조(출자 1좌의 금액의 제한) 출자 1좌의 금액은 100원 이상으로 균일하게 하여야 한다. [전문개정 2011.4.14.]

제547조(초대이사의 선임) ①정관으로 이사를 정하지 아니한 때에는 회사성립전에 사원총회를 열어 이를 선임하여야 한다.
②전항의 사원총회는 각 사원이 소집할 수 있다.

제548조(출자의 납입) ①이사는 사원으로 하여금 출자전액의 납입 또는 현물출자의 목적인 재산전부의 급여를 시켜야 한다.
②제295조제2항의 규정은 사원이 현물출자를 하는 경우에 준용한다.

제549조(설립의 등기) ①유한회사의 설립등기는 제548조의 납입 또는 현물출자의 이행이 있은 날로부터 2주간 내에 하여야 한다. <개정 1995.12.29.>
②제1항의 등기에서 다음 각 호의 사항을 등기하여야 한다.
<개정 1995.12.29., 2011.4.14.>
1. 제179조제1호·제2호 및 제5호에 규정된 사항과 지점을 둔 때에는 그 소재지
2. 제543조제2항제2호와 제3호에 게기한 사항
3. 이사의 성명·주민등록번호 및 주소. 다만, 회사를 대표할 이사를 정한 때에는 그 외의 이사의 주소를 제외한다.
4. 회사를 대표할 이사를 정한 때에는 그 성명, 주소와 주민등록번호
5. 수인의 이사가 공동으로 회사를 대표할 것을 정한 때에는 그 규정
6. 존립기간 기타의 해산사유를 정한 때에는 그 기간과 사유
7. 감사가 있는 때에는 그 성명 및 주민등록번호

③ 유한회사의 지점 설치 및 이전 시 지점소재지 또는 신지점소재지에서 등기를 하는 때에는 제2항제3호부터 제6호까지에 규정된 사항과 제179조제1호·제2호 및 제5호에 규정된 사항을 등기하여야 한다. 다만, 회사를 대표할 이사를 정한 때에는 그 외의 이사는 등기하지 아니한다.
<개정 2011.4.14.>
④제181조 내지 제183조의 규정은 유한회사의 등기에 준용한다.
<개정 1962.12.12.>

제550조(현물출자 등에 관한 회사성립시의 사원의 책임) ①제544조제1호와 제2호의 재산의 회사성립당시의 실가가 정관에 정한 가격에 현저하게 부족한 때에는 회사성립당시의 사원은 회사에 대하여 그 부족액을 연대하여 지급할 책임이 있다.
②전항의 사원의 책임은 면제하지 못한다. <신설 1962.12.12.>

제551조(출자미필액에 대한 회사성립시의 사원 등의 책임) ①회사성립후에 출자금액의 납입 또는 현물출자의 이행이 완료되지 아니하였음이 발견된 때에는 회사성립당시의 사원, 이사와 감사는 회사에 대하여 그 납입되지 아니한 금액 또는 이행되지 아니한 현물의 가액을 연대하여 지급할 책임이 있다. <개정 1962.12.12.>
②전항의 사원의 책임은 면제하지 못한다. <신설 1962.12.12.>
③제1항의 이사와 감사의 책임은 총사원의 동의가 없으면 면제하지 못한다. <신설 1962.12.12.>

제552조(설립무효, 취소의 소) ①회사의 설립의 무효는 그 사원, 이사와 감사에 한하여 설립의 취소는 그 취소권있는 자에 한하여 회사설립의 날로부터 2년내에 소만으로 이를 주장할 수 있다.
②제184조제2항과 제185조 내지 제193조의 규정은 전항의 소에 준용한다.
[전문개정 1962.12.12.]

제2절 사원의 권리의무

제553조(사원의 책임) 사원의 책임은 본법에 다른 규정이 있는 경우외에는 그 출자금액을 한도로 한다.

제554조(사원의 지분) 각 사원은 그 출자좌수에 따라 지분을 가진다.

제555조(지분에 관한 증권) 유한회사는 사원의 지분에 관하여 지시식 또는 무기명식의 증권을 발행하지 못한다.

제556조(지분의 양도) 사원은 그 지분의 전부 또는 일부를 양도하거나 상속할 수 있다. 다만, 정관으로 지분의 양도를 제한할 수 있다.
[전문개정 2011.4.14.]

판례-출자자명의변경절차이행

[대법원 1997.6.27, 선고, 95다20140, 판결]

【판시사항】
[1] 유한회사의 사원권에 관한 명의신탁 해지로 명의신탁자가 사원권을 회복하기 위하여는 사원총회의 특별결의를 필요로 하는지 여부(적극)

[2] 유한회사 지분에 관한 명의수탁자들이 지분반환의무에 위배하여 그 반환을 거부하고 있고 그 명의수탁자들 외에는 다른 사원이 없는 경우, 신의성실의 원칙상 사원총회의 특별결의가 있는 것으로 보아 명의신탁 해지의 효력을 인정한 사례
[3] [2]항의 경우, 명의신탁자가 명의수탁자를 상대로 사원권의 확인을 구하는 것이 확인의 이익이 있는지 여부(적극)

【판결요지】
[1] 상법 제556조 제1항의 규정 취지는 소수의 사원으로 구성되고 사원의 개성이 중시되며 사원 상호간의 긴밀한 신뢰관계를 기초로 하는 유한회사에 있어서 사원이 그 지분을 자유롭게 양도할 수 있도록 허용하게 되면 회사에 우호적이지 않은 자가 사원이 될 수 있어 경영의 원활과 사원 상호간의 신뢰관계를 저해하게 되는 결과 유한회사가 가지는 폐쇄성·비공개성에 반하게 되므로 이를 방지하기 위한 것이라 할 것인바, 유한회사의 지분(사원권)에 관한 명의신탁 해지의 경우에도 사원의 변경을 가져오므로 위 규정을 유추적용하여 사원총회의 특별결의가 있어야 그 효력이 생긴다고 보는 것이 법의 취지에 비추어 상당하다고 할 것이고, 따라서 해지의 의사표시만에 의하여 수탁된 지분이 바로 명의신탁자에게 복귀하는 것은 아니다.
[2] 갑 등은 명의신탁자의 유한회사 지분에 대한 명의수탁자들로서 명의신탁자의 명의신탁 해지에 따라 그 지분을 명의신탁자에게 이전하여 줄 의무를 부담하는 자들인데도 명의신탁 사실을 부인하고 있고, 회사에는 갑 등을 제외하고는 다른 사원이 없어 명의수탁자들이 사원총회를 개최하여 특별결의를 하여야 함에도 불구하고 가사 명의신탁이 인정되더라도 사원총회의 특별결의가 없는 이상 명의신탁 해지의 효력이 없다고 다투면서 손해배상만이 그 근본적인 해결 방법이라고 주장하여 사원총회의 결의를 거부하고 있으며, 명의신탁자가 명의수탁자나 회사에 대하여 사원총회의 특별결의를 요구할 아무런 법적인 수단도 마련되어 있지 않은 사정 등의 특별한 사정이 있는 경우라면 실제로는 지분양도의 동의를 위한 사원총회의 특별결의를 거치지 않았다고 하더라도 신의성실의 원칙상 사원총회의 특별결의가 있는 것으로 보아 명의신탁 해지가 유효하다고 봄이 상당하다고 한 사례.
[3] [2]항의 경우 명의신탁 해지가 유효한 이상 수탁된 지분은 바로 명의신탁자에게 복귀하는 것이므로 명의신탁자는 명의수탁자들을 상대로 사원권 확인의 소를 제기하여 그 판결을 받아 이를 회사에 제출함으로써 사원명부상의 사원명의를 변경할 수 있으므로 확인의 이익도 있다.

제557조(지분이전의 대항요건) 지분의 이전은 취득자의 성명, 주소와 그 목적이 되는 출자좌수를 사원명부에 기재하지 아니하면 이로써 회사와 제삼자에게 대항하지 못한다.

제558조(지분의 공유) 제333조의 규정은 지분이 수인의 공유에 속하는 경우에 준용한다.

제559조(지분의 입질) ①지분은 질권의 목적으로 할 수 있다.
②제556조와 제557조의 규정은 지분의 입질에 준용한다.

제560조(준용규정) ① 사원의 지분에 대하여는 제339조, 제340조제1항·제2항, 제341조의2, 제341조의3, 제342조 및 제343조제1항을 준용한다.

<개정 2011.4.14.>
②제353조의 규정은 사원에 대한 통지 또는 최고에 준용한다.

제3절 회사의 관리

제561조(이사) 유한회사에는 1인 또는 수인의 이사를 두어야 한다.

제562조(회사대표) ①이사는 회사를 대표한다.
②이사가 수인인 경우에 정관에 다른 정함이 없으면 사원총회에서 회사를 대표할 이사를 선정하여야 한다.
③정관 또는 사원총회는 수인의 이사가 공동으로 회사를 대표할 것을 정할 수 있다.
④제208조제2항의 규정은 전항의 경우에 준용한다.

제563조(이사, 회사간의 소에 관한 대표) 회사가 이사에 대하여 또는 이사가 회사에 대하여 소를 제기하는 경우에는 사원총회는 그 소에 관하여 회사를 대표할 자를 선정하여야 한다.

제564조(업무집행의 결정, 이사와 회사간의 거래) ①이사가 수인인 경우에 정관에 다른 정함이 없으면 회사의 업무집행, 지배인의 선임 또는 해임과 지점의 설치·이전 또는 폐지는 이사 과반수의 결의에 의하여야 한다. <개정 1984.4.10.>
②사원총회는 제1항의 규정에 불구하고 지배인의 선임 또는 해임을 할 수 있다. <개정 1984.4.10.>
③이사는 감사가 있는 때에는 그 승인이, 감사가 없는 때에는 사원총회의 승인이 있는 때에 한하여 자기 또는 제삼자의 계산으로 회사와 거래를 할 수 있다. 이 경우에는 민법 제124조의 규정을 적용하지 아니한다. <신설 1962.12.12.>

제564조의2(유지청구권) 이사가 법령 또는 정관에 위반한 행위를 하여 이로 인하여 회사에 회복할 수 없는 손해가 생길 염려가 있는 경우에는 감사 또는 자본금 총액의 100분의 3 이상에 해당하는 출자좌수를 가진 사원은 회사를 위하여 이사에 대하여 그 행위를 유지할 것을 청구할 수 있다. <개정 2011.4.14.> [본조신설 1999.12.31.]

제565조(사원의 대표소송) ①자본금 총액의 100분의 3 이상에 해당하는 출자좌수를 가진 사원은 회사에 대하여 이사의 책임을 추궁할 소의 제기를 청구할 수 있다. <개정 1999.12.31., 2011.4.14.>
②제403조제2항 내지 제7항과 제404조 내지 제406조의 규정은 제1항의 경우에 준용한다. <개정 1998.12.28.>

第566条(서류의 비치, 열람) ①이사는 정관과 사원총회의 의사록을 본점과 지점에, 사원명부를 본점에 비치하여야 한다.
②사원명부에는 사원의 성명, 주소와 그 출자좌수를 기재하여야 한다.
③사원과 회사채권자는 영업시간 내에 언제든지 제1항에 게기한 서류의 열람 또는 등사를 청구할 수 있다.

第567条(준용규정) 제209条, 제210条, 제382条, 제385条, 제386条, 제388条, 제395조, 제397条, 제399조 내지 제401조, 제407조와 제408조의 규정은 유한회사의 이사에 준용한다. 이 경우 제397조의 "이사회"는 이를 "사원총회"로 한다. <개정 1962.12.12., 1998.12.28., 1999.12.31.>

第568条(감사) ①유한회사는 정관에 의하여 1인 또는 수인의 감사를 둘 수 있다.
②제547조의 규정은 정관에서 감사를 두기로 정한 경우에 준용한다.

第569条(감사의 권한) 감사는 언제든지 회사의 업무와 재산상태를 조사할 수 있고 이사에 대하여 영업에 관한 보고를 요구할 수 있다.

第570条(준용규정) 제382条, 제385조제1항, 제386条, 제388条, 제400条, 제407条, 제411条, 제413条, 제414조와 제565조의 규정은 감사에 준용한다.

第571条(사원총회의 소집) ① 사원총회는 이 법에서 달리 규정하는 경우 외에는 이사가 소집한다. 그러나 임시총회는 감사도 소집할 수 있다.
② 사원총회를 소집할 때에는 사원총회일의 1주 전에 각 사원에게 서면으로 통지서를 발송하거나 각 사원의 동의를 받아 전자문서로 통지서를 발송하여야 한다.
③ 사원총회의 소집에 관하여는 제363조제2항 및 제364조를 준용한다.
[전문개정 2011.4.14.]

第572条(소수사원에 의한 총회소집청구) ①자본금 총액의 100분의 3 이상에 해당하는 출자좌수를 가진 사원은 회의의 목적사항과 소집의 이유를 기재한 서면을 이사에게 제출하여 총회의 소집을 청구할 수 있다.
<개정 1999.12.31., 2011.4.14.>
②전항의 규정은 정관으로 다른 정함을 할 수 있다.
③제366조제2항과 제3항의 규정은 제1항의 경우에 준용한다.

第573条(소집절차의 생략) 총사원의 동의가 있을 때에는 소집절차없이 총회를 열 수 있다.

第574条(총회의 정족수, 결의방법) 사원총회의 결의는 정관 또는 본법에 다른

규정이 있는 경우외에는 총사원의 의결권의 과반수를 가지는 사원이 출석하고 그 의결권의 과반수로써 하여야 한다.

제575조(사원의 의결권) 각 사원은 출자1좌마다 1개의 의결권을 가진다. 그러나 정관으로 의결권의 수에 관하여 다른 정함을 할 수 있다.

제576조(유한회사의 영업양도 등에 특별결의를 받아야 할 사항) ① 유한회사가 제374조제1항제1호부터 제3호까지의 규정에 해당되는 행위를 하려면 제585조에 따른 총회의 결의가 있어야 한다. <개정 2011.4.14.>

②전항의 규정은 유한회사가 그 성립후 2년내에 성립전으로부터 존재하는 재산으로서 영업을 위하여 계속하여 사용할 것을 자본금의 20분의 1 이상에 상당한 대가로 취득하는 계약을 체결하는 경우에 준용한다. <개정 2011.4.14.>

[제목개정 2011.4.14.]

제577조(서면에 의한 결의) ①총회의 결의를 하여야 할 경우에 총사원의 동의가 있는 때에는 서면에 의한 결의를 할 수 있다.

②결의의 목적사항에 대하여 총사원이 서면으로 동의를 한 때에는 서면에 의한 결의가 있은 것으로 본다.

③서면에 의한 결의는 총회의 결의와 동일한 효력이 있다.

④총회에 관한 규정은 서면에 의한 결의에 준용한다.

제578조(준용규정) 제365조, 제367조, 제368조제2항 · 제3항, 제369조제2항, 제371조제2항, 제372조, 제373조와 제376조 내지 제381조의 규정은 사원총회에 준용한다. <개정 2014.5.20.>

제579조(재무제표의 작성) ①이사는 매결산기에 다음의 서류와 그 부속명세서를 작성하여야 한다. <개정 2011.4.14.>

1. 대차대조표
2. 손익계산서
3. 그 밖에 회사의 재무상태와 경영성과를 표시하는 것으로서 제447조제1항제3호에 따른 서류

②감사가 있는 때에는 이사는 정기총회회일로부터 4주간전에 제1항의 서류를 감사에게 제출하여야 한다.

③감사는 제2항의 서류를 받은 날로부터 3주간내에 감사보고서를 이사에게 제출하여야 한다.

[전문개정 1984.4.10.]

제579조의2(영업보고서의 작성) ①이사는 매결산기에 영업보고서를 작성하여야 한다.

②제579조제2항 및 제3항의 규정은 제1항의 영업보고서에 관하여 이를 준용한다.
[본조신설 1984.4.10.]

제579조의3(재무제표등의 비치 · 공시) ①이사는 정기총회회일의 1주간전부터 5년간 제579조 및 제579조의2의 서류와 감사보고서를 본점에 비치하여야 한다.
②제448조제2항의 규정은 제1항의 서류에 관하여 이를 준용한다.
[본조신설 1984.4.10.]

제580조(이익배당의 기준) 이익의 배당은 정관에 다른 정함이 있는 경우외에는 각사원의 출자좌수에 따라 하여야 한다.

제581조(사원의 회계장부열람권) ①자본금의 100분의 3 이상에 해당하는 출자좌수를 가진 사원은 회계의 장부와 서류의 열람 또는 등사를 청구할 수 있다. <개정 1999.12.31., 2011.4.14.>
②회사는 정관으로 각 사원이 제1항의 청구를 할 수 있다는 뜻을 정할 수 있다. 이 경우 제579조제1항의 규정에 불구하고 부속명세서는 이를 작성하지 아니한다. <개정 1984.4.10.>

제582조(업무, 재산상태의 검사) ①회사의 업무집행에 관하여 부정행위 또는 법령이나 정관에 위반한 중대한 사유가 있는 때에는 자본금 총액의 100분의 3 이상에 해당하는 출자좌수를 가진 사원은 회사의 업무와 재산상태를 조사하게 하기 위하여 법원에 검사인의 선임을 청구할 수 있다.
<개정 1999.12.31., 2011.4.14.>
②검사인은 그 조사의 결과를 서면으로 법원에 보고하여야 한다.
③법원은 전항의 보고서에 의하여 필요하다고 인정한 경우에는 감사가 있는 때에는 감사에게, 감사가 없는 때에는 이사에게 사원총회의 소집을 명할 수 있다. 제310조제2항의 규정은 이 경우에 준용한다. <개정 1962.12.12.>

제583조(준용규정) ① 유한회사의 계산에 대하여는 제449조제1항 · 제2항, 제450조, 제458조부터 제460조까지, 제462조, 제462조의3 및 제466조를 준용한다. <개정 2011.4.14.>
②제468조의 규정은 유한회사와 피용자간에 고용관계로 인하여 생긴 채권에 준용한다. <개정 1999.12.31.>

제4절 정관의 변경

제584조(정관변경의 방법) 정관을 변경함에는 사원총회의 결의가 있어야 한다.

제585조(정관변경의 특별결의) ①전조의 결의는 총사원의 반수 이상이며 총사원의 의결권의 4분의 3 이상을 가지는 자의 동의로 한다.
②전항의 규정을 적용함에 있어서는 의결권을 행사할 수 없는 사원은 이를 총사원의 수에, 그 행사할 수 없는 의결권은 이를 의결권의 수에 산입하지 아니한다.

제586조(자본금 증가의 결의) 다음 각 호의 사항은 정관에 다른 정함이 없더라도 자본금 증가의 결의에서 정할 수 있다.
1. 현물출자를 하는 자의 성명과 그 목적인 재산의 종류, 수량, 가격과 이에 대하여 부여할 출자좌수
2. 자본금 증가 후에 양수할 것을 약정한 재산의 종류, 수량, 가격과 그 양도인의 성명
3. 증가할 자본금에 대한 출자의 인수권을 부여할 자의 성명과 그 권리의 내용

[전문개정 2011.4.14.]

제587조(자본금 증가의 경우의 출자인수권의 부여) 유한회사가 특정한 자에 대하여 장래 그 자본금을 증가할 때 출자의 인수권을 부여할 것을 약속하는 경우에는 제585조에서 정하는 결의에 의하여야 한다.
[전문개정 2011.4.14.]

제588조(사원의 출자인수권) 사원은 증가할 자본금에 대하여 그 지분에 따라 출자를 인수할 권리가 있다. 그러나 전2조의 결의에서 출자의 인수자를 정한 때에는 그러하지 아니하다. <개정 2011.4.14.>

제589조(출자인수의 방법) ①자본금 증가의 경우에 출자의 인수를 하고자 하는 자는 인수를 증명하는 서면에 그 인수할 출자의 좌수와 주소를 기재하고 기명날인 또는 서명하여야 한다. <개정 1995.12.29., 2011.4.14.>
②유한회사는 광고 기타의 방법에 의하여 인수인을 공모하지 못한다.

제590조(출자인수인의 지위) 자본금 증가의 경우에 출자의 인수를 한 자는 출자의 납입의 기일 또는 현물출자의 목적인 재산의 급여의 기일로부터 이익배당에 관하여 사원과 동일한 권리를 가진다. <개정 2011.4.14.>

제591조(자본금 증가의 등기) 유한회사는 자본금 증가로 인한 출자 전액의 납입 또는 현물출자의 이행이 완료된 날부터 2주 내에 본점소재지에서 자본금 증가로 인한 변경등기를 하여야 한다.
[전문개정 2011.4.14.]

제592조(자본금 증가의 효력발생) 자본금의 증가는 본점소재지에서 제591조의 등기를 함으로써 효력이 생긴다.
[전문개정 2011.4.14.]

第593條(현물출자등에 관한 사원의 책임) ①제586조제1호와 제2호의 재산의 자본금 증가당시의 실가가 자본금 증가의 결의에 의하여 정한 가격에 현저하게 부족한 때에는 그 결의에 동의한 사원은 회사에 대하여 그 부족액을 연대하여 지급할 책임이 있다. <개정 2011.4.14.>
②제550조제2항과 제551조제2항의 규정은 전항의 경우에 준용한다. <개정 1962.12.12.>

第594條(미인수출자 등에 관한 이사 등의 책임) ①자본금 증가후에 아직 인수되지 아니한 출자가 있는 때에는 이사와 감사가 공동으로 이를 인수한 것으로 본다. <개정 1962.12.12., 2011.4.14.>
②자본금 증가후에 아직 출자전액의 납입 또는 현물출자의 목적인 재산의 급여가 미필된 출자가 있는 때에는 이사와 감사는 연대하여 그 납입 또는 급여미필재산의 가액을 지급할 책임이 있다.
<개정 1962.12.12., 2011.4.14.>
③제551조제3항의 규정은 전항의 경우에 준용한다. <개정 1962.12.12.>

第595條(증자무효의 소) ①자본금 증가의 무효는 사원, 이사 또는 감사에 한하여 제591조의 규정에 의한 본점소재지에서의 등기를 한 날로부터 6월내에 소만으로 이를 주장할 수 있다. <개정 1962.12.12., 2011.4.14.>
②제430조 내지 제432조의 규정은 전항의 경우에 준용한다.

第596條(준용규정) 제421조제2항, 제548조와 제576조제2항의 규정은 자본금 증가의 경우에 준용한다. <개정 1962.12.12., 2011.4.14.>

第597條(동전) 제439조제1항, 제2항, 제443조, 제445조와 제446조의 규정은 자본금감소의 경우에 준용한다. <개정 2011.4.14.>

제5절 합병과 조직변경

第598條(합병의 방법) 유한회사가 다른 회사와 합병을 함에는 제585조의 규정에 의한 사원총회의 결의가 있어야 한다.

第599條(설립위원의 선임) 제175조의 규정에 의한 설립위원의 선임은 제585조의 규정에 의한 사원총회의 결의에 의하여야 한다.

第600條(유한회사와 주식회사의 합병) ①유한회사가 주식회사와 합병하는 경우에 합병후 존속하는 회사 또는 합병으로 인하여 설립되는 회사가 주식회사인 때에는 법원의 인가를 얻지 아니하면 합병의 효력이 없다.
②합병을 하는 회사의 일방이 사채의 상환을 완료하지 아니한 주식회사인

때에는 합병후 존속하는 회사 또는 합병으로 인하여 설립되는 회사는 유한회사로 하지 못한다.

제601조(물상대위) ①유한회사가 주식회사와 합병하는 경우에 합병후 존속하는 회사 또는 합병으로 인하여 설립되는 회사가 유한회사인 때에는 제339조의 규정은 종전의 주식을 목적으로 하는 질권에 준용한다.
②전항의 경우에 질권의 목적인 지분에 관하여 출자좌수와 질권자의 성명 및 주소를 사원명부에 기재하지 아니하면 그 질권으로써 회사 기타의 제삼자에 대항하지 못한다.

제602조(합병의 등기) 유한회사가 합병을 한 때에는 제603조에서 준용하는 제526조 또는 제527조의 규정에 의한 사원총회가 종결한 날로부터 본점소재지에서는 2주간, 지점소재지에서는 3주간내에 합병후 존속하는 유한회사에 있어서는 변경등기, 합병으로 인하여 소멸되는 유한회사에 있어서는 해산등기, 합병으로 인하여 설립되는 유한회사에 있어서는 제549조제2항에 정한 등기를 하여야 한다.

제603조(준용규정) 제232조, 제234조, 제235조, 제237조 내지 제240조, 제443조, 제522조제1항 · 제2항, 제522조의2, 제523조, 제524조, 제526조제1항 · 제2항, 제527조제1항 내지 제3항 및 제529조의 규정은 유한회사의 합병의 경우에 준용한다. <개정 1962.12.12., 1984.4.10., 1998.12.28.>

제604조(주식회사의 유한회사에의 조직변경) ①주식회사는 총주주의 일치에 의한 총회의 결의로 그 조직을 변경하여 이를 유한회사로 할 수 있다. 그러나 사채의 상환을 완료하지 아니한 경우에는 그러하지 아니하다.
②전항의 조직변경의 경우에는 회사에 현존하는 순재산액보다 많은 금액을 자본금의 총액으로 하지 못한다. <개정 2011.4.14.>
③제1항의 결의에 있어서는 정관 기타 조직변경에 필요한 사항을 정하여야 한다.
④제601조의 규정은 제1항의 조직변경의 경우에 준용한다.

제605조(이사, 주주의 순재산액전보책임) ①전조의 조직변경의 경우에 회사에 현존하는 순재산액이 자본금의 총액에 부족하는 때에는 전조제1항의 결의 당시의 이사와 주주는 회사에 대하여 연대하여 그 부족액을 지급할 책임이 있다. <개정 2011.4.14.>
②제550조제2항과 제551조제2항, 제3항의 규정은 전항의 경우에 준용한다. <개정 1962.12.12.>

제606조(조직변경의 등기) 주식회사가 제604조의 규정에 의하여 그 조직을 변경한 때에는 본점소재지에서는 2주간, 지점소재지에서는 3주간내에 주식회사에 있어서는 해산등기, 유한회사에 있어서는 제549조제2항에 정하는

등기를 하여야 한다.

제607조(유한회사의 주식회사로의 조직변경) ① 유한회사는 총사원의 일치에 의한 총회의 결의로 주식회사로 조직을 변경할 수 있다. 다만, 회사는 그 결의를 정관으로 정하는 바에 따라 제585조의 사원총회의 결의로 할 수 있다.
② 제1항에 따라 조직을 변경할 때 발행하는 주식의 발행가액의 총액은 회사에 현존하는 순재산액을 초과하지 못한다.
③ 제1항의 조직변경은 법원의 인가를 받지 아니하면 효력이 없다.
④ 제1항에 따라 조직을 변경하는 경우 회사에 현존하는 순재산액이 조직변경으로 발행하는 주식의 발행가액 총액에 부족할 때에는 제1항의 결의 당시의 이사, 감사 및 사원은 연대하여 회사에 그 부족액을 지급할 책임이 있다. 이 경우에 제550조제2항 및 제551조제2항·제3항을 준용한다.
⑤ 제1항에 따라 조직을 변경하는 경우 제340조제3항, 제601조제1항, 제604조제3항 및 제606조를 준용한다.
[전문개정 2011.4.14.]

제608조(준용규정) 제232조의 규정은 제604조와 제607조의 조직변경의 경우에 준용한다. <개정 1984.4.10.>

제6절 해산과 청산

제609조(해산사유) ①유한회사는 다음의 사유로 인하여 해산한다.
<개정 2001.7.24.>
1. 제227조제1호·제4호 내지 제6호에 규정된 사유
2. 사원총회의 결의
②전항제2호의 결의는 제585조의 규정에 의하여야 한다.

제610조(회사의 계속) ①제227조제1호 또는 전조제1항제2호의 사유로 인하여 회사가 해산한 경우에는 제585조의 규정에 의한 사원총회의 결의로써 회사를 계속할 수 있다.
② 삭제 <2001.7.24.>

제611조(준용규정) 제229조제3항의 규정은 전조의 회사 계속의 경우에 준용한다.

제612조(잔여재산의 분배) 잔여재산은 정관에 다른 정함이 있는 경우외에는 각사원의 출자좌수에 따라 사원에게 분배하여야 한다.

제613조(준용규정) ①제228조, 제245조, 제252조 내지 제255조, 제259조, 제260조, 제264조, 제520조, 제531조 내지 제537조, 제540조와 제541조

의 규정은 유한회사에 준용한다. <개정 1962.12.12.>
②제209조, 제210조, 제366조제2항·제3항, 제367조, 제373조제2항, 제376조, 제377조, 제382조제2항, 제386조, 제388조, 제399조 내지 제402조, 제407조, 제408조, 제411조 내지 제413조, 제414조제3항, 제450조, 제466조제2항, 제539조, 제562조, 제563조, 제564조제3항, 제565조, 제566조, 제571조, 제572조제1항과 제581조의 규정은 유한회사의 청산인에 준용한다. <개정 1962.12.12., 1984.4.10.>

제6장 외국회사

제614조(대표자, 영업소의 설정과 등기) ① 외국회사가 대한민국에서 영업을 하려면 대한민국에서의 대표자를 정하고 대한민국 내에 영업소를 설치하거나 대표자 중 1명 이상이 대한민국에 그 주소를 두어야 한다.
<개정 2011.4.14.>
②전항의 경우에는 외국회사는 그 영업소의 설치에 관하여 대한민국에서 설립되는 동종의 회사 또는 가장 유사한 회사의 지점과 동일한 등기를 하여야 한다.
③전항의 등기에서는 회사설립의 준거법과 대한민국에서의 대표자의 성명과 그 주소를 등기하여야 한다.
④제209조와 제210조의 규정은 외국회사의 대표자에게 준용한다.
<개정 1962.12.12.>

제615조(등기기간의 기산점) 전조제2항과 제3항의 규정에 의한 등기사항이 외국에서 생긴 때에는 등기기간은 그 통지가 도달한 날로부터 기산한다.

제616조(등기전의 계속거래의 금지) ①외국회사는 그 영업소의 소재지에서 제614조의 규정에 의한 등기를 하기 전에는 계속하여 거래를 하지 못한다.
②전항의 규정에 위반하여 거래를 한 자는 그 거래에 대하여 회사와 연대하여 책임을 진다.

제616조의2(대차대조표 또는 이에 상당하는 것의 공고) ① 외국회사로서 이 법에 따라 등기를 한 외국회사(대한민국에서의 같은 종류의 회사 또는 가장 비슷한 회사가 주식회사인 것만 해당한다)는 제449조에 따른 승인과 같은 종류의 절차 또는 이와 비슷한 절차가 종결된 후 지체 없이 대차대조표 또는 이에 상당하는 것으로서 대통령령으로 정하는 것을 대한민국에서 공고하여야 한다.
② 제1항의 공고에 대하여는 제289조제3항부터 제6항까지의 규정을 준용한다.
[본조신설 2011.4.14.]

제617조(유사외국회사) 외국에서 설립된 회사라도 대한민국에 그 본점을 설치하거나 대한민국에서 영업할 것을 주된 목적으로 하는 때에는 대한민국에

서 설립된 회사와 같은 규정에 따라야 한다.
[전문개정 2011.4.14.]

第618条(준용규정) ①제335조, 제335조의2부터 제335조의7까지, 제336조부터 제338조까지, 제340조제1항, 제355조, 제356조, 제356조의2, 제478조제1항, 제479조 및 제480조의 규정은 대한민국에서의 외국회사의 주권 또는 채권의 발행과 그 주식의 이전이나 입질 또는 사채의 이전에 준용한다. <개정 2014.5.20.>
②전항의 경우에는 처음 대한민국에 설치한 영업소를 본점으로 본다.

第619条(영업소폐쇄명령) ①외국회사가 대한민국에 영업소를 설치한 경우에 다음의 사유가 있는 때에는 법원은 이해관계인 또는 검사의 청구에 의하여 그 영업소의 폐쇄를 명할 수 있다. <개정 1962.12.12.>
1. 영업소의 설치목적이 불법한 것인 때
2. 영업소의 설치등기를 한 후 정당한 사유없이 1년내에 영업을 개시하지 아니하거나 1년 이상 영업을 휴지한 때 또는 정당한 사유없이 지급을 정지한 때
3. 회사의 대표자 기타 업무를 집행하는 자가 법령 또는 선량한 풍속 기타 사회질서에 위반한 행위를 한 때

②제176조제2항 내지 제4항의 규정은 전항의 경우에 준용한다.

第620条(한국에 있는 재산의 청산) ①전조제1항의 규정에 의하여 영업소의 폐쇄를 명한 경우에는 법원은 이해관계인의 신청에 의하여 또는 직권으로 대한민국에 있는 그 회사재산의 전부에 대한 청산의 개시를 명할 수 있다. 이 경우에는 법원은 청산인을 선임하여야 한다.
②제535조 내지 제537조와 제542조의 규정은 그 성질이 허하지 아니하는 경우외에는 전항의 청산에 준용한다.
③전2항의 규정은 외국회사가 스스로 영업소를 폐쇄한 경우에 준용한다.

第621条(외국회사의 지위) 외국회사는 다른 법률의 적용에 있어서는 법률에 다른 규정이 있는 경우외에는 대한민국에서 성립된 동종 또는 가장 유사한 회사로 본다.

제7장 벌칙

第622条(발기인, 이사 기타의 임원등의 특별배임죄) ①회사의 발기인, 업무집행사원, 이사, 집행임원, 감사위원회 위원, 감사 또는 제386조제2항, 제407조제1항, 제415조 또는 제567조의 직무대행자, 지배인 기타 회사영업에 관한 어느 종류 또는 특정한 사항의 위임을 받은 사용인이 그 임무에 위배한 행위로써 재산상의 이익을 취하거나 제삼자로 하여금 이를 취득하게 하여

회사에 손해를 가한 때에는 10년 이하의 징역 또는 3천만원 이하의 벌금에 처한다. <개정 1984.4.10., 1995.12.29., 1999.12.31., 2011.4.14.>
②회사의 청산인 또는 제542조제2항의 직무대행자, 제175조의 설립위원이 제1항의 행위를 한 때에도 제1항과 같다. <개정 1984.4.10.>

특정 경제범죄 가중처벌등에 관한 법률위반(횡령)·특정 경제범죄 가중처벌등에 관한 법률위반(배임)·업무상횡령[일부인정된죄명:특정 경제범죄 가중처벌등에 관한 법률위반(횡령)]·증권거래법 위반·자본시장과 금융 투자업에 관한 법률위반·공전자기록등 불실기재·불실기재 공전자기록등 행사·상법 위반

[대법원 2011.7.14, 선고, 2011도3180, 판결]

【판시사항】
[1] 법인의 대표자가 법인 명의로 한 채무부담행위가 법률상 무효인 경우, 법인에 대한 배임죄를 구성하는지 여부(원칙적 소극)
[2] 2인 이상이 공모하여 범죄를 실행하는 과정에서, 범죄에 필요한 자금을 제공한 공범에게 대가를 지급하거나 손실을 보전하여 주기로 하는 공범 간 약정의 효력(=무효) 및 공범 아닌 제3자가 그 무효인 약정에 기한 채무를 부담하거나 이행하기로 하는 약정의 효력(=무효)
[3] 甲 주식회사 대표이사인 피고인이 乙 주식회사 등의 주식에 대한 인위적 주가관리를 하는 과정에서 丙에게서 필요한 자금을 제공받은 후 甲 회사를 채무자로 하는 금전소비대차계약 등의 약정을 체결하여 甲 회사에 재산상 손해를 가하였다고 하여 특정경제범죄 가중처벌 등에 관한 법률 위반(배임)으로 기소된 사안에서, 피고인에게 유죄를 인정한 원심판단에 대표권의 남용, 반사회질서의 법률행위, 배임행위로 인한 손해의 의미 등에 관한 법리오해의 위법이 있다고 한 사례
[4] 甲 주식회사 대표이사인 피고인이 乙과 약정을 맺고 乙이 보유하고 있는 해외법인 명의 증권계좌를 이용하여 주식을 매수하는 방법으로 정상적인 외국인투자를 가장하였다고 하여 자본시장과 금융투자업에 관한 법률 위반으로 기소된 사안에서, 위 행위가 같은 법 제178조 제1항 제1호, 제2항에서 규정하고 있는 사기적 부정거래에 해당한다고 본 원심판단을 수긍한 사례
[5] 자본시장과 금융투자업에 관한 법률 제443조 제1항 단서 및 제2항에서 규정한 '위반행위로 얻은 이익'에 범행에 가담하지 아니한 제3자에게 귀속되는 이익도 포함되는지 여부(소극)
[6] 상법 제628조 제1항에서 규정한 납입가장죄가 신분범인지 여부(적극) 및 신분이 없는 자가 신분이 있는 자의 범행에 가공하여 공동정범으로 처벌되기 위한 요건
[7] 피고인이 甲 주식회사의 임원 등이 유상증자에 관한 납입가장을 위해 돈을 빌린다는 것을 알고 돈을 빌려줌으로써 이들과 공모하여 주금납입을 가장하였다는 내용으로 기소된 사안에서, 피고인에게 납입가장죄에 대한 공동정범의 죄책을 물을 수 없다는 이유로 무죄를 선고한 원심판단을 수긍한 사례

【판결요지】
[1] 배임죄에서 '재산상 손해를 가한 때'란 현실적인 손해를 가한 경우뿐만 아니라 재산상 실해발생의 위험을 초래한 경우도 포함되나, 그러한 손해발생의 위험조차 초래되지 아니한 경우에는 배임죄가 성립하지 아니하는데, 법인의 대표자가 법인 명의로 한 채무부담행위가 법률상 효력이 없는 경우에는 특별한 사정이 없는 한 그로 인하여 법인에 어떠한 손해가 발생하거나 발생할 위험이 있다고 할 수 없으므로, 대표자의 행위는 배임죄를 구성하지 아니한다.

[2] 2인 이상이 공모하여 범죄를 실행하는 과정에서, 범죄에 필요한 자금을 제공한 공범에게 자금제공에 대한 대가를 지급하거나 자금제공에 따른 손실을 보전하여 주기로 하는 공범 간 약정은 사회질서에 위배되어 무효이고, 공범 아닌 제3자가 그 무효인 약정에 기한 채무를 부담하거나 이행하기로 하는 약정도 역시 무효이다.
[3] 甲 주식회사 대표이사인 피고인이 乙 주식회사 등의 주식에 대한 인위적 주가관리를 하는 과정에서 丙에게서 필요한 자금을 제공받은 후 甲 회사를 채무자로 하는 금전소비대차계약 등의 약정을 체결하여 甲 회사에 재산상 손해를 가하였다고 하여 특정경제범죄 가중처벌 등에 관한 법률 위반(배임)으로 기소된 사안에서, 피고인이 甲 회사로 하여금 약정에 따른 채무를 부담하게 하는 행위는 회사의 영리목적 또는 경영상 필요와 관계없이 피고인 또는 제3자의 이익을 도모할 목적으로 권한을 남용한 것으로 상대방 丙도 그와 같은 진의를 알았거나 알 수 있었다고 볼 여지가 있을 뿐만 아니라, 위 금전소비대차계약 자체가 사기적 부정거래 등을 통한 주가조작 범행을 공모하여 실행한 공범 사이에서 범행에 필요한 자금제공에 대한 대가를 지급하거나 그에 따른 손실을 보전하여 주기로 하는 반사회질서 법률행위에 기초한 것으로 볼 수도 있어 위 채무부담행위는 甲 회사에 대하여 무효이므로, 그로 인하여 甲 회사에 어떠한 재산상 손해가 발생하거나 발생할 위험이 있다고 보기 어려운데도 피고인에게 유죄를 인정한 원심판단에 대표권의 남용, 반사회질서의 법률행위, 배임행위로 인한 손해의 의미 등에 관한 법리오해의 위법이 있다고 한 사례.
[4] 甲 주식회사 대표이사인 피고인이 해외법인 명의 증권계좌를 보유하고 있는 乙과 약정을 맺고 해외법인 명의로 되어 있는 국내 외국인투자 전용계좌 등을 이용하여 주식을 대규모로 매수하는 등 방법으로 정상적인 외국인투자를 가장하였다고 하여 자본시장과 금융투자업에 관한 법률(이하 '자본시장법'이라 한다) 위반으로 기소된 사안에서, 위와 같은 주식거래 행위가 자본시장법 제178조 제1항 제1호, 제2항에서 규정하고 있는 '금융투자상품의 매매와 관련하여 부정한 수단이나 기교를 사용하는 행위' 및 '위계의 사용'에 해당한다고 본 원심판단을 수긍한 사례.
[5] 자본시장과 금융투자업에 관한 법률(이하 '자본시장법'이라 한다) 제443조 제1항 단서 및 제2항에서 규정하고 있는 '위반행위로 얻은 이익'은 당해 위반행위로 인하여 행위자가 얻은 이익을 의미하고, 여러 사람이 공동으로 시세조종 등 불공정거래 범행을 저지른 경우 범행으로 인한 이익은 범행에 가담한 공범 전체가 취득한 이익을 말하는 것일 뿐, 범행에 가담하지 아니한 제3자에게 귀속되는 이익은 여기에 포함되지 아니한다.
[6] 상법 제628조 제1항에서 규정한 납입가장죄는 상법 제622조에서 정한 지위에 있는 자만이 주체가 될 수 있는 신분범이다. 한편 신분이 없는 자도 신분이 있는 자의 범행에 가공한 경우에 공범이 될 수 있으나, 그 경우에도 공동가공의 의사와 그 공동의사에 기한 기능적 행위지배를 통한 범죄의 실행이라는 주관적·객관적 요건이 충족되어야 공동정범으로 처벌할 수 있다.
[7] 피고인이 甲 주식회사의 임원 등이 유상증자에 관한 납입가장을 위해 돈을 빌린다는 것을 알고 돈을 빌려줌으로써 이들과 공모하여 주금납입을 가장하였다는 내용으로 기소된 사안에서, 피고인이 상법 제622조에서 정한 지위에 있지 아니할 뿐만 아니라, 그와 같은 지위에 있는 자들이 가장납입을 하도록 범의를 유발한 것도 아니고 이미 가장납입을 하기로 마음먹고 있는 임원 등에게 그 대금을 대여해 준 것에 불과하므로, 피고인에게 납입가장죄에 대한 공동정범의 죄책을 물을 수 없다는 이유로 무죄를 선고한 원심판단을 수긍한 사례.

제623조(사채권자집회의 대표자 등의 특별배임죄) 사채권자집회의 대표자 또는 그 결의를 집행하는 자가 그 임무에 위배한 행위로써 재산상의 이익을 취하거나 제삼자로 하여금 이를 취득하게 하여 사채권자에게 손해를 가한

때에는 7년 이하의 징역 또는 2천만원 이하의 벌금에 처한다.
<개정 1984.4.10., 1995.12.29.>

第624条(특별배임죄의 미수) 전2조의 미수범은 처벌한다.

第624条의2(주요주주 등 이해관계자와의 거래 위반의 죄) 제542조의9제1항을 위반하여 신용공여를 한 자는 5년 이하의 징역 또는 2억원 이하의 벌금에 처한다. [본조신설 2009.1.30.]

第625条(회사재산을 위태롭게 하는 죄) 제622조제1항에 규정된 자, 검사인, 제298조제3항 · 제299조의2 · 제310조제3항 또는 제313조제2항의 공증인(인가공증인의 공증담당변호사를 포함한다. 이하 이 장에서 같다)이나 제299조의2, 제310조제3항 또는 제422조제1항의 감정인이 다음의 행위를 한 때에는 5년 이하의 징역 또는 1천500만 원 이하의 벌금에 처한다.
<개정 2009.2.6., 2011.4.14.>

1. 주식 또는 출자의 인수나 납입, 현물출자의 이행, 제290조, 제416조제4호 또는 제544조에 규정된 사항에 관하여 법원 · 총회 또는 발기인에게 부실한 보고를 하거나 사실을 은폐한 때
2. 누구의 명의로 하거나를 불문하고 회사의 계산으로 부정하게 그 주식 또는 지분을 취득하거나 질권의 목적으로 이를 받은 때
3. 법령 또는 정관에 위반하여 이익배당을 한 때
4. 회사의 영업범위외에서 투기행위를 하기 위하여 회사재산을 처분한 때

第625条의2(주식의 취득제한 등에 위반한 죄) 다음 각 호의 어느 하나에 해당하는 자는 2천만원 이하의 벌금에 처한다.

1. 제342조의2제1항 또는 제2항을 위반한 자
2. 제360조의3제7항을 위반한 자
3. 제523조의2제2항을 위반한 자
4. 제530조의6제5항을 위반한 자

[전문개정 2015.12.1.]

第626条(부실보고죄) 회사의 이사, 집행임원, 감사위원회 위원, 감사 또는 제386조제2항, 제407조제1항, 제415조 또는 제567조의 직무대행자가 제604조 또는 제607조의 조직변경의 경우에 제604조제2항 또는 제607조제2항의 순재산액에 관하여 법원 또는 총회에 부실한 보고를 하거나 사실을 은폐한 경우에는 5년 이하의 징역 또는 1천500만원 이하의 벌금에 처한다.
[전문개정 2011.4.14.]

第627条(부실문서행사죄) ①제622조제1항에 게기한 자, 외국회사의 대표자, 주식 또는 사채의 모집의 위탁을 받은 자가 주식 또는 사채를 모집함에 있

어서 중요한 사항에 관하여 부실한 기재가 있는 주식청약서, 사채청약서, 사업계획서, 주식 또는 사채의 모집에 관한 광고 기타의 문서를 행사한 때에는 5년 이하의 징역 또는 1천500만원 이하의 벌금에 처한다. <개정 1984.4.10., 1995.12.29.>
②주식 또는 사채를 매출하는 자가 그 매출에 관한 문서로서 중요한 사항에 관하여 부실한 기재가 있는 것을 행사한 때에도 제1항과 같다. <개정 1984.4.10.>

第628條(납입가장죄등) ①제622조제1항에 게기한 자가 납입 또는 현물출자의 이행을 가장하는 행위를 한 때에는 5년 이하의 징역 또는 1천500만원 이하의 벌금에 처한다. <개정 1984.4.10., 1995.12.29.>
②제1항의 행위에 응하거나 이를 중개한 자도 제1항과 같다. <개정 1984.4.10.>

第629條(초과발행의 죄) 회사의 발기인, 이사, 집행임원 또는 제386조제2항 또는 제407조제1항의 직무대행자가 회사가 발행할 주식의 총수를 초과하여 주식을 발행한 경우에는 5년 이하의 징역 또는 1천500만원 이하의 벌금에 처한다. [전문개정 2011.4.14.]

第630條(발기인, 이사 기타의 임원의 독직죄) ①제622조와 제623조에 규정된 자, 검사인, 제298조제3항 · 제299조의2 · 제310조제3항 또는 제313조제2항의 공증인이나 제299조의2, 제310조제3항 또는 제422조제1항의 감정인이 그 직무에 관하여 부정한 청탁을 받고 재산상의 이익을 수수, 요구 또는 약속한 때에는 5년 이하의 징역 또는 1천500만원 이하의 벌금에 처한다. <개정 1984.4.10., 1995.12.29., 1998.12.28.>
②제1항의 이익을 약속, 공여 또는 공여의 의사를 표시한 자도 제1항과 같다. <개정 1984.4.10.>

판례-상법위반등

[대법원 1971.4.13, 선고, 71도326, 판결]

【판시사항】
가. 은행원이 융자금의 용도, 적합성 등의 검토에 잘못하였으나 은행에 손해가 없는 때와 특별배임죄의 구성여부.
나. 상법 제630조의 독직죄의 성립과 회사에 손해를 끼친 여부.
다. 상법 제630조에서 말하는 부정.

【판결요지】
가. 이 죄는 부정한 청탁의 대가로서 재산상 이익의 수수등이 있으면 되고 부정한 청탁으로 인한 행위를 하여 회사에 손해가 가고 안가는 것은 그 구성요건이 아니다.
나. 부정이란 뚜렷이 법령에 위배한 행위 외에 회사의 사무처리규칙에 위배한 것 중 중요한 사항에 위반한 행위도 포함된다.
다. 은행원이 융자금의 용도 적합성등의 검토에 잘못하였으나 은행에 손해가 없는 때와, 특별배임죄의 구성여부

제631조(권리행사방해 등에 관한 증수뢰죄) ①다음의 사항에 관하여 부정한 청탁을 받고 재산상의 이익을 수수, 요구 또는 약속한 자는 1년 이하의 징역 또는 300만원 이하의 벌금에 처한다. <개정 1962.12.12., 1984.4.10., 1995.12.29., 1998.12.28., 1999.12.31., 2011.4.14.>

1. 창립총회, 사원총회, 주주총회 또는 사채권자집회에서의 발언 또는 의결권의 행사
2. 제3편에 정하는 소의 제기, 발행주식의 총수의 100분의 1 또는 100분의 3 이상에 해당하는 주주, 사채총액의 100분의 10 이상에 해당하는 사채권자 또는 자본금의 100분의 3 이상에 해당하는 출자좌수를 가진 사원의 권리의 행사
3. 제402조 또는 제424조에 정하는 권리의 행사

②제1항의 이익을 약속, 공여 또는 공여의 의사를 표시한 자도 제1항과 같다. <개정 1984.4.10.>

제632조(징역과 벌금의 병과) 제622조 내지 전조의 징역과 벌금은 이를 병과할 수 있다.

제633조(몰수, 추징) 제630조제1항 또는 제631조제1항의 경우에는 범인이 수수한 이익은 이를 몰수한다. 그 전부 또는 일부를 몰수하기 불능한 때에는 그 가액을 추징한다.

제634조(납입책임면탈의 죄) 납입의 책임을 면하기 위하여 타인 또는 가설인의 명의로 주식 또는 출자를 인수한 자는 1년 이하의 징역 또는 300만원 이하의 벌금에 처한다. <개정 1984.4.10., 1995.12.29.>

제634조의2(주주의 권리행사에 관한 이익공여의 죄) ① 주식회사의 이사, 집행임원, 감사위원회 위원, 감사, 제386조제2항 · 제407조제1항 또는 제415조의 직무대행자, 지배인, 그 밖의 사용인이 주주의 권리 행사와 관련하여 회사의 계산으로 재산상의 이익을 공여(供與)한 경우에는 1년 이하의 징역 또는 300만원 이하의 벌금에 처한다. <개정 2011.4.14.>

②제1항의 이익을 수수하거나, 제3자에게 이를 공여하게 한 자도 제1항과 같다.

[본조신설 1984.4.10.]

제634조의3(양벌규정) 회사의 대표자나 대리인, 사용인, 그 밖의 종업원이 그 회사의 업무에 관하여 제624조의2의 위반행위를 하면 그 행위자를 벌하는 외에 그 회사에도 해당 조문의 벌금형을 과(科)한다. 다만, 회사가 제542조의13에 따른 의무를 성실히 이행한 경우 등 회사가 그 위반행위를 방지하기 위하여 해당 업무에 관하여 상당한 주의와 감독을 게을리하지 아니한 경우에는 그러하지 아니하다. <개정 2011.4.14.>

[본조신설 2009.1.30.]

제635조(과태료에 처할 행위) ① 회사의 발기인, 설립위원, 업무집행사원, 업무집행자, 이사, 집행임원, 감사, 감사위원회 위원, 외국회사의 대표자, 검사인, 제298조제3항 · 제299조의2 · 제310조제3항 또는 제313조제2항의 공증인, 제299조의2 · 제310조제3항 또는 제422조제1항의 감정인, 지배인, 청산인, 명의개서대리인, 사채모집을 위탁받은 회사와 그 사무승계자 또는 제386조제2항 · 제407조제1항 · 제415조 · 제542조제2항 또는 제567조의 직무대행자가 다음 각 호의 어느 하나에 해당하는 행위를 한 경우에는 500만원 이하의 과태료를 부과한다. 다만, 그 행위에 대하여 형(刑)을 과(科)할 때에는 그러하지 아니하다. <개정 2011.4.14.>

1. 이 편(編)에서 정한 등기를 게을리한 경우
2. 이 편에서 정한 공고 또는 통지를 게을리하거나 부정(不正)한 공고 또는 통지를 한 경우
3. 이 편에서 정한 검사 또는 조사를 방해한 경우
4. 이 편의 규정을 위반하여 정당한 사유 없이 서류의 열람 또는 등사, 등본 또는 초본의 발급을 거부한 경우
5. 관청, 총회, 사채권자집회 또는 발기인에게 부실한 보고를 하거나 사실을 은폐한 경우
6. 주권, 채권 또는 신주인수권증권에 적을 사항을 적지 아니하거나 부실하게 적은 경우
7. 정당한 사유 없이 주권의 명의개서를 하지 아니한 경우
8. 법률 또는 정관에서 정한 이사 또는 감사의 인원수를 궐(闕)한 경우에 그 선임절차를 게을리한 경우
9. 정관 · 주주명부 또는 그 복본(複本), 사원명부 · 사채원부 또는 그 복본, 의사록, 감사록, 재산목록, 대차대조표, 영업보고서, 사무보고서, 손익계산서, 그 밖에 회사의 재무상태와 경영성과를 표시하는 것으로서 제287조의33 및 제447조제1항제3호에 따라 대통령령으로 정하는 서류, 결산보고서, 회계장부, 제447조 · 제534조 · 제579조제1항 또는 제613조제1항의 부속명세서 또는 감사보고서에 적을 사항을 적지 아니하거나 부실하게 적은 경우
10. 법원이 선임한 청산인에 대한 사무의 인계(引繼)를 게을리하거나 거부한 경우
11. 청산의 종결을 늦출 목적으로 제247조제3항, 제535조제1항 또는 제613조제1항의 기간을 부당하게 장기간으로 정한 경우
12. 제254조제4항, 제542조제1항 또는 제613조제1항을 위반하여 파산선고 청구를 게을리한 경우
13. 제589조제2항을 위반하여 출자의 인수인을 공모한 경우
14. 제232조, 제247조제3항, 제439조제2항, 제527조의5, 제530조제2항, 제530조의9제4항, 제530조의11제2항, 제597조, 제603조 또는 제608조를 위반하여 회사의 합병 · 분할 · 분할합병 또는 조직변경, 회사재산의 처분 또는 자본금의 감소를 한 경우
15. 제260조, 제542조제1항 또는 제613조제1항을 위반하여 회사재산을 분배한 경우
16. 제302조제2항, 제347조, 제420조, 제420조의2, 제474조제2항 또는 제514조을 위반하여 주식청약서, 신주인수권증서 또는 사채청약서를 작성하지

아니하거나 이에 적을 사항을 적지 아니하거나 또는 부실하게 적은 경우
17. 제342조 또는 제560조제1항을 위반하여 주식 또는 지분의 실효 절차, 주식 또는 지분의 질권 처분을 게을리한 경우
18. 제343조제1항 또는 제560조제1항을 위반하여 주식 또는 출자를 소각한 경우
19. 제355조제1항 · 제2항 또는 제618조를 위반하여 주권을 발행한 경우
20. 제358조의2제2항을 위반하여 주주명부에 기재를 하지 아니한 경우
21. 제363조의2제1항, 제542조제2항 또는 제542조의6제2항을 위반하여 주주가 제안한 사항을 주주총회의 목적사항으로 하지 아니한 경우
22. 제365조제1항 · 제2항, 제578조, 제467조제3항, 제582조제3항에 따른 법원의 명령을 위반하여 주주총회를 소집하지 아니하거나, 정관으로 정한 곳 외의 장소에서 주주총회를 소집하거나, 제363조, 제364조, 제571조제2항 · 제3항을 위반하여 주주총회를 소집한 경우
23. 제374조제2항, 제530조제2항 또는 제530조의11제2항을 위반하여 주식매수청구권의 내용과 행사방법을 통지 또는 공고하지 아니하거나 부실한 통지 또는 공고를 한 경우
24. 제287조의34제1항, 제396조제1항, 제448조제1항, 제510조제2항, 제522조의2제1항, 제527조의6제1항, 제530조의7, 제534조제3항, 제542조제2항, 제566조제1항, 제579조의3, 제603조 또는 제613조를 위반하여 장부 또는 서류를 갖추어 두지 아니한 경우
25. 제412조의5제3항을 위반하여 정당한 이유 없이 감사 또는 감사위원회의 조사를 거부한 경우
26. 제458조부터 제460조까지 또는 제583조를 위반하여 준비금을 적립하지 아니하거나 이를 사용한 경우
27. 제464조의2제1항의 기간에 배당금을 지급하지 아니한 경우
28. 제478조제1항 또는 제618조를 위반하여 채권을 발행한 경우
29. 제536조 또는 제613조제1항을 위반하여 채무 변제를 한 경우
30. 제542조의5를 위반하여 이사 또는 감사를 선임한 경우
31. 제555조를 위반하여 지분에 대한 지시식 또는 무기명식의 증권을 발행한 경우
32. 제619조제1항에 따른 법원의 명령을 위반한 경우

② 발기인, 이사 또는 집행임원이 주권의 인수로 인한 권리를 양도한 경우에도 제1항과 같다. <개정 2011.4.14.>

③ 제1항 각 호 외의 부분에 규정된 자가 다음 각 호의 어느 하나에 해당하는 행위를 한 경우에는 5천만원 이하의 과태료를 부과한다.
<신설 2009.1.30.>

1. 제542조의8제1항을 위반하여 사외이사 선임의무를 이행하지 아니한 경우
2. 제542조의8제4항을 위반하여 사외이사 후보추천위원회를 설치하지 아니하거나 사외이사가 총위원의 2분의 1 이상이 되도록 사외이사 후보추천위원회를 구성하지 아니한 경우
3. 제542조의8제5항에 따라 사외이사를 선임하지 아니한 경우
4. 제542조의9제3항을 위반하여 이사회 승인 없이 거래한 경우
5. 제542조의11제1항을 위반하여 감사위원회를 설치하지 아니한 경우
6. 제542조의11제2항을 위반하여 제415조의2제2항 및 제542조의11제2항 각 호의 감사위원회의 구성요건에 적합한 감사위원회를 설치하지 아니한 경우

7. 제542조의11제4항제1호 및 제2호를 위반하여 감사위원회가 제415조의2제2항 및 제542조의11제2항 각 호의 감사위원회의 구성요건에 적합하도록 하지 아니한 경우
8. 제542조의12제2항을 위반하여 감사위원회위원의 선임절차를 준수하지 아니한 경우

④ 제1항 각 호 외의 부분에 규정된 자가 다음 각 호의 어느 하나에 해당하는 행위를 한 경우에는 1천만원 이하의 과태료를 부과한다.
<신설 2009.1.30.>

1. 제542조의4에 따른 주주총회 소집의 통지·공고를 게을리하거나 부정한 통지 또는 공고를 한 경우
2. 제542조의7제4항 또는 제542조의12제5항을 위반하여 의안을 별도로 상정하여 의결하지 아니한 경우

판례-상법위반 이의 결정에 대한 즉시 항고

[대법원 2013.6.14, 자, 2013마499, 결정]

【판시사항】
상법 제635조 제1항 제8호에서 정한 과태료 부과 사유가 있는 경우, 법원이 법무부장관의 과태료 처분 이전에 직권으로 과태료 재판을 할 수 있는지 여부(소극).

【이 유】
재항고이유를 판단한다.
상법 제635조 제1항 제8호는 '법률 또는 정관에서 정한 이사 또는 감사의 인원수를 궐(闕)한 경우에 그 선임절차를 게을리한 경우'에는 그 선임을 위한 총회소집절차를 밟아야 할 지위에 있는 자에게 500만 원 이하의 과태료를 부과하도록 규정하고 있고, 제637조의2는 위 규정에 따른 과태료는 법무부장관이 부과·징수하고(제1항), 그 과태료 처분에 불복하는 자가 이의를 제기한 때에는 법무부장관은 그 사실을 관할 법원에 통보하여야 하며, 그 통보를 받은 관할 법원은 비송사건절차법에 따른 과태료 재판을 하도록(제2항, 제3항) 규정하고 있다. 위 각 규정에 의하면, 상법 제635조 제1항 제8호가 정한 사유가 있는 경우에 과태료를 부과할 권한은 본래 법무부장관에게 있으므로, 법원은 법무부장관의 과태료 처분 이전에 상법 제635조 제1항 제8호가 정한 사유가 있음을 알게 된다고 하더라도 직권으로 과태료 재판을 할 수는 없고, 법무부장관의 과태료 처분 이후에 그 처분에 대한 이의가 제기되어야 과태료 재판을 할 수 있게 된다.
원심결정 이유와 기록에 의하면, 서울중앙지방법원 상업등기소 등기관은 재항고인이 이사·감사의 퇴임등기를 게을리하여 상법 제635조 제1항 제1호가 정한 과태료 부과 사유가 있다는 사실을 발견하였다면서 이를 서울서부지방법원에 통지한 사실, 위 법원은 2009. 3. 13. 이사·감사의 퇴임등기를 게을리하였다는 이유로 상법 제635조 제1항 제1호를 적용하여 재항고인을 과태료 400만 원에 처하는 결정을 한 사실, 이에 대하여 재항고인이 이의신청을 하자, 제1심법원은 심문을 거친 후 등기관의 통지 내용을 토대로 하여 재항고인이 이사·감사의 선임절차를 게을리하였다는 사실을 확인하고 이를 이유로 상법 제635조 제1항 제8호를 적용하여 재항고인을 과태료 300만 원에 처하는 결정을 한 사실, 이에 대하여 재항고인이 즉시항고를 하자 원심법원은 상법 제635조 제1항 제8호에 의하여 재항고인을 과태료에 처한 것은 정당하다는 이유로 항고를 기각한 사실을 알 수 있다.
위 사실관계를 앞서 본 법리에 비추어 보건대, 제1심법원은 등기관의 통지 내용을 토대로 하여 재항고인이 이사·감사의 선임절차를 게을리한 사실을 알게 되자

법무부장관의 과태료 처분이 있기도 전에 직권으로 상법 제635조 제1항 제8호를 적용하여 과태료 재판을 하였으므로, 그 과태료 재판은 위법하다.
그럼에도 원심은 상법 제635조 제1항 제8호를 적용하여 재항고인을 과태료에 처한 제1심결정을 그대로 유지하였으니, 이러한 원심결정에는 과태료 부과의 권한 및 절차 등에 관한 법리를 오해하여 재판 결과에 영향을 미친 위법이 있다.
그러므로 원심결정을 파기하고, 사건을 다시 심리·판단하도록 원심법원에 환송하기로 하여, 관여 대법관의 일치된 의견으로 주문과 같이 결정한다.

제636조(등기전의 회사명의의 영업 등) ①회사의 성립전에 회사의 명의로 영업을 한 자는 회사설립의 등록세의 배액에 상당한 과태료에 처한다.
②전항의 규정은 제616조제1항의 규정에 위반한 자에 준용한다.

제637조(법인에 대한 벌칙의 적용) 제622조, 제623조, 제625조, 제627조, 제628조 또는 제630조제1항에 규정된 자가 법인인 경우에는 이 장의 벌칙은 그 행위를 한 이사, 집행임원, 감사, 그 밖에 업무를 집행한 사원 또는 지배인에게 적용한다. [전문개정 2011.4.14.]

제637조의2(과태료의 부과·징수) ① 제635조(제1항제1호는 제외한다) 또는 제636조에 따른 과태료는 대통령령으로 정하는 바에 따라 법무부장관이 부과·징수한다.
② 제1항에 따른 과태료 처분에 불복하는 자는 그 처분을 고지받은 날부터 60일 이내에 법무부장관에게 이의를 제기할 수 있다.
③ 제1항에 따른 과태료 처분을 받은 자가 제2항에 따라 이의를 제기한 때에는 법무부장관은 지체 없이 관할 법원에 그 사실을 통보하여야 하며, 그 통보를 받은 관할 법원은 「비송사건절차법」에 따른 과태료 재판을 한다.
④ 제2항에서 규정하는 기간 내에 이의를 제기하지 아니하고 과태료를 납부하지 아니한 때에는 국세 체납처분의 예에 따라 징수한다.
[본조신설 2009.1.30.]

제4편 보험

제1장 통칙

제638조(보험계약의 의의) 보험계약은 당사자 일방이 약정한 보험료를 지급하고 재산 또는 생명이나 신체에 불확정한 사고가 발생할 경우에 상대방이 일정한 보험금이나 그 밖의 급여를 지급할 것을 약정함으로써 효력이 생긴다.
[전문개정 2014.3.11.]

제638조의2(보험계약의 성립) ①보험자가 보험계약자로부터 보험계약의 청약과 함께 보험료 상당액의 전부 또는 일부의 지급을 받은 때에는 다른 약정이 없으면 30일내에 그 상대방에 대하여 낙부의 통지를 발송하여야 한다. 그러나 인보험계약의 피보험자가 신체검사를 받아야 하는 경우에는 그 기간

은 신체검사를 받은 날부터 기산한다.
②보험자가 제1항의 규정에 의한 기간내에 낙부의 통지를 해태한 때에는 승낙한 것으로 본다.
③보험자가 보험계약자로부터 보험계약의 청약과 함께 보험료 상당액의 전부 또는 일부를 받은 경우에 그 청약을 승낙하기 전에 보험계약에서 정한 보험사고가 생긴 때에는 그 청약을 거절할 사유가 없는 한 보험자는 보험계약상의 책임을 진다. 그러나 인보험계약의 피보험자가 신체검사를 받아야 하는 경우에 그 검사를 받지 아니한 때에는 그러하지 아니하다.
[본조신설 1991.12.31.]

제638조의3(보험약관의 교부 · 설명 의무) ① 보험자는 보험계약을 체결할 때에 보험계약자에게 보험약관을 교부하고 그 약관의 중요한 내용을 설명하여야 한다.
② 보험자가 제1항을 위반한 경우 보험계약자는 보험계약이 성립한 날부터 3개월 이내에 그 계약을 취소할 수 있다. [전문개정 2014.3.11.]

판례-보험금·보험금

[대법원 2015.3.26, 선고, 2014다229917,229924, 판결]

【판시사항】
甲 보험회사와 乙이 체결한 상해보험의 특별약관에 '특별약관의 보장개시 전의 원인에 의하거나 그 이전에 발생한 후유장해로서 후유장해보험금의 지급사유가 되지 않았던 후유장해가 있었던 피보험자의 동일 신체 부위에 또다시 후유장해가 발생하였을 경우에는 기존 후유장해에 대한 후유장해보험금이 지급된 것으로 보고 최종 후유장해상태에 해당되는 후유장해보험금에서 이미 지급받은 것으로 간주한 후유장해보험금을 차감한 나머지 금액을 지급한다' 고 정한 사안에서, 甲 회사는 위 기왕장해 감액규정을 명시 · 설명할 의무가 있다고 한 사례

【판결요지】
甲 보험회사와 乙이 체결한 상해보험의 특별약관에 '특별약관의 보장개시 전의 원인에 의하거나 그 이전에 발생한 후유장해로서 후유장해보험금의 지급사유가 되지 않았던 후유장해가 있었던 피보험자의 동일 신체 부위에 또다시 후유장해가 발생하였을 경우에는 기존 후유장해에 대한 후유장해보험금이 지급된 것으로 보고 최종 후유장해상태에 해당되는 후유장해보험금에서 이미 지급받은 것으로 간주한 후유장해보험금을 차감한 나머지 금액을 지급한다' 고 정한 사안에서, 정액보험인 상해보험에서는 기왕장해가 있는 경우에도 약정 보험금 전액을 지급하는 것이 원칙이고 예외적으로 감액규정이 있는 경우에만 보험금을 감액할 수 있으므로, 위 기왕장해 감액규정과 같이 후유장해보험금에서 기왕장해에 해당하는 보험금 부분을 감액하는 것이 거래상 일반적이고 공통된 것이어서 보험계약자가 별도의 설명 없이도 충분히 예상할 수 있는 내용이라거나, 이미 법령에 정하여진 것을 되풀이하거나 부연하는 정도에 불과한 사항이라고 볼 수 없어, 보험계약자나 대리인이 내용을 충분히 잘 알고 있지 않는 한 보험자인 甲 회사는 기왕장해 감액규정을 명시 · 설명할 의무가 있다고 한 사례.

제639조(타인을 위한 보험) ①보험계약자는 위임을 받거나 위임을 받지 아니하고 특정 또는 불특정의 타인을 위하여 보험계약을 체결할 수 있다. 그러

나 손해보험계약의 경우에 그 타인의 위임이 없는 때에는 보험계약자는 이를 보험자에게 고지하여야 하고, 그 고지가 없는 때에는 타인이 그 보험계약이 체결된 사실을 알지 못하였다는 사유로 보험자에게 대항하지 못한다. <개정 1991.12.31.>

②제1항의 경우에는 그 타인은 당연히 그 계약의 이익을 받는다. 그러나 손해보험계약의 경우에 보험계약자가 그 타인에게 보험사고의 발생으로 생긴 손해의 배상을 한 때에는 보험계약자는 그 타인의 권리를 해하지 아니하는 범위안에서 보험자에게 보험금액의 지급을 청구할 수 있다. <신설 1991.12.31.>

③제1항의 경우에는 보험계약자는 보험자에 대하여 보험료를 지급할 의무가 있다. 그러나 보험계약자가 파산선고를 받거나 보험료의 지급을 지체한 때에는 그 타인이 그 권리를 포기하지 아니하는 한 그 타인도 보험료를 지급할 의무가 있다. <개정 1991.12.31.>

제640조(보험증권의 교부) ①보험자는 보험계약이 성립한 때에는 지체없이 보험증권을 작성하여 보험계약자에게 교부하여야 한다. 그러나 보험계약자가 보험료의 전부 또는 최초의 보험료를 지급하지 아니한 때에는 그러하지 아니하다. <개정 1991.12.31.>

②기존의 보험계약을 연장하거나 변경한 경우에는 보험자는 그 보험증권에 그 사실을 기재함으로써 보험증권의 교부에 갈음할 수 있다. <신설 1991.12.31.>

판례-보험금

[대법원 2003.4.25, 선고, 2002다64520, 판결]

【판시사항】

[1] 보험계약의 성립과 보험증권의 증거증권성

[2] 기평가보험으로 인정되기 위한 보험계약 당사자 사이의 보험가액에 관한 합의의 인정 기준

[3] 공장화재보험계약에 관한 보험증권이나 보험청약서에 보험가입금액의 기재만 있고 보험가액의 기재나 보험가액에 해당하는 다른 유사한 기재가 없을 뿐만 아니라 협정보험가액 특별약관도 첨부되어 있지 않은 경우, 이를 보험가액을 협정한 기평가보험으로 보기 어렵다고 한 사례

[4] 화재로 인한 건물 수리시에 지출한 철거비와 폐기물처리비가 화재와 상당인과관계가 있는 건물수리비에 포함되는지 여부(적극)

[5] 화재로 손상된 중고의 기계·기구의 원상회복을 위하여 신규의 부품을 구입하여 수리한 경우, 수리비 상당액을 손해액으로 산정함에 있어서 감가액을 고려하여야 하는지 여부(한정 적극)

【판결요지】

[1] 일반적으로 보험계약은 당사자 사이의 의사 합치에 의하여 성립되는 낙성계약으로서 별도의 서면을 요하지 아니하므로 보험계약을 체결할 때 작성·교부되는 보험증권은 하나의 증거증권에 불과한 것이어서 보험계약의 성립 여부라든가 보험계약의 내용 등은 그 증거증권만이 아니라 계약 체결의 전후 경위 등을 종합하여 인정할 수 있다.

[2] 기평가보험으로 인정되기 위한 당사자 사이의 보험가액에 대한 합의는, 명시적인 것이어야 하기는 하지만 반드시 보험증권에 협정보험가액 혹은 약정보험가액이라는 용어 등을 사용하여야만 하는 것은 아니고 당사자 사이에 보험계약을 체결하게 된 제반 사정과 보험증권의 기재 내용 등을 통하여 당사자의 의사가 보험가액을 미리 합의하고 있는 것이라고 인정할 수 있으면 충분하다.
[3] 공장화재보험계약에 관한 보험증권이나 보험청약서에 보험가입금액의 기재만 있고 보험가액의 기재나 보험가액에 해당하는 다른 유사한 기재가 없을 뿐만 아니라 협정보험가액 특별약관도 첨부되어 있지 않은 경우, 이를 보험가액을 협정한 기평가보험으로 보기 어렵다고 한 사례.
[4] 화재로 인한 건물 수리시에 지출한 철거비와 폐기물처리비는 화재와 상당인과관계가 있는 건물수리비에 포함된다고 보아야 할 것이고, 이를 손해액에 산입되지 아니하는 별도의 비용으로 볼 것은 아니다.
[5] 화재로 손상된 중고의 기계·기구의 원상회복을 위하여 신규의 부품을 구입하여 수리를 한다면 그 복원된 기계·기구의 가액이 손상 이전의 가액을 초과하게 되는 경우를 흔히 예상할 수 있으므로, 위의 경우에 수리비 상당액을 손해액으로 산정함에 있어서는 재조달가액의 산정시와 마찬가지로 감가액을 고려하여야 하는 것이 원칙이고, 다만 신규의 부품으로 교환하더라도 기계·기구의 전체 가치가 손상 이전의 가치를 초과하지 않는다고 인정되는 경우에 한하여 감가공제를 하지 아니하여도 무방하다.

제641조(증권에 관한 이의약관의 효력) 보험계약의 당사자는 보험증권의 교부가 있은 날로부터 일정한 기간내에 한하여 그 증권내용의 정부에 관한 이의를 할 수 있음을 약정할 수 있다. 이 기간은 1월을 내리지 못한다.

제642조(증권의 재교부청구) 보험증권을 멸실 또는 현저하게 훼손한 때에는 보험계약자는 보험자에 대하여 증권의 재교부를 청구할 수 있다. 그 증권작성의 비용은 보험계약자의 부담으로 한다.

제643조(소급보험) 보험계약은 그 계약전의 어느 시기를 보험기간의 시기로 할 수 있다.

제644조(보험사고의 객관적 확정의 효과) 보험계약당시에 보험사고가 이미 발생하였거나 또는 발생할 수 없는 것인 때에는 그 계약은 무효로 한다. 그러나 당사자 쌍방과 피보험자가 이를 알지 못한 때에는 그러하지 아니하다.

제645조 삭제 <1991.12.31.>

제646조(대리인이 안 것의 효과) 대리인에 의하여 보험계약을 체결한 경우에 대리인이 안 사유는 그 본인이 안 것과 동일한 것으로 한다.

제646조의2(보험대리상 등의 권한) ① 보험대리상은 다음 각 호의 권한이 있다.
1. 보험계약자로부터 보험료를 수령할 수 있는 권한

2. 보험자가 작성한 보험증권을 보험계약자에게 교부할 수 있는 권한
3. 보험계약자로부터 청약, 고지, 통지, 해지, 취소 등 보험계약에 관한 의사표시를 수령할 수 있는 권한
4. 보험계약자에게 보험계약의 체결, 변경, 해지 등 보험계약에 관한 의사표시를 할 수 있는 권한

② 제1항에도 불구하고 보험자는 보험대리상의 제1항 각 호의 권한 중 일부를 제한할 수 있다. 다만, 보험자는 그러한 권한 제한을 이유로 선의의 보험계약자에게 대항하지 못한다.

③ 보험대리상이 아니면서 특정한 보험자를 위하여 계속적으로 보험계약의 체결을 중개하는 자는 제1항제1호(보험자가 작성한 영수증을 보험계약자에게 교부하는 경우만 해당한다) 및 제2호의 권한이 있다.

④ 피보험자나 보험수익자가 보험료를 지급하거나 보험계약에 관한 의사표시를 할 의무가 있는 경우에는 제1항부터 제3항까지의 규정을 그 피보험자나 보험수익자에게도 적용한다. [본조신설 2014.3.11.]

제647조(특별위험의 소멸로 인한 보험료의 감액청구) 보험계약의 당사자가 특별한 위험을 예기하여 보험료의 액을 정한 경우에 보험기간중 그 예기한 위험이 소멸한 때에는 보험계약자는 그 후의 보험료의 감액을 청구할 수 있다.

제648조(보험계약의 무효로 인한 보험료반환청구) 보험계약의 전부 또는 일부가 무효인 경우에 보험계약자와 피보험자가 선의이며 중대한 과실이 없는 때에는 보험자에 대하여 보험료의 전부 또는 일부의 반환을 청구할 수 있다. 보험계약자와 보험수익자가 선의이며 중대한 과실이 없는 때에도 같다.

제649조(사고발생전의 임의해지) ①보험사고가 발생하기 전에는 보험계약자는 언제든지 계약의 전부 또는 일부를 해지할 수 있다. 그러나 제639조의 보험계약의 경우에는 보험계약자는 그 타인의 동의를 얻지 아니하거나 보험증권을 소지하지 아니하면 그 계약을 해지하지 못한다. <개정 1991.12.31.>

②보험사고의 발생으로 보험자가 보험금액을 지급한 때에도 보험금액이 감액되지 아니하는 보험의 경우에는 보험계약자는 그 사고발생후에도 보험계약을 해지할 수 있다. <신설 1991.12.31.>

③제1항의 경우에는 보험계약자는 당사자간에 다른 약정이 없으면 미경과보험료의 반환을 청구할 수 있다. <개정 1991.12.31.>

제650조(보험료의 지급과 지체의 효과) ①보험계약자는 계약체결후 지체없이 보험료의 전부 또는 제1회 보험료를 지급하여야 하며, 보험계약자가 이를 지급하지 아니하는 경우에는 다른 약정이 없는 한 계약성립후 2월이 경과하면 그 계약은 해제된 것으로 본다.

②계속보험료가 약정한 시기에 지급되지 아니한 때에는 보험자는 상당한 기간을 정하여 보험계약자에게 최고하고 그 기간내에 지급되지 아니한 때에는 그 계약을 해지할 수 있다.

③특정한 타인을 위한 보험의 경우에 보험계약자가 보험료의 지급을 지체한 때에는 보험자는 그 타인에게도 상당한 기간을 정하여 보험료의 지급을 최고한 후가 아니면 그 계약을 해제 또는 해지하지 못한다.
[전문개정 1991.12.31.]

판례-부당이득금

[대법원 2014.5.29, 선고, 2011다95847, 판결]

【판시사항】
[1] 무보험자동차 상해보험의 '무보험자동차'에 보험계약자의 보험료 연체로 적법하게 해지되었는지 문제 된 경우의 가해차량이 포함되는지 여부(적극)와 이때 피해자 보험회사가 무보험자동차 상해보험금을 지급하는 것이 채무자 아닌 자가 착오로 타인의 채무를 변제한 경우 또는 가해차량 보험회사를 위하여 사무관리를 한 경우에 해당하는지 여부(소극) / 그 후 가해차량 보험회사의 보상의무가 법률상 객관적으로 명확히 밝혀진 경우 가해차량 보험회사가 법률상 원인 없이 이익을 얻었다거나 피해자 보험회사가 가해차량 보험회사에 대한 손해배상청구권을 취득하는 이외에 별도의 구상금채권을 취득하는지 여부(소극)
[2] 채무자의 소멸시효 완성 주장이 신의칙에 반하여 권리남용에 해당하는지 판단하는 기준

【판결요지】
[1] 자동차보험의 담보종목 중 무보험자동차에 의한 상해(이하 '무보험자동차 상해보험'이라고 한다)에서 의미하는 '무보험자동차'에는, 교통사고를 일으킨 가해차량을 피보험자동차로 하여 자동차보험 대인배상 II 계약을 체결한 보험회사(이하 '가해차량 보험회사'라고 한다)에 의하여 보험계약자의 분납 보험료 연체로 자동차보험 대인배상 II 계약이 적법하게 해지되었는지가 문제 된 경우의 가해차량도 포함된다. 따라서 위와 같은 경우 피해자가 자신의 보험회사(이하 '피해자 보험회사'라고 한다)에 대하여 무보험자동차 상해보험에 따른 보험금의 지급을 청구하면 피해자 보험회사로서는 피해자가 입은 손해에 대하여 가해차량 보험회사가 궁극적으로 보상의무를 질 것인지가 법률상 객관적으로 명확히 밝혀지지 아니한 이상 피해자의 보험금청구를 거절할 수는 없고 우선 피보험자인 피해자에게 무보험자동차 상해보험에 따른 보험금을 지급하여야 한다.
이 경우 피해자 보험회사가 피해자인 피보험자에게 무보험자동차 상해보험에 따른 보험금을 지급하는 것은 자기의 보험계약상 채무를 이행한 것에 불과한 것이므로, 이를 채무자 아닌 자가 착오로 인하여 타인의 채무를 변제한 경우 또는 가해차량 보험회사를 위한 사무관리에 해당한다고 볼 수 없다. 또한 피해자 보험회사가 피보험자에게 보험금을 지급한 이후 가해차량 보험회사가 자동차보험 대인배상 II에 의한 보상의무를 부담하여야 하는 것으로 법률상 객관적으로 명확히 밝혀진 경우라 하더라도 약관에서 정한 바에 따라 피해자 보험회사가 피보험자에게 지급한 보험금의 한도 내에서 피보험자가 제3자에 대하여 가지는 권리를 취득하는 경우 가해차량 보험회사가 사고로 인한 손해배상의무를 면한 것이라고 할 수 없으므로 가해차량 보험회사가 피해자 보험회사의 보험금 지급으로 법률상 원인 없이 이익을 얻었다고 할 수 없고, 피해자 보험회사가 보험금 지급으로 피보험자의 가해차량 보험회사에 대한 손해배상청구권을 취득하는 이외에 가해차량 보험회사에 대한 별도의 구상금채권을 취득한다고 볼 수도 없다.
[2] 채무자의 소멸시효에 기한 항변권의 행사도 우리 민법의 대원칙인 신의성실의 원칙과 권리남용금지의 원칙의 지배를 받는 것이어서, 채무자가 시효완성 전에 채권자의 권리행사나 시효중단을 불가능 또는 현저히 곤란하게 하였거나, 그

러한 조치가 불필요하다고 믿게 하는 행동을 하였거나, 객관적으로 채권자가 권리를 행사할 수 없는 장애사유가 있었거나, 또는 일단 시효완성 후에 채무자가 시효를 원용하지 아니할 것 같은 태도를 보여 권리자로 하여금 그와 같이 신뢰하게 하였거나, 채권자보호의 필요성이 크고, 같은 조건의 다른 채권자가 채무의 변제를 수령하는 등의 사정이 있어 채무이행의 거절을 인정함이 현저히 부당하거나 불공평하게 되는 등의 특별한 사정이 있는 경우에는 채무자가 소멸시효의 완성을 주장하는 것이 신의성실의 원칙에 반하여 권리남용으로서 허용될 수 없다.
그러나 채무자의 소멸시효 완성 주장이 신의칙에 반하고 권리남용에 해당한다고 하려면 앞서 본 바와 같은 특별한 사정이 인정되어야 하고, 또한 위와 같은 일반적 원칙을 적용하여 법이 두고 있는 구체적인 제도의 운용을 배제하는 것은 법해석에 있어 또 하나의 대원칙인 법적 안정성을 해할 위험이 있으므로 적용에는 신중을 기하여야 한다.

第650조의2(보험계약의 부활) 제650조제2항에 따라 보험계약이 해지되고 해지환급금이 지급되지 아니한 경우에 보험계약자는 일정한 기간내에 연체보험료에 약정이자를 붙여 보험자에게 지급하고 그 계약의 부활을 청구할 수 있다. 제638조의2의 규정은 이 경우에 준용한다. [본조신설 1991.12.31.]

第651조(고지의무위반으로 인한 계약해지) 보험계약당시에 보험계약자 또는 피보험자가 고의 또는 중대한 과실로 인하여 중요한 사항을 고지하지 아니하거나 부실의 고지를 한 때에는 보험자는 그 사실을 안 날로부터 1월내에, 계약을 체결한 날로부터 3년내에 한하여 계약을 해지할 수 있다. 그러나 보험자가 계약당시에 그 사실을 알았거나 중대한 과실로 인하여 알지 못한 때에는 그러하지 아니하다. <개정 1991.12.31.>

판례-채무 부존재 확인·보험금

[대법원 2012.11.29, 선고, 2010다38663,38670, 판결]

【판시사항】
[1] 보험계약에서 고지의무 위반의 성립요건인 '중대한 과실'의 의미
[2] 甲이 손해보험업을 영위하는 乙 주식회사와 냉동창고건물에 관한 보험계약을 체결하였는데, 체결 당시 보험의 목적인 건물이 완성되지 않아 잔여공사를 계속하여야 한다는 사정을 乙 회사에 고지하지 않은 사안에서, 제반 사정에 비추어 甲은 위와 같은 사정을 고지하여야 함을 충분히 알고 있었거나 적어도 현저한 부주의로 인하여 알지 못하였다는 이유로, 이와 달리 본 원심판결에 고지의무 위반에 관한 법리오해의 위법이 있다고 한 사례

【판결요지】
[1] 보험계약에서 고지의무 위반이 성립하기 위하여는 고지의무자에게 고의 또는 중대한 과실이 있어야 하고, 여기서 말하는 중대한 과실이란 고지하여야 할 사실은 알고 있었지만 현저한 부주의로 인하여 그 사실의 중요성의 판단을 잘못하거나 그 사실이 고지하여야 할 중요한 사실이라는 것을 알지 못하는 것을 말한다.
[2] 甲이 손해보험업을 영위하는 乙 주식회사와 냉동창고건물에 관한 보험계약을 체결하였는데, 체결 당시 보험의 목적인 건물이 완성되지 않아 잔여공사를 계속하여야 한다는 사정을 乙 회사에 고지하지 않은 사안에서, 위 냉동창고건물은 형식적 사용승인에도 불구하고 냉동설비공사 등 주요 공사가 완료되지 아니하여 잔

여공사를 계속하여야 할 상황이었고, 이러한 공사로 인하여 완성된 냉동창고건물에 비하여 현저히 높은 화재 위험에 노출되어 있었으며, 위험의 정도나 중요성에 비추어 甲은 보험계약을 체결할 때 이러한 사정을 고지하여야 함을 충분히 알고 있었거나 적어도 현저한 부주의로 인하여 이를 알지 못하였다고 봄이 타당하다는 이유로, 이와 달리 본 원심판결에 고지의무 위반에 관한 법리오해의 위법이 있다고 한 사례.

第651조의2(서면에 의한 질문의 효력) 보험자가 서면으로 질문한 사항은 중요한 사항으로 추정한다.
[본조신설 1991.12.31.]

第652조(위험변경증가의 통지와 계약해지) ①보험기간 중에 보험계약자 또는 피보험자가 사고발생의 위험이 현저하게 변경 또는 증가된 사실을 안 때에는 지체없이 보험자에게 통지하여야 한다. 이를 해태한 때에는 보험자는 그 사실을 안 날로부터 1월내에 한하여 계약을 해지할 수 있다.
②보험자가 제1항의 위험변경증가의 통지를 받은 때에는 1월내에 보험료의 증액을 청구하거나 계약을 해지할 수 있다. <신설 1991.12.31.>

판례-보험금

[대법원 2014.7.24, 선고, 2012다62318, 판결]

【판시사항】
[1] 상법 제652조 제1항에서 정한 '사고발생의 위험이 현저하게 변경 또는 증가된 사실' 및 '그 사실을 안 때'의 의미
[2] 甲이 乙 보험회사와 아들 丙을 피보험자로 하여 상해보험계약을 체결한 이후에 丙이 오토바이를 운전하다가 두개골 골절 등 상해를 입자 후유장해 보험금을 청구하였는데, 乙 회사가 오토바이 운전에 따른 위험의 증가를 통지하지 않았다는 이유로 보험계약 해지의사를 표시한 사안에서, 乙 회사가 상법 제652조 제1항에서 정한 통지의무 위반을 이유로 해지권을 행사할 수 있다고 한 사례

【판결요지】
[1] 보험기간 중에 보험계약자 또는 피보험자가 사고발생의 위험이 현저하게 변경 또는 증가된 사실을 안 때에는 지체 없이 보험자에게 통지하여야 하는데(상법 제652조 제1항), 여기서 '사고발생의 위험이 현저하게 변경 또는 증가된 사실'이란 변경 또는 증가된 위험이 보험계약의 체결 당시에 존재하고 있었다면 보험자가 계약을 체결하지 않았거나 적어도 그 보험료로는 보험을 인수하지 않았을 것으로 인정되는 사실을 말하고, '사고발생의 위험이 현저하게 변경 또는 증가된 사실을 안 때'란 특정한 상태의 변경이 있음을 아는 것만으로는 부족하고 그 상태의 변경이 사고발생 위험의 현저한 변경·증가에 해당된다는 것까지 안 때를 의미한다.
[2] 甲이 乙 보험회사와 아들 丙을 피보험자로 하여 丙이 상해로 후유장해를 입을 경우 보험금을 지급받는 보험계약을 체결한 이후에 丙이 운전면허를 취득하여 오토바이를 운전하다가 두개골 골절 등 상해를 입자 후유장해에 대한 보험금 지급을 청구하였는데, 乙 회사가 오토바이 운전에 따른 위험의 증가를 통지하지 않았다는 이유로 甲에게 보험계약 해지의사를 표시한 사안에서, 보험청약서에 오토바이 소유 또는 운전 여부를 묻는 질문이 있었던 점 등에 비추어 보험계약 체결 당시 丙이 오토바이 운전을 하였다면 乙 회사가 보험계약을 체결하지 않았거나

적어도 그 보험료로는 보험을 인수하지 않았을 것이라고 추정되는 점, 丙이 위 사고 이전에 오토바이 사고를 당한 적이 있는 점, 甲은 보험청약서의 오토바이 소유 또는 운전 여부를 묻는 질문에 '아니오' 라고 대답함으로써 오토바이 운전이 보험인수나 보험료 결정에 영향을 미친다는 점을 알게 되었다고 보이는 점 등에 비추어 보면, 甲은 丙의 오토바이 운전 사실과 그것이 보험사고 발생 위험의 현저한 변경·증가에 해당한다는 것을 알았다고 보이고 丙의 오토바이 운전 사실을 乙 회사에 통지하지 않아 상법 제652조 제1항에서 정한 통지의무를 위반하였으므로, 乙 회사는 상법 제652조 제1항에서 정한 해지권을 행사할 수 있다고 한 사례.

第653條(보험계약자 등의 고의나 중과실로 인한 위험증가와 계약해지) 보험기간중에 보험계약자, 피보험자 또는 보험수익자의 고의 또는 중대한 과실로 인하여 사고발생의 위험이 현저하게 변경 또는 증가된 때에는 보험자는 그 사실을 안 날부터 1월내에 보험료의 증액을 청구하거나 계약을 해지할 수 있다. <개정 1991.12.31.>

第654條(보험자의 파산선고와 계약해지) ①보험자가 파산의 선고를 받은 때에는 보험계약자는 계약을 해지할 수 있다.

②제1항의 규정에 의하여 해지하지 아니한 보험계약은 파산선고 후 3월을 경과한 때에는 그 효력을 잃는다. <개정 1991.12.31.>

第655條(계약해지와 보험금청구권) 보험사고가 발생한 후라도 보험자가 제650조, 제651조, 제652조 및 제653조에 따라 계약을 해지하였을 때에는 보험금을 지급할 책임이 없고 이미 지급한 보험금의 반환을 청구할 수 있다. 다만, 고지의무(告知義務)를 위반한 사실 또는 위험이 현저하게 변경되거나 증가된 사실이 보험사고 발생에 영향을 미치지 아니하였음이 증명된 경우에는 보험금을 지급할 책임이 있다.

[전문개정 2014.3.11.]

第656條(보험료의 지급과 보험자의 책임개시) 보험자의 책임은 당사자간에 다른 약정이 없으면 최초의 보험료의 지급을 받은 때로부터 개시한다.

第657條(보험사고발생의 통지의무) ①보험계약자 또는 피보험자나 보험수익자는 보험사고의 발생을 안 때에는 지체없이 보험자에게 그 통지를 발송하여야 한다.

②보험계약자 또는 피보험자나 보험수익자가 제1항의 통지의무를 해태함으로 인하여 손해가 증가된 때에는 보험자는 그 증가된 손해를 보상할 책임이 없다. <신설 1991.12.31.>

第658條(보험금액의 지급) 보험자는 보험금액의 지급에 관하여 약정기간이 있는 경우에는 그 기간내에 약정기간이 없는 경우에는 제657조제1항의 통지를 받은 후 지체없이 지급할 보험금액을 정하고 그 정하여진 날부터 10

일내에 피보험자 또는 보험수익자에게 보험금액을 지급하여야 한다.
[전문개정 1991.12.31.]

제659조(보험자의 면책사유) ①보험사고가 보험계약자 또는 피보험자나 보험수익자의 고의 또는 중대한 과실로 인하여 생긴 때에는 보험자는 보험금액을 지급할 책임이 없다.
② 삭제 <1991.12.31.>

판례-구상금

[대법원 2013.9.13, 선고, 2013다32048, 판결]

【판시사항】
[1] 무면허운전 면책약관의 적용 범위 및 무면허운전이 보험계약자나 피보험자의 묵시적 승인하에 이루어졌는지 판단하는 기준
[2] 자동차종합보험의 기명피보험자 甲의 동생인 乙이 운전면허 정지 기간 중에 피보험차량을 운전하여 사고가 발생한 사안에서, 乙은 면허정지 후에도 계속 위 차량을 지속적으로 운행하였고 乙과 동거하며 면허정지 사실을 알고 있던 甲은 乙의 무면허운전 사실을 알면서도 묵시적으로 승인한 것으로 보이며 이러한 묵시적 승인이 乙의 무면허운전을 명시적으로 승인한 것과 동일시할 정도에 이르렀음에도, 이와 달리 본 원심판결에 심리미진 등의 위법이 있다고 한 사례

【이 유】
상고이유를 판단한다.
1. 자동차보험에서 피보험자의 명시적·묵시적 승인하에 피보험자동차의 운전자가 무면허운전을 하였을 때 생긴 사고로 인한 손해에 대하여는 보상하지 않는다는 취지의 무면허운전 면책약관은 무면허운전이 보험계약자나 피보험자의 지배 또는 관리가능한 상황에서 이루어진 경우에 한하여 적용되는 것인바(대법원 2000. 5. 30. 선고 99다66236 판결 등 참조), 위 경우에 묵시적 승인은 무면허에 대한 승인 의도가 명시적으로 표현되는 경우와 동일시할 수 있는 정도로 그 승인 의도를 추단할 만한 사정이 있으면 인정된다. 구체적으로 무면허운전이 보험계약자나 피보험자의 묵시적 승인하에 이루어졌는지 여부는, 보험계약자나 피보험자와 무면허운전자의 관계, 평소 차량의 운전 및 관리 상황, 당해 무면허운전이 가능하게 된 경위와 그 운행 목적, 평소 무면허운전자의 운전에 관하여 보험계약자나 피보험자가 취해 온 태도 등의 제반 사정을 함께 참작하여 판단할 것이다(대법원 2002. 9. 24. 선고 2002다27620 판결 등 참조).
2. 원심은, 그 채택 증거들에 의하면 ① 소외 1이 그 운전면허정지 사유가 된 교통사고 발생 전까지 이 사건 차량의 기명피보험자인 소외 2의 승인 아래 이 사건 차량을 운전하여 왔던 사실, ② 이 사건 사고 당시 소외 2는 소외 1의 운전면허가 정지된 사정을 알고 있었던 사실, ③ 이 사건 사고 발생 전까지 소외 1 명의의 신용카드로 주유소 이용대금이 결제된 사실이 인정되기는 하나, 이러한 사정만으로는 소외 2가 소외 1의 무면허운전을 묵시적으로 승인하였다고 보기에 부족하다는 이유로, 무면허운전 면책약관에 기한 피고의 면책 주장을 배척하고 원고의 피고에 대한 구상금청구를 인용한 제1심판결을 유지하였다.
3. 그러나 원심의 이러한 판단은 수긍하기 어렵다.
가. 기록과 적법하게 채택된 증거들에 의하면 다음과 같은 사정들을 알 수 있다.
① 형제인 소외 2와 소외 1은 서로 같은 방을 쓰며 부모와 함께 동거하고 있었으므로, 기명피보험자이자 이 사건 차량 소유자인 소외 2는 이 사건 차량의 평소

운행 상황과 소외 1의 평소 생활모습을 잘 알고 있었을 것이다. ② 소외 2와 소외 1이 원고에게 제출한 각 확인서에 따르면 소외 2와 소외 1이 면허정지일인 2010. 1. 8. 전까지 소외 2 소유의 이 사건 차량과 소외 1 소유의 소나타차량을 서로 바꿔 운행하였다고 진술하였고, 소외 2가 피고에게 제출한 확인서에 따르면 소외 2는 이 사건 차량 유류비는 소외 1이 부담하였다고 진술하였다. ③ 면허정지 전인 2009. 12.에 소외 1 명의의 신용카드로 몇 번의 경유 주유대금이 결제된 이후에도 계속하여 이 사건 사고발생일인 2010. 1. 31. 전까지(2010. 1. 5., 2010. 1. 13., 2010. 1. 20., 2010. 1. 27.) 약 1주일 간격으로 소외 1 명의의 신용카드로 경유 주유대금이 결제되었는바, 이 사건 차량은 경유를 사용하고 소외 1 소유의 소나타차량은 휘발유를 사용한다. ④ 면허정지 후인 2010. 1. 25. 소외 1 명의의 신용카드로 이 사건 차량 정비대금까지 결제되었다. ⑤ 소외 2는 원심법정에서, 면허정지된 소외 1이 성남에 용무가 있는 경우 또는 어머니 운영의 노래방에 함께 가는 경우 평소 자신이 운행하던 아버지 명의의 경유 사용 차량인 소렌토차량에 소외 1을 태우고 다니다가 소외 1이 몇 번 주유대금을 결제한 것이라는 취지로 진술하였으나, 앞서 본 바와 같이 소외 2는 소외 1 소유의 소나타차량을 바꿔 운행하였다고 진술한 사실이 있어 소렌토차량을 평소 운행하였다는 위 진술의 신빙성이 의심되고, 당시 일정한 수입이 없던 소외 1이 면허정지일인 2010. 1. 8.부터 이 사건 사고발생일인 2010. 1. 31. 바로 전까지 1주일에 1회 간격으로 3회에 걸쳐 자신이 운행하지도 않는 소렌토차량의 주유대금(소외 2는 원심법정에서 각 결제대금은 5~6일 사용분 정도 된다고 인정함)을 대신 결제한다는 것은 선뜻 이해가 되지 않는다.

나. 이러한 사정들을 앞서 본 법리에 비추어 보면, 소외 1은 면허정지 후에도 계속 이 사건 차량을 지속적으로 운행하였고, 소외 1과 동거하며 면허정지 사실을 알고 있던 기명피보험자 소외 2는 소외 1의 이러한 무면허운전 사실을 알면서도 이를 묵시적으로 승인한 것으로 보이며, 이러한 묵시적 승인은 소외 1의 무면허운전을 명시적으로 승인한 것과 동일시할 정도에 이르렀다고 봄이 타당하다.

다. 그렇다면 그 판시와 같은 사정을 들어 묵시적 승인을 한 것으로 볼 수 없다고 인정한 원심은 묵시적 승인 여부에 관하여 필요한 심리를 다하지 아니하였거나 논리와 경험의 법칙에 반하여 자유심증주의의 한계를 벗어나 판단을 그르친 것이다.

4. 그러므로 원심판결을 파기하고, 사건을 다시 심리·판단하게 하기 위하여 원심법원에 환송하기로 하여, 관여 대법관의 일치된 의견으로 주문과 같이 판결한다.

편취목적의 보험계약 후 피보험자 살해 시 상속인의 보험금청구권

(대한법률구조공단 자료)

질문

저희 형 甲은 보험금을 편취(騙取)할 목적으로 어머니 乙을 피보험자로 하고 상속인을 보험수익자로 하는 생명보험계약을 체결하고 乙을 살해하였으나, 위와 같은 보험금 편취의 목적이 발각되어 보험금을 수령하지 못하였습니다. 그런데 이 경우 고의로 보험사고를 일으키지 않은 甲 이외의 다른 상속인인 저도 생명보험금을 청구할 수 없는지요?

답변

「상법」 제659조 제1항에서는 보험자의 면책사유에 관하여 “보험사고가 보험계약자 또는 피보험자나 보험수익자의 고의 또는 중대한 과실로 인하여 생긴 때에는 보험자는 보험금액을 지급할 책임이 없다.”라고 규정하고 있고, 「민법」 제103조에서는 반사회질서의 법률행위에 관하여 “선량한 풍속 기타 사회질서에 위반한 사항을 내용으로 하는 법률행위는 무효로 한다.”라고 규정하고 있습니다. 당초부터 오로지 보험사고를 가장하여 보험금을 취득할 목적으로 체결한 생명보험계약의 효력에 관하여 판례는 “생명보험계약은 사람의 생명에 관한 우연한 사고에 대하여 금전을 지급하기로 약정하는 것이어서 금전을 취득할 목적으로 고의로 피보험자를 살해하는 등의 도덕적 위험의 우려가 있으므로, 그 계약체결에 관하여 신의성실의 원칙에 기한 선의(이른바 선의계약성)가 강하게 요청되는바, 당초부터 오로지 보험사고를 가장하여 보험금을 취득할 목적으로 생명보험계약을 체결한 경우에는 사람의 생명을 수단으로 이득을 취하고자 하는 불법적인 행위를 유발할 위험성이 크고, 이러한 목적으로 체결된 생명보험계약에 의하여 보험금을 지급하게 하는 것은 보험계약을 악용하여 부정한 이득을 얻고자 하는 사행심을 조장함으로써 사회적 상당성을 일탈하게 되므로, 이와 같은 생명보험계약은 사회질서에 위배되는 법률행위로서 무효이다." 라고 하였으며, 피보험자를 살해하여 보험금을 편취할 목적으로 피보험자의 공동상속인 중 1인이 상속인을 보험수익자로 하여 생명보험계약을 체결한 후 피보험자를 살해한 경우, 고의로 보험사고를 일으키지 않은 다른 공동상속인이 보험금을 청구할 수 있는지에 관하여 "피보험자를 살해하여 보험금을 편취할 목적으로 체결한 생명보험계약은 사회질서에 위배되는 행위로서 무효이고, 따라서 피보험자를 살해하여 보험금을 편취할 목적으로 피보험자의 공동상속인 중 1인이 상속인을 보험수익자로 하여 생명보험계약을 체결한 후 피보험자를 살해한 경우, 다른 공동상속인은 자신이 고의로 보험사고를 일으키지 않았다고 하더라도 보험자에 대하여 보험금을 청구할 수 없다." 라고 하였습니다(대법원 2000. 2. 11. 선고 99다49064 판결, 2005. 7. 28. 선고 2005다23858 판결). 따라서 위 사안에서도 귀하가 고의로 보험사고를 야기하지 않았다고 하여도 위 생명보험계약 자체가 이미 무효이므로 귀하는 乙의 사망으로 인한 생명보험금을 청구할 수 없습니다.

"본 사례는 개인의 법률문제 해결에 도움을 주고자 게재되었으나, 이용자 여러분의 생활에서 발생하는 구체적 사안은 동일하지는 않을 것이므로 참고자료로 활용하시기 바랍니다."

第660조(전쟁위험 등으로 인한 면책) 보험사고가 전쟁 기타의 변란으로 인하여 생긴 때에는 당사자간에 다른 약정이 없으면 보험자는 보험금액을 지급할 책임이 없다.

판례-보험금

[대법원 1994.11.22, 선고, 93다55975, 판결]

【판시사항】

가. 화재보통보험약관에서 '지진, 분화, 해일, 전쟁, 외국의 무력행사, 혁명, 내란, 사변, 폭동, 소요, 기타 이들과 유사한 사태' 등을 보험자의 면책사유로 규정한 취지와 그 면책사유 중 '소요'의 의미

나. 원천봉쇄한 소위 범민족대회에 참석하고자 하던 대학생들의 화염병 시위가 '가'항의 소요 기타 이에 유사한 사태에 해당하지 아니한다고 한 사례

【판결요지】

가. 화재보험보통약관에서 '지진, 분화, 해일, 전쟁, 외국의 무력행사, 혁명, 내란, 사변, 폭동, 소요, 기타 이들과 유사한 사태'를 보험자의 면책사유로 규정하고 있다면, 이러한 규정의 취지는 위와 같은 사태하에서는 보험사고 발생의 빈도나 그 손해정도를 통계적으로 예측하는 것이 거의 불가능하여 타당한 보험료를 산정하기 어려울 뿐만 아니라 사고발생시에는 사고의 대형화와 손해액의 누적적인 증대로 보험자의 인수능력을 초과할 우려가 있다는 데에 있는바, 본래 보험제도 자체가 쉽게 예측하기 어려운 장래의 우연적, 돌발적 사고로 인한 손해를 담보하기 위한 것이므로 위와 같은 사고발생의 예측 곤난과 피해 극대화를 이유로 한 면책사유의 요건은 이를 엄격하게 해석하여야 할 것이고, 따라서 위 조항에 열거된 면책사유 중 소요는 폭동에는 이르지 아니하나 한 지방에서의 공공의 평화 내지 평온을 해할 정도로 다수의 군중이 집합하여 폭행, 협박 또는 손괴 등 폭력을 행사하는 상태를 말하는 것으로 보아야 할 것이다.

나. 화재 당시 대학생들이 단순히 범민족대회 참가를 봉쇄하려는 경찰의 저지선을 뚫기 위하여 화염병을 투척하기에 이르렀고, 그 폭력 행사의 정도도 경찰에

대하여서만 화염병을 투척하였을 뿐이고 인근의 다른 상가나 행인에 대하여는 아무런 폭행이나 협박 또는 손괴 등을 하지 아니하였으며, 그 시위장소 또한 지하철 역에서 대학교 정문에 이르는 도로에 한정되었고 다른 지역으로는 확산되지 아니하였음이 분명하다면, '가'항의 보험약관상 면책사유요건의 엄격해석의 원칙을 참작하여 그 대학생들의 폭력사태는 발생경위와 장소 및 당시에 있어서의 폭력행사의 정도 등에 비추어 한 지방의 평화 내지 평온을 해할 정도의 소요 기타 유사한 상태에 해당하는 것으로 보기 어렵고 한 사례.

제661조(재보험) 보험자는 보험사고로 인하여 부담할 책임에 대하여 다른 보험자와 재보험계약을 체결할 수 있다. 이 재보험계약은 원보험계약의 효력에 영향을 미치지 아니한다.

제662조(소멸시효) 보험금청구권은 3년간, 보험료 또는 적립금의 반환청구권은 3년간, 보험료청구권은 2년간 행사하지 아니하면 시효의 완성으로 소멸한다. [전문개정 2014.3.11.]

제663조(보험계약자 등의 불이익변경금지) 이 편의 규정은 당사자간의 특약으로 보험계약자 또는 피보험자나 보험수익자의 불이익으로 변경하지 못한다. 그러나 재보험 및 해상보험 기타 이와 유사한 보험의 경우에는 그러하지 아니하다. <개정 1991.12.31.>

판례-보험금

[대법원 2010.12.23, 선고, 2010다45753, 판결]

【판시사항】
전기통신서비스 이용료 채무에 관하여 채무자인 보험계약자가 채권자를 피보험자로 하여 보증보험회사와 체결한 이행보증보험계약의 추가위험부담특별약관 중 '보험계약의 보험기간 안에 연이어 갱신보험계약이 체결된 경우에는 갱신보험계약 직전 보험계약에 대한 보험회사의 보험책임은 종료하며, 갱신보험계약의 보험기간 개시 전에 발생한 채무에 대하여는 갱신보험계약의 보험가입금액을 한도로 보상한다' 는 내용의 갱신특약은 상법 제649조 제1항, 제663조 및 민법 제541조 등의 규정에 위배되어 무효라고 한 사례

【판결요지】
전기통신서비스 이용료 채무에 관하여 채무자인 보험계약자가 채권자를 피보험자로 하여 보증보험회사와 체결한 이행보증보험계약의 추가위험부담특별약관 중 '보험계약의 보험기간 안에 연이어 갱신보험계약이 체결된 경우에는 갱신보험계약 직전 보험계약에 대한 보험회사의 보험책임은 종료하며, 갱신보험계약의 보험기간 개시 전에 발생한 채무에 대하여는 갱신보험계약의 보험가입금액을 한도로 보상한다' 는 내용의 갱신특약은, 보험계약자와 보험회사 사이에 갱신계약이 체결되었다는 이유만으로 피보험자의 동의 없이 곧바로 이행보증보험계약이 해지되도록 하여 종전 이행보증보험계약에 의한 보험자의 보험금 지급책임을 면하도록 함과 아울러 피보험자가 기존의 이행보증보험계약에 의해 보상받을 수 있었던 보험금청구권을 모두 소멸시키는 것이어서 상법 제649조 제1항, 제663조 및 민법 제541조 등의 규정에 위배되어 무효이고, 이와 같이 위 갱신특약이 무효인 이상 기

존 이행보증보험계약 체결 당시부터 위 특약이 계약내용에 편입되어 있었다거나 갱신보험계약에서 피보험자의 동의 없이 임의로 위와 같은 취지의 약정을 하였다고 하여 달리 볼 수도 없다고 한 사례.

맹장수술의 경우 상해보험약관상의 보험사고에 해당되는지

(대한법률구조공단 자료)

질문

저는 3년 전 상해보험에 가입하였고 최근 병원에서 맹장수술도중 수술이 잘못되어 현재 재수술 후 입원치료 중에 있습니다. 이 경우 상해보험금의 청구가 가능한지요?

답변

상해보험은 피보험자가 급격한 외부적인 우연의 사고로 인하여 신체에 손상을 입는 것을 보험사고로 하는 경우에 보험회사가 피보험자 또는 그 상속인에게 보험금을 지급하는 것입니다.

상해보험의 경우에 특히 보험사고성이 문제되는데 여기서 '상해'라 함은 외부로부터의 우연한 돌발적인 사고로 인한 신체의 상해를 말합니다. 피보험자의 생사를 보험사고로 하는 생명보험의 경우는 보험사고가 일반적으로 명확하고 보험금액의 지급도 확정적인데 비하여 상해보험의 보험사고는 외부의 우연한 돌발적 사고로 인한 신체의 상해로서 그 발생이 불확정적이며 그 결과도 후유장해, 치료, 수술, 사망 등 다양합니다. 이와 같이 상해보험의 보험사고는 외부의 우연한 돌발적 사고로 인한 신체의 상해로서 그 발생이 불확정적이며 그 결과도 후유장해, 치료, 수술, 사망 등 다양합니다. 이와 같이 상해보험의 보험사고란 우연한 사고이어야 합니다. 판례도 "외과적 수술은 질병의 치료를 위한 행위이므로 이 수술도중이나 수술후 그와 관련하여 사망한 경우는 상해보험의 보험사고에 해당되지 아니하고, 상해보험약관에 「외과적 수술 기타의 의료처치의 경우는 보험금지급의 책임을지지 아니한다」는 특약은 상해보험의 성질상 당연한 경우를 규정한 것이므로 보험당사자의 불이익을 상법의 규정을 변경한 것이 아니어서 상법 제663조(보험계약자 등의 불이익변경금지)에 위배되는 것은 아니다."라고 하였습니다(대법원 1980. 11. 25. 선고80다1109 판결). 또한, "상해보험에서 담보되는 위험으로서 상해란 외부로부터의 우연한 돌발적인 사고로 인한 신체의 손상을 말하는 것이므로, 그 사고의 원인이 피보험자의 신체의 외부로부터 작용하는 것을 말하고 신체의 질병 등과 같은 내부적 원인에 기한 것은 제외되며, 이러한 사고의 외래성 및 상해 또는 사망이라는 결과와 사이의 인과관계에 관해서는 보험금청구자에게 그 입증책임이 있다." 라고 하였습니다(대법원 2001. 8. 21. 선고 2001다27579 판결, 2010. 9. 30. 선고 2010다12241, 12258 판결). 따라서 귀하의 경우는 위 판례에 비추어 상해보험에 의해 보호되는 보험사고가 아니라고 볼 수 있으므로 상해보험금의 청구를 할 수 없을 것으로 보입니다.

"본 사례는 개인의 법률문제 해결에 도움을 주고자 게재되었으나, 이용자 여러분의 생활에서 발생하는 구체적 사안은 동일하지는 않을 것이므로 참고자료로 활용하시기 바랍니다."

제664조(상호보험, 공제 등에의 준용) 이 편(編)의 규정은 그 성질에 반하지 아니하는 범위에서 상호보험(相互保險), 공제(共濟), 그 밖에 이에 준하는 계약에 준용한다.
[전문개정 2014.3.11.]

제2장 손해보험

제1절 통칙

제665조(손해보험자의 책임) 손해보험계약의 보험자는 보험사고로 인하여 생길 피보험자의 재산상의 손해를 보상할 책임이 있다.

판례-손해배상(기)(손해배상청구에 있어 손해보험금 공제 범위에 관한 사건)
[대법원 2015.1.22, 선고, 2014다46211, 전원합의체 판결]

【판시사항】
[1] 손해보험의 보험사고에 관하여 동시에 불법행위나 채무불이행에 기한 손해배상책임을 지는 제3자가 있어 피보험자가 그를 상대로 손해배상청구를 하는 경우, 피보험자가 손해보험계약에 따라 보험자로부터 수령한 보험금을 제3자의 손해배상책임액에서 공제하여야 하는지 여부(소극)
[2] 甲 주식회사가 乙 주식회사의 창고에서 발생한 화재로 인한 전체 손해액 중 丙 보험회사로부터 수령한 손해보험금을 공제한 잔액을 손해배상으로 구한 사안에서, 乙 회사의 손해배상책임액에서 甲 회사가 수령한 손해보험금을 공제하여 乙 회사의 최종 손해배상액을 산정한 원심판결에 법리오해의 잘못이 있다고 한 사례

【판결요지】
[1] 손해보험의 보험사고에 관하여 동시에 불법행위나 채무불이행에 기한 손해배상책임을 지는 제3자가 있어 피보험자가 그를 상대로 손해배상청구를 하는 경우에, 피보험자가 손해보험계약에 따라 보험자로부터 수령한 보험금은 보험계약자가 스스로 보험사고의 발생에 대비하여 그때까지 보험자에게 납입한 보험료의 대가적 성질을 지니는 것으로서 제3자의 손해배상책임과는 별개의 것이므로 이를 그의 손해배상책임액에서 공제할 것이 아니다.
따라서 위와 같은 피보험자는 보험자로부터 수령한 보험금으로 전보되지 않고 남은 손해에 관하여 제3자를 상대로 그의 배상책임(다만 과실상계 등에 의하여 제한된 범위 내의 책임이다. 이하 같다)을 이행할 것을 청구할 수 있는바, 전체 손해액에서 보험금으로 전보되지 않고 남은 손해액이 제3자의 손해배상책임액보다 많을 경우에는 제3자에 대하여 그의 손해배상책임액 전부를 이행할 것을 청구할 수 있고, 위 남은 손해액이 제3자의 손해배상책임액보다 적을 경우에는 그 남은 손해액의 배상을 청구할 수 있다. 후자의 경우에 제3자의 손해배상책임액과 위 남은 손해액의 차액 상당액은 보험자대위에 의하여 보험자가 제3자에게 이를 청구할 수 있다(상법 제682조).
[2] 甲 주식회사가 乙 주식회사의 창고에서 발생한 화재로 인한 전체 손해액 중 丙 보험회사로부터 수령한 손해보험금을 공제한 잔액을 손해배상으로 구한 사안에서, 甲 회사의 전체 손해액에서 甲 회사가 수령한 손해보험금을 공제한 잔액이 실화책임에 관한 법률 제3조 제2항에 따라 경감된 乙 회사의 손해배상책임액보다 많으므로 乙 회사는 甲 회사에 손해배상책임액 전액을 지급할 의무가 있는데도, 乙 회사의 손해배상책임액에서 甲 회사가 수령한 손해보험금을 공제하여 乙 회사의 최종 손해배상액을 산정한 원심판결에 법리오해의 잘못이 있다고 한 사례.

제666조(손해보험증권) 손해보험증권에는 다음의 사항을 기재하고 보험자가 기명날인 또는 서명하여야 한다. <개정 1991.12.31., 2014.3.11.>
1. 보험의 목적
2. 보험사고의 성질
3. 보험금액
4. 보험료와 그 지급방법
5. 보험기간을 정한 때에는 그 시기와 종기
6. 무효와 실권의 사유
7. 보험계약자의 주소와 성명 또는 상호
7의2. 피보험자의 주소, 성명 또는 상호

8. 보험계약의 연월일
9. 보험증권의 작성지와 그 작성년월일

제667조(상실이익 등의 불산입) 보험사고로 인하여 상실된 피보험자가 얻을 이익이나 보수는 당사자간에 다른 약정이 없으면 보험자가 보상할 손해액에 산입하지 아니한다.

제668조(보험계약의 목적) 보험계약은 금전으로 산정할 수 있는 이익에 한하여 보험계약의 목적으로 할 수 있다.

제669조(초과보험) ①보험금액이 보험계약의 목적의 가액을 현저하게 초과한 때에는 보험자 또는 보험계약자는 보험료와 보험금액의 감액을 청구할 수 있다. 그러나 보험료의 감액은 장래에 대하여서만 그 효력이 있다.
②제1항의 가액은 계약당시의 가액에 의하여 정한다. <개정 1991.12.31.>
③보험가액이 보험기간 중에 현저하게 감소된 때에도 제1항과 같다.
④제1항의 경우에 계약이 보험계약자의 사기로 인하여 체결된 때에는 그 계약은 무효로 한다. 그러나 보험자는 그 사실을 안 때까지의 보험료를 청구할 수 있다.

판례-사기

[대법원 2015.7.23, 선고, 2015도6905, 판결]

【판시사항】
보험계약자가 보험계약 체결 시 보험금액이 목적물의 가액을 현저하게 초과하는 초과보험 상태를 의도적으로 유발한 후 보험사고가 발생하자 초과보험 사실을 알지 못하는 보험자에게 목적물의 가액을 묵비한 채 보험금을 청구하여 교부받은 경우, 보험금을 청구한 행위가 사기죄의 실행행위로서 기망행위에 해당하는지 여부(한정 적극)

【판결요지】
보험계약자가 보험계약 체결 시 보험금액이 목적물의 가액을 현저하게 초과하는 초과보험 상태를 의도적으로 유발한 후 보험사고가 발생하자 초과보험 사실을 알지 못하는 보험자에게 목적물의 가액을 묵비한 채 보험금을 청구하여 보험금을 교부받은 경우, 보험자가 보험금액이 목적물의 가액을 현저하게 초과한다는 것을 알았더라면 같은 조건으로 보험계약을 체결하지 않았을 뿐만 아니라 협정보험가액에 따른 보험금을 그대로 지급하지 아니하였을 관계가 인정된다면, 보험계약자가 초과보험 사실을 알지 못하는 보험자에게 목적물의 가액을 묵비한 채 보험금을 청구한 행위는 사기죄의 실행행위로서의 기망행위에 해당한다.

제670조(기평가보험) 당사자간에 보험가액을 정한 때에는 그 가액은 사고발생시의 가액으로 정한 것으로 추정한다. 그러나 그 가액이 사고발생시의 가액을 현저하게 초과할 때에는 사고발생시의 가액을 보험가액으로 한다.

第671조(미평가보험) 당사자간에 보험가액을 정하지 아니한 때에는 사고발생시의 가액을 보험가액으로 한다.

판례-보험금

[대법원 1991.10.25, 선고, 91다17429, 판결]

【판시사항】

미평가보험에 있어서 보험가액의 산정방법과 보험금액

【판결요지】

보험가격은 보험목적물에 대한 피보험이익의 평가로서 보험사고 발생시 보험회사가 지급하여야 할 보험가액을 정한 기평가보험이 아닌 이상, 손해발생의 때와 장소의 객관적 가격에 의하여 산정되는 것이므로 보험계약 체결시 보험금액을 보험가액으로 할 것을 합의한 사실이 없으면 보험금액이 바로 보험가액이라고 인정되지 아니한다.

第672조(중복보험) ①동일한 보험계약의 목적과 동일한 사고에 관하여 수개의 보험계약이 동시에 또는 순차로 체결된 경우에 그 보험금액의 총액이 보험가액을 초과한 때에는 보험자는 각자의 보험금액의 한도에서 연대책임을 진다. 이 경우에는 각 보험자의 보상책임은 각자의 보험금액의 비율에 따른다. <개정 1991.12.31.>

②동일한 보험계약의 목적과 동일한 사고에 관하여 수개의 보험계약을 체결하는 경우에는 보험계약자는 각 보험자에 대하여 각 보험계약의 내용을 통지하여야 한다. <개정 1991.12.31.>

③제669조제4항의 규정은 제1항의 보험계약에 준용한다.

판례-구상금

[대법원 2015.7.23, 선고, 2014다42202, 판결]

【판시사항】

제1 책임보험계약과 제2 책임보험계약의 피보험자 甲과 제2 책임보험계약의 피보험자 乙의 공동불법행위로 피해자 丙이 사망하는 보험사고가 발생하여 제2 책임보험계약의 보험자가 丙에 대한 보험금 지급으로 甲, 乙 공동의 면책을 얻게 하였는데 지급한 보험금 전액이 중복보험에 해당하는 경우, 제2 책임보험계약의 보험자가 제1 책임보험계약의 보험자를 상대로 행사할 수 있는 구상권의 범위(=제1 책임보험계약 보험자의 중복보험 부담 부분 중 甲의 과실비율 상당액)

【판결요지】

제1 책임보험계약과 제2 책임보험계약의 피보험자 甲과 제2 책임보험계약의 피보험자 乙의 공동불법행위로 피해자 丙이 사망하는 보험사고가 발생한 경우, 제2 책임보험계약의 보험자가 丙에 대한 보험금의 지급으로 甲, 乙 공동의 면책을 얻게 한 후 제1 책임보험계약의 보험자를 상대로 丙에게 지급한 보험금 전액이 중복보험에 해당한다는 이유로 각자의 보험금액의 비율에 따라 산정한 중복보험 부담 부분 전액을 구상할 수 있다면, 중복보험 부담 부분을 구상당한 제1 책임보험계약의 보험자는 상법 제682조, 제724조 제2항에 의하여 다시 다른 공동불법행위자인 乙과 그 보험자인 제2 책임보험계약의 보험자를 상대로 과실 비율에 따라 부담 부분의 재구상을 할 수 있는데, 그렇게 되면 순환소송이 되어 소송경제에도 반할 뿐만 아니라, 제2 책임보험계약의 보험자는 결국은 보험가입자에게 반환할 것을 청구하는 것이 되어 이를 허용함은 신의칙에 비추어 보더라도 상당하지 아니하므로, 제2 책임보험계약의 보험자는 제1 책임보험계약의 보험자를 상대로 乙의 과실 비율 상당액은 구상할 수 없고, 구체적으로는 제1 책임보험계약의 보험자의 중복보험 부담 부분 중 재구상의 대상이 되지 않는 甲의 과실비율에 한하여 구상할 수 있다.

第673條(중복보험과 보험자 1인에 대한 권리포기) 제672조의 규정에 의한 수개의 보험계약을 체결한 경우에 보험자 1인에 대한 권리의 포기는 다른 보험자의 권리의무에 영향을 미치지 아니한다. <개정 1991.12.31.>

第674條(일부보험) 보험가액의 일부를 보험에 붙인 경우에는 보험자는 보험금액의 보험가액에 대한 비율에 따라 보상할 책임을 진다. 그러나 당사자간에 다른 약정이 있는 때에는 보험자는 보험금액의 한도내에서 그 손해를 보상할 책임을 진다. <개정 1991.12.31.>

第675條(사고발생 후의 목적멸실과 보상책임) 보험의 목적에 관하여 보험자가 부담할 손해가 생긴 경우에는 그 후 그 목적이 보험자가 부담하지 아니하는 보험사고의 발생으로 인하여 멸실된 때에도 보험자는 이미 생긴 손해를 보상할 책임을 면하지 못한다. <개정 1962.12.12.>

第676條(손해액의 산정기준) ①보험자가 보상할 손해액은 그 손해가 발생한 때와 곳의 가액에 의하여 산정한다. 그러나 당사자간에 다른 약정이 있는 때에는 그 신품가액에 의하여 손해액을 산정할 수 있다.
<개정 1991.12.31.>
②제1항의 손해액의 산정에 관한 비용은 보험자의 부담으로 한다.
<개정 1991.12.31.>

판례-손해배상(기)

[대법원 2013.10.24, 선고, 2011다13838, 판결]

【판시사항】
보험자가 보험금 지급 범위를 확인하기 위하여 비용을 지출한 경우, 보험계약자 또는 피보험자를 대위하여 가해자를 상대로 그 비용 상당의 손해배상을 구할 수 있는지 여부(소극)

【판결요지】
상법 제676조 제2항은 '손해액의 산정에 관한 비용은 보험자의 부담으로 한다' 고 규정하고 있는바, 보험자가 보험금의 지급 범위를 확인하기 위하여 지출한 비용은 보험자의 이익을 위한 것일 뿐 보험계약자 또는 피보험자가 입은 손해라고 할 수 없으므로, 그 비용을 지출한 보험자가 보험계약자 또는 피보험자를 대위하여 가해자를 상대로 그 비용 상당의 손해배상을 구할 수는 없다.

제677조(보험료체납과 보상액의 공제) 보험자가 손해를 보상할 경우에 보험료의 지급을 받지 아니한 잔액이 있으면 그 지급기일이 도래하지 아니한 때라도 보상할 금액에서 이를 공제할 수 있다.

제678조(보험자의 면책사유) 보험의 목적의 성질, 하자 또는 자연소모로 인한 손해는 보험자가 이를 보상할 책임이 없다.

제679조(보험목적의 양도) ①피보험자가 보험의 목적을 양도한 때에는 양수인은 보험계약상의 권리와 의무를 승계한 것으로 추정한다.
<개정 1991.12.31.>
②제1항의 경우에 보험의 목적의 양도인 또는 양수인은 보험자에 대하여 지체없이 그 사실을 통지하여야 한다. <신설 1991.12.31.>

제680조(손해방지의무) ①보험계약자와 피보험자는 손해의 방지와 경감을 위하여 노력하여야 한다. 그러나 이를 위하여 필요 또는 유익하였던 비용과 보상액이 보험금액을 초과한 경우라도 보험자가 이를 부담한다.
<개정 1991.12.31.>
② 삭제 <1991.12.31.>

판례-구상금

[대법원 2007.3.15, 선고, 2004다64272, 판결]

【판시사항】
[1] 상법 제680조 제1항에서 말하는 '손해방지비용'의 의미 및 공동불법행위자 중 1인과 보험계약을 체결한 보험자가 피보험자에게 손해방지비용을 모두 상환한 경우, 그 보험자는 다른 공동불법행위자의 보험자가 부담하여야 할 부분에 대하여 직접 구상권을 행사할 수 있는지 여부(적극)
[2] 불법행위로 인한 손해배상과 관련하여 당사자 사이에 합의나 화해가 이루어진 경우, 그 목적으로 된 사항에 대한 해석 원칙
[3] 공동불법행위자 중 1인이 다른 공동불법행위자의 보험자로부터 자동차종합보험의 대물배상 한도액인 2,000만 원을 지급받으면서 그 보험자에 대한 '법률상의 배상액'을 포기하기로 합의하였더라도 이로써 위 한도액과는 무관한 손해방지비용의 상환청구권을 포기한 것으로 볼 수 없다고 판단한 사례

【판결요지】
[1] 상법 제680조 제1항에서 말하는 손해방지비용이라 함은 보험자가 담보하고 있는 보험사고가 발생한 경우에 보험사고로 인한 손해의 발생을 방지하거나 손해의 확대를 방지함은 물론 손해를 경감할 목적으로 행하는 행위에 필요하거나 유익하였던 비용으로서, 보험계약자나 피보험자가 손해의 방지와 경감을 위하여 지출한 비용은 원칙적으로 자신의 보험자에게 청구하여야 한다. 다만, 공동불법행위로 말미암아 공동불법행위자 중 1인이 손해의 방지와 경감을 위하여 비용을 지출한 경우에 위와 같은 손해방지비용은 자신의 보험자뿐 아니라 다른 공동불법행위자의 보험자에 대하여도 손해방지비용에 해당하므로, 공동불법행위자들과 각각 보험계약을 체결한 보험자들은 각자 그 피보험자 또는 보험계약자에 대한 관계에

서뿐 아니라 그와 보험계약관계가 없는 다른 공동불법행위자에 대한 관계에서도 그들이 지출한 손해방지비용의 상환의무를 부담한다. 또한 이러한 관계에 있는 보험자들 상호간에는 손해방지비용의 상환의무에 관하여 공동불법행위에 기한 손해배상채무와 마찬가지로 부진정연대채무의 관계에 있다고 볼 수 있으므로, 공동불법행위자 중의 1인과 보험계약을 체결한 보험자가 그 피보험자에게 손해방지비용을 모두 상환하였다면, 그 손해방지비용을 상환한 보험자는 다른 공동불법행위자의 보험자가 부담하여야 할 부분에 대하여 직접 구상권을 행사할 수 있다.
[2] 불법행위로 인한 손해배상과 관련하여 당사자 사이에 피해자가 일정한 금액을 지급받고 나머지 청구를 포기하기로 하는 내용의 합의나 화해가 이루어진 경우, 그 목적이 된 사항에 관하여는 나중에 다시 배상을 청구할 수 없는 것이 원칙이므로, 합의나 화해 당시의 여러 사정을 종합적으로 참작하여 이를 엄격하게 해석하여야 한다.
[3] 공동불법행위자 중 1인이 다른 공동불법행위자의 보험자로부터 자동차종합보험의 대물배상 한도액인 2,000만 원을 지급받으면서 그 보험자에 대한 '법률상의 배상액'을 포기하기로 합의하였더라도 이로써 위 한도액과는 무관한 손해방지비용의 상환청구권을 포기한 것으로 볼 수 없다고 판단한 사례.

제681조(보험목적에 관한 보험대위) 보험의 목적의 전부가 멸실한 경우에 보험금액의 전부를 지급한 보험자는 그 목적에 대한 피보험자의 권리를 취득한다. 그러나 보험가액의 일부를 보험에 붙인 경우에는 보험자가 취득할 권리는 보험금액의 보험가액에 대한 비율에 따라 이를 정한다.

제682조(제3자에 대한 보험대위) ① 손해가 제3자의 행위로 인하여 발생한 경우에 보험금을 지급한 보험자는 그 지급한 금액의 한도에서 그 제3자에 대한 보험계약자 또는 피보험자의 권리를 취득한다. 다만, 보험자가 보상할 보험금의 일부를 지급한 경우에는 피보험자의 권리를 침해하지 아니하는 범위에서 그 권리를 행사할 수 있다.
② 보험계약자나 피보험자의 제1항에 따른 권리가 그와 생계를 같이 하는 가족에 대한 것인 경우 보험자는 그 권리를 취득하지 못한다. 다만, 손해가 그 가족의 고의로 인하여 발생한 경우에는 그러하지 아니하다.
[전문개정 2014.3.11.]

피보험자에 포함된 자가 사고 낸 경우 보험자의 보험자대위권 행사 여부

(대한법률구조공단 자료)

질문

甲은 乙보험회사와 자동차종합보험계약을 체결한 甲소유 콘크리트 펌프카를 丙주식회사에게 운전기사 丁과 함께 임대하였습니다. 그런데 콘크리트 타설작업을 하던 중, 丁이 운전하던 위 콘크리트 펌프카가 전복하면서 그 펌프카의 콘크리트 발포기가 丙주식회사 소속 근로자 戊의 머리로 추락하여 戊가 사망하였고, 乙보험회사는 戊의 유족들에게 손해배상금을 지급하였습니다. 이 경우 乙보험회사가 丙주식회사에게, 丁이 콘크리트 펌프카의 안전에 필요한 면적을 충분히 확보하여 안전지지대를 설치할 수 있도록 해달라고 요구하였음에도 불구하고 이를 묵살하고 안전지지대를 좁게 펼친 채로 작업을 하도록 지시한 과실책임이 있음을 들어 「상법」제682조에 정한 보험자대위의 법리에 따라 공동면책된 손해배상책임액 중 丙주식회사의 부담부분만큼 구상권을 행사할 수 있는지요?

답변

「상법」 제682조에 의하면 "손해가 제3자의 행위로 인하여 생긴 경우에 보험금액을 지급한 보험자는 그 지급한 금액의 한도에서 그 제3자에 대한 보험계약자 또는 피보험자의 권리를 취득한다. 그러나 보험자가 보상할 보험금액의 일부를 지급한 때에는 피보험자의 권리를 해하지 아니하는 범위 내에서 그 권리를 행사할 수 있다." 라고 규정하고 있습니다.

그런데 자동차종합보험보통약관상 피보험자에 포함되어 있는 승낙피보험자 등의 행위로 보험사고가 발생한 경우 보험자가 보험자대위권을 행사할 수 있는지에 관하여 판례를 보면, "보험자대위의 법리에 의하여 보험자가 제3자에 대한 보험계약자 또는 피보험자의 권리를 행사하기 위해서는 손해가 제3자의 행위로 인하여 생긴 경우라야 하고, 이 경우 제3자라고 함은 피보험자 이외의 자가 되어야 할 것인바, 자동차종합보험보통약관에 피보험자로 기명피보험자 외에 기명피보험자의 승낙을 얻어 자동차를 사용 또는 관리중인 자, 이러한 각 피보험자를 위하여 피보험자동차를 운전중인 자(운행보조자 포함) 등도 포함되어 있다면, 이러한 승낙피보험자 등의 행위로 인하여 보험사고가 발생한 경우 보험자가 보험자대위의 법리에 의하여 그 권리를 취득할 수 없다." 라고 하였습니다(대법원 2000. 9. 29. 선고 2000다33331판결, 2001. 11. 27. 선고 2001다44659 판결, 2006. 2. 24. 선고 2005다31637 판결). 또한, 보험사고의 피해자가 승낙피보험자의 피용인이어서 근로재해면책약관에 따라 보험금의 지급을 거절할 수 있는 경우, 보험자가 임의로 보험금을 지급한 후 그 승낙피보험자에게 구상할 수 있는지에 관하여 판례를 보면, "보험약관에 배상책임이 있는 피보험자의 피용자로서 근로기준법에 의하여 재해보상을 받을 수 있는 사람이 죽거나 다친 경우에는 보상하지 아니한다고 규정되어 있고, 보험사고의 피해자가 승낙피보험자의 피용자이어서 보험자가 그 근로재해 면책조항을 들어 승낙피보험자가 보험금의 지급청구를 하여 오는 경우 이를 거절할 수 있다고 하더라도, 그 사실만으로 승낙피보험자의 지위마저 상실되는 것은 아니므로, 보험자는 승낙피보험자에 대하여 구상권을 행사할 수 없다." 라고 하였습니다(대법원 1995. 11. 28. 선고 95다31195 판결, 2001. 6. 1. 선고 2000다33089 판결).

따라서 위 사안에서 乙보험회사는 丙주식회사에 대하여 구상금청구를 할 수 없을 것으로 보입니다.

"본 사례는 개인의 법률문제 해결에 도움을 주고자 게재되었으나, 이용자 여러분의 생활에서 발생하는 구체적 사안은 동일하지는 않을 것이므로 참고자료로 활용하시기 바랍니다."

제2절 화재보험

제683조(화재보험자의 책임) 화재보험계약의 보험자는 화재로 인하여 생긴 손해를 보상할 책임이 있다.

제684조(소방 등의 조치로 인한 손해의 보상) 보험자는 화재의 소방 또는 손해의 감소에 필요한 조치로 인하여 생긴 손해를 보상할 책임이 있다.

제685조(화재보험증권) 화재보험증권에는 제666조에 게기한 사항외에 다음의 사항을 기재하여야 한다.

1. 건물을 보험의 목적으로 한 때에는 그 소재지, 구조와 용도
2. 동산을 보험의 목적으로 한 때에는 그 존치한 장소의 상태와 용도
3. 보험가액을 정한 때에는 그 가액

제686조(집합보험의 목적) 집합된 물건을 일괄하여 보험의 목적으로 한 때에는 피보험자의 가족과 사용인의 물건도 보험의 목적에 포함된 것으로 한다. 이 경우에는 그 보험은 그 가족 또는 사용인을 위하여서도 체결한 것으로 본다.

第687条(동전) 집합된 물건을 일괄하여 보험의 목적으로 한 때에는 그 목적에 속한 물건이 보험기간중에 수시로 교체된 경우에도 보험사고의 발생 시에 현존한 물건은 보험의 목적에 포함된 것으로 한다.

제3절 운송보험

第688条(운송보험자의 책임) 운송보험계약의 보험자는 다른 약정이 없으면 운송인이 운송물을 수령한 때로부터 수하인에게 인도할 때까지 생길 손해를 보상할 책임이 있다.

第689条(운송보험의 보험가액) ①운송물의 보험에 있어서는 발송한 때와 곳의 가액과 도착지까지의 운임 기타의 비용을 보험가액으로 한다.
②운송물의 도착으로 인하여 얻을 이익은 약정이 있는 때에 한하여 보험가액 중에 산입한다.

第690条(운송보험증권) 운송보험증권에는 제666조에 게기한 사항외에 다음의 사항을 기재하여야 한다.
1. 운송의 노순과 방법
2. 운송인의 주소와 성명 또는 상호
3. 운송물의 수령과 인도의 장소
4. 운송기간을 정한 때에는 그 기간
5. 보험가액을 정한 때에는 그 가액

第691条(운송의 중지나 변경과 계약효력) 보험계약은 다른 약정이 없으면 운송의 필요에 의하여 일시운송을 중지하거나 운송의 노순 또는 방법을 변경한 경우에도 그 효력을 잃지 아니한다.

第692条(운송보조자의 고의, 중과실과 보험자의 면책) 보험사고가 송하인 또는 수하인의 고의 또는 중대한 과실로 인하여 발생한 때에는 보험자는 이로 인하여 생긴 손해를 보상할 책임이 없다.

제4절 해상보험

第693条(해상보험자의 책임) 해상보험계약의 보험자는 해상사업에 관한 사고로 인하여 생길 손해를 보상할 책임이 있다. <개정 1991.12.31.>

판례-채무부존재확인·보험금

[대법원 2005.11.25, 선고, 2002다59528, 판결]

【판시사항】

[1] 영국 협회선박기간보험약관상의 영국법 준거약관의 효력

[2] 영국 해상보험법 제55조 제1항에 규정된 근인(proximate cause)의 의미
[3] 영국 협회선박기간보험약관이 부보위험으로 규정한 '선장 등의 악행'의 의미 및 보험계약자의 증명으로 선장 등의 악행이 추정되는 경우, 선주 등의 지시 또는 묵인이 있었다는 사실을 보험자가 증명하면 보험자는 보험금 지급의무를 면하는지 여부(적극)
[4] 선행자백의 효력
[5] 선장 등의 고의적인 행위로 선박이 침몰되었다는 점에 관해서 재판상 자백이 성립하였으나 위 행위가 선주의 지시 내지 묵인에 의한 것이어서 선박보험계약상의 부보위험에 해당한다고 볼 수 없다고 한 사례

【판결요지】
[1] 영국 협회선박기간보험약관은 그 첫머리에 이 보험은 영국의 법률과 관습에 따른다고 규정하고 있는바, 이러한 영국법 준거약관은 오랜 기간에 걸쳐 해상보험업계의 중심이 되어 온 영국의 법률과 관습에 따라 당사자 사이의 거래관계를 명확하게 하려는 것으로서, 그것이 우리나라의 공익규정 또는 공서양속에 반하는 것이라거나 보험계약자의 이익을 부당하게 침해하는 것이라고 볼 수 없어 유효하다.
[2] 영국 해상보험법 제55조 제1항에 의하면 손해가 담보위험을 근인(proximate cause)으로 하는지 여부가 보험자의 책임 유무를 결정하는 기준이 되는바, 여기서 근인이라 함은 손해와 가장 시간적으로 근접하는 원인(proximate in time)을 말하는 것이 아니라 손해의 발생에 있어서 가장 효과적인 원인(proximate in efficiency)을 말한다.
[3] 영국 협회선박기간보험약관 제6조 제2항 제5호에서 부보위험의 하나로 규정하고 있는 '선장 등의 악행(barratry of master officers or crew)'이라 함은 선주나 용선자에게 손해를 끼치는 선장 등에 의하여 고의로 이루어진 모든 부정행위(wrongful act)를 말하는 것인바(영국 해상보험법 제1부칙 '보험증권의 해석에 관한 규칙' 제11조), 보험계약자가 선장 등의 고의에 의한 부정행위에 해당하는 사실을 입증하면 일응 선장 등의 악행은 추정된다 할 것이나, 이 경우 선주 등의 지시 또는 묵인이 있었다는 사실을 보험자가 입증하면 이는 보험자의 면책사유인 피보험자의 고의적 불법행위(wilful misconduct)에 해당하여 결국 보험자는 보험금 지급의무를 면한다.
[4] 당사자가 변론에서 상대방이 주장하기도 전에 스스로 자신에게 불이익한 사실을 진술하는 경우, 상대방이 이를 명시적으로 원용하거나 그 진술과 일치되는 진술을 하게 되면 재판상 자백이 성립되는 것이어서, 법원도 그 자백에 구속되어 그 자백에 저촉되는 사실을 인정할 수 없다.
[5] 선장 등의 고의적인 행위로 선박이 침몰되었다는 점에 관해서 재판상 자백이 성립하였으나 위 행위가 선주의 지시 내지 묵인에 의한 것이어서 선박보험계약상의 부보위험에 해당한다고 볼 수 없다고 한 사례.

제694조(공동해손분담액의 보상) 보험자는 피보험자가 지급할 공동해손의 분담액을 보상할 책임이 있다. 그러나 보험의 목적의 공동해손분담가액이 보험가액을 초과할 때에는 그 초과액에 대한 분담액은 보상하지 아니한다. <개정 1991.12.31.>

제694조의2(구조료의 보상) 보험자는 피보험자가 보험사고로 인하여 발생하는 손해를 방지하기 위하여 지급할 구조료를 보상할 책임이 있다. 그러나 보험의 목적물의 구조료분담가액이 보험가액을 초과할 때에는 그 초과액에

대한 분담액은 보상하지 아니한다. [본조신설 1991.12.31.]

제694조의3(특별비용의 보상) 보험자는 보험의 목적의 안전이나 보존을 위하여 지급할 특별비용을 보험금액의 한도내에서 보상할 책임이 있다.
[본조신설 1991.12.31.]

제695조(해상보험증권) 해상보험증권에는 제666조에 게기한 사항외에 다음의 사항을 기재하여야 한다. <개정 1991.12.31.>
1. 선박을 보험에 붙인 경우에는 그 선박의 명칭, 국적과 종류 및 항해의 범위
2. 적하를 보험에 붙인 경우에는 선박의 명칭, 국적과 종류, 선적항, 양륙항 및 출하지와 도착지를 정한 때에는 그 지명
3. 보험가액을 정한 때에는 그 가액

제696조(선박보험의 보험가액과 보험목적) ①선박의 보험에 있어서는 보험자의 책임이 개시될 때의 선박가액을 보험가액으로 한다.
②제1항의 경우에는 선박의 속구, 연료, 양식 기타 항해에 필요한 모든 물건은 보험의 목적에 포함된 것으로 한다. <개정 1991.12.31.>

제697조(적하보험의 보험가액) 적하의 보험에 있어서는 선적한 때와 곳의 적하의 가액과 선적 및 보험에 관한 비용을 보험가액으로 한다.
<개정 1962.12.12.>

제698조(희망이익보험의 보험가액) 적하의 도착으로 인하여 얻을 이익 또는 보수의 보험에 있어서는 계약으로 보험가액을 정하지 아니한 때에는 보험금액을 보험가액으로 한 것으로 추정한다.

제699조(해상보험의 보험기간의 개시) ①항해단위로 선박을 보험에 붙인 경우에는 보험기간은 하물 또는 저하의 선적에 착수한 때에 개시한다.
②적하를 보험에 붙인 경우에는 보험기간은 하물의 선적에 착수한 때에 개시한다. 그러나 출하지를 정한 경우에는 그 곳에서 운송에 착수한 때에 개시한다.
③하물 또는 저하의 선적에 착수한 후에 제1항 또는 제2항의 규정에 의한 보험계약이 체결된 경우에는 보험기간은 계약이 성립한 때에 개시한다.
[전문개정 1991.12.31.]

제700조(해상보험의 보험기간의 종료) 보험기간은 제699조제1항의 경우에는 도착항에서 하물 또는 저하를 양륙한 때에, 동조제2항의 경우에는 양륙항 또는 도착지에서 하물을 인도한 때에 종료한다. 그러나 불가항력으로 인하지 아니하고 양륙이 지연된 때에는 그 양륙이 보통종료될 때에 종료된 것으로 한다. <개정 1991.12.31.>

제701조(항해변경의 효과) ①선박이 보험계약에서 정하여진 발항항이 아닌 다른 항에서 출항한 때에는 보험자는 책임을 지지 아니한다.

②선박이 보험계약에서 정하여진 도착항이 아닌 다른 항을 향하여 출항한 때에도 제1항의 경우와 같다.

③보험자의 책임이 개시된 후에 보험계약에서 정하여진 도착항이 변경된 경우에는 보험자는 그 항해의 변경이 결정된 때부터 책임을 지지 아니한다.

[전문개정 1991.12.31.]

제701조의2(이로) 선박이 정당한 사유없이 보험계약에서 정하여진 항로를 이탈한 경우에는 보험자는 그때부터 책임을 지지 아니한다. 선박이 손해발생 전에 원항로로 돌아온 경우에도 같다.

[본조신설 1991.12.31.]

제702조(발항 또는 항해의 지연의 효과) 피보험자가 정당한 사유없이 발항 또는 항해를 지연한 때에는 보험자는 발항 또는 항해를 지체한 이후의 사고에 대하여 책임을 지지 아니한다.

[전문개정 1991.12.31.]

제703조(선박변경의 효과) 적하를 보험에 붙인 경우에 보험계약자 또는 피보험자의 책임있는 사유로 인하여 선박을 변경한 때에는 그 변경후의 사고에 대하여 책임을 지지 아니한다. <개정 1991.12.31.>

제703조의2(선박의 양도 등의 효과) 선박을 보험에 붙인 경우에 다음의 사유가 있을 때에는 보험계약은 종료한다. 그러나 보험자의 동의가 있는 때에는 그러하지 아니하다.

1. 선박을 양도할 때
2. 선박의 선급을 변경한 때
3. 선박을 새로운 관리로 옮긴 때

[본조신설 1991.12.31.]

판례-채무부존재확인

[대법원 2004.11.11, 선고, 2003다30807, 판결]

【판시사항】

[1] 일반거래약관의 구속력의 근거

[2] 선박의 양도를 선박보험계약 종료사유로 한 상법 제703조의2 제1호의 규정 취지 및 조업허가를 목적으로 허위의 선박매매계약서를 작성하였다는 사정이 이에 해당하는지 여부(소극)

【판결요지】

[1] 보통보험약관을 포함한 이른바 일반거래약관이 계약의 내용으로 되어 계약당사자에게 구속력을 갖게 되는 근거는 그 자체가 법규범 또는 법규범적 성질을 갖

기 때문은 아니며 계약당사자가 이를 계약의 내용으로 하기로 하는 명시적 또는 묵시적 합의를 하였기 때문이다.
[2] 상법 제703조의2는 제1호에서 "선박을 양도할 때"를 자동종료사유의 하나로 규정하고 있는바, 이처럼 선박의 양도를 보험계약의 자동종료사유의 하나로 규정하는 것은 선박보험계약을 체결함에 있어서 선박소유자가 누구인가 하는 점은 인수 여부의 결정 및 보험료율의 산정에 있어서 매우 중요한 요소이고, 따라서 소유자의 변경은 보험계약에 있어서 중대한 위험의 변경에 해당하기 때문이라고 할 수 있는데, 특별한 사정이 없는 한 조업허가를 얻기 위한 목적으로 허위의 매매계약서를 작성하였다는 점만으로는 보험계약상 중대한 위험의 변경이 발생한다고 보기는 어렵다는 점에 비추어 그와 같은 경우를 상법 제703조의2 제1호의 "선박을 양도할 때"에 해당한다고 새길 수는 없다.

제704조(선박미확정의 적하예정보험) ①보험계약의 체결당시에 하물을 적재할 선박을 지정하지 아니한 경우에 보험계약자 또는 피보험자가 그 하물이 선적되었음을 안 때에는 지체없이 보험자에 대하여 그 선박의 명칭, 국적과 하물의 종류, 수량과 가액의 통지를 발송하여야 한다. <개정 1991.12.31.>
②제1항의 통지를 해태한 때에는 보험자는 그 사실을 안 날부터 1월내에 계약을 해지할 수 있다. <개정 1991.12.31.>

제705조 삭제 <1991.12.31.>

제706조(해상보험자의 면책사유) 보험자는 다음의 손해와 비용을 보상할 책임이 없다. <개정 1991.12.31.>
1. 선박 또는 운임을 보험에 붙인 경우에는 발항당시 안전하게 항해를 하기에 필요한 준비를 하지 아니하거나 필요한 서류를 비치하지 아니함으로 인하여 생긴 손해
2. 적하를 보험에 붙인 경우에는 용선자, 송하인 또는 수하인의 고의 또는 중대한 과실로 인하여 생긴 손해
3. 도선료, 입항료, 등대료, 검역료, 기타 선박 또는 적하에 관한 항해 중의 통상비용

제707조 삭제 <1991.12.31.>

제707조의2(선박의 일부손해의 보상) ①선박의 일부가 훼손되어 그 훼손된 부분의 전부를 수선한 경우에는 보험자는 수선에 따른 비용을 1회의 사고에 대하여 보험금액을 한도로 보상할 책임이 있다.
②선박의 일부가 훼손되어 그 훼손된 부분의 일부를 수선한 경우에는 보험자는 수선에 따른 비용과 수선을 하지 아니함으로써 생긴 감가액을 보상할 책임이 있다.
③선박의 일부가 훼손되었으나 이를 수선하지 아니한 경우에는 보험자는 그로 인한 감가액을 보상할 책임이 있다.
[본조신설 1991.12.31.]

第708條(적하의 일부손해의 보상) 보험의 목적인 적하가 훼손되어 양륙항에 도착한 때에는 보험자는 그 훼손된 상태의 가액과 훼손되지 아니한 상태의 가액과의 비율에 따라 보험가액의 일부에 대한 손해를 보상할 책임이 있다.

第709條(적하매각으로 인한 손해의 보상) ①항해도중에 불가항력으로 보험의 목적인 적하를 매각한 때에는 보험자는 그 대금에서 운임 기타 필요한 비용을 공제한 금액과 보험가액과의 차액을 보상하여야 한다.

②제1항의 경우에 매수인이 대금을 지급하지 아니한 때에는 보험자는 그 금액을 지급하여야 한다. 보험자가 그 금액을 지급한 때에는 피보험자의 매수인에 대한 권리를 취득한다. <개정 1991.12.31.>

第710條(보험위부의 원인) 다음의 경우에는 피보험자는 보험의 목적을 보험자에게 위부하고 보험금액의 전부를 청구할 수 있다. <개정 1991.12.31.>

1. 피보험자가 보험사고로 인하여 자기의 선박 또는 적하의 점유를 상실하여 이를 회복할 가능성이 없거나 회복하기 위한 비용이 회복하였을 때의 가액을 초과하리라고 예상될 경우
2. 선박이 보험사고로 인하여 심하게 훼손되어 이를 수선하기 위한 비용이 수선하였을 때의 가액을 초과하리라고 예상될 경우
3. 적하가 보험사고로 인하여 심하게 훼손되어서 이를 수선하기 위한 비용과 그 적하를 목적지까지 운송하기 위한 비용과의 합계액이 도착하는 때의 적하의 가액을 초과하리라고 예상될 경우

第711條(선박의 행방불명) ①선박의 존부가 2월간 분명하지 아니한 때에는 그 선박의 행방이 불명한 것으로 한다. <개정 1991.12.31.>

②제1항의 경우에는 전손으로 추정한다. <개정 1991.12.31.>

第712條(대선에 의한 운송의 계속과 위부권의 소멸) 제710조제2호의 경우에 선장이 지체없이 다른 선박으로 적하의 운송을 계속한 때에는 피보험자는 그 적하를 위부할 수 없다. <개정 1991.12.31.>

第713條(위부의 통지) ①피보험자가 위부를 하고자 할 때에는 상당한 기간내에 보험자에 대하여 그 통지를 발송하여야 한다. <개정 1991.12.31.>

② 삭제 <1991.12.31.>

第714條(위부권행사의 요건) ①위부는 무조건이어야 한다.

②위부는 보험의 목적의 전부에 대하여 이를 하여야 한다. 그러나 위부의 원인이 그 일부에 대하여 생긴 때에는 그 부분에 대하여서만 이를 할 수 있다.

③보험가액의 일부를 보험에 붙인 경우에는 위부는 보험금액의 보험가액에 대한 비율에 따라서만 이를 할 수 있다.

제715조(다른 보험계약등에 관한 통지) ①피보험자가 위부를 함에 있어서는 보험자에 대하여 보험의 목적에 관한 다른 보험계약과 그 부담에 속한 채무의 유무와 그 종류 및 내용을 통지하여야 한다.
②보험자는 제1항의 통지를 받을 때까지 보험금액의 지급을 거부할 수 있다. <개정 1991.12.31.>
③보험금액의 지급에 관한 기간의 약정이 있는 때에는 그 기간은 제1항의 통지를 받은 날로부터 기산한다.

제716조(위부의 승인) 보험자가 위부를 승인한 후에는 그 위부에 대하여 이의를 하지 못한다.

제717조(위부의 불승인) 보험자가 위부를 승인하지 아니한 때에는 피보험자는 위부의 원인을 증명하지 아니하면 보험금액의 지급을 청구하지 못한다.

제718조(위부의 효과) ①보험자는 위부로 인하여 그 보험의 목적에 관한 피보험자의 모든 권리를 취득한다.
②피보험자가 위부를 한 때에는 보험의 목적에 관한 모든 서류를 보험자에게 교부하여야 한다.

제5절 책임보험

제719조(책임보험자의 책임) 책임보험계약의 보험자는 피보험자가 보험기간 중의 사고로 인하여 제3자에게 배상할 책임을 진 경우에 이를 보상할 책임이 있다.

제720조(피보험자가 지출한 방어비용의 부담) ①피보험자가 제3자의 청구를 방어하기 위하여 지출한 재판상 또는 재판외의 필요비용은 보험의 목적에 포함된 것으로 한다. 피보험자는 보험자에 대하여 그 비용의 선급을 청구할 수 있다.
②피보험자가 담보의 제공 또는 공탁으로써 재판의 집행을 면할 수 있는 경우에는 보험자에 대하여 보험금액의 한도내에서 그 담보의 제공 또는 공탁을 청구할 수 있다.
③제1항 또는 제2항의 행위가 보험자의 지시에 의한 것인 경우에는 그 금액에 손해액을 가산한 금액이 보험금액을 초과하는 때에도 보험자가 이를 부담하여야 한다. <개정 1991.12.31.>

판례-보험금

[대법원 1995.12.8, 선고, 94다27076, 판결]

【판시사항】
[1] 상법 제720조 제1항의 '방어비용'의 의미 및 그 적용 한계
[2] 상법 제680조의 '손해방지 비용'의 의미

【판결요지】
[1] 상법 제720조 제1항에서 규정한 '방어비용'은 피해자가 보험사고로 인적, 물적 손해를 입고 피보험자를 상대로 손해배상 청구를 한 경우에 그 방어를 위하여 지출한 재판상 또는 재판 외의 필요비용을 말하는 것이므로, 피해자로부터 아직 손해배상 청구가 없는 경우 방어비용이 인정될 여지가 없지만, 피해자가 반드시 재판상 청구한 경우에 한하여 방어비용이 인정된다고 볼 것은 아니다. 그러나 피해자가 피보험자에게 재판상 청구는 물론 재판 외의 청구조차 하지 않은 이상, 제3자를 상대로 제소하였다 하여 그 소송의 변호사 비용이 상법 제720조 소정의 방어비용에 포함된다고 볼 수 없다.
[2] 상법 제680조가 규정한 손해방지 비용이라 함은 보험자가 담보하고 있는 보험사고가 발생한 경우에 보험사고로 인한 손해의 발생을 방지하거나 손해의 확대를 방지함은 물론 손해를 경감할 목적으로 행하는 행위에 필요하거나 유익하였던 비용을 말하는 것으로, 위 제680조는 손해방지 의무자인 보험계약자 또는 피보험자가 손해방지 및 그 경감을 위하여 지출한 필요하고 유익한 비용은 보험금액을 초과한 경우라도 보험자가 이를 부담하도록 규정하고 있다.

제721조(영업책임보험의 목적) 피보험자가 경영하는 사업에 관한 책임을 보험의 목적으로 한 때에는 피보험자의 대리인 또는 그 사업감독자의 제3자에 대한 책임도 보험의 목적에 포함된 것으로 한다.

판례-보험금

[대법원 2002.9.6, 선고, 2002다30206, 판결]

【판시사항】
[1] 신원보증보험계약의 성질(=통상의 손해보험적 성격의 보험과 책임보험적 성격의 보험이 통합되어 있는 것) 및 각 성격별로 보험금청구권의 발생시기 및 소멸시효 기산점을 개별적으로 파악할 것인지 여부(적극)
[2] 책임보험적 성격의 신원보증보험계약에 있어서 보험금청구권의 발생시기 및 소멸시효 기산점(=피보험자의 손해확정시)
[3] 통상의 손해보험적 성격의 신원보증보험계약에 있어서 보험금청구권의 발생시기 및 소멸시효의 기산점(=손해사고시)

【판결요지】
[1] 신원보증보험계약(특별약관 포함)상 보험사고로 인한 손해는 ① 보통약관상 피보증인의 범죄행위로 인하여 피보험자가 직접 입은 손해, ② 보통약관상 피보증인의 제3자에 대한 범죄행위로 인하여 피보험자가 제3자에 대하여 법률상 손해배상책임을 부담함으로써 입은 손해, ③ 특별약관상 피보증인의 중대한 과실 등 민사상 책임을 지는 행위로 인하여 피보험자가 직접 입은 손해 및 ④ 특별약관상 피보증인의 중대한 과실 등 민사상 책임을 지는 행위로 인하여 피보험자가 제3자에 대하여 법률상 손해배상책임을 부담함으로써 입은 손해로 대별될 수 있음을 알 수 있고, 위 ①, ③항의 손해를 부보하는 보험부분은 통상의 손해보험에 해당하며, 위 ②, ④의 손해를 부보하는 보험 부분은 피보험자가 피보증인의 행위로 인하여 직접 입은 손해를 보상하는 것이 아니라 피보험자의 피용인인 피보증인의 행위로 인하여 제3자가 손해를 입게 된 결과 피보험자가 그 제3자에 대하여 법률상 손해배상책임을 부담함으로써 입은 손해를 보상하는 것을 그 내용으로 하고 있으므로 손해보험 중에서도 일종의 영업책임보험(상법 제721조)의 성격을 가지고 있다고 판단되므로, 신원보증보험계약의 보험금청구권의 발생요건 및 보험금

청구권의 소멸시효의 기산점 등은 이러한 복합적인 성격을 가지고 있는 보험의 각 성격에 따라 구분하여 개별적으로 파악되어야 할 것이다.
[2] 책임보험의 성질에 비추어 피보험자가 보험자에게 보험금청구권을 행사하려면 적어도 피보험자가 제3자에게 손해배상금을 지급하였거나 상법 또는 보험약관이 정하는 방법으로 피보험자의 제3자에 대한 채무가 확정되어야 할 것이고, 상법 제662조가 보험금의 청구권은 2년간 행사하지 아니하면 소멸시효가 완성한다는 취지를 규정하고 있을 뿐, 책임보험의 보험금청구권의 소멸시효의 기산점에 관하여는 상법상 아무런 규정이 없으므로, "소멸시효는 권리를 행사할 수 있는 때로부터 진행한다."고 소멸시효의 기산점에 관하여 규정한 민법 제166조 제1항에 따를 수밖에 없는바, 약관에서 책임보험의 보험금청구권의 발생시기나 발생요건에 관하여 달리 정한 경우 등 특별한 다른 사정이 없는 한 원칙적으로 책임보험의 보험금청구권의 소멸시효는 피보험자의 제3자에 대한 법률상의 손해배상책임이 상법 제723조 제1항이 정하고 있는 변제, 승인, 화해 또는 재판의 방법 등에 의하여 확정됨으로써 그 보험금청구권을 행사할 수 있는 때로부터 진행된다고 봄이 상당하다.
[3] 통상의 손해보험의 경우에는 피보증인이 피보험자에게 직접 손해를 가한 사고가 보험사고에 해당한다고 볼 것인데 보험사고가 발생한 것인지의 여부가 객관적으로 분명하지 아니하여 보험금청구권자가 과실 없이 보험사고의 발생을 알 수 없었던 특별한 사정이 없는 한 보험금청구권의 소멸시효는 원칙적으로 보험사고가 발생한 때로부터 진행한다고 볼 것이다.

제722조(피보험자의 배상청구 사실 통지의무) ① 피보험자가 제3자로부터 배상청구를 받았을 때에는 지체 없이 보험자에게 그 통지를 발송하여야 한다.
② 피보험자가 제1항의 통지를 게을리하여 손해가 증가된 경우 보험자는 그 증가된 손해를 보상할 책임이 없다. 다만, 피보험자가 제657조제1항의 통지를 발송한 경우에는 그러하지 아니하다.
[전문개정 2014.3.11.]

제723조(피보험자의 변제 등의 통지와 보험금액의 지급) ①피보험자가 제3자에 대하여 변제, 승인, 화해 또는 재판으로 인하여 채무가 확정된 때에는 지체없이 보험자에게 그 통지를 발송하여야 한다.
②보험자는 특별한 기간의 약정이 없으면 전항의 통지를 받은 날로부터 10일내에 보험금액을 지급하여야 한다.
③피보험자가 보험자의 동의없이 제3자에 대하여 변제, 승인 또는 화해를 한 경우에는 보험자가 그 책임을 면하게 되는 합의가 있는 때에도 그 행위가 현저하게 부당한 것이 아니면 보험자는 보상할 책임을 면하지 못한다.

피보험자가 손해배상판결에 항소하지 않아 확정시킨 경우 보험자 면책 되는지

(대한법률구조공단 자료)

질문

甲은 乙보험회사와 화물자동차에 관하여 기명피보험자를 甲으로 하는 업무용자동차종합보험계약을 체결하였는데, 丙이 무면허로 甲 몰래 위 화물자동차를 운전하다가 丁을 사망케 하는 교통사고를 야기하였습니다. 그런데 丁의 유족들은 甲과 乙보험회사를 공동피고로 하여 丁의 사망으로 인한 손해배상청구의 소송을 제기해 왔으며, 甲은 乙보험회사와 별도로 소송대리인을 선임하여 소송을 수행하였고, 제1심 판결 후 甲은 항소를 하지 않았으나, 乙보험회사는 항소를 하여 조정이 성립됨으로써 제1심 판결금액을 감액시켰습니다. 그러자 丁의 유족들은 乙보험회사에 대한 승소금을 수령하고, 그 금액과 甲에 대한 승소금과의 차액을 甲에게 청구하기 위하여 甲의 채권을 압류하였습니다. 이 경우 乙보험회사에서 위 차액을 甲에게 지급하여야 되는지요?

답변

「상법」 제 723조는 "①피보험자가 제3자에 대하여 변제, 승인, 화해 또는 재판으로 인하여 채무가 확정된 때에는 지체 없이 보험자에게 그 통지를 발송하여야 한다. ②보험자는 특별한 기간의 약정이 없으면 전항의 통지를 받은 날로부터 10일 내에 보험금액을 지급하여야 한다. ③피보험자는 보험자의 동의 없이 제3자에 대하여 변제, 승인 또는 화해를 한 경우에는 보험자가 그 책임을 면하게 되는 합의가 있는 때에도 그 행위가 현저하게 부당한 것이 아니면 보험자는 보상할 책임을 면하지 못한다." 라고 규정하고 있습니다.

그런데 위 사안과 관련된 판례는 "업무용자동차종합보험약관 제13조 제1항에는 피보험자가 손해배상청구를 받은 경우 피보험자의 동의를 얻어 보험자가 그 소송을 대행할 수 있다고만 규정되어 있을 뿐이어서 피보험자가 반드시 보험자로 하여금 그 소송을 대행하도록 할 의무가 있는 것으로는 보이지 않으므로(피보험자가 소송의 대행을 동의하지 않는 경우에는 보험자는 보조참가 할 수 있을 것임), 피보험자가 손해배상청구소송을 보험자로 하여금 대행하도록 하지 않고 법률전문가인 변호사를 소송대리인으로 선임하여 독자적으로 수행하였다고 하여 곧 위 약관조항을 위배하였다거나 또는 피보험자가 정당한 이유 없이 손해배상청구소송에서 보험자에게 협조하지 않을 경우 그로 말미암아 늘어난 손해에 대하여 보상하지 아니하도록 규정한 약관조항에 해당한다고 할 수 없다." 라고 하면서, "책임보험계약의 피보험자가 보험자의 동의 없이 제3자에 대하여 변제, 승인 또는 화해를 한 경우에는 보험자가 그 책임을 면하게 되는 합의가 있는 때에도 그 행위가 현저하게 부당한 것이 아니면 보험자는 보상할 책임을 면하지 못한다고 규정하고 있는 상법 제723조 제3항의 취지에 비추어 보면, 피보험자가 제3자로부터 재판상 손해배상청구를 받아 그 소송에서 손해배상을 명하는 판결을 선고받고 항소하지 않은 채 이를 확정 시켰다고 하더라도 그것이 '현저하게 부당한 경우'로 평가되지 않는 한 보험자는 보상할 책임을 면할 수 없으며, 피해자가 피보험자 및 보험자를 공동피고로 하여 제기한 손해배상청구소송의 제1심 판결에 대하여 피보험자는 항소하지 않고 보험자만이 항소하여 항소심에서 제1심 판결 금액보다 감액된 금액으로 조정이 성립되었다는 사실만으로 피보험자의 항소부제기를 '현저하게 부당한 경우'로 평가하여 보험자가 그 차액 상당의 보험금지급의무를 면한다고 볼 수 없다." 라고 하였습니다(대법원 2000. 4. 21. 선고 99다72293 판결).

따라서 위 사안에서 乙보험회사로서는 甲이 단순히 항소를 하지 않았다는 사유만으로, 丁의 유족들이 甲에 대하여 확정된 제1심 판결의 승소금과 제2심에서 乙보험회사와 조정이 성립된 금액의 차액을 甲에게 지급할 책임을 면하지는 못할 것으로 보입니다.

"본 사례는 개인의 법률문제 해결에 도움을 주고자 게재되었으나, 이용자 여러분의 생활에서 발생하는 구체적 사안은 동일하지는 않을 것이므로 참고자료로 활용하시기 바랍니다."

판례-보험금

[대법원 2014.9.25, 선고, 2014다207672, 판결]

【판시사항】

책임보험에서 보험자에 대한 피보험자의 보험금청구권과 제3자의 직접청구권의 우선 관계 / 책임보험의 보험자가 피보험자의 보험금청구권에 관한 가압류 등의 경합을 이유로 집행공탁을 한 경우, 이로써 상법 제724조 제1항에 따라 직접청구권을 가지는 제3자에게 대항할 수 있는지 여부(소극)

【판결요지】

상법 제724조 제1항은, 피보험자가 상법 제723조 제1항, 제2항의 규정에 의하여 보험자에 대하여 갖는 보험금청구권과 제3자가 상법 제724조 제2항의 규정에 의하여 보험자에 대하여 갖는 직접청구권의 관계에 관하여, 제3자의 직접청구권이 피보험자의 보험금청구권에 우선한다는 것을 선언하는 규정이므로, 보험자로서는 제3자가 피보험자로부터 배상을 받기 전에는 피보험자에 대한 보험금 지급으로 직접청구권을 갖는 피해자에게 대항할 수 없다. 그런데 피보험자가 보험계약에 따라 보험자에 대하여 가지는 보험금청구권에 관한 가압류 등의 경합을 이유로 한 집행공탁은 피보험자에 대한 변제공탁의 성질을 가질 뿐이므로, 이러한 집행공탁에 의하여 상법 제724조 제2항에 따른 제3자의 보험자에 대한 직접청구권이 소멸된다고 볼 수는 없으며, 따라서 집행공탁으로써 상법 제724조 제1항에 의하여 직접청구권을 가지는 제3자에게 대항할 수 없다.

제724조(보험자와 제3자와의 관계) ①보험자는 피보험자가 책임을 질 사고로 인하여 생긴 손해에 대하여 제3자가 그 배상을 받기 전에는 보험금액의 전부 또는 일부를 피보험자에게 지급하지 못한다.

②제3자는 피보험자가 책임을 질 사고로 입은 손해에 대하여 보험금액의 한도내에서 보험자에게 직접 보상을 청구할 수 있다. 그러나 보험자는 피보험자가 그 사고에 관하여 가지는 항변으로써 제3자에게 대항할 수 있다. <개정 1991.12.31.>

③보험자가 제2항의 규정에 의한 청구를 받은 때에는 지체없이 피보험자에게 이를 통지하여야 한다. <신설 1991.12.31.>

④제2항의 경우에 피보험자는 보험자의 요구가 있을 때에는 필요한 서류·증거의 제출, 증언 또는 증인의 출석에 협조하여야 한다. <신설 1991.12.31.>

판례-구상금

[대법원 2015.1.29, 선고, 2013다214529, 판결]

【판시사항】

[1] 건물의 임차인이 임차건물을 보험목적으로 하여 가입한 화재보험과 건물의 소유자가 건물을 보험목적으로 하여 가입한 화재보험이 소유자를 피보험자로 하는 중복보험의 관계에 있는 경우, 임차인의 책임 있는 사유로 임차건물에 화재가 발생하여 소유자에게 보험금을 지급한 소유자 화재보험의 보험자가 임차인 화재보험의 보험자로부터 중복보험 분담금을 지급받았더라도 임차인에 대하여 보험자대위에 의한 청구권을 행사할 수 있는지 여부(적극) 및 그 범위 / 임차인 화재보험의 보험자가 화재에 대한 임차인의 손해배상책임을 보상하는 책임보험자의 지위를 겸하고 있는 경우, 소유자 화재보험의 보험자가 상법 제724조 제2항에 따라 같은 금액을 임차인 화재보험의 보험자에게 청구할 수 있는지 여부(적극)

[2] 甲이 乙 소유의 건물 점포를 임차하여 주점을 운영하던 중 화재로 점포를 포함한 건물 일부가 소훼되었는데, 甲이 丙 보험회사와 체결한 책임보험계약 특별약관에서 丙 회사가 보상하지 아니하는 손해 중 하나로 '계약자 또는 피보험자가 소유, 점유, 임차, 사용하거나 보호, 관리, 통제하는 재물이 손해를 입음으로써 그 재물에 대하여 정당한 권리를 가지는 사람에 대한 손해에 대한 손해배상책임'을 정한 사안에서, 丙 회사는 위 점포에 발생한 손해에 관한 甲의 배상책임에 대하여는 책임보험계약에 따른 보상책임을 면한다고 한 사례

【판결요지】

[1] 건물의 임차인이 임차건물을 보험목적으로 하여 가입한 화재보험(이하 '임차인 화재보험'이라고 한다)과 건물의 소유자가 건물을 보험목적으로 하여 가입한 화재보험(이하 '소유자 화재보험'이라고 한다)이 소유자를 피보험자로 하는 중복보험의 관계에 있는 경우, 임차인의 책임 있는 사유로 임차건물에 화재가 발생하여 소유자 화재보험의 보험자가 소유자에게 건물에 관한 보험금을 지급하였다면,

소유자 화재보험의 보험자로서는 임차인 화재보험의 보험자로부터 상법 제672조 제1항에 따라 중복보험 분담금을 지급받았다고 하더라도 상법 제682조에 따라 임차인에 대하여 보험자대위에 의한 청구권을 행사할 수 있고, 다만 그 범위가 소유자에게 지급한 보험금에서 임차인 화재보험의 보험자로부터 지급받은 중복보험 분담금을 공제한 금액 중 보험자대위에 의한 청구권의 상대방인 임차인의 책임비율에 따른 부담 부분으로 축소될 뿐이다.
한편 임차인 화재보험의 보험자가 위 화재에 대한 임차인의 손해배상책임을 보상하는 책임보험자의 지위도 겸하고 있다면, 소유자 화재보험의 보험자는 책임보험 직접청구권에 관한 상법 제724조 제2항에 따라 같은 금액을 임차인 화재보험의 보험자에게 청구할 수 있다.
[2] 甲이 乙 소유의 건물 점포를 임차하여 주점을 운영하던 중 화재로 점포를 포함한 건물 일부가 소훼되었는데, 甲이 丙 보험회사와 체결한 점포 등에 관한 재산종합보험계약 중 책임보험계약 특별약관에서 丙 회사가 보상하지 아니하는 손해 중 하나로 '계약자 또는 피보험자가 소유, 점유, 임차, 사용하거나 보호, 관리, 통제하는 재물이 손해를 입음으로써 그 재물에 대하여 정당한 권리를 가지는 사람에 대한 손해에 대한 손해배상책임'을 정한 사안에서, 甲이 乙로부터 임차하여 점유·사용하고 있던 점포는 면책조항에 정한 '피보험자가 임차한 재물'에 해당하므로 丙 회사는 점포에 발생한 손해에 관한 甲의 배상책임에 대하여는 책임보험계약에 따른 보상책임을 면한다고 한 사례.

제725조(보관자의 책임보험) 임차인 기타 타인의 물건을 보관하는 자가 그 지급할 손해배상을 위하여 그 물건을 보험에 붙인 경우에는 그 물건의 소유자는 보험자에 대하여 직접 그 손해의 보상을 청구할 수 있다.

제725조의2(수개의 책임보험) 피보험자가 동일한 사고로 제3자에게 배상책임을 짐으로써 입은 손해를 보상하는 수개의 책임보험계약이 동시 또는 순차로 체결된 경우에 그 보험금액의 총액이 피보험자의 제3자에 대한 손해배상액을 초과하는 때에는 제672조와 제673조의 규정을 준용한다.
[본조신설 1991.12.31.]

제726조(재보험에의 준용) 이 절(節)의 규정은 그 성질에 반하지 아니하는 범위에서 재보험계약에 준용한다. [전문개정 2014.3.11.]

제6절 자동차보험

제726조의2(자동차보험자의 책임) 자동차보험계약의 보험자는 피보험자가 자동차를 소유, 사용 또는 관리하는 동안에 발생한 사고로 인하여 생긴 손해를 보상할 책임이 있다. [본조신설 1991.12.31.]

판례-보험금

[대법원 2010.4.15, 선고, 2009다90269, 판결]

【판시사항】
[1] 자동차종합보험계약의 '다른 자동차 운전담보 특별약관'에 가입한 기명피보험

자가 보험기간 중 보통약관에 따른 보험승계 절차를 거치지 않고 피보험자동차를 양도하여 대체자동차를 취득한 경우, 대체자동차가 특별약관의 요건을 구비하면 특별약관의 효력에 의해 그 운행에 따른 위험이 담보되는지 여부(적극)
[2] 대체자동차가 '다른 자동차 운전담보 특별약관'의 다른 자동차에 해당하기 위해서는 특별약관이 정하는 동일 차종 요건을 구비하면 충분하고, 더 나아가 보통약관의 보험승계 규정에서 요구하는 동일 차종 요건을 갖출 필요는 없다고 한 사례

【판결요지】
[1] 자동차종합보험계약의 '다른 자동차 운전담보 특별약관'은 기명피보험자가 보험기간 중에 피보험자동차를 양도하고 대체자동차를 취득한 경우 반드시 보통약관의 보험승계 규정에 따라 보험승계 절차를 거쳐야 함을 전제로 임시적으로 대체자동차에 의한 보험사고를 담보하려는 것이 아니라, 그와 같은 보험승계 절차와 관계없이 별도로 피보험자동차의 대체자동차가 위 특별약관에서 규정하는 '다른 자동차'에 해당하는 경우 특별약관 자체의 효력에 의하여 그 대체자동차에 의한 보험사고를 담보하려는 취지에서 마련된 것이고, 따라서 기명피보험자가 보험기간 중에 피보험자동차를 양도함으로써 그에 대한 운행지배와 운행이익을 상실하고 대체자동차를 취득한 경우 보통약관상의 보험계약 승계 규정에 따른 요건과 절차를 구비하여 보험회사의 승인을 얻었는지 여부와 관계없이 대체자동차는 특별약관의 요건을 구비하는 한 특별약관의 효력에 의하여 그 운행에 따른 위험이 그대로 담보된다.
[2] 자동차종합보험계약의 '다른 자동차 운전담보 특별약관'에 가입한 기명피보험자가 보험기간 중 피보험자동차를 양도하고 대체자동차를 매수하여 보통약관상의 보험승계 절차를 거치지 않은 채 운전하다 교통사고를 일으킨 사안에서, 대체자동차가 위 특별약관이 적용되는 다른 자동차에 해당하기 위해서는 특별약관이 정하는 동일 차종 요건을 구비하면 충분하고, 더 나아가 보통약관의 보험승계 규정에서 요구하는 동일 차종 요건을 갖출 필요는 없다고 한 사례.

제726조의3(자동차 보험증권) 자동차 보험증권에는 제666조에 게기한 사항 외에 다음의 사항을 기재하여야 한다.
1. 자동차소유자와 그 밖의 보유자의 성명과 생년월일 또는 상호
2. 피보험자동차의 등록번호, 차대번호, 차형년식과 기계장치
3. 차량가액을 정한 때에는 그 가액
[본조신설 1991.12.31.]

제726조의4(자동차의 양도) ①피보험자가 보험기간 중에 자동차를 양도한 때에는 양수인은 보험자의 승낙을 얻은 경우에 한하여 보험계약으로 인하여 생긴 권리와 의무를 승계한다.
②보험자가 양수인으로부터 양수사실을 통지받은 때에는 지체없이 낙부를 통지하여야 하고 통지받은 날부터 10일내에 낙부의 통지가 없을 때에는 승낙한 것으로 본다.
[본조신설 1991.12.31.]

제7절 보증보험

제726조의5(보증보험자의 책임) 보증보험계약의 보험자는 보험계약자가 피보

험자에게 계약상의 채무불이행 또는 법령상의 의무불이행으로 입힌 손해를 보상할 책임이 있다.
[본조신설 2014.3.11.]

제726조의6(적용 제외) ① 보증보험계약에 관하여는 제639조제2항 단서를 적용하지 아니한다.
② 보증보험계약에 관하여는 보험계약자의 사기, 고의 또는 중대한 과실이 있는 경우에도 이에 대하여 피보험자에게 책임이 있는 사유가 없으면 제651조, 제652조, 제653조 및 제659조제1항을 적용하지 아니한다.
[본조신설 2014.3.11.]

제726조의7(준용규정) 보증보험계약에 관하여는 그 성질에 반하지 아니하는 범위에서 보증채무에 관한 「민법」의 규정을 준용한다.
[본조신설 2014.3.11.]

제3장 인보험

제1절 통칙

제727조(인보험자의 책임) ①인보험계약의 보험자는 피보험자의 생명이나 신체에 관하여 보험사고가 발생할 경우에 보험계약으로 정하는 바에 따라 보험금이나 그 밖의 급여를 지급할 책임이 있다. <개정 2014.3.11.>
② 제1항의 보험금은 당사자 간의 약정에 따라 분할하여 지급할 수 있다. <신설 2014.3.11.>
[제목개정 2014.3.11.]

판례-보험금

[대법원 2013.10.11, 선고, 2012다25890, 판결]

【판시사항】
상해보험의 피보험자에게 보험기간 개시 전의 원인에 의하거나 그 이전에 발생한 신체장해가 있는 경우, 그에 따른 보험금 지급의 위험을 인수할 것인지 등을 당사자 사이의 약정으로 정할 수 있는지 여부(적극)

【판결요지】
상해보험은 피보험자가 보험기간 중에 급격하고 우연한 외래의 사고로 인하여 신체에 손상을 입는 것을 보험사고로 하는 인보험으로서, 보험금의 지급범위와 보험료율 등 보험상품의 내용을 어떻게 구성할 것인가는 보험상품을 판매하는 보험자의 정책에 따라 결정되는 것이므로, 피보험자에게 보험기간 개시 전의 원인에 의하거나 그 이전에 발생한 신체장해가 있는 경우에 그로 인한 보험금 지급의 위험을 인수할 것인지 등도 당사자 사이의 약정에 의하여야 한다.본 원심판결에 법리오해의 위법이 있다고 한 사례.

제728조(인보험증권) 인보험증권에는 제666조에 게기한 사항외에 다음의 사항을 기재하여야 한다. <개정 1991.12.31.>
1. 보험계약의 종류
2. 피보험자의 주소 · 성명 및 생년월일
3. 보험수익자를 정한 때에는 그 주소 · 성명 및 생년월일

제729조(제3자에 대한 보험대위의 금지) 보험자는 보험사고로 인하여 생긴 보험계약자 또는 보험수익자의 제3자에 대한 권리를 대위하여 행사하지 못한다. 그러나 상해보험계약의 경우에 당사자간에 다른 약정이 있는 때에는 보험자는 피보험자의 권리를 해하지 아니하는 범위안에서 그 권리를 대위하여 행사할 수 있다. <개정 1991.12.31.>

판례-구상금

[대법원 2014.10.15, 선고, 2012다88716, 판결]

【판시사항】

[1] 보험계약에서 담보하지 아니하는 손해에 해당하여 보험금 지급의무가 없는데도 보험자가 피보험자에게 보험금을 지급한 경우, 보험자대위가 인정되는지 여부(소극) 및 이는 상법 제729조 단서에 따른 보험자대위의 경우에도 마찬가지인지 여부(적극)
[2] 무보험자동차에 의한 상해담보특약을 맺은 보험자가 피보험자에게 보험금을 지급한 경우, 상법 제729조 단서에 따라 피보험자의 배상의무자에 대한 손해배상청구권을 대위행사할 수 있는 범위

【판결요지】

[1] 상법 제682조 제1항에서 정한 보험자의 제3자에 대한 보험자대위가 인정되기 위하여는 보험자가 피보험자에게 보험금을 지급할 책임이 있는 경우라야 하고, 보험계약에서 담보하지 아니하는 손해에 해당하여 보험금지급의무가 없는데도 보험자가 피보험자에게 보험금을 지급한 경우에는 보험자대위의 법리에 따라 피보험자의 손해배상청구권을 대위행사할 수 없는데, 이러한 이치는 상법 제729조 단서에 따른 보험자대위의 경우에도 마찬가지로 적용된다.
[2] 무보험자동차에 의한 상해담보특약의 보험자는 피보험자의 실제 손해액을 기준으로 위험을 인수한 것이 아니라 보통약관에서 정한 보험금 지급기준에 따라 산정된 금액만을 제한적으로 인수한 것이므로, 무보험자동차에 의한 상해담보특약을 맺은 보험자가 피보험자에게 보험금을 지급한 경우 상법 제729조 단서에 따라 피보험자의 배상의무자에 대한 손해배상청구권을 대위행사할 수 있는 범위는 피보험자가 배상의무자에 대하여 가지는 손해배상청구권의 한도 내에서 보통약관에서 정한 보험금 지급기준에 따라 정당하게 산정되어 피보험자에게 지급된 보험금액에 한정된다.

제2절 생명보험

제730조(생명보험자의 책임) 생명보험계약의 보험자는 피보험자의 사망, 생존, 사망과 생존에 관한 보험사고가 발생할 경우에 약정한 보험금을 지급할 책임이 있다. <개정 2014.3.11.> [제목개정 2014.3.11.]

제731조(타인의 생명의 보험) ①타인의 사망을 보험사고로 하는 보험계약에는 보험계약 체결시에 그 타인의 서면에 의한 동의를 얻어야 한다. <개정 1991.12.31.>

②보험계약으로 인하여 생긴 권리를 피보험자가 아닌 자에게 양도하는 경우에도 제1항과 같다. <개정 1991.12.31.>

판례-피보험자지위 부존재확인

[대법원 2013.11.14, 선고, 2011다101520, 판결]

【판시사항】

[1] 보험계약자가 피보험자의 서면동의를 얻어 타인의 사망을 보험사고로 하는 보험계약을 체결하였으나 피보험자가 서면동의할 때 기초로 한 사정에 중대한 변경이 있는 경우, 피보험자가 동의를 철회할 수 있는지 여부(적극) 및 피보험자가 서면동의할 때 기초로 한 사정에 중대한 변경이 있는지 판단하는 기준

[2] 甲 주식회사가 임직원으로 재직하던 乙 등이 재직 중 보험사고를 당할 경우 유가족에게 지급할 위로금 등을 마련하기 위하여 乙 등을 피보험자로 한 보험계약을 체결하고 乙 등이 보험계약 체결에 동의한 사안에서, 乙 등이 甲 회사에서 퇴직함으로써 보험계약의 전제가 되는 사정에 중대한 변경이 생겨 乙 등은 보험계약에 대한 동의를 철회할 수 있다고 본 원심판단을 수긍한 사례

【판결요지】

[1] 상법 제731조, 제734조 제2항의 취지에 비추어 보면, 보험계약자가 피보험자의 서면동의를 얻어 타인의 사망을 보험사고로 하는 보험계약을 체결함으로써 보험계약의 효력이 생긴 경우, 피보험자의 동의 철회에 관하여 보험약관에 아무런 규정이 없고 계약당사자 사이에 별도의 합의가 없었다고 하더라도, 피보험자가 서면동의를 할 때 기초로 한 사정에 중대한 변경이 있는 경우에는 보험계약자 또는 보험수익자의 동의나 승낙 여부에 관계없이 피보험자는 그 동의를 철회할 수 있다. 그리고 피보험자가 서면동의를 할 때 기초로 한 사정에 중대한 변경이 있는지는 보험계약자 또는 피보험자가 보험계약을 체결하거나 서면동의를 하게 된 동기나 경위, 보험계약이나 서면동의를 통하여 달성하려는 목적, 보험계약 체결을 전후로 한 보험계약자 또는 보험수익자와 피보험자 사이의 관계, 보험계약자 또는 보험수익자가 고의로 피보험자를 해치려고 하는 등으로 피보험자의 보험계약자 또는 보험수익자에 대한 신뢰가 깨졌는지 등의 제반 사정을 종합하여 사회통념에 비추어 개별적·구체적으로 판단하여야 한다.

[2] 甲 주식회사가 임직원으로 재직하던 乙 등이 재직 중 보험사고를 당할 경우 유가족에게 지급할 위로금 등을 마련하기 위하여 乙 등을 피보험자로 한 보험계약을 체결하고 乙 등이 보험계약 체결에 동의한 사안에서, 乙 등이 甲 회사에 계속 재직한다는 점은 보험계약에 대한 동의의 전제가 되는 사정이므로 乙 등이 甲 회사에서 퇴직함으로써 보험계약의 전제가 되는 사정에 중대한 변경이 생긴 이상 乙 등은 보험계약에 대한 동의를 철회할 수 있다고 본 원심판단을 수긍한 사례.

제732조(15세미만자등에 대한 계약의 금지) 15세미만자, 심신상실자 또는 심신박약자의 사망을 보험사고로 한 보험계약은 무효로 한다. 다만, 심신박약자가 보험계약을 체결하거나 제735조의3에 따른 단체보험의 피보험자가 될 때에 의사능력이 있는 경우에는 그러하지 아니하다. <개정 1991.12.31., 2014.3.11.>

판례-보험금

[대법원 2013.4.26, 선고, 2011다9068, 판결]

【판시사항】
[1] 15세 미만자 등의 사망을 보험사고로 한 보험계약은 무효라고 정한 상법 제732조가 효력규정인지 여부(적극)
[2] 일부 무효 법리를 정한 민법 제137조의 적용 범위 및 법률행위의 일부가 강행법규인 효력규정에 위반되어 무효가 되는 경우, 그 부분의 무효가 나머지 부분의 효력에 영향을 미치는지 판단하는 기준
[3] 甲과 乙 보험회사가 피보험자를 만 7세인 甲의 아들 丙으로 하고 보험수익자를 甲으로 하여, 丙이 재해로 사망하였을 때는 사망보험금을 지급하고 장해를 입었을 때는 소득상실보조금 등을 지급하는 내용의 보험계약을 체결한 사안에서, 위 보험계약 중 丙의 재해 사망을 보험금 지급사유로 하는 부분을 제외한 나머지 부분은 유효하다고 한 사례

【판결요지】
[1] 상법 제732조는 15세 미만자 등의 사망을 보험사고로 한 보험계약은 무효라고 정하고 있다. 위 법규정은, 통상 정신능력이 불완전한 15세 미만자 등을 피보험자로 하는 경우 그들의 자유롭고 성숙한 의사에 기한 동의를 기대할 수 없고, 그렇다고 해서 15세 미만자 등의 법정대리인이 이들을 대리하여 동의할 수 있는 것으로 하면 보험금의 취득을 위하여 이들이 희생될 위험이 있으므로, 그러한 사망보험의 악용에 따른 도덕적 위험 등으로부터 15세 미만자 등을 보호하기 위하여 둔 효력규정이라고 할 것이다. 따라서 15세 미만자 등의 사망을 보험사고로 한 보험계약은 피보험자의 동의가 있었는지 또는 보험수익자가 누구인지와 관계없이 무효가 된다.
[2] 민법 제137조는 임의규정으로서 법률행위 자치의 원칙이 지배하는 영역에서 그 적용이 있다. 그리하여 법률행위의 일부가 강행법규인 효력규정에 위반되어 무효가 되는 경우 그 부분의 무효가 나머지 부분의 유효·무효에 영향을 미치는가의 여부를 판단함에 있어서는, 개별 법령이 일부 무효의 효력에 관한 규정을 두고 있는 경우에는 그에 따르고, 그러한 규정이 없다면 민법 제137조 본문에서 정한 바에 따라서 원칙적으로 법률행위의 전부가 무효가 된다. 그러나 같은 조 단서는 당사자가 위와 같은 무효를 알았더라면 그 무효의 부분이 없더라도 법률행위를 하였을 것이라고 인정되는 경우에는, 그 무효 부분을 제외한 나머지 부분이 여전히 효력을 가진다고 정한다. 이때 당사자의 의사는 법률행위의 일부가 무효임을 법률행위 당시에 알았다면 의욕하였을 가정적 효과의사를 가리키는 것으로서, 당해 효력규정을 둔 입법 취지 등을 고려할 때 법률행위 전부가 무효로 된다면 그 입법 취지에 반하는 결과가 되는 등의 경우에는 여기서 당사자의 가정적 의사는 다른 특별한 사정이 없는 한 무효의 부분이 없더라도 그 법률행위를 하였을 것으로 인정되어야 한다.
[3] 甲과 乙 보험회사가 피보험자를 만 7세인 甲의 아들 丙으로 하고 보험수익자를 甲으로 하여, 丙이 재해로 사망하였을 때는 사망보험금을 지급하고 재해로 장해를 입었을 때는 소득상실보조금 등을 지급하는 내용의 보험계약을 체결하였는데, 丙이 교통사고로 보험약관에서 정한 후유장해진단을 받은 사안에서, 甲이 보험계약을 체결한 목적 등에 비추어 甲과 乙 회사는 보험계약 중 재해로 인한 사망을 보험금 지급사유로 하는 부분이 상법 제732조에 의하여 무효라는 사실을 알았더라도 나머지 보험금 지급사유 부분에 관한 보험계약을 체결하였을 것으로 봄이 타당하다는 이유로, 위 보험계약이 그 부분에 관하여는 여전히 유효하다고 본 원심판단을 정당하다고 한 사례.

제732조의2(중과실로 인한 보험사고 등) ① 사망을 보험사고로 한 보험계약에서는 사고가 보험계약자 또는 피보험자나 보험수익자의 중대한 과실로 인하여 발생한 경우에도 보험자는 보험금을 지급할 책임을 면하지 못한다.
② 둘 이상의 보험수익자 중 일부가 고의로 피보험자를 사망하게 한 경우 보험자는 다른 보험수익자에 대한 보험금 지급 책임을 면하지 못한다.
[전문개정 2014.3.11.]

상해보험계약상 무면허운전 면책약관의 효력

(대한법률구조공단 자료)

질문

상해보험의 면책약관상 무면허운전의 경우에는 보험금을 지급하지 않기로 되어 있는데, 무면허운전의 경우에는 예외 없이 보험금이 지급되지 않는지요?

답변

「상법」 제732조의 2는 "사망을 보험사고로 한 보험계약에는 사고가 보험계약자 또는 피보험자나 보험수익자의 중대한 과실로 인하여 생긴 경우에도 보험자는 보험금을 지급할 책임을 면치 못한다." 라고 규정하고 있고, 이 규정은 같은 법 제739조에 의하여 상해보험계약에도 준용되며, 같은 법 제663조는 당사자간의 특약으로 보험계약자 또는 피보험자나 보험수익자에게 불이익하게 위 각 규정을 변경하지 못하도록 규정하고 있습니다.
따라서 보험사고가 고의로 인하여 발생한 것이 아니라면 비록 중대한 과실에 의하여 생긴 것이라도 보험계약에 의한 보험금을 지급하여야 할 것입니다.
관련 판례도 "무면허운전이 고의적인 범죄행위이기는 하나 그 고의는 특별한 사정이 없는 한 무면허운전자체에 관한 것이고 직접적으로 사망이나 상해에 관한 것이 아니어서 그정도가 결코 그로 인한 손해보상을 가지고 보험계약에 있어서의 당사자의 선의성·윤리성에 반한다고는 할 수 없을 것이므로, 보험계약약관 중 피보험자의 무면허운전이라는 사유로 생긴 손해는 보상하지 아니한다고 규정한 면책약관이 보험사고가 전체적으로 보아 고의로 평가되는 행위로 인한 경우뿐만 아니라 과실(중과실 포함)로 평가되는 행위로 인한 경우까지 보상하지 아니한다는 취지라면 과실로 평가되는 행위로 인한 사고에 관한 한 무효이다." 라고 하여 무면허운전행위중의 사고가 고의로 평가될 정도에 이르지 아니하면 보험금을 지급해야함을 주지하고 있습니다(대법원 1996. 4. 26. 선고 96다4909 판결, 1999. 2. 12. 선고 98다26910 판결).
따라서 상해보험에 가입한 경우 전체적으로 보아 고의로 평가되는 행위로 인한 경우가 아니라면 단순히 무면허운전사고라는 이유만으로 보험금을 지급하지 않을수 없다고 할 것입니다.

"본 사례는 개인의 법률문제 해결에 도움을 주고자 게재되었으나, 이용자 여러분의 생활에서 발생하는 구체적 사안은 동일하지는 않을 것이므로 참고자료로 활용하시기 바랍니다."

제733조(보험수익자의 지정 또는 변경의 권리) ①보험계약자는 보험수익자를 지정 또는 변경할 권리가 있다.
②보험계약자가 제1항의 지정권을 행사하지 아니하고 사망한 때에는 피보험자를 보험수익자로 하고 보험계약자가 제1항의 변경권을 행사하지 아니하고 사망한 때에는 보험수익자의 권리가 확정된다. 그러나 보험계약자가 사망한 경우에는 그 승계인이 제1항의 권리를 행사할 수 있다는 약정이 있는 때에는 그러하지 아니하다. <개정 1991.12.31.>
③보험수익자가 보험존속 중에 사망한 때에는 보험계약자는 다시 보험수익자를 지정할 수 있다. 이 경우에 보험계약자가 지정권을 행사하지 아니하고 사망한 때에는 보험수익자의 상속인을 보험수익자로 한다.

④보험계약자가 제2항과 제3항의 지정권을 행사하기 전에 보험사고가 생긴 경우에는 피보험자 또는 보험수익자의 상속인을 보험수익자로 한다. <신설 1991.12.31.>

보험계약자가 상해보험의 수익자를 '상속인'으로 기재한 경우 수익자 범위

(대한법률구조공단 자료)

질문

甲은 乙보험회사와 피보험자는 甲, 사망의 경우 수익자를 '상속인'으로 하고, 상해의 경우에도 그 수익자를 '상속인'으로 하는 내용의 보험계약을 체결하였습니다.
그 후 甲은 보험기간 중 발생한 교통사고로 인하여 장해 1급의 재해를 입었습니다. 이에 甲의 처와 자녀들은 乙보험회사에 보험금을 청구하였으나 乙보험회사는 '상속인'은 피상속인이 사망하지 아니하는 한 존재할 수 없는 개념이므로, 상해 시의 수익자를 상속자로 기재한 것은 아무 효력이 없으므로 보험계약에 기한 보험수익자는 피보험자인 甲이라고 주장하면서 보험금 지급을 거절하고 있는데 乙보험회사의 주장이 맞는 것인지요?

답변

「상법」 제639조에 의하면 보험계약자는 특정 또는 불특정의 타인을 위하여 보험계약을 체결할 수 있고, 타인을 위한 생명보험에 있어서 보험수익자의 지정 또는 변경에 관한 「상법」 제 733조는 같은 법 제739조에 의하여 상해보험에도 준용되므로, 상해보험계약을 체결하는 보험계약자는 자유롭게 특정 또는 불특정의 타인을 수익자로 지정할 수 있고, 정액보험형 상해보험의 경우 보험계약자가 보험수익자를 지정한 결과 피보험자와 보험수익자가 일치하지 않게 되었다고 하더라도, 그러한 이유만으로 보험수익자 지정행위가 무효로 될수는 없다고 할 것입니다.

타인을 위한 상해보험에서 보험수익자는 그 지정행위 시점에 반드시 특정되어 있어야 하는 것은 아니고 보험사고 발생시에 특정될 수 있으면 충분하므로, 보험계약자는 이름 등을 통하여 특정인을 보험수익자로 지정할 수 있음은 물론 '배우자' 또는 '상속인' 과 같이 보험금을 수익할 자의 지위나 자격 등을 통하여 불특정인을 보험수익자로 지정할 수도 있고, 후자와 같이 보험수익자를 추상적 또는 유동적으로 지정한 경우에 보험계약자의 의사를 합리적으로 추측하여 보험사고 발생시 보험수익자를 특정할 수 있다면 그러한 지정행위는 유효하다고 할 것입니다.

따라서 이 사안의 경우 보험계약자인 '甲' 이 상해시 수익자란에 '상속인' 이라고 기재한 것은, 자신이 상해를 입은 경우 만약 그 상해의 결과로 자신이 사망하였다면 그 상속인이 되었을 자들을 상해 시 수익자로 지정할 의사였다고 봄이 상당하다고 할 것이므로(대법원 2006. 11. 9. 선고 2005다55817 판결), 위 사안의 경우 乙보험회사는 甲의 처와 자녀들(상속인)의 보험금청구에 응하여야 할 것으로 보입니다.

"본 사례는 개인의 법률문제 해결에 도움을 주고자 게재되었으나, 이용자 여러분의 생활에서 발생하는 구체적 사안은 동일하지는 않을 것이므로 참고자료로 활용하시기 바랍니다."

제734조(보험수익자지정권 등의 통지) ①보험계약자가 계약체결후에 보험수익자를 지정 또는 변경할 때에는 보험자에 대하여 그 통지를 하지 아니하면 이로써 보험자에게 대항하지 못한다.
②제731조제1항의 규정은 제1항의 지정 또는 변경에 준용한다. <개정 1962.12.12., 1991.12.31.>

제735조 삭제 <2014.3.11.>

第735조의2 삭제 <2014.3.11.>

第735조의3(단체보험) ①단체가 규약에 따라 구성원의 전부 또는 일부를 피보험자로 하는 생명보험계약을 체결하는 경우에는 제731조를 적용하지 아니한다.
②제1항의 보험계약이 체결된 때에는 보험자는 보험계약자에 대하여서만 보험증권을 교부한다.
③ 제1항의 보험계약에서 보험계약자가 피보험자 또는 그 상속인이 아닌 자를 보험수익자로 지정할 때에는 단체의 규약에서 명시적으로 정하는 경우 외에는 그 피보험자의 서면 동의를 받아야 한다. <신설 2014.3.11.>
[본조신설 1991.12.31.]

第736조(보험적립금반환의무 등) ①제649조, 제650조, 제651조 및 제652조 내지 제655조의 규정에 의하여 보험계약이 해지된 때, 제659조와 제660조의 규정에 의하여 보험금액의 지급책임이 면제된 때에는 보험자는 보험수익자를 위하여 적립한 금액을 보험계약자에게 지급하여야 한다. 그러나 다른 약정이 없으면 제659조제1항의 보험사고가 보험계약자에 의하여 생긴 경우에는 그러하지 아니하다. <개정 1991.12.31.>
② 삭제 <1991.12.31.>

제3절 상해보험

第737조(상해보험자의 책임) 상해보험계약의 보험자는 신체의 상해에 관한 보험사고가 생길 경우에 보험금액 기타의 급여를 할 책임이 있다.

판례-보험금

[대법원 2015.1.29, 선고, 2014다73053, 판결]

【판시사항】
甲을 피보험자로 하는 상해보험계약의 보험약관에서 보험금 지급사유로 '탑승 중 교통사고로 인한 상해의 직접결과로써 사망한 경우'를 규정하고 있는데, 甲이 고소작업차의 작업대에 탑승하여 아파트 10층 높이에서 외벽도장공사를 하던 중 고소작업차의 와이어가 끊어지면서 추락하여 사망한 사안에서, 위 사고는 고소작업차의 당해 장치를 용법에 따라 사용하던 중에 발생한 사고로서 보험약관에서 정한 자동차 운행 중의 교통사고에 해당한다고 한 사례

【판결요지】
甲을 피보험자로 하는 상해보험계약의 보험약관에서 보험금 지급사유로 '운행 중인 자동차에 운전을 하고 있지 않는 상태로 탑승 중이거나 운행 중인 기타 교통수단에 탑승하고 있을 때에 급격하고도 우연한 외래의 사고(탑승 중 교통사고)로 인한 상해의 직접결과로써 사망한 경우'를 규정하고 있는데, 甲이 고소작업차의 작업대에 탑승하여 아파트 10층 높이에서 외벽도장공사를 하던 중 고소작업차의 와이어가 끊어지면서 추락하여 사망한 사안에서, 고소작업차는 자동차관리법 시행규칙 제2조에 따른 특수자동차로 등록된 차량으로, 보험약관에서 '운행 중인 자

동차’ 로 규정한 특수자동차에 해당하는 점 등에 비추어, 위 사고는 고소작업차의 당해 장치를 용법에 따라 사용하던 중에 발생한 사고로서 보험약관에서 정한 자동차 운행 중의 교통사고에 해당한다고 한 사례.

제738조(상해보험증권) 상해보험의 경우에 피보험자와 보험계약자가 동일인이 아닐 때에는 그 보험증권기재사항중 제728조제2호에 게기한 사항에 갈음하여 피보험자의 직무 또는 직위만을 기재할 수 있다.

제739조(준용규정) 상해보험에 관하여는 제732조를 제외하고 생명보험에 관한 규정을 준용한다.

판례-보험금

[대법원 2014.9.4, 선고, 2012다204808, 판결]

【판시사항】
피보험자의 사망이나 상해를 보험사고로 하는 보험계약에서 피보험자의 안전띠 미착용 등 법령위반행위를 보험자의 면책사유로 정한 약관조항의 효력(원칙적 무효)

【판결요지】
상법 제732조의2, 제739조, 제663조의 규정에 의하면 사망이나 상해를 보험사고로 하는 인보험에 관하여는 보험사고가 고의로 인하여 발생한 것이 아니라면 비록 중대한 과실에 의하여 생긴 것이라 하더라도 보험금을 지급할 의무가 있다고 할 것인바, 위 조항들의 입법 취지 등에 비추어 보면, 피보험자의 사망이나 상해를 보험사고로 하는 보험계약에서는 보험사고 발생의 원인에 피보험자에게 과실이 존재하는 경우뿐만 아니라 보험사고 발생 시의 상황에 있어 피보험자에게 안전띠 미착용 등 법령위반의 사유가 존재하는 경우를 보험자의 면책사유로 약관에 정한 경우에도 그러한 법령위반행위가 보험사고의 발생원인으로서 고의에 의한 것이라고 평가될 정도에 이르지 아니하는 한 위 상법 규정들에 반하여 무효이다.

제4절 질병보험

제739조의2(질병보험자의 책임) 질병보험계약의 보험자는 피보험자의 질병에 관한 보험사고가 발생할 경우 보험금이나 그 밖의 급여를 지급할 책임이 있다.
[본조신설 2014.3.11.]

제739조의3(질병보험에 대한 준용규정) 질병보험에 관하여는 그 성질에 반하지 아니하는 범위에서 생명보험 및 상해보험에 관한 규정을 준용한다.
[본조신설 2014.3.11.]

제5편 해상
제1장 해상기업
제1절 선박

제740조(선박의 의의) 이 법에서 "선박"이란 상행위나 그 밖의 영리를 목적으로 항해에 사용하는 선박을 말한다. [전문개정 2007.8.3.]

제741조(적용범위) ①항해용 선박에 대하여는 상행위나 그 밖의 영리를 목적으로 하지 아니하더라도 이 편의 규정을 준용한다. 다만, 국유 또는 공유의 선박에 대하여는 「선박법」 제29조 단서에도 불구하고 항해의 목적·성질 등을 고려하여 이 편의 규정을 준용하는 것이 적합하지 아니한 경우로서 대통령령으로 정하는 경우에는 그러하지 아니하다.
②이 편의 규정은 단정(短艇) 또는 주로 노 또는 상앗대로 운전하는 선박에는 적용하지 아니한다.
[전문개정 2007.8.3.]

제742조(선박의 종물) 선박의 속구목록(屬具目錄)에 기재한 물건은 선박의 종물로 추정한다. [전문개정 2007.8.3.]

제743조(선박소유권의 이전) 등기 및 등록할 수 있는 선박의 경우 그 소유권의 이전은 당사자 사이의 합의만으로 그 효력이 생긴다. 다만, 이를 등기하고 선박국적증서에 기재하지 아니하면 제3자에게 대항하지 못한다.
[전문개정 2007.8.3.]

제744조(선박의 압류·가압류) ①항해의 준비를 완료한 선박과 그 속구는 압류 또는 가압류를 하지 못한다. 다만, 항해를 준비하기 위하여 생긴 채무에 대하여는 그러하지 아니하다.
②제1항은 총톤수 20톤 미만의 선박에는 적용하지 아니한다.
[전문개정 2007.8.3.]

제2절 선장

제745조(선장의 선임·해임) 선장은 선박소유자가 선임 또는 해임한다.
[전문개정 2007.8.3.]

제746조(선장의 부당한 해임에 대한 손해배상청구권) 선박소유자가 정당한 사유 없이 선장을 해임한 때에는 선장은 이로 인하여 생긴 손해의 배상을 청구할 수 있다. [전문개정 2007.8.3.]

제747조(선장의 계속직무집행의 책임) 선장은 항해 중에 해임 또는 임기가 만료된 경우에도 다른 선장이 그 업무를 처리할 수 있는 때 또는 그 선박이 선적항에 도착할 때까지 그 직무를 집행할 책임이 있다.
[전문개정 2007.8.3.]

제748조(선장의 대선장 선임의 권한 및 책임) 선장은 불가항력으로 인하여 그 직무를 집행하기가 불능한 때에 법령에 다른 규정이 있는 경우를 제외하고는 자기의 책임으로 타인을 선정하여 선장의 직무를 집행하게 할 수 있다.
[전문개정 2007.8.3.]

판례-사정재판에대한이의

[대법원 2000.8.22, 선고, 99다9646, 판결]

【판시사항】
[1] 상법 제748조 제4호 규정의 의미
[2] 법령상 그 제거 등의 의무를 부담하는 피해선박 소유자가 선박충돌로 인한 난파물 제거비용을 지급한 후 이를 가해선박 소유자에게 배상청구하는 경우, 그 채권이 상법 제748조 제4호 소정의 비제한채권에 해당하는지 여부(소극) 또는 상법 제746조 제1호 혹은 제3호나 제4호 소정의 제한채권에 해당하는지 여부(적극)
[3] 충돌된 일반 화물선의 연료유가 유출된 경우, 그 유류가 상법 제748조 제4호 소정의 '선박 안에 있거나 있었던 기타의 물건'에 해당하는지 여부(적극)

【판결요지】
[1] 상법 제748조 제4호에서 "침몰, 난파, 좌초, 유기 기타의 해양 사고를 당한 선박 및 그 선박 안에 있거나 있었던 적하 기타의 물건의 인양, 제거, 파괴 또는 무해조치에 관한 채권"(난파물 제거채권)에 대하여 선박소유자가 그 책임을 제한하지 못하는 것으로 규정하고 있는바, 이 조항의 문언 내용 및 입법의 취지와 연혁에 비추어 볼 때, 이 규정의 의미는 선박소유자에게 해상에서의 안전, 위생, 환경보전 등의 공익적인 목적으로 관계 법령에 의하여 그 제거 등의 의무가 부과된 경우에 그러한 법령상의 의무를 부담하는 선박소유자에 한하여 난파물 제거채권에 대하여 책임제한을 주장할 수 없는 것으로 봄이 상당하다.
[2] 법령상의 그 제거 등의 의무를 부담하는 선박소유자가 자신에게 부과된 의무나 책임을 이행함으로써 입은 손해에 관하여 그 손해발생에 원인을 제공한 가해선박 소유자에 대하여 그 손해배상을 구하는 채권은 상법 제748조 제4호에 규정된 "침몰, 난파, 좌초, 유기 기타의 해양 사고를 당한 선박 및 그 선박 안에 있거나 있었던 적하 기타의 물건의 인양, 제거, 파괴 또는 무해조치에 관한 채권"(난파물 제거채권)에 해당한다고 할 수 없으며, 오히려 이와 같은 구상채권은 구체적인 사정에 따라 선박소유자의 유한책임을 규정하고 있는 상법 제746조 제1호 혹은 제3호나 제4호에 해당한다.
[3] 상법 제748조 제3호의 적용을 받지 않는 산적(散積)유류를 화물로서 운송하는 선박 이외의 선박이 난파 등을 당하여 유출한 기름이 상법 제748조 제4호 소정의 '……선박 안에 있거나 있었던…기타의 물건'에 해당하는 것은 그 문언 자체의 해석에서뿐만 아니라, 상법 제748조 제4호 규정이 공익적인 목적을 달성하기 위하여 위와 같은 물건의 제거 등에 관한 채권에 대하여 선박소유자가 책임을 제한하지 못한다고 한 점에 비추어 보아도 명백하다.

제749조(대리권의 범위) ①선적항 외에서는 선장은 항해에 필요한 재판상 또는 재판 외의 모든 행위를 할 권한이 있다.
②선적항에서는 선장은 특히 위임을 받은 경우 외에는 해원의 고용과 해고를 할 권한만을 가진다.
[전문개정 2007.8.3.]

제750조(특수한 행위에 대한 권한) ①선장은 선박수선료·해난구조료, 그 밖에 항해의 계속에 필요한 비용을 지급하여야 할 경우 외에는 다음의 행위를 하지 못한다.
1. 선박 또는 속구를 담보에 제공하는 일
2. 차재(借財)하는 일
3. 적하의 전부나 일부를 처분하는 일
②적하를 처분할 경우의 손해배상액은 그 적하가 도달할 시기의 양륙항의 가격에 의하여 정한다. 다만, 그 가격 중에서 지급을 요하지 아니하는 비용을 공제하여야 한다.
[전문개정 2007.8.3.]

제751조(대리권에 대한 제한) 선장의 대리권에 대한 제한은 선의의 제3자에게 대항하지 못한다.
[전문개정 2007.8.3.]

제752조(이해관계인을 위한 적하의 처분) ①선장이 항해 중에 적하를 처분하는 경우에는 이해관계인의 이익을 위하여 가장 적당한 방법으로 하여야 한다.
②제1항의 경우에 이해관계인은 선장의 처분으로 인하여 생긴 채권자에게 적하의 가액을 한도로 하여 그 책임을 진다. 다만, 그 이해관계인에게 과실이 있는 때에는 그러하지 아니하다.
[전문개정 2007.8.3.]

제753조(선박경매권) 선적항 외에서 선박이 수선하기 불가능하게 된 때에는 선장은 해무관청의 인가를 받아 이를 경매할 수 있다.
[전문개정 2007.8.3.]

제754조(선박의 수선불능) ①다음 각 호의 경우에는 선박은 수선하기 불가능하게 된 것으로 본다.
1. 선박이 그 현재지에서 수선을 받을 수 없으며 또 그 수선을 할 수 있는 곳에 도달하기 불가능한 때
2. 수선비가 선박의 가액의 4분의 3을 초과할 때
②제1항제2호의 가액은 선박이 항해 중 훼손된 경우에는 그 발항한 때의 가액으로 하고 그 밖의 경우에는 그 훼손 전의 가액으로 한다.
[전문개정 2007.8.3.]

第755条(보고 · 계산의 의무) ①선장은 항해에 관한 중요한 사항을 지체 없이 선박소유자에게 보고하여야 한다.
②선장은 매 항해를 종료한 때에는 그 항해에 관한 계산서를 지체 없이 선박소유자에게 제출하여 그 승인을 받아야 한다.
③선장은 선박소유자의 청구가 있을 때에는 언제든지 항해에 관한 사항과 계산의 보고를 하여야 한다. [전문개정 2007.8.3.]

제3절 선박공유

第756条(선박공유자의 업무결정) ①공유선박의 이용에 관한 사항은 공유자의 지분의 가격에 따라 그 과반수로 결정한다.
②선박공유에 관한 계약을 변경하는 사항은 공유자의 전원일치로 결정하여야 한다.
[전문개정 2007.8.3.]

第757条(선박공유와 비용의 부담) 선박공유자는 그 지분의 가격에 따라 선박의 이용에 관한 비용과 이용에 관하여 생긴 채무를 부담한다.
[전문개정 2007.8.3.]

第758条(손익분배) 손익의 분배는 매 항해의 종료 후에 있어서 선박공유자의 지분의 가격에 따라서 한다. [전문개정 2007.8.3.]

第759条(지분의 양도) 선박공유자 사이에 조합관계가 있는 경우에도 각 공유자는 다른 공유자의 승낙 없이 그 지분을 타인에게 양도할 수 있다. 다만, 선박관리인의 경우에는 그러하지 아니하다. [전문개정 2007.8.3.]

第760条(공유선박의 국적상실과 지분의 매수 또는 경매청구) 선박공유자의 지분의 이전 또는 그 국적상실로 인하여 선박이 대한민국의 국적을 상실할 때에는 다른 공유자는 상당한 대가로 그 지분을 매수하거나 그 경매를 법원에 청구할 수 있다. [전문개정 2007.8.3.]

第761条(결의반대자의 지분매수청구권) ①선박공유자가 신항해를 개시하거나 선박을 대수선할 것을 결의한 때에는 그 결의에 이의가 있는 공유자는 다른 공유자에 대하여 상당한 가액으로 자기의 지분을 매수할 것을 청구할 수 있다.
②제1항의 청구를 하고자 하는 자는 그 결의가 있은 날부터, 결의에 참가하지 아니한 경우에는 결의통지를 받은 날부터 3일 이내에 다른 공유자 또는 선박관리인에 대하여 그 통지를 발송하여야 한다. [전문개정 2007.8.3.]

第762条(해임선장의 지분매수청구권) ①선박공유자인 선장이 그 의사에 반하여 해임된 때에는 다른 공유자에 대하여 상당한 가액으로 그 지분을 매수할

것을 청구할 수 있다.
②선박공유자가 제1항의 청구를 하고자 하는 때에는 지체 없이 다른 공유자 또는 선박관리인에 대하여 그 통지를 발송하여야 한다.
[전문개정 2007.8.3.]

第763조(항해 중 선박 등의 양도) 항해 중에 있는 선박이나 그 지분을 양도한 경우에 당사자 사이에 다른 약정이 없으면 양수인이 그 항해로부터 생긴 이익을 얻고 손실을 부담한다. [전문개정 2007.8.3.]

第764조(선박관리인의 선임·등기) ①선박공유자는 선박관리인을 선임하여야 한다. 이 경우 선박공유자가 아닌 자를 선박관리인으로 선임함에는 공유자 전원의 동의가 있어야 한다.
②선박관리인의 선임과 그 대리권의 소멸은 등기하여야 한다.
[전문개정 2007.8.3.]

第765조(선박관리인의 권한) ①선박관리인은 선박의 이용에 관한 재판상 또는 재판 외의 모든 행위를 할 권한이 있다.
②선박관리인의 대리권에 대한 제한은 선의의 제3자에게 대항하지 못한다.
[전문개정 2007.8.3.]

第766조(선박관리인의 권한의 제한) 선박관리인은 선박공유자의 서면에 의한 위임이 없으면 다음 각 호의 행위를 하지 못한다.
1. 선박을 양도·임대 또는 담보에 제공하는 일
2. 신항해를 개시하는 일
3. 선박을 보험에 붙이는 일
4. 선박을 대수선하는 일
5. 차재하는 일
[전문개정 2007.8.3.]

第767조(장부의 기재·비치) 선박관리인은 업무집행에 관한 장부를 비치하고 그 선박의 이용에 관한 모든 사항을 기재하여야 한다. [전문개정 2007.8.3.]

第768조(선박관리인의 보고·승인) 선박관리인은 매 항해의 종료 후에 지체 없이 그 항해의 경과상황과 계산에 관한 서면을 작성하여 선박공유자에게 보고하고 그 승인을 받아야 한다. [전문개정 2007.8.3.]

제4절 선박소유자 등의 책임제한

第769조(선박소유자의 유한책임) 선박소유자는 청구원인의 여하에 불구하고 다음 각 호의 채권에 대하여 제770조에 따른 금액의 한도로 그 책임을 제한할 수 있다. 다만, 그 채권이 선박소유자 자신의 고의 또는 손해발생의 염려가 있음을 인식하면서 무모하게 한 작위 또는 부작위로 인하여 생긴 손해에 관한 것인 때에는 그러하지 아니하다.

1. 선박에서 또는 선박의 운항에 직접 관련하여 발생한 사람의 사망, 신체의 상해 또는 그 선박 외의 물건의 멸실 또는 훼손으로 인하여 생긴 손해에 관한 채권
2. 운송물, 여객 또는 수하물의 운송의 지연으로 인하여 생긴 손해에 관한 채권
3. 제1호 및 제2호 외에 선박의 운항에 직접 관련하여 발생한 계약상의 권리 외의 타인의 권리의 침해로 인하여 생긴 손해에 관한 채권
4. 제1호부터 제3호까지의 채권의 원인이 된 손해를 방지 또는 경감하기 위한 조치에 관한 채권 또는 그 조치의 결과로 인하여 생긴 손해에 관한 채권

[전문개정 2007.8.3.]

제770조(책임의 한도액) ①선박소유자가 제한할 수 있는 책임의 한도액은 다음 각 호의 금액으로 한다.

1. 여객의 사망 또는 신체의 상해로 인한 손해에 관한 채권에 대한 책임의 한도액은 그 선박의 선박검사증서에 기재된 여객의 정원에 17만5천 계산단위(국제통화기금의 1 특별인출권에 상당하는 금액을 말한다. 이하 같다)를 곱하여 얻은 금액으로 한다.
2. 여객 외의 사람의 사망 또는 신체의 상해로 인한 손해에 관한 채권에 대한 책임의 한도액은 그 선박의 톤수에 따라서 다음 각 목에 정하는 바에 따라 계산된 금액으로 한다. 다만, 300톤 미만의 선박의 경우에는 16만7천 계산단위에 상당하는 금액으로 한다.
   가. 500톤 이하의 선박의 경우에는 33만3천 계산단위에 상당하는 금액
   나. 500톤을 초과하는 선박의 경우에는 가목의 금액에 500톤을 초과하여 3천톤까지의 부분에 대하여는 매 톤당 500 계산단위, 3천톤을 초과하여 3만톤까지의 부분에 대하여는 매 톤당 333 계산단위, 3만톤을 초과하여 7만톤까지의 부분에 대하여는 매 톤당 250 계산단위 및 7만톤을 초과한 부분에 대하여는 매 톤당 167 계산단위를 각 곱하여 얻은 금액을 순차로 가산한 금액
3. 제1호 및 제2호 외의 채권에 대한 책임의 한도액은 그 선박의 톤수에 따라서 다음 각 목에 정하는 바에 따라 계산된 금액으로 한다. 다만, 300톤 미만의 선박의 경우에는 8만3천 계산단위에 상당하는 금액으로 한다.
   가. 500톤 이하의 선박의 경우에는 16만7천 계산단위에 상당하는 금액
   나. 500톤을 초과하는 선박의 경우에는 가목의 금액에 500톤을 초과하여 3만톤까지의 부분에 대하여는 매 톤당 167 계산단위, 3만톤을 초과하여 7만톤까지의 부분에 대하여는 매 톤당 125 계산단위 및 7만톤을 초과한 부분에 대하여는 매 톤당 83 계산단위를 각 곱하여 얻은 금액을 순차로 가산한 금액

②제1항 각 호에 따른 각 책임한도액은 선박마다 동일한 사고에서 생긴 각 책임한도액에 대응하는 선박소유자에 대한 모든 채권에 미친다.

③제769조에 따라 책임이 제한되는 채권은 제1항 각 호에 따른 각 책임한

도액에 대하여 각 채권액의 비율로 경합한다.
④제1항제2호에 따른 책임한도액이 같은 호의 채권의 변제에 부족한 때에는 제3호에 따른 책임한도액을 그 잔액채권의 변제에 충당한다. 이 경우 동일한 사고에서 제3호의 채권도 발생한 때에는 이 채권과 제2호의 잔액채권은 제3호에 따른 책임한도액에 대하여 각 채권액의 비율로 경합한다.
[전문개정 2007.8.3.]

제771조(동일한 사고로 인한 반대채권액의 공제) 선박소유자가 책임의 제한을 받는 채권자에 대하여 동일한 사고로 인하여 생긴 손해에 관한 채권을 가지는 경우에는 그 채권액을 공제한 잔액에 한하여 책임의 제한을 받는 채권으로 한다.
[전문개정 2007.8.3.]

제772조(책임제한을 위한 선박톤수) 제770조제1항에서 규정하는 선박의 톤수는 국제항해에 종사하는 선박의 경우에는 「선박법」에서 규정하는 국제총톤수로 하고 그 밖의 선박의 경우에는 같은 법에서 규정하는 총톤수로 한다.
[전문개정 2007.8.3.]

제773조(유한책임의 배제) 선박소유자는 다음 각 호의 채권에 대하여는 그 책임을 제한하지 못한다.
1. 선장·해원, 그 밖의 사용인으로서 그 직무가 선박의 업무에 관련된 자 또는 그 상속인, 피부양자, 그 밖의 이해관계인의 선박소유자에 대한 채권
2. 해난구조로 인한 구조료 채권 및 공동해손의 분담에 관한 채권
3. 1969년 11월 29일 성립한 「유류오염손해에 대한 민사책임에 관한 국제조약」 또는 그 조약의 개정조항이 적용되는 유류오염손해에 관한 채권
4. 침몰·난파·좌초·유기, 그 밖의 해양사고를 당한 선박 및 그 선박 안에 있거나 있었던 적하와 그 밖의 물건의 인양·제거·파괴 또는 무해조치에 관한 채권
5. 원자력손해에 관한 채권
[전문개정 2007.8.3.]

판례-채무부존재확인

[대법원 1991.12.24, 선고, 91다30880, 판결]

【판시사항】
가. 상법 제773조 소정의 '선적항'의 의미 및 선박소유자인 건조업자가 발주자에게 인도하기 위하여 계선관리중인 미등록 선박의 선적항
나. 위 '가'항의 미등록 선박이 계선관리중에 좌초된 경우에 있어 선장이 체결한 구조계약의 효력을 계약체결대리권이 없다 하여 부인한 사례

【판결요지】
가. 상법 제773조 소정의 '선적항'은 선박의 등기 또는 등록을 한 등록항의 뜻 외에 해상기업의 본거항의 뜻도 갖는 것이므로 선박소유자인 건조업자가 발주자에

게 인도하기 위하여 계선관리중인 미등록 선박은 계선관리하고 있는 항구를 본거항으로 보아야 할 것이다.
나. 위 "가" 항의 미등록 선박이 계선관리중에 좌초된 경우에 있어 선장이 체결한 구조계약의 효력을 계약체결대리권이 없다 하여 부인한 사례.

제774조(책임제한을 할 수 있는 자의 범위) ①다음 각 호의 어느 하나에 해당하는 자는 이 절의 규정에 따라 선박소유자의 경우와 동일하게 책임을 제한할 수 있다.
1. 용선자 · 선박관리인 및 선박운항자
2. 법인인 선박소유자 및 제1호에 규정된 자의 무한책임사원
3. 자기의 행위로 인하여 선박소유자 또는 제1호에 규정된 자에 대하여 제769조 각 호에 따른 채권이 성립하게 한 선장 · 해원 · 도선사, 그 밖의 선박소유자 또는 제1호에 규정된 자의 사용인 또는 대리인

②동일한 사고에서 발생한 모든 채권에 대한 선박소유자 및 제1항에 규정된 자에 의한 책임제한의 총액은 선박마다 제770조에 따른 책임한도액을 초과하지 못한다.
③선박소유자 또는 제1항 각 호에 규정된 자의 1인이 책임제한절차개시의 결정을 받은 때에는 책임제한을 할 수 있는 다른 자도 이를 원용할 수 있다.
[전문개정 2007.8.3.]

제775조(구조자의 책임제한) ①구조자 또는 그 피용자의 구조활동과 직접 관련하여 발생한 사람의 사망 · 신체의 상해, 재산의 멸실이나 훼손, 계약상 권리 외의 타인의 권리의 침해로 인하여 생긴 손해에 관한 채권 및 그러한 손해를 방지 혹은 경감하기 위한 조치에 관한 채권 또는 그 조치의 결과로 인하여 생긴 손해에 관한 채권에 대하여는 제769조부터 제774조(제769조제2호 및 제770조제1항제1호를 제외한다)까지의 규정에 따라 구조자도 책임을 제한할 수 있다.
②구조활동을 선박으로부터 행하지 아니한 구조자 또는 구조를 받는 선박에서만 행한 구조자는 제770조에 따른 책임의 한도액에 관하여 1천500톤의 선박에 의한 구조자로 본다.
③구조자의 책임의 한도액은 구조선마다 또는 제2항의 경우에는 구조자마다 동일한 사고로 인하여 생긴 모든 채권에 미친다.
④제1항에서 "구조자"란 구조활동에 직접 관련된 용역을 제공한 자를 말하며, "구조활동"이란 해난구조 시의 구조활동은 물론 침몰 · 난파 · 좌초 · 유기, 그 밖의 해양사고를 당한 선박 및 그 선박 안에 있거나 있었던 적하와 그 밖의 물건의 인양 · 제거 · 파괴 또는 무해조치 및 이와 관련된 손해를 방지 또는 경감하기 위한 모든 조치를 말한다.
[전문개정 2007.8.3.]

제776조(책임제한의 절차) ①이 절의 규정에 따라 책임을 제한하고자 하는 자는 채권자로부터 책임한도액을 초과하는 청구금액을 명시한 서면에 의한 청구를 받은 날부터 1년 이내에 법원에 책임제한절차개시의 신청을 하여야 한다.

②책임제한절차 개시의 신청, 책임제한의 기금의 형성 · 공고 · 참가 · 배당, 그 밖에 필요한 사항은 별도로 법률로 정한다. [전문개정 2007.8.3.]

제5절 선박담보

제777조(선박우선특권 있는 채권) ①다음의 채권을 가진 자는 선박 · 그 속구, 그 채권이 생긴 항해의 운임, 그 선박과 운임에 부수한 채권에 대하여 우선특권이 있다.

1. 채권자의 공동이익을 위한 소송비용, 항해에 관하여 선박에 과한 제세금, 도선료 · 예선료, 최후 입항 후의 선박과 그 속구의 보존비 · 검사비
2. 선원과 그 밖의 선박사용인의 고용계약으로 인한 채권
3. 해난구조로 인한 선박에 대한 구조료 채권과 공동해손의 분담에 대한 채권
4. 선박의 충돌과 그 밖의 항해사고로 인한 손해, 항해시설 · 항만시설 및 항로에 대한 손해와 선원이나 여객의 생명 · 신체에 대한 손해의 배상채권

②제1항의 우선특권을 가진 선박채권자는 이 법과 그 밖의 법률의 규정에 따라 제1항의 재산에 대하여 다른 채권자보다 자기채권의 우선변제를 받을 권리가 있다. 이 경우 그 성질에 반하지 아니하는 한 「민법」의 저당권에 관한 규정을 준용한다. [전문개정 2007.8.3.]

선박우선특권과 임금우선특권 사이의 배당순위

(대한법률구조공단 자료)

질문

저는 甲해운회사의 근로자로 임금을 지급받지 못하고 있는 상태였는데 甲회사 소유의 선박이 乙회사의 선박과 충돌하게 되었습니다. 그 사고로 인하여 甲회사에 대해 손해배상채권을 취득한 乙회사가 「상법」제777조 제1항 제4호 소정의 선박우선특권에 기하여 위 선박에 대하여 임의경매 신청을 제기하였습니다. 그래서 저도 「근로기준법」제38조 제2항 소정의 우선변제권에 기하여 배당요구 신청을 하였고, 법원은 임금채권을 우선순위로 하여 배당을 하였습니다. 이에 乙회사는 선박우선특권이 임금우선특권에 우선한다고 하며 배당이의를 제기한다고 하는데, 乙회사의 주장이 맞는지요?

답변

「근로기준법」 제38조는 "①임금, 재해보상금, 그 밖에 근로 관계로 인한 채권은 사용자의 총재산에 대하여 질권 또는 저당권에 따라 담보된 채권 외에는 조세 · 공과금 및 다른 채권에 우선하여 변제되어야 한다. 다만, 질권 또는 저당권에 우선하는 조세 · 공과금에 대하여는 그러하지 아니하다. ②제1항에도 불구하고 최종 3개월분의 임금, 재해보상금 채권은 사용자의 총재산에 대하여 질권 또는 저당권에 따라 담보된 채권, 조세 · 공과금 및 다른 채권에 우선하여 변제되어야 한다."라고 규정하고 있습니다.

또한, 「상법」 제777조 제1항 제4호는 "선박의 충돌로 인한 손해 기타의 항해사고로 인한 항해시설, 항만시설 및 항로에 대한 손해와 선원이나 여객의 생명, 신체에 대한 손해배상채권은 선박, 그 속구(屬具), 그 채권이 생긴 항해의 운임, 그 선박과 운임에 부수한 채권에 대하여 우선특권이 있다."라고 규정하고 있고, 같은 조 제2항은 "제1항의 우선특권을 가진 선박채권자는 이 법 기타의 법률의 규정에 따라 전항의 재산에 대하여 다른 채권자보다 자기채권의 우선변제를 받을 권리가 있다."라고 규정하고 있습니다.

한편, 선박우선특권과 임금우선특권의 우열에 대하여 판례는 "선박우선특권과 임금우선특권 상호간의 순위에 관한 규정은 없으므로, 이러한 경우 그 순위는 각 우선특권을 부여하게 된 공익상의

필요성을 비롯한 입법 취지 등을 감안하여 합리적으로 정할 수밖에 없다고 하면서 그 취지 등에 대하여 선박우선특권 제도는 원래 해상기업에 수반되는 위험성으로 인하여 해사채권자에게 확실한 담보를 제공할 필요성과 선박소유자에게 책임제한을 인정하는 대신 해사채권자를 두텁게 보호해야 한다는 형평상의 요구에 의하여 생긴 제도임에 비하여, 임금우선특권 제도는 근로자의 생활안정, 특히 사용자가 파산하거나 사용자의 재산이 다른 채권자에 의해 압류되었을 경우에 사회·경제적 약자인 근로자의 최저생활보장을 확보하기 위한 사회정책적 고려에서 일반 담보물권자 등의 희생 아래 인정되어진 제도로서 그 공익적 성격이 매우 강하므로, 양 우선특권제도의 입법 취지를 비교하면 임금우선특권을 더 강하게 보호할 수밖에 없고, 나아가 상법 제861조(현행상법 제777조) 제2항에 의하면, 선박우선특권 있는 채권을 가진 자는 다른 채권자보다 우선변제를 받을 권리가 있되 이 경우에 그 성질에 반하지 아니하는 한 민법상의 저당권에 관한 규정을 준용하도록 되어 있는 점, 조세채권우선 원칙의 예외사유를 규정한 국세기본법 제35조 제1항 단서나 지방세법 제31조 제2항에서 임금우선특권은 그 예외사유로 규정되어 당해세보다도 우선하는 반면에 선박우선특권은 예외사유에서 빠져 있는 점, 구 근로기준법 제37조 제2항(현행 근로기준법 제38조 제2항)은 임금우선특권 있는 채권은 조세·공과금 채권에도 우선한다는 취지로 규정하고 있음에 반하여 상법에는 선박우선특권 있는 채권과 조세채권 상호간의 순위에 관하여 아무런 규정이 없을 뿐만 아니라, 오히려 상법 제861조(현행상법 제777조) 제1항은 '항해에 관하여 선박에 과한 제세금'을 제1호 소정의 채권에 포함시켜 선박우선특권 내부에서 가장 앞선 순위로 규정하고 있는 점 등을 감안하면, 임금우선특권을 선박우선특권보다 우선시키는 것이 합리적인 해석이라고 할 것이다." 라고 하였습니다(대법원 2005. 10. 13. 선고 2004다26799판결).

따라서 위 판례에 비추어 볼 때 법원의 임금채권 우선배당은 타당한 것으로 보이므로 乙회사의 주장은 배척될 것으로 보입니다.

"본 사례는 개인의 법률문제 해결에 도움을 주고자 게재되었으나, 이용자 여러분의 생활에서 발생하는 구체적 사안은 동일하지는 않을 것이므로 참고자료로 활용하시기 바랍니다."

제778조(선박·운임에 부수한 채권) 제777조에 따른 선박과 운임에 부수한 채권은 다음과 같다.

1. 선박 또는 운임의 손실로 인하여 선박소유자에게 지급할 손해배상
2. 공동해손으로 인한 선박 또는 운임의 손실에 대하여 선박소유자에게 지급할 상금
3. 해난구조로 인하여 선박소유자에게 지급할 구조료

[전문개정 2007.8.3.]

제779조(운임에 대한 우선특권) 운임에 대한 우선특권은 지급을 받지 아니한 운임 및 지급을 받은 운임 중 선박소유자나 그 대리인이 소지한 금액에 한하여 행사할 수 있다. [전문개정 2007.8.3.]

제780조(보험금 등의 제외) 보험계약에 의하여 선박소유자에게 지급할 보험금과 그 밖의 장려금이나 보조금에 대하여는 제778조를 적용하지 아니한다. [전문개정 2007.8.3.]

판례-손해배상(기)

[대법원 2002.5.28, 선고, 2001다12621, 판결]

【판시사항】

선박의 운행 중 사고로 인한 손해배상에 대하여 그 선박의 이용자가 손해배상을 부담하기 위한 요건

【판결요지】
선박의 운행 중 사고로 인한 손해배상에 대하여 그 선박의 이용자가 손해배상을 부담하기 위하여는 그 이용자가 사고 선박의 선장·선원에 대한 실질적인 지휘·감독권이 있어야 하고, 그와 같은 권한이 있는지 여부는 그 선박의 이용계약이 선박임대차계약인지, 정기용선계약인지 아니면 이와 유사한 성격을 가진 제3의 특수한 계약인지 여부 및 그 계약의 취지·내용에 선박의 선장·선원에 대한 실질적인 지휘·감독권이 이용권자에게 부여되어 있는지 여부 등을 구체적으로 검토하여 결정하여야 한다.

제781조(선박사용인의 고용계약으로 인한 채권) 제777조제1항제2호에 따른 채권은 고용계약 존속 중의 모든 항해로 인한 운임의 전부에 대하여 우선특권이 있다. [전문개정 2007.8.3.]

제782조(동일항해로 인한 채권에 대한 우선특권의 순위) ①동일항해로 인한 채권의 우선특권이 경합하는 때에는 그 우선의 순위는 제777조제1항 각 호의 순서에 따른다.
②제777조제1항제3호에 따른 채권의 우선특권이 경합하는 때에는 후에 생긴 채권이 전에 생긴 채권에 우선한다. 동일한 사고로 인한 채권은 동시에 생긴 것으로 본다.
[전문개정 2007.8.3.]

제783조(수회항해에 관한 채권에 대한 우선특권의 순위) ①수회의 항해에 관한 채권의 우선특권이 경합하는 때에는 후의 항해에 관한 채권이 전의 항해에 관한 채권에 우선한다.
②제781조에 따른 우선특권은 그 최후의 항해에 관한 다른 채권과 동일한 순위로 한다.
[전문개정 2007.8.3.]

제784조(동일순위의 우선특권이 경합한 경우) 제781조부터 제783조까지의 규정에 따른 동일순위의 우선특권이 경합하는 때에는 각 채권액의 비율에 따라 변제한다.
[전문개정 2007.8.3.]

제785조(우선특권의 추급권) 선박채권자의 우선특권은 그 선박소유권의 이전으로 인하여 영향을 받지 아니한다. [전문개정 2007.8.3.]

제786조(우선특권의 소멸) 선박채권자의 우선특권은 그 채권이 생긴 날부터 1년 이내에 실행하지 아니하면 소멸한다.
[전문개정 2007.8.3.]

제787조(선박저당권) ①등기한 선박은 저당권의 목적으로 할 수 있다.

②선박의 저당권은 그 속구에 미친다.
③선박의 저당권에는 「민법」의 저당권에 관한 규정을 준용한다.
[전문개정 2007.8.3.]

판례-구상금

[대법원 2004.10.27, 선고, 2004다7040, 판결]

【판시사항】

[1] 재용선계약 등에 의하여 복수의 해상운송 주체가 있는 경우, 운송인의 확정 방법 및 선하증권의 발행사실만으로 당연히 운송인의 지위가 인정되는지 여부(소극)
[2] 선박임차인과 항해용선계약을 체결한 항해용선자가 재용선계약에 의하여 재용선자에게 선복을 항해용선하여 준 경우, 선장과 선원에 대한 임면·지휘권을 가지고 선박을 점유·관리하는 자(=선박임차인) 및 선박임차인이 재용선자인 제3자에게 상법 제806조에 의한 책임을 부담하는지 여부(적극)
[3] 선박이 선박임차인으로부터 순차 재재재항해용선되었다고 하더라도, 선박임차인은 자신의 지휘·감독하에 있는 위 선박에 의하여 운송계약을 실제로 이행한 자이므로 화물이 자신의 관리하에 있는 동안 자기 또는 선박사용인의 고의·과실로 인하여 손해가 발생하였다면 불법행위로 인한 손해배상책임을 져야 한다고 한 사례

【판결요지】

[1] 재용선계약의 경우, 선주와 용선자 사이의 주된 용선계약과 용선자와 재용선자 사이의 재용선계약은 각각 독립된 운송계약으로서 선주와 재용선계약의 재용선자와는 아무런 직접적인 관계가 없다 할 것인바, 재용선계약 등에 의하여 복수의 해상운송 주체가 있는 경우 운송의 최종 수요자인 운송의뢰인에 대한 관계에서는, 용선계약에 의하여 그로부터 운송을 인수한 자가 누구인지에 따라 운송인이 확정되는 것이고, 선하증권의 발행자가 운송인으로 인정될 개연성이 높다 하겠지만, 그렇다고 하여 선하증권의 발행사실만으로 당연히 운송인의 지위가 인정되는 것은 아니다.
[2] 선박의 소유자가 선박임대차계약에 의하여 선박을 임대하여 주고, 선박임차인은 다른 자와 항해용선계약을 체결하여, 그 항해용선자가 재용선계약에 의하여 선복을 제3자인 재용선자에게 항해용선하여 준 경우에 선장과 선원에 대한 임면·지휘권을 가지고 선박을 점유·관리하는 자는 선박의 소유자가 아니라 선박임차인이라 할 것인바, "선박임차인이 상행위 기타 영리를 목적으로 선박을 항해에 사용하는 경우에는 그 이용에 관한 사항에는 제3자에 대하여 선박소유자와 동일한 권리의무가 있다."고 규정한 상법 제766조 제1항의 취지에 따라, 선박임차인은 재용선자인 제3자에 대하여 상법 제806조에 의한 책임, 즉 자신의 지휘·감독 아래에 있는 선장의 직무에 속한 범위 내에서 발생한 손해에 관하여 상법 제787조 및 제788조의 규정에 의한 책임을 진다 할 것이고, 이는 재용선자가 전부 혹은 일부 선복을 제3자에게 재재용선하여 줌으로써 순차로 재재재용선계약에 이른 경우에도 마찬가지라 할 것이다.
[3] 선박이 선박임차인으로부터 순차 재재재항해용선되었다고 하더라도, 선박임차인은 자신의 지휘·감독하에 있는 위 선박에 의하여 운송계약을 실제로 이행한 자이므로 화물이 자신의 관리하에 있는 동안 자기 또는 선박사용인의 고의·과실로 인하여 손해가 발생하였다면 불법행위로 인한 손해배상책임을 져야 한다고 한 사례.

제788조(선박저당권 등과 우선특권의 경합) 선박채권자의 우선특권은 질권과 저당권에 우선한다. [전문개정 2007.8.3.]

제789조(등기선박의 입질불허) 등기한 선박은 질권의 목적으로 하지 못한다.
[전문개정 2007.8.3.]

판례-손해배상(기)

[대법원 2006.5.12, 선고, 2005다21593, 판결]

【판시사항】

운송물인 페놀의 변색이 그 자체의 특수한 성질이나 제조과정에서 생성된 부산물의 존재 등 숨은 하자로 인하여 생긴 것이고, 그와 같은 변색은 그 특수한 성질이나 숨은 하자로 인하여 보통 생길 수 있는 것이라고 봄이 상당하므로, 상법 제789조 제2항의 규정에 의하여 해상운송인의 책임이 면책된다고 한 사례

【판결요지】

운송물인 페놀의 변색이 그 자체의 특수한 성질이나 제조과정에서 생성된 부산물의 존재 등 숨은 하자로 인하여 생긴 것이고, 그와 같은 변색은 그 특수한 성질이나 숨은 하자로 인하여 보통 생길 수 있는 것이라고 봄이 상당하므로, 상법 제789조 제2항의 규정에 의하여 해상운송인의 책임이 면책된다고 한 사례.

제790조(건조 중의 선박에의 준용) 이 절의 규정은 건조 중의 선박에 준용한다.
[전문개정 2007.8.3.]

판례-구상금

[대법원 2009.8.20, 선고, 2007다82530, 판결]

【판시사항】

[1] 해상운송인이 선하증권의 이면약관으로 운송인이 선적항에서 운송물을 수령하여 단독으로 관리하게 되는 때부터 운송인으로서의 책임을 부담하도록 정한 경우, 구 상법 제790조에 반하여 무효인지 여부(소극)
[2] 구 상법 제789조의3 제2항에서 정한 운송인의 '사용인 또는 대리인'에 자기 고유의 사업을 영위하는 독립적인 계약자도 포함되는지 여부(소극) 및 그러한 독립적인 계약자가 구 상법 제789조의2에 기한 운송인의 책임제한 항변을 원용할 수 있는지 여부(소극)
[3] 해상운송에 있어서 컨테이너 적재작업을 하던 도중에 화물이 손상된 경우, 항만에 화물집하소를 두고 컨테이너 적재작업을 하는 자는 운송인의 면책항변을 원용할 수 있는 이행보조자가 아니라고 한 사례

【판결요지】

[1] 해상운송인이 선하증권의 이면약관으로 운송인이 선적항에서 운송물을 수령하여 단독으로 관리하게 되는 때부터 운송인으로서의 책임을 부담하도록 정하더라도 구 상법 제790조에 반하는 무효의 약관이라고 할 수 없고, 이 경우 해상운송인의 책임은 운송인이 선적항에서 화물을 단독으로 관리하는 때로부터 개시된다.
[2] 구 상법(2007. 8. 3. 법률 제8581호로 개정되기 전의 것) 제789조의3 제2항에서 운송인이 주장할 수 있는 항변과 책임제한을 원용할 수 있는 '사용인 또는 대리인'이란 고용계약 또는 위임계약 등에 따라 운송인의 지휘·감독을 받아 그 업무를 수행하는 자를 말하고 그러한 지휘·감독과 관계없이 스스로의 판단에 따라 자기 고유의 사업을 영위하는 독립적인 계약자는 포함되지 아니하므로, 그러한 독립적인 계약자는 위 법 제789조의2에 기한 운송인의 책임제한 항변을 원용할 수 없다.

[3] 해상운송에 있어서 컨테이너 적재작업을 하던 도중에 화물이 손상된 경우, 항만에 화물집하소를 두고 컨테이너 적재작업을 하는 자는 운송인의 면책항변을 원용할 수 있는 이행보조자가 아니라고 한 사례.

제2장 운송과 용선

제1절 개품운송

제791조(개품운송계약의 의의) 개품운송계약은 운송인이 개개의 물건을 해상에서 선박으로 운송할 것을 인수하고, 송하인이 이에 대하여 운임을 지급하기로 약정함으로써 그 효력이 생긴다. [전문개정 2007.8.3.]

제792조(운송물의 제공) ①송하인은 당사자 사이의 합의 또는 선적항의 관습에 의한 때와 곳에서 운송인에게 운송물을 제공하여야 한다.

②제1항에 따른 때와 곳에서 송하인이 운송물을 제공하지 아니한 경우에는 계약을 해제한 것으로 본다. 이 경우 선장은 즉시 발항할 수 있고, 송하인은 운임의 전액을 지급하여야 한다.

[전문개정 2007.8.3.]

제793조(운송에 필요한 서류의 교부) 송하인은 선적기간 이내에 운송에 필요한 서류를 선장에게 교부하여야 한다. [전문개정 2007.8.3.]

제794조(감항능력 주의의무) 운송인은 자기 또는 선원이나 그 밖의 선박사용인이 발항 당시 다음의 사항에 관하여 주의를 해태하지 아니하였음을 증명하지 아니하면 운송물의 멸실·훼손 또는 연착으로 인한 손해를 배상할 책임이 있다.

1. 선박이 안전하게 항해를 할 수 있게 할 것
2. 필요한 선원의 승선, 선박의장(艤裝)과 필요품의 보급
3. 선창·냉장실, 그 밖에 운송물을 적재할 선박의 부분을 운송물의 수령·운송과 보존을 위하여 적합한 상태에 둘 것

[전문개정 2007.8.3.]

제795조(운송물에 관한 주의의무) ①운송인은 자기 또는 선원이나 그 밖의 선박사용인이 운송물의 수령·선적·적부(積付)·운송·보관·양륙과 인도에 관하여 주의를 해태하지 아니하였음을 증명하지 아니하면 운송물의 멸실·훼손 또는 연착으로 인한 손해를 배상할 책임이 있다.

②운송인은 선장·해원·도선사, 그 밖의 선박사용인의 항해 또는 선박의 관리에 관한 행위 또는 화재로 인하여 생긴 운송물에 관한 손해를 배상할 책임을 면한다. 다만, 운송인의 고의 또는 과실로 인한 화재의 경우에는 그러하지 아니하다. [전문개정 2007.8.3.]

제796조(운송인의 면책사유) 운송인은 다음 각 호의 사실이 있었다는 것과 운송물에 관한 손해가 그 사실로 인하여 보통 생길 수 있는 것임을 증명한 때에는 이를 배상할 책임을 면한다. 다만, 제794조 및 제795조제1항에 따른 주의를 다하였더라면 그 손해를 피할 수 있었음에도 불구하고 그 주의를 다하지 아니하였음을 증명한 때에는 그러하지 아니하다.

1. 해상이나 그 밖에 항행할 수 있는 수면에서의 위험 또는 사고
2. 불가항력
3. 전쟁 · 폭동 또는 내란
4. 해적행위나 그 밖에 이에 준한 행위
5. 재판상의 압류, 검역상의 제한, 그 밖에 공권에 의한 제한
6. 송하인 또는 운송물의 소유자나 그 사용인의 행위
7. 동맹파업이나 그 밖의 쟁의행위 또는 선박폐쇄
8. 해상에서의 인명이나 재산의 구조행위 또는 이로 인한 항로이탈이나 그 밖의 정당한 사유로 인한 항로이탈
9. 운송물의 포장의 불충분 또는 기호의 표시의 불완전
10. 운송물의 특수한 성질 또는 숨은 하자
11. 선박의 숨은 하자

[전문개정 2007.8.3.]

제797조(책임의 한도) ①제794조부터 제796조까지의 규정에 따른 운송인의 손해배상의 책임은 당해 운송물의 매 포장당 또는 선적단위당 666과 100분의 67 계산단위의 금액과 중량 1킬로그램당 2 계산단위의 금액 중 큰 금액을 한도로 제한할 수 있다. 다만, 운송물에 관한 손해가 운송인 자신의 고의 또는 손해발생의 염려가 있음을 인식하면서 무모하게 한 작위 또는 부작위로 인하여 생긴 것인 때에는 그러하지 아니하다.

②제1항의 적용에 있어서 운송물의 포장 또는 선적단위의 수는 다음과 같이 정한다.

1. 컨테이너나 그 밖에 이와 유사한 운송용기가 운송물을 통합하기 위하여 사용되는 경우에 그러한 운송용기에 내장된 운송물의 포장 또는 선적단위의 수를 선하증권이나 그 밖에 운송계약을 증명하는 문서에 기재한 때에는 그 각 포장 또는 선적단위를 하나의 포장 또는 선적단위로 본다. 이 경우를 제외하고는 이러한 운송용기 내의 운송물 전부를 하나의 포장 또는 선적단위로 본다.
2. 운송인이 아닌 자가 공급한 운송용기 자체가 멸실 또는 훼손된 경우에는 그 용기를 별개의 포장 또는 선적단위로 본다.

③제1항 및 제2항은 송하인이 운송인에게 운송물을 인도할 때에 그 종류와 가액을 고지하고 선하증권이나 그 밖에 운송계약을 증명하는 문서에 이를 기재한 경우에는 적용하지 아니한다. 다만, 송하인이 운송물의 종류 또는 가액을 고의로 현저하게 부실의 고지를 한 때에는 운송인은 자기 또는 그 사용인이 악의인 경우를 제외하고 운송물의 손해에 대하여 책임을 면한다.

④제1항부터 제3항까지의 규정은 제769조부터 제774조까지 및 제776조의 적용에 영향을 미치지 아니한다.

[전문개정 2007.8.3.]

판례-구상금

[대법원 2014.6.12, 선고, 2012다106058, 판결]

【판시사항】
헤이그규칙 제4조 제5항에서 해상운송인의 포장당 책임제한액으로 정하고 있는 '100파운드(100 pounds sterling)'의 의미(=금화 100파운드의 가치)

【판결요지】
1924. 8. 25. 브뤼셀에서 성립된 선하증권에 대한 규정의 통일에 관한 국제협약에 포함된 헤이그규칙(The Hague Rules contained in the International Convention for the Unification of Certain Rules relating to Bills of Landing, dated Brussels 25 August 1924, 이하 '헤이그규칙'이라 한다) 제4조 제5호 및 제9조의 규정, 두 차례에 걸친 헤이그규칙의 수정경위 및 수정내용, 그리고 헤이그규칙상 책임제한조항의 해석에 관한 영국을 비롯한 외국 판례의 태도 등을 종합하면, 헤이그규칙 제4조 제5항에서 해상운송인의 포장당 책임제한액으로 정하고 있는 '100파운드(100 pounds sterling)'는 금화 100파운드의 가치를 의미하는 것으로 봄이 타당하다.

제798조(비계약적 청구에 대한 적용) ①이 절의 운송인의 책임에 관한 규정은 운송인의 불법행위로 인한 손해배상의 책임에도 적용한다.
②운송물에 관한 손해배상청구가 운송인의 사용인 또는 대리인에 대하여 제기된 경우에 그 손해가 그 사용인 또는 대리인의 직무집행에 관하여 생긴 것인 때에는 그 사용인 또는 대리인은 운송인이 주장할 수 있는 항변과 책임제한을 원용할 수 있다. 다만, 그 손해가 그 사용인 또는 대리인의 고의 또는 운송물의 멸실·훼손 또는 연착이 생길 염려가 있음을 인식하면서 무모하게 한 작위 또는 부작위로 인하여 생긴 것인 때에는 그러하지 아니하다.
③제2항 본문의 경우에 운송인과 그 사용인 또는 대리인의 운송물에 대한 책임제한금액의 총액은 제797조제1항에 따른 한도를 초과하지 못한다.
④제1항부터 제3항까지의 규정은 운송물에 관한 손해배상청구가 운송인 외의 실제운송인 또는 그 사용인이나 대리인에 대하여 제기된 경우에도 적용한다.
[전문개정 2007.8.3.]

제799조(운송인의 책임경감금지) ①제794조부터 제798조까지의 규정에 반하여 운송인의 의무 또는 책임을 경감 또는 면제하는 당사자 사이의 특약은 효력이 없다. 운송물에 관한 보험의 이익을 운송인에게 양도하는 약정 또는 이와 유사한 약정도 또한 같다.
②제1항은 산 동물의 운송 및 선하증권이나 그 밖에 운송계약을 증명하는 문서의 표면에 갑판적(甲板積)으로 운송할 취지를 기재하여 갑판적으로 행하는 운송에 대하여는 적용하지 아니한다.
[전문개정 2007.8.3.]

제800조(위법선적물의 처분) ①선장은 법령 또는 계약을 위반하여 선적된 운송물은 언제든지 이를 양륙할 수 있고, 그 운송물이 선박 또는 다른 운송물에 위해를 미칠 염려가 있는 때에는 이를 포기할 수 있다.

②선장이 제1항의 물건을 운송하는 때에는 선적한 때와 곳에서의 동종 운송물의 최고운임의 지급을 청구할 수 있다.
③제1항 및 제2항은 운송인과 그 밖의 이해관계인의 손해배상청구에 영향을 미치지 아니한다.
[전문개정 2007.8.3.]

판례-운임등

[대법원 1996.2.9, 선고, 94다27144, 판결]

【판시사항】
[1] 운임포함조건(C&F)으로 수출입매매계약이 체결된 경우, 운송계약의 당사자
[2] 본선인도조건(F.O.B.)으로 수출입매매계약을 체결하면서 매수인이 운임후불로 된 선하증권을 발행받아 화물을 수령할 때 그 운임을 지급하기로 약정한 경우, 운송계약의 당사자
[3] 구 상법하에서 수하인 또는 선하증권의 소지인이 운송물을 수령하지 않은 경우, 운임 지급 의무의 존부(소극)

【판결요지】
[1] 운임포함조건(C&F)으로 체결된 수출입매매계약에 있어서는, 매도인이 선복을 확보하여 운송인과 운송계약을 체결하고 그 운임을 부담할 의무가 있는 것이고 매수인에게는 선복을 확보할 의무가 없으므로, 운송계약의 당사자는 매도인이다.
[2] 본선인도조건(F.O.B.)과 같은 신용장상의 운송조건은 기본적으로는 수출입계약 당사자 사이의 비용 및 위험부담에 관한 약정이지만, 본선인도조건으로 체결된 수출입매매계약에 있어서는 당사자 사이에 특별한 약정이 없는 한 매수인이 용선계약을 체결하거나 기타 선복을 확보하여 화물을 선적할 선박을 매도인에게 통지하여 줄 의무가 있는 것이고 매도인에게는 스스로 선복을 확보하여 화물을 선적할 의무가 없는 것이므로, 매도인과 매수인이 본선인도조건으로 수출입매매계약을 체결하면서도 매수인이 선복을 확보하지 않고 매도인이 수출지에서 선복을 확보하여 운송계약을 체결하되 운임은 후불로 하여 운임후불로 된 선하증권을 발행받아 매수인이 수하인 또는 선하증권의 소지인으로서 화물을 수령할 때 운송인에게 그 운임을 지급하기로 약정하였다면, 이는 매수인이 매도인과의 내부관계에서는 운임을 부담하되 운송인과의 관계에서는 매도인이 매수인의 대리인이 아닌 본인으로서 운송계약을 체결하는 것으로 볼 것이 아니라, 매수인이 매도인에게 자신을 대리하여 운송계약을 체결하는 권한까지 부여하였다고 봄이 상당하다.
[3] 구 상법(1991. 12. 31. 법률 제4470호로 개정되기 전의 것) 제799조는 "개개의 물건의 운송을 계약의 목적으로 한 때에는 수하인은 선장의 지시에 따라 지체 없이 운송물을 양육하여야 한다."고 규정하고 있으나, 한편 상법 제800조 제1항에는 "수하인은 운송물을 수령하는 때에는 운송계약 또는 선하증권의 취지에 따라 운임, 부수비용, 체당금, 정박료, 운송물의 가액에 따른 공동해손 또는 해난구조로 인한 부담액을 지급하여야 한다."고 규정하고 있으므로, 수하인 또는 선하증권의 소지인은 운송물을 수령하지 않는 한 운임 등을 지급하여야 할 의무가 없다고 보아야 할 것이고, 따라서 수하인이 운송인으로부터 화물의 도착을 통지받고 이를 수령하지 아니한 것만으로 바로 운송물을 수령한 수하인으로 취급할 수는 없으며, 상법 제800조 제1항 소정의 운임 등을 지급할 의무도 없다.

제801조(위험물의 처분) ①인화성 · 폭발성이나 그 밖의 위험성이 있는 운송물은 운송인이 그 성질을 알고 선적한 경우에도 그 운송물이 선박이나 다른

운송물에 위해를 미칠 위험이 있는 때에는 선장은 언제든지 이를 양륙·파괴 또는 무해조치할 수 있다.
②운송인은 제1항의 처분에 의하여 그 운송물에 발생한 손해에 대하여는 공동해손분담책임을 제외하고 그 배상책임을 면한다.
[전문개정 2007.8.3.]

제802조(운송물의 수령) 운송물의 도착통지를 받은 수하인은 당사자 사이의 합의 또는 양륙항의 관습에 의한 때와 곳에서 지체 없이 운송물을 수령하여야 한다.
[전문개정 2007.8.3.]

제803조(운송물의 공탁 등) ①수하인이 운송물의 수령을 게을리한 때에는 선장은 이를 공탁하거나 세관이나 그 밖에 법령으로 정한 관청의 허가를 받은 곳에 인도할 수 있다. 이 경우 지체 없이 수하인에게 그 통지를 발송하여야 한다.
②수하인을 확실히 알 수 없거나 수하인이 운송물의 수령을 거부한 때에는 선장은 이를 공탁하거나 세관이나 그 밖에 법령으로 정한 관청의 허가를 받은 곳에 인도하고 지체 없이 용선자 또는 송하인 및 알고 있는 수하인에게 그 통지를 발송하여야 한다.
③제1항 및 제2항에 따라 운송물을 공탁하거나 세관이나 그 밖에 법령으로 정한 관청의 허가를 받은 곳에 인도한 때에는 선하증권소지인이나 그 밖의 수하인에게 운송물을 인도한 것으로 본다.
[전문개정 2007.8.3.]

제804조(운송물의 일부 멸실·훼손에 관한 통지) ①수하인이 운송물의 일부 멸실 또는 훼손을 발견한 때에는 수령 후 지체 없이 그 개요에 관하여 운송인에게 서면에 의한 통지를 발송하여야 한다. 다만, 그 멸실 또는 훼손이 즉시 발견할 수 없는 것인 때에는 수령한 날부터 3일 이내에 그 통지를 발송하여야 한다.
②제1항의 통지가 없는 경우에는 운송물이 멸실 또는 훼손 없이 수하인에게 인도된 것으로 추정한다.
③제1항 및 제2항은 운송인 또는 그 사용인이 악의인 경우에는 적용하지 아니한다.
④운송물에 멸실 또는 훼손이 발생하였거나 그 의심이 있는 경우에는 운송인과 수하인은 서로 운송물의 검사를 위하여 필요한 편의를 제공하여야 한다.
⑤제1항부터 제4항까지의 규정에 반하여 수하인에게 불리한 당사자 사이의 특약은 효력이 없다.
[전문개정 2007.8.3.]

제805조(운송물의 중량·용적에 따른 운임) 운송물의 중량 또는 용적으로 운임을 정한 때에는 운송물을 인도하는 때의 중량 또는 용적에 의하여 그 액을 정한다.
[전문개정 2007.8.3.]

第806조(운송기간에 따른 운임) ①기간으로 운임을 정한 때에는 운송물의 선적을 개시한 날부터 그 양륙을 종료한 날까지의 기간에 의하여 그 액을 정한다.
②제1항의 기간에는 불가항력으로 인하여 선박이 선적항이나 항해도중에 정박한 기간 또는 항해 도중에 선박을 수선한 기간을 산입하지 아니한다.
[전문개정 2007.8.3.]

第807조(수하인의 의무, 선장의 유치권) ①수하인이 운송물을 수령하는 때에는 운송계약 또는 선하증권의 취지에 따라 운임·부수비용·체당금·체선료, 운송물의 가액에 따른 공동해손 또는 해난구조로 인한 부담액을 지급하여야 한다.
②선장은 제1항에 따른 금액의 지급과 상환하지 아니하면 운송물을 인도할 의무가 없다.
[전문개정 2007.8.3.]

第808조(운송인의 운송물경매권) ①운송인은 제807조제1항에 따른 금액의 지급을 받기 위하여 법원의 허가를 받아 운송물을 경매하여 우선변제를 받을 권리가 있다.
②선장이 수하인에게 운송물을 인도한 후에도 운송인은 그 운송물에 대하여 제1항의 권리를 행사할 수 있다. 다만, 인도한 날부터 30일을 경과하거나 제3자가 그 운송물에 점유를 취득한 때에는 그러하지 아니하다.
[전문개정 2007.8.3.]

第809조(항해용선자 등의 재운송계약시 선박소유자의 책임) 항해용선자 또는 정기용선자가 자기의 명의로 제3자와 운송계약을 체결한 경우에는 그 계약의 이행이 선장의 직무에 속한 범위 안에서 선박소유자도 그 제3자에 대하여 제794조 및 제795조에 따른 책임을 진다. [전문개정 2007.8.3.]

第810조(운송계약의 종료사유) ①운송계약은 다음의 사유로 인하여 종료한다.
1. 선박이 침몰 또는 멸실한 때
2. 선박이 수선할 수 없게 된 때
3. 선박이 포획된 때
4. 운송물이 불가항력으로 인하여 멸실된 때
②제1항제1호부터 제3호까지의 사유가 항해 도중에 생긴 때에는 송하인은 운송의 비율에 따라 현존하는 운송물의 가액의 한도에서 운임을 지급하여야 한다.
[전문개정 2007.8.3.]

第811조(법정사유로 인한 해제 등) ①항해 또는 운송이 법령을 위반하게 되거나 그 밖에 불가항력으로 인하여 계약의 목적을 달할 수 없게 된 때에는 각 당사자는 계약을 해제할 수 있다.
②제1항의 사유가 항해 도중에 생긴 경우에 계약을 해지한 때에는 송하인은

운송의 비율에 따라 운임을 지급하여야 한다.
[전문개정 2007.8.3.]

제812조(운송물의 일부에 관한 불가항력) ①제810조제1항제4호 및 제811조제1항의 사유가 운송물의 일부에 대하여 생긴 때에는 송하인은 운송인의 책임이 가중되지 아니하는 범위 안에서 다른 운송물을 선적할 수 있다.
②송하인이 제1항의 권리를 행사하고자 하는 때에는 지체 없이 운송물의 양륙 또는 선적을 하여야 한다. 그 양륙 또는 선적을 게을리한 때에는 운임의 전액을 지급하여야 한다.
[전문개정 2007.8.3.]

제813조(선장의 적하처분과 운임) 운송인은 다음 각 호의 어느 하나에 해당하는 경우에는 운임의 전액을 청구할 수 있다.
1. 선장이 제750조제1항에 따라 적하를 처분하였을 때
2. 선장이 제865조에 따라 적하를 처분하였을 때
[전문개정 2007.8.3.]

제814조(운송인의 채권 · 채무의 소멸) ①운송인의 송하인 또는 수하인에 대한 채권 및 채무는 그 청구원인의 여하에 불구하고 운송인이 수하인에게 운송물을 인도한 날 또는 인도할 날부터 1년 이내에 재판상 청구가 없으면 소멸한다. 다만, 이 기간은 당사자의 합의에 의하여 연장할 수 있다.
②운송인이 인수한 운송을 다시 제3자에게 위탁한 경우에 송하인 또는 수하인이 제1항의 기간 이내에 운송인과 배상 합의를 하거나 운송인에게 재판상 청구를 하였다면, 그 합의 또는 청구가 있은 날부터 3개월이 경과하기 이전에는 그 제3자에 대한 운송인의 채권 · 채무는 제1항에도 불구하고 소멸하지 아니한다. 운송인과 그 제3자 사이에 제1항 단서와 동일한 취지의 약정이 있는 경우에도 또한 같다.
③제2항의 경우에 있어서 재판상 청구를 받은 운송인이 그로부터 3개월 이내에 그 제3자에 대하여 소송고지를 하면 3개월의 기간은 그 재판이 확정되거나 그 밖에 종료된 때부터 기산한다. [전문개정 2007.8.3.]

판례-손해배상(기)

[대법원 2008.2.14, 선고, 2006다47585, 판결]

【판시사항】
[1] 운송물을 수령 또는 선적하지 않고 발행한 선하증권의 효력(무효)
[2] 은행이 기망을 당해 운송물의 수령 · 선적 없이 발행된 선하증권을 수출환어음과 함께 매입한 경우, 선하증권을 발행한 운송인에 대하여 수출환어음의 매입대금액 상당의 손해배상을 청구할 수 있는지 여부(적극) 및 수출환어음 지급인의 어음인수로 인과관계가 단절되는지 여부(소극)

【판결요지】
[1] 선하증권은 운송물의 인도청구권을 표창하는 유가증권인바, 이는 운송계약에

기하여 작성되는 유인증권으로 상법은 운송인이 송하인으로부터 실제로 운송물을 수령 또는 선적하고 있는 것을 유효한 선하증권 성립의 전제조건으로 삼고 있으므로 운송물을 수령 또는 선적하지 아니하였는데도 발행한 선하증권은 원인과 요건을 구비하지 못하여 목적물의 흠결이 있는 것으로서 무효이다.
[2] 운송물의 수령·선적 없이 발행되어 담보로서 가치가 없는 무효인 선하증권을 담보로서 가치가 있는 유효한 것으로 기망을 당한 나머지 그 소지인으로부터 수출환어음과 함께 매입한 은행으로서는, 운송물을 수령하지 않고 선하증권을 발행함으로써 위와 같은 기망행위에 가담한 운송인에 대하여 달리 특별한 사정이 없는 한 수출환어음의 매입대금액 상당의 손해배상을 청구할 수 있다. 설사 함께 매입한 수출환어음의 지급인이 사후에 이를 인수하였다 하더라도 위 불법행위와 그로 인한 손해의 발생 사이의 인과관계가 단절된다고 할 수는 없고, 또한 현실적으로 위 수출환어음의 지급이 이루어지지 아니하는 한 위 불법행위로 인한 은행의 손해가 전보되어 손해배상채권이 소멸하게 되는 것도 아니다.

第815條(준용규정) 제134조, 제136조부터 제140조까지의 규정은 이 절에서 정한 운송인에 준용한다.
[전문개정 2007.8.3.]

第816條(복합운송인의 책임) ①운송인이 인수한 운송에 해상 외의 운송구간이 포함된 경우 운송인은 손해가 발생한 운송구간에 적용될 법에 따라 책임을 진다.
②어느 운송구간에서 손해가 발생하였는지 불분명한 경우 또는 손해의 발생이 성질상 특정한 지역으로 한정되지 아니하는 경우에는 운송인은 운송거리가 가장 긴 구간에 적용되는 법에 따라 책임을 진다. 다만, 운송거리가 같거나 가장 긴 구간을 정할 수 없는 경우에는 운임이 가장 비싼 구간에 적용되는 법에 따라 책임을 진다.
[전문개정 2007.8.3.]

제2절 해상여객운송

第817條(해상여객운송계약의 의의) 해상여객운송계약은 운송인이 특정한 여객을 출발지에서 도착지까지 해상에서 선박으로 운송할 것을 인수하고, 이에 대하여 상대방이 운임을 지급하기로 약정함으로써 그 효력이 생긴다.
[전문개정 2007.8.3.]

第818條(기명식의 선표) 기명식의 선표는 타인에게 양도하지 못한다.
[전문개정 2007.8.3.]

第819條(식사·거처제공의무 등) ①여객의 항해 중의 식사는 다른 약정이 없으면 운송인의 부담으로 한다.
②항해 도중에 선박을 수선하는 경우에는 운송인은 그 수선 중 여객에게 상당한 거처와 식사를 제공하여야 한다. 다만, 여객의 권리를 해하지 아니하는 범위 안에서 상륙항까지의 운송의 편의를 제공한 때에는 그러하지 아니하다.

③제2항의 경우에 여객은 항해의 비율에 따른 운임을 지급하고 계약을 해지할 수 있다.
[전문개정 2007.8.3.]

제820조(수하물 무임운송의무) 여객이 계약에 의하여 선내에서 휴대할 수 있는 수하물에 대하여는 운송인은 다른 약정이 없으면 별도로 운임을 청구하지 못한다.
[전문개정 2007.8.3.]

제821조(승선지체와 선장의 발항권) ①여객이 승선시기까지 승선하지 아니한 때에는 선장은 즉시 발항할 수 있다. 항해 도중의 정박항에서도 또한 같다.
②제1항의 경우에는 여객은 운임의 전액을 지급하여야 한다.
[전문개정 2007.8.3.]

제822조(여객의 계약해제와 운임) 여객이 발항 전에 계약을 해제하는 경우에는 운임의 반액을 지급하고, 발항 후에 계약을 해제하는 경우에는 운임의 전액을 지급하여야 한다. [전문개정 2007.8.3.]

제823조(법정사유에 의한 해제) 여객이 발항 전에 사망·질병이나 그 밖의 불가항력으로 인하여 항해할 수 없게 된 때에는 운송인은 운임의 10분의 3을 청구할 수 있고, 발항 후에 그 사유가 생긴 때에는 운송인의 선택으로 운임의 10분의 3 또는 운송의 비율에 따른 운임을 청구할 수 있다.
[전문개정 2007.8.3.]

제824조(사망한 여객의 수하물처분의무) 여객이 사망한 때에는 선장은 그 상속인에게 가장 이익이 되는 방법으로 사망자가 휴대한 수하물을 처분하여야 한다.
[전문개정 2007.8.3.]

제825조(법정종료사유) 운송계약은 제810조제1항제1호부터 제3호까지의 사유로 인하여 종료한다. 그 사유가 항해 도중에 생긴 때에는 여객은 운송의 비율에 따른 운임을 지급하여야 한다. [전문개정 2007.8.3.]

제826조(준용규정) ①제148조·제794조·제799조제1항 및 제809조는 해상여객운송에 준용한다.
②제134조·제136조·제149조제2항·제794조부터 제801조까지·제804조·제807조·제809조·제811조 및 제814조는 운송인이 위탁을 받은 여객의 수하물의 운송에 준용한다.
③제150조, 제797조제1항·제4항, 제798조, 제799조제1항, 제809조 및 제814조는 운송인이 위탁을 받지 아니한 여객의 수하물에 준용한다.
[전문개정 2007.8.3.]

제3절 항해용선

제827조(항해용선계약의 의의) ①항해용선계약은 특정한 항해를 할 목적으로 선박소유자가 용선자에게 선원이 승무하고 항해장비를 갖춘 선박의 전부 또는 일부를 물건의 운송에 제공하기로 약정하고 용선자가 이에 대하여 운임을 지급하기로 약정함으로써 그 효력이 생긴다.
②이 절의 규정은 그 성질에 반하지 아니하는 한 여객운송을 목적으로 하는 항해용선계약에도 준용한다.
③선박소유자가 일정한 기간 동안 용선자에게 선박을 제공할 의무를 지지만 항해를 단위로 운임을 계산하여 지급하기로 약정한 경우에도 그 성질에 반하지 아니하는 한 이 절의 규정을 준용한다.
[전문개정 2007.8.3.]

제828조(용선계약서) 용선계약의 당사자는 상대방의 청구에 의하여 용선계약서를 교부하여야 한다. [전문개정 2007.8.3.]

제829조(선적준비완료의 통지, 선적기간) ①선박소유자는 운송물을 선적함에 필요한 준비가 완료된 때에는 지체 없이 용선자에게 그 통지를 발송하여야 한다.
②운송물을 선적할 기간의 약정이 있는 경우에는 그 기간은 제1항의 통지가 오전에 있은 때에는 그 날의 오후 1시부터 기산하고, 오후에 있은 때에는 다음날 오전 6시부터 기산한다. 이 기간에는 불가항력으로 인하여 선적할 수 없는 날과 그 항의 관습상 선적작업을 하지 아니하는 날을 산입하지 아니한다.
③제2항의 기간을 경과한 후 운송물을 선적한 때에는 선박소유자는 상당한 보수를 청구할 수 있다.
[전문개정 2007.8.3.]

제830조(제3자가 선적인인 경우의 통지 · 선적) 용선자 외의 제3자가 운송물을 선적할 경우에 선장이 그 제3자를 확실히 알 수 없거나 그 제3자가 운송물을 선적하지 아니한 때에는 선장은 지체 없이 용선자에게 그 통지를 발송하여야 한다. 이 경우 선적기간 이내에 한하여 용선자가 운송물을 선적할 수 있다.
[전문개정 2007.8.3.]

제831조(용선자의 발항청구권, 선장의 발항권) ①용선자는 운송물의 전부를 선적하지 아니한 경우에도 선장에게 발항을 청구할 수 있다.
②선적기간의 경과 후에는 용선자가 운송물의 전부를 선적하지 아니한 경우에도 선장은 즉시 발항할 수 있다.
③제1항 및 제2항의 경우에 용선자는 운임의 전액과 운송물의 전부를 선적하지 아니함으로 인하여 생긴 비용을 지급하고, 또한 선박소유자의 청구가 있는 때에는 상당한 담보를 제공하여야 한다.
[전문개정 2007.8.3.]

제832조(전부용선의 발항 전의 계약해제 등) ①발항 전에는 전부용선자는 운임의 반액을 지급하고 계약을 해제할 수 있다.
②왕복항해의 용선계약인 경우에 전부용선자가 그 회항 전에 계약을 해지하는 때에는 운임의 3분의 2를 지급하여야 한다.
③선박이 다른 항에서 선적항에 항행하여야 할 경우에 전부용선자가 선적항에서 발항하기 전에 계약을 해지하는 때에도 제2항과 같다.
[전문개정 2007.8.3.]

제833조(일부용선과 발항 전의 계약해제 등) ①일부용선자나 송하인은 다른 용선자와 송하인 전원과 공동으로 하는 경우에 한하여 제832조의 해제 또는 해지를 할 수 있다.
②제1항의 경우 외에는 일부용선자나 송하인이 발항 전에 계약을 해제 또는 해지한 때에도 운임의 전액을 지급하여야 한다.
③발항 전이라도 일부용선자나 송하인이 운송물의 전부 또는 일부를 선적한 경우에는 다른 용선자와 송하인의 동의를 받지 아니하면 계약을 해제 또는 해지하지 못한다.
[전문개정 2007.8.3.]

제834조(부수비용 · 체당금 등의 지급의무) ①용선자나 송하인이 제832조 및 제833조제1항에 따라 계약을 해제 또는 해지를 한 때에도 부수비용과 체당금을 지급할 책임을 면하지 못한다.
②제832조제2항 및 제3항의 경우에는 용선자나 송하인은 제1항에 규정된 것 외에도 운송물의 가액에 따라 공동해손 또는 해난구조로 인하여 부담할 금액을 지급하여야 한다.
[전문개정 2007.8.3.]

제835조(선적 · 양륙비용의 부담) 제833조 및 제834조의 경우에 운송물의 전부 또는 일부를 선적한 때에는 그 선적과 양륙의 비용은 용선자 또는 송하인이 부담한다. [전문개정 2007.8.3.]

제836조(선적기간 내의 불선적의 효과) 용선자가 선적기간 내에 운송물의 선적을 하지 아니한 때에는 계약을 해제 또는 해지한 것으로 본다.
[전문개정 2007.8.3.]

제837조(발항 후의 계약해지) 발항 후에는 용선자나 송하인은 운임의 전액, 체당금 · 체선료와 공동해손 또는 해난구조의 부담액을 지급하고 그 양륙하기 위하여 생긴 손해를 배상하거나 이에 대한 상당한 담보를 제공하지 아니하면 계약을 해지하지 못한다.
[전문개정 2007.8.3.]

제838조(운송물의 양륙) ①운송물을 양륙함에 필요한 준비가 완료된 때에는 선장은 지체 없이 수하인에게 그 통지를 발송하여야 한다.
②제829조제2항은 운송물의 양륙기간의 계산에 준용한다.
③제2항의 양륙기간을 경과한 후 운송물을 양륙한 때에는 선박소유자는 상당한 보수를 청구할 수 있다.
[전문개정 2007.8.3.]

제839조(선박소유자의 책임경감 금지) ①제794조에 반하여 이 절에서 정한 선박소유자의 의무 또는 책임을 경감 또는 면제하는 당사자 사이의 특약은 효력이 없다. 운송물에 관한 보험의 이익을 선박소유자에게 양도하는 약정 또는 이와 유사한 약정도 또한 같다.
②제799조제2항은 제1항의 경우에 준용한다.
[전문개정 2007.8.3.]

제840조(선박소유자의 채권 · 채무의 소멸) ①선박소유자의 용선자 또는 수하인에 대한 채권 및 채무는 그 청구원인의 여하에 불구하고 선박소유자가 운송물을 인도한 날 또는 인도할 날부터 2년 이내에 재판상 청구가 없으면 소멸한다. 이 경우 제814조제1항 단서를 준용한다.
②제1항의 기간을 단축하는 선박소유자와 용선자의 약정은 이를 운송계약에 명시적으로 기재하지 아니하면 그 효력이 없다.
[전문개정 2007.8.3.]

제841조(준용규정) ①제134조, 제136조, 제137조, 제140조, 제793조부터 제797조까지, 제798조제1항부터 제3항까지, 제800조, 제801조, 제803조, 제804조제1항부터 제4항까지, 제805조부터 제808조까지와 제810조부터 제813조까지의 규정은 항해용선계약에 준용한다.
②제1항에 따라 제806조의 운임을 계산함에 있어서 제829조제2항의 선적기간 또는 제838조제2항의 양륙기간이 경과한 후에 운송물을 선적 또는 양륙한 경우에는 그 기간경과 후의 선적 또는 양륙기간은 선적 또는 양륙기간에 산입하지 아니하고 제829조제3항 및 제838조제3항에 따라 별도로 보수를 정한다.
[전문개정 2007.8.3.]

제4절 정기용선

제842조(정기용선계약의 의의) 정기용선계약은 선박소유자가 용선자에게 선원이 승무하고 항해장비를 갖춘 선박을 일정한 기간동안 항해에 사용하게 할 것을 약정하고 용선자가 이에 대하여 기간으로 정한 용선료를 지급하기로 약정함으로써 그 효력이 생긴다.
[전문개정 2007.8.3.]

판례-업무상과실일반교통방해

[대법원 2009.6.11, 선고, 2008도11784, 판결]

【판시사항】

[1] 정기용선계약의 법적 성질 및 정기용선된 선박의 선장이 항행상의 과실로 충돌사고를 일으켜 제3자에게 손해를 가했을 때 정기용선자가 민·형사책임을 지는 경우

[2] 예인선 정기용선자의 현장소장 甲은 사고의 위험성이 높은 시점에 출항을 강행할 것을 지시하였고, 예인선 선장 乙은 甲의 지시에 따라 사고의 위험성이 높은 시점에 출항하는 등 무리하게 예인선을 운항한 결과 예인되던 선박에 적재된 물건이 해상에 추락하여 선박교통을 방해한 사안에서, 甲과 乙을 업무상과실일반교통방해죄의 공동정범으로 처벌한 사례

【판결요지】

[1] 정기용선계약은 선박소유자 또는 선체용선자(이하 '선주')가 용선자에게 선원이 승무하고 항해장비를 갖춘 선박을 일정한 기간 동안 항해에 사용하게 할 것을 약정하고 용선자가 이에 대하여 기간으로 정한 용선료를 지급할 것을 약정하는 계약으로서 용선자가 선주에 의해 선임된 선장 및 선원의 행위를 통하여 선주가 제공하는 서비스를 받는 것을 요소로 한다. 이는 선박 자체의 이용이 계약의 목적이 되어 선주로부터 인도받은 선박에 자기의 선장 및 선원을 탑승시켜 마치 그 선박을 자기 소유의 선박과 마찬가지로 이용할 수 있는 지배관리권을 가진 채 운항하는 선체용선계약과는 본질적으로 차이가 있다. 한편, 정기용선된 선박의 선장이 항행상의 과실로 충돌사고를 일으켜 제3자에게 손해를 가한 경우 용선자가 아니라 선주가 선장의 사용자로서 구 상법(2007. 8. 3. 법률 제8581호로 개정되기 전의 것) 제845조 또는 제846조에 의한 배상책임을 부담한다. 그러나 정기용선자에게 민법상의 일반 불법행위책임 내지는 사용자책임을 부담시킬 만한 귀책사유가 인정되는 때에는 정기용선자도 그에 따른 배상책임을 별도로 부담할 수 있고, 정기용선된 선박의 항해와 관련하여 용선자에게 업무상 과실이 인정되는 경우에는 그에 따른 형사책임을 부담한다.

[2] 예인선 정기용선자의 현장소장 甲은 사고의 위험성이 높은 해상에서 철골 구조물 및 해상크레인 운반작업을 함에 있어 선적작업이 지연되어 정조시점에 맞추어 출항할 수 없게 되었음에도, 출항을 연기하거나 대책을 강구하지 않고 예인선 선장 乙의 출항연기 건의를 묵살한 채 출항을 강행하도록 지시하였고, 예인선 선장 乙은 甲의 지시에 따라 사고의 위험이 큰 시점에 출항하였고 해상에 강조류가 흐르고 있었음에도 무리하게 예인선을 운항한 결과 무동력 부선에 적재된 철골 구조물이 해상에 추락하여 해상의 선박교통을 방해한 사안에서, 甲과 乙을 업무상과실일반교통방해죄의 공동정범으로 처벌한 사례.

제843조(정기용선자의 선장지휘권) ①정기용선자는 약정한 범위 안의 선박의 사용을 위하여 선장을 지휘할 권리가 있다.

②선장·해원, 그 밖의 선박사용인이 정기용선자의 정당한 지시를 위반하여 정기용선자에게 손해가 발생한 경우에는 선박소유자가 이를 배상할 책임이 있다.

[전문개정 2007.8.3.]

제844조(선박소유자의 운송물유치권 및 경매권) ①제807조제2항 및 제808조는 정기용선자가 선박소유자에게 용선료·체당금, 그 밖에 이와 유사한 정기용선계약에 의한 채무를 이행하지 아니하는 경우에 준용한다. 다만, 선박

소유자는 정기용선자가 발행한 선하증권을 선의로 취득한 제3자에게 대항하지 못한다.
②제1항에 따른 선박소유자의 운송물에 대한 권리는 정기용선자가 운송물에 관하여 약정한 용선료 또는 운임의 범위를 넘어서 행사하지 못한다.
[전문개정 2007.8.3.]

제845조(용선료의 연체와 계약해지 등) ①정기용선자가 용선료를 약정기일에 지급하지 아니한 때에는 선박소유자는 계약을 해제 또는 해지할 수 있다.
②정기용선자가 제3자와 운송계약을 체결하여 운송물을 선적한 후 선박의 항해 중에 선박소유자가 제1항에 따라 계약을 해제 또는 해지한 때에는 선박소유자는 적하이해관계인에 대하여 정기용선자와 동일한 운송의무가 있다.
③선박소유자가 제2항에 따른 계약의 해제 또는 해지 및 운송계속의 뜻을 적하이해관계인에게 서면으로 통지를 한 때에는 선박소유자의 정기용선자에 대한 용선료·체당금, 그 밖에 이와 유사한 정기용선계약상의 채권을 담보하기 위하여 정기용선자가 적하이해관계인에 대하여 가지는 용선료 또는 운임의 채권을 목적으로 질권을 설정한 것으로 본다.
④제1항부터 제3항까지의 규정은 선박소유자 또는 적하이해관계인의 정기용선자에 대한 손해배상청구에 영향을 미치지 아니한다.
[전문개정 2007.8.3.]

판례-손해배상(기)

[대법원 2010.4.29, 선고, 2009다99754, 판결]

【판시사항】
[1] 정기용선계약의 의미 및 선박임대차계약과의 차이점
[2] 구 상법 제845조에 정한 '선박 충돌'의 의미 및 그 의미가 예인선과 자력항행이 불가능한 부선인 피예인선 상호간에도 마찬가지로 적용되는지 여부(적극)
[3] 예인선이 철골구조물을 실은 무동력 부선을 예인하던 중 강한 조류에 떠밀리는 바람에 철골구조물이 다리 상판과 충돌한 후 해저로 추락하고 그 과정에서 부선이 파손된 사안에서, 위 예인선 용선계약은 정기용선계약으로 봄이 상당하므로, 예인선 소유자는 예인선 선장의 항행상 과실로 인하여 파손된 부선의 손해를 배상할 책임이 있다고 한 사례

【판결요지】
[1] 타인의 선박을 빌려 쓰는 용선계약에는 기본적으로 선박임대차계약, 정기용선계약 및 항해용선계약이 있는데, 이 중 정기용선계약은 선박소유자 또는 선박임차인(이하 통칭하여 '선주'라 한다)이 용선자에게 선원이 승무하고 항해장비를 갖춘 선박을 일정한 기간 동안 항해에 사용하게 할 것을 약정하고 용선자가 이에 대하여 기간으로 정한 용선료를 지급할 것을 약정하는 계약으로서 용선자가 선주에 의해 선임된 선장 및 선원의 행위를 통하여 선주가 제공하는 서비스를 받는 것을 요소로 하는바, 선박의 점유, 선장 및 선원에 대한 임면권, 그리고 선박에 대한 전반적인 지배관리권이 모두 선주에게 있는 점에서, 선박 자체의 이용이 계약의 목적이 되어 선주로부터 인도받은 선박에 통상 자기의 선장 및 선원을 탑승시켜 마치 그 선박을 자기 소유의 선박과 마찬가지로 이용할 수 있는 지배관리권을 가진 채 운항하는 선박임대차계약과는 본질적으로 차이가 있다.
[2] 정기용선된 선박의 선장이 항행상의 과실로 충돌사고를 일으켜 제3자에게 손

해를 가한 경우 그 선박소유자가 구 상법(2007. 8. 3. 법률 제8581호로 개정되기 전의 것) 제845조에 의한 손해배상책임을 부담하는바, 여기에서의 선박의 충돌이란 2척 이상의 선박이 그 운용상 작위 또는 부작위로 선박 상호 간에 다른 선박 또는 선박 내에 있는 사람 또는 물건에 손해를 생기게 하는 것으로 직접적인 접촉의 유무를 묻지 아니하며, 예인선과 자력항행이 불가능한 부선인 피예인선 상호간의 경우에도 마찬가지로 적용된다.
[3] 예인선이 철골구조물을 실은 무동력 부선을 예인하던 중 강한 조류에 떠밀리는 바람에 철골구조물이 다리 상판과 충돌한 후 해저로 추락하고 그 과정에서 부선이 파손된 사안에서, 위 예인선 용선계약은 예인선 소유자가 영업의 일환으로 예인선을 용선자의 철골구조물 운반 작업에 제공하고 이를 위하여 자신의 피용자인 선장과 선원들로 하여금 예인선을 운항하도록 한 정기용선계약으로 봄이 상당하므로, 예인선 소유자는 예인선 선장의 항행상 과실로 인하여 파손된 부선의 손해를 배상할 책임이 있다고 한 사례.

제846조(정기용선계약상의 채권의 소멸) ①정기용선계약에 관하여 발생한 당사자 사이의 채권은 선박이 선박소유자에게 반환된 날부터 2년 이내에 재판상 청구가 없으면 소멸한다. 이 경우 제814조제1항 단서를 준용한다.
②제840조제2항은 제1항의 경우에 준용한다.
[전문개정 2007.8.3.]

제5절 선체용선

제847조(선체용선계약의 의의) ①선체용선계약은 용선자의 관리 · 지배 하에 선박을 운항할 목적으로 선박소유자가 용선자에게 선박을 제공할 것을 약정하고 용선자가 이에 따른 용선료를 지급하기로 약정함으로써 그 효력이 생긴다.
②선박소유자가 선장과 그 밖의 해원을 공급할 의무를 지는 경우에도 용선자의 관리 · 지배하에서 해원이 선박을 운항하는 것을 목적으로 하면 이를 선체용선계약으로 본다.
[전문개정 2007.8.3.]

제848조(법적 성질) ①선체용선계약은 그 성질에 반하지 아니하는 한 「민법」상 임대차에 관한 규정을 준용한다.
②용선기간이 종료된 후에 용선자가 선박을 매수 또는 인수할 권리를 가지는 경우 및 금융의 담보를 목적으로 채권자를 선박소유자로 하여 선체용선계약을 체결한 경우에도 용선기간 중에는 당사자 사이에서는 이 절의 규정에 따라 권리와 의무가 있다. [전문개정 2007.8.3.]

제849조(선체용선자의 등기청구권, 등기의 효력) ①선체용선자는 선박소유자에 대하여 선체용선등기에 협력할 것을 청구할 수 있다.
②선체용선을 등기한 때에는 그 때부터 제3자에 대하여 효력이 생긴다.
[전문개정 2007.8.3.]

第850條(선체용선과 제3자에 대한 법률관계) ①선체용선자가 상행위나 그 밖의 영리를 목적으로 선박을 항해에 사용하는 경우에는 그 이용에 관한 사항에는 제3자에 대하여 선박소유자와 동일한 권리의무가 있다.
②제1항의 경우에 선박의 이용에 관하여 생긴 우선특권은 선박소유자에 대하여도 그 효력이 있다. 다만, 우선특권자가 그 이용의 계약에 반함을 안 때에는 그러하지 아니하다.
[전문개정 2007.8.3.]

第851條(선체용선계약상의 채권의 소멸) ①선체용선계약에 관하여 발생한 당사자 사이의 채권은 선박이 선박소유자에게 반환된 날부터 2년 이내에 재판상 청구가 없으면 소멸한다. 이 경우 제814조제1항 단서를 준용한다.
②제840조제2항은 제1항의 경우에 준용한다.
[전문개정 2007.8.3.]

제6절 운송증서

第852條(선하증권의 발행) ①운송인은 운송물을 수령한 후 송하인의 청구에 의하여 1통 또는 수통의 선하증권을 교부하여야 한다.
②운송인은 운송물을 선적한 후 송하인의 청구에 의하여 1통 또는 수통의 선적선하증권을 교부하거나 제1항의 선하증권에 선적의 뜻을 표시하여야 한다.
③운송인은 선장 또는 그 밖의 대리인에게 선하증권의 교부 또는 제2항의 표시를 위임할 수 있다.
[전문개정 2007.8.3.]

第853條(선하증권의 기재사항) ①선하증권에는 다음 각 호의 사항을 기재하고 운송인이 기명날인 또는 서명하여야 한다.
1. 선박의 명칭·국적 및 톤수
2. 송하인이 서면으로 통지한 운송물의 종류, 중량 또는 용적, 포장의 종별, 개수와 기호
3. 운송물의 외관상태
4. 용선자 또는 송하인의 성명·상호
5. 수하인 또는 통지수령인의 성명·상호
6. 선적항
7. 양륙항
8. 운임
9. 발행지와 그 발행연월일
10. 수통의 선하증권을 발행한 때에는 그 수
11. 운송인의 성명 또는 상호
12. 운송인의 주된 영업소 소재지
②제1항제2호의 기재사항 중 운송물의 중량·용적·개수 또는 기호가 운송인이 실제로 수령한 운송물을 정확하게 표시하고 있지 아니하다고 의심할

만한 상당한 이유가 있는 때 또는 이를 확인할 적당한 방법이 없는 때에는 그 기재를 생략할 수 있다.
③송하인은 제1항제2호의 기재사항이 정확함을 운송인에게 담보한 것으로 본다.
④운송인이 선하증권에 기재된 통지수령인에게 운송물에 관한 통지를 한 때에는 송하인 및 선하증권소지인과 그 밖의 수하인에게 통지한 것으로 본다.
[전문개정 2007.8.3.]

第854조(선하증권 기재의 효력) ①제853조제1항에 따라 선하증권이 발행된 경우 운송인과 송하인 사이에 선하증권에 기재된 대로 개품운송계약이 체결되고 운송물을 수령 또는 선적한 것으로 추정한다.
②제1항의 선하증권을 선의로 취득한 소지인에 대하여 운송인은 선하증권에 기재된 대로 운송물을 수령 혹은 선적한 것으로 보고 선하증권에 기재된 바에 따라 운송인으로서 책임을 진다.
[전문개정 2007.8.3.]

第855조(용선계약과 선하증권) ①용선자의 청구가 있는 경우 선박소유자는 운송물을 수령한 후에 제852조 및 제853조에 따라 선하증권을 발행한다.
②제1항에 따라 선하증권이 발행된 경우 선박소유자는 선하증권에 기재된 대로 운송물을 수령 또는 선적한 것으로 추정한다.
③제3자가 선의로 제1항의 선하증권을 취득한 경우 선박소유자는 제854조 제2항에 따라 운송인으로서 권리와 의무가 있다. 용선자의 청구에 따라 선박소유자가 제3자에게 선하증권을 발행한 경우에도 또한 같다.
④제3항의 경우에 그 제3자는 제833조부터 제835조까지 및 제837조에 따른 송하인으로 본다.
⑤제3항의 경우 제799조를 위반하여 운송인으로서의 의무와 책임을 감경 또는 면제하는 특약을 하지 못한다.
[전문개정 2007.8.3.]

第856조(등본의 교부) 선하증권의 교부를 받은 용선자 또는 송하인은 발행자의 청구가 있는 때에는 선하증권의 등본에 기명날인 또는 서명하여 교부하여야 한다.
[전문개정 2007.8.3.]

第857조(수통의 선하증권과 양륙항에 있어서의 운송물의 인도) ①양륙항에서 수통의 선하증권 중 1통을 소지한 자가 운송물의 인도를 청구하는 경우에도 선장은 그 인도를 거부하지 못한다.
②제1항에 따라 수통의 선하증권 중 1통의 소지인이 운송물의 인도를 받은 때에는 다른 선하증권은 그 효력을 잃는다.
[전문개정 2007.8.3.]

第858조(수통의 선하증권과 양륙항 외에서의 운송물의 인도) 양륙항 외에서는 선장은 선하증권의 각 통의 반환을 받지 아니하면 운송물을 인도하지 못한다.
[전문개정 2007.8.3.]

제859조(2인 이상 소지인의 운송물인도청구와 공탁) ①2인 이상의 선하증권 소지인이 운송물의 인도를 청구한 때에는 선장은 지체 없이 운송물을 공탁하고 각 청구자에게 그 통지를 발송하여야 한다.
②선장이 제857조제1항에 따라 운송물의 일부를 인도한 후 다른 소지인이 운송물의 인도를 청구한 경우에도 그 인도하지 아니한 운송물에 대하여는 제1항과 같다.
[전문개정 2007.8.3.]

제860조(수인의 선하증권소지인의 순위) ①제859조에 따라 공탁한 운송물에 대하여는 수인의 선하증권소지인에게 공통되는 전 소지인으로부터 먼저 교부를 받은 증권소지인의 권리가 다른 소지인의 권리에 우선한다.
②격지자에 대하여 발송한 선하증권은 그 발송한 때를 교부받은 때로 본다.
[전문개정 2007.8.3.]

제861조(준용규정) 제129조 · 제130조 · 제132조 및 제133조는 제852조 및 제855조의 선하증권에 준용한다.
[전문개정 2007.8.3.]

판례-유체동산인도청구등

[대법원 2009.10.15, 선고, 2009다39820, 판결]

【판시사항】
[1] 해상운송화물이 통관을 위하여 보세창고에 입고된 경우, 운송인과 보세창고업자 사이의 법률관계 및 통관을 위하여 보세창고에 입고된 해상운송화물을 보세창고업자가 운송인의 지시 없이 선하증권상의 수하인이 아닌 사람에게 인도한 경우 손해배상책임의 발생 여부(적극)
[2] 보세창고업자가 해상운송화물의 실수입자와의 임치계약에 의하여 해상운송화물을 보관하게 되는 경우, 운송인 등에 대한 보세창고업자의 법률상 지위
[3] 보세창고업자가 선하증권과 상환하지 아니하고 운송인 등의 지시 없이 운송선사 발행의 마스터 화물인도지시서(Master D/O)만을 확인한 채 해상운송화물을 수입업자에 인도한 행위는, 하우스 선하증권(House B/L) 소지인의 화물인도청구권을 위법하게 침해한 것으로 불법행위를 구성한다고 한 사례

【판결요지】
[1] 해상운송화물이 통관을 위하여 보세창고에 입고된 경우에는 운송인과 보세창고업자 사이에 해상운송화물에 관하여 묵시적 임치계약이 성립한다. 따라서 보세창고업자는 운송인과의 임치계약에 따라 운송인 또는 그가 지정하는 자에게 화물을 인도할 의무가 있고, 한편 운송인은 선하증권상의 수하인이나 그가 지정하는 자에게 화물을 인도할 의무가 있으므로, 보세창고업자로서는 운송인의 이행보조자로서 해상운송의 정당한 수령인인 수하인 또는 수하인이 지정하는 자에게 화물을 인도할 의무를 부담하게 되는바, 보세창고업자가 화물을 인도함에 있어서 운송인의 지시 없이 수하인이 아닌 사람에게 인도함으로써 수하인의 화물인도청구

권을 침해한 경우에는 그로 인한 손해를 배상할 책임이 있다.
[2] 보세창고업자가 해상운송화물의 실수입자와의 임치계약에 의하여 화물을 보관하게 되는 경우, 운송인 또는 그 국내 선박대리점의 입장에서는 해상운송화물이 자신들의 지배를 떠나 수하인에게 인도된 것은 아니고 보세창고업자를 통하여 화물에 대한 지배를 계속하고 있다고 볼 수 있으므로, 보세창고업자는 해상운송화물에 대한 통관절차가 끝날 때까지 화물을 보관하고 적법한 수령인에게 화물을 인도하여야 하는 운송인 또는 그 국내 선박대리점의 의무이행을 보조하는 지위에 있다.
[3] 보세창고업자가 선하증권과 상환하지 아니하고 운송인 등의 지시 없이 운송선사 발행의 마스터 화물인도지시서(Master D/O)만을 확인한 채 해상운송화물을 수입업자에 인도한 행위는, 하우스 선하증권(House B/L) 소지인의 화물인도청구권을 위법하게 침해한 것으로 불법행위를 구성한다고 한 사례.

第862条(전자선하증권) ①운송인은 제852조 또는 제855조의 선하증권을 발행하는 대신에 송하인 또는 용선자의 동의를 받아 법무부장관이 지정하는 등록기관에 등록을 하는 방식으로 전자선하증권을 발행할 수 있다. 이 경우 전자선하증권은 제852조 및 제855조의 선하증권과 동일한 법적 효력을 갖는다.
②전자선하증권에는 제853조제1항 각 호의 정보가 포함되어야 하며, 운송인이 전자서명을 하여 송신하고 용선자 또는 송하인이 이를 수신하여야 그 효력이 생긴다.
③전자선하증권의 권리자는 배서의 뜻을 기재한 전자문서를 작성한 다음 전자선하증권을 첨부하여 지정된 등록기관을 통하여 상대방에게 송신하는 방식으로 그 권리를 양도할 수 있다.
④제3항에서 정한 방식에 따라 배서의 뜻을 기재한 전자문서를 상대방이 수신하면 제852조 및 제855조의 선하증권을 배서하여 교부한 것과 동일한 효력이 있고, 제2항 및 제3항의 전자문서를 수신한 권리자는 제852조 및 제855조의 선하증권을 교부받은 소지인과 동일한 권리를 취득한다.
⑤전자선하증권의 등록기관의 지정요건, 발행 및 배서의 전자적인 방식, 운송물의 구체적인 수령절차와 그 밖에 필요한 사항은 대통령령으로 정한다.
[전문개정 2007.8.3.]

第863条(해상화물운송장의 발행) ①운송인은 용선자 또는 송하인의 청구가 있으면 제852조 또는 제855조의 선하증권을 발행하는 대신 해상화물운송장을 발행할 수 있다. 해상화물운송장은 당사자 사이의 합의에 따라 전자식으로도 발행할 수 있다.
②해상화물운송장에는 해상화물운송장임을 표시하는 외에 제853조제1항 각 호 사항을 기재하고 운송인이 기명날인 또는 서명하여야 한다.
③제853조제2항 및 제4항은 해상화물운송장에 준용한다.
[전문개정 2007.8.3.]

第864条(해상화물운송장의 효력) ①제863조제1항의 규정에 따라 해상화물운송장이 발행된 경우 운송인이 그 운송장에 기재된 대로 운송물을 수령 또는 선적한 것으로 추정한다.
②운송인이 운송물을 인도함에 있어서 수령인이 해상화물운송장에 기재된

수하인 또는 그 대리인이라고 믿을만한 정당한 사유가 있는 때에는 수령인이 권리자가 아니라고 하더라도 운송인은 그 책임을 면한다.
[전문개정 2007.8.3.]

제3장 해상위험

제1절 공동해손

第865조(공동해손의 요건) 선박과 적하의 공동위험을 면하기 위한 선장의 선박 또는 적하에 대한 처분으로 인하여 생긴 손해 또는 비용은 공동해손으로 한다. [전문개정 2007.8.3.]

第866조(공동해손의 분담) 공동해손은 그 위험을 면한 선박 또는 적하의 가액과 운임의 반액과 공동해손의 액과의 비율에 따라 각 이해관계인이 이를 분담한다. [전문개정 2007.8.3.]

第867조(공동해손분담액의 산정) 공동해손의 분담액을 정함에 있어서는 선박의 가액은 도달의 때와 곳의 가액으로 하고, 적하의 가액은 양륙의 때와 곳의 가액으로 한다. 다만, 적하에 관하여는 그 가액 중에서 멸실로 인하여 지급을 면하게 된 운임과 그 밖의 비용을 공제하여야 한다.
[전문개정 2007.8.3.]

第868조(공동해손분담자의 유한책임) 제866조 및 제867조에 따라 공동해손의 분담책임이 있는 자는 선박이 도달하거나 적하를 인도한 때에 현존하는 가액의 한도에서 책임을 진다.
[전문개정 2007.8.3.]

第869조(공동해손의 손해액산정) 공동해손의 액을 정함에 있어서는 선박의 가액은 도달의 때와 곳의 가액으로 하고, 적하의 가액은 양륙의 때와 곳의 가액으로 한다. 다만, 적하에 관하여는 그 손실로 인하여 지급을 면하게 된 모든 비용을 공제하여야 한다.
[전문개정 2007.8.3.]

第870조(책임있는 자에 대한 구상권) 선박과 적하의 공동위험이 선박 또는 적하의 하자나 그 밖의 과실 있는 행위로 인하여 생긴 경우에는 공동해손의 분담자는 그 책임이 있는 자에 대하여 구상권을 행사할 수 있다.
[전문개정 2007.8.3.]

第871조(공동해손분담제외) 선박에 비치한 무기, 선원의 급료, 선원과 여객의 식량·의류는 보존된 경우에는 그 가액을 공동해손의 분담에 산입하지 아니하고,

손실된 경우에는 그 가액을 공동해손의 액에 산입한다. [전문개정 2007.8.3.]

판례-부당이득금

[대법원 2001.2.23, 선고, 98다59309, 판결]

【판시사항】

[1] 영국해상보험법 제60조 및 협회선박기간보험약관 제19조 소정의 수리비의 의미
[2] 선박침몰로 인한 보험사고의 추정전손 여부를 판단하기 위한 감정인의 수리비 산정이 감정절차와 방법에 합리성이 결여되어 있고 산출근거도 불분명하여 신빙성이 없다고 한 사례
[3] 근저당권설정계약상 보험계약의 소멸 또는 저당물건의 멸실·훼손 등으로 인하여 설정자가 제3자로부터 받을 배상금·보상금 등의 금전이 있을 경우 근저당권자가 피담보채무의 변제에 충당할 수 있다고 약정한 경우, 저당물건인 선박이 완전히 훼손됨으로 인하여 지급받게 될 보험금이나 훼손된 선박을 고철로서 매각한 대금은 근저당권자에게 귀속되고, 설정자가 선박을 매각하거나 폐선하기 위하여 근저당권의 말소를 요청할 경우 근저당권자는 설정자에게 대담보의 제공을 요구하지 아니하고 위 요청에 응하기로 한다는 약정이 있는 경우, 이는 담보유지의무를 면제하겠다는 의미이지 완전히 훼손된 선박의 매각대금을 설정자에게 귀속시키기로 하는 특약이 있는 것으로 볼 수는 없다고 한 사례

【판결요지】

[1] 영국 해상보험법(Marine Insurance Act 1906년) 제56조 제1항은 "손해는 전부이거나 일부일 수 있다. 이하에서 정의하는 전손 이외는 분손이다."고 규정하고, 제2항은 "전손은 현실전손(actual total loss)일 수도 있고, 추정전손(constructive total loss)일 수도 있다."고 규정하며, 제60조 제1항은 "보험증권상의 명시적 규정에 반하지 않는 한, 보험목적의 현실전손이 불가피하기 때문에 또는 비용이 지출되고 난 이후의 보험목적의 가액을 초과하는 정도의 비용을 지출하지 않고서는 현실전손을 면할 수 없기 때문에 보험목적을 위부(委付)하는 것이 상당한 경우에는 추정전손이 있다."고 규정하고, 제2항은 "특히 다음의 경우는 추정전손이 있다."고 규정하면서 그 제2호에서 "선박이 훼손된 경우에는, 선박이 피보험위험으로 인하여 심하게 훼손되어 그 훼손을 수리하는 데 소요되는 비용이 수리되었을 때의 선박가액을 초과하리라고 예상되는 경우. 이 수리비를 산정함에 있어서는 수리에 관하여 다른 이해관계인이 지급하여야 할 공동해손분담액을 공제하여서는 아니되지만, 장래의 구조작업에 소요되는 비용과 선박이 수리될 경우에 선박이 부담하게 될 장래의 공동해손분담액은 수리비에 가산하여야 한다."고 규정하며, 이 사건 보험계약에 적용된 협회선박기간보험약관 제19조 제1항은 "추정전손인가를 판단함에 있어서는 부보된 선박가액을 수리 후의 선박가액으로 보고, 선박 또는 난파선의 훼손된 가액 또는 해체된 가액은 이를 고려하지 아니한다."고 규정하고 있는바, 여기서 수리비라 함은 훼손된 선박을 원상으로 회복하는 데 소요되는 비용을 말하고, 이에는 선박의 손상 부위와 정도를 감정하기 위한 비용·선박을 수선항으로 예인하기 위한 비용·선급검사인의 검사료·예선증명서의 발급비용·수선감독자의 감독비용·기타 수선에 부수하는 비용도 포함된다.
[2] 선박침몰로 인한 보험사고의 추정전손 여부를 판단하기 위한 감정인의 수리비 산정이 감정절차와 방법에 합리성이 결여되어 있고 산출근거도 불분명하여 신빙성이 없다고 한 사례.
[3] 근저당권설정계약상 보험계약의 소멸 또는 저당물건의 멸실·훼손 등으로 인하여 설정자가 제3자로부터 받을 배상금·보상금 등의 금전이 있을 경우 근저당권자가 피담보채무의 변제에 충당할 수 있다고 약정한 경우, 저당물건인 선박이 완전

허 훼손됨으로 인하여 지급받게 될 보험금이나 훼손된 선박을 고철로서 매각한 대금은 근저당권자에게 귀속되고, 설정자가 선박을 매각하거나 폐선하기 위하여 근저당권의 말소를 요청할 경우 근저당권자는 설정자에게 대담보의 제공을 요구하지 아니하고 위 요청에 응하기로 한다는 약정이 있는 경우, 이는 담보유지의무를 면제하겠다는 의미이지 완전히 훼손된 선박의 매각대금을 설정자에게 귀속시키기로 하는 특약이 있는 것으로 볼 수는 없다고 한 사례.

第872條(공동해손분담청구에서의 제외) ①속구목록에 기재하지 아니한 속구, 선하증권이나 그 밖에 적하의 가격을 정할 수 있는 서류 없이 선적한 하물 또는 종류와 가액을 명시하지 아니한 화폐나 유가증권과 그 밖의 고가물은 보존된 경우에는 그 가액을 공동해손의 분담에 산입하고, 손실된 경우에는 그 가액을 공동해손의 액에 산입하지 아니한다.
②갑판에 적재한 하물에 대하여도 제1항과 같다. 다만, 갑판에 선적하는 것이 관습상 허용되는 경우와 그 항해가 연안항행에 해당되는 경우에는 그러하지 아니하다.
[전문개정 2007.8.3.]

第873條(적하가격의 부실기재와 공동해손) ①선하증권이나 그 밖에 적하의 가격을 정할 수 있는 서류에 적하의 실가보다 고액을 기재한 경우에 그 하물이 보존된 때에는 그 기재액에 의하여 공동해손의 분담액을 정하고, 적하의 실가보다 저액을 기재한 경우에 그 하물이 손실된 때에는 그 기재액을 공동해손의 액으로 한다.
②제1항은 적하의 가격에 영향을 미칠 사항에 관하여 거짓 기재를 한 경우에 준용한다.
[전문개정 2007.8.3.]

第874條(공동해손인 손해의 회복) 선박소유자 · 용선자 · 송하인, 그 밖의 이해관계인이 공동해손의 액을 분담한 후 선박 · 속구 또는 적하의 전부나 일부가 소유자에게 복귀된 때에는 그 소유자는 공동해손의 상금으로 받은 금액에서 구조료와 일부손실로 인한 손해액을 공제하고 그 잔액을 반환하여야 한다.
[전문개정 2007.8.3.]

第875條(공동해손 채권의 소멸) 공동해손으로 인하여 생긴 채권 및 제870조에 따른 구상채권은 그 계산이 종료한 날부터 1년 이내에 재판상 청구가 없으면 소멸한다. 이 경우 제814조제1항 단서를 준용한다.
[전문개정 2007.8.3.]

제2절 선박충돌

第876條(선박충돌에의 적용법규) ①항해선 상호 간 또는 항해선과 내수항행선 간의 충돌이 있은 경우에 선박 또는 선박 내에 있는 물건이나 사람에 관

하여 생긴 손해의 배상에 대하여는 어떠한 수면에서 충돌한 때라도 이 절의 규정을 적용한다.
②이 절에서 "선박의 충돌"이란 2척 이상의 선박이 그 운용상 작위 또는 부작위로 선박 상호 간에 다른 선박 또는 선박 내에 있는 사람 또는 물건에 손해를 생기게 하는 것을 말하며, 직접적인 접촉의 유무를 묻지 아니한다.
[전문개정 2007.8.3.]

제877조(불가항력으로 인한 충돌) 선박의 충돌이 불가항력으로 인하여 발생하거나 충돌의 원인이 명백하지 아니한 때에는 피해자는 충돌로 인한 손해의 배상을 청구하지 못한다.
[전문개정 2007.8.3.]

제878조(일방의 과실로 인한 충돌) 선박의 충돌이 일방의 선원의 과실로 인하여 발생한 때에는 그 일방의 선박소유자는 피해자에 대하여 충돌로 인한 손해를 배상할 책임이 있다.
[전문개정 2007.8.3.]

제879조(쌍방의 과실로 인한 충돌) ①선박의 충돌이 쌍방의 선원의 과실로 인하여 발생한 때에는 쌍방의 과실의 경중에 따라 각 선박소유자가 손해배상의 책임을 분담한다. 이 경우 그 과실의 경중을 판정할 수 없는 때에는 손해배상의 책임을 균분하여 부담한다.
②제1항의 경우에 제3자의 사상에 대한 손해배상은 쌍방의 선박소유자가 연대하여 그 책임을 진다.
[전문개정 2007.8.3.]

제880조(도선사의 과실로 인한 충돌) 선박의 충돌이 도선사의 과실로 인하여 발생한 경우에도 선박소유자는 제878조 및 제879조를 준용하여 손해를 배상할 책임이 있다.
[전문개정 2007.8.3.]

제881조(선박충돌채권의 소멸) 선박의 충돌로 인하여 생긴 손해배상의 청구권은 그 충돌이 있은 날부터 2년 이내에 재판상 청구가 없으면 소멸한다. 이 경우 제814조제1항 단서를 준용한다.
[전문개정 2007.8.3.]

제3절 해난구조

제882조(해난구조의 요건) 항해선 또는 그 적하 그 밖의 물건이 어떠한 수면에서 위난에 조우한 경우에 의무 없이 이를 구조한 자는 그 결과에 대하여 상당한 보수를 청구할 수 있다. 항해선과 내수항행선 간의 구조의 경우에도

또한 같다. [전문개정 2007.8.3.]

제883조(보수의 결정) 구조의 보수에 관한 약정이 없는 경우에 그 액에 대하여 당사자 사이에 합의가 성립하지 아니한 때에는 법원은 당사자의 청구에 의하여 구조된 선박·재산의 가액, 위난의 정도, 구조자의 노력과 비용, 구조자나 그 장비가 조우했던 위험의 정도, 구조의 효과, 환경손해방지를 위한 노력, 그 밖의 제반사정을 참작하여 그 액을 정한다.
[전문개정 2007.8.3.]

제884조(보수의 한도) ①구조의 보수액은 다른 약정이 없으면 구조된 목적물의 가액을 초과하지 못한다.
②선순위의 우선특권이 있는 때에는 구조의 보수액은 그 우선특권자의 채권액을 공제한 잔액을 초과하지 못한다.
[전문개정 2007.8.3.]

제885조(환경손해방지작업에 대한 특별보상) ①선박 또는 그 적하로 인하여 환경손해가 발생할 우려가 있는 경우에 손해의 경감 또는 방지의 효과를 수반하는 구조작업에 종사한 구조자는 구조의 성공 여부 및 제884조와 상관없이 구조에 소요된 비용을 특별보상으로 청구할 수 있다.
②제1항에서 "비용"이란 구조작업에 실제로 지출한 합리적인 비용 및 사용된 장비와 인원에 대한 정당한 보수를 말한다.
③구조자는 발생할 환경손해가 구조작업으로 인하여 실제로 감경 또는 방지된 때에는 보상의 증액을 청구할 수 있고, 법원은 제883조의 사정을 참작하여 증액 여부 및 그 금액을 정한다. 이 경우 증액된다 하더라도 구조료는 제1항의 비용의 배액을 초과할 수 없다.
④구조자의 고의 또는 과실로 인하여 손해의 감경 또는 방지에 지장을 가져온 경우 법원은 제1항 및 제3항에서 정한 금액을 감액 혹은 부인할 수 있다.
⑤하나의 구조작업을 시행한 구조자가 제1항부터 제4항까지의 규정에서 정한 특별보상을 청구하는 것 외에 제882조에서 정한 보수도 청구할 수 있는 경우 그 중 큰 금액을 구조료로 청구할 수 있다.
[전문개정 2007.8.3.]

제886조(구조료의 지급의무) 선박소유자와 그 밖에 구조된 재산의 권리자는 그 구조된 선박 또는 재산의 가액에 비례하여 구조에 대한 보수를 지급하고 특별보상을 하는 등 구조료를 지급할 의무가 있다.
[전문개정 2007.8.3.]

제887조(구조에 관한 약정) ①당사자가 미리 구조계약을 하고 그 계약에 따라 구조가 이루어진 경우에도 그 성질에 반하지 아니하는 한 구조계약에서 정하지 아니한 사항은 이 절에서 정한 바에 따른다.
②해난 당시에 구조료의 금액에 대하여 약정을 한 경우에도 그 금액이 현저

하게 부당한 때에는 법원은 제883조의 사정을 참작하여 그 금액을 증감할 수 있다. [전문개정 2007.8.3.]

제888조(공동구조자 간의 구조료 분배) ①수인이 공동으로 구조에 종사한 경우에 그 구조료의 분배비율에 관하여는 제883조를 준용한다.
②인명의 구조에 종사한 자도 제1항에 따라 구조료의 분배를 받을 수 있다.
[전문개정 2007.8.3.]

제889조(1선박 내부의 구조료 분배) ①선박이 구조에 종사하여 그 구조료를 받은 경우에는 먼저 선박의 손해액과 구조에 들어간 비용을 선박소유자에게 지급하고 잔액을 절반하여 선장과 해원에게 지급하여야 한다.
②제1항에 따라 해원에게 지급할 구조료의 분배는 선장이 각 해원의 노력, 그 효과와 사정을 참작하여 그 항해의 종료 전에 분배안을 작성하여 해원에게 고시하여야 한다.
[전문개정 2007.8.3.]

제890조(예선의 구조의 경우) 예선의 본선 또는 그 적하에 대한 구조에 관하여는 예선계약의 이행으로 볼 수 없는 특수한 노력을 제공한 경우가 아니면 구조료를 청구하지 못한다. [전문개정 2007.8.3.]

제891조(동일소유자에 속한 선박 간의 보수) 동일소유자에 속한 선박의 상호간에 있어서도 구조에 종사한 자는 상당한 구조료를 청구할 수 있다.
[전문개정 2007.8.3.]

제892조(구조료청구권 없는 자) 다음 각 호에 해당하는 자는 구조료를 청구하지 못한다.
1. 구조받은 선박에 종사하는 자
2. 고의 또는 과실로 인하여 해난사고를 야기한 자
3. 정당한 거부에도 불구하고 구조를 강행한 자
4. 구조된 물건을 은닉하거나 정당한 사유 없이 처분한 자
[전문개정 2007.8.3.]

제893조(구조자의 우선특권) ①구조에 종사한 자의 구조료채권은 구조된 적하에 대하여 우선특권이 있다. 다만, 채무자가 그 적하를 제3취득자에게 인도한 후에는 그 적하에 대하여 이 권리를 행사하지 못한다.
②제1항의 우선특권에는 그 성질에 반하지 아니하는 한 제777조의 우선특권에 관한 규정을 준용한다.
[전문개정 2007.8.3.]

제894조(구조료지급에 관한 선장의 권한) ①선장은 구조료를 지급할 채무자

에 갈음하여 그 지급에 관한 재판상 또는 재판 외의 모든 행위를 할 권한이 있다.
②선장은 그 구조료에 관한 소송의 당사자가 될 수 있고, 그 확정판결은 구조료의 채무자에 대하여도 효력이 있다.
[전문개정 2007.8.3.]

第895条(구조료청구권의 소멸) 구조료청구권은 구조가 완료된 날부터 2년 이내에 재판상 청구가 없으면 소멸한다. 이 경우 제814조제1항 단서를 준용한다.
[전문개정 2007.8.3.]

제6편 항공운송
제1장 통칙

第896条(항공기의 의의) 이 법에서 "항공기"란 상행위나 그 밖의 영리를 목적으로 운항에 사용하는 항공기를 말한다. 다만, 대통령령으로 정하는 초경량 비행장치(超輕量 飛行裝置)는 제외한다.
[본조신설 2011.5.23.]

第897条(적용범위) 운항용 항공기에 대하여는 상행위나 그 밖의 영리를 목적으로 하지 아니하더라도 이 편의 규정을 준용한다. 다만, 국유(國有) 또는 공유(公有) 항공기에 대하여는 운항의 목적·성질 등을 고려하여 이 편의 규정을 준용하는 것이 적합하지 아니한 경우로서 대통령령으로 정하는 경우에는 그러하지 아니하다.
[본조신설 2011.5.23.]

第898条(운송인 등의 책임감면) 제905조제1항을 포함하여 이 편에서 정한 운송인이나 항공기 운항자의 손해배상책임과 관련하여 운송인이나 항공기 운항자가 손해배상청구권자의 과실 또는 그 밖의 불법한 작위나 부작위가 손해를 발생시켰거나 손해에 기여하였다는 것을 증명한 경우에는, 그 과실 또는 그 밖의 불법한 작위나 부작위가 손해를 발생시켰거나 손해에 기여한 정도에 따라 운송인이나 항공기 운항자의 책임을 감경하거나 면제할 수 있다.
[본조신설 2011.5.23.]

제2장 운송
제1절 통칙

第899条(비계약적 청구에 대한 적용 등) ① 이 장의 운송인의 책임에 관한 규정은 운송인의 불법행위로 인한 손해배상의 책임에도 적용한다.
② 여객, 수하물 또는 운송물에 관한 손해배상청구가 운송인의 사용인이나 대리인에 대하여 제기된 경우에 그 손해가 그 사용인이나 대리인의 직무집

행에 관하여 생겼을 때에는 그 사용인이나 대리인은 운송인이 주장할 수 있는 항변과 책임제한을 원용할 수 있다.
③ 제2항에도 불구하고 여객 또는 수하물의 손해가 운송인의 사용인이나 대리인의 고의로 인하여 발생하였거나 또는 여객의 사망 · 상해 · 연착(수하물의 경우 멸실 · 훼손 · 연착)이 생길 염려가 있음을 인식하면서 무모하게 한 작위 또는 부작위로 인하여 발생하였을 때에는 그 사용인이나 대리인은 운송인이 주장할 수 있는 항변과 책임제한을 원용할 수 없다.
④ 제2항의 경우에 운송인과 그 사용인이나 대리인의 여객, 수하물 또는 운송물에 대한 책임제한금액의 총액은 각각 제905조 · 제907조 · 제910조 및 제915조에 따른 한도를 초과하지 못한다.
[본조신설 2011.5.23.]

제900조(실제운송인에 대한 청구) ① 운송계약을 체결한 운송인(이하 "계약운송인"이라 한다)의 위임을 받아 운송의 전부 또는 일부를 수행한 운송인(이하 "실제운송인"이라 한다)이 있을 경우 실제운송인이 수행한 운송에 관하여는 실제운송인에 대하여도 이 장의 운송인의 책임에 관한 규정을 적용한다. 다만, 제901조의 순차운송에 해당하는 경우는 그러하지 아니하다.
② 실제운송인이 여객 · 수하물 또는 운송물에 대한 손해배상책임을 지는 경우 계약운송인과 실제운송인은 연대하여 그 책임을 진다.
③ 제1항의 경우 제899조제2항부터 제4항까지를 준용한다. 이 경우 제899조제2항 · 제3항 중 "운송인"은 "실제운송인"으로, 같은 조 제4항 중 "운송인"은 "계약운송인과 실제운송인"으로 본다.
④ 이 장에서 정한 운송인의 책임과 의무 외에 운송인이 책임과 의무를 부담하기로 하는 특약 또는 이 장에서 정한 운송인의 권리나 항변의 포기는 실제운송인이 동의하지 아니하는 한 실제운송인에게 영향을 미치지 아니한다.
[본조신설 2011.5.23.]

제901조(순차운송) ① 둘 이상이 순차(順次)로 운송할 경우에는 각 운송인의 운송구간에 관하여 그 운송인도 운송계약의 당사자로 본다.
② 순차운송에서 여객의 사망, 상해 또는 연착으로 인한 손해배상은 그 사실이 발생한 구간의 운송인에게만 청구할 수 있다. 다만, 최초 운송인이 명시적으로 전 구간에 대한 책임을 인수하기로 약정한 경우에는 최초 운송인과 그 사실이 발생한 구간의 운송인이 연대하여 그 손해를 배상할 책임이 있다.
③ 순차운송에서 수하물의 멸실, 훼손 또는 연착으로 인한 손해배상은 최초 운송인, 최종 운송인 및 그 사실이 발생한 구간의 운송인에게 각각 청구할 수 있다.
④ 순차운송에서 운송물의 멸실, 훼손 또는 연착으로 인한 손해배상은 송하인이 최초 운송인 및 그 사실이 발생한 구간의 운송인에게 각각 청구할 수 있다. 다만, 제918조제1항에 따라 수하인이 운송물의 인도를 청구할 권리를 가지는 경우에는 수하인이 최종 운송인 및 그 사실이 발생한 구간의 운송인에게 그 손해배상을 각각 청구할 수 있다.
⑤ 제3항과 제4항의 경우 각 운송인은 연대하여 그 손해를 배상할 책임이 있다.
⑥ 최초 운송인 또는 최종 운송인이 제2항부터 제5항까지의 규정에 따라

손해를 배상한 경우에는 여객의 사망, 상해 또는 연착이나 수하물·운송물의 멸실, 훼손 또는 연착이 발생한 구간의 운송인에 대하여 구상권을 가진다.
[본조신설 2011.5.23.]

제902조(운송인 책임의 소멸) 운송인의 여객, 송하인 또는 수하인에 대한 책임은 그 청구원인에 관계없이 여객 또는 운송물이 도착지에 도착한 날, 항공기가 도착할 날 또는 운송이 중지된 날 가운데 가장 늦게 도래한 날부터 2년 이내에 재판상 청구가 없으면 소멸한다.
[본조신설 2011.5.23.]

제903조(계약조항의 무효) 이 장의 규정에 반하여 운송인의 책임을 감면하거나 책임한도액을 낮게 정하는 특약은 효력이 없다.
[본조신설 2011.5.23.]

제2절 여객운송

제904조(운송인의 책임) 운송인은 여객의 사망 또는 신체의 상해로 인한 손해에 관하여는 그 손해의 원인이 된 사고가 항공기상에서 또는 승강(乘降)을 위한 작업 중에 발생한 경우에만 책임을 진다.
[본조신설 2011.5.23.]

제905조(운송인의 책임한도액) ① 제904조의 손해 중 여객 1명당 11만3천100 계산단위의 금액까지는 운송인의 배상책임을 면제하거나 제한할 수 없다. <개정 2014.5.20.>
② 운송인은 제904조의 손해 중 여객 1명당 11만3천100 계산단위의 금액을 초과하는 부분에 대하여는 다음 각 호의 어느 하나를 증명하면 배상책임을 지지 아니한다. <개정 2014.5.20.>
1. 그 손해가 운송인 또는 그 사용인이나 대리인의 과실 또는 그 밖의 불법한 작위나 부작위에 의하여 발생하지 아니하였다는 것
2. 그 손해가 오로지 제3자의 과실 또는 그 밖의 불법한 작위나 부작위에 의하여만 발생하였다는 것
[본조신설 2011.5.23.]

제906조(선급금의 지급) ① 여객의 사망 또는 신체의 상해가 발생한 항공기 사고의 경우에 운송인은 손해배상청구권자가 청구하면 지체 없이 선급금(先給金)을 지급하여야 한다. 이 경우 선급금의 지급만으로 운송인의 책임이 있는 것으로 보지 아니한다.
② 지급한 선급금은 운송인이 손해배상으로 지급하여야 할 금액에 충당할 수 있다.
③ 선급금의 지급액, 지급 절차 및 방법 등에 관하여는 대통령령으로 정한다.
[본조신설 2011.5.23.]

제907조(연착에 대한 책임) ① 운송인은 여객의 연착으로 인한 손해에 대하여 책임을 진다. 다만, 운송인이 자신과 그 사용인 및 대리인이 손해를 방지하기 위하여 합리적으로 요구되는 모든 조치를 하였다는 것 또는 그 조치를 하는 것이 불가능하였다는 것을 증명한 경우에는 그 책임을 면한다.
② 제1항에 따른 운송인의 책임은 여객 1명당 4천694 계산단위의 금액을 한도로 한다. 다만, 여객과의 운송계약상 그 출발지, 도착지 및 중간 착륙지가 대한민국 영토 내에 있는 운송의 경우에는 여객 1명당 1천 계산단위의 금액을 한도로 한다. <개정 2014.5.20.>
③ 제2항은 운송인 또는 그 사용인이나 대리인의 고의로 또는 연착이 생길 염려가 있음을 인식하면서 무모하게 한 작위 또는 부작위에 의하여 손해가 발생한 것이 증명된 경우에는 적용하지 아니한다.
[본조신설 2011.5.23.]

제908조(수하물의 멸실·훼손에 대한 책임) ① 운송인은 위탁수하물의 멸실 또는 훼손으로 인한 손해에 대하여는 그 손해의 원인이 된 사실이 항공기상에서 또는 위탁수하물이 운송인의 관리하에 있는 기간 중에 발생한 경우에만 책임을 진다. 다만, 그 손해가 위탁수하물의 고유한 결함, 특수한 성질 또는 숨은 하자로 인하여 발생한 경우에는 그 범위에서 책임을 지지 아니한다.
② 운송인은 휴대수하물의 멸실 또는 훼손으로 인한 손해에 대하여는 그 손해가 자신 또는 그 사용인이나 대리인의 고의 또는 과실에 의하여 발생한 경우에만 책임을 진다.
[본조신설 2011.5.23.]

제909조(수하물의 연착에 대한 책임) 운송인은 수하물의 연착으로 인한 손해에 대하여 책임을 진다. 다만, 운송인이 자신과 그 사용인 및 대리인이 손해를 방지하기 위하여 합리적으로 요구되는 모든 조치를 하였다는 것 또는 그 조치를 하는 것이 불가능하였다는 것을 증명한 경우에는 그 책임을 면한다.
[본조신설 2011.5.23.]

제910조(수하물에 대한 책임한도액) ① 제908조와 제909조에 따른 운송인의 손해배상책임은 여객 1명당 1천131 계산단위의 금액을 한도로 한다. 다만, 여객이 운송인에게 위탁수하물을 인도할 때에 도착지에서 인도받을 때의 예정가액을 미리 신고한 경우에는 운송인은 신고 가액이 위탁수하물을 도착지에서 인도할 때의 실제가액을 초과한다는 것을 증명하지 아니하는 한 신고가액을 한도로 책임을 진다. <개정 2014.5.20.>
② 제1항은 운송인 또는 그 사용인이나 대리인의 고의로 또는 수하물의 멸실, 훼손 또는 연착이 생길 염려가 있음을 인식하면서 무모하게 한 작위 또는 부작위에 의하여 손해가 발생한 것이 증명된 경우에는 적용하지 아니한다.
[본조신설 2011.5.23.]

제911조(위탁수하물의 일부 멸실·훼손 등에 관한 통지) ① 여객이 위탁수하

물의 일부 멸실 또는 훼손을 발견하였을 때에는 위탁수하물을 수령한 후 지체 없이 그 개요에 관하여 운송인에게 서면 또는 전자문서로 통지를 발송하여야 한다. 다만, 그 멸실 또는 훼손이 즉시 발견할 수 없는 것일 경우에는 위탁수하물을 수령한 날부터 7일 이내에 그 통지를 발송하여야 한다.
② 위탁수하물이 연착된 경우 여객은 위탁수하물을 처분할 수 있는 날부터 21일 이내에 이의를 제기하여야 한다.
③ 위탁수하물이 일부 멸실, 훼손 또는 연착된 경우에는 제916조제3항부터 제6항까지를 준용한다.
[본조신설 2011.5.23.]

제912조(휴대수하물의 무임운송의무) 운송인은 휴대수하물에 대하여는 다른 약정이 없으면 별도로 운임을 청구하지 못한다.
[본조신설 2011.5.23.]

제3절 물건운송

제913조(운송물의 멸실 · 훼손에 대한 책임) ① 운송인은 운송물의 멸실 또는 훼손으로 인한 손해에 대하여 그 손해가 항공운송 중(운송인이 운송물을 관리하고 있는 기간을 포함한다. 이하 이 조에서 같다)에 발생한 경우에만 책임을 진다. 다만, 운송인이 운송물의 멸실 또는 훼손이 다음 각 호의 사유로 인하여 발생하였음을 증명하였을 경우에는 그 책임을 면한다.
1. 운송물의 고유한 결함, 특수한 성질 또는 숨은 하자
2. 운송인 또는 그 사용인이나 대리인 외의 자가 수행한 운송물의 부적절한 포장 또는 불완전한 기호 표시
3. 전쟁, 폭동, 내란 또는 무력충돌
4. 운송물의 출입국, 검역 또는 통관과 관련된 공공기관의 행위
5. 불가항력

② 제1항에 따른 항공운송 중에는 공항 외부에서 한 육상, 해상 운송 또는 내륙 수로운송은 포함되지 아니한다. 다만, 그러한 운송이 운송계약을 이행하면서 운송물의 적재(積載), 인도 또는 환적(換積)할 목적으로 이루어졌을 경우에는 항공운송 중인 것으로 추정한다.
③ 운송인이 송하인과의 합의에 따라 항공운송하기로 예정된 운송의 전부 또는 일부를 송하인의 동의 없이 다른 운송수단에 의한 운송으로 대체하였을 경우에는 그 다른 운송수단에 의한 운송은 항공운송으로 본다.
[본조신설 2011.5.23.]

제914조(운송물 연착에 대한 책임) 운송인은 운송물의 연착으로 인한 손해에 대하여 책임을 진다. 다만, 운송인이 자신과 그 사용인 및 대리인이 손해를 방지하기 위하여 합리적으로 요구되는 모든 조치를 하였다는 것 또는 그 조치를 하는 것이 불가능하였다는 것을 증명한 경우에는 그 책임을 면한다.
[본조신설 2011.5.23.]

제915조(운송물에 대한 책임한도액) ① 제913조와 제914조에 따른 운송인의 손해배상책임은 손해가 발생한 해당 운송물의 1킬로그램당 19 계산단위의 금액을 한도로 하되, 송하인과의 운송계약상 그 출발지, 도착지 및 중간 착륙지가 대한민국 영토 내에 있는 운송의 경우에는 손해가 발생한 해당 운송물의 1킬로그램당 15 계산단위의 금액을 한도로 한다. 다만, 송하인이 운송물을 운송인에게 인도할 때에 도착지에서 인도받을 때의 예정가액을 미리 신고한 경우에는 운송인은 신고 가액이 도착지에서 인도할 때의 실제가액을 초과한다는 것을 증명하지 아니하는 한 신고 가액을 한도로 책임을 진다. <개정 2014.5.20.>

② 제1항의 항공운송인의 책임한도를 결정할 때 고려하여야 할 중량은 해당 손해가 발생된 운송물의 중량을 말한다. 다만, 운송물의 일부 또는 운송물에 포함된 물건의 멸실, 훼손 또는 연착이 동일한 항공화물운송장(제924조에 따라 항공화물운송장의 교부에 대체되는 경우를 포함한다) 또는 화물수령증에 적힌 다른 운송물의 가치에 영향을 미칠 때에는 운송인의 책임한도를 결정할 때 그 다른 운송물의 중량도 고려하여야 한다.

[본조신설 2011.5.23.]

제916조(운송물의 일부 멸실 · 훼손 등에 관한 통지) ① 수하인은 운송물의 일부 멸실 또는 훼손을 발견하면 운송물을 수령한 후 지체 없이 그 개요에 관하여 운송인에게 서면 또는 전자문서로 통지를 발송하여야 한다. 다만, 그 멸실 또는 훼손이 즉시 발견할 수 없는 것일 경우에는 수령일부터 14일 이내에 그 통지를 발송하여야 한다.

② 운송물이 연착된 경우 수하인은 운송물을 처분할 수 있는 날부터 21일 이내에 이의를 제기하여야 한다.

③ 제1항의 통지가 없는 경우에는 운송물이 멸실 또는 훼손 없이 수하인에게 인도된 것으로 추정한다.

④ 운송물에 멸실 또는 훼손이 발생하였거나 그런 것으로 의심되는 경우에는 운송인과 수하인은 서로 운송물의 검사를 위하여 필요한 편의를 제공하여야 한다.

⑤ 제1항과 제2항의 기간 내에 통지나 이의제기가 없을 경우에는 수하인은 운송인에 대하여 제소할 수 없다. 다만, 운송인 또는 그 사용인이나 대리인이 악의인 경우에는 그러하지 아니하다.

⑥ 제1항부터 제5항까지의 규정에 반하여 수하인에게 불리한 당사자 사이의 특약은 효력이 없다.

[본조신설 2011.5.23.]

제917조(운송물의 처분청구권) ① 송하인은 운송인에게 운송의 중지, 운송물의 반환, 그 밖의 처분을 청구(이하 이 조에서 "처분청구권"이라 한다)할 수 있다. 이 경우에 운송인은 운송계약에서 정한 바에 따라 운임, 체당금과 처분으로 인한 비용의 지급을 청구할 수 있다.

② 송하인은 운송인 또는 다른 송하인의 권리를 침해하는 방법으로 처분청구권을 행사하여서는 아니 되며, 운송인이 송하인의 청구에 따르지 못할 경

우에는 지체 없이 그 뜻을 송하인에게 통지하여야 한다.
③ 운송인이 송하인에게 교부한 항공화물운송장 또는 화물수령증을 확인하지 아니하고 송하인의 처분청구에 따른 경우, 운송인은 그로 인하여 항공화물운송장 또는 화물수령증의 소지인이 입은 손해를 배상할 책임을 진다.
④ 제918조제1항에 따라 수하인이 운송물의 인도를 청구할 권리를 취득하였을 때에는 송하인의 처분청구권은 소멸한다. 다만, 수하인이 운송물의 수령을 거부하거나 수하인을 알 수 없을 경우에는 그러하지 아니하다.
[본조신설 2011.5.23.]

제918조(운송물의 인도) ① 운송물이 도착지에 도착한 때에는 수하인은 운송인에게 운송물의 인도를 청구할 수 있다. 다만, 송하인이 제917조제1항에 따라 처분청구권을 행사한 경우에는 그러하지 아니하다.
② 운송물이 도착지에 도착하면 다른 약정이 없는 한 운송인은 지체 없이 수하인에게 통지하여야 한다.
[본조신설 2011.5.23.]

제919조(운송인의 채권의 시효) 운송인의 송하인 또는 수하인에 대한 채권은 2년간 행사하지 아니하면 소멸시효가 완성한다.
[본조신설 2011.5.23.]

제920조(준용규정) 항공화물 운송에 관하여는 제120조, 제134조, 제141조부터 제143조까지, 제792조, 제793조, 제801조, 제802조, 제811조 및 제812조를 준용한다. 이 경우 "선적항"은 "출발지 공항"으로, "선장"은 "운송인"으로, "양륙항"은 "도착지 공항"으로 본다.
[본조신설 2011.5.23.]

제4절 운송증서

제921조(여객항공권) ① 운송인이 여객운송을 인수하면 여객에게 다음 각 호의 사항을 적은 개인용 또는 단체용 여객항공권을 교부하여야 한다.
1. 여객의 성명 또는 단체의 명칭
2. 출발지와 도착지
3. 출발일시
4. 운항할 항공편
5. 발행지와 발행연월일
6. 운송인의 성명 또는 상호

② 운송인은 제1항 각 호의 정보를 전산정보처리조직에 의하여 전자적 형태로 저장하거나 그 밖의 다른 방식으로 보존함으로써 제1항의 여객항공권 교부를 갈음할 수 있다. 이 경우 운송인은 여객이 청구하면 제1항 각 호의 정보를 적은 서면을 교부하여야 한다.
[본조신설 2011.5.23.]

제922조(수하물표) 운송인은 여객에게 개개의 위탁수하물마다 수하물표를 교부하여야 한다. [본조신설 2011.5.23.]

제923조(항공화물운송장의 발행) ① 송하인은 운송인의 청구를 받아 다음 각 호의 사항을 적은 항공화물운송장 3부를 작성하여 운송인에게 교부하여야 한다.

1. 송하인의 성명 또는 상호
2. 수하인의 성명 또는 상호
3. 출발지와 도착지
4. 운송물의 종류, 중량, 포장의 종별 · 개수와 기호
5. 출발일시
6. 운송할 항공편
7. 발행지와 발행연월일
8. 운송인의 성명 또는 상호

② 운송인이 송하인의 청구에 따라 항공화물운송장을 작성한 경우에는 송하인을 대신하여 작성한 것으로 추정한다.

③ 제1항의 항공화물운송장 중 제1원본에는 "운송인용"이라고 적고 송하인이 기명날인 또는 서명하여야 하고, 제2원본에는 "수하인용"이라고 적고 송하인과 운송인이 기명날인 또는 서명하여야 하며, 제3원본에는 "송하인용"이라고 적고 운송인이 기명날인 또는 서명하여야 한다.

④ 제3항의 서명은 인쇄 또는 그 밖의 다른 적절한 방법으로 할 수 있다.

⑤ 운송인은 송하인으로부터 운송물을 수령한 후 송하인에게 항공화물운송장 제3원본을 교부하여야 한다.

[본조신설 2011.5.23.]

제924조(항공화물운송장의 대체) ① 운송인은 제923조제1항 각 호의 정보를 전산정보처리조직에 의하여 전자적 형태로 저장하거나 그 밖의 다른 방식으로 보존함으로써 항공화물운송장의 교부에 대체할 수 있다.

② 제1항의 경우 운송인은 송하인의 청구에 따라 송하인에게 제923조제1항 각 호의 정보를 적은 화물수령증을 교부하여야 한다.

[본조신설 2011.5.23.]

제925조(복수의 운송물) ① 2개 이상의 운송물이 있는 경우에는 운송인은 송하인에 대하여 각 운송물마다 항공화물운송장의 교부를 청구할 수 있다.

② 항공화물운송장의 교부가 제924조제1항에 따른 저장 · 보존으로 대체되는 경우에는 송하인은 운송인에게 각 운송물마다 화물수령증의 교부를 청구할 수 있다.

[본조신설 2011.5.23.]

제926조(운송물의 성질에 관한 서류) ① 송하인은 세관, 경찰 등 행정기관이나 그 밖의 공공기관의 절차를 이행하기 위하여 필요한 경우 운송인의 요청을 받아 운송물의 성질을 명시한 서류를 운송인에게 교부하여야 한다.

② 운송인은 제1항과 관련하여 어떠한 의무나 책임을 부담하지 아니한다.
[본조신설 2011.5.23.]

제927조(항공운송증서에 관한 규정 위반의 효과) 운송인 또는 송하인이 제921조부터 제926조까지를 위반하는 경우에도 운송계약의 효력 및 이 법의 다른 규정의 적용에 영향을 미치지 아니한다. [본조신설 2011.5.23.]

제928조(항공운송증서 등의 기재사항에 관한 책임) ① 송하인은 항공화물운송장에 적었거나 운송인에게 통지한 운송물의 명세 또는 운송물에 관한 진술이 정확하고 충분함을 운송인에게 담보한 것으로 본다.
② 송하인은 제1항의 운송물의 명세 또는 운송물에 관한 진술이 정확하지 아니하거나 불충분하여 운송인이 손해를 입은 경우에는 운송인에게 배상할 책임이 있다.
③ 운송인은 제924조제1항에 따라 저장·보존되는 운송에 관한 기록이나 화물수령증에 적은 운송물의 명세 또는 운송물에 관한 진술이 정확하지 아니하거나 불충분하여 송하인이 손해를 입은 경우 송하인에게 배상할 책임이 있다. 다만, 제1항에 따라 송하인이 그 정확하고 충분함을 담보한 것으로 보는 경우에는 그러하지 아니하다.
[본조신설 2011.5.23.]

제929조(항공운송증서 기재의 효력) ① 항공화물운송장 또는 화물수령증이 교부된 경우 그 운송증서에 적힌 대로 운송계약이 체결된 것으로 추정한다.
② 운송인은 항공화물운송장 또는 화물수령증에 적힌 운송물의 중량, 크기, 포장의 종별·개수·기호 및 외관상태대로 운송물을 수령한 것으로 추정한다.
③ 운송물의 종류, 외관상태 외의 상태, 포장 내부의 수량 및 부피에 관한 항공화물운송장 또는 화물수령증의 기재 내용은 송하인이 참여한 가운데 운송인이 그 기재 내용의 정확함을 확인하고 그 사실을 항공화물운송장이나 화물수령증에 적은 경우에만 그 기재 내용대로 운송물을 수령한 것으로 추정한다.
[본조신설 2011.5.23.]

제3장 지상 제3자의 손해에 대한 책임

제930조(항공기 운항자의 배상책임) ① 항공기 운항자는 비행 중인 항공기 또는 항공기로부터 떨어진 사람이나 물건으로 인하여 사망하거나 상해 또는 재산상 손해를 입은 지상(지하, 수면 또는 수중을 포함한다)의 제3자에 대하여 손해배상책임을 진다.
② 이 편에서 "항공기 운항자"란 사고 발생 당시 항공기를 사용하는 자를 말한다. 다만, 항공기의 운항을 지배하는 자(이하 "운항지배자"라 한다)가 타인에게 항공기를 사용하게 한 경우에는 운항지배자를 항공기 운항자로 본다.
③ 이 편을 적용할 때에 항공기등록원부에 기재된 항공기 소유자는 항공기 운항자로 추정한다.

④ 제1항에서 "비행 중"이란 이륙을 목적으로 항공기에 동력이 켜지는 때부터 착륙이 끝나는 때까지를 말한다.
⑤ 2대 이상의 항공기가 관여하여 제1항의 사고가 발생한 경우 각 항공기 운항자는 연대하여 제1항의 책임을 진다.
⑥ 운항지배자의 승낙 없이 항공기가 사용된 경우 운항지배자는 이를 막기 위하여 상당한 주의를 하였음을 증명하지 못하는 한 승낙 없이 항공기를 사용한 자와 연대하여 제932조에서 정한 한도 내의 책임을 진다.
[본조신설 2011.5.23.]

제931조(면책사유) 항공기 운항자는 제930조제1항에 따른 사망, 상해 또는 재산상 손해의 발생이 다음 각 호의 어느 하나에 해당함을 증명하면 책임을 지지 아니한다.
1. 전쟁, 폭동, 내란 또는 무력충돌의 직접적인 결과로 발생하였다는 것
2. 항공기 운항자가 공권력에 의하여 항공기 사용권을 박탈당한 중에 발생하였다는 것
3. 오로지 피해자 또는 피해자의 사용인이나 대리인의 과실 또는 그 밖의 불법한 작위나 부작위에 의하여서만 발생하였다는 것
4. 불가항력 [본조신설 2011.5.23.]

제932조(항공기 운항자의 유한책임) ① 항공기 운항자의 제930조에 따른 책임은 하나의 항공기가 관련된 하나의 사고에 대하여 항공기의 이륙을 위하여 법으로 허용된 최대중량(이하 이 조에서 "최대중량"이라 한다)에 따라 다음 각 호에서 정한 금액을 한도로 한다.
1. 최대중량이 2천킬로그램 이하의 항공기의 경우 30만 계산단위의 금액
2. 최대중량이 2천킬로그램을 초과하는 항공기의 경우 2천킬로그램까지는 30만 계산단위, 2천킬로그램 초과 6천킬로그램까지는 매 킬로그램당 175 계산단위, 6천킬로그램 초과 3만킬로그램까지는 매 킬로그램당 62.5 계산단위, 3만킬로그램을 초과하는 부분에는 매 킬로그램당 65 계산단위를 각각 곱하여 얻은 금액을 순차로 더한 금액
② 하나의 항공기가 관련된 하나의 사고로 인하여 사망 또는 상해가 발생한 경우 항공기 운항자의 제930조에 따른 책임은 제1항의 금액의 범위에서 사망하거나 상해를 입은 사람 1명당 12만5천 계산단위의 금액을 한도로 한다.
③ 하나의 항공기가 관련된 하나의 사고로 인하여 여러 사람에게 생긴 손해의 합계가 제1항의 한도액을 초과하는 경우, 각각의 손해는 제1항의 한도액에 대한 비율에 따라 배상한다.
④ 하나의 항공기가 관련된 하나의 사고로 인하여 사망, 상해 또는 재산상의 손해가 발생한 경우 제1항에서 정한 금액의 한도에서 사망 또는 상해로 인한 손해를 먼저 배상하고, 남는 금액이 있으면 재산상의 손해를 배상한다.
[본조신설 2011.5.23.]

제933조(유한책임의 배제) ① 항공기 운항자 또는 그 사용인이나 대리인이 손해를 발생시킬 의도로 제930조제1항의 사고를 발생시킨 경우에는 제932

조를 적용하지 아니한다. 이 경우 항공기 운항자의 사용인이나 대리인의 행위로 인하여 사고가 발생한 경우에는 그가 권한 범위에서 행위하고 있었다는 사실이 증명되어야 한다.
② 항공기를 사용할 권한을 가진 자의 동의 없이 불법으로 항공기를 탈취(奪取)하여 사용하는 중 제930조제1항의 사고를 발생시킨 자에 대하여는 제932조를 적용하지 아니한다. [본조신설 2011.5.23.]

제934조(항공기 운항자의 책임의 소멸) 항공기 운항자의 제930조의 책임은 사고가 발생한 날부터 3년 이내에 재판상 청구가 없으면 소멸한다.
[본조신설 2011.5.23.]

제935조(책임제한의 절차) ① 이 장의 규정에 따라 책임을 제한하려는 자는 채권자로부터 책임한도액을 초과하는 청구금액을 명시한 서면에 의한 청구를 받은 날부터 1년 이내에 법원에 책임제한절차 개시의 신청을 하여야 한다.
② 책임제한절차 개시의 신청, 책임제한 기금의 형성 · 공고 · 참가 · 배당, 그 밖에 필요한 사항에 관하여는 성질에 반하지 아니하는 범위에서 「선박소유자 등의 책임제한절차에 관한 법률」의 예를 따른다.
[본조신설 2011.5.23.]

부칙

<제13523호, 2015.12.1.>

제1조(시행일) 이 법은 공포 후 3개월이 경과한 날부터 시행한다.

제2조(의결권 없는 주주에 대한 주주총회의 소집 통지에 관한 적용례) 제363조제7항 단서의 개정규정은 이 법 시행 후 주주총회를 소집하는 경우부터 적용한다.

제3조(반대주주의 주식매수청구권의 행사 절차에 관한 적용례) 제374조의2의 개정규정은 이 법 시행 당시 주식매수 청구의 절차가 진행 중인 경우에도 적용한다.

상법 시행령

[시행 2014.2.24.]

[대통령령 제25214호, 2014.2.24., 일부개정]

제1편 총칙

제1조(목적) 이 영은 「상법」에서 위임된 사항과 그 시행에 필요한 사항을 정함을 목적으로 한다.

제2조(소상인의 범위) 「상법」(이하 "법"이라 한다) 제9조에 따른 소상인은 자본금액이 1천만원에 미치지 못하는 상인으로서 회사가 아닌 자로 한다.

제3조(전산정보처리조직에 의한 보존) 법 제33조제1항에 따른 상업장부와 영업에 관한 중요서류(이하 이 조에서 "장부와 서류"라 한다)를 같은 조 제3항에 따라 마이크로필름이나 그 밖의 전산정보처리조직(이하 이 조에서 "전산정보처리조직"이라 한다)에 의하여 보존하는 경우에는 다음 각 호의 어느 하나에 해당하는 방법으로 보존하여야 한다. 다만, 법에 따라 작성자가 기명날인 또는 서명하여야 하는 장부와 서류는 그 기명날인 또는 서명이 되어 있는 원본을 보존하여야 한다. <개정 2012.8.31.>

1. 「전자문서 및 전자거래 기본법」 제5조제2항에 따라 전자화문서로 보존하는 방법
2. 제1호 외의 경우에는 다음 각 목의 기준에 따라 보존하는 방법
   가. 전산정보처리조직에 장부와 서류를 보존하기 위한 프로그램의 개발·변경 및 운영에 관한 기록을 보관하여야 하며, 보존의 경위 및 절차를 알 수 있도록 할 것
   나. 법 및 일반적으로 공정·타당한 회계관행에 따라 그 내용을 파악할 수 있도록 보존할 것
   다. 필요한 경우 그 보존 내용을 영상 또는 출력된 문서로 열람할 수 있도록 할 것
   라. 전산정보처리조직에 보존된 자료의 멸실·훼손 등에 대비하는 조치를 마련할 것

제2편 상행위

제4조(호천·항만의 범위) 법 제125조에 따른 호천(湖川), 항만의 범위는 「선박안전법 시행령」 제2조제1항제3호가목에 따른 평수(平水)구역으로 한다.

제3편 회사

제5조(유한책임회사 재무제표의 범위) 법 제287조의33에서 "대통령령으로 정

하는 서류"란 다음 각 호의 어느 하나에 해당하는 서류를 말한다.
1. 자본변동표
2. 이익잉여금 처분계산서 또는 결손금 처리계산서

제6조(전자적 방법을 통한 회사의 공고) ① 법 제289조제3항 단서에 따라 회사가 전자적 방법으로 공고하려는 경우에는 회사의 인터넷 홈페이지에 게재하는 방법으로 하여야 한다.
② 법 제289조제3항 단서에 따라 회사가 정관에서 전자적 방법으로 공고할 것을 정한 경우에는 회사의 인터넷 홈페이지 주소를 등기하여야 한다.
③ 법 제289조제3항 단서에 따라 회사가 전자적 방법으로 공고하려는 경우에는 그 정보를 회사의 인터넷 홈페이지 초기화면에서 쉽게 찾을 수 있도록 하는 등 이용자의 편의를 위한 조치를 하여야 한다.
④ 법 제289조제3항 단서에 따라 회사가 정관에서 전자적 방법으로 공고할 것을 정한 경우라도 전산장애 또는 그 밖의 부득이한 사유로 전자적 방법으로 공고할 수 없는 경우에는 법 제289조제3항 본문에 따라 미리 정관에서 정하여 둔 관보 또는 시사에 관한 사항을 게재하는 일간신문에 공고하여야 한다.
⑤ 법 제289조제4항 본문에서 "대통령령으로 정하는 기간"이란 다음 각 호에서 정하는 날까지의 기간(이하 이 조에서 "공고기간"이라 한다)을 말한다.
1. 법에서 특정한 날부터 일정한 기간 전에 공고하도록 한 경우: 그 특정한 날
2. 법에서 공고에서 정하는 기간 내에 이의를 제출하거나 일정한 행위를 할 수 있도록 한 경우: 그 기간이 지난 날
3. 제1호와 제2호 외의 경우: 해당 공고를 한 날부터 3개월이 지난 날
⑥ 제5항에 따른 공고기간에 공고가 중단(불특정 다수가 공고된 정보를 제공받을 수 없게 되거나 그 공고된 정보가 변경 또는 훼손된 경우를 말한다)되더라도, 그 중단된 기간의 합계가 공고기간의 5분의 1을 초과하지 않으면 공고의 중단은 해당 공고의 효력에 영향을 미치지 아니한다. 다만, 회사가 공고의 중단에 대하여 고의 또는 중대한 과실이 있는 경우에는 그러하지 아니하다.

제7조(검사인의 조사, 보고의 면제) ① 법 제299조제2항제1호에서 "대통령령으로 정한 금액"이란 5천만원을 말한다.
② 법 제299조제2항제2호에서 "대통령령으로 정한 방법으로 산정된 시세"란 다음 각 호의 금액 중 낮은 금액을 말한다.
1. 법 제292조에 따른 정관의 효력발생일(이하 이 항에서 "효력발생일"이라 한다)부터 소급하여 1개월간의 거래소에서의 평균 종가(終價), 효력발생일부터 소급하여 1주일간의 거래소에서의 평균 종가 및 효력발생일의 직전 거래일의 거래소에서의 종가를 산술평균하여 산정한 금액
2. 효력발생일 직전 거래일의 거래소에서의 종가
③ 제2항은 법 제290조제2호 및 제3호의 재산에 그 사용, 수익, 담보제공, 소유권 이전 등에 대한 물권적 또는 채권적 제한이나 부담이 설정된 경우에는 적용하지 아니한다.

제8조(명의개서대리인의 자격) 법 제337조제2항에 따른 명의개서대리인의 자

격은 「자본시장과 금융투자업에 관한 법률」 제294조제1항에 따라 설립된 한국예탁결제원(이하 "한국예탁결제원"이라 한다) 및 같은 법 제365조제1항에 따라 금융위원회에 등록한 주식회사로 한다.

제9조(자기주식 취득 방법의 종류 등) ① 법 제341조제1항제2호에서 "대통령령으로 정하는 방법"이란 다음 각 호의 어느 하나에 해당하는 방법을 말한다.

1. 회사가 모든 주주에게 자기주식 취득의 통지 또는 공고를 하여 주식을 취득하는 방법
2. 「자본시장과 금융투자업에 관한 법률」 제133조부터 제146조까지의 규정에 따른 공개매수의 방법

② 자기주식을 취득한 회사는 지체 없이 취득 내용을 적은 자기주식 취득내역서를 본점에 6개월간 갖추어 두어야 한다. 이 경우 주주와 회사채권자는 영업시간 내에 언제든지 자기주식 취득내역서를 열람할 수 있으며, 회사가 정한 비용을 지급하고 그 서류의 등본이나 사본의 교부를 청구할 수 있다.

제10조(자기주식 취득의 방법) 회사가 제9조제1호에 따라 자기주식을 취득하는 경우에는 다음 각 호의 기준에 따라야 한다.

1. 법 제341조제2항에 따른 결정을 한 회사가 자기주식을 취득하려는 경우에는 이사회의 결의로써 다음 각 목의 사항을 정할 것. 이 경우 주식 취득의 조건은 이사회가 결의할 때마다 균등하게 정하여야 한다.
   가. 자기주식 취득의 목적
   나. 취득할 주식의 종류 및 수
   다. 주식 1주를 취득하는 대가로 교부할 금전이나 그 밖의 재산(해당 회사의 주식은 제외한다. 이하 이 조에서 "금전등"이라 한다)의 내용 및 그 산정 방법
   라. 주식 취득의 대가로 교부할 금전등의 총액
   마. 20일 이상 60일 내의 범위에서 주식양도를 신청할 수 있는 기간(이하 이 조에서 "양도신청기간"이라 한다)
   바. 양도신청기간이 끝나는 날부터 1개월의 범위에서 양도의 대가로 금전등을 교부하는 시기와 그 밖에 주식 취득의 조건
2. 회사는 양도신청기간이 시작하는 날의 2주 전까지 각 주주에게 회사의 재무 현황, 자기주식 보유 현황 및 제1호 각 목의 사항을 서면으로 또는 각 주주의 동의를 받아 전자문서로 통지할 것. 다만, 회사가 무기명식의 주권을 발행한 경우에는 양도신청기간이 시작하는 날의 3주 전에 공고하여야 한다.
3. 회사에 주식을 양도하려는 주주는 양도신청기간이 끝나는 날까지 양도하려는 주식의 종류와 수를 적은 서면으로 주식양도를 신청할 것
4. 주주가 제3호에 따라 회사에 대하여 주식 양도를 신청한 경우 회사와 그 주주 사이의 주식 취득을 위한 계약 성립의 시기는 양도신청기간이 끝나는 날로 정하고, 주주가 신청한 주식의 총수가 제1호나목의 취득할 주식의 총수를 초과하는 경우 계약 성립의 범위는 취득할 주식의 총수를 신청한 주식의 총수로 나눈 수에 제3호에 따라 주주가 신청한 주식의

수를 곱한 수(이 경우 끝수는 버린다)로 정할 것

제11조(전자주주명부) ① 법 제352조의2에 따라 회사가 전자주주명부를 작성하는 경우에 회사의 본점 또는 명의개서대리인의 영업소에서 전자주주명부의 내용을 서면으로 인쇄할 수 있으면 법 제396조제1항에 따라 주주명부를 갖추어 둔 것으로 본다.

② 주주와 회사채권자는 영업시간 내에 언제든지 서면 또는 파일의 형태로 전자주주명부에 기록된 사항의 열람 또는 복사를 청구할 수 있다. 이 경우 회사는 법 제352조의2제2항에 따라 기재된 다른 주주의 전자우편주소를 열람 또는 복사의 대상에서 제외하는 조치를 하여야 한다.

제12조(주주제안의 거부) 법 제363조의2제3항 전단에서 "대통령령으로 정하는 경우"란 주주제안의 내용이 다음 각 호의 어느 하나에 해당하는 경우를 말한다.

1. 주주총회에서 의결권의 100분의 10 미만의 찬성밖에 얻지 못하여 부결된 내용과 같은 내용의 의안을 부결된 날부터 3년 내에 다시 제안하는 경우
2. 주주 개인의 고충에 관한 사항인 경우
3. 주주가 권리를 행사하기 위하여 일정 비율을 초과하는 주식을 보유해야 하는 소수주주권에 관한 사항인 경우
4. 임기 중에 있는 임원의 해임에 관한 사항[법 제542조의2제1항에 따른 상장회사(이하 "상장회사"라 한다)만 해당한다]인 경우
5. 회사가 실현할 수 없는 사항 또는 제안 이유가 명백히 거짓이거나 특정인의 명예를 훼손하는 사항인 경우

제13조(전자적 방법에 의한 의결권의 행사) ① 법 제368조의4에 따라 주주가 의결권을 전자적 방법으로 행사(이하 이 조에서 "전자투표"라 한다)하는 경우 주주는 「전자서명법」 제2조제3호에 따른 공인전자서명을 통하여 주주 확인 및 전자투표를 하여야 한다.

② 법 제368조의4에 따라 전자적 방법으로 의결권을 행사할 수 있음을 정한 회사는 주주총회 소집의 통지나 공고에 다음 각 호의 사항을 포함하여야 한다.

1. 전자투표를 할 인터넷 주소
2. 전자투표를 할 기간(전자투표의 종료일은 주주총회 전날까지로 하여야 한다)
3. 그 밖에 주주의 전자투표에 필요한 기술적인 사항

③ 전자투표를 한 주주는 해당 주식에 대하여 그 의결권 행사를 철회하거나 변경하지 못한다.

④ 회사는 전자투표의 효율성 및 공정성을 확보하기 위하여 전자투표를 관리하는 기관을 지정하여 주주 확인절차 등 의결권 행사절차의 운영을 위탁할 수 있다.

⑤ 회사, 제4항에 따라 지정된 전자투표를 관리하는 기관 및 전자투표의 운영을 담당하는 자는 주주총회에서 개표가 있을 때까지 전자투표의 결과를 누설하거나 직무상 목적 외로 사용해서는 아니 된다.

제14조(현물출자 검사의 면제) ① 법 제422조제2항제1호에서 "대통령령으로 정한 금액"이란 5천만원을 말한다.
② 법 제422조제2항제2호에서 "대통령령으로 정한 방법으로 산정된 시세"란 다음 각 호의 금액 중 낮은 금액을 말한다.
1. 법 제416조에 따른 이사회 또는 주주총회의 결의가 있은 날(이하 이 조에서 "결의일"이라 한다)부터 소급하여 1개월간의 거래소에서의 평균 종가, 결의일부터 소급하여 1주일간의 거래소에서의 평균 종가 및 결의일 직전 거래일의 거래소에서의 종가를 산술평균하여 산정한 금액
2. 결의일 직전 거래일의 거래소에서의 종가
③ 제2항은 현물출자의 목적인 재산에 그 사용, 수익, 담보제공, 소유권 이전 등에 대한 물권적 또는 채권적 제한이나 부담이 설정된 경우에는 적용하지 아니한다.

제15조(회계 원칙) 법 제446조의2에서 "대통령령으로 규정한 것"이란 다음 각 호의 구분에 따른 회계기준을 말한다.
1. 「주식회사의 외부감사에 관한 법률」 제2조에 따른 외부감사 대상 회사: 같은 법 제13조제1항에 따른 회계처리기준
2. 「공공기관의 운영에 관한 법률」 제2조에 따른 공공기관: 같은 법에 따른 공기업·준정부기관의 회계 원칙
3. 제1호 및 제2호에 해당하는 회사 외의 회사 등: 회사의 종류 및 규모 등을 고려하여 법무부장관이 금융위원회 및 중소기업청장과 협의하여 고시한 회계기준

제16조(주식회사 재무제표의 범위 등) ① 법 제447조제1항제3호에서 "대통령령으로 정하는 서류"란 다음 각 호의 어느 하나에 해당하는 서류를 말한다. 다만, 「주식회사의 외부감사에 관한 법률」 제2조에 따른 외부감사 대상 회사의 경우에는 다음 각 호의 모든 서류, 현금흐름표 및 주석(註釋)을 말한다.
1. 자본변동표
2. 이익잉여금 처분계산서 또는 결손금 처리계산서
② 법 제447조제2항에서 "대통령령으로 정하는 회사"란 「주식회사의 외부감사에 관한 법률」 제2조에 따른 외부감사의 대상이 되는 회사 중 같은 법 제1조의2제2호에 규정된 지배회사를 말한다.

제17조(영업보고서의 기재사항) 법 제447조의2제2항에 따라 영업보고서에 기재할 사항은 다음 각 호와 같다.
1. 회사의 목적 및 중요한 사업 내용, 영업소·공장 및 종업원의 상황과 주식·사채의 상황
2. 해당 영업연도의 영업의 경과 및 성과(자금조달 및 설비투자의 상황을 포함한다)
3. 모회사와의 관계, 자회사의 상황, 그 밖에 중요한 기업결합의 상황
4. 과거 3년간의 영업성적 및 재산상태의 변동상황

5. 회사가 대처할 과제
6. 해당 영업연도의 이사·감사의 성명, 회사에서의 지위 및 담당 업무 또는 주된 직업과 회사와의 거래관계
7. 상위 5인 이상의 대주주(주주가 회사인 경우에는 그 회사의 자회사가 보유하는 주식을 합산한다), 그 보유주식 수 및 회사와의 거래관계, 해당 대주주에 대한 회사의 출자 상황
8. 회사, 회사와 그 자회사 또는 회사의 자회사가 다른 회사의 발행주식총수의 10분의 1을 초과하는 주식을 가지고 있는 경우에는 그 주식 수, 그 다른 회사의 명칭 및 그 다른 회사가 가지고 있는 회사의 주식 수
9. 중요한 채권자 및 채권액, 해당 채권자가 가지고 있는 회사의 주식 수
10. 결산기 후에 생긴 중요한 사실
11. 그 밖에 영업에 관한 사항으로서 중요하다고 인정되는 사항

제18조(적립할 자본준비금의 범위) 법 제459조제1항에 따라 회사는 제15조에서 정한 회계기준에 따라 자본잉여금을 자본준비금으로 적립하여야 한다.

제19조(미실현이익의 범위) ①법 제462조제1항제4호에서 "대통령령으로 정하는 미실현이익"이란 법 제446조의2의 회계 원칙에 따른 자산 및 부채에 대한 평가로 인하여 증가한 대차대조표상의 순자산액으로서, 미실현손실과 상계(相計)하지 아니한 금액을 말한다. <개정 2014.2.24.>

② 제1항에도 불구하고 다음 각 호의 어느 하나에 해당하는 경우에는 각각의 미실현이익과 미실현손실을 상계할 수 있다. <신설 2014.2.24.>
1. 「자본시장과 금융투자업에 관한 법률」 제4조제2항제5호에 따른 파생결합증권의 거래를 하고, 그 거래의 위험을 회피하기 위하여 해당 거래와 연계된 거래를 한 경우로서 각 거래로 미실현이익과 미실현손실이 발생한 경우
2. 「자본시장과 금융투자업에 관한 법률」 제5조에 따른 파생상품의 거래가 그 거래와 연계된 거래의 위험을 회피하기 위하여 한 경우로서 각 거래로 미실현이익과 미실현손실이 발생한 경우

제20조(사채의 발행) 법 제469조제2항제3호에서 "대통령령으로 정하는 자산이나 지표"란 「자본시장과 금융투자업에 관한 법률」 제4조제10항에 따른 기초자산의 가격·이자율·지표·단위 또는 이를 기초로 하는 지수를 말한다.

제21조(이익참가부사채의 발행) ① 법 제469조제2항제1호에 따라 사채권자가 그 사채발행회사의 이익배당에 참가할 수 있는 사채(이하 "이익참가부사채"라 한다)를 발행하는 경우에 다음 각 호의 사항으로서 정관에 규정이 없는 사항은 이사회가 결정한다. 다만, 정관에서 주주총회에서 이를 결정하도록 정한 경우에는 그러하지 아니하다.
1. 이익참가부사채의 총액
2. 이익배당 참가의 조건 및 내용

3. 주주에게 이익참가부사채의 인수권을 준다는 뜻과 인수권의 목적인 이익참가부사채의 금액

② 주주 외의 자에게 이익참가부사채를 발행하는 경우에 그 발행할 수 있는 이익참가부사채의 가액(價額)과 이익배당 참가의 내용에 관하여 정관에 규정이 없으면 법 제434조에 따른 주주총회의 특별결의로 정하여야 한다.

③ 제2항에 따른 결의를 할 때 이익참가부사채 발행에 관한 의안의 요령은 법 제363조에 따른 통지와 공고에 적어야 한다.

④ 이익참가부사채의 인수권을 가진 주주는 그가 가진 주식의 수에 따라 이익참가부사채의 배정을 받을 권리가 있다. 다만, 각 이익참가부사채의 금액 중 최저액에 미달하는 끝수에 대해서는 그러하지 아니하다.

⑤ 회사는 일정한 날을 정하여, 그 날에 주주명부에 기재된 주주가 이익참가부사채의 배정을 받을 권리를 가진다는 뜻을 그 날의 2주일 전에 공고하여야 한다. 다만, 그 날이 법 제354조제1항의 기간 중일 때에는 그 기간의 초일의 2주일 전에 이를 공고하여야 한다.

⑥ 주주가 이익참가부사채의 인수권을 가진 경우에는 각 주주에게 그 인수권을 가진 이익참가부사채의 액, 발행가액, 이익참가의 조건과 일정한 기일까지 이익참가부사채 인수의 청약을 하지 아니하면 그 권리를 잃는다는 뜻을 통지하여야 한다.

⑦ 회사가 무기명식의 주권을 발행하였을 때에는 제6항의 사항을 공고하여야 한다.

⑧ 제6항에 따른 통지 또는 제7항에 따른 공고는 제5항에 따른 기일의 2주일 전까지 하여야 한다.

⑨ 제6항에 따른 통지 또는 제7항에 따른 공고에도 불구하고 그 기일까지 이익참가부사채 인수의 청약을 하지 아니한 경우에는 이익참가부사채의 인수권을 가진 자는 그 권리를 잃는다.

⑩ 회사가 이익참가부사채를 발행하였을 때에는 법 제476조에 따른 납입이 완료된 날부터 2주일 내에 본점 소재지에서 다음 각 호의 사항을 등기하여야 한다.

1. 이익참가부사채의 총액
2. 각 이익참가부사채의 금액
3. 각 이익참가부사채의 납입금액
4. 이익배당에 참가할 수 있다는 뜻과 이익배당 참가의 조건 및 내용

⑪ 제10항 각 호의 사항이 변경된 때에는 본점 소재지에서는 2주일 내, 지점 소재지에서는 3주일 내에 변경등기를 하여야 한다.

⑫ 외국에서 이익참가부사채를 모집한 경우에 등기할 사항이 외국에서 생겼을 때에는 그 등기기간은 그 통지가 도달한 날부터 기산(起算)한다.

제22조(교환사채의 발행) ① 법 제469조제2항제2호에 따라 사채권자가 회사 소유의 주식이나 그 밖의 다른 유가증권으로 교환할 수 있는 사채(이하 "교환사채"라 한다)를 발행하는 경우에는 이사회가 다음 각 호의 사항을 결정한다.

1. 교환할 주식이나 유가증권의 종류 및 내용
2. 교환의 조건
3. 교환을 청구할 수 있는 기간

② 주주 외의 자에게 발행회사의 자기주식으로 교환할 수 있는 사채를 발행하는 경우에 사채를 발행할 상대방에 관하여 정관에 규정이 없으면 이사회

가 이를 결정한다.
③ 교환사채를 발행하는 회사는 사채권자가 교환청구를 하는 때 또는 그 사채의 교환청구기간이 끝나는 때까지 교환에 필요한 주식 또는 유가증권을 한국예탁결제원에 예탁하여야 한다. 이 경우 한국예탁결제원은 그 주식 또는 유가증권을 신탁재산임을 표시하여 관리하여야 한다.
④ 사채의 교환을 청구하는 자는 청구서 2통에 사채권을 첨부하여 회사에 제출하여야 한다.
⑤ 제4항의 청구서에는 교환하려는 주식이나 유가증권의 종류 및 내용, 수와 청구 연월일을 적고 기명날인 또는 서명하여야 한다.

제23조(상환사채의 발행) ① 법 제469조제2항제2호에 따라 회사가 그 소유의 주식이나 그 밖의 다른 유가증권으로 상환할 수 있는 사채(이하 "상환사채"라 한다)를 발행하는 경우에는 이사회가 다음 각 호의 사항을 결정한다.
1. 상환할 주식이나 유가증권의 종류 및 내용
2. 상환의 조건
3. 회사의 선택 또는 일정한 조건의 성취나 기한의 도래에 따라 주식이나 그 밖의 다른 유가증권으로 상환한다는 뜻

② 주주 외의 자에게 발행회사의 자기주식으로 상환할 수 있는 사채를 발행하는 경우에 사채를 발행할 상대방에 관하여 정관에 규정이 없으면 이사회가 이를 결정한다.
③ 일정한 조건의 성취나 기한의 도래에 따라 상환할 수 있는 경우에는 상환사채를 발행하는 회사는 조건이 성취되는 때 또는 기한이 도래하는 때까지 상환에 필요한 주식 또는 유가증권을 한국예탁결제원에 예탁하여야 한다. 이 경우 한국예탁결제원은 그 주식 또는 유가증권을 신탁재산임을 표시하여 관리하여야 한다.

제24조(파생결합사채의 발행) 법 제469조제2항제3호에 따라 유가증권이나 통화 또는 그 밖에 제20조에 따른 자산이나 지표 등의 변동과 연계하여 미리 정하여진 방법에 따라 상환 또는 지급금액이 결정되는 사채(이하 "파생결합사채"라 한다)를 발행하는 경우에는 이사회가 다음 각 호의 사항을 결정한다.
1. 상환 또는 지급 금액을 결정하는 데 연계할 유가증권이나 통화 또는 그 밖의 자산이나 지표
2. 제1호의 자산이나 지표와 연계하여 상환 또는 지급 금액을 결정하는 방법

제25조(사채청약서 등의 기재사항) 법 제469조제2항 각 호의 사채를 발행하는 경우 사채청약서, 채권 및 사채 원부에는 다음 각 호의 구분에 따른 사항이 포함되어야 한다.
1. 이익참가부사채를 발행하는 경우: 제21조제1항제1호부터 제3호까지의 사항
2. 교환사채를 발행하는 경우: 제22조제1항제1호부터 제3호까지의 사항
3. 상환사채를 발행하는 경우: 제23조제1항제1호부터 제3호까지의 사항
4. 파생결합사채를 발행하는 경우: 제24조제1호 및 제2호의 사항

제26조(사채관리회사의 자격) 법 제480조의3제1항에서 "은행, 신탁회사, 그 밖에 대통령령으로 정하는 자"란 다음 각 호의 어느 하나에 해당하는 자를 말한다.

1. 「은행법」에 따른 은행
2. 「한국산업은행법」에 따른 한국산업은행
3. 「중소기업은행법」에 따른 중소기업은행
4. 「농업협동조합법」에 따른 농협은행
5. 「수산업협동조합법」에 따른 수산업협동조합중앙회의 신용사업부문
6. 「자본시장과 금융투자업에 관한 법률」에 따라 신탁업 인가를 받은 자로서 일반투자자로부터 금전을 위탁받을 수 있는 자
7. 「자본시장과 금융투자업에 관한 법률」에 따라 투자매매업 인가를 받은 자로서 일반투자자를 상대로 증권의 인수업무를 할 수 있는 자
8. 한국예탁결제원
9. 「자본시장과 금융투자업에 관한 법률」에 따른 증권금융회사

제27조(사채발행회사와의 특수한 이해관계) 법 제480조의3제3항에서 "대통령령으로 정하는 자"란 사채관리회사가 되려는 자가 다음 각 호의 어느 하나에 해당하는 경우 그 회사(사채관리회사가 된 후에 해당하게 된 자를 포함한다)를 말한다.

1. 사채관리회사가 사채발행회사에 대하여 법 제542조의8제2항제5호에 따른 최대주주 또는 같은 항 제6호에 따른 주요주주인 경우
2. 사채발행회사가 사채관리회사에 대하여 다음 각 목의 어느 하나에 해당하는 경우
   가. 사채관리회사가 제26조제1호의 은행인 경우: 「은행법」 제2조제1항제10호에 따른 대주주
   나. 사채관리회사가 제26조제6호 및 제7호의 자인 경우: 「자본시장과 금융투자업에 관한 법률」 제9조제1항에 따른 대주주
3. 사채발행회사와 사채관리회사가 「독점규제 및 공정거래에 관한 법률」 제2조제3호에 따른 계열회사(이하 "계열회사"라 한다)인 경우
4. 사채발행회사의 주식을 보유하거나 사채발행회사의 임원을 겸임하는 등으로 인하여 사채권자의 이익과 충돌하는 특수한 이해관계가 있어 공정한 사채관리를 하기 어려운 경우로서 법무부장관이 정하여 고시하는 기준에 해당하는 회사

제28조(휴면회사의 신고) ① 법 제520조의2제1항에 따른 영업을 폐지하지 아니하였다는 뜻의 신고는 서면으로 하여야 한다.

② 제1항의 서면에는 다음 각 호의 사항을 적고, 회사의 대표자 또는 그 대리인이 기명날인하여야 한다.

1. 회사의 상호, 본점의 소재지, 대표자의 성명 및 주소
2. 대리인이 제1항의 신고를 할 때에는 대리인의 성명 및 주소
3. 아직 영업을 폐지하지 아니하였다는 뜻
4. 법원의 표시
5. 신고 연월일

③ 대리인이 제1항의 신고를 할 경우 제1항의 서면에는 그 권한을 증명하는 서면을 첨부하여야 한다.
④ 제1항 또는 제3항의 서면에 찍을 회사 대표자의 인감은 「상업등기법」 제24조제1항에 따라 등기소에 제출된 것이어야 한다. 다만, 법 제520조의2제2항에 따라 법원으로부터 통지서를 받고 이를 첨부하여 신고하는 경우에는 그러하지 아니하다.

제29조(상장회사 특례의 적용범위) ① 법 제542조의2제1항 본문에서 "대통령령으로 정하는 증권시장"이란 「자본시장과 금융투자업에 관한 법률」 제8조의2제4항제1호에 따른 증권시장을 말한다. <개정 2013.8.27.>
② 법 제542조의2제1항 단서에서 "대통령령으로 정하는 주식회사"란 「자본시장과 금융투자업에 관한 법률」 제6조제5항에 따른 집합투자를 수행하기 위한 기구인 주식회사를 말한다.

제30조(주식매수선택권) ① 법 제542조의3제1항 본문에서 "대통령령으로 정하는 관계 회사"란 다음 각 호의 어느 하나에 해당하는 법인을 말한다. 다만, 제1호 및 제2호의 법인은 주식매수선택권을 부여하는 회사의 수출실적에 영향을 미치는 생산 또는 판매 업무를 영위하거나 그 회사의 기술혁신을 위한 연구개발활동을 수행하는 경우로 한정한다.
1. 해당 회사가 총출자액의 100분의 30 이상을 출자하고 최대출자자로 있는 외국법인
2. 제1호의 외국법인이 총출자액의 100분의 30 이상을 출자하고 최대출자자로 있는 외국법인과 그 법인이 총출자액의 100분의 30 이상을 출자하고 최대출자자로 있는 외국법인
3. 해당 회사가 「금융지주회사법」에서 정하는 금융지주회사인 경우 그 자회사 또는 손자회사 가운데 상장회사가 아닌 법인

② 법 제542조의3제1항 단서에서 "제542조의8제2항제5호의 최대주주 등 대통령령으로 정하는 자"란 다음 각 호의 어느 하나에 해당하는 자를 말한다. 다만, 해당 회사 또는 제1항의 관계 회사의 임원이 됨으로써 특수관계인에 해당하게 된 자[그 임원이 계열회사의 상무(常務)에 종사하지 아니하는 이사·감사인 경우를 포함한다]는 제외한다.
1. 법 제542조의8제2항제5호에 따른 최대주주 및 그 특수관계인
2. 법 제542조의8제2항제6호에 따른 주요주주 및 그 특수관계인

③ 법 제542조의3제2항에서 "대통령령으로 정하는 한도"란 발행주식총수의 100분의 15에 해당하는 주식 수를 말한다. 이 경우 이를 산정할 때에는 법 제542조의3제3항에 따라 부여한 주식매수선택권을 포함하여 계산한다.
④ 법 제542조의3제3항 전단에서 "대통령령으로 정하는 한도"란 다음 각 호의 구분에 따른 주식 수를 말한다.
1. 최근 사업연도 말 현재의 자본금이 3천억원 이상인 법인: 발행주식총수의 100분의 1에 해당하는 주식 수
2. 최근 사업연도 말 현재의 자본금이 3천억원 미만인 법인: 발행주식총수의 100분의 3에 해당하는 주식 수

⑤ 법 제542조의3제4항에서 "대통령령으로 정하는 경우"란 주식매수선택권을 부여받은 자가 사망하거나 그 밖에 본인의 책임이 아닌 사유로 퇴임하거나 퇴직한 경우를 말한다. 이 경우 정년에 따른 퇴임이나 퇴직은 본인의 책임이 아닌 사유에 포함되지 아니한다.

⑥ 상장회사는 다음 각 호의 어느 하나에 해당하는 경우에는 정관에서 정하는 바에 따라 이사회 결의에 의하여 주식매수선택권의 부여를 취소할 수 있다.

1. 주식매수선택권을 부여받은 자가 본인의 의사에 따라 사임하거나 사직한 경우
2. 주식매수선택권을 부여받은 자가 고의 또는 과실로 회사에 중대한 손해를 입힌 경우
3. 해당 회사의 파산 등으로 주식매수선택권 행사에 응할 수 없는 경우
4. 그 밖에 주식매수선택권을 부여받은 자와 체결한 주식매수선택권 부여계약에서 정한 취소사유가 발생한 경우

⑦ 주식매수선택권의 행사기한을 해당 이사·감사 또는 피용자의 퇴임일 또는 퇴직일로 정하는 경우 이들이 본인의 책임이 아닌 사유로 퇴임하거나 퇴직하였을 때에는 그 날부터 3개월 이상의 행사기간을 추가로 부여하여야 한다.

제31조(주주총회의 소집공고) ① 법 제542조의4제1항에서 "대통령령으로 정하는 수 이하의 주식"이란 의결권 있는 발행주식총수의 100분의 1 이하의 주식을 말한다.

② 상장회사는 「금융위원회의 설치 등에 관한 법률」 제24조에 따라 설립된 금융감독원 또는 「자본시장과 금융투자업에 관한 법률」 제373조의2에 따라 허가를 받은 거래소(이하 "거래소"라 한다)가 운용하는 전자공시시스템을 통하여 법 제542조의4제1항의 공고를 할 수 있다. <개정 2013.8.27.>

③ 법 제542조의4제2항에서 "대통령령으로 정하는 후보자에 관한 사항"이란 다음 각 호의 사항을 말한다.

1. 후보자와 최대주주와의 관계
2. 후보자와 해당 회사와의 최근 3년간의 거래 내역

④ 법 제542조의4제3항 본문에서 "사외이사 등의 활동내역과 보수에 관한 사항, 사업개요 등 대통령령으로 정하는 사항"이란 다음 각 호의 사항을 말한다.

1. 사외이사, 그 밖에 해당 회사의 상무에 종사하지 아니하는 이사의 이사회 출석률, 이사회 의안에 대한 찬반 여부 등 활동내역과 보수에 관한 사항
2. 법 제542조의9제3항 각 호에 따른 거래의 내역
3. 영업 현황 등 사업개요와 주주총회의 목적사항별로 금융위원회가 정하는 방법에 따라 작성한 참고서류

⑤ 법 제542조의4제3항 단서에서 "대통령령으로 정하는 방법"이란 상장회사가 제4항 각 호에 따른 서류를 회사의 인터넷 홈페이지에 게재하고 다음 각 호의 장소에 갖추어 두어 일반인이 열람할 수 있도록 하는 방법을 말한다. <개정 2013.8.27.>

1. 상장회사의 본점 및 지점
2. 명의개서대행회사
3. 금융위원회
4. 거래소

제32조(소수주주권 행사요건 완화대상 회사) 법 제542조의6제2항부터 제5항까지의 규정에서 "대통령령으로 정하는 상장회사"란 최근 사업연도 말 현재의 자본금이 1천억원 이상인 상장회사를 말한다.

제33조(집중투표에 관한 특례의 대상 회사) 법 제542조의7제2항에서 "대통령령으로 정하는 상장회사"란 최근 사업연도 말 현재의 자산총액이 2조원 이상인 상장회사를 말한다.

제34조(상장회사의 사외이사 등) ① 법 제542조의8제1항 본문에서 "대통령령으로 정하는 경우"란 다음 각 호의 어느 하나에 해당하는 경우를 말한다. <개정 2013.8.27.>

1. 「벤처기업육성에 관한 특별조치법」에 따른 벤처기업 중 최근 사업연도 말 현재의 자산총액이 1천억원 미만으로서 코스닥시장(대통령령 제24697호 자본시장과 금융투자업에 관한 법률 시행령 일부개정령 부칙 제8조에 따른 코스닥시장을 말한다. 이하 같다) 또는 코넥스시장(「자본시장과 금융투자업에 관한 법률 시행령」 제11조제2항에 따른 코넥스시장을 말한다. 이하 같다)에 상장된 주권을 발행한 벤처기업인 경우
2. 「채무자 회생 및 파산에 관한 법률」에 따른 회생절차가 개시되었거나 파산선고를 받은 상장회사인 경우
3. 유가증권시장(「자본시장과 금융투자업에 관한 법률 시행령」 제176조의9제1항에 따른 유가증권시장을 말한다. 이하 같다), 코스닥시장 또는 코넥스시장에 주권을 신규로 상장한 상장회사(신규상장 후 최초로 소집되는 정기주주총회 전날까지만 해당한다)인 경우. 다만, 유가증권시장에 상장된 주권을 발행한 회사로서 사외이사를 선임하여야 하는 회사가 코스닥시장 또는 코넥스시장에 상장된 주권을 발행한 회사로 되는 경우 또는 코스닥시장 또는 코넥스시장에 상장된 주권을 발행한 회사로서 사외이사를 선임하여야 하는 회사가 유가증권시장에 상장된 주권을 발행한 회사로 되는 경우에는 그러하지 아니하다.
4. 「부동산투자회사법」에 따른 기업구조조정 부동산투자회사인 경우
5. 해산을 결의한 상장회사인 경우

② 법 제542조의8제1항 단서에서 "대통령령으로 정하는 상장회사"란 최근 사업연도 말 현재의 자산총액이 2조원 이상인 상장회사를 말한다.

③ 법 제542조의8제2항제4호에서 "대통령령으로 별도로 정하는 법률"이란 다음 각 호의 금융 관련 법령(이에 상응하는 외국의 금융 관련 법령을 포함한다)을 말한다.

1. 「한국은행법」
2. 「은행법」
3. 「보험업법」
4. 「자본시장과 금융투자업에 관한 법률」
5. 「상호저축은행법」
6. 「금융실명거래 및 비밀보장에 관한 법률」
7. 「금융위원회의 설치 등에 관한 법률」

8. 「예금자보호법」
9. 「금융회사부실자산 등의 효율적 처리 및 한국자산관리공사의 설립에 관한 법률」
10. 「여신전문금융업법」
11. 「한국산업은행법」
12. 「중소기업은행법」
13. 「한국수출입은행법」
14. 「신용협동조합법」
15. 「신용보증기금법」
16. 「기술신용보증기금법」
17. 「새마을금고법」
18. 「중소기업창업 지원법」
19. 「신용정보의 이용 및 보호에 관한 법률」
20. 「외국환거래법」
21. 「외국인투자 촉진법」
22. 「자산유동화에 관한 법률」
23. 「주택저당채권유동화회사법」
24. 「금융산업의 구조개선에 관한 법률」
25. 「담보부사채신탁법」
26. 「금융지주회사법」
27. 「기업구조조정투자회사법」
28. 「한국주택금융공사법」

④ 법 제542조의8제2항제5호에서 "대통령령으로 정하는 특수한 관계에 있는 자"란 다음 각 호의 어느 하나에 해당하는 자(이하 "특수관계인"이라 한다)를 말한다.

1. 본인이 개인인 경우에는 다음 각 목의 어느 하나에 해당하는 사람
   가. 배우자(사실상의 혼인관계에 있는 사람을 포함한다)
   나. 6촌 이내의 혈족
   다. 4촌 이내의 인척
   라. 본인이 단독으로 또는 본인과 가목부터 다목까지의 관계에 있는 사람과 합하여 100분의 30 이상을 출자하거나 그 밖에 이사·집행임원·감사의 임면 등 법인 또는 단체의 주요 경영사항에 대하여 사실상 영향력을 행사하고 있는 경우에는 해당 법인 또는 단체와 그 이사·집행임원·감사
   마. 본인이 단독으로 또는 본인과 가목부터 라목까지의 관계에 있는 자와 합하여 100분의 30 이상을 출자하거나 그 밖에 이사·집행임원·감사의 임면 등 법인 또는 단체의 주요 경영사항에 대하여 사실상 영향력을 행사하고 있는 경우에는 해당 법인 또는 단체와 그 이사·집행임원·감사
2. 본인이 법인 또는 단체인 경우에는 다음 각 목의 어느 하나에 해당하는 자
   가. 이사·집행임원·감사
   나. 계열회사 및 그 이사·집행임원·감사
   다. 단독으로 또는 제1호 각 목의 관계에 있는 자와 합하여 본인에게

100분의 30 이상을 출자하거나 그 밖에 이사·집행임원·감사의 임면 등 본인의 주요 경영사항에 대하여 사실상 영향력을 행사하고 있는 개인 및 그와 제1호 각 목의 관계에 있는 자 또는 단체(계열회사는 제외한다. 이하 이 호에서 같다)와 그 이사·집행임원·감사

라. 본인이 단독으로 또는 본인과 가목부터 다목까지의 관계에 있는 자와 합하여 100분의 30 이상을 출자하거나 그 밖에 이사·집행임원·감사의 임면 등 단체의 주요 경영사항에 대하여 사실상 영향력을 행사하고 있는 경우 해당 단체와 그 이사·집행임원·감사

⑤ 법 제542조의8제2항제7호에서 "대통령령으로 정하는 자"란 다음 각 호의 어느 하나에 해당하는 자를 말한다.

1. 해당 상장회사의 계열회사의 상무에 종사하는 이사·집행임원·감사 및 피용자이거나 최근 2년 이내에 계열회사의 상무에 종사하는 이사·집행임원·감사 및 피용자였던 자
2. 다음 각 목의 법인 등의 이사·집행임원·감사 및 피용자[사목에 따른 법무법인, 법무법인(유한), 법무조합, 변호사 2명 이상이 사건의 수임·처리나 그 밖의 변호사 업무수행 시 통일된 형태를 갖추고 수익을 분배하거나 비용을 분담하는 형태로 운영되는 법률사무소, 외국법자문법률사무소의 경우에는 해당 법무법인 등에 소속된 변호사, 외국법자문사를 말한다]이거나 최근 2년 이내에 이사·집행임원·감사 및 피용자였던 자

가. 최근 3개 사업연도 중 해당 상장회사와의 거래실적의 합계액이 자산총액(해당 상장회사의 최근 사업연도 말 현재의 대차대조표상의 자산총액을 말한다) 또는 매출총액(해당 상장회사의 최근 사업연도 말 현재의 손익계산서상의 매출총액을 말한다. 이하 이 조에서 같다)의 100분의 10 이상인 법인

나. 최근 사업연도 중에 해당 상장회사와 매출총액의 100분의 10 이상의 금액에 상당하는 단일의 거래계약을 체결한 법인

다. 최근 사업연도 중에 해당 상장회사가 금전, 유가증권, 그 밖의 증권 또는 증서를 대여하거나 차입한 금액과 담보제공 등 채무보증을 한 금액의 합계액이 자본금(해당 상장회사의 최근 사업연도 말 현재의 대차대조표상의 자본금을 말한다)의 100분의 10 이상인 법인

라. 해당 상장회사의 정기주주총회일 현재 그 회사가 자본금(해당 상장회사가 출자한 법인의 자본금을 말한다)의 100분의 5 이상을 출자한 법인

마. 해당 상장회사와 기술제휴계약을 체결하고 있는 법인

바. 해당 상장회사의 감사인으로 선임된 회계법인

사. 해당 상장회사와 주된 법률자문·경영자문 등의 자문계약을 체결하고 있는 법무법인, 법무법인(유한), 법무조합, 변호사 2명 이상이 사건의 수임·처리나 그 밖의 변호사 업무수행 시 통일된 형태를 갖추고 수익을 분배하거나 비용을 분담하는 형태로 운영되는 법률사무소, 외국법자문법률사무소, 회계법인, 세무법인, 그 밖에 자문용역을 제공하고 있는 법인

3. 해당 상장회사 외의 2개 이상의 다른 회사의 이사·집행임원·감사로 재임 중인 자
4. 해당 상장회사에 대한 회계감사 또는 세무대리를 하거나 그 상장회사와

법률자문·경영자문 등의 자문계약을 체결하고 있는 변호사(소속 외국법자문사를 포함한다), 공인회계사, 세무사, 그 밖에 자문용역을 제공하고 있는 자

5. 해당 상장회사의 발행주식총수의 100분의 1 이상에 해당하는 주식을 보유(「자본시장과 금융투자업에 관한 법률」 제133조제3항에 따른 보유를 말한다)하고 있는 자
6. 해당 상장회사와의 거래(「약관의 규제에 관한 법률」 제2조제1호의 약관에 따라 이루어지는 해당 상장회사와의 정형화된 거래는 제외한다) 잔액이 1억원 이상인 자

⑥ 제5항제2호에도 불구하고 다음 각 호의 어느 하나에 해당하는 법인인 기관투자자 및 이에 상당하는 외국금융회사는 제5항에 해당하는 자에서 제외한다.

1. 「은행법」에 따른 은행
2. 「한국산업은행법」에 따른 한국산업은행
3. 「중소기업은행법」에 따른 중소기업은행
4. 「한국수출입은행법」에 따른 한국수출입은행
5. 「농업협동조합법」에 따른 농업협동조합중앙회 및 농협은행
6. 「수산업협동조합법」에 따른 수산업협동조합중앙회
7. 「상호저축은행법」에 따른 상호저축은행중앙회 및 상호저축은행
8. 「보험업법」에 따른 보험회사
9. 「여신전문금융업법」에 따른 여신전문금융회사
10. 「신용협동조합법」에 따른 신용협동조합중앙회
11. 「산림조합법」에 따른 산림조합중앙회
12. 「새마을금고법」에 따른 새마을금고중앙회
13. 「한국주택금융공사법」에 따른 한국주택금융공사
14. 「자본시장과 금융투자업에 관한 법률」에 따른 투자매매업자 및 투자중개업자
15. 「자본시장과 금융투자업에 관한 법률」에 따른 종합금융회사
16. 「자본시장과 금융투자업에 관한 법률」에 따른 집합투자업자
17. 「자본시장과 금융투자업에 관한 법률」에 따른 증권금융회사
18. 법률에 따라 설립된 기금을 관리·운용하는 법인으로서 다음 각 목의 법인
   가. 「공무원연금법」에 따른 공무원연금공단
   나. 「사립학교교직원 연금법」에 따른 사립학교교직원연금공단
   다. 「국민체육진흥법」에 따른 서울올림픽기념국민체육진흥공단
   라. 「신용보증기금법」에 따른 신용보증기금
   마. 「기술신용보증기금법」에 따른 기술신용보증기금
   바. 「무역보험법」에 따른 한국무역보험공사
   사. 「중소기업협동조합법」에 따른 중소기업중앙회
   아. 「문화예술진흥법」에 따른 한국문화예술위원회
19. 법률에 따라 공제사업을 영위하는 법인으로서 다음 각 목의 법인
   가. 「한국교직원공제회법」에 따른 한국교직원공제회
   나. 「군인공제회법」에 따른 군인공제회
   다. 「건설산업기본법」에 따라 설립된 건설공제조합 및 전문건설공제조합
   라. 「전기공사공제조합법」에 따른 전기공사공제조합

마. 「정보통신공사업법」에 따른 정보통신공제조합
바. 「대한지방행정공제회법」에 따른 대한지방행정공제회
사. 「과학기술인공제회법」에 따른 과학기술인공제회

제35조(주요주주 등 이해관계자와의 거래) ① 법 제542조의9제1항 각 호 외의 부분에서 "대통령령으로 정하는 거래"란 다음 각 호의 어느 하나에 해당하는 거래를 말한다.

1. 담보를 제공하는 거래
2. 어음(「전자어음의 발행 및 유통에 관한 법률」에 따른 전자어음을 포함한다)을 배서(「어음법」 제15조제1항에 따른 담보적 효력이 없는 배서는 제외한다)하는 거래
3. 출자의 이행을 약정하는 거래
4. 법 제542조의9제1항 각 호의 자에 대한 신용공여의 제한(금전·증권 등 경제적 가치가 있는 재산의 대여, 채무이행의 보증, 자금 지원적 성격의 증권 매입, 제1호부터 제3호까지의 어느 하나에 해당하는 거래의 제한을 말한다)을 회피할 목적으로 하는 거래로서 「자본시장과 금융투자업에 관한 법률 시행령」 제38조제1항제4호 각 목의 어느 하나에 해당하는 거래
5. 「자본시장과 금융투자업에 관한 법률 시행령」 제38조제1항제5호에 따른 거래

② 법 제542조의9제2항제1호에서 "대통령령으로 정하는 신용공여"란 학자금, 주택자금 또는 의료비 등 복리후생을 위하여 회사가 정하는 바에 따라 3억원의 범위에서 금전을 대여하는 행위를 말한다.

③ 법 제542조의9제2항제3호에서 "대통령령으로 정하는 신용공여"란 회사의 경영상 목적을 달성하기 위하여 필요한 경우로서 다음 각 호의 자를 상대로 하거나 그를 위하여 적법한 절차에 따라 이행하는 신용공여를 말한다.

1. 법인인 주요주주
2. 법인인 주요주주의 특수관계인 중 회사(자회사를 포함한다)의 출자지분과 해당 법인인 주요주주의 출자지분을 합한 것이 개인인 주요주주의 출자지분과 그의 특수관계인(해당 회사 및 자회사는 제외한다)의 출자지분을 합한 것보다 큰 법인
3. 개인인 주요주주의 특수관계인 중 회사(자회사를 포함한다)의 출자지분과 제1호 및 제2호에 따른 법인의 출자지분을 합한 것이 개인인 주요주주의 출자지분과 그의 특수관계인(해당 회사 및 자회사는 제외한다)의 출자지분을 합한 것보다 큰 법인

④ 법 제542조의9제3항 각 호 외의 부분에서 "대통령령으로 정하는 상장회사"란 최근 사업연도 말 현재의 자산총액이 2조원 이상인 상장회사를 말한다.

⑤ 법 제542조의9제3항 각 호 외의 부분에서 "대통령령으로 정하는 자"란 제34조제4항의 특수관계인을 말한다.

⑥ 법 제542조의9제3항제1호에서 "대통령령으로 정하는 규모"란 자산총액 또는 매출총액을 기준으로 다음 각 호의 구분에 따른 규모를 말한다.

1. 제4항의 회사가 「금융위원회의 설치 등에 관한 법률」 제38조에 따른 검사 대상 기관인 경우: 해당 회사의 최근 사업연도 말 현재의 자산총액의 100분의 1
2. 제4항의 회사가 「금융위원회의 설치 등에 관한 법률」 제38조에 따른

검사 대상 기관이 아닌 경우: 해당 회사의 최근 사업연도 말 현재의 자산총액 또는 매출총액의 100분의 1

⑦ 법 제542조의9제3항제2호에서 "대통령령으로 정하는 규모"란 다음 각 호의 구분에 따른 규모를 말한다.

1. 제4항의 회사가 「금융위원회의 설치 등에 관한 법률」 제38조에 따른 검사 대상 기관인 경우: 해당 회사의 최근 사업연도 말 현재의 자산총액의 100분의 5
2. 제4항의 회사가 「금융위원회의 설치 등에 관한 법률」 제38조에 따른 검사 대상 기관이 아닌 경우: 해당 회사의 최근 사업연도 말 현재의 자산총액 또는 매출총액의 100분의 5

⑧ 법 제542조의9제4항에서 "대통령령으로 정하는 사항"이란 다음 각 호의 사항을 말한다.

1. 거래의 내용, 날짜, 기간 및 조건
2. 해당 사업연도 중 거래상대방과의 거래유형별 총거래금액 및 거래잔액

⑨ 법 제542조의9제5항제1호에서 "대통령령으로 정하는 거래"란 「약관의 규제에 관한 법률」 제2조제1호의 약관에 따라 이루어지는 거래를 말한다.

제36조(상근감사) ① 법 제542조의10제1항 본문에서 "대통령령으로 정하는 상장회사"란 최근 사업연도 말 현재의 자산총액이 1천억원 이상인 상장회사를 말한다.

② 법 제542조의10제2항제3호에서 "대통령령으로 정하는 자"란 다음 각 호의 어느 하나에 해당하는 자를 말한다.

1. 해당 회사의 상무에 종사하는 이사·집행임원의 배우자 및 직계존속·비속
2. 계열회사의 상무에 종사하는 이사·집행임원 및 피용자이거나 최근 2년 이내에 상무에 종사한 이사·집행임원 및 피용자

제37조(감사위원회) ① 법 제542조의11제1항에서 "대통령령으로 정하는 상장회사"란 최근 사업연도 말 현재의 자산총액이 2조원 이상인 상장회사를 말한다. 다만, 다음 각 호의 어느 하나에 해당하는 상장회사는 제외한다.

1. 「부동산투자회사법」에 따른 부동산투자회사인 상장회사
2. 「공공기관의 운영에 관한 법률」 및 「공기업의 경영구조 개선 및 민영화에 관한 법률」을 적용받는 상장회사
3. 「채무자 회생 및 파산에 관한 법률」에 따른 회생절차가 개시된 상장회사
4. 유가증권시장 또는 코스닥시장에 주권을 신규로 상장한 상장회사(신규상장 후 최초로 소집되는 정기주주총회 전날까지만 해당한다). 다만, 유가증권시장에 상장된 주권을 발행한 회사로서 감사위원회를 설치하여야 하는 회사가 코스닥시장에 상장된 주권을 발행한 회사로 되는 경우 또는 코스닥시장에 상장된 주권을 발행한 회사로서 감사위원회를 설치하여야 하는 회사가 유가증권시장에 상장된 주권을 발행한 회사로 되는 경우는 제외한다.

② 법 제542조의11제2항제1호에서 "대통령령으로 정하는 회계 또는 재무 전문가"란 다음 각 호의 어느 하나에 해당하는 사람을 말한다.
<개정 2012.2.29.>

1. 공인회계사의 자격을 가진 사람으로서 그 자격과 관련된 업무에 5년 이상 종사한 경력이 있는 사람
2. 회계 또는 재무 분야에서 석사학위 이상의 학위를 취득한 사람으로서 연구기관 또는 대학에서 회계 또는 재무 관련 분야의 연구원이나 조교수 이상으로 근무한 경력이 합산하여 5년 이상인 사람
3. 상장회사에서 회계 또는 재무 관련 업무에 합산하여 임원으로 근무한 경력이 5년 이상 또는 임직원으로 근무한 경력이 10년 이상인 사람
4. 「자본시장과 금융투자업에 관한 법률 시행령」 제29조제2항제4호 각 목의 기관에서 회계 또는 재무 관련 업무나 이에 대한 감독 업무에 근무한 경력이 합산하여 5년 이상인 사람

[시행일:2012.7.22.] 제37조제2항제2호 조교수에 관한 부분

제38조(감사 등 선임·해임 시의 의결권 제한) ① 법 제542조의12제3항 본문에서 "대통령령으로 정하는 자"란 다음 각 호의 어느 하나에 해당하는 자를 말한다.
1. 최대주주 또는 그 특수관계인의 계산으로 주식을 보유하는 자
2. 최대주주 또는 그 특수관계인에게 의결권(의결권의 행사를 지시할 수 있는 권한을 포함한다)을 위임한 자(해당 위임분만 해당한다)

② 법 제542조의12제4항 본문에서 "대통령령으로 정하는 상장회사"란 최근 사업연도 말 현재의 자산총액이 2조원 이상인 상장회사를 말한다.

제39조(준법통제기준 및 준법지원인 제도의 적용범위) 법 제542조의13제1항에서 "대통령령으로 정하는 상장회사"란 최근 사업연도 말 현재의 자산총액이 5천억원 이상인 회사를 말한다. 다만, 다른 법률에 따라 내부통제기준 및 준법감시인을 두어야 하는 상장회사는 제외한다.

제40조(준법통제기준 등) ① 법 제542조의13제1항에 따른 준법통제기준(이하 "준법통제기준"이라 한다)에는 다음 각 호의 사항이 포함되어야 한다.
1. 준법통제기준의 제정 및 변경의 절차에 관한 사항
2. 법 제542조의13제2항에 따른 준법지원인(이하 "준법지원인"이라 한다)의 임면절차에 관한 사항
3. 준법지원인의 독립적 직무수행의 보장에 관한 사항
4. 임직원이 업무수행과정에서 준수해야 할 법규 및 법적 절차에 관한 사항
5. 임직원에 대한 준법통제기준 교육에 관한 사항
6. 임직원의 준법통제기준 준수 여부를 확인할 수 있는 절차 및 방법에 관한 사항
7. 준법통제기준을 위반하여 업무를 집행한 임직원의 처리에 관한 사항
8. 준법통제에 필요한 정보가 준법지원인에게 전달될 수 있도록 하는 방법에 관한 사항
9. 준법통제기준의 유효성 평가에 관한 사항

② 준법통제기준을 정하거나 변경하는 경우에는 이사회의 결의를 거쳐야 한다.

제41조(준법지원인 자격요건 등) 법 제542조의13제5항제3호에서 "대통령령

으로 정하는 사람"이란 다음 각 호의 어느 하나에 해당하는 사람을 말한다.
1. 상장회사에서 감사·감사위원·준법감시인 또는 이와 관련된 법무부서에서 근무한 경력이 합산하여 10년 이상인 사람
2. 법률학 석사학위 이상의 학위를 취득한 사람으로서 상장회사에서 감사·감사위원·준법감시인 또는 이와 관련된 법무부서에서 근무한 경력이 합산하여 5년 이상인 사람

제42조(준법지원인의 영업 업무 제한) 준법지원인은 자신의 업무수행에 영향을 줄 수 있는 영업 관련 업무를 담당해서는 아니 된다.

제43조(대차대조표에 상당하는 것의 범위) 법 제616조의2제1항에서 "대통령령으로 정하는 것"이란 복식부기의 원리에 의하여 해당 회사의 재무상태를 명확히 하기 위하여 회계연도 말 현재의 모든 자산·부채 및 자본의 현황을 표시한 서류로서 대차대조표에 상당하는 형식을 갖춘 것을 말한다.

제44조(과태료의 부과·징수 절차) ① 법무부장관은 법 제637조의2에 따라 과태료를 부과할 때에는 해당 위반행위를 조사·확인한 후 위반사실, 과태료 금액, 이의제기방법, 이의제기기간 등을 구체적으로 밝혀 과태료를 낼 것을 과태료 처분 대상자에게 서면으로 통지하여야 한다.
② 법무부장관은 제1항에 따라 과태료를 부과하려는 경우에는 10일 이상의 기간을 정하여 과태료 처분 대상자에게 말 또는 서면(전자문서를 포함한다)으로 의견을 진술할 기회를 주어야 한다. 이 경우 지정된 기일까지 의견을 진술하지 아니하면 의견이 없는 것으로 본다.
③ 법무부장관은 과태료 금액을 정하는 경우 해당 위반행위의 동기와 그 결과, 위반기간 및 위반 정도 등을 고려하여야 한다.
④ 과태료는 국고금 관리법령의 수입금 징수에 관한 절차에 따라 징수한다. 이 경우 납입고지서에는 이의제기방법 및 이의제기기간 등을 함께 적어야 한다.

제4편 해상

제45조(해상편 규정의 적용이 제외되는 선박의 범위) 법 제741조제1항 단서에서 "대통령령으로 정하는 경우"란 다음 각 호의 어느 하나에 해당하는 국유 또는 공유의 선박인 경우를 말한다.
1. 군함, 경찰용 선박
2. 어업지도선, 밀수감시선
3. 그 밖에 영리행위에 사용되지 아니하는 선박으로서 비상용·인명구조용 선박 등 사실상 공용(公用)으로 사용되는 선박

제46조(연안항행구역의 범위) 법 제872조제2항 단서에 따라 공동해손의 경우 분담 등에 특례가 인정되는 연안항행구역의 범위는 전라남도 영광군 불갑천구 북안

에서 같은 군 가음도, 신안군 재원도·비금도·신도, 진도군 가사도·진도, 완도군 보길도·자지도·청산도, 여수시 초도·소리도와 경상남도 거제시 거제도 및 부산광역시 영도를 거쳐 같은 광역시 승두말에 이르는 선 안의 해면으로 한다.

제5편 항공운송

제47조(초경량 비행장치의 범위) 법 제896조 단서에서 "대통령령으로 정하는 초경량 비행장치"란 「항공법」 제2조제28호에 따른 초경량비행장치를 말한다.

제48조(항공운송편 규정의 준용이 제외되는 항공기의 범위) 법 제897조 단서에서 "대통령령으로 정하는 경우"란 다음 각 호의 어느 하나에 해당하는 국유 또는 공유의 항공기인 경우를 말한다.
1. 군용·경찰용·세관용 항공기
2. 「항공법」 제2조제2호 각 목의 용도로 사용되는 항공기
3. 그 밖에 영리행위에 사용되지 아니하는 항공기로서 비상용·인명구조용 항공기 등 사실상 공용(公用)으로 사용되는 항공기

제49조(항공기사고로 인한 선급금의 지급액 등) ① 법 제906조제1항 전단에 따라 운송인이 지급하여야 하는 선급금은 다음 각 호의 구분에 따른 금액으로 한다.
1. 여객이 사망한 경우: 1인당 1만6천계산단위의 금액
2. 여객이 신체에 상해를 입은 경우: 1인당 8천계산단위의 금액 범위에서 진찰·검사, 약제·치료재료의 지급, 처치·수술 및 그 밖의 치료, 예방·재활, 입원, 간호, 이송 등 명칭에 상관없이 그 상해의 치료에 드는 비용 중 법 제906조제1항에 따른 손해배상청구권자(이하 이 조에서 "손해배상청구권자"라 한다) 또는 「민법」에 따라 부양할 의무가 있는 사람이 실제 부담한 금액

② 법 제906조제1항 전단에 따라 손해배상청구권자가 선급금을 청구할 때에는 운송인에 대하여 선급금을 청구한다는 취지와 청구금액을 분명히 밝힌 서면 또는 전자문서에 다음 각 호의 서류를 첨부하여 청구하여야 한다.
1. 가족관계등록부 또는 그 밖에 법률에 따른 권한이 있는 청구권자임을 증명할 수 있는 서류
2. 여객이 신체에 상해를 입은 경우에는 그 상해의 치료에 드는 비용을 실제 부담하였음을 증명할 수 있는 서류

부칙

<제25214호, 2014.2.24.>

제1조(시행일) 이 영은 공포한 날부터 시행한다.

제2조(미실현이익의 상계에 관한 적용례) 제19조제2항의 개정규정은 이 영 시행 후 주주총회 또는 이사회의 결의로 이익배당을 정하는 경우부터 적용한다.

상법시행법

[시행 2010.7.23.]

[법률 제10372호, 2010.7.23., 일부개정]

제1조(정의) 본법에서 상법이라 함은 1962년 법률 제천호로 제정된 상법을 말하며 구법이라 함은 조선민사령 제1조에 의하여 의용된 상법, 유한회사법, 상법시행법과 상법중개정법률시행법을 말한다.

제2조(원칙) ①상법은 특별한 규정이 없으면 상법시행전에 생긴 사항에도 적용한다. 그러나 구법에 의하여 생긴 효력에 영향을 미치지 아니한다.
②상법에 저촉되는 정관의 규정과 계약의 조항은 상법시행의 날로부터 그 효력을 잃는다.

제3조(상사특별법령의 효력) 상사에 관한 특별한 법령은 상법시행후에도 그 효력이 있다.

제4조(시효에 관한 경과규정) ①상법시행당시구법의 규정에 의한 소멸시효기간을 경과하지 아니한 권리에는 상법의 시효에 관한 규정을 적용한다.
②전항의 규정은 시효기간이 아닌 법정기간에 준용한다.

제5조(기간의 통산) 상법의 규정에 의한 법정기간은 그 기간이 구법에 의하여 상법시행전에 개시된 경우에는 상법시행의 전후의 기간을 통산하고 구법에 그 기간을 정하지 아니한 경우에는 상법시행의 날로부터 기산한다.

제6조(영업용고정재산의 평가) 상법 제31조제2항의 규정은 상법시행후 최초로 도달하는 결산기의 다음날로부터 적용한다.

제7조(해산명령청구권자의 책임) 상법시행전에 해산명령의 청구가 있은 경우에는 그 청구를 각하된 자의 책임에 관하여는 상법시행후에도 구법을 적용한다.

제8조(소의 제기등에 관한 담보) 해산명령의 청구 또는 소의 제기에 관하여 제공하여야 할 담보에 관한 구법의 규정은 상법시행전에 제공한 담보에 관하여만 적용한다.

제9조(주식회사의 설립) 상법시행전에 발기인이 주식의 총수를 인수하거나 주주의 모집에 착수한 경우에는 그 설립에 관하여는 상법시행후에도 구법을 적용한다. 그러나 상법시행후에 설립등기를 하는 때에는 그 등기사항에 관하여는 그러하지 아니하다.

제10조(주식회사의 정관) ①상법시행전에 성립한 주식회사에 관하여는 상법시행전에 발행한 주식의 총수가, 상법시행후에 구법에 의하여 성립하는 주식회사에 관하여는 설립시에 발행하는 주식의 수가 회사가 발행할 주식의 총수로서 정관에 정하여져 있는 것으로 본다.
②구상법 제168조제1항제2호의 규정에 의하여 정관에 정한 사항은 상법 제344조제2항의 규정에 의하여 정한 것으로 본다.

제11조(주식회사의 등기)
①상법시행전에 성립한 주식회사는 상법시행의 날로부터 6월 내에 상법에 의하여 새로 등기할 것으로 된 사항을 등기하여야 한다.
②전항의 등기를 하기까지에 다른 등기를 하는 때에는 그 등기와 동시에 동항의 등기를 하여야 한다.
③제1항의 등기를 하기까지에 동항의 사항에 변경이 생긴 때에는 지체없이 변경전의 사항에 관하여 동항의 등기를 하여야 한다.
④전3항의 규정에 위반한 때에는 그 회사의 대표이사를 5만원 이하의 과태료에 처한다.

제12조(자본총액의 의제) 제15조의 주금전액의 납입이 완료할 때까지는 납입주금의 총액을 상법 제317조제2항제2호의 자본의 총액으로 본다.

제13조(발기인의 인수, 납입담보책임) 상법 제321조제1항의 규정은 회사가 상법시행후에 구법에 의하여 성립한 경우에도 적용한다. 회사가 상법시행전에 구법에 의하여 성립한 경우에 상법시행후에 주식의 청약이 취소된 경우에도 같다.

제14조(설립에 관한 책임의 면제와 추궁) ①발기인, 이사 또는 감사의 회사의 설립에 관한 책임을 상법시행후에 면제하는 경우에는 그 면제에 관하여는 회사가 구법에 의하여 성립한 때에도 상법을 적용한다.
②상법시행후에 전항의 책임을 추궁하는 소를 제기하는 경우에는 그 소에 관하여도 동항과 같다.

제15조(주금전액의 납입등) ①상법시행시에 주금전액의 납입을 완료하지 아니한 주식에 관하여는 회사는 상법시행의 날로부터 2년내에 주금전액의 납입이 완료한 것으로 하기 위하여 주금을 납입시키거나 자본을 감소시켜야 한다.
②전항의 납입을 완료할 때까지 그 주식에 관하여는 상법시행후에도 구법을 적용한다.
③제1항의 기간내에 주금전액의 납입을 하지 아니하거나 자본감소를 하지 아니할 때에는 회사는 해산한 것으로 본다.

제16조(주식의 금액, 주식의 병합) ①상법시행후에 구법에 의하여 성립하는 주식회사가 발행하는 주식의 금액에 관하여는 구상법 제202조제2항의 규정

을 적용한다.

②구법에 의하여 성립한 주식회사는 액면 5백원 미만의 주식을 액면 5백원 이상의 주식으로 하기 위하여 상법시행의 날로부터 2년내에 상법 제434조의 규정에 의한 결의에 의하여 주식을 병합하여야 한다. 이 경우에는 상법 제440조 내지 제444조의 규정을 준용한다.

제17조(주식총수의 증가) 제15조제1항과 전조제2항의 절차를 완료한 후가 아니면 회사가 발행할 주식의 총수를 증가하지 못한다.

제18조(기명주식의 이전) 상법시행전에 한 기명주식의 이전에 관하여는 상법시행후에도 구법을 적용한다. 그러나 상법 제336조제2항과 제3항의 적용에 영향을 미치지 아니한다.

제19조(주주명부의 폐쇄기간과 기준일) 상법 제354조의 규정은 상법시행후 최초의 정기총회가 종결한 다음날로부터 상법시행시에 진행중에 있는 주주명부의 폐쇄기간이 그날 이후에 종료하는 때에는 그 기간이 종료한 다음날로부터 적용한다.

제20조(주권의 취득) 상법시행전에 배서에 의하여 주권을 취득한 경우에는 그 취득에 관하여는 상법시행후에도 구상법 제229조제2항의 규정을 적용한다. 그러나 상법시행후에 한 배서에 의하여 그 주권을 취득한 경우에는 그 취득에 관하여는 상법 제359조의 규정을 적용한다.

제21조(감사에 의한 임시총회의 소집) 상법시행전에 감사가 임시총회를 소집한 경우에는 그 임시총회에 관하여는 상법시행후에도 구상법 제235조제2항의 규정을 적용한다.

제22조(소수주주의 총회소집의 청구) 상법시행전에 구상법 제237조제1항의 규정에 의한 총회소집의 청구가 있는 경우에는 그 청구는 상법 제366조제1항의 규정에 의한 청구로 본다.

제23조(총회의 결의) ①구법에 의하여 성립한 주식회사 또는 유한회사의 총회의 결의의 요건에 관하여는 다음에 게기하는 날 중 먼저 오는 날까지는 상법시행후에도 구법을 적용한다.

1. 상법시행후 최초의 정기총회가 종결하는 날
2. 매년 1회 정기총회를 소집하는 회사에 있어서는 1963년 12월 31일, 기타의 회사에 있어서는 1963년 6월 30일

②전항의 규정은 동항각호에 게기한 날 중 먼저 오는 날 전에 상법에 따르도록 정관을 변경한 경우에는 적용하지 아니한다.

③상법시행후에 결의를 하는 총회에 관하여는 상법시행전에 소집의 통지를

발송하였거나 공고를 한 경우에는 상법의 시행으로 인하여 의결권을 가지게 된 주주에 대하여는 소집의 통지와 공고를 요하지 아니한다.
④전항의 규정은 어느 종류의 주주의 총회에 준용한다.

제24조(결의취소의 소) 결의취소의 소에 관하여 상법시행시 구상법 제248조제1항이나 구유한회사법 제41조에서 준용하는 구상법 제248조제1항에 정한 기간이 경과하지 아니한 경우에는 그 결의취소의 소의 제기기간에 관하여는 상법을 적용한다.

제25조(취체역등의 의제) 상법시행시의 취체역, 감사역 또는 검사역은 각각 상법에 의한 이사, 감사 또는 검사인으로 본다.

제26조(이사의 임기) 상법시행시 재임중에 있는 이사의 임기에 관하여는 상법시행후에도 구법을 적용한다. 그러나 그 임기는 상법시행의 날로부터 2년을 경과한 후의 최초의 정기총회가 종결하는 날을 넘지 못한다.

제27조(대표이사) ①구법에 의하여 회사를 대표하는 권한을 가진 취체역은 상법에 의하여 회사를 대표할 이사로 본다.
②구법에 의하여 수인의 이사가 공동으로 회사를 대표할 것을 정한 경우에는 그 정함은 상법 제389조제2항의 규정에 의하여 정한 것으로 본다.
③상법시행시에 회사를 대표할 이사의 정함이 없는 경우에는 구상법 제188조제2항제9호의 취체역의 등기는 상법 제317조제2항제9호의 등기가 있을 때까지는 그 등기와 동일한 효력이 있다.

제28조(이사의 행위의 책임) ①이사가 상법시행전에 한 행위의 책임에 관하여는 상법시행후에도 구법을 적용한다.
②상법시행후에 전항의 책임을 면제하는 경우에는 그 면제에 관하여는 동항의 규정에 불구하고 상법을 적용한다.
③상법시행후에 제1항의 책임을 추궁하는 소를 제기하는 경우에는 그 소에 관하여도 전항과 같다.

제29조(이사에 대한 소와 소의 제기를 청구한 주주등의 책임) 상법시행전에 구상법 제267조제1항 또는 동법 제268조제1항의 규정이나 구유한회사법 제31조의 규정 또는 동법 제32조에서 준용하는 구상법 제267조제1항의 규정에 의하여 이사에 대한 소를 제기하는 경우에 그 소와 소를 청구한 주주 또는 사원의 책임에 관하여는 상법시행후에도 구법을 적용한다.

제30조(구법에 의한 이사의 직무대행자의 선임등) 상법시행전에 구상법 제272조의 규정이나 구유한회사법 제32조에서 준용하는 구상법 제272조의 규정에 의하여 이사의 직무의 집행의 정지 또는 직무대행자의 선임의 청구

가 있은 경우에 관하여는 상법시행후에도 동조의 규정을 적용한다.

제31조(감사의 선임과 임기) ①상법 제410조의 규정은 상법시행후 최초의 정기총회의 종결의 다음날로부터 적용한다.
②상법시행시에 재임중에 있는 감사의 임기에 관하여는 상법시행후에도 구법을 적용한다. 그러나 그 임기는 상법시행의 날로부터 1년을 경과한 후의 최초의 정기총회가 종결하는 날을 넘지 못한다.

제32조(이사의 직무를 행할 감사) 상법시행전에 임시로 이사의 직무를 행할 감사를 정한 경우에는 그 감사에 관하여는 상법시행후에도 구상법 제276조 제1항 단서, 제2항과 제3항의 규정을 적용 또는 준용한다.

제33조(회사와 이사간의 소에 관한 회사대표) 상법시행전에 회사가 이사에 대하여 또는 이사가 회사에 대하여 소를 제기한 경우에는 그 소에 관하여 회사를 대표할 자에 관하여는 상법시행후에도 구상법 제277조의 규정을 적용 또는 준용한다. 그러나 상법에 의하여 회사를 대표할 자를 정한 후에는 그러하지 아니하다.

제34조(감사가 한 소의 제기등) 상법시행전에 감사가 법원에 대하여 소의 제기, 청구 또는 신청을 한 경우에는 그 소, 청구 또는 신청에 관하여는 상법시행후에도 구법을 적용한다.

제35조(감사에 대한 소와 소의 제기를 청구한 주주등의 책임) 제29조의 규정은 상법시행전에 구상법 제279조제1항의 규정이나 구유한회사법 제34조에서 준용하는 동법 제31조 또는구상법 제267조제1항의 규정에 의하여 감사에 대하여 제기한 소와 그 소의 제기를 청구한 주주 또는 사원의 책임에 관하여 준용한다.

제36조(감사에 관한 준용규정) 제28조와 제30조의 규정은 감사에 준용한다.

제37조(회사의 재산평가) 상법 제452조와 동법 제583조제1항에서 준용하는 동법 제452조의 규정은 상법시행후 최초로 도달하는 결산기의 다음날로부터 적용한다.

제38조(신주의 발행비용) 상법시행후에 구법에 의하여 자본을 증가하는 경우에는 주식의 발행을 위하여 필요한 비용의 액에 관하여는 상법 제454조의 규정을 적용한다.

제39조(액면초과액) 상법시행후에 구법에 의하여 성립하거나 자본을 증가하는

주식회사가 액면이상의 가액으로 주식을 발행하는 경우에는 그 액면을 넘는 금액에 관하여는 상법 제459조의 규정을 적용한다.

제40조(준비금) ①구상법 제288조의 규정이나 구유한회사법 제46조제1항에서 준용하는 구상법 제288조제1항의 규정에 의하여 적립한 준비금은 이익준비금으로서 적립한 것으로 본다.
②회사는 상법시행후 최초로 도달하는 결산기까지에 전항의 이익준비금의 일부를 자본준비금으로 할 수 있다.

제41조(건설이자) ①개업전에 이자를 배당할 뜻의 구법에 의한 정관의 정함은 상법시행전에 발행한 주식과 상법시행후에 자본증가에 의하여 발행하는 주식 또는 상법시행후에 구법에 의하여 성립하는 주식회사가 설립시에 발행하는 주식에 관하여 개업전에 이자를 배당할 뜻의 상법에 의한 정관의 정함으로 본다. 그러나 그 정관에 자본증가로 인하여 발행하는 주식에 대하여는 이자를 배당하지 아니하는 뜻의 정함이 있는 때에는 그 주식에 관하여는 그러하지 아니하다.
②상법시행전에 구법에 의하여 배당한 이자의 금액은 상법에 의하여 배당한 이자의 금액으로 본다.

제42조(부속명세서) 상법 제465조와 동법 제583조제1항에서 준용하는 동법 제465조의 규정은 상법시행후 최초로 도달하는 결산기로부터 적용한다.

제43조(총회소집의 명령) 상법시행전에 구상법 제294조제3항의 규정에 의하여 주주총회소집의 명령이 있은 경우에는 그 총회의 소집에 관하여는 상법시행후에도 구법을 적용한다.

제44조(사채의 모집) 상법시행전에 사채모집의 결의를 한 경우에는 그 사채모집에 관하여는 상법시행후에도 구법을 적용한다.

제45조(사채권자집회의 결의) 상법시행후에 사채권자집회의 결의를 하는 경우에는 상법시행전에 소집의 통지를 발송하였거나 공고를 한 때에도 그 결의의 요건에 관하여는 상법을 적용한다.

제46조(자본증가) ①상법시행전에 자본증가의 결의를 한 경우에는 그 자본증가에 관하여는 상법시행후에도 구법을 적용한다. 그러나 상법시행후에 하는 자본증가의 등기에 관하여는 상법에 의한 신주발행으로 인한 변경등기를 하여야 한다.
②전항의 자본증가는 본점소재지에서 상법에 의한 신주발행으로 인한 변경등기를 함으로써 효력이 생긴다.
③상법시행후에 구법에 의하여 자본을 증가하는 경우에는 그 자본증가로 인

하여 생기는 주식의 수의 증가는 정관에 정하여 있는 것으로 보게 된 회사가 발행할 주식의 총수의 증가로 본다.

제47조(주식의 액면 이하의 발행) 상법시행전에 성립한 회사에 대하여는 제15조제1항과 제16조제2항의 절차를 완료한 후에는 상법 제417조의 규정에 의한 주식을 발행할 수 있다. 그러나 회사성립의 날로부터 2년을 경과한 경우에 한한다.

제48조(신주인수권을 주는 계약) 상법시행전에 구법 제349조의 계약을 한 경우에는 상법에 의하여 회사가 발행할 주식의 총수를 증가할 때에 그 계약에 의하여 신주의 인수권이 부여된 자에 대하여 신주의 인수권을 부여한다는 뜻을 정관에 정하여야 한다.

제49조(이사의 인수담보책임) 상법 제428조의 규정은 상법시행후에 구법에 의하여 자본을 증가하는 경우에 준용한다.

제50조(전환주식) ①상법시행전에 구상법 제359조의 규정에 의하여 정관으로 주주가 그 인수한 신주를 다른 종류의 주식으로 전환할 것을 청구할 수 있는 뜻을 정한 경우에는 그 주식에 관하여는 상법시행후에도 구상법 제360조 내지 제362조의 규정을 적용한다.
②전항의 주식에 관하여 상법시행후에 전환이 있은 경우에는 그 전환으로 인하여 생기는 각종의 주식의 수의 증감은 정관에 정하여 있는 것으로 보게 된 회사가 발행할 각종의 주식의 수의 증감으로 본다.
③전항의 경우에 전환으로 인한 변경등기는 매영업연도말로부터 1월 내에 본점과 지점의 소재지에서 하여야 한다.

제51조(전환사채) ①상법시행전에 구상법 제364조의 규정에 의하여 사채권자가 사채를 주식으로 전환할 것을 청구할 수 있는 뜻을 결의한 경우에는 그 사채에 관하여는 상법시행후에도 구상법 제365조 내지 제368조의 규정을 적용한다.
②전항의 경우에 상법시행후에 전환으로 인하여 발행할 주식의 수와 각종의 주식의 수는 제10조의 규정에 의하여 정관에 정하여 있는 것으로 보게 된 회사가 발행할 주식의 총수와 각종의 주식의 수에 더한 것으로 한다.
③상법 제346조제2항의 규정은 전항의 경우에 준용한다.
④제1항의 사채에 관하여 상법시행후에 전환이 있는 경우에 전환으로 인한 변경등기는 매영업연도말로부터 1월 내에 본점과 지점의 소재지에서 하여야 한다.

제52조(회사의 합병) 합병후 존속하는 회사 또는 합병으로 인하여 설립되는 회사가 주식회사인 경우에 상법시행전에 합병계약서에 관하여 합병을 하는 회사의 일방의 총사원의 동의 또는 주주총회의 승인이 있은 때에는 그 합병에 관하여는 상법시행후에도 구법을 적용한다. 그러나 상법시행후에 하는

합병으로 인한 변경 또는 설립의 등기에 관하여는 상법에 의한 등기를 하여야 한다.

제53조(청산인에 관한 준용규정) ①제22조, 제27조 내지 제30조, 제32조, 제33조와 제42조의 규정은 주식회사의 청산인에 준용한다.
②제28조 내지 제30조, 제32조, 제33조와 제42조의 규정은 유한회사의 청산인에 준용한다.

제54조(회사의 정리) ①상법시행전에 정리개시의 명령이 있은 때에는 그 정리에 관하여는 상법시행후에도 구법을 적용한다.
②상법시행의 날로부터 2년내에 정리종결의 결정이 없는 경우에는 상법시행의 날로부터 2년을 경과한 날에 「채무자 회생 및 파산에 관한 법률」에 의한 정리개시결정이 있은 것으로 본다. <개정 2010.7.23.>

제55조(특별청산) ①상법시행전에 특별청산개시의 명령이 있은 때에는 그 특별청산에 관하여는 상법시행후에도 구법을 적용한다.
②상법시행의 날로부터 2년을 경과하여도 협정이 성립하지 아니하거나 협정의 실행의 가망이 없는 때에는 법원은 직권으로 「채무자 회생 및 파산에 관한 법률」에 따라 파산선고를 하여야 한다. <개정 2010.7.23.>

제56조(주식합자회사) ①상법시행전에 성립한 주식합자회사에 관하여는 상법시행후에도 구법을 적용한다.
②주식합자회사가 상법시행후에 합병하는 경우에는 전항의 규정에 불구하고 합병후존속하는 회사 또는 합병으로 인하여 설립되는 회사는 주식회사이어야 한다. 이 경우에 합병계약서는 상법 제523조와 제524조의 규정에 의하여 작성하여야 한다.
③상법시행의 날로부터 2년을 경과한 때에 현존하는 주식합자회사는 그 때에 해산한다.

제57조(유한회사) 상법시행전에 성립한 유한회사로서 그 자본총액과 출자일좌의 금액이 상법 제546조에 정한 금액에 미달한 회사는 상법시행의 날로부터 2년내에 그 금액 이상으로 증액하여야 한다.

제58조(유한회사의 조직변경) 상법시행전에 유한회사가 구유한회사법 제67조제1항에 규정하는 조직변경의 결의를 할 경우에는 그 조직변경에 관하여는 구법을 적용한다. 그러나 상법시행후에 설립의 등기를 하는 때에는 그 등기사항에 관하여는 그러하지 아니하다.

제59조(외국회사의 등기) ①상법시행전에 외국회사가 구법에 의하여 지점설치의 등기를 한 경우에는 그 지점설치의 등기는 상법 제614조제2항에 정한 영업소설치의 등기로 본다. 그러나 그 회사는 상법시행의 날로부터 6월 내

에 상법에 의하여 새로 등기할 것으로 된 사항을 등기하여야 한다.

②상법 제614조제2항과 제3항에 정한 등기를 함을 요하게 된 외국회사는 전항의 경우를 제외하고 상법시행의 날로부터 6월 내에 그 등기를 하여야 한다.

③제1항 단서 또는 전항의 규정에 위반한 때에는 그 회사의 대한민국에서의 대표자를 5만원 이하의 과태료에 처한다.

第60條(외국회사의 지점폐쇄명령) 제7조의 규정은 구상법 제484조와 구유한회사법 제76조에서 준용하는 구상법 제484조에 정한 사건과 그 사건에 관하여 청구를 각하된 자의 책임에 관하여 준용한다.

第61條(벌칙) 상법시행전에 한 행위에 대한 벌칙의 적용에 관하여는 종전의 예에 의한다.

부칙

<제10372호, 2010.7.23.>

이 법은 공포한 날부터 시행한다.

■ **편 저** ■

대한법률편찬연구회

법률·판례·상담사례를 같이보는

상법 지식정보법전 定價 16,000원

2016年 2月 10日 인쇄
2016年 2月 15日 발행

편 저 : 대한법률편찬연구회
발행인 : 김 현 호
발행처 : 법문 북스
공급처 : 법률미디어

152-050
서울 구로구 경인로 54길4
TEL : 2636-2911~3, FAX : 2636~3012
등록 : 1979년 8월 27일 제5-22호
Home : www.lawb.co.kr

▎ISBN 978-89-7535-340-6 13360
▎이 도서의 국립중앙도서관 출판예정도서목록(CIP)은 서지정보유통지원시스템 홈페이지(http://seoji.nl.go.kr)와 국가자료공동목록시스템(http://www.nl.go.kr/kolisnet)에서 이용하실 수 있습니다.(CIP제어번호: CIP2015034476)
▎파본은 교환해 드립니다.